VERHÄNGNISVOLLES CALÈS

Ein Provence-Krimi
mit Capitaine Roger Blanc

DUMONT

Von Cay Rademacher sind bei DuMont außerdem erschienen:

Der Trümmermörder
Der Schieber
Der Fälscher
Mörderischer Mistral
Tödliche Camargue
Brennender Midi
Gefährliche Côte Bleue
Dunkles Arles
Verlorenes Vernègues
Ein letzter Sommer in Méjean

MIX
Papier aus verantwortungsvollen Quellen
FSC www.fsc.org
FSC® C083411

Juli 2020
DuMont Buchverlag, Köln

Umschlaggestaltung: Lübbeke Naumann Thoben, Köln
Umschlagabbildung: Getty Images / David Henderson
Gesetzt aus der Sabon
Druck und Verarbeitung: CPI books GmbH, Leck
Gedruckt auf säurefreiem und chlorfrei gebleichtem Papier
Printed in Germany
ISBN 978-3-8321-6553-6

www.dumont-buchverlag.de

DUMONT

Winter in der Provence, die Tage sind klar, aber eiskalt. Und Capitaine Roger Blanc wird in die Grotten von Calès gerufen: ein düsteres Tal in den Alpilles mit Dutzenden Höhlen, in denen vor Jahrhunderten Menschen lebten. Eine Archäologin ist dort auf ein Skelett gestoßen – allerdings ist es keine uralte Leiche, denn im Stirnknochen befindet sich das Einschussloch einer Kugel.

Doch bevor Blanc mit den Ermittlungen richtig beginnen kann, wird er zu einem Notfall gerufen. In der Burg La Barben ist während einer Hochzeitsfeier die neunjährige Noëlle verschwunden. Noch in der Nacht kann ein Verdächtiger verhaftet werden, der aber leugnet, das Mädchen entführt zu haben. Die Kleine bleibt unauffindbar. Bald stellt sich heraus, dass die Leiche aus den Grotten die verschollene Großmutter Noëlles ist. Und auch Noëlles Mutter ist bereits tot …

So beginnt Blanc nach einem Täter zu fahnden, der offenbar seit Jahrzehnten die Frauen dieser Familie heimsucht. Dafür gräbt er sich tief in deren finstere Vergangenheit ein – und entdeckt, dass auf der Burg an jenem Abend viele weitere Menschen ein Motiv gehabt haben könnten, die kleine Noëlle für immer verschwinden zu lassen.

Il faut mourir ou voir mourir.
Frédéric Mistral

Das Grab in der Höhle

Das Erste, was Capitaine Roger Blanc an dem Skelett auffiel, war das beinahe kreisrunde Loch im Stirnknochen. Ein Totenschädel mit drei Augenhöhlen, dachte er unwillkürlich.

»Wenn ich ein Bild davon ins Netz stellen würde, gäbe es eine Million Leute, die das für den Beweis halten würden, dass Aliens uns besucht haben«, flüsterte Sous-Lieutenant Fabienne Souillard.

Blanc blickte seine junge Kollegin bloß schweigend an. Sie stand neben ihm und hatte sich tief in ihre gelb-schwarze Trekkingjacke eingegraben. Die Fleece-Mütze hatte sie bis fast auf die Augenbrauen hinuntergezogen, und sie ballte ihre in Skihandschuhen steckenden Hände rhythmisch zu Fäusten und entspannte sie wieder, es sah einen absurden Moment so aus, als atmete sie mit den Fingern. Sie war gestern erst von ihrem Urlaub in Barcelona zurückgekehrt, und wahrscheinlich war es dort wärmer gewesen als in der Provence.

Winter in der Provence … Blanc sah sich um, es war sein erster Dezember im Midi. Über ihm wölbte sich ein Himmel wie aus blauem Glas. Doch die Nachmittagssonne war schon hinter einigen hoch über ihm aufragenden Klippen verschwunden und ließ am Boden bloß gräuliches Halbdunkel zurück. Er spürte, wie sich der Frost auf den Felsen durch seine Schuhsohlen fraß. Fabienne und er standen in einem düsteren, stillen Tal. Blanc kam sich vor wie auf dem Grund eines vor Urzeiten ausgetrockneten Sees. Das Tal war wie ein in die Berge hineingefräster Kreis, vielleicht dreihundert, vierhundert Meter im Durchmesser, sicherlich fünfzig Meter tief.

Ein älterer Beamter der *Police municipale*, der einzige uniformierte Polizist der winzigen Stadt Lamanon, hatte Fabienne und Blanc auf dem Parkplatz vor der kleinen Kirche erwartet und sie über einen steil ansteigenden Pfad in die Hügel der Alpilles geführt. Sie waren durch einen Pinien- und Eichenwald gegangen, die Erde dort, wo Schatten lagen, raureifüberkrustet, der Felsboden tückisch glatt durch einen kaum sichtbaren Eisfilm. Ihr Atem stand in weißen Wölkchen über den Lippen – kein Wind, der in den Zweigen flüsterte, kein Warnruf eines Vogels, nur ihr Luftholen, das immer schwerer wurde, je höher sie stiegen.

Und plötzlich traten sie in dieses dunkle Tal. Der Polizist hatte sie durch einen Riss in einem Felsen geführt. Nachdem sie diese Engstelle passiert hatten, blickten sie in ein weites Steinrund – und es war, als starrten die Steine zurück.

Höhlen, überall Höhlen.

Die Wände des Tals waren vom Boden bis hoch in die Klippen vernarbt: Im mürben Sandstein gähnten Löcher, manche Höhlen waren kaum hüfthoch und reichten nicht mehr als drei Meter in das Gestein, andere waren weit wie Scheunentore, fünf, zehn, zwanzig Meter hoch, und niemand konnte ahnen, wie tief sie in den Berg hineinführten. Die Höhlen, so kam es Blanc vor, waren schwarze Augen, die jeden seiner Schritte in diesem verbotenen Reich verfolgten. Sie schienen in den Felsen gefräst worden zu sein. Gefräst, ja, dachte er, das kann doch gar nicht natürlich sein. Die Ränder der Öffnungen waren glatt poliert. In wenigen besonders weiten Löchern war in der Mitte ein Stück Felsen als stützender Pfeiler stehen gelassen worden, damit das Gewölbe nicht kollabierte. Diese Grotten wirkten wie gigantische Totenschädel, Augenlöcher eines Riesen, dazwischen ein Nasenbein, das größer war als Blancs Körper. Zu manchen höher gelegenen Höhlen führten schmale Stufen, die in den Felsen geschlagen worden waren, keine breiter als ein Fuß. Er sah Mulden in den Böden der Grotten, schwarz von unzähligen längst erloschenen Lagerfeuern, und meterlange Rinnen, die vielleicht vor Urzeiten Regenwasser in tief ins Gestein gehauene Zisternen geleitet hatten. Auf einem Felsvorsprung, der von einer Talseite aus bis weit in den Kessel hineinragte, waren Mauern aus sorgsam geschichteten Steinen aufgerichtet worden. Auf dem Grund des Tals wuchsen Pinien und Eichen, so jung, dass ihre Stämme kaum dicker waren als der Oberschenkel eines Mannes. Oben, am Rand, standen die Bäume höher und dichter, schwarze Kronen im tiefen Licht der Sonne. Es duftete nach nassem Eichenlaub und feuchter Erde. Und es war unfassbar still. Die Grotten von Calès waren ein verborgener Kessel zwischen stummen Gipfeln.

Es war Montag, der 11. Dezember, und die meisten Gendarmen patrouillierten gerade die Weihnachtsmärkte der Dörfer ab, umweht von süßlichen Düften und schauderhafter Musik, fröstelnd und hoffend, dass nicht ausgerechnet hier ein Wahnsinniger mit einem Lastwagen durch die Menge pflügen würde. Fabienne und Blanc waren froh gewesen, dass sie dabei nicht länger mitmachen mussten, als Commandant Nkoulou sie zu sich rief, nachdem eine Archäologin sich telefonisch bei der Gendarmerie-Station von Gadet gemeldet hatte. Die Forscherin sei in Calès, wie sie sagte, über die Knochen eines Toten »gestolpert«. Das Skelett sei allerdings wahrscheinlich kein Fall für die Wissenschaft, sondern für die Gendarmerie, ob nicht mal einer der Beamten vorbeisehen mochte?

Und so starrte Blanc eine Dreiviertelstunde nach diesem Anruf auf den malträtierten Schädel. Hinter den leeren Augenhöhlen und dem Loch in der Stirn sah er feinen, gelben Sand, der sich über die Jahre in jenem Bereich des Kopfes abgelagert hatte, in dem einst das Gehirn gewesen sein musste. Sein Blick wanderte die Halswirbel abwärts, über die Schultern, Rippen, Ober- und Unterarme, das Becken, Ober- und Unterschenkel, alle Gebeine gelb-weiß, fleischlos. Doch selbst die winzigen Zehenknochen waren noch an ihrem Platz. Der namenlose Tote hat auf dem Rücken gelegen, vermutete er, beide Arme an den Seiten, die Beine ausgestreckt und parallel; er ist beerdigt worden, kein Tier hat diese Knochen je gestört. Auf der linken Talseite war er in den Boden einer kleinen Höhle eingelassen worden, der Sand, der die Gebeine umhüllte, war nichts anderes als Steinstaub, der hineingerieselt war. Aber wie lange? Jahrtausende? Oder bloß ein paar Jahre? Die Höhle lag ein Stück oberhalb der Sohle und war wahrscheinlich für lange Zeit so gut wie unsichtbar gewesen, sie war kaum zwei Meter hoch und zwei Meter breit und bis vor Kurzem vielleicht drei oder vier Meter tief gewesen. Doch ein Teil der Felswand war an diesem Tag abgerutscht. Blanc musterte die Steine, heller und gezackter als die anderen Felsen, das staubüberzogene Geröll. Einige Brocken, so groß wie Autos, waren bis in die Mitte des Tals gerollt. Wahrscheinlich hatte der Frost den mürben Sandstein gesprengt, sagte er sich. Der Felssturz hatte die Höhle aufgerissen – und dabei das Grab des Toten freigelegt.

»Kein Schmuck«, sagte Fabienne, »keine Uhr, keine Gürtelschnalle, nichts aus Metall, das noch erhalten wäre. Vielleicht liegt dieser Tote seit der Steinzeit hier.« Sie deutete auf die Höhlen. »Ich habe in der Schule mal ein Referat über Cro-Magnon-Menschen gehalten. Eine Weile wollte ich danach Paläontologin werden, aber dann hab ich mich doch für moderne Leichen entschieden.« Sie lachte und schüttelte den Kopf, als wäre sie verwundert über sich selbst. »Ich habe mir immer vorgestellt, dass die Steinzeitmenschen in genau solchen Höhlen gelebt haben. Ich hätte nur nicht gedacht, dass es die mitten in der Provence gibt.«

»Diese Grotten sind wirklich gut verborgen«, murmelte

Blanc, während er sich dicht über die Knochen beugte, ohne sie zu berühren. Er stutzte, dann fuhr er nachdenklich fort: »Calès ist das ideale Versteck. Ein unsichtbares Tal, Dutzende Öffnungen im Fels. Bäume. Diese Stille. Der perfekte Platz für einen Mörder, der sein Opfer verschwinden lassen will.«

Fabienne sah ihn erstaunt an. »Du meinst, diese Leiche hier ist erst in unserer Zeit vergraben worden?«

Blanc bedeutete ihr mit einer Handbewegung, sich über das Skelett zu beugen. »Sieh dir den Schädel an«, forderte er sie auf.

»Das Loch ist nicht zu übersehen. Aber das wirkt auf mich nicht unbedingt wie ein Einschuss. Das könnte irgendwann passiert sein, als der Tote schon lange hier gelegen hat. Vielleicht durch einen Stein, der irgendwann auf den Schädelknochen gestürzt ist.«

»Nicht die Stirn«, sagte er, »der Kiefer. Was siehst du?«

»Gute Zähne. Keine Lücke und … *merde*!« Fabienne richtete sich auf und starrte Blanc an.

Der lächelte. »Doch Metall an der Leiche«, sagte er. »Eine Plombe im Backenzahn oben links.«

»So viel zu meinem Cro-Magnon-Menschen«, sagte seine Kollegin und zog ihr iPhone aus einer der zahllosen Taschen ihrer Jacke. »Gut, dass ich mich am Ende gegen die Paläontologie entschieden habe. Ich rufe die Spurensicherung und die Gerichtsmedizinerin.«

Blanc schickte den Dorfpolizisten zurück nach Lamanon, um dort auf Doktor Thezan und die Kriminaltechniker zu warten und sie anschließend zu den Grotten zu führen. Dann wandte er sich der Frau zu, deren Anruf sie überhaupt erst hierhergeführt hatte. Die Archäologin hatte etwas abseits gestanden und gewartet, während sich die beiden Gendarmen das Skelett angesehen hatten.

»Doktor Havel?« Blanc schüttelte ihre Hand.

»Agnes Havel, den Doktortitel dürfen Sie sich schenken.«

Blanc schätzte sie auf fünfzig Jahre, aber sie wirkte, als wollte sie für immer Studentin bleiben: groß gewachsen, sportlich, lange, lockige braune Haare, bretonischer Wollpullover, Jeans, schwere Trekkingschuhe. Vor ihren braunen Augen leuchtete das feine Goldgestell einer Brille, aber ihre selbst im Winter gebräunte Haut und ihre raue Rechte, mit der sie seinen Handschlag erwiderte, verrieten ihm, dass sie ihre Zeit lieber außer- als innerhalb einer Studierstube verbrachte. Sie hatte die markante Stimme einer Raucherin, die einst viele Zigaretten inhaliert, das aber schon lange wieder aufgegeben haben musste, denn sie duftete nicht nach Tabak.

»Sie arbeiten hier in den Grotten von Calès?«, fragte Fabienne und schüttelte der Archäologin ebenfalls die Hand.

»Eine Kampagne lang.« Als Agnes Havel die fragenden Blicke der beiden Gendarmen wahrnahm, lachte sie. »So nennen wir Archäologen die Zeit, die wir mit Grabungen verbringen: eine Kampagne. Wir haben hier noch bis Weihnachten zu tun. Das heißt, wenn Sie uns jetzt noch graben lassen.« Sie deutete in Richtung der Gebeine.

Blanc lächelte. »Sie glauben nicht, dass es eine alte Leiche ist?«

»Deshalb habe ich Sie gerufen. Man muss keinen Doktor in Zahnmedizin gemacht haben, um die Plombe zu erkennen.«

Fabienne hüstelte. »Dann kommt es eher selten vor, dass Archäologen in den Grotten Tote finden? Ich meine: Die Höhlen sind doch uralt, oder? Legen Sie da nicht andauernd Gebeine frei?«

Die Wissenschaftlerin deutete mit einer umfassenden Bewegung auf den Talkessel. »Das war nie ein Friedhof hier. Mein Spezialgebiet ist mittelalterliche Archäologie, ich arbeite an der Sorbonne, über die Grotten von Calès habe ich seinerzeit schon promoviert.

Es stimmt zwar, dass wohl schon im Neolithikum Menschen hier gehaust haben. Man ist gut verborgen vor Feinden, geschützt gegen den Mistral, es ist schattig im Sommer, nur im Winter vielleicht ein wenig frisch.« Sie lachte wieder. »In der Region erzählen sich die Menschen viele Legenden über diese Grotten. Noch heute behaupten manche, dass sie hier hin und wieder einen ›Wolfsmann‹ sehen, *l'homme sauvage de Calès*, einen geheimnisvollen Mann, der sich jeden Wanderer holt, der so unvorsichtig ist, nach Einbruch der Dunkelheit in dieses Tal vorzudringen.« Agnes Havel wies auf das Skelett. »Es würde mich nicht wundern, wenn schon heute Nachmittag im *Café du Midi* in Lamanon die Legende vom Wolfsmann, der sich wieder ein neues Opfer geholt hat, die Runde machte. Eine andere Geschichte dreht sich um den Namen: Ein Sarazenenfürst namens Kalès soll sich im Mittelalter im Tal verschanzt haben, daher der Name, der so gar nicht provenzalisch klingt. Dahinter steckt immerhin ein Körnchen Wahrheit, auch wenn sich wahrscheinlich nie ein einziger Sarazene hierher verirrt hat.«

Die Archäologin deutete auf die nächstgelegene intakte Grotte. »Sie sehen ja selbst, dass die Höhlen Menschenwerk sind. Wahrscheinlich gab es zwar immer schon Öffnungen im Felsen, es ist Sandstein, der ist nicht sehr solide, aber erst im Mittelalter wurden sie systematisch größer gegraben, nicht in der Steinzeit. Ab dem 12. Jahrhundert haben die Menschen dieses Tal als Steinbruch genutzt. Die Kirchen, ein paar Burgen und Dutzende Bauernhäuser der Region sind aus Material erbaut worden, das hier herausgebrochen wurde.

Und erst nachdem man durch die Steinbrüche viele Höhlen vergrößert hatte, haben die Leute festgestellt, wie gut man sich in Calès verschanzen kann. In Kriegszeiten sind die Einwohner von Lamanon und anderen Dörfern fortan hierher geflohen.« Sie deutete auf eine Reihe schmaler, kreisrunder Löcher oberhalb einer Grotte. »Das sind Halterungen für Stangen der Vordächer, die einst die Eingänge überspannten. Mit Leitern wurden auch höhere Höhlen erreicht. Holz und Stoff sind selbstverständlich längst verrottet, aber es muss hier mit den Holzstangen und -leitern und Stoffplanen und Seilen einmal ausgesehen haben wie eine Art Campingplatz. Meistens haben fremde Truppen dieses Tal gar nicht erst entdeckt. Und wenn doch, nun, Sie haben ja selbst den Zugang passiert. Der ließ sich leicht verteidigen. Das Tal war jedenfalls im Mittelalter und in der Frühen Neuzeit historisch viel bedeutender als in der Steinzeit.«

»Und wann wurden die Höhlen verlassen?«, fragte Blanc.

»Im 16. Jahrhundert erst; für Archäologen ist das so, als wäre es gestern gewesen. In den Religionskriegen haben katholische Truppen einige verschanzte Hugenotten gestellt. Die Katholiken hatten Kanonen. Da haben dann auch die Höhlen nicht mehr viel genutzt.«

»Aber danach müssten doch viele Tote hier herumgelegen haben?«, fragte Fabienne.

Agnes Havel schüttelte den Kopf. »Sie dürfen sich das nicht vorstellen wie ein überfülltes Flüchtlingslager heute, irgendwo im Nahen Osten. Wir haben in diesem Talkessel achtundfünfzig Höhlen gezählt, aber manche waren wohl nur so etwas wie Vorratskammern. Wenn man die Zahl der Feuerstellen lokalisiert und davon ausgeht, Beweise gibt es dafür ja nicht, dass um jede Feuerstelle eine Familie gehockt hat und dass vielleicht vier oder fünf Menschen zu einer Familie gehörten – *eh bien*, dann dürften hier zwischen einhundert und zweihundert Menschen gelebt haben. Weniger als in einem einzigen Metro-Waggon in Paris, zumindest zur Rushhour.« Sie dachte nach. »Kein Archäologe hat je einen Friedhof gefunden, soweit ich mich erinnern kann«, fuhr sie fort, »oder auch nur eine einzige Leiche. Bis heute. Ob die Leute hier auf natürliche Art gestorben sind oder in einem der Kämpfe getötet wurden – sie sind offenbar stets außerhalb des Tals bestattet worden, wahrscheinlich unten in Lamanon, bei der Kirche.«

»Das ist also Ihr erster Toter?«, vergewisserte sich Blanc.

»So kann man das sagen.«

»Sie haben das Skelett freigelegt?«

»Nein, das war der Fels selbst.« Agnes Havel deutete auf ein weißes Zelt am Fuß der gegenüberliegenden Talseite. »Meine Studenten und ich haben auf dem Talgrund gegraben. Plötzlich ist eine ganze Felswand abgerutscht, sicherlich zehn Kubikmeter. Wir waren fürchterlich erschrocken, es hat gekracht, als wäre eine Bombe explodiert. Und einen Moment lang fürchteten wir, die größten Brocken könnten bis zu uns rollen und uns zerschmettern. Als sich der Staub dann ein wenig gelegt hatte, habe ich meinen Studenten gesagt, dass sie bleiben sollen, wo sie sind. Ich wollte mich allein umsehen und dabei kein unnötiges Risiko eingehen, die Felsen sind nicht sicher. Das kann sich jederzeit wiederholen.« Sie wies auf das Gestein. »Sie sehen selbst die Risse und Sie spüren den Frost. Das ist eine gefährliche Kombination. Jedenfalls bin ich hier hinaufgeklettert und habe sofort das Skelett entdeckt. Ein unglaublicher Zufall, dass der Felssturz die Gebeine freigelegt, aber sie nicht zerstört hat. Oder vielleicht doch nicht: Der Leichnam ist ja bestattet worden. Jemand hat eine Mulde in den Sandstein gehauen, um den Körper hineinzulegen, und noch Felsbrocken über den Toten geschichtet, deshalb haben Aasfresser die Gebeine nie durcheinandergebracht. Ich habe die letzten Steine, die noch auf den Knochen lagen, beiseitegeräumt, weil ich zuerst dachte, das sind alte Gebeine. Der erste Tote, der jemals in Calès entdeckt wurde! Was war ich aufgeregt! Aber dann habe ich die Zahnplombe bemerkt und Sie angerufen. Man kann nicht immer Glück haben. Jetzt ist das Skelett Ihre Angelegenheit.«

Blanc sah auf die am Talboden zur Ruhe gekommenen Felsbrocken, auf die Furchen, die sie in den Boden gerissen hatten, auf die paar jungen Eichen, die sie auf ihrem Weg nach unten zerfetzt hatten. »Ist Ihr Job nicht gefährlich?«, fragte er. »Wie oft rutschen hier Steinwände ab?«

»Manche Archäologen graben in Kriegsgebieten. Die würden sagen, dass es hier ungefährlich ist«, erwiderte Agnes Havel fatalistisch. »Felsstürze sind selten und unberechenbar. Niemand kann sagen, wann und wo als Nächstes etwas runterkommt. Es gibt keine Warnzeichen. Wir haben das Donnern erst gehört, als es losging. Der letzte Felssturz ist zwei Jahre her. Seitdem ist das Tal aus Sicherheitsgründen für Wanderer gesperrt, und nicht mal Jäger und Förster wagen sich herein. Nur noch verrückte Archäologen aus Paris.« Wieder das ansteckende Lachen.

Blanc jedoch lächelte aus einem anderen Grund. Nicht nur verrückte Archäologen aus Paris würden sich fortan in diese Grotten wagen, sondern auch Flics aus der Provinz. Hier gab es einen Job zu erledigen für Mordermittler. Schauermärchen von einem Wolfsmenschen. Eiserne Barrieren am einzigen Zugang. Vor Agnes Havel und ihren Studenten war vielleicht monate- oder gar jahrelang niemand mehr im Tal von Calès gewesen – nur der Tote, der hatte hier gelegen …

»Kennen Sie einen Einheimischen, der uns mehr über die Grotten sagen könnte?«, fragte Blanc.

»Monsieur Roland Compagnat«, erwiderte die Archäologin. »Er ist drüben am Zelt und hilft uns bei der Kampagne, weil er in Calès jeden Stein kennt. Er ist nämlich ungefähr genauso alt wie die Höhlen.«

Agnes Havel führte sie quer durch das Tal. Unter der Zeltplane waren einige längliche Tische aufgebaut, auf denen Gegenstände lagen, an denen noch Erde klebte und von denen Blanc nicht zu sagen vermochte, was sie sein könnten. Daneben lagen eiserne Siebe, einige Kellen, Pinsel, Plastikflaschen, in denen eine helle Flüssigkeit im letzten Sonnenlicht funkelte. Vier Studentinnen und zwei Studenten standen am Tisch oder saßen auf Campingstühlen, drei der jungen Leute rauchten. Alle blickten die Gendarmen neugierig an, waren aber zu höflich, um sie mit Fragen zu behelligen. Auf einem Campingstuhl ein wenig abseits der Gruppe saß ein kleiner, gedrungener Mann: ein kahler Kopf, so rund wie eine Billardkugel, kugelrunde dunkle Augen hinter einer Brille mit runden Gläsern – der Alte wirkte wie aus Bällen zusammengesetzt. Blanc sah die Altersflecken auf dem haarlosen Haupt und die Falten um Augen und Mund, *mon Dieu,* die Archäologin hatte nicht übertrieben, wie alt war er? Achtzig? Neunzig? Doch als Blanc näher kam, erhob sich der Mann erstaunlich geschwind vom Stuhl und gab ihm kräftig die Hand mit seiner hornhautüberzogenen Rechten.

»Roland Compagnat«, sagte er, nachdem Blanc sich vorgestellt hatte, blickte dabei jedoch Fabienne an und lächelte. Der flirtet, dachte Blanc erstaunt.

Fabienne erwiderte das Lächeln und ließ es zu, dass der Alte ihre Hand etwas länger schüttelte, als es bei einer Begrüßung notwendig war. »Sie sind der Grotten-Experte?«, fragte sie.

»Ich bin so etwas wie der Hausmeister der Höhlen.« Compagnat lachte, als er ihren verblüfften Blick wahrnahm. »Nehmen Sie mich nicht ernst, Mademoiselle. In Wahrheit bin ich bloß ein alter Mann, der gerne hier herumwandert.«

»Monsieur Compagnat ist seit Jahren ehrenamtlicher Wanderführer in Lamanon. Er kennt nicht bloß jede Höhle«, ergänzte Agnes Havel, »er kann uns auch die versteckten Pfade oder gehauenen Treppenstufen zeigen, die den Zugang zu verborgenen Öffnungen in den Felswänden erleichtern. Und er zeigt uns Bäume, die seit unserer letzten Kampagne nach einem Gewitter umgestürzt sind und möglicherweise neue Funde freigegeben haben.«

»Aber der Felssturz heute Morgen hat selbst einen erfahrenen Mann wie Sie überrascht?«, hakte Blanc nach.

»Diese Sachen kann niemand voraussehen.« Compagnat wurde ernst, und plötzlich wirkte er auf Blanc so alt, wie er wohl war, sorgenvoll, sogar fragil. »Eines schönen Tages hätte mich beinahe so ein riesiger Brocken überrollt. Ich weiß es noch, als wäre es gestern gewesen: Es hat so laut geknallt, dass mir die Trommelfelle wehtaten. So etwas habe ich nur einmal zuvor gehört, im Krieg, als die Amerikaner hier in der Provence deutsche Stellungen bombardiert haben. Das war aber zwanzig Jahre nach Kriegsende, und im ersten Moment dachte ich: Genau nach zwanzig Jahren explodiert ein Blindgänger. Und wieso liegt in den Grotten von Calès überhaupt eine Bombe? Und jetzt erwischt es mich doch noch. Absurd, was einem in so einem Augenblick durch den Kopf rauscht.« Compagnat kratzte sich, wie um das zu bestätigen, die faltenzerfurchte Stirn. »Aber es war keine Bombe, sondern nur ein Felsen. Es war Ende August, die Tage waren trocken und sehr heiß, nicht ein einziges Hitzegewitter war runtergekommen, seit Monaten hatte es weder Frost noch Regen gegeben, es gab kein Vorzeichen – und doch rumpelte dieser Brocken plötzlich aus der Wand.« Der Alte deutete mit seiner Rechten, die ganz leicht zitterte, auf eine Stelle in halber Höhe des Talkessels, die auf Blanc, wenn er genau hinsah, etwas eingedellt wirkte. Dann zeigte er auf einen Felsen am Grund, groß wie ein Gartenschuppen, moosbewachsen, in einer Mulde auf der Oberseite lag Eis im Schatten. »Der ist mir damals praktisch über die Zehen gerollt. Ich war ganz allein und konnte eine Stunde lang nicht aus diesem Tal hinaus, weil ich so schockiert war, meine

Beine waren weich wie Gummi, und ich musste mich erst mal hinlegen. Wäre damals noch ein zweiter Brocken abgegangen, ich wäre zerschmettert worden.

Beim letzten Felssturz war es dann anders.« Compagnat lächelte schwach. »10. März 2017 gegen 15.30 Uhr, ich war in der *Mairie*, um ein paar Papiere abzuholen, und habe mich gerade mit der hübschen neuen Sekretärin unterhalten, ich erinnere mich noch genau, ich hätte nämlich beinahe die Abgabefrist für diesen Antrag verpasst. Na, jedenfalls zittert auf einmal die Erde, und es kracht, aber den Lärm kannte ich ja jetzt schon. Die Mademoiselle im Rathaus hat geglaubt, dass Terroristen eine Bombe ausgerechnet in Lamanon gezündet hätten. Sie ist die Treppe zum Bürgermeister hinaufgerannt.« Der Alte schüttelte verwundert den Kopf – oder vielleicht auch ein wenig verächtlich, dachte Blanc. »Als ob der Bürgermeister ihr in so einem Fall helfen könnte! Ich habe vom Fenster aus eine Staubwolke gesehen, die aus dem Wald bis runter nach Lamanon gequollen ist. Später hat sich dann herausgestellt, dass oben am Rand des Talkessels dreißig Tonnen Gestein abgegangen sind. Die meisten Brocken sind auf den Wanderweg gestürzt, sie haben ihn verschüttet. Aber einige sind da nicht liegen geblieben, sondern weiter auf dem Weg runtergerollt, wie auf einer gigantischen Murmelbahn. Einer hat es bis auf hundertfünfzig Meter an das erste Haus von Lamanon geschafft.«

»Seither ist das Tal endgültig für Wanderer gesperrt«, ergänzte Agnes Havel. »Wir dürfen noch hinein, aber nur, weil wir den Bürgermeister seit Jahren gut kennen. Und nur, weil Monsieur Compagnat so freundlich ist, uns für die Dauer der Kampagne zu begleiten.«

»Ich bin Rentner«, wehrte der Angesprochene bescheiden ab. »Während ich auf den Tod warte, kann ich ja noch etwas Sinnvolles tun. Außerdem sind die Studentinnen so hübsch wie ihre Professorin.«

»Monsieur Compagnat geht jeden Tag als Erster ins Tal«, sagte die Archäologin und bedachte sein Kompliment mit einem milden spöttischen Blick, »weil ihm jeder neue Riss und jeder lockere Felsen auffallen würde. Und während wir mit den Knien auf dem Boden unsere Schätze ausgraben, beobachtet er die Felswände.«

»Das verhindert aber keinen Felssturz«, sagte Blanc trocken.

Compagnat schüttelte nachdenklich den Kopf. »Leider. Es gibt hier ein, zwei Stellen mit besonders mürbem Gestein. Mit großen Rissen, mit Pinienwurzeln, die sich gefährlich tief unter Steine gegraben haben, Brocken, die auf den Kanten von Abhängen balancieren. Da dürfen Sie nicht einmal in die Nähe kommen, und das habe ich Doktor Havel auch von Anfang an gesagt.«

»Und wir haben uns daran gehalten«, warf die Archäologin rasch ein.

Compagnat nickte. »Sie waren brav. Aber dann, peng!, kommen plötzlich die Felsen an einer Stelle runter, von der ich geglaubt habe, dass sie die sicherste im ganzen Talkessel ist. Ein Blitz aus heiterem Himmel gewissermaßen.« Blanc sah dem Alten an, wie erschüttert er war. Da passt du als ehrenamtlicher Helfer auf eine Gruppe junger Leute auf, und plötzlich stürzt ein Felsen zu Boden. Hätte er einen der Studenten zermalmt, Compagnat hätte sich im hohen Alter noch mitschuldig an diesem Tod gefühlt. Kein Wunder, dass seine Hände zitterten.

»Vielleicht hat die Grabmulde das Gestein von innen geschwächt.« Blanc lächelte Compagnat aufmunternd an. »Niemand konnte ahnen, dass dort eine Mulde verborgen lag. Haben Sie das Skelett gesehen?«, fragte er nach einer kurzen Pause.

Der Alte warf der Archäologin einen raschen Blick zu. »*Eh bien,* ich durfte eigentlich nicht. Doktor Havel hat gesagt, dass es zu gefährlich ist, sie wollte allein rübergehen auf die andere Talseite. Aber ich konnte sie doch nicht ...« Er machte eine entschuldigende Geste und lächelte die Forscherin an. »Ich bin Ihnen hinterhergegangen, Madame. Nur um sicherzugehen, dass Ihnen nichts passiert.«

»Sie sind mir gefolgt?«, fragte Agnes Havel und zog eine Augenbraue tadelnd hoch.

»*Bien sur.* Ich konnte Sie doch da nicht allein hingehen lassen.«

»Und dabei haben Sie das Skelett gesehen?«, hakte Fabienne nach, bevor die Archäologin dem Alten eine Strafpredigt halten konnte.

»Nicht so genau wie Doktor Havel. Ich wollte sie ja nicht stören und war nicht ganz so nah dran, aber für meinen Geschmack nah genug. Ich habe die Knochen gesehen. Gruselig.«

»Sie haben in all den Jahren, die Sie die Grotten von Calès kennen, noch nie zuvor eine Leiche entdeckt?«

»Nie.« Compagnat schüttelte entschieden den Kopf.

»Haben Sie je irgendein Gerücht gehört, dass man in diesem Tal einen Toten versteckt haben könnte?«, fragte Blanc. »Vielleicht irgendeine wilde Geschichte, die man sich beim Pastis im Café erzählt – von jemandem, der in die Grotten hineingegangen, aber nie wieder herausgekommen ist?«

Der Alte starrte ihn verblüfft an. »Also – ich habe ja zu den Grotten schon viele seltsame Legenden gehört, aber das …« Er schüttelte den Kopf und sah Blanc besorgt an. »Hören Sie, Sie könnten der nächste Tote sein«, fuhr er fort. »Sie sehen doch selbst, wie gefährlich das ist. Doktor Havel darf seit 2017 mit ihren Studenten nur noch auf dem Talboden graben. Unten hat man immer noch eine Chance, davonzukommen, wenn oben die Felsen abgehen. Sie hören den Lärm, schauen, wo die ersten Steine sich lösen, dann rennen Sie weg, so schnell Sie können. Wie heute: Ich habe es krachen gehört, sah die Brocken und habe Doktor Havel gewarnt. Wir sind hier hinter einigen großen Steinen in Deckung gegangen, bis alles vorbei war.

Aber wenn Sie in die Steilwände hineinsteigen, dann haben Sie diese paar Sekunden Vorwarnzeit nicht. Da kann es sein, dass der Boden unter Ihren Füßen wegrutscht. Dann ist es so, als stünden Sie auf einer Bombe, die unter Ihnen explodiert. Sie rutschen mit vielen Tonnen Felsen in die Tiefe, und wir werden Sie später nicht einmal mehr finden können unter all dem Gestein.«

»Wir werden das Skelett später auch nicht mehr finden, wenn das hier so weitergeht«, erwiderte Blanc. »Wir müssen die Gebeine bergen. Jetzt.«

Compagnat hob die Hände. »Es sind Ihre Gebeine.«

Blanc wollte lieber nicht so genau wissen, was der Alte damit meinte.

Eine Viertelstunde später führte Blanc die Gerichtsmedizinerin Doktor Fontaine Thezan und Damian Hurault, den Leiter der Kriminaltechnik von Salon, vom Taleingang aus hoch zur Leiche. Fontaine Thezan hatte ihren alten Jeep Cherokee nicht in Lamanon zurückgelassen, sondern war mit ihm ein gutes Stück weit den Waldweg hinaufgefahren. Das war selbstverständlich verboten, doch die Ärztin gehörte nicht zu den Menschen, die sich an jedes Verbot hielten. »Sie verschaffen mir mehr Studienobjekte als alle Ihre Kollegen zusammen, *mon Capitaine*«, begrüßte sie ihn.

»Ich fürchte, es ist diesmal ein sehr altes Objekt«, erwiderte Blanc.

»Wenn alles verwest ist, kann man sich auf das Wesentliche konzentrieren.« Die Gerichtsmedizinerin trug beinahe bis zu den Knien reichende, elegante schwarze Stiefel, eine schwarze Hose, sie war in eine lange Lederjacke gehüllt, ihre Haare waren hochgesteckt und unter einer roten Skimütze mit dem Aufdruck *Sankt Moritz* verborgen. Während sie noch miteinander sprachen, kam Hurault den Weg hoch. Sie erkannten ihn schon von Weitem an seiner leuchtendgelben Warnweste mit dem Schriftzug *TIC*, die ihn als Mitglied der *Techniciens en identification criminelle* auswies. Beim Näherkommen erkannte Blanc unter der Warnweste Skihose und -jacke in olivgrüner Pseudo-Tarnfarbe, wie sie bei Snowboardfahrern angesagt waren und die dem jungen, aber schon kahlen und leicht übergewichtigen Experten nicht gerade gut standen. Blanc selbst trug Basketballschuhe, Jeans, Lederjacke und Baseballcap, wie immer. Aber er kam ja auch aus dem Norden. Richtige Provenzalen, die den ersten leichten Frost spürten, zogen sich an, als läge der Midi auf demselben Breitengrad wie Murmansk.

Während sie auf uralten, in die Felswand geschlagenen Stufen höher stiegen, gab Blanc Compagnats Warnung vor Felsstürzen weiter. »Wir müssen vorsichtig sein«, sagte er und bemerkte, dass er unwillkürlich leiser gesprochen hatte.

Fontaine Thezan blickte in den Himmel. »Wir müssen uns trotzdem beeilen. Wir haben höchstens noch eine Stunde Tageslicht«, sagte sie. »Im Tal wahrscheinlich sogar weniger.«

»Wir könnten generatorbetriebene Scheinwerfer installieren«, schlug Hurault vor. Er atmete bereits schwer, und auf seiner kahlen Stirn hatte sich ein feiner Schweißfilm gebildet. Er sah aus, als bereute er schon, in seinem schweren Skianzug nach oben zu klettern. Oder vielleicht machen ihm auch die Felsen Angst, dachte Blanc.

»Aber die Dieselgeneratoren sind schwer und vibrieren, wenn sie laufen«, gab Fabienne zu bedenken. »Ihr Schütteln könnte den Stein …« Sie vollendete den Satz nicht. »Vielleicht können Sie ein paar Petroleum-Campinglampen besorgen?«

»Ich habe mich bei den Kriminaltechnikern beworben, weil ich Hightech mag«, brummte Hurault. »Aber ich sehe, was ich tun kann.«

Blanc deutete auf die Archäologen, die beim Zelt auf dem Talboden zurückgeblieben waren. »Fragen Sie nachher die

Wissenschaftler. Ich habe ein paar Öllampen auf ihren Tischen gesehen.«

Sie blieben vor dem Skelett stehen. Der Tote lag in der Mulde, die Höhle war so eng, dass sich nicht mehr als zwei Menschen gleichzeitig dort aufhalten konnten. Blanc und Fabienne bezogen an der Öffnung Posten. Fontaine Thezan betrachtete die Gebeine lange schweigend, ging langsam um die Leiche herum, stellte schließlich ihren Arztkoffer ab und wechselte ihre Fleece- gegen ein Paar Gummihandschuhe. Währenddessen hatte Hurault eine Spiegelreflexkamera gezückt und schoss Fotos. Bei jedem Blitz zuckte Blanc zusammen in der irrationalen Furcht, das Licht könnte den Stein sprengen.

»Der Tote hat eine Zahnplombe«, sagte er.

Die Gerichtsmedizinerin nickte. Sie hatte sich neben die Gebeine gehockt und betrachtete sie aus der Nähe, rührte sie aber noch nicht an. Dann zog sie eine Lupe und eine Taschenlampe aus ihrem Koffer und betrachtete eingehend das Loch in der Stirn.

»Ich dachte, das war vielleicht ein Stein«, sagte Fabienne. Sie klang nicht mehr so sicher.

»Sie kennen sich mit Computern besser aus als mit Knochen«, erwiderte Fontaine Thezan trocken. »Genaueres werde ich Ihnen selbstverständlich erst sagen können, nachdem ich die Leiche im Institut auf dem Tisch gehabt habe. Aber auf mich wirkt das wie ein Einschussloch.« Blanc zwängte sich in die Höhle, als Hurault mit den Fotos fertig war. Die Gerichtsmedizinerin wies auf eine feine dunkle Linie an der Oberseite des Schädels. »Ein Bruch des Knochens, der sich von dem Loch bis zum linken Scheitelbein zieht. Typisch für eine Verletzung durch eine Kugel.«

»Großes oder kleines Kaliber?«, fragte Blanc.

»Eher klein, sonst wären die Risse im Schädelknochen bedeutender. Wahrscheinlich eine Pistole, kein Gewehr.« Fontaine

Thezan wandte sich an Hurault, der draußen wartete. »Wir müssen auch den Sand in und unter den Knochen bergen. Und Sie sollten die Höhle absuchen, zumindest das, was nach dem Felssturz noch davon übrig geblieben ist. Vielleicht finden wir hier irgendwo eine Kugel.«

»D'accord.« Der Kriminaltechniker ließ von außen einen skeptischen Blick durch die kleine Höhle schweifen. »In dieser Grube hat sich Sand gesammelt und in zwei weiteren Mulden. Ansonsten ist das hier nackter Felsboden. Da werden wir nicht viel finden. Ich hole die Kollegen hoch und frage die Archäologen nach den Lampen. Je eher wir hier fertig sind, desto besser.« Damit stapfte er davon, sichtlich erleichtert, zumindest für diesen Augenblick wieder aus dem Hang hinuntersteigen zu können.

Kopfschuss, dachte Blanc, mit einer Pistole – kein Selbstmord, denn der Tote lag mit den Armen am Körper in der Grube, so hätte er sich niemals selbst eine Kugel in die Stirn schießen können. Also Mord. Mit einer Pistole hätte der Täter nicht aus großer Entfernung feuern können. Er muss seinem Opfer nahe gewesen sein, so nahe, dass er ihm bei der Tat ins Gesicht gesehen hatte. Blanc fröstelte.

»Wie lange liegen diese Knochen wohl schon hier?«, fragte er die Gerichtsmedizinerin. Seit wann gibt es eigentlich Zahnplomben? Er fürchtete, dass er alle Vermisstenfälle in der Provence während der letzten hundert Jahre durchgehen müsste, um der Identität des Toten auf die Spur zu kommen. Und er dachte an das, was der alte Compagnat vorhin eher nebenbei gesagt hatte: Bomben, Explosionen, Zweiter Weltkrieg. Was, wenn das hier ein erschossener Wehrmachtssoldat war? Oder ein Résistance-Kämpfer? Dann könnte er in den Akten der Gendarmerie ewig nach dem Namen des Toten suchen. Vom Täter ganz zu schweigen.

Fontaine Thezan erhob sich und streifte die Gummihandschuhe ab. Sie verließ die Grotte und fischte aus einer Manteltasche eine Packung Mentholzigaretten und ein Feuerzeug. Sie nahm einen tiefen Zug. Immerhin kein Joint hier vor allen Leuten, sagte sich Blanc, auch wenn er den Tabak-Pfefferminz-Geruch der Zigaretten nicht unbedingt aromatischer fand als den Hauch von Marihuana, der die Ärztin sonst umspielte.

»Wahrscheinlich liegt das Skelett hier schon seit einigen Jahren«, erklärte sie. »Sie sehen ja selbst, dass das Gewebe vollständig verwest ist. Aber wie viele Jahre genau? Wer weiß, wie diese Höhle ausgesehen hat, bevor die Felswand eingestürzt ist. Vielleicht war die Grotte so etwas wie eine natürliche Grabkammer, der Körper könnte dann trocken und bei relativ stabilen Temperaturen gelegen haben. Dann hat sich die Verwesung möglicherweise über Jahrzehnte hingezogen. Die Zahnplombe ist wahrscheinlich eine Amalgamfüllung, so etwas wird in Frankreich seit etwa 1820 verwendet. Die Leiche kann hier also seit maximal zwei Jahrhunderten liegen. Vielleicht war es in der Höhle aber auch immer vergleichsweise feucht, dann wären die Verwesungsprozesse sehr schnell abgelaufen – und diese Leiche könnte erst vor vierundzwanzig Monaten beerdigt worden sein. Wahrscheinlich weiß ich erst mehr, nachdem ich die Gebeine im Labor untersucht habe.«

»Also suche ich einen Mann, der vor zwei Jahren verschwunden sein könnte. Oder vor zwanzig. Oder vor zweihundert«, schloss Blanc seufzend.

Fontaine Thezan lächelte und deutete gelassen auf das Skelett. »Sehen Sie sich den Beckenknochen an, *mon Capitaine*. Sie müssen keinen verschwundenen Mann suchen. Sie suchen eine Frau.«

Das Tal war dunkel, als Huraults Kriminaltechniker endlich die Gebeine und den Sand geborgen hatten. Fontaine Thezan war schon lange fort. Fabienne und Blanc standen frierend im Zelt der Archäologen. Die Studenten hatten ihre Gerätschaften und Funde von den Tischen geräumt und waren verschwunden, doch Agnes Havel hatte sich zu den Gendarmen gesellt. Und auch Compagnat saß noch auf einem Campingstuhl und trank Tee aus einer Thermoskanne. Ihm schien die Kälte nichts auszumachen.

»Ich fühle mich älter als dieser Typ«, flüsterte Fabienne Blanc zu. »Zäher Kerl.«

»Natürliche Auslese. Er ist siebenundachtzig Jahre alt«, antwortete Blanc, »ich habe ihn vorhin gefragt. Bis in solch ein Alter schaffen es nur zähe Kerle. Der wird noch hundert.« Er deutete auf die gegenüberliegende Felswand. Die Lichtblasen der Campingleuchten schwankten, drei Taschenlampenstrahlen zitterten durch die Nacht, einmal glühte gelbrot eine Zigarette auf. »Die Spurensicherer kommen nach unten. Wir können gehen.«

Hurault stapfte kurz darauf ins Zelt. »Nichts«, verkündete er. »Wir haben die ganze Höhle abgesucht, so viel ist von ihr ja auch nicht mehr übrig geblieben. Aber da lag nichts auf dem Boden, kein Metallrest, kein Stofffetzen, gar nichts. Nur Pinienzapfen und Mäusedreck. Die Knochen und das bisschen Erde, das sich um das Skelett gesammelt hat, haben wir intakt bergen können. Das bringen wir jetzt zur Gerichtsmedizin nach Salon.«

»Und was wird aus unserer Grabung?«, fragte Agnes Havel.

Blanc dachte kurz nach. »Haben Sie den Fundort der Leiche markiert?«, wollte er von Hurault wissen.

»Wir haben das Plastikband vor dem Höhleneingang zwischen eine Pinie und einen Felsbrocken gespannt. Besser ging es nicht.«

»Das reicht.« Blanc wandte sich der Archäologin zu. »Solange Sie und Ihre Studenten nicht in die Höhle gehen, dürfen Sie hier unten weiter arbeiten.« Kann ja nicht schaden, dachte er, wenn einige Experten den Talboden untersuchen. »Wenn Sie etwas Auffälliges finden, dann rufen Sie mich an.« Er reichte ihr eine Visitenkarte.

»Sie ernennen mich zum Hilfssheriff?«

»Ohne Stern und ohne Honorar.« Blanc lächelte und wandte sich dann zum Gehen.

Compagnat führte die Gruppe durch den schmalen Felsspalt hinaus. Er trug eine Campingleuchte, doch Blanc hatte den Eindruck, dass er das eher ihnen zuliebe tat. Die anderen sollten ihn nicht aus den Augen verlieren. Agnes Havel und Fabienne hielten ihre Handys als Taschenlampen in die Höhe. Blanc hätte es ihnen nachgemacht, wenn der Akku seines altersschwachen Nokias nicht schon seit Stunden leer gewesen wäre. Sie hatten alle Taschenlampen und die übrigen Campingleuchten den Kriminaltechnikern gegeben, die ihre gruselige Last in länglichen Holzkisten trugen und dankbar waren für jeden zusätzlichen Lichtschimmer, der ihre Schritte beleuchtete. Compagnat selbst hätte wohl auch ohne künstliches Licht seinen Weg gefunden, jedenfalls ging er so schnell über den eisbedeckten Pfad, dass es anstrengend war, ihm zu folgen.

Nach der engen Passage gelangten sie auf einen Wanderweg im Wald. Blanc atmete den schweren Duft von Piniennadeln und feuchtem Laub ein; er hatte gelernt, dass die Eichen am Mittelmeer ihre Blätter selbst im Winter nicht verloren. Einmal stieß eine Eule einen hohen Jagdruf aus. Ein anderes Mal knackte ein Ast, dann war es wieder still.

»Vorsichtig jetzt«, sagte Compagnat. Im zitternden Lichtkegel seiner Lampe tauchten mannsgroße Brocken auf, dazwischen ein Teppich aus Geröll, aus dem zwei oder drei verdorrte

Äste ragten. »Die Felsen vom Sturz im vorletzten Frühjahr blockieren noch immer den Weg.«

Als der Polizist sie hochgeführt hatte, waren sie auf einem Trampelpfad durch den Wald um das Hindernis herumgegangen. Tageslicht hatte zwischen den Kronen geschimmert, und es war so leicht gewesen, Blanc hatte kaum darüber nachgedacht. Nun jedoch musste er vorsichtig tastend mit den Füßen auftreten, um nicht über eine Wurzel zu stolpern. Schützend hielt er eine Hand vor das Gesicht, damit ihn kein niedriger Ast traf, den man nicht sehen konnte. Einmal spürte er, wie Brombeeren oder irgendwelche anderen Dornen an seinem rechten Unterschenkel zerrten.

Er war erleichtert, als sie endlich in das trübe Licht der Straßenlaternen von Lamanon traten. Sie hatten die letzten Meter wieder auf dem Wanderweg zurückgelegt, der sie bis auf einen Parkplatz neben der massigen Kirche des Ortes führte. Huraults Männer luden die Kisten in die weißen Lieferwagen der Kriminaltechnik ab. Dann verabschiedeten sie sich mit einem müden Winken. Die Archäologin stieg in einen schwarzen Mini und brauste in die Nacht davon.

Neben dem Mégane der Gendarmerie, mit dem Fabienne und Blanc gekommen waren, stand ein alter, nicht gerade auf Hochglanz polierter dunkelgrüner Citroën DS. Compagnat steckte einen Schlüssel in die Beifahrertür.

»Coole Karre«, meinte Fabienne anerkennend.

Compagnat zuckte bloß mit den Achseln. »Wenn der Wagen kaputtgeht, kaufe ich mir einen neuen. Aber er geht einfach nicht kaputt. Deshalb fahre ich den schon seit fünfzig Jahren.« Er wuchtete seinen runden Leib auf den Beifahrersitz.

»Warum steigen Sie auf der falschen Seite ein?«, fragte Blanc.

»Weil das Türschloss der Fahrertür das einzige Teil ist, das kaputtgegangen ist.« Compagnat lachte. »Ein kleiner Unfall vor ein paar Jahren. Aber wenn ich das Schloss ersetzen lasse, kostet mich das mehr als eine Monatsrente. Also mache ich lieber ein bisschen Gymnastik. Das hält jung.«

»Wenn Sie den DS mal verkaufen, dann denken Sie an mich«, bat Fabienne. »Meine Frau würde …«

In diesem Augenblick knatterte mit Höllenlärm ein Motor los. Aus dem Schatten neben der Kirche schoss ein Vespafahrer, das Licht seines Rollers nicht eingeschaltet. Er brauste über den Platz, bog in eine Straße ein und war nach wenigen Sekunden außer Sicht. Nur das Röhren des Zweitakters war noch lange zu hören.

»Wer war das denn?«, rief Blanc verblüfft.

Compagnat seufzte. »Jérémy, der Dorftrottel. Er hat den IQ eines Aschenbechers.«

»Wie hat er dann den Führerschein für seinen Scooter gemacht?«

»Er weiß nicht, dass er einen Führerschein machen muss. Und es hat ihn nie jemand darüber aufgeklärt. Jérémy hat nach vielen Ehrenrunden wenigstens die Grundschule abgeschlossen. Seither lungert er herum, vor dem Café, vor der Grundschule, hier neben der Kirche.«

Blanc sah den Alten an, plötzlich war er hellwach. Er spürte die Kälte nicht länger. »Bleibt dieser Jérémy immer in Lamanon? Oder macht er auch den Wald unsicher?«

Compagnat verzog das Gesicht. »Sie meinen: Geht der Junge auch bis zu den Grotten von Calès? Leider ja. Wenn ich ehrlich sein soll: Jérémy ist vielleicht der einzige Mensch in der Stadt, der sich da noch besser auskennt als ich. Der ist immer dort, zu den unmöglichsten Zeiten, an den unmöglichsten Orten. Der hockt auf Felsen, die so wackelig sind, dass man sie mit einer einzigen falschen Bewegung in den Abgrund stürzen könnte. Setzt sich unter halb entwurzelte Pinien, die bei der nächsten Sturmböe umstürzen. Manchmal glaube ich, der

Junge sucht sich absichtlich die gefährlichsten Plätze aus; wenn er denn klug genug wäre, um eine Absicht zu haben.«

Blanc erinnerte sich an das Geräusch des zerbrochenen Astes vorhin, neben dem Eulenruf der einzige Laut im stillen Wald. »Ist es möglich, dass er gerade im Wald war, als wir zurückgegangen sind? Oder … hat er sich womöglich die ganze Zeit im Tal versteckt?«

Compagnat zuckte mit den Schultern. »Wer weiß schon, was Jérémy macht? Er kennt sich gut genug aus, um nachts da draußen herumzuschleichen, das ist sicher.«

»Wie heißt er mit Nachnamen? Wie alt ist er?«, wollte Blanc wissen. Er hatte seinen Notizblock gezückt.

»Jérémy Dominici. Er ist siebzehn, glaube ich.«

»Wer kümmert sich um ihn?«, fragte Fabienne.

»Sein Vater hat sich zu Tode gesoffen, als er noch klein war. Die Mutter ist abgehauen. Jérémy lebt bei seinem Onkel und seiner Tante. Der Onkel ist der Bruder des Vaters und auch ständig betrunken. Und die Tante … na ja. Eigentlich kümmert sich niemand um ihn.«

Fabienne betrachtete Blanc, der bereits eine Seite seines Blocks vollgekritzelt hatte. Sie schüttelte den Kopf, holte ihr iPhone raus und sprach deutlich ins Mikro: »Jérémy Dominici.« Dann sah sie ihren Kollegen triumphierend an und hielt ihr Handy hoch. »Du kannst mit diesem Ding reden, weißt du? Siri ist klüger als dein Notizblock.« Sie deutete auf das Display. »Ich habe schon seine Adresse.«

Blanc seufzte. »Ich bin zu alt für ein iPhone.«

»Ich habe ein iPhone«, warf Compagnat ein.

»Jetzt haben Sie es ihm gegeben!«, rief Fabienne lachend und ließ sich auf den Beifahrersitz des Streifenwagens sinken. »*Bonne nuit*, Monsieur Compagnat. Sie haben meinen Tag gerettet.«

»Meinst du wirklich, es lohnt sich, wenn wir uns diesen Dominici mal näher ansehen?«, fragte Fabienne, als sie die Route départementale Richtung Gadet entlangrollten. Blanc fuhr vorsichtig. Die Streifenwagen der Gendarmerie in der Provence hatten keine Winterreifen, und er fürchtete sich vor Eis auf der Straße. »Wahrscheinlich war er doch nur zufällig nachts auf dem Parkplatz«, fuhr seine Kollegin fort. »Und der Junge ist debil und vielleicht auch verwahrlost. Wer weiß, was der uns erzählen würde.«

Blanc nickte. »Wir warten den Bericht von Doktor Thezan ab. Dominici ist siebzehn, falls Compagnat sich nicht geirrt hat. Wenn die Leiche zehn Jahre alt oder älter ist, dann lohnt es sich kaum, ihn zu befragen. Aber wenn die Tote da erst seit kurzer Zeit liegt …« Blanc lächelte. »Compagnat hat selbst zugegeben, dass sich niemand sonst so gut in den Grotten von Calès auskennt wie dieser Junge. Der mag ja nicht viel im Hirn haben, aber es würde mich nicht überraschen, wenn seine Augen und Ohren besser wären als meine.«

Den Rest der Fahrt legten sie schweigend zurück. Blanc dachte nach. Die Gebeine einer Frau. Ein Einschussloch mitten in der Stirn. Ein Grab in einer versteckten Höhle. Was hatte Compagnat behauptet? Dass er diese Stelle für besonders sicher gehalten habe, für viel weniger einsturzgefährdet als andere Bereiche des Tals. Die Tote hätte dort noch ewig unentdeckt bleiben können, wenn nicht auf einmal doch einige Felsen abgerutscht wären. Und wenn nicht zufällig ein Team von Archäologen in Calès gearbeitet hätte. Wäre niemand dort gewesen, gut möglich, dass Tiere die Knochen nach dem Felssturz rasch zerstreut hätten oder dass sie im nächsten Regenschauer fortgespült worden wären. Wer immer die Tote dort abgelegt hatte, war jemand, der sich in den Grotten gut auskannte. Jemand, der geglaubt hatte, dass genau diese Höhle den Körper für alle Zeiten verbergen würde.

Für alle Zeiten ... Er warf einen nachdenklichen Blick auf seine junge Kollegin, die neben ihm auf dem Beifahrersitz eingenickt war. Er wusste, warum Fabienne mit ihrer Frau nach Barcelona gereist war: Spanische Ärzte nahmen künstliche Befruchtungen billiger und mit weit weniger kompliziertem Papierkram vor als französische Ärzte. Ob sie schon schwanger war? Und was dann? Ob Fabienne dann, wenn sie erst einmal ein Kind zu Hause hatte, noch die Nächte in düsteren Grotten und mit ermordeten Frauen verbringen wollen würde? Oder würde sie vielleicht etwas anderes machen? Sich einen Kindheitstraum erfüllen, Paläontologin werden – warum nicht? Blanc wurde schmerzlich bewusst, dass dies hier möglicherweise der letzte Fall war, den er zusammen mit Fabienne lösen würde.

Falls er diesen Fall denn überhaupt lösen könnte.

Später am Abend kam Blanc endlich vor seiner alten Ölmühle an. Es lag inzwischen ein Dunst in der Luft, der aus sich selbst heraus zu leuchten schien, wie in einem schlechten Horrorfilm. Die Wipfel der Platanen vor dem Haus erinnerten in diesem Zwielicht an skelettierte Riesenhände. Sie hatten ihre großen Blätter schon lange verloren. Und obwohl Blanc schon mehrmals ganze Blättergebirge zusammengekehrt und angezündet hatte – was verboten war, was aber jedermann machte –, lagen rätselhafterweise immer noch Tausende Blätter auf dem Zufahrtsweg, braun, raureifüberzogen, die nun auf dem Boden festgefroren waren, sodass er sie nicht einmal würde zusammenkehren können. Ihm war kalt. In seinem alten Espace, mit dem er die drei Kilometer von der Gendarmerie-Station in Gadet bis zur ehemaligen Ölmühle in Sainte-Françoise-la-Vallée zurückgelegt hatte, funktionierte die Heizung nicht mehr. Zum Glück hatte er rechtzeitig Holz gehackt und in einem trockenen Schuppen gestapelt. Er würde den schwarzen, gusseisernen Ofen anfeuern und sich anschließend irgendetwas Warmes in der Küche machen.

Beim Aussteigen aus dem Auto hielt er plötzlich inne. Da war jemand. Blanc musterte die Umgebung. Nur ein paar Schritte neben ihm war die Dunkelheit noch ein wenig dunkler. Er sah genauer hin. Vorsichtig zog er sein Nokia aus dem Ladekabel am Zigarettenanzünder und hoffte, dass der Akku auf den wenigen Kilometern Fahrt für ein paar Minuten Licht geladen worden war. Dann schaltete er blitzschnell die Taschenlampe ein und richtete sie auf die dunkle Gestalt.

Ein Hund.

Ein sehr, sehr großer Hund.

Der fahle Lichtstrahl traf zuerst den Körper des Tieres: struppiges, wildes graues Fell mit weißen Flecken, ein gewaltiger Brustkorb, massive Beine, die überhaupt nicht aufhören wollten. Blanc schwenkte das Handy ein wenig. Nun kam der Kopf ins Licht, ein riesiger mit einer zerklüfteten Schnauze, gewaltigem Kiefer und zwei dunklen Augen, die ihn mindestens genauso erschrocken anstarrten wie er das Tier. *Mon Dieu,* dachte Blanc, der Hund reichte ihm bis zur Hüfte, und er war ein Mann, der fast zwei Meter maß. Wo kommt der her? Er hatte das Tier noch nie in Sainte-Françoise-la-Vallée gesehen. Was sollte er jetzt tun? Er konnte doch nicht seine Pistole ziehen und schießen. Aber dem Hund den Rücken zudrehen wollte er auch lieber nicht. Doch das Tier schienen ganz ähnliche Überlegungen zu quälen. Der Hund gab ein leises Grollen von sich, kein Bellen, nicht einmal ein Knurren; für Blanc, der nach den vielen Jahren in Paris von Hunden nichts anderes kannte als deren allgegenwärtigen Dreck auf den Trottoirs, hörte sich das zumindest nicht bedrohlich an, eher wie eine Art Begrüßung.

»Schon gut«, murmelte er, »schon gut ... Ich beiße dich nicht, wenn du mich auch nicht beißt.«

Das Tier blickte ihn noch einen Moment lang mit aufmerksamen Augen an, dann drehte es sich um und verschwand. Obwohl der Hund so riesig war, war er in einer einzigen Sekunde fort, lautlos wie ein Spuk.

Blanc atmete tief durch. Vielleicht sollte er doch einmal das rostige Tor vor seiner Ölmühle mit ein wenig Schmieröl behandeln, um es wieder zuziehen zu können. Er fischte den großen, eisernen Schlüssel für die alte Eichentür aus einem Versteck in einem Mauerloch. Er war so kalt, dass er in der Hand schmerzte. Die Wände waren aus groben Steinen gemauert und einen Meter dick. Im Innern der Ölmühle war es klamm und kühl wie in einer Burg. Blanc schleppte einen Weidenkorb voller Holz zum Ofen und erfreute sich eine Minute später an der orangefarbenen Flamme, die aus den Scheiten leckte. Er würde den Ofen stundenlang mit Holz füttern müssen, bis sich die Hitze im Raum ausgebreitet und auch in die Wände gefressen hatte. Aber wenn diese Mauern erst einmal warm waren, dann würden sie die wohlige Hitze speichern, vielleicht sogar den ganzen nächsten Tag über.

Blanc ging in die Küche, sah aus dem Fenster, der Hund blieb verschwunden. Er steckte sein Nokia ans Ladegerät und legte es auf die Fensterbank, die einzige Stelle im Haus, wo das Handy Empfang hatte. Vielleicht würde Aveline ihm noch eine SMS schicken. Zur Sicherheit hörte er auch seine Mailbox ab. Nichts. Denk nicht an sie, ermahnte er sich, sonst schläfst du heute Nacht wieder nicht. Denk lieber an deine Tochter. Astrid wollte über Weihnachten kommen, ihr erster Besuch in der Provence. Er hatte schon im Obergeschoss den kleinen Raum neben seinem Schlafzimmer für sie hergerichtet. Zwar wusste er noch nicht, wann sie anreisen wollte, doch er musste unbedingt bereit sein. Er hatte sie in den letzten Jahren kaum gesehen, geschweige denn ein vernünftiges Gespräch mit ihr geführt. Weihnachten. Vater und Tochter. *Merde,* er durfte das auf keinen Fall vermasseln. Er hantierte mit Töpfen und Pfannen, da hallte plötzlich ein gewaltiges Donnern durch die Ölmühle, selbst die Wände zitterten.

Blanc warf sich instinktiv zu Boden. Der riesige Hund, dachte er einen Moment absurderweise, aber der konnte nicht solchen Krach gemacht haben. Ein Felssturz, fuhr es ihm danach durch den Kopf, aber das war genauso unsinnig. Er rappelte sich wieder hoch und eilte, Böses fürchtend, von der Küche in den Salon, weil der Lärm von dort gekommen zu sein schien.

Asche, überall Asche.

Blanc hustete. Mit tränenden Augen tastete er durch den Raum. Die Ofentür war aufgesprungen, noch immer quollen schwarzgraue Wolken aus dem Inneren heraus. Kurz glaubte er, dass er vielleicht einen schrecklichen Fehler gemacht habe. Vielleicht hatte er nicht nur Holzscheite in den Ofen gepackt, sondern, verwirrt vom Schock der Begegnung mit dem Hund, irgendetwas Gefährliches, etwas, das in den Flammen explodiert war. Dann schmeckte er neben der Asche noch andere Materialien auf den Lippen: Mörtel, Stein. »*Merde*«, murmelte er.

Nach einem hastigen Gang durchs Haus und anschließend nach draußen, um das Dach zu inspizieren, wusste Blanc, was geschehen war: Der gemauerte Kamin war zusammengebrochen. Einige Brocken des Schornsteins lagen noch auf dem Dach, andere waren von oben bis hinunter in seinen Garten gestürzt. Die meisten jedoch waren durch den Schacht nach innen bis in seinen Ofen geknallt, ihre Druckwelle hatte die Klappe aufgesprengt.

Blanc ging zu seinem Handy und rief Matthieu Fuligni an. Die Nummer des jungen Bauunternehmers hatte er längst eingespeichert – es war nicht das erste Mal, dass er ihn um Hilfe rief. »Mein Kamin steckt in meinem Ofen«, berichtete er.

»*Pas de souci*«, erwiderte Fuligni so gelassen, als würde er jeden Abend mit solchen Nachrichten aufgeschreckt, was vielleicht auch stimmte. »Keine Sorge. Den kriegen wir schnell wieder aufgemauert. Ich schaue ihn mir morgen an.«

»Draußen friert es. Drinnen ist mein Ofen verstopft.«

»Haben Sie keinen Elektroheizkörper für diese Nacht?«

»Mit so einem Ding würden meine alten Sicherungen durchbrennen.«

»Den Verteilerkasten könnte ich auch gelegentlich ersetzen.«

»Sie müssen das vor Weihnachten repariert haben, das ist wichtig. Ich erwarte einen Gast.«

»Klingt nach Damenbesuch.« Fuligni lachte. Er war enervierend blendender Laune. »*Pas de souci.* Sie müssen nur diese eine Nacht ohne Kamin überstehen. Soll ich Ihnen schnell noch eine zweite Bettdecke vorbeibringen?«

»Nicht nötig, danke. Hier muss irgendwo noch mein alter Armeeschlafsack rumliegen«, sagte Blanc müde. In dieser Nacht würde er sich genauso fühlen wie die Gebeine der Toten in der Grotte von Calès.

Ein Mädchen verschwindet

Wenn Tote so tief schlafen, wie Blanc geschlafen hatte, dann war es vielleicht gar nicht so schlimm zu sterben. Seine Ölmühle fühlte sich an wie eine Tiefkühltruhe, aber in seinem Schlafsack war ihm warm gewesen. Der Wecker des Handys summte wie immer um sechs Uhr.

Eine Stunde später rumpelte Matthieu Fuligni mit einem verbeulten weißen Lastwagen vor das Haus. Auf der Bank neben ihm saßen zwei rumänische Bauarbeiter, die er schon von früheren Renovierungen her kannte, und für einen Moment hoffte Blanc, dass er tatsächlich das Glück hatte, seinen Kamin sofort repariert zu bekommen. Doch die beiden Rumänen blieben im Führerhäuschen hocken und guckten ihn bloß mit mildem Desinteresse an. Nur Fuligni – ein junger Mann, der bereits kahl wurde und seine schwarzen Haare raspelkurz geschnitten hatte und trotz der Kälte nur Arbeitsschuhe, Arbeitshose und ein mit eingetrockneten Mörtelstreifen beschwertes Sweatshirt trug – sprang heraus und schüttelte Blancs Hand.

»Wir haben eine Baustelle in Caillouteaux«, erklärte er. »Und da habe ich mir gedacht, auf dem Weg dahin sehe ich mir kurz Ihren Schaden an.«

»Das können Sie mit Ihren Männern doch in einer halben Stunde erledigen«, erwiderte Blanc in der schwachen Hoffnung, Fuligni noch überreden zu können, sofort mit der Arbeit zu beginnen.

Der Bauunternehmer antwortete darauf jedoch nicht einmal, sondern besah sich, soweit das von hier unten aus möglich war, den Stumpf des Kamins. Dann ging er hinein, fischte in der Asche des Ofens herum und hielt ihm schließlich einen gezackten, grau beschmutzten Brocken unter die Nase. »Der Kamin ist irgendwann mal aus Ziegeln gemauert, aber nie verputzt worden. Da wollte wohl jemand Geld sparen. *Eh bien*, nach und nach dringt Wasser in den Stein und bei dem Frost …«

»Ich kann mir lebhaft vorstellen, was passiert ist«, brummte Blanc.

»Wenn wir heute in Caillouteaux fertig werden, fahre ich bei *Philibert* vorbei und lade Steine, Mörtel und was wir sonst noch so brauchen auf den Lastwagen. Morgen sind wir dann bei Ihnen. Oder übermorgen. Spätestens Ende der Woche.«

Für Blanc hörte sich das so an wie »spätestens Ende nächsten Jahres«, aber was sollte er machen? Womöglich würde er den Ofen erst heizen können, wenn draußen schon längst wieder Sommer war.

Später fuhr er mit seinem Wagen durch Gadet. Zwischen die Stadthäuser aus dem 18. und 19. Jahrhundert hatte der Bürgermeister so viele Lichterketten spannen lassen, dass sie ausreichen würden, um alle Landebahnen von Orly zu erleuchten: Blanc fuhr unter weiß und rot blinkenden Kaskaden hindurch, unter großen Weihnachtssternen, Weihnachtsmännern und Kometen, unter Engelsflügeln und Trompeten aus Tausenden LED-Leuchten. An Laternenmasten und Dachrinnen waren Lautsprecher befestigt worden, deren Kabel an Platanenästen und Wänden festgebunden worden waren und ein wildes Gespinst bildeten. Amerikanische Weihnachtsmusik aus den Fünfzigerjahren schepperte durch die Gassen, für Blanc hörte sich das an wie aus einem alten Film mit Dean Martin. An die eisernen Poller, die Straße und Bürgersteig voneinander trennten, waren kaum hüfthohe Weihnachtsbäumchen gebunden, es mussten Dutzende sein. Sie sahen an diesem 12. Dezember bereits so kläglich aus wie ausrangierte Tannen, die nach den

Feiertagen von der Müllabfuhr abgeholt werden sollten. Wer findet so etwas schön?, fragte sich Blanc fassungslos. Und: Wo kommt bloß das ganze Geld für diese Scheußlichkeiten her?

An den Tischchen vor den drei Bars von Gadet trotzten einige dick Vermummte der Kälte. Die meisten tranken Espressi und blätterten in der *La Provence*, vor einigen Gästen funkelte allerdings bereits Rosé im Glas. Niemand beachtete ihn, die Einheimischen hatten sich längst an Blancs asthmatisch röchelnden Espace gewöhnt.

Die Gendarmerie-Station von Gadet war ein niedriger Betonbau aus den Siebzigerjahren. Wahrscheinlich hatte sie ursprünglich, um wenigstens ein bisschen in die Provence zu passen, in einem Ockerton gestrichen werden sollen, doch war bei der Anmischung der Wandfarbe offenbar etwas schiefgegangen. Das Bauwerk rottete jedenfalls in einem ungesunden Orange vor sich hin, einer schäbigen Warnfarbe, die schon von Weitem signalisierte: Geh hier nicht rein!

Blanc betrat die Station durch den Haupteingang, grüßte den wachhabenden Brigadier Barressi mit einem Kopfnicken und tastete vergebens nach Post in seinem Fach. Plötzlich legte jemand eine Hand auf seinen Unterarm. Die etwas zu stark geschminkte Kollegin, deren Namen sich Blanc ums Verrecken nicht merken konnte.

»Ist das nicht eine Riesenschweinerei?«, sagte sie.

Blanc blickte sich Hilfe suchend nach Barressi um, doch der hatte sich hinter die Sportseiten von *La Provence* verkrochen. »Was ist eine Riesenschweinerei?«, fragte Blanc gehorsam zurück, da ihm nichts anderes übrig blieb.

»Die Sache mit der Butter.« Die Kollegin zündete sich eine Zigarette an. Sie wirkte, als könnte sie jetzt stundenlang neben den leeren Postfächern stehen bleiben.

»Butter?«, sagte Blanc. Er kam sich unfassbar dämlich vor. Wenn du mich jetzt hier aus dieser Situation rettest, dann schlage ich dich zur Beförderung vor, dachte Blanc in Richtung Barressi. Er dachte es so intensiv, dass nur ein Holzklotz diese telepathischen Schwingungen nicht spüren konnte. Brigadier Barressi jedoch rührte sich nicht hinter seiner Zeitung und verpasste die eine Chance seines Lebens auf eine Beförderung.

»Es gibt keine Butter mehr«, erklärte die Kollegin. Und als sie Blancs weiterhin irritierten Blick bemerkte, setzte sie hinzu: »In den Supermärkten. Ausverkauft. Überall. Eine Riesenschweinerei. Keine Butter vor Weihnachten. Ich meine, wie soll man denn jetzt backen? Sie gehen nicht einkaufen, eh? Wenn ich nicht wüsste, dass Sie geschieden sind, würde ich ja jetzt sagen: ›Alter Macho, Sie lassen wohl immer Ihre Frau einkaufen.‹ Oder gibt's da schon wieder eine Frau?« Sie zwinkerte ihm zu.

»Ich esse Margarine«, log Blanc. Dann ließ er noch ein Rezept für einen Kuchen oder für Plätzchen, auf jeden Fall etwas mit viel Butter, viel Zucker und vielen Kalorien, über sich ergehen, bis er schließlich in sein Büro fliehen konnte. Als er die Tür aufstieß, sah er, dass er dort nicht allein war. Auf dem Stuhl am zweiten Schreibtisch saß ein Mann in einem lavendelfarbenen, gemusterten Hemd, das vielleicht einmal in den Achtzigerjahren modern gewesen war. Er trug dazu eine an seinem umfangreichen Bauch spannende, schilffarbene Flanellhose, deren Aufschläge in den gepolsterten Schäften schwarzgrüner Schneeschuhe verschwanden.

»Endlich ein normaler Mensch!«, rief Blanc.

»Der normalste und nüchternste Mensch, den du dir wünschen kannst.« Lieutenant Marius Tonon erhob sich und schüttelte ihm die Hand.

Blanc lächelte erleichtert und zog seinen Freund und Kollegen in eine Umarmung. »Die Entziehungskur ist vorüber? Bist du wieder an Bord? Wie fühlst du dich?«

»Ich bin so trocken wie die Provence im Juli. Ich trinke nur noch *Château la pompe.*« Marius rieb sich über den Bauch. »Und außerdem habe ich abgenommen! Auch wenn ich mir wünschte, dass man es sehen könnte. Zehn Kilo weniger, aber die Wampe ist immer noch da. Vielleicht habe ich ja Schaumstoff unter der Haut.«

»Wo ist deine Heilige geblieben?«, wunderte sich Blanc. Er kannte Marius bislang nur mit einem Goldkettchen um den Hals, an dem ein kleines Medaillon hing: Sainte Geneviève, die Schutzpatronin der Gendarmen. Blancs Exfrau hieß so, und es hatte ihm immer einen kleinen Stich versetzt, diesen funkelnden Anhänger zu sehen.

»Ich brauche keine Hilfe von höheren Mächten mehr«, erklärte sein Kollege. »Ich bin ein neuer Flic. Ich starte noch einmal durch. Sieh dir das an!« Er deutete auf ihre beiden Schreibtische, die einander gegenüberstanden.

Ihr Büro war so schäbig wie immer, die Wandfarbe blätterte ab, was aber kaum sichtbar war unter eingerissenen Fahndungsplakaten, Dienstbriefen, Warnhinweisen, Notizen und Gewerkschaftsaushängen, die überall mit Reißzwecken angeheftet waren. Da die Klimaanlage, die im Winter als Heizung dienen sollte, innen verschimmelt war, hatte Marius den Kasten ausgestellt und stattdessen einen alten Elektroheizkörper mitgebracht, der den Raum mit trockenen, nach Staub schmeckenden Hitzewellen bestrahlte.

Doch auf den beiden angestoßenen Schreibtischplatten standen nicht länger die gewohnten antiquierten Bildschirme der Dienstcomputerkästen mit ihren überfordert keuchenden Lüftern, sondern ultraflache Einundzwanzig-Zoll-Monitore und Tastaturen, deren Gehäuse aus einem Aluminiumblock gefräst war. »Die haben die Jungs von der IT vor fünf Minuten installiert«, fuhr Marius fort.

»Es muss Frankreich wieder gut gehen, wenn uns die Regierung solche Geräte spendiert«, staunte Blanc.

»Den Dealern geht es gut«, erklärte Marius lakonisch. »Letzten Monat haben ein paar Kollegen fünf Drogendealer in Martigues hochgenommen und dabei nicht bloß die üblichen Kalaschnikows und Porsches sichergestellt, sondern auch ein Dutzend iMacs. Keine Ahnung, was diese Kerle damit gemacht haben, vielleicht führten sie mit den Computern ja ihre Buchhaltung. Genug umgesetzt haben sie mit dem Zeug jedenfalls. *Eh bien,* unsere Spezialisten haben die Festplatten gesäubert und, *voilà,* jetzt stehen zwei Dealerspielzeuge auf unseren Schreibtischen. Manchmal geht es auf der Welt doch gerecht zu.«

»Nkoulou selbst hat das angeordnet?«, vergewisserte sich Blanc.

»Nennen wir es eine ›Geste der Anerkennung‹.«

Beide lachten. Marius hatte im letzten Monat in Arles heimlich und streng genommen illegal für ihren Chef ermittelt – und Blanc war zufällig in diese Ermittlungen hineingeraten. Sie wären bei dem Job beinahe draufgegangen, und Nkoulou schuldete ihnen etwas. »Wir müssen uns bei Gelegenheit noch einmal ausführlich über Arles unterhalten«, sagte Blanc.

»Bei einer guten Tasse Tee.« Marius grinste. Dann deutete er auf eine schmale Akte, die auf Blancs Schreibtisch lag. »Aber jetzt will ich erst mal arbeiten. Ich berste vor Energie. Ich kann es gar nicht mehr abwarten, wieder rauszugehen. Marius Tonon, ein richtiger Flic, wer hätte das gedacht?«

»Deine Energie wirst du brauchen«, erwiderte Blanc. »Sieht nicht so aus, als wäre das eine Sache, die wir in fünf Minuten erledigen können.« Er berichtete seinem Kollegen von dem Skelett in den Grotten von Calès.

»*Putain*«, murmelte Marius anschließend, »eine Frau, eine Kugel, ein Loch in der Stirn … Klingt nicht gut.«

»Dafür muss der Täter seinem Opfer relativ nahe gekommen sein«, pflichtete Blanc ihm bei.

»Wir suchen einen Mörder, der einer Frau ins Gesicht sehen kann, während er ihr eine Kugel in den Kopf jagt. Sympathischer Typ.«

»Aber wir wissen nicht mal, ob der Mörder noch lebt. Womöglich ist das Verbrechen schon vor hundert Jahren verübt worden. Vielleicht erfahren wir mehr, wenn Doktor Thezan fertig ist. Aber das wird noch dauern.«

»Ich habe keine Lust, so lange hier herumzusitzen und der Heizung bei der Arbeit zuzusehen.« Marius starrte eine Zeit lang schweigend aus dem Fenster. »Wir könnten zu Gérard Paulmier nach Caillouteaux hochfahren«, schlug er schließlich vor.

»Wenn wir den fragen, müssen wir ihm auch ein paar Einzelheiten nennen. Und dann wird die Geschichte morgen in der *La Provence* stehen.« Blanc mochte es instinktiv nicht, wenn Journalisten über die Fälle berichteten, in denen er ermittelte – selbst ein so freundlicher und hilfsbereiter Mann wie Paulmier, der eigentlich längst in Rente war und nur noch hin und wieder für seine ehemalige Redaktion schrieb.

»Warum nicht?«, beruhigte ihn Marius. »Das ist keine Skandalgeschichte. Es wird keinen Druck geben, nicht von Nkoulou und schon gar nicht von irgendeinem Politiker. Wer weiß, vielleicht meldet sich sogar ein Leser und gibt uns den entscheidenden Tipp? Und außerdem sollten wir aus der Station verschwinden, bevor wir noch zur Bewachung irgendeines Weihnachtsmarktes eingeteilt werden.«

»Das ist ein Argument.« Blanc stand auf und griff nach seiner Lederjacke. »Fabienne wird uns danken, wenn wir sie mitnehmen.«

Zehn Minuten später fuhren sie im Espace Richtung Caillouteaux. Sie hatten keinen Streifenwagen mehr bekommen, weil alle Autos der Gendarmerie, die nicht im Einsatz waren, als Barrieren gegen mögliche terroristische Anschläge in den Zufahrtsstraßen zum Zentrum von Gadet parkten. Blanc ließ sich Zeit. Aus dem Radio schepperte Johnny Hallyday. Der Rockstar war vor sechs Tagen gestorben, und seither schien es in Frankreich keine andere Musik mehr zu geben. Marius sang »*Quelque chose de Tennessee*« mit, extrem inbrünstig und sehr falsch. Fabienne verdrehte demonstrativ die Augen und stöpselte ihre Kopfhörer ins iPhone.

Caillouteaux war so etwas wie der spießige Bruder von Gadet. In Gadet, der alten Stadt im Tal der Touloubre, saßen die Leute selbst im Dezember vor den Bars, der Weihnachtskitsch war eine Zumutung für Augen und Ohren, die Einheimischen rasten mit ihren Autos Stoßstange an Stoßstange durch die gewundenen Gassen, in den letzten zwanzig Jahren war kein Haus mehr renoviert worden, und wenn du durch den Ort gingst, wurdest du alle dreißig Sekunden von irgendeinem Bekannten auf die Wangen geküsst und zum Pastis eingeladen.

Das Städtchen Caillouteaux hingegen lag auf einer Felsspitze, von der aus man bis auf den Étang de Berre im Süden und bei mistralklarer Luft bis zum Mont Ventoux im Norden sehen konnte. Die meisten Häuser stammten noch aus dem Mittelalter, aber nicht eines zeigte eine stockfleckige Fassade oder mürbes Gesims, sie waren so proper und authentisch renoviert, als trügen sie alle die perfekte Tracht einer Arlésienne. Die Gassen waren vom Gemeinderat immer wieder aufgerissen und neu gepflastert worden und zwischen den Neo-Retro-Straßensteinen aus italienischer Fertigung nun sauberer verfugt als die Designer-Zimmerfußböden in den meisten Pariser Neubauten. Aus zwei nagelneuen, aber auf alt gemachten Springbrunnen würden Wasserstrahlen aus den Mäulern stilisierter steinerner

Schafsköpfe sprudeln, wenn nicht ein aufmerksamer Mitarbeiter der Stadtverwaltung den Hahn wegen Frostgefahr abgedreht hätte. Dass das Wasser versiegt war, fiel Blanc sofort auf, sobald er das Auto abgestellt hatte und ausgestiegen war. Das Plätschern der Brunnen war hier nämlich sonst immer das einzige Geräusch. Niemand war zu sehen in Caillouteaux.

Fabienne blickte sich um. »Ruhige Wohngegend«, kommentierte sie.

»Die Leute bleiben lieber für sich«, sagte Blanc. Zum Glück, setzte er in Gedanken hinzu. Aveline wohnte in Caillouteaux, 5, Rue du Passe-Temps. Wenn er sich mit ihr zum Rendezvous traf, hätte er wahrscheinlich sogar mit einem Panzer vorfahren können, niemand schien auf ihn zu achten. Er hatte bis heute nicht herausgefunden, warum die Bürger in Caillouteaux so anders waren als die in Gadet. Vielleicht lag es an der exponierten Lage: Auf dem Hügel pfiff dir der Mistral ins Gesicht, dass die Tränen über die Wangen rollten. Im windgeschützten Gadet konntest du währenddessen auf einem Barstühlchen draußen immer noch *La Provence* auseinanderfalten und lesen, ohne dass das Papier flatterte. Würde Aveline in Gadet wohnen, dann wäre ihre Affäre schon lange Gespräch in den Bars geworden – und irgendwer hätte es längst Avelines Mann gesteckt, Staatssekretär Vialaron-Allègre.

In einer Gasse stand Paulmiers Haus, schmal, zweigeschossig, wie im Zangengriff zweier mächtigerer Nachbargebäude, die seit Jahrhunderten versuchten, dieses winzige Haus zu zerquetschen. Es war das einzige, das, unterhalb einer selbst im Winter mit Begonien bestandenen Fensterbank, einige Dreckschlieren und dunkle Feuchtigkeitsspuren zeigte. Blanc fand das sehr sympathisch. Er schlug mit einem bronzenen Türklopfer an der Pforte zweimal zu, nicht härter als notwendig, denn der alte Journalist mochte zwar Rentner sein, war aber alles andere als schwerhörig.

Der Mann, der ihnen öffnete, war klein und schmal, Mitte sechzig, die Augen so grau wie das etwas zu lange Haar. Er trug grüne Gummi-Crocs, eine schwarze Jogginghose und einen massigen Fleece-Pullover, dessen diverse Farbtöne Blanc an die Maserung einer Marmorplatte erinnerten. In seinem Mund steckte eine Pfeife, aus deren Kopf eine süßlich duftende blaue Tabakwolke quoll.

»Monsieur Paulmier, genau so ein Rentner wie Sie will ich auch einmal werden!«, begrüßte ihn Marius. »Wie schaffen Sie das?«

»Sie sind doch nicht hier, weil Sie mich als Rentenberater wollen?« Paulmier hatte die Pfeife aus dem Mund genommen und wies mit ihrem Stiel ins Innere. »Kommen Sie herein. Draußen holen Sie sich noch den Tod.«

»Über den Tod wollen wir mit Ihnen reden, Monsieur Paulmier«, erklärte Blanc und bückte sich, weil der Türsturz des alten Hauses zu niedrig für ihn war.

»Ein Verbrechen, drei Flics? Muss ja kompliziert sein.« Er führte sie in einen kleinen, mit Büchern und gerahmten Familienfotos überladenen Salon. In einer Ecke knackten die Holzscheite eines Kaminfeuers. Blanc blickte in die Flammen und dachte für einen Moment an seinen eigenen Kamin. Wie schafften das die anderen Leute in der Provence bloß, dass alles in ihren uralten Häusern funktionierte? Bei ihm lag immer irgendetwas in Trümmern. Er ließ sich neben Marius auf ein tückisch weiches Sofa sinken. Fabienne nahm auf einem Empire-Stuhl Platz, dessen gedrechselte Hölzer so filigran waren, dass sie sich nicht einmal anzulehnen wagte. Ihr Gastgeber warf sich mit einem behaglichen Seufzer in einen Clubsessel, dessen Lederarmlehnen von zahllosen Berührungen ölig glänzten. Clevere Wahl, dachte Blanc, dessen Rücken bereits anfing zu schmerzen. Er berichtete dem pensionierten Journalisten vom Skelett in den Grotten von Calès.

Ihr Gastgeber blickte schließlich auf seine Armbanduhr, ein Siebzigerjahre-Modell aus vergoldetem Stahl, viereckig mit LCD, Vintage; in Paris war so etwas ein kleines Vermögen wert, aber Paulmier wusste das vielleicht nicht einmal. Er schien es auf einmal eilig zu haben, nachdem Blanc geendet hatte. »Wenn ich die Geschichte in der nächsten Stunde runterhaue, dann schafft sie es noch in die morgige Ausgabe«, erklärte er entschuldigend.

»Die Welt ist ein Geben und Nehmen«, erwiderte Marius. Er saß breit und massig wie Buddha auf dem Sofa, und es war klar, dass er nicht so schnell wieder aus diesem Haus verschwinden würde, wenn er nicht wollte. »Wir haben Ihnen etwas gegeben, Monsieur Paulmier. Nun wollen wir auch etwas mitnehmen.«

»Da haben Sie aber schon bessere Deals gemacht«, brummte der alte Journalist. Dann seufzte er theatralisch. »Sie wollen wissen, ob bei mir da oben was klingelt?« Er tippte sich an die Stirn. »Eine tote Frau – die Grotten von Calès. Tut mir leid. Da oben klingelt nichts. Ich kann mich nicht an einen einzigen Fall aus den letzten Jahrzehnten erinnern, in dem von einer Frau die Rede gewesen wäre, die in den Höhlen verschwunden ist.«

»Wenn Sie vielleicht im Archiv Ihrer Zeitung nachsehen könnten?«, schlug Blanc freundlich vor.

»Das da ist das beste Archiv.« Er tippte sich erneut an die Stirn. »*Eh bien,* weil Sie es sind, *mon Capitaine*. Ich sehe morgen nach. Aber wenn Sie mich fragen: Die Frau muss ja weder in den Grotten von Calès verschwunden noch überhaupt dort ermordet worden sein. Es hat sie irgendwo anders erwischt, und ihr Mörder hat sie halt bloß in einer Höhle versteckt.«

»Dafür muss man die Höhlen kennen. Und sie sind ein ziemlich einsamer Ort«, warf Fabienne ein.

»Heutzutage vielleicht. Aber Lamanon hat zweitausend Einwohner, auch wenn man das diesem Kaff nicht ansieht: gute Lage, nahe bei Aix-en-Provence, die Alpilles im Rücken, das zieht die Leute an. Und in die Grotten von Calès sind früher ganze Horden von Wanderern eingefallen. Wenn ich mich richtig entsinne, dann waren das fast fünfzigtausend Besucher im Jahr. Es hat die Händler in Lamanon böse getroffen, als der Bürgermeister nach dem letzten Felssturz die Wanderroute sperren musste. Ich habe damals darüber geschrieben. Was haben die Leute geflucht! *Alors,* wenn man Einwohner und Wanderer zusammenzählt, dann kommen da schon ein paar Tausend Menschen zusammen, die in den letzten Jahren mal irgendwann in den Grotten gewesen sind.«

»Man verscharrt keine Leiche dort, wo man zufällig mal herumgewandert ist. Wer das getan hat, muss sich dort wirklich gut auskennen«, meinte Blanc.

Paulmier hob die Schultern. »*D'accord.* Sagen wir: einige Hundert Bürger von Lamanon – die, die gern spazieren gehen. Die, die sich für Natur oder Heimatgeschichte interessieren. Selbstverständlich auch spielende Kinder und die etwas wildere Dorfjugend, die da ungestört Joints geraucht hat. Dazu die ernsthaften Trekker von überall aus der Provence, Typen, die mit Karte und Kompass und zu jeder Jahreszeit ihre Routen abmarschieren. Und Jäger – nahe am Tal treibt sich seit jeher eine Rotte Wildschweine herum. Außerdem fanden manche Fotografen diese Höhlen toll. Und Wissenschaftler, Geologen oder ...«

»... Archäologen«, vollendete Blanc seufzend. Der alte Journalist hatte recht. Das mussten Hunderte sein, Tausende, wahrscheinlich war die ganze Provence voll mit Kennern der Grotten von Calès, nur er war noch nie zuvor dort gewesen.

»Haben Sie die Menschen von Lamanon für den Artikel damals interviewt?«, hakte Fabienne nach. »Erinnern Sie sich zufällig an einen gewissen Jérémy Dominici?«

»Den kann man schwer vergessen, was?« Paulmier tippte sich nun schon zum dritten Mal an die Stirn. »Die Welt ist ziemlich kompliziert, wenn der Horizont so eng ist wie bei Jérémy.«

»Ich habe gehört, dass sich der junge Mann erstaunlich gut in den Grotten auskennt«, sagte Blanc vorsichtig.

»Es würde mich wundern, wenn sich Jérémy irgendwo oder mit irgendetwas gut auskennt.« Paulmier schüttelte den Kopf. »Vergessen Sie den Jungen. Sie haben gesagt, dass die Frau erschossen worden ist. Jérémy ist aber nicht helle genug, um eine Waffe zu bedienen. Der einzige Schädel, in den der ein Loch schießen könnte, wäre sein eigener. Und selbst das hätte bei einem wie ihm wahrscheinlich keine Folgen, wenn Sie verstehen, was ich meine.«

Marius erhob sich. Das Zeichen zum Aufbruch. Paulmier sprang auf, begierig, sie zur Tür zu geleiten. Blanc wartete, bis er genau im Türrahmen stand, dann drehte er sich, tief gebückt, noch einmal um. »Eine Zeugin, eine sehr ernsthafte Dame, hat die Geschichte von einem ›Wolfsmann‹ erwähnt, *l'homme sauvage de Calès*. Eine seltsame Legende, die sich die Einheimischen wohl früher erzählt haben, von einem Unbekannten im Wald, der jeden Wanderer angreift, der so unvorsichtig ist, sich nachts in die Grotten zu wagen.«

»Das muss aber eine sehr alte Dame gewesen sein, die Ihnen das erzählt hat, *mon Capitaine*. Das kann nur vor meiner Zeit gewesen sein.«

»Fünfziger-, Sechzigerjahre.«

»Ich sehe im Archiv nach: der wilde Mann von Calès. Würde mich wundern, wenn ich dazu etwas fände.«

Den Rest des Tages verbrachten sie dann doch frierend und wachend und gelangweilt auf dem Weihnachtsmarkt von Gadet. Blanc lud seine Kollegen danach ins *Le Soleil* ein, wo ihnen ein Cassoulet Leib und Seele wärmte. Blanc war satt und zufrieden, als er Fabienne und Marius mit dem Espace in die Gendarmerie-Station zurückfuhr. Es waren zwar nur wenige Meter bis dorthin, doch sie hatten so viel gegessen, und draußen war es so kalt und dunkel, dass sie das Auto genommen hatten. Im Eingang blieb Blanc abrupt stehen, Fabienne und Marius, die dicht hinter ihm folgten, konnten nicht mehr stoppen und rammten gegen seinen Rücken.

Auf der Station war die Hölle los: Alle Türen standen offen. Auf dem Empfangstresen und aus jedem verdammten Büro schrillten Telefone, Handys tanzten summend auf den Tischplatten. Brigadier Barressi war bleich und sah sie mit großen Augen an. Er ließ das Telefon am Empfang klingeln, er war offenkundig hoffnungslos überfordert. Beamte hasteten über die Gänge, manche in Uniform, andere in Zivil. Die, die Zivil trugen, streiften sich im Laufen die roten Stoffbänder mit dem Aufdruck *Gendarmerie* über den Arm.

»Raus, raus, alle raus. Bewegt eure Ärsche!«, schrie jemand.

Nkoulou eilte die Treppe aus dem Obergeschoss hinunter. Die Uniform perfekt, weiße Handschuhe, die Mütze eingeklemmt unter dem Arm, als ginge er zu einer Parade. Aber er nahm die Stufen so schnell, dass keiner seiner Untergebenen mithalten konnte.

»Fünf Mann in jeden Streifenwagen!«, kommandierte er. Seine Stimme war laut, aber sehr beherrscht. »Wir haben keine Zeit mehr, die übrigen Autos aus den Straßen von Gadet zurückzuholen. Ich will nicht, dass jemand hier bleibt, nur weil wir keinen Wagen auftreiben können.«

Blanc hob die Hand. »Ich habe meinen Espace draußen«, rief er. »Der hat sieben Plätze.«

»Wenn er denn ankommt.« Über den schmallippigen Mund Nkoulous huschte für einen Sekundenbruchteil ein spöttisches Lächeln. Selbst bis zum Commandant hatten sich die Pannengeschichten des alten Minivans herumgesprochen.

»Wo geht es hin? Was ist überhaupt passiert?« Anschlag, dachte Blanc, verdammte Scheiße, Weihnachten und ein Anschlag, und das ausgerechnet hier.

Sein Vorgesetzter schüttelte den Kopf, als hätte er seine Gedanken lesen können. »Ein Kind ist verschwunden«, erklärte er. »Ein neunjähriges Mädchen. Noëlle. Sie wird seit zwei Stunden vermisst.«

»Putain!«, fluchte Marius. Nach verschwundenen Kindern wurde so schnell wie möglich gesucht, weil die ersten Stunden oft die entscheidenden waren.

Blanc dachte an seine eigenen Kinder, ihm wurde kurz übel. »Wo?«, keuchte er.

»Château de La Barben. Dort wird gerade eine Hochzeit gefeiert. Zweihundert Gäste, und jetzt fehlt ein Mädchen, und draußen ist es dunkel. Vielleicht hat sich die Kleine bloß irgendwo versteckt. Aber womöglich ist auch etwas Schlimmes passiert. Folgen Sie mir!«

Während er zu seinem Espace zurückeilte und die Tür aufriss, schoss Blanc ein absurder Gedanke durch den Kopf. Heute ist Dienstag, sagte er sich, wer feiert an einem Dienstag Hochzeit? Samstag, Sonntag, *d'accord*. Aber Dienstag? Er wartete, bis sich Marius, Fabienne und noch vier weitere Kollegen ins Auto gezwängt hatten. Im Innenspiegel erkannte Blanc ein blasses, hageres Gesicht hinter einer bis auf die Nasenspitze vorgeschobenen Brille. Saad Ben Rouijal, ein älterer Techniker aus dem Labor, den er noch nie außerhalb seines Kellerraumes angetroffen hatte. Wenn selbst der mitkam, dann musste es wirklich dramatisch sein.

Er trat auf das Gaspedal und beschleunigte mit kreischenden Reifen. Scheiß auf das Glatteis. Nkoulou persönlich hatte das Steuer seines metallicschwarzen Peugeot 607 übernommen und war davongeschossen wie ein Raumschiffkapitän. Blanc wollte dranbleiben. Er wusste nur ungefähr, wo sich das Schloss von La Barben befand, und hatte nicht vor, sich ausgerechnet jetzt zu verfahren. Also Vollgas.

»Wieso heiraten diese Leute an einem Dienstag?«, rief Blanc, während sie mit wankender Karosserie auf die schlecht beleuchtete Route départementale einbogen.

Die anderen Beamten starrten Blanc an, als wäre er übergeschnappt. Nur Ben Rouijal hatte die Frage kapiert und erwiderte gelassen: »Weil heute der 12. Dezember ist. 12. 12. – ein Hochzeitstag, den sich sogar ein Ehemann merken kann.« Seine Stimme war offenbar von den Tausenden Chemikalien seines Labors zu einem Krächzen aufgeraut worden.

»Dienstag oder nicht Dienstag – du kannst deine Hände auf dem Lenkrad lassen«, ergänzte Marius. »Sonst spielen wir an der nächsten Platane ›Sieben auf einen Streich‹. Ich kenne übrigens den Weg zum Schloss. Am nächsten Kreisverkehr rechts.«

»Nkoulou ist geradeaus darübergebrettert!«, rief Blanc. Er deutete mit der Linken die Fahrtrichtung seines Chefs an. Die Rücklichter seines Peugeot waren schon sehr klein geworden.

»Der Commandant tut, was sein Navi sagt. Aber ich kenne eine Abkürzung. Wir fahren rechts und, *putain,* dafür legst du gefälligst wieder beide Hände aufs Lenkrad!«

Zehn Minuten später knirschten die Reifen über den Kies des Schlossparkplatzes. Sie waren die ersten Gendarmen vor Ort.

Blanc kam sich vor, als wäre er plötzlich in Hogwarts gelandet. Der Parkplatz lag zu Füßen eines felsigen Hügels, auf dessen Kuppe eine perfekte mittelalterliche Burg thronte: zinnenbewehrte Mauern, ein gewaltiges Tor mit Zugbrücke, dahinter übereinandergeschichtete Säle und Ställe, Türme und Mauerbögen, alles überragt vom Turm, einem wuchtigen, eckigen Donjon. Fackeln, Petroleumlampen und einige geschickt platzierte LED-Spots illuminierten die Festung, hinter den hohen, spitzbogigen Fenstern leuchtete es warm und gelb in die Nacht. Auf dem Donjon flatterte die von einer Art Flakscheinwerfer erleuchtete gelb-rote provenzalische Flagge im Wind. Aus dem Burginnern wehte eine Melodie heraus, Abba, *»Dancing Queen«*, grotesk deplatziert, aber offenbar hatte noch niemand daran gedacht, die Musik abzustellen. Auf dem Parkplatz standen mindestens fünfzig Autos, kaum eines in einer Preisklasse, die Blanc sich leisten könnte.

Überall liefen Menschen herum, wie es Blanc schien: hektisch, doch ohne irgendeine Ordnung, ohne Ziel. Frauen in Abendkleidern, Männer im Anzug, zwei oder drei sogar im Smoking, praktisch alle viel zu leicht bekleidet für die Winternacht. Überall leuchteten die Lampen oder Displays von Handys, manche erhellten damit Büsche oder Wege unterhalb des Hügels, andere telefonierten, wieder andere schienen zu filmen, doch was bloß?

Er hatte kaum die Tür geöffnet, als plötzlich zwei Männer auftauchten und sich vor dem Espace aufbauten, groß, massig, dunkel. Der eine war ein Schwarzafrikaner, der andere ein Araber, die Haare raspelkurz, ihre Oberkörper furchterregend, sie steckten in schwarzen Blousons mit der Aufschrift eines Sicherheitsdienstes.

»Das ist eine private Veranstaltung«, sagte der Schwarze.

»Wir sind von der Gendarmerie«, erwiderte Blanc.

»Klar. Und wir sind Kindergärtnerinnen.«

Blanc seufzte und zückte seinen Ausweis. Es wurde wirklich Zeit, sich einen Wagen zuzulegen, der mehr Autorität ausstrahlte. »Ein Mädchen wird vermisst?«

Der Schwarze grunzte unzufrieden. »Wenn das alles ist, was die Flics aufzubieten haben, dann finden wir die Kleine nie wieder«, erwiderte er und deutete auf den Espace und seine Passagiere.

»Gleich kommt die Kavallerie«, antwortete Blanc. Und tatsächlich bog in genau dieser Sekunde Nkoulous schwarzer Peugeot auf den Parkplatz ein. Der Commandant musste es während seiner halsbrecherischen Fahrt irgendwie geschafft haben, das mobile Blaulicht auf das Dach zu heften. Als er aus der Limousine sprang, sah er sehr Ehrfurcht gebietend aus – und ein ganz klein wenig verblüfft, als er Blancs Minivan erkannte.

Während nach und nach immer mehr Streifenwagen auf den Parkplatz brausten, führten die beiden Wachleute Nkoulou, Blanc und seine Begleiter zu einer Frau, die fröstelnd auf der heruntergelassenen Zugbrücke wartete. Sie war Mitte dreißig, schlank und schwarzhaarig, ihr dunkles Kleid, die hochhackigen Schuhe, Schmuck, Lippenstift und Lidschatten – alles war von einer auffällig perfekten, aber irgendwie sterilen Kaufhauseleganz.

»Claire Pardini«, sagte sie. »Ich bin die Sekretärin von Monsieur Samson. Ich bin so froh, dass Sie gekommen sind.« Sie klang, als wäre das vermisste Kind bereits durch die Ankunft der Gendarmerie gerettet.

Nkoulou stellte sich selbst vor, doch nicht seine Beamten. »Monsieur Samson hat vor«, er blickte auf seine Armbanduhr, »dreizehn Minuten ein Mädchen als vermisst gemeldet?«

»Seine Tochter Noëlle. Sie ist neun Jahre alt. Ein Cousin von Monsieur Samson feiert heute Hochzeit, Monsieur Samson hat ihm sein Anwesen zur Verfügung gestellt. Und Noëlle hat selbstverständlich mitgefeiert.«

»Putain«, murmelte Marius. »Ich wusste, dass man das Château de La Barben für Feiern mieten kann. Aber nicht, dass hier tatsächlich jemand wohnt.«

»Das Schloss ist seit siebzig Jahren im Besitz der Familie Samson«, erklärte Claire Pardini so stolz, als gehörte sie selbst zur Familie.

Blanc warf einen Blick auf die massige Burg. Treppen. Mauerkränze. Geheimkammern. Irrgärten. Ihm schwante Böses. »Wie groß ist das Anwesen?«, wollte er wissen.

»Mehr als fünftausend Quadratmeter«, erwiderte die Sekretärin eifrig. »Mehr als sechzig Räume, ein Park, etliche Höfe und Terrassen, drumherum Wälder und ...« Sie realisierte offenbar erst jetzt, was das bedeutete, und hüstelte verlegen. »Viel Platz, um zu verschwinden«, fuhr sie fort, nun deutlich nervöser.

»Wir brauchen eine Hundertschaft, um das zu durchsuchen«, sagte Nkoulou und zückte sein iPhone. »Ich lasse aus Salon Verstärkung kommen.«

»Wie viele Gäste sind hier?«, fragte Blanc. »Und wie viele Leute sind heute Abend angestellt, um zu bedienen oder«, er deutete in Richtung der beiden Wachleute, die sich wieder am Zufahrtsweg zum Parkplatz postiert hatten, »um mehr oder weniger gut aufzupassen?«

»Wir haben zweihundertzwölf Gäste. Und mit dem Catering, der Security, dem Fotografen, dem DJ, der Garderobiere und so weiter«, sie rechnete im Geist nach, »noch einmal einundzwanzig Personen mehr.«

»Das sind sehr exakte Zahlen«, bemerkte Fabienne.

»Ich selbst habe die Hochzeit für Monsieur Samson organisiert. Hier ...«, sie zog ihr Smartphone hervor und wischte über den Schirm. »Das Bild habe ich am Anfang der Feier von Noëlle gemacht.«

Blanc sah ein Mädchen neben einem Tisch, auf dem Champagnerflaschen und Schalen mit Aperitifs standen. Noëlle Samson schien groß zu sein für ihr Alter, sie war dünn, hübsch, wenn auch die Nase auffallend lang war. Lange braune Haare, dunkle, wache Augen, keine Brille, keine sonstigen äußeren Auffälligkeiten. Sie trug braune Stiefeletten und wohl ein weißes Kleid, vielleicht mit Spitze, von dem aber nicht viel zu erkennen war, weil sie zusätzlich in einen langen, weißen Wollmantel eingehüllt war. Sie lächelte in die Kamera, wie eine Neunjährige auf einer solchen Feier lächelt: fröhlich, erwartungsvoll, vollkommen unbesorgt.

»*Putain*«, wiederholte Marius.

Nkoulou räusperte sich. »Schicken Sie mir bitte das Foto auf mein Handy, ich gebe das sofort an die Beamten weiter.« Er reichte der Sekretärin seine Visitenkarte. »Und nun würden wir gern mit dem Vater des Mädchens sprechen.«

Claire Pardini drehte sich auf der Zugbrücke um und führte sie durch das Tor. Das Fallgitter schwebte über ihnen wie die Klinge einer Guillotine, die groben Steine der Festung schwitzten Feuchtigkeit aus. Sie folgten ihr einen kaum drei Meter breiten, in den steilen Felsen gehauenen Gang hinauf, bis sie im Innenhof der Burg standen. Dem schlichten, ummauerten Hof hatte irgendein Adeliger in der Renaissance oder im Barock ein wenig von seiner Strenge genommen, indem er zwei elegant geschwungene Treppen hatte anlegen lassen, ein Hauch von Versailles mitten in der mittelalterlichen Festung. Sie eilten über die Treppe, zwei Stufen auf einmal nehmend, und öffneten die Flügeltür zu einem alten Saal. An einer Wand hing eine Tapisserie mit irgendeiner mythologischen Szene, der Wandteppich schien Blanc so groß zu sein wie ein ganzer Tennisplatz. Vor der gegenüberliegenden Seite stand ein kleiner, gusseiserner Ofen, in dem ein Feuer loderte. Er wirkte winzig und irgendwie deplatziert in diesem Saal. Die Holzdecke war blau und weiß gestrichen, ein wenig wie Delfter Porzellan, die massigen Balken, die ihr Gewicht trugen, waren zusätzlich mit bunten Bildern geschmückt. Es musste einst ein Vermögen gekostet haben, um Künstler damit zu beauftragen – und heute musste es ein Vermögen kosten, das alles zu erhalten. Auf einem voluminösen Louis-seize-Sofa vor der Tapisserie saß ein Mann, der ein Smartphone in der Hand hielt; er sprang auf, als er sie erblickte, und stellte sich mit einer altmodisch wirkenden Verbeugung vor.

»Es tut mir leid, dass ich Ihnen so viel Aufwand bereite«, fuhr er fort. »Wahrscheinlich klärt sich die Sache rasch auf. Es wird nichts sein, rein gar nichts. Aber besser, Sie sind hier.« Jean-Baptiste Samson war etwas über fünfzig, fast eins neunzig groß, hager, er hielt sich gebeugt. Seine dichten, kurzen Haare waren grau, seine Augen graublau, die Wangen waren ein wenig eingesunken, er trug einen hellgrauen Anzug, selbst sein Handy steckte in einer Schutzhülle aus grauem Silikon. Samson schien überhaupt nicht in diese reich dekorierte Burg zu passen.

»Sie haben uns gegen dreiundzwanzig Uhr angerufen«, stellte Nkoulou fest, »und uns mitgeteilt, dass Sie Ihre Tochter seit zwei Stunden vermissen. Warum haben Sie so lange gewartet?«

Samson räusperte sich. »Das war vielleicht falsch formuliert«, gab er zu. »Ich habe Noëlle nicht seit zwei Stunden vermisst. Ich hatte sie da vor zwei Stunden zum letzten Mal gesehen. Beim Abendessen, sie saß bei Tisch neben mir. Danach haben manche Gäste einen Digestif getrunken, andere waren draußen zum Rauchen. Dann hat die Braut den Strauß geworfen, wir fingen an zu tanzen, *eh bien* ... Irgendwann ist mir aufgefallen, dass ich Noëlle schon eine ganze Weile nicht mehr gesehen hatte. Da habe ich zuerst Claire ... ich meine: Madame Pardini auf die Suche durch die Burg geschickt, und die Herren von der Security sollten Park und Wälder abpatrouillieren. Die Burg ist so groß, und Noëlle kennt hier jeden Stein. Ich dachte, sie hat sich vielleicht aus Spaß irgendwo versteckt oder ist müde geworden und hat sich in ihrem Zimmer oder auf einem der Betten in den Gästezimmern hingelegt. Aber nein, sie ist nirgendwo zu finden.«

»Waren andere Kinder auf der Feier?«, fragte Blanc. »Kinder in Noëlles Alter? Sie könnten zusammen gespielt haben und sich noch immer irgendwo verstecken.«

Samson schüttelte den Kopf. »Drei Mädchen waren eingeladen. Die sind alle hier. Keines hat Noëlle seit dem Essen mehr gesehen. Ich habe schon die Gäste gefragt: Niemand scheint Noëlle nach einundzwanzig Uhr noch bemerkt zu haben.«

»Hat Noëlle Geschwister?«, wollte Fabienne wissen.

»Nein. Meine Frau Séverine ist drei Jahre nach ihrer Geburt gestorben. Ein Autounfall.«

»Tut mir leid«, murmelte Marius, schaute ihn eine diskrete Pause lang vertrauenerweckend an, bevor er wieder eine ernste Miene aufsetzte. »Haben Sie ein Foto von Ihrer Tochter?«

Fabienne warf ihm einen überraschten Blick zu und tippte auf ihr Handy, um anzudeuten, dass Nkoulou ihnen doch schon ein Bild geschickt hatte. Doch Marius schüttelte bloß unauffällig den Kopf.

»Da müsste ich auf mein Schlafzimmer gehen. Ich habe eines auf dem Nachttisch.« Samson winkte seine Sekretärin herbei und bat sie, das Bild zu holen.

»Bon«, verkündete Nkoulou, »ich habe bereits Verstärkung angefordert. Meine Leute werden die Burg und ihre Umgebung noch einmal absuchen. Haben Sie einen Gärtner? Und jemanden, der sich ständig um das Gebäude kümmert?«

Samson nickte. »Mein Gärtner ist zugleich auch der Hausmeister. Es ist ja nicht mehr so billig wie im Mittelalter, Bedienstete zu haben.« Er lächelte schwach.

»Ihr Gärtner soll sich mit einem Handy am Tor postieren«, befahl der Commandant. »So ist er für meine Leute leicht erreichbar. Sie werden in kleinen Trupps ausschwärmen. Wenn irgendwo eine Tür verschlossen ist und man einen Schlüssel braucht, wenn man nicht weiß, wohin ein Gartenweg führt, solche Sachen – dann werden sich die Beamten an Ihren Gärtner wenden. Es erleichtert die Suche, wenn man dann nicht lange herumfragen muss.«

Als sie den Saal wieder verließen, berührte Blanc Marius leicht an der Schulter und ließ sich mit ihm zurückfallen, bis sie in einem großen Treppenhaus außer Hörweite der Kollegen waren. »Warum hast du Samson nach einem Foto der Kleinen gefragt?«, flüsterte er. »Wir haben doch schon eins, und der Commandant hat es an alle geschickt.«

»Ich wollte sehen, ob er ein Foto von Noëlle auf seinem Handy hat. Hat er nicht.«

»*Merde,* Marius, du willst mir doch nicht sagen, dass du den Vater verdächtigst, weil er kein Foto seiner Kleinen auf dem Handy hat?«

Sein Freund lächelte. »Hast du Fotos deiner Kinder auf dem Nokia?«

»Ja, ein paar. Noch von vor der Scheidung.«

»Genau wie ich. Siehst du, selbst Familienversager wie wir haben Bilder unserer Kinder auf dem Handy. Aber Samson, der schon seine Frau verloren und der nur eine einzige Tochter hat, der nicht.«

»Das ist doch ...«

»Und er hockte in diesem Saal, als wäre er selbst ein Ausstellungsstück. *Putain,* ich glaube fast, er ist der Einzige, der es noch in der Burg aushält. Draußen laufen Damen in Abendkleidern und Kerle im Smoking durch das Unterholz und suchen ein Mädchen, das vielleicht die Mehrzahl der Gäste kaum kennt. Aber dessen eigener Vater sitzt warm und trocken und rührt sich nicht.«

»Vielleicht hat er bloß weiche Knie. Wenn eines meiner Kinder verschwunden wäre, ich wüsste auch nicht, was ich tun würde.« Blanc schüttelte den Kopf. »Ich weiß, wenn ein Kind verschwindet, dann sucht man den Täter sofort in der Verwandtschaft, und meistens ja auch zu Recht. Aber, *merde,* hier hat gerade eine Feier stattgefunden. Du hast Noëlles Foto gesehen: hübsch, kurz vor der Pubertät. Du weißt selbst so gut wie ich, dass es Perverse gibt, die genau auf solche Mädchen stehen. Hier liefen mehr als zweihundert Gäste durch die Säle, und wahrscheinlich ist hier so viel Alkohol geströmt wie Wasser durch das Rhône-Tal. Und diese verdammte Burg ist ein einziger Irrgarten. Vielleicht hat sich einer der Gäste das Mädchen geschnappt und …« Blanc wollte nicht weiterreden.

»Wir finden die Kleine«, erwiderte Marius und schlug ihm auf die Schulter. »Vielleicht hat sie sich bloß irgendwo versteckt. Vielleicht ist es ernster. Aber so oder so: Wir finden Noëlle rechtzeitig.«

Nkoulou ließ sich Samsons Büro zeigen und richtete dort eine Art provisorisches Hauptquartier ein. Die meisten Gendarmen durchkämmten in kleinen Gruppen das Anwesen. Andere führten die Gäste zurück in den Festsaal der Burg, wo sie einzeln befragt wurden. Sie verteilten sich zwischen den zehn großen, mit leinenen Tüchern gedeckten Tischen, auf denen die Reste des Festmahls standen: Dessertteller mit geschmolzenen Eispfützen, Gläser, in denen noch Champagner stand, der längst nicht mehr perlte, silberne Kandelaber, an denen Wachsschlieren der niedergebrannten Kerzen hingen. Auf dem mittleren Tisch thronte noch der zusammengefallene Rest einer sicherlich einmal imposant gewesenen Hochzeitstorte. Die Luft war schwer und abgestanden, ein Beamter öffnete ein Fenster. Viele Gäste telefonierten in der Wartezeit, bevor sie verhört werden konnten. Und so war Blanc nicht überrascht, dass sich trotz der mitternächtlichen Stunde nach und nach immer mehr Menschen vor La Barben einfanden: Freiwillige, die nach dem Mädchen suchen wollten, Schaulustige, die nach der Horrorgeschichte eines verschwundenen Kindes gierten – und die ersten Journalisten. Er erkannte Paulmier hinter der Absperrung, die von einigen Beamten vor dem Parkplatz errichtet worden war. Der alte Reporter winkte ihm zu, aber Blanc gab ihm ein Handzeichen: Jetzt nicht.

Blanc und Fabienne bildeten eins der Teams, die durch die Räume patrouillierten. Marius war im Festsaal geblieben, um möglichst rasch möglichst viele Gäste zu befragen. Ein Kombi der *Police nationale* aus Salon brachte nach einiger Zeit zwei Suchhunde mit ihren Führern. Claire Pardini holte ein T-Shirt aus Noëlles Zimmer und ließ die Tiere daran schnuppern. Die Schäferhunde streiften vielleicht fünf Minuten lang aufgeregt durch die Burg – dann folgten sie plötzlich einer unsichtbaren Spur vom Festsaal durch verschiedene Räume und Korridore bis zum Tor und schließlich den Weg hinunter bis zum Parkplatz. Dort schlugen sie an.

»*Merde*«, murmelte Blanc, »wir kommen zu spät.« Er eilte auf den Platz und winkte die beiden Security-Männer zu sich. »Ist Ihnen jemand aufgefallen, der in den letzten Stunden weggefahren ist?«

Die zwei Kolosse starrten einander einen Moment lang ratlos an, schließlich hob der Araber entschuldigend die Hände. »Alle Gäste haben einen Passierschein bekommen, eine gelbe Karte, die sie aufs Armaturenbrett legen mussten. So sehen wir sofort, ob sie hierhergehören oder nicht. Den ganzen Abend über sind immer mal Gäste weggefahren und wiedergekommen. Das ist normal.«

»Wissen Sie, wer weggefahren ist? Könnten Sie mir eine Liste machen?«

Der Araber schüttelte den Kopf. Doch sein Kollege stieß ihn an und deutete auf den Parkplatz. »Heute waren so viele Gäste angekündigt, dass der Platz für alle Autos knapp war. Wir hatten deshalb die Anweisung, jeden Ankömmling einzuwinken, damit keine Lücke frei bleibt. Als alle Gäste da waren, beim Abendessen, da war der Parkplatz voll, bis zur Laterne an der Zufahrt. Ich erinnere mich genau. Und die Autos stehen jetzt wieder bis zur letzten Laterne. Also wenn Sie mich fragen: Manche Leute sind vielleicht mal weggefahren, aber die müssen alle wiedergekommen sein. Es fehlt kein einziger Wagen.«

»Danke.« Blanc eilte über die Zugbrücke, lief den Gang hoch und sah sich im Hof der Burg um. Niemand. Also ging er hinein, rannte von einem Saal zum nächsten, bis er endlich Claire Pardini in einem kleinen Kabinett fand, wo sie sich erschöpft gegen einen Billardtisch lehnte. »Gehen Sie mit Ihrer Liste der Gäste und Helfer in den Festsaal und überprüfen Sie, ob jemand fehlt«, bat er.

Zehn Minuten später wusste Blanc, dass alle Eingeladenen und Mitarbeiter da waren. Niemand fehlte. Kein Auto fehlte. Nur Noëlle blieb verschwunden.

»Alors?«, fragte Fabienne. Sie war blass und zornig.

»Noch ist nichts verloren«, beruhigte Blanc sie.

Seine Kollegin starrte auf ihr iPhone. »Ich kann nicht aufhören, das Foto anzusehen. Ein neunjähriges Mädchen. Ich könnte kotzen.«

»Noëlles Spur verliert sich auf dem Parkplatz. Also ist sie wahrscheinlich in ein Auto gestiegen, freiwillig oder gezwungenermaßen.«

»Dann kann sie schon sonst wo sein!«, rief Fabienne. »Wir müssen die Autobahnen sperren. Die Grenzen. Wir müssen …«

»Nkoulou hat die Teams an den Péage-Barrieren längst informiert«, unterbrach Blanc sie. »Und alle Streifenbeamten. Aber ich glaube nicht, dass das Mädchen noch irgendwo in einem Auto gefangen ist. Oder dass sie sich schon weit von dieser Burg entfernt hat.« Er schüttelte den Kopf. »Den beiden Security-Männern wäre jeder Wagen ohne Einladungskarte aufgefallen. Ich halte es deshalb für sehr unwahrscheinlich, dass ein Fremder unbemerkt bis auf den Parkplatz gelangt ist, dass er sich anschließend irgendwie in die Burg geschlichen und Noëlle mitgenommen hat, womöglich noch mit Gewalt. Und dass er schließlich ungesehen von mehr als zweihundert Gästen und zwei Dutzend Mitarbeitern zu seinem Auto zurückkehrt und in die Nacht davonbraust. Erinnere dich an das, was diese beiden Gorillas ausgesagt haben: Den ganzen Abend über sind immer mal wieder Gäste davongefahren und zurückgekehrt.«

»Aber jetzt sind alle Gäste da.«

»Weshalb ich vermute, dass einer der Gäste das Mädchen weggelockt hat und danach allein zurückgekommen ist. Wer wird schon auf eine Hochzeit eingeladen, auf der er keinen anderen Gast kennt? Wie lange kannst du also auf so einer Feier verschwinden, bevor es jemandem auffällt? Ein paar Minuten? Eine halbe Stunde? Höchstens eine Stunde. Hätte sich Noëlle gewehrt, hätte sie geschrien, auch das wäre aufgefallen. Es wäre aufgefallen, wenn der Täter sie hätte tragen müssen. Also: Wir suchen keinen unbekannten Eindringling, der sich das Mädchen geschnappt hat und wieder verschwunden ist. Wir suchen einen Gast oder einen Mitarbeiter, der die Kleine mit einem Trick zum Mitgehen verleitet und irgendwo verborgen hat, bevor er unauffällig zur Feier zurückgekehrt ist. Wir suchen jemanden«, er blickte Fabienne eindringlich an und senkte die Stimme, »*der in diesem Augenblick in dieser Burg ist.* Ich tippe auf einen Gast, den das Mädchen kennt und dem es vertraut. Zumindest so sehr vertraut, dass es ihm freiwillig bis zu seinem Wagen folgt. Dieser Gast fährt mit Noëlle davon. Er versteckt sie irgendwo in der Umgebung. Er kehrt zurück, bevor irgendjemand auch nur bemerkt hat, dass Noëlle fehlt. Oder dass er selbst gefehlt hat.«

Seine Kollegin sah ihn an. »Ein Typ holt sich das Mädchen, fährt mit ihm hinter den nächsten Busch, missbraucht es und kehrt zurück, um weiter zu feiern? Als wäre nichts gewesen?«

»Warum sonst sollte jemand eine Neunjährige entführen?«

»Vielleicht ist es ein Sorgerechtsstreit. Oder jemand wird Lösegeld fordern. Oder meinst du«, Fabienne schluckte, »Noëlle ist wirklich schon …«

»Sie lebt noch.« Blanc hatte keinerlei Indiz, das dafür sprach, keinen Hinweis, keine Spur, nichts. *Merde.* »Sie lebt noch«, wiederholte er trotzdem grimmig.

Sie gingen in den Festsaal. Die Beamten hatten sich an den Tischen verteilt, Geschirr beiseitegeräumt und ihre Aufnahmegeräte zwischen die Essensreste gestellt. Vor jedem saß ein Gast. Das Murmeln der Befragungen schwebte durch den Saal, kein Wort so laut, dass Blanc es hätte verstehen können, aber insgesamt doch so vernehmlich, als würden alle zusammen ein Ritual nachsprechen. Manchmal wurde ein Gast vom Beamten entlassen, dann stand er auf, ein wenig ratlos, schlenderte durch den Raum – während dem nächsten Gast mit einem Kopfnicken bedeutet wurde, dass er nun an der Reihe sei. Die Leute, die das Verhör schon hinter sich hatten, standen mit denjenigen, denen das noch bevorstand, an den Fenstern oder wärmten sich an dem winzigen Ofen, doch tuschelten nur wenige miteinander. Blanc kam das Ganze so vor wie eine Art Massenbeichte, die Flics als Geistliche, die Gäste die Sünder, und nach jeder Befragung gab es die Absolution. Nur für einen unter euch nicht, schwor er sich. Marius hockte an einem Tisch und stellte einer älteren Dame Fragen. Er winkte ihnen nur kurz zu und konzentrierte sich dann wieder auf die Frau. Vor ihm lag ein Notizblock, der bereits zur Hälfte vollgekritzelt zu sein schien.

»Nehmen wir uns auch ein paar Gäste vor«, sagte Blanc.

Fabienne deutete auf einen klein gewachsenen, schlanken Mann mit verwuschelten dunklen Haaren. Dunkle Augen, Brille mit sehr kleinen, runden Gläsern, lässiger Anzug, keine Krawatte, aus der Tasche seines Jacketts leuchtete eine blaue

Packung Gitanes. Um seinen Hals hing eine wuchtige Nikon mit großem Blitzgerät. »Der Hochzeitsfotograf«, sagte seine junge Kollegin. »Den befragen wir zuerst.«

Ohne Blancs Antwort abzuwarten, eilte sie zu ihm und stellte sich vor.

»David Lalle«, sagte der Fotograf. »Gut, dass ich endlich dran bin. Ich warte hier schon lange genug.«

»Sie wollen gehen?«, fragte Blanc höflich, der hinzugetreten war. Da alle Tische besetzt waren, führten sie ihn an den Rand des Festsaals, wo ein Fenster den Blick auf den Park freigab. Beamte hatten mobile Scheinwerfer aufgebaut, von irgendwoher dröhnte schwach ein dieselbetriebener Stromgenerator. Das Licht war weiß und verwandelte die Hecken des Parks in zackige, dunkle Mauern, in ein Labyrinth aus Grelle und Düsternis, durch das die Uniformierten so langsam und mit solch synchronen Bewegungen glitten, als wären sie Roboter.

»Ich will nur vor die Tür.« Lalle blickte sehnsüchtig nach draußen und klopfte auf die Zigarettenpackung. »Im Saal darf ich nicht rauchen. Aber niemand kann raus, der noch nicht ausgesagt hat. Also: Schön, dass Sie mich verhören.«

»Das höre ich eher selten«, erwiderte Blanc. »Wann haben Sie Noëlle zuletzt gesehen?«

Der Fotograf hob die Schultern. »Keine Ahnung. Ich habe nach und nach alle Gäste fotografiert, die Kleine auch. Aber wann genau? Ich sehe beim Job nicht auf die Uhr.«

»Und wo haben Sie das Mädchen fotografiert?«

»Hier im Festsaal. Kurz vor dem Essen. Mit den anderen Kindern.«

Fabienne grinste und deutete auf die Nikon. »Wir hätten gerne die Speicherkarte, Monsieur Lalle.«

Der Fotograf zögerte. »Das«, er hüstelte schüchtern, »das ist mein Kapital. Keine Bilder, kein Geld.«

»Wir gehen sorgsam mit der SD-Karte um. Im Labor.«

»Was wollen Sie überhaupt damit? Die meisten Fotos werden das Brautpaar zeigen, ist doch klar. Dann die Eltern, die Trauzeugen, die ...«

»Aber Sie haben doch auch Fotos während der ganzen Feier gemacht, oder?« Fabienne hatte die Hand ausgestreckt. »Vielleicht ist auf manchen Bildern Noëlle zu sehen. Das muss Ihnen gar nicht aufgefallen sein. Vielleicht steht das Mädchen irgendwo im Hintergrund. Und vielleicht zeigt ein Foto sie mit jemand anderem ... mit einem Gast.«

Lalle nestelte am Gurt der Nikon und reichte die große Kamera schweren Herzens Fabienne. Sie gab ihm ihre Telefonnummer. »Schicken Sie mir Ihre Kontaktdaten aufs Handy«, bat sie den Fotografen. »Und rufen Sie mich morgen oder übermorgen an. Spätestens dann haben wir alle Fotos auf einen unserer Rechner kopiert.«

»Kluges Mädchen«, murmelte Blanc, nachdem sie Lalle erlaubt hatten, draußen eine Zigarette zu rauchen. »Wenn da ein verdächtiger Typ auf den Fotos sein sollte, dann entdecken wir ihn.«

Sie stieß ihn unauffällig an und deutete mit dem Kinn in die hinterste Ecke des Saals. »Apropos entdecken«, sagte sie. »Schau mal, wer da sitzt.«

»Der Alte aus den Grotten«, sagte Blanc verblüfft. An einem Tisch hockte Roland Compagnat auf einem Stuhl und unterhielt sich mit einer Frau, die ungefähr so alt zu sein schien wie er, doch äußerlich wie Gottes Alternativentwurf zu ihm wirkte. Compagnat war in allem rund, untersetzt, kräftig, dunkel. Die Frau hingegen war groß gewachsen und hager, ihre Haut war hell, ihre Augen leuchteten wasserblau, und ihre langen Haare schimmerten in irgendeinem Ton zwischen weiß und blond und waren so fein, dass man bis auf die Kopfhaut sehen konnte.

Sie gingen auf die beiden Alten zu. »Monsieur Compagnat«, begrüßte ihn Blanc, »welche Überraschung, Sie hier zu sehen.«

»Ich hätte auch nicht erwartet, Sie auf der Hochzeit zu treffen, *mon Capitaine*«, erwiderte der Rentner und erhob sich behände vom Stuhl. Er deutete mit einer galanten Handbewegung auf die Dame an seiner Seite: »Madame Géraldine Tornero. Die *Grande Dame* von Lamanon. Und die letzte echte Kommunistin im Gemeinderat.« Er lachte.

»Roland hat mir von Ihrem ... Abenteuer erzählt.« Madame Tornero lächelte und stand ebenfalls auf. Ihre Bewegungen wirkten leicht und fließend wie die einer viel jüngeren Frau. Ihre Augen waren so klar, dass Blanc unwillkürlich vermutete, dass sie noch nie im Leben eine Brille aufgesetzt hatte.

»Haben Sie schon etwas über das Skelett erfahren?«, fragte Compagnat.

Fabienne schüttelte den Kopf. »Wir fingen mit den Ermittlungen gerade an, als wir unterbrochen wurden.« Sie deutete mit einer umfassenden Handbewegung in den Saal.

»Wenn ein junges Mädchen verschwindet, dann müssen alte Knochen warten«, kommentierte Compagnat.

»Sei nicht geschmacklos«, tadelte ihn Géraldine Tornero. »Selbstverständlich muss man zuerst die Kleine finden.«

»Sie kennen Noëlle Samson?«, fragte Blanc.

»Nicht wirklich gut.« Compagnat schüttelte den Kopf. »Wissen Sie, eigentlich bin ich nur durch Zufall hier. Ich habe bis zu meiner Pensionierung bei Monsieur Samson als Buchhalter gearbeitet. Seit ich in Rente bin, helfe ich ihm hin und wieder mit Papierkram und der Verwaltung, vor allem, wenn er auf der Burg Feiern organisiert. Ich habe Mademoiselle Pardini ein wenig bei der Zusammenstellung der Gästeliste und beim Versenden der Einladungen unterstützt, und zur Belohnung durfte ich mir auf der Hochzeit den Bauch vollschlagen und jungen Damen auf die Beine gucken.«

»Und ich durfte mitkommen, damit sich der alte Schwerenöter benimmt«, ergänzte Géraldine Tornero milde spottend.

»Noëlle kenne ich allerdings nur flüchtig«, fuhr Compagnat fort. »Sie ist halt die Tochter des Patrons. Als ich in Rente ging, war sie noch nicht einmal geboren. Später habe ich sie hin und wieder gesehen, wenn ich auf La Barben zu tun hatte. Wir haben an diesem Abend ein wenig geplaudert. Nettes Mädchen.«

»Und Sie, Madame?« fragte Fabienne die alte Dame.

Géraldine Tornero schüttelte bedauernd den Kopf. »Ich bin im Gemeinderat, und da läuft man sich schon in irgendwelchen Ausschüssen oder bei Konferenzen über den Weg. Aber wie Roland schon gesagt hat: Monsieur Samson ist Kapitalist. Und ich bin in der PCF.« Sie lachte freudlos auf. »Wir sind nicht gerade Genossen. Ich saß mit Roland und Monsieur Samsons Bruder am Tisch, als sich Noëlle ein paar Minuten zu uns gesetzt hat. Das heißt, eigentlich hat sie sich vor allem zu ihrem Onkel und zu dessen Schokoladeneis gesetzt. Die beiden verstehen sich offenbar sehr gut. Aber ich kenne die Familie eigentlich gar nicht.«

Blanc blickte Compagnat an. »Können Sie sich erinnern, das Mädchen sonst noch während der Feier gesehen zu haben?«

»Klar habe ich das Mädchen gesehen. Die tobte hier zwischen den Tischen herum, zusammen mit einer Freundin, glaube ich.«

»Hat Noëlle auch mal längere Zeit mit einem der erwachsenen Gäste geredet? Oder mit einem Kellner?«

»Mit ihrem Vater auf jeden Fall, die sind zusammen angekommen. Mit ihrem Onkel. Mit Mademoiselle Pardini. Und sonst ... *Eh bien,* darauf habe ich nicht geachtet.«

»Wann haben Sie sie zuletzt gesehen?«, wollte Fabienne wissen.

Compagnat hob entschuldigend die Hände. »Nach dem Essen? Wie gesagt: Wir haben beim Dessert geplaudert, als ihr Onkel, Matthieu Samson, bei uns saß. Dann ist Noëlle aufgesprungen. Sie war so aufgeregt, sie konnte nicht lange still sitzen. Ich kann mich nicht erinnern, ob ich sie danach noch einmal gesehen habe. Erst als irgendjemand rief: ›Wo ist Noëlle?‹, und als daraufhin die ganze Sucherei losging, da wurde mir klar, dass ich die Kleine schon eine ganze Zeit lang nicht mehr bemerkt hatte.«

»Wer hat das gerufen?«, fragte Blanc.

»Monsieur Samson«, erwiderte Compagnat.

»Nein, das war sein Bruder«, korrigierte ihn Géraldine Tornero. »Matthieu Samson hat das gerufen, der Onkel. Der schien mir noch ängstlicher zu sein als Jean-Baptiste.«

Blanc dachte nach. Grauer Mann. Allein in der Burg, während alle Gäste hektisch das Anwesen durchsuchen. Den Alarm hat nicht er ausgelöst, sondern sein Bruder. »Monsieur Samson – ich meine Jean-Baptiste Samson, Ihr ehemaliger Chef – scheint ein eher zurückhaltender Mensch zu sein«, formulierte Blanc vorsichtig. »Er ist erstaunlich gefasst.«

Compagnat blickte ihn einige Sekunden lang an, dann seufzte er. »*Mon Capitaine,* Sie wollen eigentlich sagen, dass mein Chef eine kalte Kröte ist, oder? Dass es doch seltsam ist, dass Monsieur Samson in so einer Situation nicht durch die Gegend hetzt wie ein Irrer, oder?«

»Wenn meine Tochter verschwunden wäre, würde ich nicht einfach auf einem Stuhl sitzen bleiben«, warf Fabienne ein, ganz offenkundig wütend über Samsons Reaktion.

»Monsieur Samson ist ein sehr kühler Mann«, erklärte Compagnat, »das war er immer schon. Das heißt aber nicht, dass er ein schlechter Mensch ist.«

»Selbstverständlich«, sagte Blanc begütigend. »Sie kennen ihn viel besser als wir.«

»Seit 1970. Ich bin als Buchhalter in seine Firma gekommen. Die letzten vierzig Jahre meines Berufslebens habe ich bei ihm verbracht. Seine Familie kenne ich vielleicht nicht gut, aber ihn habe ich jeden Tag im Büro erlebt. Er war ein guter Patron.«

»Was ist das für ein Unternehmen, das Monsieur Samson leitet?«, fragte Fabienne, das iPhone bereits in der Hand.

»Eine Marmorschneiderei in Lamanon. Wir haben ein paar Spezialsägen und schneiden damit alles, was man aus Marmor machen kann: Grabsteine, Bodenfliesen, Küchenplatten, Aufsätze für Kommoden, solche Sachen.«

Blanc blickte den Alten überrascht an. »Monsieur Samson scheint mir, nun, relativ schmal gebaut. Ich habe mir einen Steinmetz immer eher kräftig vorgestellt.«

»Monsieur Samson ist Betriebswirt, der stellt sich nicht an die Säge.«

»Der Vater seiner verstorbenen Frau Séverine Le Guennec hat die Marmorschneiderei gegründet«, warf Géraldine Tornero ein. »Samson hat den Betrieb nur vom Schwiegervater übernommen. Der alte Le Guennec hat sein Handwerk in Paris gelernt und ist nach dem Krieg in die Provence gekommen. Der hat die erste moderne Marmorschneiderei in der Region gegründet, mit motorbetriebenen Diamantsägen und solchen Geräten. Der war Lamanons erster echter Kapitalist! ›Kapitalisten‹ haben wir damals noch gesagt, heute heißt das ja ›Start-up‹. Wenn Sie mich fragen: Amerikanisch klingt das auch nicht besser. Ausbeuter bleibt Ausbeuter.«

»Ausbeuter?«, hakte Blanc nach.

»Der alte Le Guennec war ein rücksichtsloses Schwein«, erklärte Géraldine Tornero.

Mon Dieu, dachte Blanc, von der Alten will ich mich nicht beschimpfen lassen. Wann hatte er zuletzt solche kommunistischen Politiker erlebt? Musste zehn, zwanzig Jahre her sein.

»Le Guennec hat in Lamanon …«, fuhr sie fort, aber da hob Roland Compagnat energisch die Hand. Ihm schien das Ganze unangenehm zu werden.

»Monsieur Samson kann nichts dafür, wie sein Schwiegervater das Unternehmen aufgebaut hat. Seitdem er es leitet, geht jedenfalls alles korrekt zu.«

»Zumindest die Buchhaltung«, neckte ihn Géraldine Tornero und stieß ihm in die Seite.

Ob die was miteinander haben?, fuhr es Blanc durch den Kopf. Über achtzig und noch ein Paar. Ermutigendes Beispiel. Er räusperte sich. »Wenn Ihnen noch etwas einfällt zu Noëlle, dann melden Sie sich bitte, *d'accord*?« Er entließ die beiden Alten mit einer Handbewegung in die Nacht.

Blanc wandte sich Fabienne zu und wollte etwas sagen, als irgendwo hinter ihm ein Stuhl krachend zu Boden schlug. Glas zersplitterte und Porzellan. Irgendjemand stieß einen Schrei aus. Blanc fuhr herum. Mitten im Saal prügelten zwei Männer aufeinander ein.

Einer der beiden war Marius.

Ein fürchterlicher Verdacht

Marius riss einen Mann zwischen zwei Tischen zu Boden. Sein Gegner war nicht besonders groß, aber sehnig, schnell und ziemlich kräftig. Der Unbekannte grunzte und stöhnte, während er verbissen auf Marius eindrosch, bis dessen Oberlippe aufplatzte. Ein Schleier winziger Blutstropfen sprenkelte eine Tischdecke. Der Mann packte einen zersplitterten Teller und hob die sichelförmige Scherbe hoch in die Luft, als wollte er mit einem Opfermesser zustoßen.

Blanc stürzte auf die Kämpfer zu, aber Fabienne war schneller. Sie sprang durch die Luft – für Blanc war es, als würde sie an ihm vorbeifliegen. Einen Augenblick darauf war sie direkt neben dem Schläger, der nicht auf sie achtete. Sie holte blitzschnell mit dem rechten Fuß aus, einen Moment später traf sie ihn an der Schläfe. Er ließ die Scherbe fallen, sackte ohne einen Laut zusammen, ein unkontrolliertes Zittern lief durch seinen Körper. In weniger als drei Sekunden hatte Fabienne ihn auf den Bauch gedreht, seine Arme gepackt und ihn mit Handschellen gefesselt.

»Ich weiß ja nicht, was du damals gelernt hast, aber so haben wir das auf der Gendarmerie-Schule gemacht«, sagte sie schwer atmend zu Marius.

Dieser tastete benommen nach einer Serviette, die auf den Boden gefallen war, und hielt sie sich vor den Mund. »Ich hab den Typ für dich müde gemacht«, nuschelte er.

»Ich hoffe, du hast einen guten Grund für diesen Zirkus«, brummte Blanc, reichte ihm die Hand und half ihm auf die Beine. Die Gäste hatten einen großen Kreis um sie gebildet und starrten schweigend auf den Bewusstlosen, dessen Krampf abgeklungen war und der nun reglos inmitten von Glas- und Porzellansplittern auf dem Boden lag. Die jetzt erst hinzueilenden Beamten hingegen musterten Marius, dessen Hemd blutüberströmt war. Er hatte unter den Kollegen einen miesen Ruf, und der würde sich heute Abend kaum verbessern.

Blanc betrachtete den Mann: vielleicht dreißig Jahre alt, die schwarzen Haare schulterlang und so schief geschnitten, als hätte er das selbst gemacht. Drei-Tage-Bart. Kariertes Flanellhemd und eine an den Unterschenkeln eng geschnittene blaue Stoffhose. Goldkettchen am Hals. Er dünstete den penetranten Duft eines billigen Rasierwassers aus, als hätte er darin gebadet. An beiden Händen über den auffallend wulstigen Fingergelenken ein Netz feinster Narben. Der hat sich schon oft geschlagen, dachte Blanc. Er griff nach einer Wasserkaraffe und schüttete deren Inhalt über den Kopf des Mannes.

Zwei Männer drängten sich durch den Ring der Schaulustigen: Nkoulou und Jean-Baptiste Samson.

»Räumen Sie den Saal«, befahl der Commandant seinen Beamten. Leise und beherrscht, aber Blanc hörte trotzdem heraus, wie wütend er war. »Setzen Sie die Befragungen der Gäste in anderen Räumen fort.«

Erst jetzt setzte das Gemurmel wieder ein. Die Leute flüsterten miteinander, ließen sich zögernd von den Gendarmen hinausführen. Eine Frau hob ihr Handy, um die Szene zu filmen, doch als sie Nkoulous Blick bemerkte, ließ sie das Gerät rasch wieder sinken. Nur der Burgherr blieb mit einigen Gendarmen im Raum zurück.

»Wer ist das?«, fragte ihn Blanc und deutete dabei auf den Mann, der nun stöhnte und sich bewegte, soweit sich ein Mann bewegen konnte, dessen Hände hinter dem Rücken gefesselt waren. Er war noch nicht wieder klar genug im Kopf, um die Augen zu öffnen.

»Olivier Bourniquel«, antwortete Samson. »Ein Bruder der Braut. Wäre er nicht ein Verwandter, hätte man ihn garantiert nicht eingeladen.«

»Er sieht ein bisschen rustikaler aus als die anderen Gäste«, kommentierte Blanc.

»Es überrascht mich nicht wirklich, dass Olivier eine derartige Szene macht.« Samson seufzte. »Man sagt ja über solche Kerle, dass sie das schwarze Schaf der Familie sind. Aber der ist kein schwarzes Schaf, der ist ein schwarzer Wolf. Einer von den Typen, mit denen man besser nur redet, wenn man einen Waffenschein hat.«

»Olivier Bourniquel, geboren 1987 in Marseille, unverheiratet, keine Kinder, Beruf: Hundezüchter.« Fabienne sah auf ihr Smartphone. »Er war mal in der Hundestaffel der Armee, aber da ist er nach anderthalb Jahren unehrenhaft entlassen worden, weil er einen Vorgesetzten niedergeschlagen hat. Bourniquel hat seither ein nettes Vorstrafenregister zusammengetragen: zweimal Verstoß gegen das Betäubungsmittelgesetz, zweimal Diebstahl, einmal Raub, einmal Körperverletzung, zuletzt Brandstiftung. Er hat einem Bauern, der sich über das Gebell seiner Hunde beschwert hat, eine Scheune abgefackelt. Dafür hat er vier Jahre bekommen, von denen er zwei Jahre und acht Monate in Les Baumettes absitzen musste. Seit neun Monaten ist er draußen, auf Bewährung. Scheint nicht wirklich geklappt zu haben.«

»Ein Zeuge hat Bourniquel mit Noëlle zusammen gesehen«, erklärte Marius, »und mit einem weiteren Mädchen.« Er blickte kurz auf seinen Notizblock. »Magali Auger. Eine Freundin der Kleinen. Sie ist nicht verschwunden, das habe ich sofort überprüft.«

Nkoulou winkte einen Beamten zu sich. »Suchen Sie Magali Auger und befragen Sie sie. Vielleicht kann sie uns etwas über Bourniquel sagen.«

Marius griff währenddessen nach einer Karaffe auf einem der Tische und kippte Wasser über die Serviette, bevor er sich den Stoff erneut auf den Mund drückte. Seine Oberlippe schwoll schon an. »Ich wollte Bourniquel zu Noëlle befragen, aber der ist sofort grob geworden. Hat mich beleidigt. Ich wollte ihn in einen Nebenraum führen, damit ich ihn ungestört weiter verhören konnte. Und da hat er mich angegriffen. Aggressiver Kerl.«

»Oder sehr nervös«, murmelte Blanc. »Und vielleicht aus gutem Grund ...« Er sah, dass Bourniquels Lider flatterten, dann öffnete der Mann die Augen und starrte ihn an. Blanc packte ihn und wuchtete ihn vom Boden auf einen Stuhl. »Monsieur Bourniquel, Sie haben ein Problem«, sagte er sachlich.

»Ich werde dich verklagen«, stieß Bourniquel hervor, »dich und alle diese Typen hier. Das ist Freiheitsberaubung und Körperverletzung. Ich habe nichts getan. Was wollt ihr überhaupt?«

»Ich will, dass wir uns siezen«, erwiderte Blanc.

»Ich duze, wen ich will.«

Blanc sah ihn nachdenklich an. »Es gibt eine falsche Seite der Handschelle und eine richtige Seite, Monsieur Bourniquel«, erklärte er. »Sie stecken in der falschen Seite.«

Bourniquel starrte ihn an. Er öffnete den Mund. Dann bemerkte er Blancs Blick. »Was wollen Sie von mir?«, knurrte er.

»Antworten«, verkündete Blanc gelassen. »Wir wollen nur ein paar Antworten.«

»Haben Sie sich heute Abend mit Noëlle Samson unterhalten?«, fragte Fabienne.

Bourniquel wandte sich ihr zu, zitternd vor Wut. Es war nicht klar, ob ihm bewusst war, dass sie ihm den Tritt an den Kopf verpasst hatte, oder ob er es bloß nicht leiden konnte, von einer jungen Frau befragt zu werden. An seiner Schläfe schwoll ein dunkelrotes Hämatom an. Endlich antwortete er. »Wenn das der Name des Mädchens ist, dann war es wohl so.«

Blanc fluchte innerlich, versuchte aber, sich nichts anmerken zu lassen. Das konnte zäh werden. Er zog sein Nokia heraus und wischte das Bild der Verschwundenen aufs Display. »Wir sprechen über dieses Mädchen«, erklärte er.

Bourniquel sah auf das Handy, aber nur ganz kurz. »Das ist sie.«

»Warum haben Sie mich vorhin angegriffen?«, knurrte Marius.

»Weil Sie mich angefasst haben.«

»Ich wollte Sie nur in einen Nebenraum führen.«

»Ich mag es nicht, wenn man mich anfasst. Schon gar nicht, wenn es ein Flic ist.«

»Kannten Sie Noëlle schon vor der Feier?«, wollte Blanc wissen.

»Sie ist irgendeine entfernte Cousine von mir. Kann sein, dass ich sie früher mal gesehen habe. Als Baby oder so. Aber nicht in den letzten Jahren. Ich habe es nicht so mit der Familie. Nur mit meiner Schwester, da ist das noch in Ordnung. Deshalb bin ich zur Hochzeit gekommen. Das hätte ich besser nicht tun sollen.«

Fabienne blickte ihn aufmerksam an. »Wann haben Sie sich mit Noëlle unterhalten?«

»Beim Essen. Oder eher kurz davor. Wenn man noch rumgeht und Aperitifs kippt und die letzten Leute zum Rauchen rausgehen, bevor das Essen aufgetischt wird. Dann etwa.«

»Worüber haben Sie gesprochen?«, fragte Blanc.

»Über Hunde.«

»Hunde?«

»Haben Sie es auf den Ohren?«

»Ich habe mich noch nie mit neunjährigen Mädchen über Hunde unterhalten.«

»Dann haben Sie vielleicht keine Ahnung von neunjährigen Mädchen. Die lieben Tiere. Irgendwie hat die Kleine, wie hieß die? Noëlle, also die wusste irgendwie, dass ich Hunde züchte.

Und da sind sie und ihre Freundin zu mir gekommen und haben mich gefragt, ob ich ihnen Welpen zeigen kann.«

»Einfach so?«, wunderte sich Fabienne. »Zwei Mädchen, die Sie gar nicht kennen, kommen einfach so auf Sie zu und fragen Sie nach Hundewelpen?«

»So, wie Sie das sagen, klingt das, als hätten die mich nach Drogen gefragt. Aber wir haben halt über Hunde geredet, weil die Mädchen Hunde gern haben. Ich züchte Deutsche Schäferhunde. Was soll ich sonst sagen?«

»Und dann?«, hakte Marius nach. »Ein Zeuge hat Sie gesehen, wie Sie mit den Mädchen den Festsaal verlassen haben.«

»Hat er, dieser Zeuge? Wer denn?«

»Beantworten Sie einfach meine Frage.«

»*Merde*, ja, das habe ich. Die Kleinen wollten Welpen sehen, aber ich fahre doch nicht mit meinen Welpen zu einer Feier. Aber dabei habe ich den Mädchen erzählt, dass ich meinen Wagen so umgebaut habe, dass es die Hunde darin bequem haben, wenn ich sie doch mal irgendwohin fahren muss. Der Kofferraum ist so eine Art Hundehütte, verstehen Sie? Das wollten sie dann sehen. Also habe ich den beiden Dingern halt mein Auto gezeigt.«

Blanc spürte, wie ihm kalt wurde. »Welches Auto?«, fragte er. Ruhig, du musst ganz ruhig bleiben, ermahnte er sich. Jetzt bloß nicht die Kontrolle verlieren.

»Ein alter weißer Kangoo. Garantiert die einzige alte Karre auf dem Parkplatz. Wenn Sie mir nicht glauben, dass ich sie für die Hunde umgebaut habe, dann sehen Sie doch selbst nach. Das Auto ist nicht abgeschlossen.« Bourniquel lachte freudlos. Marius war bereits auf dem Weg nach draußen.

Während sie auf seine Rückkehr warteten, nahm Fabienne die Kamera des Hochzeitsfotografen und ließ die Bilder in rasender Folge über den winzigen Monitor auf der Rückseite der Nikon laufen. »Vielleicht finde ich ein Foto mit Noëlle und

Bourniquel«, flüsterte sie Blanc zu. »Ich könnte diesem Typen die Fresse einschlagen.«

»Das hast du schon.«

»Hast du gehört, wie er gerade die Mädchen genannt hat? ›Dinger‹. Ich könnte direkt wieder zuschlagen.«

»Mit eingeschlagener Fresse kann der Kerl uns keine Fragen mehr beantworten«, sagte Blanc düster. »Wir müssen jetzt hundertprozentig professionell bleiben. Wenn Bourniquel etwas mit Noëlles Verschwinden zu tun hat, dann ist er im Moment der einzige Mensch, der weiß, wo sie ist.«

»Wenn ich diesen Mann angucke und dabei an das Mädchen denke, wird mir übel.«

Nkoulou, der sich bislang abseits gehalten hatte, um sie das Verhör führen zu lassen, trat nun zu ihnen. »Magali Auger hat gerade bei der Befragung bestätigt, dass sie sich zusammen mit Noëlle das Auto angesehen hat. Danach sind beide Mädchen in die Burg zurückgekehrt, Magali hat ihre Freundin aus den Augen verloren, und um Bourniquel hat sie sich nicht länger gekümmert. Ist das also unser Mann?«

Blanc wog seine Antwort sorgfältig ab. »Das ist ganz sicher keiner, den Sie gern als Nachbarn hätten, *mon Commandant*«, begann er vorsichtig. »Bourniquel ist mehrfach vorbestraft, auch wegen Gewalttaten. Allerdings noch nie wegen Sexualdelikten. Er hat Noëlle und einem anderen Mädchen sein Auto gezeigt. Aber das Auto steht auf dem Parkplatz, und das andere Mädchen ist hier in der Burg. Wohin also ist Noëlle verschwunden? Wie hätte Bourniquel sie verschwinden lassen können? Wann? Das wissen wir alles noch nicht.«

»Haben wir denn wenigstens genug in der Hand, um diesen Bourniquel für eine Nacht in Untersuchungshaft zu nehmen? Lieutenant Tonon hat sich mit ihm geprügelt, Sous-Lieutenant Souillard hat ihn durch einen Tritt an den Kopf niedergestreckt. Vor ungefähr zweihundert Zeugen! Wenn sich das gleich als

Missverständnis herausstellt und wir diesem Kerl die Handschellen abnehmen müssen: ›Pardon, alles bloß ein Irrtum, kommen Sie gut nach Hause.‹ Wenn sich dieser Kerl dann einen Anwalt nimmt …«

»Mon Commandant«, beruhigte ihn Blanc rasch, »Monsieur Bourniquel wirkt auf mich nicht gerade wie ein Mann, der freiwillig in einen Gerichtssaal geht, auch nicht als Kläger.«

In diesem Augenblick kehrte Marius zurück. Er sah aus, als wollte er sich schon wieder auf Bourniquel stürzen. In seiner Hand hielt er ein Goldkettchen mit einer kleinen glänzenden Plakette. Er zeigte Blanc und Nkoulou die Plakette. Dort waren zwei Buchstaben eingraviert: *N–S.* »Das Armband habe ich in Bourniquels Auto gefunden. Im Kofferraum. In dem Hundezwinger.«

Blanc war, als würde jemand die Zeit einfrieren: Sie starrten Bourniquel an, doch der blickte ins Nichts. Niemand sagte ein Wort. Kein Geräusch. Keine Bewegung. Hundezwinger, dachte Blanc. Er spürte das kalte Metall der SIG Sauer, die er sich in den Hosenbund gesteckt hatte. Er hätte die Pistole ziehen und dem gefesselten Mann vor ihm das ganze Magazin in den Schädel schießen können. »Sie haben uns noch nicht alles erzählt, Monsieur Bourniquel«, sagte er schließlich. Er klang unglaublich gefasst.

»Da gibt es nichts weiter zu erzählen«, stieß der Mann hervor. »Die Dinger haben sich mein Auto angesehen. Die sind überall herumgeklettert. Und dabei hat die eine das da vielleicht verloren. Wer achtet schon auf so was? Ich habe das Auto wieder zugemacht, und dann sind wir zur Burg zurückgegangen, und das war's. Die Mädchen sind irgendwo verduftet, und ich hab mir was zu trinken besorgt. Und erst als das Geheule losging, habe ich bemerkt, dass etwas nicht stimmt.«

Dinger. Hundezwinger. Geheule. Blanc spürte auf einmal, dass er seine Hände so fest zu Fäusten geballt hatte, dass es ihn schmerzte. Er atmete tief durch. Da berührte ihn jemand an der Schulter, er drehte sich um. Fabienne. Sie war sehr blass geworden. Sie hielt ihm die Nikon hin, ihre Hand zitterte. »Sieh dir das Bild an«, flüsterte sie.

Blanc blickte auf den Monitor. Später Nachmittag, klares Licht. Das Brautpaar auf einer geschwungenen Treppe im Freien, mitten im Hof dieser verfluchten Burg. Wunderschöne Braut. Stolzer Bräutigam. Lächeln. Das Paar wurde von zwei, drei Dutzend Menschen umringt: Familie. Sein Blick flog über die Menschen, winzige, pixelige Gestalten auf dem kleinen Monitor. Noëlle mit einigen weiteren Kindern ganz vorn, auf der untersten Stufe. Sie lachte. Und Bourniquel. Ganz hinten rechts, auf der letzten Stufe, halb verdeckt von anderen Personen. Keine Verbindung zwischen ihm und dem Mädchen, kein Blick, den sie sich zuwarfen, nichts ... Dann begriff er plötzlich, warum Fabiennes Hand zitterte. Bourniquel trug auf diesem Foto eine helle Leinenhose.

Und jetzt trug er eine blaue Wollhose.

Blanc ließ die Nikon langsam sinken. »Sie haben sich während der Feier umgezogen«, sagte er zu Bourniquel.

Der zuckte nur mit den Achseln. »Na und? Irgendein Idiot hat mir beim Essen sein Glas auf die Hose gekippt. Rotwein, die Hose war ruiniert, ich sah aus wie ein Penner. Also bin ich kurz nach Hause gefahren, um mir eine andere Hose anzuziehen. Mein Hof liegt nicht weit von La Barben entfernt. Das waren nur fünf Minuten, dann bin ich zurückgekommen und ...« Er starrte die Beamten an.

»Sie sind nachts mit Ihrem Auto weggefahren und dann wiedergekommen«, murmelte Marius.

»Und in Ihrem Auto haben wir ein Armband mit Noëlles Initialen gefunden«, ergänzte Fabienne.

»Sie sind verhaftet«, verkündete Nkoulou.

In diesem Moment öffnete sich die Tür zum Festsaal und eine Frau trat ein, mittelgroß, schlank, schwarze kurze Haare, dunkle Augen, ihr Leib eingehüllt in einen langen, dunklen Wollmantel. In ihrer Linken hielt sie eine halb gerauchte Gauloise. Blancs Herzschlag setzte für einen Augenblick aus. Er hatte sie seit ihrem Wochenende in Arles nicht mehr gesehen – drei lange Wochen. Die meiste Zeit hatte sie bei ihrem Gatten in Paris verbracht. Blanc versuchte, sich seine aufkeimende Freude und Sehnsucht nicht anmerken zu lassen, warf bloß seinen beiden Kollegen einen warnenden Blick zu. Marius und Fabienne waren die einzigen Menschen, die von seiner Affäre mit der Untersuchungsrichterin wussten. Aber Marius wusste auch, dass die Richterin nicht sehr viel von ihm hielt und dass er in diesem Moment nicht gerade präsentabel wirkte. Er bewegte sich möglichst unauffällig in den Kreis der Gendarmen hinein und ging hinter dem Rücken zweier größerer Kollegen in Deckung. Fabienne begrüßte Aveline sehr korrekt und knapp und vermied es, Blanc einen Blick zuzuwerfen.

Die Untersuchungsrichterin wandte sich an Nkoulou, den ranghöchsten Offizier im Raum. »Was geht hier vor?« Ihre Stimme klang herb von zahllosen Zigaretten.

Der Commandant berichtete vom aktuellen Stand der Ermittlungen und der Festnahme Bourniquels. Er zeigte ihr das Foto von Noëlle.

»Ich kenne ihn bereits von ein paar früheren Verfahren.« Aveline nickte in Richtung des Gefesselten, der noch immer auf dem Stuhl saß. Blanc war sicher, dass Bourniquel die Ankunft der Untersuchungsrichterin registriert hatte, doch er sah unverwandt aus dem Fenster. Wie ein trotziges Kind, dachte Blanc, nicht wie ein erwachsener Mann. Und: Der Typ hat Angst.

»*Madame le Juge,* wir müssen das Auto von Monsieur Bourniquel sicherstellen und durch Kriminaltechniker auf Spuren überprüfen lassen. Und wir müssen sofort ein Team zum

Haus des Verhafteten schicken, um es gründlich zu durchsuchen«, fuhr Nkoulou fort.

»Genehmigt«, sagte Aveline. »Und mobilisieren Sie alle Streifen, die wir auftreiben können. Die Beamten sollen die Straßen und Feldwege absuchen, die von der Burg bis zum Haus von Monsieur Bourniquel führen. Wenn es sein muss, fordern Sie Verstärkung an. Nicht aus Marseille, die haben nach Einbruch der Dunkelheit immer zu viel zu tun. Fragen Sie in Aix-en-Provence nach. Wenn wir bis morgen früh keine Spur von dem Mädchen gefunden haben, will ich beim ersten Tageslicht einen Hubschrauber in der Luft sehen. Brauchen wir Taucher für die Gewässer?«

»Die Touloubre fließt direkt unterhalb der Burg, der Bach ist aber kaum einen oder anderthalb Meter tief. Wir kommandieren ein paar Taucher ab, Boote benötigen wir nicht. Wir müssen noch feststellen, wann genau und für wie lange Monsieur Bourniquel die Hochzeitsfeier verlassen hat. Sollte es deutlich länger als eine halbe Stunde gewesen sein, dann könnte er auch Richtung Norden bis zur Durance oder Richtung Süden bis zum Étang de Berre gekommen sein. Dann«, Nkoulou räusperte sich, »wird es für die Taucher selbstverständlich deutlich aufwendiger.«

»Stellen Sie das fest«, sagte Aveline. »Und jetzt unterhalte ich mich mit Monsieur Bourniquel. Allein.«

Sie nahm sich einen Stuhl und setzte sich dem Verhafteten gegenüber. Blanc hatte erwartet, dass Bourniquel die Untersuchungsrichterin weiterhin ignorieren oder ihr höchstens grob und einsilbig antworten würde. Doch er schien sich vernünftig mit ihr zu unterhalten. Aveline blickte ihn an und stellte kurze Fragen, die der Mann ruhig und recht ausführlich beantwortete. Als Aveline schließlich zu den Gendarmen zurückkehrte, sagte sie nicht viel. Aber Blanc kannte sie inzwischen gut genug, um zu bemerken, dass ihr irgendetwas missfiel.

»Nehmen Sie Monsieur Bourniquel in Untersuchungshaft«, ordnete sie an. »Ich lasse Sie hier weiter arbeiten. Rufen Sie mich an, wenn sich irgendetwas Neues ergibt.« Sie nickte Nkoulou zu und wandte sich zur Tür.

»Ich sehe nach, ob die Kollegen von der Spurensicherung schon angekommen sind«, sagte Blanc ein paar Augenblicke später und strebte, wie er hoffte, möglichst unauffällig Richtung Ausgang. In einem der weiten Flure der Burg holte er Aveline ein. Er ging neben ihr, wagte jedoch nicht, sie zu berühren, aus Sorge, dass sie ein Kollege beobachten könnte. »Ich freue mich, Sie zu sehen«, flüsterte er, »auch wenn ich mir einen anderen Anlass gewünscht hätte.«

»Ein neunjähriges Mädchen. Ich wünschte, mein Handy würde gleich klingeln und ein Gendarm sagte mir, dass die Kleine wieder aufgetaucht ist«, erwiderte sie, genauso leise.

»Aber Sie glauben nicht daran?«, meinte Blanc.

»Natürlich hoffe ich darauf, aber ich vertraue meiner Erfahrung. Und die sagt mir, dass es überhaupt nicht gut aussieht.«

»Was ist Ihnen beim Verhör aufgefallen? Etwas hat Sie gestört.«

Aveline erlaubte sich ein winziges Lächeln. »Ich muss mich vor Ihnen in Acht nehmen, *mon Capitaine,* Sie kennen mich besser als mein Mann.« Dann wurde sie wieder ernst. »Ich möchte, dass Sie sich erst mal unvoreingenommen umhören. Danach können wir über unsere Eindrücke reden. Später.«

Blancs Puls schlug schneller. Sie waren durch das Burgtor auf den Parkplatz getreten. Neben der massigen Mauer stand ein Mann, der sich mit zwei Uniformierten unterhielt und ihnen irgendetwas auf einem Plan zeigte. Wahrscheinlich der Gärtner, dachte Blanc flüchtig. Die beiden Security-Männer waren zur Befragung in die Burg geschickt worden, ein Dutzend Gendarmen hatte die Absperrung der Anlage übernommen. Am rot-weißen Plastikband drängten sich trotz der späten

Stunde noch immer mindestens fünfzig Schaulustige, neben Paulmier und einigen weiteren Journalisten, die er schon vom Sehen kannte, vor allem Anwohner. Sie starrten neugierig hinüber, manche filmten mit ihren Handys die nun zum größten Teil in Dunkelheit gehüllte Burg La Barben und alles, was auf dem Parkplatz vor sich ging. Blanc wagte jetzt erst recht nicht mehr, seine Geliebte zu berühren.

»Ich muss in nächster Zeit nicht mehr dienstlich nach Paris. Wir werden uns also bald sprechen, *mon Capitaine*. Ich rufe Sie an.« Sie schüttelte ihm zum Abschied die Hand, formell und kurz. Doch dabei schenkte sie ihm eine Sekunde lang ein hinreißendes Lächeln. Dann hüllte sich Aveline tiefer in ihren Mantel, drehte sich um und stieg in ihren dunkelblauen Citroën C5. Wenige Augenblicke später war sie in der Nacht verschwunden.

Blanc sah auf die Straße, bis er die Rücklichter ihres Autos nicht mehr erkennen konnte. *Bald. Ich rufe Sie an.* Verrückt, das war einfach verrückt, was er machte. Zumal jetzt. Er blickte sich um. Niemand schien auf sie geachtet zu haben. Die Kriminaltechniker waren da: sechs hinter Masken und Ganzkörperschutzanzügen verborgene Gestalten, die den Draht einer Motorwinsch in die Abschlepphalterung eines verbeulten, weißen Renault Kangoo einhakten, um ihn auf die Ladefläche eines Autotransporters zu ziehen. Blanc sah zu den Schaulustigen hinüber. Irgendjemand würde mit seinem Smartphone das Auto filmen, wenn es weggebracht wurde, das würde jemand ins Internet stellen und dann könnte jeder das Nummernschild sehen.

Er ging zu den Kollegen der Spurensicherung. »Verdecken Sie bitte die Nummernschilder«, bat er. »Es ist ja möglich, dass wir uns den Falschen vornehmen.«

Einer der Kriminaltechniker wandte sich ihm zu. Blanc sah

zwischen Gesichtsmaske und Haarschutz nur eine wuchtige Brille, dahinter ein Paar brauner Augen. Ein älterer Mann, dachte er. Erst als er die Stimme hörte, erkannte er, dass er mit einer Frau sprach. »Sie sind ja zimperlich, *mon Capitaine*.«

»Sie würden auch nicht wollen, dass man Ihren Wagen vor laufenden Kameras zur Gendarmerie schleppt«, erklärte Blanc.

»Ich schände auch keine Kinder.« Sie hob begütigend die behandschuhte Hand. »Ich klebe Folien über die Nummernschilder.«

Nkoulou eilte auf den Hof, in einer Hand sein Smartphone, in der anderen seinen Autoschlüssel. Ein paar Beamte folgten ihrem Chef, darunter Marius und Fabienne. Ein Uniformierter reichte der Kollegin von der Spurensicherung einen Plastikbeutel mit dem kleinen Armband darin. »Monsieur Samson hat bestätigt, dass es sich um ein Schmuckstück von Noëlle handelt«, erklärte der Commandant dazu. »Ihr Onkel Matthieu Samson hat es ihr zu ihrem neunten Geburtstag geschenkt. Sie trägt es jeden Tag und würde es niemals freiwillig ablegen. Ich fahre mit dem halben Team zu Bourniquels Haus. Kommen Sie mit?«

Blanc schüttelte den Kopf. »Ich bleibe hier, bis wir alle Leute befragt haben.« Er spürte einen Tritt gegen die Wade, doch er ignorierte ihn.

»Gut«, erwiderte Nkoulou. »Protokollieren Sie alles und lassen Sie unsere Leute die Burg noch einmal vom Turm bis zum Weinkeller durchsuchen.«

»Ich stelle neue Teams zusammen, nicht dieselben wie vorhin. Vielleicht fällt neuen Leuten etwas auf, was die anderen übersehen haben.« Blanc wurde schon wieder getreten, doch er ignorierte es weiterhin.

Nkoulou rauschte davon, und zum ersten Mal seit Menschengedenken zählte Marius zu den Privilegierten, die mit ihrem Chef in dessen Wagen steigen durften.

Blanc drehte sich um und lächelte Fabienne an. »Du verteilst heute mehr Tritte als Bruce Lee.«

»Bruce wer?«

»Vergiss es. War vor deiner Zeit.«

»Wahrscheinlich bin ich auch zu jung, um zu kapieren, warum du nicht mit zur Durchsuchung von Bourniquels Haus fährst.«

»Du hättest doch mitfahren können«, erwiderte Blanc freundlich.

Fabienne blickte ihn wütend an. »Du bettelst mich geradezu an, dass ich dich weiter trete, ja? Du weißt genau, was ich meine: Du stehst vor Nkoulou wie der Streber vor dem Lehrer und bleibst brav hier. Das muss doch einen Grund haben! Und wenn ich eins gelernt habe in den letzten Monaten, dann das: Da, wo du bist, dampft die Kacke.«

»So ein Kompliment habe ich auch noch nicht gehört.«

Sie musste plötzlich lachen. »Gern geschehen. Man muss einfach in deiner Nähe bleiben, und schon geht es rund. Aber ich verstehe nicht, was hier interessanter sein soll als das, was wir im Haus von diesem ekelhaften Kerl finden könnten.«

Blanc sah sich um, ob niemand mehr in ihrer Nähe war, dann beugte er sich zu Fabienne hinüber und sagte leise: »Alle Kollegen glauben, dass wir schon den richtigen Mann geschnappt haben. Marius sowieso, aber auch Nkoulou und sogar die Kriminaltechniker, die den Wagen wegbringen. Und du glaubst das auch: Der Täter ist da, wir müssen bloß noch das Opfer finden. Klar, das hofft jeder – aber was, wenn wir die Kleine *nicht* schnell finden? Dann wissen wir noch nicht einmal, was dem Mädchen genau passiert ist. Geschweige denn, wer der Täter sein könnte.«

»Dieser Bourniquel wirkte nicht gerade wie ein Pfadfinder, der meiner Oma über die Straße hilft.«

»Der Typ würde deine Oma eher ausrauben, *d'accord*. Aber

nicht jedes Arschloch ist ein Kindesentführer. Ich habe selbst eine Tochter, und was mir dieser Kerl vorhin gesagt hat, stimmt: Die meisten Mädchen lieben Tiere. Ich hätte selbst darauf kommen können. Als Astrid neun Jahre alt war, hätte sie auf Festen vielleicht auch von sich aus irgendwelche Leute angesprochen, die angeblich süße Welpen hatten.«

Fabienne blickte ihn skeptisch an. »Hätte sie? Oder hat sie?«

Blanc hielt kurz inne. »Keine Ahnung. Ich kann mich nicht daran erinnern, dass ich mit ihr damals auf irgendeiner großen Feier war. Ich hatte abends meistens zu tun.«

»Es ist also deine reiche Erfahrung als vorbildlicher Vater, die dich zu diesem Schluss kommen lässt. Wenn mein Kind mal da ist, bitte ich dich um Erziehungstipps.«

Blanc räusperte sich. »Bourniquel hat ein halbes Dutzend Vorstrafen, aber keine einzige aufgrund irgendeines Sexualdelikts. Und ...«, er hob die Stimme, um Fabiennes Einwand zuvorzukommen, »... und der Typ hat sich überhaupt keine Sorgen gemacht, als wir ihn nach seinem Auto gefragt haben. Als wäre es ihm egal gewesen.«

»Aber Bourniquel hat versucht, Marius zusammenzuschlagen, als der ihn befragen wollte.«

»Weil er Flics nicht leiden kann, weil er keine Selbstbeherrschung hat und ein Schläger ist. Hast du schon mal darüber nachgedacht, warum Bourniquel überhaupt auf die Feier zurückgekehrt ist? Ich meine: Wenn er Noëlle in sein Auto gelockt, sie irgendwohin entführt und mit ihr Dinge getan hat, über die wir jetzt lieber nicht so genau nachdenken wollen – warum, zum Teufel, kehrt er dann mit genau diesem Auto auf genau diese Feier zurück? Ein erfahrener Krimineller wie er wird doch wissen, dass wir bei Alarm alle Leute verhören, dass wir alles durchsuchen und mit Hunden kommen. Wenn Bourniquel geahnt hätte, dass die Gendarmerie kommen würde, dann hätte er das nie im Leben gemacht. Was bedeutet, dass er überrascht war, dass die Gendarmerie anrückte. Was wiederum bedeutet, dass er keine Ahnung hatte, dass die Kleine verschwunden war. Der wurde von der allgemeinen Aufregung genauso überrascht wie alle anderen Gäste, und dann war es für ihn zu spät, um noch aus der Burg zu verschwinden.«

Fabienne starrte ihn an. »Wenn Bourniquel nicht der Täter ist – wer ist es dann?«

»Jemand, der sich noch in diesem Gebäude aufhält.« Blanc deutete auf die schwarzen Mauern. »In dieser Burg dampft die Kacke, und deshalb sind wir noch hier.«

Sie gingen einmal um die Burg herum. Die Festung thronte auf einem steilen, zerklüfteten Felsen. An den meisten Stellen schienen die Außenmauern nahtlos aus dem Stein zu wachsen. Nirgendwo entdeckten sie ein zweites Tor oder auch nur eine Pforte.

»Kein Hinterausgang«, murmelte Blanc.

»Gab es im Mittelalter nicht Geheimgänge?«, fragte Fabienne. »Kleine Tunnel, die vom Verlies aus unterirdisch bis in irgendeinen Wald führten? Damit der Burgherr abhauen konnte, wenn ein Feind die Mauern gestürmt hatte? Vielleicht weiß Monsieur Samson nicht einmal was davon? Aber seine Tochter? Und Noëlle versteckt sich irgendwo und lacht sich ins Fäustchen, während wir hier …«

»Die Hunde hätten ihre Spur gewittert«, erwiderte Blanc. »Ich fürchte, die Hoffnung auf irgendwelche Geheimgänge kannst du begraben. Aber zur Sicherheit werde ich noch einmal ein Suchteam in die Kellergewölbe schicken.«

Sie gingen über die Zugbrücke wieder in das Anwesen hinein. Blanc schickte die Beamten ein zweites Mal durch alle Räume. Halb hatte er erwartet, mürrische Gesichter zu sehen, Gemurmel zu hören, was das denn werden sollte. Aber niemand beschwerte sich, nicht über die späte Stunde, nicht über die

Wiederholung der Durchsuchung. Einige Beamte sahen bloß das Foto auf ihren Handys an. Neun Jahre alt. Dreißig Sekunden später durchkämmten die Suchtrupps ein zweites Mal das alte Gemäuer.

»Und wen nehmen wir uns jetzt vor?«, fragte Fabienne.

»Den Onkel, Matthieu Samson«, erwiderte Blanc.

»Der Mörder ist immer der Onkel.«

»Es war der Onkel, dem Noëlles Verschwinden zuerst aufgefallen ist und der als Erster Alarm geschlagen hat. Es war der Onkel, der dem Mädchen ein Armband geschenkt hat, das die Kleine niemals ablegt. Ich wäre nicht überrascht, wenn uns dieser Onkel mehr über Noëlle erzählen kann als sonst irgendjemand hier.«

Sie fragten sich durch, bis sie vor einem Mann standen, der in allem wie die ältere, aber gesündere Variante seines Bruders wirkte: Matthieu Samson war zwar auch schon grauhaarig, aber seine Haut schimmerte sonnengebräunt, er war schlank, wo sein Bruder hager war, er schritt mit den geschmeidigen Bewegungen eines Sportlers auf sie zu, sein dunkelblauer Zweiteiler war dezent und modisch, der Hauch eines teuren Rasierwassers umwehte ihn. Sie trafen sich im Festsaal, den Nkoulou wieder freigegeben hatte und wo zwei Kellner gerade die letzten Scherben wegfegten und die Flecken von Marius' Blut von den alten Fußbodenfliesen wischten. Viele Gäste waren inzwischen wieder hier und wärmten sich auf. Einige bedienten sich an den Resten des Buffets oder gossen sich aus Wein- und Champagnerflaschen ein. Andere, die bereits befragt worden waren, ließen sich von Beamten die Erlaubnis geben, nach Hause fahren zu dürfen.

»Ich bin Ihnen wirklich sehr dankbar, dass Sie gleich mit so vielen Beamten gekommen sind«, begrüßte der Onkel des verschwundenen Mädchens sie. Seine Stimme war weder besonders tief noch besonders kräftig, doch angenehm melodisch.

»Allerdings muss ich zugeben, dass ich mit jeder Minute ohne Neuigkeiten noch nervöser werde.«

Matthieu Samson schüttelte Blanc die Hand. Sein Druck war kraftig, aber man konnte trotzdem spüren, dass er zitterte. Unter seiner Sonnenbräune war er blass. Ein feiner Ring Schweißperlen leuchtete auf seiner hohen Stirn.

»Wann ist Ihnen aufgefallen, dass Noëlle verschwunden ist?«, fragte Blanc, nachdem er sich und Fabienne vorgestellt hatte.

Matthieu Samson hob die Hände. Vielleicht ist das eine hilflose Geste, dachte Blanc, vielleicht auch eine entschuldigende oder eine, die sein schlechtes Gewissen kaschieren soll. »Am Ende des Abendessens. Sie wissen, wie das ist bei solchen Festen, *mon Capitaine*: Man isst und isst und isst. Irgendwann ist der Hauptgang vorbei, die Leute stehen auf, schlendern rum, unterhalten sich, machen Fotos, die Kinder toben einem zwischen den Beinen hindurch. Schließlich wurde das Dessert gereicht. Schokoladeneis, Noëlles Lieblingsnachtisch. Die Kleine ist ganz verrückt danach. Ich habe das Eis mit ihr und zwei alten Bekannten gegessen. Als es später einen Nachschlag gab, habe ich mich gewundert, dass sie nicht kam. Das Eis auf ihrem Teller war geschmolzen, sie hatte es nicht angerührt. Da habe ich sie gerufen, um ihr eine neue Portion zu besorgen. *Mon Dieu,* ich habe gedacht, Noëlle spielt irgendwo. Aber die anderen Kinder saßen vor ihrem Eis, und niemand hatte das Mädchen gesehen und …« Er wischte sich mit der Hand über die Augen. »Das ist ein Albtraum«, flüsterte er. »Glauben Sie, dass dieser Bourniquel …?«

»Wir ermitteln in alle Richtungen«, erwiderte Blanc.

»Monsieur Bourniquel hat behauptet, dass Noëlle und eine Freundin ihn angesprochen haben, kurz bevor der Hauptgang aufgetragen wurde«, bemerkte Fabienne. »Die Mädchen wollten angeblich seine Hunde sehen. Ist Ihre Nichte tatsächlich so, dass sie mehr oder weniger fremde Männer darauf angesprochen hätte?«

»Oh ja!« Matthieu Samson lächelte, stolz und geradezu heiter. »Noëlle ist wirklich nicht schüchtern. Sie liebt Tiere. Wenn mein Bruder nicht so ein Sturkopf wäre, dann hätte sie längst welche gehabt: Katzen, Kanarienvögel, Hunde, vor allem Hunde! Hier auf der Burg ist doch Platz, *mon Dieu,* die Kleine hätte sogar ihr eigenes Pferd haben können. Aber Jean-Baptiste wollte nie etwas von Tieren auf diesem Anwesen wissen. Er behauptet immer, er ist allergisch gegen Haare. Und er mag Hundegebell nicht. Na jedenfalls – wenn Noëlle irgendwie erfahren haben sollte, dass dieser Bourniquel nicht bloß einen Hund hat, sondern die Tiere sogar züchtet, also dann ist es praktisch sicher, dass sie sich auf ihn gestürzt und ihn mit Fragen bestürmt hat.«

Blanc dachte nach. Noch ein Indiz, das die Version des Verhafteten stützte. »Sie stehen Ihrer Nichte sehr nahe?«, fragte er.

»Sehr«, bestätigte Matthieu Samson, ohne zu zögern. »Wissen Sie, meine Frau und ich hatten leider nie Kinder. Noëlle ist meine einzige Nichte und ... na ja ...« Er versuchte sich an einem Lächeln. »Sie haben meinen Bruder wahrscheinlich schon kennengelernt. Jean-Baptiste ist ein sehr«, er suchte nach dem richtigen Wort, »zurückhaltender Mensch«, vollendete er. »Wenn man ihn nicht gut kennt, dann könnte man ihn sogar für kalt halten. Und dann ...«, er atmete tief durch, »... dann ist auch noch vor einigen Jahren Noëlles Mutter gestorben. Also, da habe ich mir gesagt, ich muss mich um die Kleine kümmern. Sehen Sie sich doch um! Ein Mädchen allein in diesem Gemäuer, nur in Gesellschaft eines schweigsamen, verschlossenen Mannes! Noëlle wäre schwermütig geworden. Ich bin mit ihr ins Kino gegangen, ans Meer gefahren, zum Skifahren in die Alpen, solche Dinge halt. Mir ist die Kleine wirklich sehr ans Herz gewachsen.«

»Wie ist Noëlles Mutter gestorben?«, wollte Fabienne wissen.

»Ein Autounfall. Séverine ist im Sommer 2009 spätabends zurück zur Burg gefahren, auf der Landstraße zwischen Salon und La Barben. Sie fuhr ihren R4, sie hat die alte Kiste geliebt. Leider war die Karre nicht stabiler als eine Blechbüchse. Ein Typ mit einem schweren Wagen wollte sie überholen. Aber die Route départementale ist dort eng und kurvenreich, der Raser hat sich nicht links vorbeigedrängt, sondern wollte sie aus irgendeinem verrückten Grund rechts überholen. Dabei hat er Séverine wohl touchiert: Ihr R4 ist über die Gegenfahrbahn geschleudert, hat sich im Graben überschlagen und ist schließlich gegen einen Baum gekracht und ... na ja. Der einzige Zeuge war ein Landstreicher, der zufällig unter einem anderen Baum gelegen hat. Der hat nicht viel gesehen, und helfen konnte der auch nicht mehr. Den anderen Autofahrer hat man nie identifiziert. Séverine war fünfundvierzig.« Matthieu Samson schüttelte traurig den Kopf.

Noëlle ist neun, dachte Blanc, also ist sie 2008 geboren. Sie war ungefähr ein Jahr alt, als sie ihre Mutter verlor. Sie konnte keine Erinnerung an sie haben. Aber vielleicht hatte sie sich selbst eine Erinnerung konstruiert? »Ist Noëlle oft am Grab ihrer Mutter?«, fragte er. »Oder gibt es irgendeinen Ort, an den sie sich zurückzieht, um ihrer verstorbenen Mutter«, er zögerte, »irgendwie nahe zu sein? Vielleicht ein Zimmer in der Burg? Oder eine Lichtung im Wald? Irgendeinen Ort, wo sie vielleicht grundsätzlich gern ist? Allein? Vielleicht müssen wir dort suchen.«

Matthieu Samson nickte. »Diesen Ort gibt es und, glauben Sie mir, das war der allererste Platz, an dem ich nachgesehen habe.« Er atmete tief durch. »Jean-Baptiste wollte nicht, dass Séverine im Familiengrab beerdigt wird. Ich habe nie herausgefunden, warum. Er hat alle meine Fragen dazu einfach ignoriert. Jedenfalls hat er Séverine einäschern lassen und ihre Urne im Park unterhalb der Burg begraben. Mein Bruder brauchte dafür eine Sondergenehmigung der Präfektur, Sie können nicht einfach Ihre Toten im Garten bestatten. Irgendwie hat Jean-Baptiste sie bekommen. Im Park wächst ein riesiger Sequoia. Zwischen den Wurzeln des Mammutbaums liegt nun jedenfalls ihre Asche. Noëlle ist da oft, eigentlich jeden Tag eine gewisse Zeit lang. Sie steht einfach da und berührt die Rinde. Mehr nicht. Sie streichelt den Baum, bleibt ein paar Augenblicke still stehen, dann geht sie. Es ist, als würde sie sich vergewissern wollen, dass ihre Mutter noch da ist, irgendwie.« Matthieu Samson sah aus dem Fenster.

Blanc wartete höflich, bis er sich gesammelt hatte. »Sie war aber an diesem Abend nicht an dem Sequoia?«

»Nein, zumindest hat sie niemand dort gesehen. Und seit einer Stunde sind ja Ihre Kollegen hier. Es sind so viele Gendarmen im Park, also wenn meine Nichte doch irgendwo in der Nähe des Baums wäre, dann hätte man sie längst gefunden.«

Fabienne und Blanc bedankten und verabschiedeten sich. »Der Mann ist fertig«, flüsterte Fabienne im Fortgehen. »Vielleicht müssen wir einen der Psychiater vom Notfallteam rufen.«

Sie hatten die Tür des Festsaals erreicht, und Blanc drehte sich noch einmal um. Matthieu Samson stand an einem der spitzbogigen, hohen Fenster auf der anderen Seite des großen Raums. Er starrte in die Nacht. Dann wendete er langsam den Kopf, als hätte er eine Stimme gehört. Er sah zu einer Gruppe junger Leute, die neben einem Tisch standen, sich Champagner eingossen und unterhielten. Matthieu Samson blieb einen Moment lang reglos, dann straffte er sich und ging mit energischen Schritten zu der Gruppe. Er fasste einen jungen Mann am Oberarm – nicht freundschaftlich, eher wie ein Polizist, der einen Verdächtigen packt – und zog ihn einige Schritte fort von der Gruppe. Er redete auf ihn ein, Blanc sah, dass Noëlles Onkel zornig war. Der junge Mann erstarrte, stellte sein Glas ab, drehte sich um und ging wortlos aus dem Saal, direkt an Fabienne und Blanc vorbei, die er nicht einmal zu bemerken schien. Es sah aus wie eine Flucht.

Der Mann, den Matthieu Samson aus dem Saal gewiesen hatte, war David Lalle, der Hochzeitsfotograf.

»Monsieur Samson braucht keine Hilfe, zumindest nicht von einem Psychiater«, murmelte Blanc.

Spät in der Nacht fuhr Blanc nach Hause. Einige Beamte würden die ganze Nacht über in La Barben bleiben, doch die meisten Uniformierten waren abgezogen, die Gäste waren fort. Beim ersten Tageslicht würden die Gendarmen die Burg und ihre Umgebung ein drittes Mal durchsuchen. Es würde mehr Spürhunde geben, dazu einen Hubschrauber. Aber Blanc fürchtete, dass sie nichts finden würden.

Nkoulou hatte sich vor einer halben Stunde gemeldet: Nichts in Bourniquels Haus, gar nichts. Der Spürhund hatte nicht einmal angeschlagen.

Blanc dachte an die Menschen, die er in den letzten Stunden befragt hatte: an Olivier Bourniquel, der beim geringsten Anlass gewalttätig geworden war, aber dessen bizarre Geschichte vom im Auto eingebauten Hundezwinger, den er den Mädchen habe zeigen wollen, niemand widerlegen konnte. Jean-Baptiste Samson, der Vater, der beinahe als einziger Mensch an diesem Abend seine verschwundene Tochter nicht gesucht hatte. Der alte Roland Compagnat, der seit Jahrzehnten für die Familie Samson arbeitete, Noëlle seit ihren ersten Lebenstagen kannte, aber an dem Abend ihres Verschwindens noch so fröhlich war, dass er mit einer alten Dame geflirtet hatte. Diese alte Dame, Géraldine Tornero, die Samson als »Ausbeuter« beschimpfte, aber trotzdem zur Feier gekommen war. Claire Pardini, die

Sekretärin, die so stolz war, als gehörte sie selbst zur Familie, und die bis zum letzten Eingeladenen Namen und Anzahl aller Anwesenden sofort parat hatte. Die beiden Kolosse von der Security, die den Parkplatz bewacht hatten, sich aber nicht mehr an die Autofahrer erinnern konnten, die zwischendurch weggefahren und wiedergekommen waren. Und Matthieu Samson, der als Einziger wirklich erschüttert gewesen zu sein schien – aber der sich spätabends nicht scheute, eine Szene zu machen, indem er den Hochzeitsfotografen David Lalle aus der Burg jagte, warum auch immer. Nichts passt zusammen, dachte Blanc, gar nichts. Er spürte ein hässliches Ziehen unter der Schädeldecke, er musste sich dringend hinlegen, sonst würde ihm das Hirn vor Schmerz explodieren.

Nachdem er den Espace abgestellt hatte, stieg er aus. Das Ticken des abkühlenden Motors war das einzige Geräusch. Die kalte Luft draußen traf ihn so, als wäre er ins winterliche Meer gesprungen. Es gab keinen Himmel mehr über ihm, nur noch ein schwarzes Nichts bis zur Unendlichkeit. Und Sterne, überall Sterne. Tausende winzige Lichtpunkte funkelten am Firmament, kalte weiße Perlen, die Konstellationen formten, die er nicht kannte, die in Fächern, Kugeln, Schleiern glitzerten. Blanc hatte noch niemals so viele Sterne gesehen wie in dieser Nacht.

Er zog die Tür seiner alten Ölmühle auf. Drinnen war es kühl wie in einer Gruft. Aber als Blanc sich auf das harte Bett warf, schlief er sofort ein und spürte die Kälte nicht mehr.

Die Nation will Helden und Verbrecher sehen

Mittwoch, 13. Dezember – Nkoulou hatte für neun Uhr morgens zu einer Pressekonferenz geladen, auf der er die bisherigen Ermittlungsergebnisse vorstellen wollte. Es hatten sich jedoch so viele Reporter angemeldet, dass er sie schließlich nicht in der Gendarmerie-Station empfangen konnte, sondern in die *Mairie* gegenüber ausweichen musste. Ein paar Beamte hatten dort hastig im größten Saal die alten Bilder und Empire-Möbel hinausgetragen und stattdessen so viele Plastikklappstühle hineingestopft, wie zwischen die vier Wände passten. Auf der Hauptstraße parkten bereits Limousinen mit Pariser Kennzeichen, zwischen den Weihnachtsbuden und Miniaturtannenbäumen standen die weißen Übertragungswagen der großen Fernsehsender. Schon eine halbe Stunde vor Beginn war es in dem kahlen Raum des Rathauses so voll, dass Blanc am liebsten durch eine Filtermaske geatmet hätte. Als er eintrat, entdeckte er Paulmier, der neben einem Fenster stand. Er drängte sich zu dem alten Reporter.

»Das ist der beste Platz«, begrüßte ihn Paulmier. »Es zieht durch die Fenster in dem alten Kasten, weil der Bürgermeister zu geizig ist, um sie zu ersetzen. Hier können wir noch frei atmen.«

Blanc blickte sich um und nickte ein paar vertrauten Gesichtern zu. Einige Journalisten kannte er noch aus seiner Zeit in der Hauptstadt – Journalisten, die ihn schätzten, weil er als Korruptionsermittler manche schlagzeilenträchtige Geschichte von Schmiergeldern und Durchstechereien aufgedeckt hatte.

»Ich hätte nicht geglaubt, dass sich die Pariser Edelfedern bis nach Gadet verirren«, murmelte er.

Paulmier zuckte mit den Schultern. »Ein verschwundenes Mädchen kurz vor Weihnachten, und dann heißt die Kleine ausgerechnet Noëlle, ›Weihnachten‹: Besser geht es nicht.«

»Ich hätte nicht gedacht, dass Sie ein Zyniker sind.«

»Ich bin kein Zyniker, ich bin bloß Journalist.«

Marius und Fabienne drängten sich einige Augenblicke darauf bis zu ihnen durch. Die Oberlippe seines Freundes war zwar noch angeschwollen, aber irgendjemand hatte die Platzwunde gut versorgt. Überhaupt sah Marius präsentabler aus als je zuvor: geduscht, gekämmt und ausnahmsweise in einem Anzug, der nicht zum Schreien komisch war. »Du könntest Versicherungen verkaufen«, begrüßte ihn Blanc.

Fabienne lachte und wollte einen Kommentar dazu abgeben, doch da zupfte sie jemand am Ärmel. Brigadier Barressi. Er deutete auf die Stirnseite des Raums, an der auf einem Podest ein Tisch, ein paar Stühle und Mikrofone aufgebaut waren. »Der Chef will Sie auf dem Podium sehen.«

»Mich?«, fragte Fabienne überrascht. »Aber ich kann doch zu dem Fall kaum etwas sagen.«

»Sollen Sie auch nicht. Sie sind Deko.«

Fünf Minuten später wusste Blanc, warum Nkoulou so rasch Karriere gemacht hatte. Der Commandant erschien in makelloser Uniform vor der Presse. Obwohl Blanc ihm anmerkte, wie müde er war, trat er mit energischen Schritten in den Raum und blickte sich um, selbstbewusst und souverän. Ein Mann, dem man bedenkenlos seine Sicherheit anvertrauen konnte. Ihm folgte Jean-Baptiste Samson, der Vater des verschwundenen Mädchens, noch grauer und gebeugter als am Vortag, die personifizierte Hilflosigkeit. Und schließlich Fabienne in ihren Outdoor-Klamotten, der alle hundert Journalisten sofort ansahen, wie unwohl sie sich fühlte. Aber sie war jung und hübsch, und sie war eine Frau. Sie würde der Inszenierung etwas Weiches, Verständnisvolles hinzufügen, genau passend für das familiäre Drama, das sich gleich entfalten sollte. Das war Nkoulous Inszenierung. Ganz schön clever, dachte Blanc.

Die Lichter der Fernsehteams flammten auf. Nkoulou erzählte von dem Fall, klar und schnörkellos, er berichtete auch, dass die Gendarmerie bereits einen Verdächtigen gefasst habe. Er nannte Bourniquels vollen Namen, wie es Ermittler vor der Presse nur tun, wenn sie sich ihrer Sache ganz sicher sind. Er wirkte durchaus zufrieden.

»Haben Sie das Mädchen schon gefunden?«, unterbrach ihn ein Reporter.

Nkoulou räusperte sich. »Wir folgen jeder Spur. Ich bin sicher, dass wir Noëlle Samson bald wiedersehen werden.«

»Bourniquel hat also noch nicht gestanden?«

»Wir verhören ihn seit gestern Abend. Nein, er hat noch nicht gestanden. Auch deshalb sitzt Monsieur Samson jetzt hier.« Er nickte dem Vater zu.

Samson hustete und holte ein Blatt Papier aus seiner Jackettasche, das er umständlich auseinanderfaltete und von dem er mit monotoner Stimme einen Text ablas. »Seit gestern Abend, einundzwanzig Uhr, ist meine Tochter Noëlle verschwunden. Ich und alle, die sie kennen, sind in großer Sorge. Ich appelliere an den Täter, uns einen Hinweis auf ihren Verbleib zu geben. Ich möchte meine Tochter wieder in meine Arme schließen. Bitte!«

Wäre Samson ein anderer Mann gewesen, dann hätte er vielleicht den einen oder anderen im Saal gerührt. Aber so wirkte er wie ein Regierungssprecher, der die Verlautbarung zu irgendeinem Gesetzesentwurf vorgetragen hatte. Den Text musste ein Jurist durchgesehen haben, vermutete Blanc. Samson hatte den Druck auf Bourniquel erhöht, indem er ihn öffentlich aufforderte, etwas zum Schicksal des Mädchens preiszugeben. Aber der Vater des Mädchens hatte es zugleich doch vermieden, einen Namen zu nennen. So konnte er später nicht wegen Verleumdung verklagt werden, falls man Bourniquel wider Erwarten laufen lassen musste. Juristisch korrekt, aber journalistisch nicht besonders wirkungsvoll.

Es dauerte denn auch einige verräterisch lange Sekunden, bis sich ein Reporter endlich dazu aufraffte, die erste Frage zu stellen. »Haben Sie auf der Hochzeitsfeier Ihre Tochter zusammen mit Monsieur Bourniquel gesehen?«

»Ja«, erwiderte Samson.

Blanc starrte ihn fassungslos an, dann Marius. »Das hat er gestern nicht ausgesagt«, flüsterte er.

»Es ist ihm diese Nacht wieder eingefallen«, erwiderte Marius leise. Seiner Miene war nicht anzumerken, was er davon hielt.

»Ich habe meine Tochter und eine ihrer Freundinnen noch vor dem Abendessen, ich glaube, es war während des Aperitifs, am Tisch mit Monsieur Bourniquel gesehen«, fuhr Samson fort. »Sie haben sich auf seinem Handy Fotos angesehen.«

»Fotos?!«, riefen gleich mehrere Reporter. Plötzlich kam Unruhe in die Menge.

»Von Hundewelpen«, erklärte Samson. Es war, als hätte er einen Stecker gezogen, die Spannung verschwand wieder aus dem Saal. »Monsieur Bourniquel züchtet Hunde. Meine Tochter liebt Tiere. Er hat ihr Fotos von seinen Welpen gezeigt. Noëlle hat mir gesagt, Monsieur Bourniquel sei ihr *copain*, ihr ›Kumpel‹.«

»Und danach?«, fragte Paulmier mit lauter Stimme.

»Ich habe nicht länger darauf geachtet. Ich«, Samson hustete verlegen, »musste mich um meine Gäste kümmern.« Er rang um Worte. »Erst nachdem Noëlle verschwunden war, fiel mir diese Begebenheit wieder ein. Alle Gäste waren so aufgeregt.

Nur Monsieur Bourniquel erschien mir so … unbeteiligt. Das ist mir sofort aufgefallen.«

»Was meinen Sie mit ›unbeteiligt‹?« Die Frage kam von einer jüngeren Pariser Journalistin, die sich schon mit einigen Enthüllungsgeschichten einen Namen gemacht hatte. Blanc merkte sofort, dass ihr nicht gefiel, was sie hörte.

»Nun, während die anderen Gäste meine Tochter überall in der Burg suchten, saß Monsieur Bourniquel im Saal und trank ein Glas Wein.«

»Und deswegen haben Sie Bourniquel verhaftet, Commandant? Weil er ein Glas Wein getrunken hat?«

Nkoulou lächelte freundlich und verständnisvoll über die kritische Nachfrage, als hätte ihm die Journalistin stattdessen ein Kompliment gemacht. Dann berichtete er von Noëlles Armband in Bourniquels Auto. Davon, dass der Verdächtige sich während der Feier umgezogen hatte und dass er zwischendurch mit seinem Wagen weggefahren war. »Er war etwa eine Viertelstunde fort«, setzte er hinzu, »wir haben das überprüft. Wir kontrollieren heute das Umland der Burg, das man mit einem Auto wie Monsieur Bourniquels Renault Kangoo innerhalb einer fünfzehnminütigen Hin- und Rückfahrt erreichen könnte. Das Suchgelände ist zwar groß, hügelig, bewaldet, aber dennoch überschaubar. Wir sind zuversichtlich. Sobald sich etwas ergibt, informieren wir Sie selbstverständlich umgehend. Ich danke Ihnen, *Mesdames et Messieurs.*« Der Commandant erhob sich.

»Deko«, zischte Fabienne, als sie sich wenig später neben Blanc auf den Beifahrersitz eines Streifenwagens fallen ließ. »Ich habe mich gefühlt wie eine Tabledancerin. Alle haben mich angeglotzt. Ich könnte Nkoulou eine runterhauen. Und diesem Samson erst recht.«

»Was für eine überraschende Ergänzung seiner gestrigen

Aussage«, pflichtete ihr Blanc grimmig bei. »Seine neunjährige Tochter bezeichnet einen mehrfach vorbestraften Typen, dem man sich nach Aussage seiner eigenen Angehörigen am besten nur mit Waffenschein nähert, urplötzlich als ihren *copain* und ...«

»... Monsieur Samson hat nichts Besseres zu tun, als sich um seine anderen Gäste zu kümmern.« Fabienne schlug wütend auf das Armaturenbrett. »Und Bourniquel macht sich in den Augen dieses mustergültigen Vaters bereits verdächtig, weil er nach dem Verschwinden der Kleinen in der Burg sitzen blieb. Dass ich nicht lache! Wir beide kennen noch jemanden, der seinen Arsch nicht aus diesem Gemäuer bewegen wollte, als man die Kleine gesucht hat!«

»Du würdest Samson am liebsten verhaften?«, fragte Blanc.

»Du nicht auch?« Sie sah ihn an, nickte schließlich. »Du auch.«

»Ich würde ihn zumindest verhören. Und ich würde ihn nicht auf einer Pressekonferenz als leidendes Opfer präsentieren, solange ich mir nicht hundertprozentig sicher wäre, dass er wirklich nichts mit dem Verschwinden des Mädchens zu tun hat.« Blanc schüttelte den Kopf. »Dieser Zirkus war vielleicht gut für Nkoulous Karriere, aber nicht für unseren Fall. Jetzt denkt die ganze Nation, dass wir den Täter schon haben. Der Druck wird ungeheuer groß werden, Bourniquel zu einem Geständnis zu zwingen. Niemand wird mehr in andere Richtungen ermitteln.«

Fabienne blickte ihn an. »Ich kenne einen Verrückten, der in eine andere Richtung ermittelt«, sagte sie und ein Grinsen schlich in ihr Gesicht.

Blanc lächelte ebenfalls. »Ich kenne sogar zwei Verrückte.«

Sie fuhren über die Route départementale 572 Richtung La Barben. Die Straße wand sich durch eichenbestandene Hügel, grün und dunkel. Auf den Flanken der Anhöhen standen lange

Reihen kahler Rebstöcke unter der klaren, kalten Sonne, die feuchte Schwaden aus dem schweren Boden dampfen ließ, weiße Schleier, die über die Wipfel aufstiegen und dabei immer feiner wurden, bis sie sich in der Luft aufgelöst hatten.

Blanc trat plötzlich voll auf die Bremse, die Reifen kreischten.

Zwischen den Ästen einer Eiche lugte eine Giraffe hervor.

»Hast du dir heute Morgen was in den Kaffee gekippt?«, fragte Fabienne, nachdem sie tief durchgeatmet hatte.

Blanc antwortete nicht sofort, sondern starrte durch die Windschutzscheibe. Eine Giraffe. Kein Zweifel. Er sah den langen Hals, den kleinen Kopf mit den winzigen Hörnern. Eine Giraffe spähte über die Eichen. Dann erkannte er eine zweite. Die Tiere schienen ihn anzublicken. Er ließ die Seitenscheibe hinunter. Aus der Ferne hörte er ein seltsames Grollen.

»Das sind die Löwen. Oder die Tiger«, erklärte Fabienne gelassen. »Du solltest weiterfahren, bevor uns jemand hinten reinknallt.«

»Giraffen, Löwen, Tiger?« Blanc sah seine Kollegin ungläubig an, dann gab er vorsichtig Gas. Er zwang sich, auf die Straße zu blicken.

»Der Zoo von La Barben. Kennt in der Provence jedes Kind. Die Vorbesitzer der Burg haben den mal eingerichtet, ich glaube, das war kurz nach dem Krieg. Das war ihre Idee, um an Geld zu kommen. Sie haben einen Hügel neben dem Anwesen in einen Zoo verwandelt. Ich war als Schülerin mal da. Am coolsten fand ich die Nashörner.«

Löwen, Tiger, Nashörner – und ein verschwundenes Mädchen. Blanc wurde schlecht. »Wir müssen jedes Gehege durchsuchen«, keuchte er.

Fabienne rammte ihm aufmunternd den Ellenbogen in die Seite. »Keine Sorge, auf die Idee ist gestern Abend schon jemand gekommen. Einige Kollegen haben die Pfleger geweckt und sind noch in der Nacht durch die Gehege gegangen. Die Kleine ist nicht von einer Raubkatze verspeist worden, wenn es das ist, was dir gerade die Farbe aus dem Gesicht getrieben hat.«

Blanc atmete durch. »Gestern der Typ mit seinen Hunden. Heute der Zoo mit Raubtieren. Manchmal laufen meine Gedanken Amok.«

»Ist normal, schätze ich. Ich kann mich noch ganz gut daran erinnern, wie ich als Neunjährige war. Ein kicherndes Huhn. Und gestern habe ich mir vorgestellt, ich wäre als Neunjährige nachts allein mit Bourniquel in dessen schmierigem Auto eingeschlossen ... Man darf einfach nicht nachdenken.«

»Gute Idee, wenn man gerade mitten in einem Fall steckt. Einfach nicht nachdenken. Ich schlage es dem Chef mal vor.« Blanc fing sich den nächsten Stoß ein, doch er wischte sich über die Augen, ein wenig beruhigt. Kein Körper in den Gehegen.

Zehn Minuten später gingen sie durch den Zoo. Der Tierpark erstreckte sich über einen Hügel, etwa fünfhundert Meter neben der Burg La Barben. In der Luft stand der strenge Geruch von Kot und Urin, Heu und nassen Fellen. Die Tiger lebten in einem ziemlich kleinen Gehege, aus dem es entsetzlich nach Aas stank. Blanc zwang sich, auf die abgenagten Knochen zu blicken, die eine Raubkatze zwischen ihren Vordertatzen hielt. Der Knochen war viel zu groß für den eines kleinen Mädchens. Ein Rind, beruhigte er sich, das kann nur der Kadaver eines Rindes sein. Die Tiger starrten Fabienne und Blanc gelassen an und machten sich nicht einmal die Mühe aufzustehen. Sie gingen weiter. Auf der flachen Hügelkuppe sperrten Gitter große, freie Flächen ab, eine Art Weide, in der dunkel schimmernde Tümpel glänzten. Antilopen und Flusspferde zogen hier herum und die Giraffen, die sie schon von Weitem erspäht hatten. Im Sommer mochte es hier heiß und staubig sein und die Tiere konnten sich vielleicht wirklich wie in Afrikas Savanne fühlen. Jetzt war es zugig und kalt und zumindest die Flusspferde wirkten auf ihn so, als hätten sie nichts gegen einen ganz und gar unnatürlichen, aber beheizten Stall einzuwenden.

Blanc sah, als er weiter herumging, Elefanten und Paviane, Kamele sowie Falken in großen Volieren. »Ganz egal, was die Kollegen letzte Nacht gemacht haben, es ist notwendig, dass wir hier bei Tageslicht noch mal durchgehen«, sagte er.

Uniformierte patrouillierten tatsächlich schon seit dem frühen Morgen mit grün bekittelten Pflegern von Gehege zu Gehege. In den Raubtierkäfigen hatten die Beamten vorsichtshalber die Waffen gezogen. Auf der Weide ganz oben trieben Hilfskräfte die Flusspferde in einer Ecke zusammen, damit zwei Polizeitaucher in die Tümpel steigen konnten. Die Männer sahen nicht sehr glücklich aus, während sie sich in ihre Neoprenanzüge zwängten.

Das Kassenhäuschen war unbesetzt, das Café leer, eine Bimmelbahn, die sonst wohl Besucher über den Hügel kutschierte, stand still und nutzlos auf einem Weg. Einige Gendarmen bewachten den Eingang. Auf dem Parkplatz dahinter hatten sich mehrere Fernsehteams eingefunden. Die Reporter hielten mit Kameras und Fotoapparaten auf den Zoo. Das werden gruselige Nachrichtenbilder heute Abend, dachte Blanc düster, Gendarmen mit Maschinenpistolen in den Händen, die vorsichtig durch einen Löwenkäfig schleichen. In ganz Frankreich werden die Gedanken Amok laufen. Fabienne und Blanc stiegen wieder hoch bis zum Gehege der Giraffen. Von dort aus konnte man auf die Burg von La Barben hinunterblicken, das alte Gemäuer war auf einem Felsen errichtet worden, der neben dem Hügel aufragte, aber längst nicht so hoch war wie dieser. Dazwischen lagen ein Park, ein paar Nebengebäude, asphaltierte Wege, Bäume – eine flinke Neunjährige hätte die Distanz zwischen Burg und Zoo in wenigen Minuten überwunden, auch nachts. Aber Noëlle war gegen einundzwanzig Uhr zum letzten Mal auf der Hochzeitsfeier gesehen worden, und die Vermisstenmeldung kam nach dreiundzwanzig Uhr rein. Zwei Stunden, nicht bloß ein paar Minuten ... Und auch nicht bloß fünfzehn Minuten, wie Nkoulou auf der Pressekonferenz behauptet hatte. Noëlle hatte zwei Stunden Zeit gehabt, um zu verschwinden. Oder eher: Jemand hatte zwei Stunden Zeit gehabt, um das Mädchen verschwinden zu lassen.

Anderthalb Hundertschaften hatte Nkoulou inzwischen zusammengetrommelt. Blanc sah Uniformierte, die in dichter Reihe langsam durch die verwilderten Felder hinter der Burg gingen und mit Stöcken ins Gebüsch stachen. Vor der Burg parkten zwei Kleinlastwagen der Kriminaltechnik, weiß gewandete Spezialisten verschwanden im Innern. Oben, auf der Plattform des Donjons, standen uniformierte Beobachter mit starken Ferngläsern, wahrscheinlich die ersten Posten seit dem Mittelalter, die wieder hinter diesen Zinnen in Stellung gegangen waren. Über ihm dröhnte der Rotor eines Polizeihubschraubers, der dicht über den Wipfeln Kreise flog.

Drei Suchteams aus Salon-de-Provence kamen mit Spürhunden an. Erst als die Schäferhunde schnüffelnd durch die Wege liefen, wurden die Tiere im Zoo munter. Die Tiger standen auf und strichen am Gitter entlang. Paviane kreischten aufgeregt. Das Löwenmännchen nahm Witterung auf und stellte sich drohend auf einen Felsen.

»Gleich steigt hier die Party«, sagte Fabienne.

»Das überlassen wir den Kollegen«, erwiderte Blanc. »Wir fahren zurück in die Zentrale, in einer halben Stunde ist Lagebesprechung. Vielleicht ist der Bericht der Spurensicherung von Bourniquels Haus und Auto schon da.«

Nkoulou hatte seine Leute im größten Raum der Gendarmerie-Station zusammengetrommelt. Er war halb so groß wie der Saal im Rathaus und eiskalt, weil er so selten benutzt wurde, dass sich niemand die Mühe gemacht hatte, die Heizung aufzudrehen. Neben dem Commandant stand eine ältere Frau mit Brille, die Blanc noch nie gesehen hatte. Erst als sie anfing zu sprechen, erkannte er sie an der Stimme wieder: die Kriminaltechnikerin, die er gestern Nacht darum gebeten hatte, die Kennzeichen des Kangoos abzudecken.

»Noëlle Samson ist definitiv in Bourniquels Auto gewesen«, berichtete sie. »Wir haben nicht nur ihr Armband als Indiz, wir haben auch Fingerabdrücke gefunden, die wir mit denen aus ihrem Kinderzimmer und von ihren Schulheften abgeglichen haben: Sie sind identisch. Wir haben zwei Haare sichergestellt, die in Farbe und Länge zum Haar des Mädchens passen. Die DNA-Analyse wird in wenigen Stunden vorliegen, aber ich vermute, wir werden keine Überraschung erleben. Es ist ebenfalls keine Überraschung, dass wir Bourniquels Fingerabdrücke überall in seinem eigenen Auto entdeckt haben.« Die Kriminaltechnikerin räusperte sich. »Und wir haben Haare von Schäferhunden entdeckt; der zum Zwinger umgebaute Kofferraum des Kangoos ist praktisch voll damit.«

»Gibt es Blutspuren im Auto?«, fragte Fabienne. Einen Moment lang schienen alle Kollegen die Luft anzuhalten.

»Nein«, antwortete die Spezialistin. »Kein Blut.« Einige Gendarmen murmelten Unverständliches. Kein Blut, immerhin.

»Andererseits«, fuhr die Kriminaltechnikerin fort, die von dem Raunen unbeeindruckt geblieben war, »können wir wohl ausschließen, dass Noëlle Samson je in Monsieur Bourniquels Haus gewesen ist. Die Spürhunde haben dort nicht angeschlagen, wir haben absolut keine Spur des Mädchens gefunden, nicht im Gebäude selbst, nicht auf dem Grundstück, nicht in der unmittelbaren Nachbarschaft.«

Nkoulou nickte der Kollegin zu und bedankte sich bei ihr. »Wir müssen also davon ausgehen, dass Bourniquel das Mädchen in sein Auto gelockt hat, aber nicht mit ihm bis zu seinem Haus gefahren ist. Noëlle muss anderswo sein. Wir verhören ihn intensiv, aber bislang sagt der Verdächtige nichts. Das ist ein zäher Typ.«

Blanc meldete sich. »Sagt Bourniquel kein Wort – oder redet er mit uns, leugnet aber, das Mädchen entführt zu haben?«

»Er redet mit den Beamten, aber er streitet alles ab. Sie kennen seine Version: Er hat der Kleinen sein umgebautes Auto gezeigt, dann ist sie wieder gegangen. Er ist mit dem Mädchen niemals irgendwohin gefahren.«

»Wie lange war Bourniquel denn verschwunden?«, fragte Fabienne.

»Wir haben«, der Commandant blätterte in den Unterlagen auf seinem Tisch, »acht brauchbare Zeugenaussagen. Fünf Gäste erinnern sich ziemlich genau an die Uhrzeit, als Bourniquels Hose beschmutzt wurde und er aufstand, um sich angeblich zu Hause umzuziehen. Und drei Zeugen wollen gesehen haben, wie er wieder ankam und wann das ungefähr war. Nimmt man alle Aussagen zusammen, dann war Bourniquel für etwa fünfzehn Minuten verschwunden.«

Blanc wandte sich an die Kriminaltechnikerin. »Haben Sie denn die ruinierte Hose in Bourniquels Haus gefunden?«

Sie schüttelte den Kopf. »Nein, aber in der Asche des Ofens haben wir Reste sichergestellt, die zu einer hellen Stoffhose passen könnten.«

»Bourniquel hat ausgesagt, dass er die ruinierte Hose in den Ofen geworfen hat, in dem Holz brannte«, ergänzte Nkoulou. Viele Beamte raunten erstaunt. Der Chef nickte. »Ein eher ungewöhnliches Verhalten«, bemerkte er trocken. »Angeblich wollte er ein bisschen Holz sparen, indem er seine Hose verfeuerte.«

Blanc blickte in die Runde. »Aber dann muss er sich doch einige Zeit im Haus aufgehalten haben, oder? Bourniquel selbst sagt, sein Haus sei fünf Minuten Fahrtzeit von La Barben entfernt. Er fuhr also fünf Minuten hin, fünf Minuten zurück, im Haus selbst brauchte er – wie viel? Doch wohl mindestens zwei oder drei Minuten für den Wechsel der Kleidung. Also hätte er zwei oder drei Minuten gehabt, um mit Noëlle, sollte sie denn wirklich in seinem Auto gewesen sein, noch irgendwo anders hinzufahren. Höchstens drei Minuten. Denn sollte Bourniquel auch nur etwas mehr Zeit gebraucht haben – etwa, weil er erst eine zweite Hose im Schrank suchen oder den Ofen anfeuern musste –, dann hätte er überhaupt keine Zeit mehr gehabt, das Mädchen irgendwo zu verstecken.«

Für zwei, drei Sekunden war es wieder still im Raum. Diesmal war es eine tiefe, eine feindselige Stille.

»Sie glauben nicht, dass Bourniquel unser Mann ist, *mon Capitaine*?«, fragte Nkoulou schließlich. Er klang höflich, beherrscht.

Blanc räusperte sich. »Ich glaube nur, dass wir nicht vorschnell Ermittlungen in andere Richtungen …«

»Merde!« Marius schlug mit der Faust auf die Lehne seines Stuhls. »Alles, was wir von dem Kerl noch brauchen, ist ein sauberes Geständnis! Das Mädchen war in seinem Auto, das ist sicher! Der Kerl war während der Feier weg, das ist auch sicher! Vielleicht war er länger weg als die fünfzehn Minuten, wie einige Zeugen glauben, beobachtet zu haben. Vielleicht hat er das Mädchen schon auf dem Weg zwischen der Burg und seinem Haus versteckt. Kein Grund, diesen Bourniquel wieder laufen zu lassen!«

»Ich habe nicht gesagt, dass wir ihn …« Blanc spürte Fabiennes Hand auf seinem Unterarm. Er atmete tief durch. Das war Marius' erster Fall seit der Entziehungskur. Trocken, ehrgeizig, voller Elan. Ein neuer Flic, konfrontiert mit einem verdächtigen Kindesentführer. Marius hatte sogar seinen Kopf hingehalten, um ihn zu verhaften, jeder konnte ihm das ansehen. »Wir dürfen uns nicht ausschließlich auf Bourniquel stürzen«, fuhr Blanc ruhig fort. »Wir müssen uns auf Noëlle Samson konzentrieren. Es ist unsere oberste Priorität, das Mädchen zu finden. Also müssen wir auch«, er wog seine Worte sorgfältig ab, »unwahrscheinlich wirkenden Spuren nachgehen. Wir müssen einfach jede Chance ergreifen, die Kleine zu finden. Auch wenn das vielleicht gar nichts mit Bourniquel zu tun haben könnte.«

»Selbstverständlich«, pflichtete ihm der Commandant bei. Seine Laune war nicht besser als die von Marius, aber er konnte sich besser beherrschen. Nkoulou hatte auf der Pressekonferenz bereits den Namen des Verhafteten verkündet, das war so etwas wie ein inoffizieller Schuldspruch gewesen. Wenn sich bei den Journalisten jetzt herumsprechen sollte, dass seine Leute auch nach einem Unbekannten fahndeten, dann konnte er sich auf einige unangenehme Fragen gefasst machen. »Wir konzentrieren uns weiterhin auf Bourniquel«, befahl er. »Aber zur Sicherheit werden einige Kollegen den abseitigen Spuren nachgehen. Wie wäre es mit Ihnen, *mon Capitaine*?« Er bedachte Blanc mit einem stechenden Blick.

»Und jetzt?«, flüsterte Fabienne, als sie sich aus dem Raum drängten. »Marius ist angepisst. Das ist sein großer Fall. Vom Chef wollen wir gar nicht reden. Und was soll überhaupt das Gerede von ›abseitigen Spuren‹? Außer Bourniquel haben wir keinen Verdächtigen. In welche Richtung sollen wir denn ermitteln? Können wir uns zum Beispiel den Vater vornehmen, ohne dabei Aufsehen zu erregen? Der Typ war das personifizierte Elend auf der Pressekonferenz. Den können wir nicht einfach so vorladen.«

»Wir?«, fragte Blanc. »Nkoulou hat mich beauftragt, und

du hast selbst gesehen, wie glücklich er darüber war. Wenn du mit mir ermittelst, ist das nicht gut für deine Karriere.«

Sie seufzte. »Nichts, was du getan hast, war je gut für meine Karriere. Ich habe mich daran gewohnt.«

Blanc folgte Fabienne in ihr Büro. Es war momentan vielleicht keine gute Idee, in sein eigenes Büro zu gehen, wo Marius ihm direkt gegenübersitzen würde. »Ich hole mir Rückendeckung von der Untersuchungsrichterin«, verkündete er, nachdem er die Tür geschlossen hatte. »Ich erkläre ihr alles, wir gehen ein paar Sachen durch. Und wenn ich erst einmal ihre Autorisation habe, andere Spuren zu verfolgen, dann müssen mir die Kollegen helfen, wenn ich sie darum bitte; scheiß auf Bourniquel und sein versifftes Auto!«

»*Wir gehen ein paar Sachen durch*«, wiederholte Fabienne spöttisch. »Ich nehme an, du willst dich ohne mich mit Madame Vialaron-Allègre besprechen?«

Blanc räusperte sich. »Du kannst ja währenddessen schon mal anfangen, die Bilder des Hochzeitsfotografen auf deinen Rechner zu kopieren.«

»Spannend.«

»Ich bin bald wieder da.«

Als Blanc schon an der Tür war, rief sie ihm nach: »Wenn Staatssekretär Vialaron-Allègre anruft und dich sprechen will, dann stelle ich ihn zu seiner Gattin durch, ja?« Als sie seinen entsetzten Blick sah, lachte sie. »Manchmal kann man dich wirklich leicht hereinlegen, Capitaine Roger Blanc.«

Er fuhr mit seinem Espace bis nach Caillouteaux. Aveline hatte ihm eine SMS geschickt, dass sie heute nicht im Justizpalast von Aix-en-Provence, sondern zu Hause arbeite – es war ihre Art, ihn einzuladen. Das alte Gebäude in der Rue du Passe-Temps wirkte für einen flüchtigen Beobachter von außen wie ein kleines, verwinkeltes mittelalterliches Gemäuer, die trutzige Fassade aus grob zurechtgehauenen Sandsteinen war kaum breiter als die eines modernen Reihenhauses, im Erdgeschoss war neben der Tür bloß ein Fenster ins Mauerwerk eingelassen – eine Öffnung, durch die am jahrhundertealten Fensterkreuz aus armdicken Steinen vorbei kaum Tageslicht ins Innere fiel. Die Eingangstür bestand aus schweren, verwitterten, leicht verzogenen Eichenbohlen. Das Domizil des Ehepaars Vialaron-Allègre befand sich am südlichen Rand des Städtchens, dort, wo die Hügelkuppe steil nach unten wegbrach. Die Sonne badete das Haus in rotem Feuer und zauberte Schatten in das Relief tief unter Caillouteaux: Über fünf, sechs Kilometer breitete sich vor der Anhöhe ein Flickenteppich aus Olivenhainen, winterlich umgepflügten Feldern und einer nassen, fetten Weide aus, auf der eine Schafherde graste. Dahinter glänzte die riesige Wasserscheibe des Étang de Berre so still in der kalten Luft, dass man denken konnte, sie sei bis zum Boden gefroren. Blanc wusste, dass hinter dem mittelalterlichen Steinfensterkreuz eine ultrakleine, extrem leistungsfähige Überwachungskamera verborgen war. Dass hinter den Eichenbohlen eine zwei Zentimeter dicke Stahltür angebracht war, die mit drei Schlössern in der Wand verankert wurde. Und dass sich hinter dieser schlichten Fassade ein kleiner Palast verbarg, denn im Innern waren Wände aufgebrochen und labyrinthische Gänge angelegt worden, die das Haus, von außen unsichtbar, mit den Gebäuden nebenan und dahinter verbanden. Tief im Innern verbarg sich sogar ein säulenbestandener Hof, in dessen Mitte im Sommer ein kleines Schwimmbad plätscherte. Staatssekretär Jean-Charles Vialaron-Allègre und seine Gattin hatten eine moderne Burg in altem Gewand errichtet, eine versteckte Festung, die sich über ein ganzes Viertel von Caillouteaux erstreckte.

Blanc klingelte und wandte sein Gesicht der Kamera zu, damit Aveline ihn direkt erkannte. Während er darauf wartete, dass sich drinnen die Schlösser mit einem metallischen Schlürfen lösten, schaltete er sein Nokia aus. Er wollte jetzt nicht gestört werden.

Später, viel später hielt er Aveline in den Armen und genoss mit jedem Atemzug den Duft ihrer Haut, genoss ihre Wärme, noch ihre flüchtigste Berührung. Eine gestohlene Stunde. Sie lagen auf dem Sofa in einem Zimmer des Obergeschosses, dessen Fenster in den Innenhof wies, es war der unsichtbarste Raum in dieser unsichtbaren Festung. Sie liebten sich immer dort, er hatte noch nie ihr Schlafzimmer gesehen.

»Ich sollte Sie eigentlich nicht mehr sehen, es wird langsam gefährlich für uns«, sagte Aveline irgendwann und zog sich eine Gauloise aus der Packung, die auf dem Tischchen neben dem Sofa lag. Blanc tastete nach dem Zippo und gab ihr Feuer. Auf ihrer dunklen Haut glänzte noch Schweiß, sie legte sich entspannt in seine Armbeuge zurück und inhalierte tief, sie sah überhaupt nicht beunruhigt aus.

Blanc täuschte sich nicht, er wusste, worauf seine Geliebte anspielte: Marius hatte sie vor ein paar Wochen in Arles zusammen gesehen, ihre geheime Affäre war nicht mehr ganz so geheim. Nicht gut für eine verheiratete Frau – und erst recht nicht, wenn diese Frau mit einem der mächtigsten Männer Frankreichs verheiratet war. Ihm war plötzlich kalt, und er fragte sich, ob dies womöglich der letzte gestohlene Tag mit Aveline war. »Es ist nicht gefährlicher, als es immer schon war«, antwortete er leise und strich ihr behutsam über den Rücken. »Jedes Treffen ist ein Risiko, das ist wahr. Aber mit jedem Treffen wächst auch unsere Erfahrung. Wir haben inzwischen gelernt, uns zu verstecken.«

Sie hob den Kopf und blickte ihn aus ihren schwarzen Augen an. »Sie haben eine seltsame Art, das Leben zu betrachten, *mon Capitaine*. Auf die eine Seite der Waage legen wir die Gefahr, auf die andere Seite die Routine und, *voilà,* die Waage bleibt im Gleichgewicht. Ein ziemlich prekäres Gleichgewicht, finden Sie nicht?« Aber dann lächelte sie und küsste ihn lange.

Als sie das Zimmer verließen, musste Aveline in der engen Stiege, die nach unten führte, schon die Lampe anmachen, denn die Sonne stand nun so tief, dass das Erdgeschoss in grauem Zwielicht lag. Sie gingen in die Küche, Aveline machte sich an der wuchtigen Kaffeemaschine zu schaffen. Blanc setzte sich, während das Mahlwerk röhrte. Sekunden später erfüllte der Duft nach Espresso den Raum. Er betrachtete die Frau, die er gerade noch in den Armen gehalten hatte. Er fragte sich, ob es irgendwann einmal einen Tag geben würde, an dem es vollkommen normal sein würde, dass sie und er in dieser Küche waren und Espresso tranken. Dass sie sich anlächelten wie jetzt. Dass sie ein Bett teilten und nicht bloß ein Sofa in einem versteckten Zimmer. Dass sie ihr Leben teilten und redeten über ... über was? Worüber würde er mit Aveline reden, wenn nicht über ihre Affäre oder über ihre gemeinsame Arbeit? Was wusste er schon von ihr? Was wusste sie von ihm? Mehr, als ihm lieb war? Oder kaum etwas, weil sie kaum etwas wissen wollte? So, wie sie kaum je etwas über sich preisgeben wollte.

»Ich glaube nicht, dass Bourniquel schuldig ist«, sagte er unvermittelt. Der Fall, selbstverständlich. Über was sollten sie sonst reden?

»Bourniquel ist mir ein wenig ...«, Aveline wog ihre Worte ab, »... zu ideal«, vollendete sie. Sie stellte zwei Espressotassen auf den Tisch und setzte sich zu ihm. »Der ideale Verdächtige, der ideale Schuldige. Ein Typ, dem jeder im Land sofort alle Abscheulichkeiten zutrauen würde. Ein Typ, dem niemand eine Träne nachweint, wenn er für immer hinter Gittern verschwindet.«

»Und ein Typ, der eine ganze Nacht lang ohne Ergebnis verhört wurde«, ergänzte Blanc düster. »Nicht, dass er unkooperativ wäre. Nein, das ist keiner, der eisern schweigt oder nach seinem Anwalt ruft oder die Beamten nonstop beschimpft. Bourniquel ist unhöflich und schlecht gelaunt und misstrauisch, doch seit ich ihm gestern Abend ... gewisse Tatsachen dargelegt habe, antwortet er auf jede Frage, die man ihm stellt. Und er bleibt die ganze Zeit bei seiner Geschichte. Kein Hinweis auf Noëlle. *Merde,* bislang hat ihm auch noch niemand in seiner Aussage den kleinsten Widerspruch nachgewiesen. Es könnte alles passen, es könnte sich genau so zugetragen haben, wie er es behauptet!«

Aveline blickte ihn kühl an. »Wir sind ganz unter uns, *mon Capitaine,* reden wir Klartext. Draußen, vor den Journalisten, sagen wir immer, wir wollen die Kleine wiederfinden. Das klingt ganz optimistisch: wiederfinden, zurückbringen, der Vater soll seine Tochter in die Arme schließen, und alles ist wieder gut. Aber es sind inzwischen mehr als zwölf Stunden verstrichen, und wir haben sie noch nicht gefunden. Sie und ich und jeder Flic, wir alle denken dasselbe: Das Mädchen ist vergewaltigt und ermordet worden.« Sie zog an ihrer Zigarette. »Doch die meisten Männer, die Kinder zuerst missbrauchen und dann umbringen, haben eine Vorgeschichte: Die haben schon zuvor Kinder belästigt, vergewaltigt, geschlagen, solche Sachen. Ein Mord ist normalerweise die finale Steigerung einer langen Entwicklung – die Endstation und nicht der Beginn einer Kinderschänder-Karriere.«

Blanc nickte. »Bourniquel ist wahrhaftig kein Chorknabe. Aber er war in den letzten Jahren gewissermaßen konstant unter Beobachtung: zuerst als Soldat bei der Armee. Nach seiner Entlassung wird er immer wieder straffällig, also ist er ständig auf den Radarschirmen von Gendarmerie, *Police,* Gerichten und Bewährungshelfern. Wenn er in dieser Zeit mal etwas mit Kindern angestellt hätte, dann ...«

»... wäre das irgendjemandem aufgefallen.« Aveline deutete

auf eine dicke Mappe, die auf dem Küchentisch lag. »Ich habe mir Bourniquels Akte sehr genau durchgelesen. Da gibt es selbst in den entlegensten Zeugenaussagen nie auch nur einen Hinweis, dass sich dieser Typ überhaupt irgendwie je mit Kindern befasst hat. Selbstverständlich ist das kein Beweis: Bourniquel kann an einem einzigen Abend trotzdem alle Hemmungen fallen gelassen haben und sofort bis zum Äußersten gegangen sein. Und doch ... Ein Mann, der bislang noch nie in dieser Hinsicht auffällig geworden ist, zieht auf einmal innerhalb kürzester Zeit eine Entführung, eine Vergewaltigung und einen Mord durch? Wäre ich Anwältin und würde Bourniquel vor Gericht verteidigen, ich würde die Anklage, wie sie bis jetzt aussieht, in der Luft zerreißen.«

»Das ahnt auch Bourniquel. Deshalb bleibt er bei seiner Geschichte. Und das weiß auch Nkoulou. Deshalb versucht er mit aller Macht, eine andere Geschichte aus ihm herauszuholen. Da bleibt nichts mehr für andere Ermittlungen übrig«, klagte Blanc.

»Zum Beispiel?«, fragte Aveline.

»Zum Beispiel hat Monsieur Samson seine Tochter an dem Abend im Gegensatz zu allen anderen nicht überall gesucht. Ganz genau so wie Bourniquel. Monsieur Samson hat vorhin auf der Pressekonferenz behauptet, dass er Bourniquel verdächtigt, weil der sich an dem Abend ›nicht beunruhigt‹ gezeigt habe. Aber ist das nicht eher ein Indiz für Bourniquels Unschuld? Ich meine«, Blanc hob die Hände, »wenn ich während dieser Feier ein schreckliches Verbrechen begangen hätte und dann kämen Dutzende Flics und stellten alles auf den Kopf – dann wäre ich beunruhigt, um es vorsichtig zu formulieren. Nur wenn ich *nichts* getan hätte, könnte ich gelassen bleiben, denn dann würde ich ja gar nicht erwarten, dass mir etwas passiert.«

Aveline blickte ihn nachdenklich an. Dann schien sie sich zu einer Entscheidung durchgerungen zu haben. »Ich werde die Feiertage mit Jean-Charles in Paris verbringen«, verkündete sie. »Aber bis zum 23. Dezember werde ich in der Provence arbeiten und Ihre Ermittlungen decken, *mon Capitaine*. Sie haben zehn Tage.«

Blanc ging durch die Gassen von Caillouteaux. Er hatte seinen Wagen wie immer am anderen Ende des Städtchens geparkt, damit man ihn nicht in der Nähe des Hauses der Vialaron-Allègres entdeckte. In einem Sträßchen kam ihm Gérard Paulmier entgegen. Blanc fluchte stumm: Ausgerechnet der Journalist sah ihn in diesem Kaff, an einem späten Nachmittag, während alle Gendarmen der Provence nach einem verschwundenen Mädchen suchten. Hoffentlich würde Paulmier nicht misstrauisch.

»Zu Ihnen wollte ich gerade«, improvisierte Blanc. »Haben Sie schon etwas über eine verschwundene Frau in den Grotten von Calès herausgefunden?«

Paulmier starrte ihn einen Moment lang mit leerem Blick an. »Calès? Oh, *mon Capitaine,* Sie kämpfen gerne auf Nebenkriegsschauplätzen? Haben Sie denn noch Zeit, sich um ein altes Skelett zu kümmern, während halb Frankreich ein junges Mädchen sucht?«

»Jetzt klingen Sie schon wieder wie ein Zyniker.«

Paulmier fasste ihn am Ellenbogen. »Kommen Sie, Sie glauben doch nicht, dass dieser Bourniquel es getan hat. Sonst würden Sie mit Ihren Kollegen das Gestrüpp um La Barben absuchen oder diesen Typen in Gadet verhören. Was haben Sie hier in Caillouteaux vor?«

»Ich …«, hob Blanc an, wusste dann nicht recht weiter.

»Ich glaube auch nicht, dass dieser Hundezüchter es war. Nicht, dass ich ihn gern als Schwiegersohn hätte, aber der war es nicht. Welcher Kinderschänder kommt zurück auf die Party und wartet darauf, dass die Flics ihn verhaften?« Paulmier fummelte in seiner Manteltasche und holte eine Pfeife und einen Sack Tabak hervor.

Während er den Kopf stopfte und dann die ersten Züge paffte, beobachtete Blanc ihn. Paulmier wirkte auf ihn wie Sherlock Holmes oder Maigret, jedenfalls wie ein Ermittler aus der guten alten Zeit. Er beschloss, ihm zu trauen. »Das bleibt unter uns, *d'accord*?«, begann er. »Ich möchte morgen keine Geschichte darüber lesen, nicht einmal eine, die sich auf ›gewöhnlich gut unterrichtete Kreise‹ beruft. Ja, Sie haben recht: Manche Kollegen legen sich vorschnell auf Bourniquel fest. Eigentlich haben wir noch gar keinen Beweis. Wir müssen deshalb nach allen Seiten ermitteln. Und das tue ich.«

Der alte Journalist saugte an seiner Pfeife. »Waren Sie deshalb bei der Untersuchungsrichterin?«

Blanc hustete. *Merde.* »Ja«, erwiderte er, und das war nicht gelogen, gewissermaßen. »Ich habe mir einen Freibrief geholt.«

»Und Ihr Chef Nkoulou weiß nichts davon?«

»Ich kann die Sache nicht allein durchziehen, so, wie es jetzt aussieht. Ganz Frankreich beobachtet uns. Ich brauche die Rückendeckung von Madame Vialaron-Allègre.«

»Es ist immer besser, diese Dame zur Verbündeten zu haben«, pflichtete ihm Paulmier bei. Tabakqualm umwölkte seine Züge. Die Straße, in der sie standen, war so eng, dass die Sonne nicht bis hierher zwischen die Häuser drang. Blanc fröstelte, und er wünschte sich mehr Licht herbei und vielleicht auch eine ordentliche Brise, die den verdammten Pfeifenrauch fortblies. »Wen haben Sie denn im Visier, *mon Capitaine*?«, fuhr Paulmier fort.

»Ich will noch nicht einen Hauptverdächtigen gegen den anderen ersetzen«, erklärte Blanc vorsichtig. »Ich sehe mir alle Personen an, die irgendwie an diesem Verschwinden beteiligt sein könnten.«

»Zum Beispiel den Vater der kleinen Noëlle?«

»Vielleicht.« Blanc nickte. Er fühlte sich etwas sicherer, seit das Gespräch von Aveline fort und zum Fall zurückgedriftet war. »Sie kennen Monsieur Samson?«

»Wie man als Lokalreporter einen solchen Mann halt kennt. Samson gehört die Marmorschneiderei in Lamanon, er residiert in der größten Burg der Region, ihm gehört der Zoo, den alle Familien der Provence mindestens einmal besucht haben – und der ihm, wie man munkelt, viel mehr Geld einbringt als sein Handwerksbetrieb. Samson könnte eine große Nummer sein, wenn er wollte.«

»Aber er will lieber eine kleine Nummer bleiben?«

»Sie haben ihn ja selbst erlebt«, sagte Paulmier. »Samson könnte im Gemeinderat sitzen, vielleicht wäre er sogar längst Bürgermeister, er könnte in tausend Vereinen mitmachen, er könnte auf seiner Burg Hof halten wie ein kleiner Fürst. Aber Samson ist dafür zu«, der Journalist zögerte, »sagen wir: zurückhaltend. Samson drängt sich nicht gern in den Vordergrund. Ein schüchterner Mann.«

»Monsieur Samson schien mir«, auch Blanc wog seine Worte sorgfältig ab, »auffallend gelassen geblieben zu sein. Angesichts der Umstände.«

»Ein kalter Frosch, eh? Es ist in Lamanon kein Geheimnis, dass sich Samson und seine Tochter nicht so wahnsinnig nahegestanden haben. Ich glaube, die Kleine hat ihren Vater sogar gesiezt, wie in der ganz alten guten Zeit. Noëlle hat sich immer besser mit ihrem Onkel verstanden und sogar auch mit den Mitarbeitern der Firma, der Sekretärin, dem alten Compagnat, mit allen hat sie öfter geredet als mit ihrem eigenen Vater. Vielleicht hat sie instinktiv was gespürt, auch wenn sie keine bewusste Erinnerung haben kann: Monsieur Samson, so munkelt man, stand nämlich auch Noëlles Mutter nicht besonders nahe.«

»Die Gattin, die vor einigen Jahren gestorben ist.«

»Ja, nachts auf einer einsamen Landstraße, ohne Zeugen. Und nun die Tochter …« Paulmier nickte nachdenklich. »Sie halten mich auf dem Laufenden, *d'accord*? Ich schreibe nichts, versprochen. Aber wenn Sie etwas haben, dann möchte ich gern die Kollegen der Hauptstadtpresse schlagen. Kommt ja nicht sehr häufig vor, dass man den Pariser Schreiberlingen die Rückleuchten zeigen kann.«

»Versprochen«, sagte Blanc. Er schüttelte Paulmier zum Abschied die Hand.

»Ach«, sagte der Journalist, als sich Blanc schon halb umgedreht hatte. »Mit einer vermissten Frau in Calès kann ich Ihnen nicht dienen. Es gibt keinen Artikel dazu im Archiv von *La Provence*. Aber im Winter 1965 auf 1966 gab es tatsächlich mal eine Serie von kleineren und größeren Geschichten über einen *homme-loup*, einen ›Wolfsmann‹ in den Grotten. Ein Typ, der Jäger und Wanderer in Calès ohne Vorwarnung und offenbar ohne Grund zusammenschlug. Der Mann war maskiert und trug ein Fell, deshalb der Name. Kein Mensch wusste, wer er war oder warum er Leute überfiel, die nach Calès gingen. Vielleicht ein Verrückter. Jedenfalls hat sich eine Zeit lang niemand mehr dort reingetraut. Die Gendarmerie hatte versprochen, ihn zu stellen. Aber Sie wissen ja, wie so etwas enden kann.« Paulmier lachte. »Ihre Kollegen haben nie jemanden verhaftet, aber vielleicht haben sie den Verrückten ja vertrieben. Die Serie des ›Wolfsmannes‹ endete nach ein paar Monaten, und seither hat es dort nie wieder Überfälle gegeben. Vielleicht werden sich die Alten aus Lamanon noch daran erinnern, wenn Sie sich bei denen umhören.«

»Hat dieser ›Wolfsmann‹ seine Opfer mit einer Pistole bedroht?«, fragte Blanc. Er hatte längst seinen Notizblock gezückt und schrieb mit.

»Er hat seine Opfer mit Knüppeln und Steinen verdroschen. Muss ziemlich übel gewesen sein, einige mussten danach wohl für längere Zeit ins Krankenhaus. Aber von einer Pistole habe ich nichts gelesen.«

Abends parkte Matthieu Fuligni mit seinen beiden Mitarbeitern vor Blancs Haus. Die Rumänen luden einige Paletten Ziegel von der Ladefläche des verbeulten Lastwagens.

»Soll ich Ihnen einen Kaffee machen?«, bot Blanc an. Für einen kurzen Moment konnte er sein Glück nicht fassen: Bauarbeiter, die noch abends anfingen, seinen Kamin …

Fuligni schüttelte den Kopf. »Wir laden die Steine nur hier ab. Wo sollen wir die sonst hintun?«

»Das heißt, mein Kamin bleibt ein Trümmerhaufen?«, fragte Blanc. »Und jetzt stapeln sich zusätzlich Paletten mit Ziegeln vor meinem Haus? Meine Ölmühle sieht immer weihnachtlicher aus.«

Fuligni wuchtete einen alten Elektroheizkörper von der Ladefläche. »Schmücken Sie den mit einer Girlande, dann wird Ihnen warm ums Herz. Wenn Sie den Kasten nicht zu weit aufdrehen, fliegen Ihre Sicherungen nicht raus. Und Ihre Wasserleitungen frieren nicht zu.« Der junge Bauunternehmer lachte. Seine Arbeiter waren schon wieder im Fahrerhäuschen des Lastwagens verschwunden, doch er selbst zögerte noch und wurde auf einmal ernst. »Ich habe Ihre hübsche Kollegin heute im Fernsehen gesehen«, begann er.

»Die Pressekonferenz hat es also bis in die Nachrichten geschafft?«

»So ein Schwein, dieser Bourniquel.«

»Wurde viel über ihn berichtet?«, wollte Blanc wissen.

Fuligni schüttelte den Kopf. »Eigentlich nicht. Aber das Netz ist voll mit ihm. Fotos und … na ja. Einem Mädchen Hundewelpen in seinem Auto zu zeigen … diese Typen lassen sich immer wieder was Neues einfallen, oder? Schade, dass wir die Guillotine nicht mehr haben.«

»Bourniquel hat noch nicht gestanden«, erklärte Blanc vorsichtig.

»Und Sie haben die Kleine auch noch nicht gefunden, was?« Das klang beinahe schon wie ein Vorwurf in seine Richtung. Das konnte heiter werden in den nächsten Tagen, wenn selbst ein ewig gut gelaunter Mann wie Matthieu Fuligni so mit ihm sprach.

Das Geheimnis der Knochen

Um zehn vor sechs Uhr klingelte das Handy. Blanc schälte sich fluchend aus seinem Schlafsack und tastete nach dem Gerät. Als er es endlich ans Ohr hielt, erschauderte er: Es war eiskalt.

»Guten Morgen, Papa! Ich hoffe, ich habe dich nicht geweckt.«

»Bin schon wach«, log Blanc. Sein Herz tat einen Sprung. Astrid. Seine Tochter hatte im Alter von zwölf Monaten begonnen, die Nächte durchzuschlafen. Jetzt war sie zwanzig, und er konnte sich nicht an einen einzigen Morgen zwischen ihrem ersten und ihrem zwanzigsten Geburtstag erinnern, an dem sie schon vor sechs Uhr wach gewesen wäre. »Was ist los?«, rief er und bereitete sich innerlich auf einen Schlag vor: Seine Tochter ruft von einer Polizeiwache aus an oder aus einem Krankenhaus oder von wo aus auch immer man um kurz vor sechs Uhr morgens seinen Vater anrufen muss.

»Spiel nicht den besorgten Dad. Ich habe gestern noch mit ein paar Kollegen gefeiert und …«

»Es ist Donnerstag.«

»… also beinahe schon Wochenende. Na, jedenfalls konnte ich nach der Party nicht einschlafen, und da dachte ich, ich buche jetzt endlich den Flug und sage dir Bescheid. Tut mir leid, ich hab nicht so richtig auf die Uhr geguckt. Du brauchst dir das aber nicht aufzuschreiben, falls du noch nicht ganz wach bist, das kann sich jeder merken, sogar du.«

Blanc stöhnte und tastete trotzdem nach seinem Block. »Schieß los.«

»Mein Flieger landet am zweiundzwanzigsten in Marseille«, fuhr Astrid fort. »Um zweiundzwanzig Uhr. Zweimal zweiundzwanzig, *d'accord*? Ich muss jetzt unter die Dusche, wir haben heute früh eine Konferenz. Ich küsse dich.« Sie hatte aufgelegt, bevor Blanc antworten konnte.

Weihnachten. Seine Tochter. Ein Haus wie ein Kühlschrank. Schmücken Sie den Heizkörper mit einer Girlande. *Eh merde.*

Als Blanc mit dem Espace durch Gadet fuhr, war die Sonne noch nicht aufgegangen. Die ersten dick vermummten Marktfrauen waren da und öffneten die Holzbuden des Weihnachtsmarktes entlang der Hauptstraße. Städtische Angestellte in orangefarbenen Warnwesten parkten die Renaults und Kleinlastwagen der Verwaltung quer in den Seitenstraßen, um alle Zufahrtsrouten zu blockieren. Die Festbeleuchtung, die zwischen den Platanen aufgespannt war, blinkte die ganze Nacht über: Sternkaskaden, Kometen, Weihnachtsmänner, Rentiere, Geschenktürme.

»Wenn ich nach einem Date so aussehen würde wie du, dann gäbe es keine Frau, die mich ein zweites Mal daten würde«, begrüßte ihn Fabienne auf der Station.

»Warte ab, bis du erst mal eine Tochter hast und die zwanzig ist«, erwiderte Blanc verschlafen und tätschelte ihren Bauch.

»Ich habe keine Ahnung, was du damit meinst, aber es könnte auch ein Junge werden.«

Jetzt war Blanc hellwach. »Du bist also tatsächlich schwanger?!«

Fabienne wurde rot und hob beschwichtigend die Hand. »Das musst du nicht über den ganzen Flur brüllen. Es ist noch zu früh, um beim Chef Mutterschutz zu beantragen.«

Blanc umarmte sie. »Bei zwei Müttern wird es sicherlich ein Mädchen. Eigentlich sollten wir mit Champagner anstoßen, doch du darfst ja jetzt nichts Alkoholisches mehr trinken.«

»Draußen vor dem Büro steht die Alternative.«

Blanc zog sich einen Kaffee aus dem Automaten auf dem Flur. Irgendjemand hatte einen violetten Plastikweihnachtsbaum neben dem Gerät aufgestellt, direkt unter einer defekten Neonröhre, die seit Tagen enervierend tickende Geräusche von sich gab, immer wieder aufflammte und erlosch. Niemand hatte sich bislang die Mühe gemacht, sie zu wechseln, vielleicht gab es auch keine Ersatzleuchte mehr. Es war Dezember, das Jahresbudget war ausgeschöpft, und wahrscheinlich durfte die Gendarmerie von Gadet erst wieder im nächsten Jahr Geld ausgeben. Fabienne griff sich ebenfalls einen Plastikbecher.

Blanc verzog den Mund. »Das Zeug schmeckt noch bitterer als sonst. Vielleicht trinkst du besser Tee.«

»Klar, und ich mache Schwangerschaftsgymnastik auf dem Flur vor Nkoulous Büro.« Fabienne lachte, ignorierte seinen Rat und deutete anschließend mit ihrem Kaffeebecher auf eine geschlossene Tür. »Hast du schon gehört? Doktor LL ist seit gestern Abend bei Bourniquel. Der Chef und Marius haben den Typen wieder in die Mangel genommen, und als sie nicht mehr weiterwussten, haben sie mitten in der Nacht die Psychotante um Hilfe gerufen.«

Doktor Laurence Lucas war die Psychologin der Gendarmerie, Blanc hatte einmal mit ihr zu tun gehabt und nicht vor, diese Erfahrung freiwillig zu wiederholen. »Man könnte beinahe Mitleid mit Bourniquel bekommen.«

Genau in dem Moment ging die Tür auf und Doktor Lucas trat auf den Flur. Sie war etwa fünfzig Jahre alt, größer als eins achtzig, leicht gewellte Haare umflorten ein auffallend rundes Gesicht. Sie sah nicht munterer aus als Blanc, als sie Kurs auf den Kaffeeautomaten nahm.

»Mon Capitaine, ma Sous-Lieutenant«, sie nickte ihnen zu, und man merkte, dass ihre Sympathie für Blanc ungefähr so groß war wie seine für sie.

»Was gibt es Neues, Doktor Lucas?«, fragte Blanc trotzdem. »Haben Sie den Schlüssel zu Bourniquels schwarzer Seele gefunden?«

»Da gibt es keinen Schlüssel zu finden, denn nichts ist verschlossen.«

»Der Typ hat gestanden?!«, rief Fabienne.

»Unsinn.« Doktor Lucas vollführte mit der Rechten eine jener herrischen Gesten, die Wissenschaftler für ahnungslose Laien bereithalten. »Monsieur Bourniquel lügt nicht, das ist alles.«

»Sie glauben, dass Bourniquel es nicht getan hat?«, vergewisserte sich Blanc, erstaunt über diese Bestätigung von unerwarteter Seite.

»Das Problem ist, dass Commandant Nkoulou mir nicht glaubt.« Doktor Lucas war anzusehen, dass sie dies für das skandalöseste Verbrechen hielt, das ihr in dieser Nacht untergekommen war. »Er hat die Untersuchungshaft für Monsieur Bourniquel bei der Richterin verlängern lassen. Aber Bourniquels Version der Ereignisse ist kohärent. Und er ist einfach nicht der Typ, der sich über junge Mädchen hermacht.« Damit ließ sie Blanc und Fabienne stehen und ging zurück ins Verhörzimmer, um sich einer neuen Runde mit dem Trottel in Handschellen und den Trotteln in Uniform zu stellen.

Blanc konnte nicht behaupten, dass sich in den nächsten Stunden eine weihnachtliche Stimmung in der Gendarmerie-Station verbreitete. Ein übernächtigter Marius kam nur einmal aus dem Verhörzimmer, um nach draußen zu eilen und ein paar Croissants zu kaufen. Auf dem Weg zurück sah er kurz in ihrem Büro vorbei, aber grüßte Blanc kaum. Auch Nkoulou ließ sich einmal blicken. Er teilte ein paar Beamte dazu ein, die beständig eingehenden Anrufe der Journalisten so gut es ging zu beantworten. Fabienne befahl er, sich um alles zu kümmern, was online hereinkam.

Kollegen eilten scheinbar ziellos über die Flure. Hin und wieder kamen Beamte zurück, die bei den Suchtrupps in La Barben eingeteilt gewesen waren und über andere Beamte fluchten, die nicht da waren, wo man sie erwartet hatte. Kriminaltechniker warfen voluminöse Berichte auf Schreibtische, um die sich dann niemand kümmerte. Alle Welt schien ständig zu telefonieren, selbst auf der Herrentoilette stieß Blanc auf einen Kollegen, der sich vor dem Urinal stehend das Handy zwischen Ohr und hochgezogener Schulter festgeklemmt hatte. Trotzdem schrillten und vibrierten in allen Büros Apparate, an die niemand dranging.

Keine Spur von Noëlle.

Kein Wort von Bourniquel.

Als Blanc sich wieder einmal einen Kaffee holte – er hatte längst aufgehört, die Zahl der Becher zu zählen –, kam Brigadier Barressi an ihm vorbei. Er begleitete eine Frau zu einem der freien Verhörräume. Sie war um die zwanzig Jahre jung, mager, blond, sehr blass und sicherlich sehr hübsch, wenn in ihren hellen Augen nicht ein irgendwie entrückter Ausdruck geschimmert hätte. Sie schien von dem Trubel um sie herum kaum etwas mitzubekommen und ließ sich vom Brigadier willenlos am Arm führen. Ein Junkie, vermutete Blanc und hätte sie sofort wieder vergessen, wenn Nkoulou nicht zufällig in diesem Moment aus dem Verhörzimmer nebenan getreten wäre. Der Commandant stürmte hinaus, erschöpft und offenbar zornig, doch er hielt inne, als sei er vor eine Glaswand geknallt. Eine Sekunde lang starrte er die junge Frau an, auf seinen Zügen zeigten sich Fassungslosigkeit, Schock und, zu Blancs größtem Erstaunen, Schmerz. Es war nur ein winziger Augenblick, im Chaos hatte es niemand sonst bemerkt, nicht einmal Barressi und auch nicht die halb weggetretene junge Frau, die den Commandant gar nicht gesehen hatte. Dann eilte Nkoulou davon, der Brigadier führte die Frau in den Raum und schloss die Tür hinter ihr, und es war, als wäre dies nie geschehen.

Blanc blieb am Kaffeeautomaten stehen. Barressi hätte in einem Verhör nicht mal Adolf Hitler ein Verbrechen nachweisen können, und das wusste jeder Beamte in Gadet. Der Brigadier würde die junge Frau nur bewachen, bis einer der erfahreneren Kollegen die Zeit finden würde, sich um sie zu kümmern. Tatsächlich musste Blanc nicht lange warten, bis ein übermüdeter Uniformierter in dem Raum verschwand, um Barressi abzulösen.

Blanc fing den Brigadier auf dem Flur ab. »Hat die Frau etwas mit der kleinen Noëlle zu tun?« Er sprach leise, das musste niemand sonst hören.

»Das ist wahrscheinlich die einzige Frau Frankreichs, die noch nichts vom Fall Noëlle gehört hat«, erwiderte Barressi achselzuckend. »Dazu ist sie viel zu bekifft. Dorothée Féraud, schon mal gehört?«

Blanc schüttelte den Kopf. »Keine Kundin von mir.«

»Ich kenne sie auch nicht. Eine Streife hat sie am Waldrand bei Saint-César aus einem Autowrack gezogen und hier abgeliefert. Sie hat ihren Opel vor einen Baum gesetzt, offenbar konnte sie in ihrem Zustand Himmel und Erde nicht mehr so ganz auseinanderhalten. Immerhin ist ihr nichts passiert, gesundheitlich, meine ich. Juristisch wird das wohl anders ausgehen: Fahren unter Drogeneinfluss, Fahren ohne Führerschein, Fahren eines nicht versicherten Autos. Warum müssen die Leute ausgerechnet kurz vor Weihnachten so viel Mist bauen?« Der Brigadier schlurfte davon.

Blanc blickte auf die Tür des Verhörzimmers. Er erinnerte sich an die Wette unter den Kollegen, von der er schon in seiner ersten Woche in Gadet gehört hatte: Nkoulou hatte keine Freundin, und der Erste, der doch von einer Frau hörte, die mit dem Chef ausging, würde den Topf mit den Wetteinsätzen einstreichen … Ihm fielen die nächtlichen Anrufe auf der Station von einer jungen, nicht mehr nüchternen Frau ein, die unbedingt Nkoulou sprechen wollte … Er erinnerte sich an Akten der Marseiller Drogenfahnder auf Nkoulous Schreibtisch, die sein Chef hastig zugeklappt hatte, als er eingetreten war … Und nun vorhin diese Reaktion seines Chefs.

Es gab nie einen richtigen Zeitpunkt für persönliche Probleme, aber einen falscheren Zeitpunkt als während der hektischen Ermittlungen um ein verschwundenes Kind hätte es für Nkoulou kaum geben können.

Als sich Fontaine Thezan am späten Vormittag meldete, war Blanc der Gerichtsmedizinerin dankbar. »Ich fahre sofort bei Ihnen vorbei.«

»Die meisten Menschen beeilen sich nicht, in die Pathologie zu kommen; sie schieben das lieber bis zu ihrem letzten Tag auf«, sagte die Ärztin gelassen.

»Lieber ein Toten- als ein Irrenhaus«, erklärte Blanc. »Ich bringe meine Kollegin mit.« Er klopfte an Fabiennes Bürotür. »Wir sehen uns ein Skelett an.«

»Hier sind doch alle vollkommen übergeschnappt«, antwortete sie. Aber zehn Sekunden später war sie mit ihm draußen.

Sie nahmen einen Streifenwagen, der zufällig gerade frei war, und fuhren zum Krankenhaus von Salon. Es war ein verschachtelter moderner Bau auf einer Anhöhe mit Blick auf die Burg und die alten Gassen der Stadt. Die Scheiben der Lobby hatte jemand mit goldenen Sternen beklebt, zwei ältere Patienten in gestreiften Bademänteln schlurften um einen Weihnachtsbaum, dessen Lichterkette in einem solch hektischen Rhythmus blinkte, dass Blanc sich wunderte, so etwas in einem Hospital vorzufinden; würde das nicht bei Epileptikern Anfälle auslösen?

Fabienne sah sich ebenfalls beklommen um. »Die haben hier

bestimmt auch eine Wöchnerinnenstation. Da kann ich mich ja schon mal umsehen, wenn wir bei Doktor Thezan fertig sind. Obwohl mir das hier …«

Blanc legte ihr den Arm um die Schulter. »Jedes Krankenhaus wirkt zur Weihnachtszeit wie eine Aufforderung zum Selbstmord. Dein Kind wird im Sommer kommen, da ist es hell und warm, sogar hier.«

»Vielleicht ist eine Hausgeburt doch keine so schlechte Idee«, murmelte sie, während sie zur Pathologie liefen.

Die Gerichtsmedizinerin hatte das Skelett auf einer stählernen Liege ausgebreitet. Die Gebeine hatte sie vom Sand befreit, doch viele Knochen wirkten noch immer alt und mürbe. In einer Nierenschüssel neben der Toten lagen drei Objekte: eines, das auf Blanc wie ein Fetzen Stoff wirkte, und eines, das aussah wie ein kleiner grauschwarzer Dreckklumpen.

Das dritte Objekt war eine Pistolenkugel.

»Es handelt sich eindeutig um eine Frau«, begann Fontaine Thezan, »etwa vierzig bis fünfzig Jahre alt. Sie war wahrscheinlich immer gut genährt, zumindest hat sie nie einen Mangel gelitten, der sich in den Gebeinen ablesen ließe. Ihre Knochen sind unverletzt und zeigen keinerlei pathologische Veränderungen. Nach dem, was uns das Skelett verrät: eine Frau, die während der Wachstumsjahre in ihrer Kindheit ausreichend ernährt war, die nie längere Zeit körperlich schwer arbeiten musste, die sich nicht einmal den kleinen Finger gebrochen hat und gesund gelebt hat bis zu jenem Tag, an dem ihr jemand eine Kugel in den Kopf schoss. Dieser Tag muss mindestens zwanzig Jahre her sein, vielleicht deutlich länger, dem Zustand der Knochen nach zu urteilen. Das Skelett muss einige Jahrzehnte in der Höhle gelegen haben.«

Die Gerichtsmedizinerin nahm die Nierenschale und hob die Kugel mit einer Pinzette heraus, sodass sie das Geschoss im grellen Licht des Saales genauer studieren konnten. Das messingfarben schimmernde Metall war nur an wenigen Stellen angelaufen und zeigte ein paar winzige Riefen, aber das etwa einen Zentimeter lange Geschoss selbst war nicht deformiert.

Fabienne pfiff durch die Zähne. »Ein ganz schöner Brocken.«

»Kaliber .45«, murmelte Blanc. »Das größte Kaliber, das man mit einer Pistole verschießen kann.«

»Ich habe es in dem Sand geborgen, der sich im Innern des Schädels angesammelt hatte«, erklärte Fontaine Thezan. Sie deutete auf den Kopf. »Sehen Sie sich die hinteren Knochen an: unverletzt. Das heißt, die Kugel hat die Stirn durchschlagen und ist bis ins Gehirn gedrungen, was ohne Zweifel sofort tödliche Verletzungen verursacht hat. Aber sie hat den Schädel nicht hinten durchschlagen.«

»Bei einem Kaliber .45 muss man die Pistole mit zwei Händen halten, um den Rückstoß abzufangen. Die Durchschlagskraft ist enorm. Der Schütze muss mindestens einige Meter von seinem Opfer entfernt gewesen sein, sicherlich zehn Meter oder mehr«, vermutete Blanc. »Es war also kein aufgesetzter Schuss, denn dann wäre der hintere Schädel zertrümmert worden.«

Die Gerichtsmedizinerin nickte und zog aus einem Rollcontainer neben der Liege eine schmale Akte und eine Zigarettenpackung hervor.

»Ich bin schwanger«, sagte Fabienne, bevor die Gerichtsmedizinerin sich eine Mentholzigarette anzünden konnte.

»Glückwunsch«, entgegnete Fontaine Thezan nach einem winzigen Zögern, blickte aber nicht Fabienne an, sondern Blanc.

Sie wird doch nicht denken, dass ... Blanc räusperte sich. »Die Kugel«, erinnerte er die Ärztin. »Wissen Sie etwas über die Kugel?«

Sie bedachte ihn mit einem halb spöttischen, halb verschwörerischen Lächeln, während sie die Packung wieder verschwinden ließ. »Ich habe schon heute Morgen einen Kriminaltechniker kommen lassen«, erklärte sie und tippte auf die Akte. »Hier ist sein Bericht. Ich werde ihn meinem Report beilegen.« Sie blätterte die erste Seite auf. »Gewicht etwa fünfzehn Gramm, ein FMJ-Geschoss, *Full Metal Jacket,* ein Geschoss aus Ganzmetall. Wahrscheinlich abgefeuert aus einer M1911 – das Standardmodell der amerikanischen Armee.«

»Die Unbekannte ist im Zweiten Weltkrieg erschossen worden?« Blanc wusste, dass die Alliierten im Spätsommer 1944 in Südfrankreich gelandet waren. Es hatte heftige Kämpfe gegeben. Wenn diese Frau damals zwischen die Fronten geraten war, dann würde er diesen Fall niemals aufklären.

Fontaine Thezan studierte den Bericht. »Die Produktion der M1911 begann schon vor dem Ersten Weltkrieg und endete erst in den Achtzigerjahren des letzten Jahrhunderts. Es sind mehr als zweieinhalb Millionen Stück hergestellt worden, die Pistole finden Sie noch heute überall. Es ist also möglich, dass die Waffe im Zweiten Weltkrieg mit den Amerikanern in die Provence gekommen ist – aber unsere Tote ist garantiert nicht während des Krieges umgebracht worden, sondern viel später.«

Die Gerichtsmedizinerin legte die Kugel zurück und hob mit der Pinzette die dunkle, kleine Masse heraus. Das ist auch Metall, erkannte Blanc nun, und plötzlich wusste er, was ihm Fontaine Thezan unter die Nase hielt. »Die Zahnplombe«, murmelte er.

»Sie können ein Praktikum bei mir machen, wenn Sie sich mal auf der Station langweilen, *mon Capitaine.*« Die Ärztin drehte die Plombe nach allen Seiten, als wäre sie ein winziges Kunstobjekt. »Ich habe Proben analysiert«, erklärte sie. »Es handelt sich um eine Amalgamfüllung mit vierzig Prozent Silberanteil. Bis etwa 1950 hat man in Frankreich Zahnfüllungen mit hohem Kupferanteil verwendet, erst zwischen 1950 und

1960 wurde nach und nach Silber eingeführt. Das genaue Jahr für diese Plombe kann ich Ihnen deshalb nicht nennen, doch eins ist sicher: Unsere Unbekannte wurde frühestens in den Fünfzigerjahren an den Zähnen behandelt, sie kann also nicht schon 1944 getötet worden sein.«

Sie nahm das dritte Objekt mit der Pinzette auf und hielt es diesmal nicht Blanc, sondern Fabienne unter die Augen. Es war schwarz, dünn, annähernd rechteckig und beinahe so groß wie ein Briefbogen. »Erkennen Sie es?«

Fabienne zuckte mit den Achseln. »Müsste ich?«

»Es ist ein Stück legendäre Frauenmode.« Nun beugte sich auch Blanc näher. Der Fetzen war nicht, wie er zuerst vermutet hatte, aus Stoff, sondern aus Leder, das schwarz gefärbt war. Er erkannte nun auch etwas hellere Ziernähte, die in einer Art Schachbrettmuster über das Leder gezogen waren.

»Den Fetzen habe ich unter dem linken Schulterknochen gefunden«, fuhr die Gerichtsmedizinerin fort, »er haftete am Knochen. Leder hält sich besser als Stoff, deshalb hat dieses Objekt, vielleicht zusätzlich geschützt von den Gebeinen oder einem Stein, als einziges Relikt ihrer Kleidung überdauert. Mit ziemlicher Sicherheit ist es der letzte Rest einer Damenlederjacke.« Sie deutete auf die Nähte. »Das hat man mal ›Alligator-Jacke‹ genannt, die Nähte imitieren das typische eckige Muster von Krokodilleder. Eine schwarze Alligator-Jacke war einmal eine modische Revolution. Dieses Stück gehört wahrscheinlich zu einer Kollektion, die Yves Saint Laurent für Dior geschaffen hat, sie hieß *›Beat‹*.«

»Ich dachte, so heißen nur Kopfhörer«, erwiderte Fabienne. »Das muss vor meiner Zeit gewesen sein.«

»Die Kollektion wurde 1960 vorgestellt«, sagte Fontaine Thezan, und trotz ihrer Gelassenheit hörte Blanc den Triumph in ihrer Stimme. »Das sollte die Anzahl der vermissten Frauen, deren Fälle Sie aufrollen müssen, beschränken, *mon Capitaine.*

Sie suchen nach einer der wenigen Frauen, die es sich leisten konnten, in einer sündteuren Dior-Jacke herumzulaufen.«

»Und zwar 1960 oder später«, ergänzte Blanc leise. Sechzigerjahre ... Da war etwas gewesen, er hatte von etwas gehört, das war doch noch gar nicht so lange her, verdammt. Plötzlich fiel es ihm ein: Paulmier und der »Wolfsmann«, der 1965 plötzlich in den Grotten von Calès aufgetaucht und ein Jahr später genauso unerklärlicherweise wieder verschwunden war.

Eine Kette dunkler Schicksale

Mittags aßen Fabienne und Blanc im *Le Soleil.* Das kleine Restaurant in Gadet, das im Sommer wunderbar schattig war, verwandelte sich im Winter in eine feuchtkalte Höhle – nur nicht an diesem Tag. Der Speiseraum, ein Gewölbe im Erdgeschoss eines alten Stadthauses unter den Platanen der Uferpromenade, wurde von der warmen Abluft Dutzender Notebooks auf Temperatur gebracht. Die Stammgäste hatten sich widerwillig an wenigen Tischen zusammengedrängt und betrachteten finster die Journalisten auf den besten Plätzen, die ihrerseits die Einheimischen ignorierten. Die Reporter hockten vor ihren Computern und tippten wie besessen, während sie nebenbei die Köstlichkeiten des Restaurants in sich hineinschaufelten.

»Gibt es etwas Neues?«, fragte Blanc im Vorübergehen die junge Pariser Journalistin.

»Eigentlich sollte ich Ihnen diese Frage stellen und nicht Sie mir, *mon Capitaine*«, erwiderte sie, ohne vom Bildschirm aufzuschauen. »Sie scheinen ja mit Ihren Ermittlungen noch nicht viel weitergekommen zu sein.«

»Tun Sie mir einen Gefallen und zitieren Sie mich nicht.«

»Sie wollen nicht, dass ein bestimmter Staatssekretär bei der Morgenlektüre von *Le Monde* Ihren Namen liest, schon klar.« Sie hob nun doch den Kopf und lächelte verschwörerisch.

»Dieser bestimmte Staatssekretär liest nur den *Figaro*«, sagte Blanc. Selbstverständlich hatte sich längst unter den Hauptstadtjournalisten herumgesprochen, wer ihn aus Paris entfernt und in die Provinz verpflanzt hatte.

»Und wer sind Sie?«, fragte die Journalistin Fabienne. »Ich habe Sie bei der Pressekonferenz neben Nkoulou gesehen.«

»Meine Rolle bei dieser Konferenz war ganz unbedeutend«, erwiderte Fabienne leicht missmutig.

Die Reporterin lachte und wünschte ihnen einen guten Appetit, offenbar hielt sie das für einen Witz.

Eine Viertelstunde später stocherte Fabienne in ihrem *Salade Niçoise*. Sie hatte ihr iPad mitgebracht, weil sie nicht inmitten der Hektik auf der Gendarmerie-Station am Computer hocken und Vermisstenfälle durchgehen wollten. Sie waren deshalb direkt vom Krankenhaus zum *Le Soleil* gefahren und hatten sich an den einzigen freien Tisch gesetzt, ein wackeliges Ding an der zugigsten Stelle neben dem Fenster. »Ich schlage mir lieber erst mal den Bauch voll, bevor mir Geschichten von verschwundenen Frauen noch den Appetit verderben«, erklärte sie.

Blanc hatte nichts dagegen einzuwenden. Er hatte mal wieder vergessen zu frühstücken und machte sich über einen Teller mit einer gigantischen Portion Cassoulet her. Der Anblick der Knochen hatte ihn dann noch hungriger gemacht, was eine perverse, aber offenbar tief im steinzeitlichen Stammhirn verankerte Reaktion war: Ein Skelett erinnerte ihn daran, wie herrlich es war, noch zu leben. Er war hungrig nach Fleisch und Bohnen und warmem Baguette, hungrig nach Sonne und Luft, nach dem Rauschen der Touloubre draußen vor dem Fenster, dem Lärm eines vorbeiratternden R5, sogar nach dem Klappern dieser verdammten Computertastaturen – alles war besser als die ewige Stille der Grotten.

Erst als sie beim Espresso angelangt waren, fuhr Fabienne ihr iPad hoch und loggte sich in den Zentralcomputer der Gendarmerie ein. »Was nun, Meisterdetektiv? Ich kann ja schlecht ›verschwundene Frau, die reich genug für ein Dior-Jäckchen ist‹ in die Suchmaske eingeben.«

»Ein paar Daten haben wir schon«, antwortete Blanc und

zählte sie an den Fingern auf: »Der Rest ihrer Jacke verrät uns, dass die Unbekannte frühestens 1960 getötet worden sein kann. Der Zustand ihrer Knochen deutet darauf hin, dass sie andererseits schon vor 1990 gestorben sein muss. Doktor The zan schätzt ihr Alter auf vierzig bis fünfzig; lass uns sichergehen und nach Frauen zwischen dreißig und sechzig suchen.«

»Immerhin muss ich mir bei diesem Fall nicht verschwundene kleine Mädchen ansehen«, murmelte Fabienne.

Blanc beugte sich zu ihr hinüber, gemeinsam schauten sie auf den Bildschirm. Irgendwann einmal musste jemand all die Fotos aus den alten Vermisstenfällen eingescannt haben. Sie sahen die Bilder, die Angehörige von verschwundenen Frauen der Polizei überlassen hatten, viele noch in Schwarz-Weiß, andere in grün- oder rotstichigen Farben. Manchmal waren es auch bloß Fotos aus Pässen oder Führerscheinen, wenn es offenbar keinen einzigen Menschen gegeben hatte, der ein Foto der Vermissten vorlegen konnte.

»Mon Dieu«, murmelte Fabienne, »wie viele es sind. Da verschwindet über die Jahre eine ganze Stadt voller Frauen.«

»Zumindest die Frauen aus den schäbigen Vierteln«, murmelte Blanc. Tatsächlich war es ein Fotoalbum der Armen und Außenseiter, ein letztes Memento für die, an die niemand mehr dachte: Sie sahen in die Gesichter von Prostituierten, sie allein machten vielleicht die Hälfte aller Verschwundenen aus, dazu die Bilder von Junkies, von Gastarbeiterinnen aus Italien und Portugal, von Bäuerinnen und Hirtinnen. Manche Gesichter berührten Blanc so sehr, dass ihm noch in der Sekunde, in der er sie sah, eine Geschichte durch den Kopf schoss: das selbst auf einem Passfoto naiv wirkende Freudenmädchen, das von einem Freier mitten in der Nacht in den Wald gefahren wird … Die wettergegerbte Hirtin, allein in den Bergen, die auf der Suche nach einem Lamm in eine Felsspalte stürzt … Die junge Portugiesin, die ihren Namen und ihre Vergangenheit abstreift, um irgendwo in Frankreich neu zu beginnen … Er fragte sich, ob auch nur irgendeine dieser Frauen heute noch von irgendwem vermisst wurde. Er fragte sich, ob … Schnell berührte er Fabiennes Hand, damit sie das Foto nicht wegwischte.

»Die!«, rief er. »Sie ist nicht arm.«

Fabienne tippte auf den Datensatz und las den dazugehörigen Eintrag vor: »Yvonne Fabre, verheiratete Le Guennec. Geboren 1925 in …«, sie pfiff leise, »… Lamanon. Sieh an. Yvonne Fabre lebte dort von ihrer Geburt bis 1944. Nach der Befreiung siedelte sie nach Paris über und kehrte 1950, inzwischen verheiratete Le Guennec, mit ihrem Mann in die Provence zurück. Sie wohnte bis zu ihrem Verschwinden im …« Fabienne hielt inne.

»Château de La Barben«, vollendete Blanc leise. *»Merde.«*

Er überflog die nüchternen Angaben. »Ihr Mann meldet sie am 3. Dezember 1965 als vermisst, nachdem sie abends nicht von einem Spaziergang zurückgekehrt ist. Kein Abschiedsbrief, kein Familienstreit, im Gegenteil: Yvonne Le Guennec ist im Jahr 1965, da war sie vierzig, zum ersten Mal Mutter geworden, ihre Tochter war am Tag ihres Verschwindens erst wenige Monate alt. Kein Streit mit einem Nachbarn oder einem Unbekannten, nichts, was auf irgendeinen ungewöhnlichen Umstand hingedeutet hätte. Yvonne Le Guennec geht einfach vor die Tür und kommt nie zurück.«

»Schau mal«, flüsterte Fabienne und deutete auf einen anderen Eintrag. Der Mann hatte die Kleidung seiner Frau am Tag ihres Verschwindens beschrieben, und so hatte es der Beamte protokolliert: *»Damenlederjacke, schwarz, Modell Dior.«* Sie lehnte sich zurück. »Sie ist in Lamanon geboren, sie wohnt in La Barben, sie verschwindet auf einem Spaziergang, und ihre Leiche taucht mehr als ein halbes Jahrhundert später in Calès auf …«

Blanc hatte die Augen nicht vom Bildschirm genommen. Ihn

schauderte. »Da ist noch mehr«, sagte er. »Die Beamten haben die Familie jahrelang über die Fortschritte der Ermittlungen informiert. Beziehungsweise die Nicht-Fortschritte. Niemand hat je eine Spur der Vermissten gefunden, es gab nie irgendeine vielversprechende Zeugenaussage. Da steht, dass sie sich einmal im Jahr beim Mann von Yvonne Le Guennec gemeldet haben. Nachdem der 1995 gestorben war, sind sie pro forma bei der Tochter vorstellig geworden: Séverine Le Guennec. Und sieh dir an, wen sie geheiratet hat: Jean-Baptiste Samson!«

Blanc zoomte das Schwarz-Weiß-Foto der Vermissten so groß, dass es den Bildschirm des iPads füllte. Er sah eine offenbar große, schlanke, elegante Frau. Sie trug ihre Haare, die vielleicht braun oder schwarz, jedenfalls dunkel waren, auffallend lang. 1965, dachte Blanc, das war doch noch gar nicht die Zeit von Hippies und Flower Power, aber sie trug schon offene, von einem Stirnband kaum gebändigte Locken, die ihr bis fast auf die Hüften fielen. Yvonne Le Guennec hatte ein schmales Gesicht, sie zeigte dem Fotografen einen kühlen, vielleicht sogar leicht abweisenden Blick, ihre Nase war lang und sehr gerade, ihre Wangenknochen waren hoch. Blanc ertappte sich dabei, dass seine Hände zitterten, als er sein Nokia aus der Tasche zog. Er suchte Noëlles Foto und legte das Handy neben das iPad.

»Das glaube ich einfach nicht«, murmelte Fabienne. »Noëlle ist die jüngere Ausgabe von Yvonne Le Guennec.«

»Kinder ähneln häufig ihren Großeltern«, erklärte Blanc. »Yvonne Le Guennec hat eine Tochter: Séverine. Diese heiratet Jean-Baptiste Samson und hat mit ihm wiederum eine Tochter: Noëlle.«

»Und jetzt wissen wir, dass die Großmutter mit einer Kugel im Kopf starb, nachdem sie bei einem Spaziergang verschwand. Und die Enkelin ist jetzt auch verschwunden. Das ist der Horror.«

Blanc starrte grimmig auf die Fotos. »Das ist noch nicht alles. Erinnerst du dich an Matthieu Samsons Aussage? Séverine, Noëlles Mutter, ist vor einigen Jahren gestorben: Verkehrsunfall, Fahrerflucht, keine brauchbare Zeugenaussage.«

Fabiennes Finger flogen über den Touchscreen. »Das war 2009. Ein Landstreicher meinte den Unfall aus großer Entfernung beobachtet haben. Demnach hat ›ein grünes Auto den Wagen von Séverine Samson an einer engen Stelle vor einer Linkskurve überholt und dabei so von der Straße gedrängt, dass Séverine Samson ins Schleudern geriet und gegen eine Eiche geprallt ist‹. Der verhörende Beamte hat angemerkt, dass der Landstreicher betrunken und möglicherweise gar nicht mehr in der Lage war, etwas zu erkennen. Na großartig.«

»Drei Frauen, drei Generationen, eine Familie«, sagte Blanc. »Drei rätselhafte Fälle. Hier steht nirgendwo, ob Yvonne Le Guennec Geschwister hatte, aber die Kollegen haben seinerzeit nie einen Bruder oder eine Schwester vernommen, also war sie wohl Einzelkind. Séverine war ganz sicher Einzelkind und Noëlle ist es auch – vielleicht ist das ein Zufall, vielleicht aber auch nicht.«

Fabienne tippte auf ein Foto. »Hier haben wir Séverine: der gleiche schlanke Körper, das gleiche schmale Gesicht, die gleiche gerade Nase, nur sind ihre Haare heller als die ihrer Mutter, sie trägt sie kürzer, und sie hat eine Brille. Aber die Ähnlichkeit zwischen Yvonne und Séverine ist unübersehbar.«

»Unübersehbar, ja …«, sagte Blanc gedankenverloren. Dann blickte er Fabienne an. »Nur zur Sicherheit: Bourniquel kann nichts mit Noëlles Großmutter und Mutter zu schaffen gehabt haben?«

Sie schüttelte den Kopf, nachdem sie das Tablet wenige Minuten bearbeitet hatte. »1965 war der Typ noch nicht mal geboren. Seine Familie ist weder mit den Le Guennecs noch den Fabres oder den Samsons verwandt. Und 2009 saß er in Lyon im Gefängnis, Verstoß gegen das Betäubungsmittelgesetz. Er ist erst 2011 wieder freigekommen.«

»Wir haben ein Problem«, meinte Blanc.

Eine halbe Stunde darauf gelang es Blanc und Fabienne in der Gendarmerie-Station endlich, Nkoulou auf dem Flur vor dem Verhörraum abzufangen und um ein Gespräch in seinem Büro zu bitten. Blanc berichtete, kaum hatte ihr Chef die Tür geschlossen, von ihren Ermittlungen, Fabienne zeigte die Fotos auf ihrem iPad. Doch der Commandant schien gar nicht richtig zuzuhören. Er sah aus, als würde er gleich stocksteif mit dem Gesicht voran zu Boden knallen, wie ein Gardesoldat mit Bärenfellmütze, der zu lange in der Sonne strammgestanden hatte.

»Das hat nichts zu sagen«, erklärte Nkoulou schließlich erschöpft.

»Wie bitte?! Das Skelett in den Grotten von Calès gehört der Großmutter des verschwundenen Mädchens!«, rief Blanc.

»Was Sie nicht beweisen können. Und selbst wenn«, Nkoulou hob die Hand, um ihren Einwänden zuvorzukommen, »selbst wenn die Tote Yvonne Le Guennec ist: Sie wurde 1965 getötet! Das war nicht gerade vorgestern. Was hat das mit dem aktuellen Fall zu tun? Wer immer das damals getan hat, es war garantiert nicht der, der sich vorgestern Abend an der kleinen Noëlle vergriffen hat. Ein Totenschädel mit einem Loch in der Stirn, der ein paar übereifrigen Archäologen in irgendeiner Höhle in die Hände gefallen ist, ändert nichts an der Tatsache, dass wir Noëlles Armband und ihre Fingerabdrücke in Bourniquels Auto entdeckt haben!« Nkoulou setzte sich wieder in Bewegung und ging zu seinem Schreibtisch. Doch statt, wie sonst immer, hinter dessen polierter Glasplatte auf seinem Lederstuhl zu thronen, setzte er sich linkisch auf den Schreibtisch und stützte sich dabei mit seiner Rechten ab. Die Hand bedeckte wie zufällig die einzige dort ausgebreitete Ermittlungsakte. Blanc gelang es trotzdem, einen Blick auf die Titelseite zu werfen.

Es war eine Akte der Marseiller Drogenfahnder. Über Dorothée Féraud, das Junkie-Mädchen.

Nkoulou bemerkte Blancs Blick. Er räusperte sich und zögerte lange. »Also gut«, fuhr er endlich fort. »Holen Sie sich von der Kriminaltechnik den vollständigen Report der DNA-Probe aus den Haaren des Mädchens. Er liegt inzwischen vor. Ich stelle einen Kollegen ab, der aus den Knochen des Skeletts DNA gewinnen soll, wenn das noch möglich ist. Lassen Sie das miteinander vergleichen, vielleicht beweist das die Verwandtschaft. Dann sehen wir weiter. Und jetzt entschuldigen Sie mich.« Nkoulou verließ das Büro noch vor ihnen, in der Hand die Akte.

Sie folgten ihrem Vorgesetzten den Gang hinunter. Blanc ließ Fabienne kurz in ihrem Zimmer allein, dann suchte er Barressi. »Sitzt Dorothée Féraud noch ein?«

»Der Chef hat sie laufen lassen.«

Blanc war nicht im Mindesten überrascht.

»Was nun?«, fragte Fabienne ein paar Minuten später auf dem Flur.

»Wir treffen uns mit Madame Vialaron-Allègre.«

»Schon wieder? Und was mache ich währenddessen?«

»Du kommst mit.« Blanc registrierte Fabiennes verwunderten Blick und hob die Hände. »Wir treffen uns ganz offiziell im Justizpalast mit ihr. Schließlich haben wir eine Spur im Fall der unbekannten Toten von Calès. Die Untersuchungsrichterin muss uns grünes Licht geben, um Ermittlungen einzuleiten.«

Sie sahen kurz in Blancs Büro vorbei, doch von Marius keine Spur, vermutlich war er wieder im Verhörzimmer. Blanc fing an, ihn zu vermissen.

Nachdem sie in Salon auf die Autobahn Richtung Osten gefahren waren, rutschte Fabienne auf dem Beifahrersitz unruhig hin und her, dann atmete sie tief durch. »Dein Privatleben geht mich selbstverständlich nichts an«, begann sie, »aber ich fühle mich nicht wohl, bei einem Rendezvous mit dir und deiner Richterin dabei zu sein.«

»Das ist kein Rendezvous«, sagte Blanc. Er tat so, als müsste er sich auf den Verkehr konzentrieren. »Und außerdem weiß Aveline nicht, dass du im Bilde bist.«

»Genau das ist ja das Problem. Deine Freundin hat einen furchterregend scharfen Verstand. Ich werde die ganze Zeit über Angst haben, dass ich mich irgendwie verrate. Was passiert, wenn Madame Vialaron-Allègre erfährt, dass eure Affäre sich bis zu mir herumgesprochen hat? Wird sie mit dir Schluss machen? Oder wird sie mich nach Guayana versetzen lassen, um eine Mitwisserin aus dem Weg zu räumen?«

»Vermutlich beides«, gestand Blanc.

»Was hältst du davon, wenn ich während eures Tête-à-Têtes einfach im Auto sitzen bleibe?«

»Also *das* wäre ein Verhalten, das Aveline, wenn sie es mitbekommt, auf jeden Fall misstrauisch machen würde.«

»*Merde,* warum kannst du nicht eine normale Frau haben wie ich auch?« Fabienne schloss die Augen. »Weck mich, wenn wir in Aix-en-Provence sind. Ich hab immer gedacht, Schwangere sind erst im neunten Monat müde.«

Die Büros der Untersuchungsrichter von Aix-en-Provence waren eigentlich in einem modernen Zweckbau östlich des barocken Quartier Mazarin untergebracht, einem flachen Gebäude, das aussah wie zwei aufeinandergestapelte Container, in die jemand Fenster hineingeschnitten hatte. Blanc wusste jedoch, dass Aveline den Kasten hasste und es irgendwie fertiggebracht hatte, sich eines der wenigen Büros im Palais Verdun zu sichern, dem klassischen, wuchtigen Justizpalast im Herzen der Stadt. Sie schritten über eine breite Freitreppe auf den Säulenwald am Eingang zu, auf eine in der tief stehenden Wintersonne gelblich leuchtende Fassade wie ein antiker Tempel, erhaben, elegant – und ganz auf den Effekt gebaut, dass jeder, der in dieses Gericht trat, sich wie ein Zwerg fühlte. Hinter dem Portal gelangten sie in den *Salle des pas perdus*, das Zentrum des Palastes. Fabienne, die nicht oft am Gericht zu tun hatte, hob ehrfürchtig den Kopf. Der Palais Verdun war im 18. Jahrhundert entworfen worden, in einer prunksüchtigen Epoche, in der noch nicht jeder Quadratzentimeter effizient genutzt werden musste. Der *Salle des pas perdus* war ein überdachter, von zweistöckigen Säulengängen gesäumter Innenhof, mehr als vierzig Meter hoch. Der Boden aus polierten Steinplatten spiegelte das Lampenlicht. Zwischen den Säulen hingen Porträts berühmter Richter, Bildnisse von strengen Männern in der Tracht untergegangener Epochen, jedes so groß wie ein nordkoreanisches Propagandaplakat. Wer bereits als Zwerg durch das Portal gekommen war, der wurde nun zum Wurm.

»Hier möchte ich niemals in der Anklagebox stehen«, flüsterte Fabienne.

»Wir sind die Guten«, munterte Blanc sie auf. Er hatte in Paris die meisten Ministerien von innen gesehen und war noch ganz andere Ausmaße von Prunk gewohnt. Sie gingen an der Marmorstatue Mirabeaus vorbei. Der Denker und Revolutionär wies mit herrischer Geste quer durch den Innenhof, als wollte er all die schwarz berobten Anwälte und ihre mehr oder weniger elend dreinschauenden Klienten, die gemessenen Schrittes den Saal querten, aus dem Haus weisen. Sie nahmen die Treppe bis zum Obergeschoss. Zwischen zwei hellen Säulen entdeckten sie Aveline, die eine Gauloise rauchte. Selbstverständlich war das hier verboten, doch niemand wagte es, sie darauf anzusprechen.

»Capitaine Blanc, Sous-Lieutenant Souillard, welche Überraschung, Sie hier zu sehen.« Aveline lächelte, gelassen und charmant. Sie kannte jeden Flic in der Provence mit Namen und Rang, und ihr phänomenales Gedächtnis war einer der Gründe, warum sie allgemein gefürchtet war.

»Wir müssen etwas Vertrauliches besprechen«, erklärte Blanc. Er kam Aveline so nahe, wie es die Schicklichkeit erlaubte. Fabienne hingegen hielt sich so weit entfernt, dass es gerade eben noch als höflich durchgehen konnte.

Aveline warf ihr einen kurzen, aufmerksamen Blick zu, dann konzentrierte sie sich ganz auf Blanc. »*Mon Capitaine,* ich gehe gerade mit einem Staatsanwalt eine Anklageschrift durch. *Monsieur le Procureur* hat Asthma, weshalb ich meine Zigarettenpause nach hier draußen verlegt habe. Wir können unbesorgt plaudern.«

Fabienne sagte Aveline nichts von ihrer Schwangerschaft, sie rückte nur noch ein Stück weiter ab.

»Wir haben eine Spur in einem Mordfall«, begann Blanc. Rasch erzählte er Aveline von ihrer Theorie über die Identität der Toten aus Calès. Er war fertig, noch bevor die Untersuchungsrichterin ihre Zigarette zu Ende geraucht hatte. Sie drückte die Kippe sorgfältig an der steinernen Balustrade zwischen den Säulen aus und warf sie in einen Mülleimer – ihre Art, sich ein paar Sekunden des Nachdenkens zu verschaffen.

»Wir können nicht ausgerechnet jetzt, da jeder Beamte Südfrankreichs nach Noëlle sucht, ein paar Gendarmen für einen Mord abstellen, der vor mehr als einem halben Jahrhundert verübt worden ist«, sagte sie schließlich. »Ganz Frankreich würde sich fragen, wo unsere Prioritäten liegen. Und Sie und ich, *mon Capitaine,* kennen den Politiker, der diese Frage am lautesten stellen würde. Schließlich wird bald wieder gewählt.«

»Wenn die Tote aus den Grotten tatsächlich die Großmutter des verschwundenen Mädchens ist, dann könnte es sein, dass das nicht zwei Fälle sind, sondern bloß einer. Kein Beamter müsste von irgendwo abgezogen werden. Und kein Staatssekretär könnte unangenehme Fragen stellen.«

Aveline sah einen Moment lang so aus, als wollte sie sich gleich schon wieder eine Gauloise anzünden, überlegte es sich dann aber anders. »Wer weiß, dass die Tote aus Calès Noëlles Großmutter sein könnte?«

»Sous-Lieutenant Souillard und ich, *Madame le Juge*. Und Commandant Nkoulou. Sonst niemand, nicht einmal die Gerichtsmedizinerin.«

»Gut.« Aveline lächelte. Blanc sah ihr an, dass sie anfing, sich für den Fall zu erwärmen. »Wenn, wie Sie und ich annehmen, Bourniquel nichts mit dem Verschwinden der Kleinen zu tun hat, dann muss einer der anderen Hochzeitsgäste der Täter sein. Ein Täter, der noch nicht einmal ahnt, dass die Gendarmerie weiter in alle Richtungen ermittelt. Ein Täter, der sich seit Bourniquels Verhaftung in Sicherheit wähnt. Wie würde dieser Täter wohl reagieren, wenn bekannt würde, dass die Tote aus Calès als Noëlles Großmutter identifiziert worden ist?«

Blanc lächelte jetzt auch. »Der Täter wüsste, dass wir uns den ganzen Fall Noëlle noch einmal vornehmen würden, ganz egal, wie verdächtig Bourniquel ist. Der Täter wäre gewarnt.«

»Exakt. Also ermitteln Sie offiziell weiter in dem jahrealten Mord von Calès, aber nirgendwo darf vorerst der Name Yvonne Le Guennec auftauchen. Je länger wir das geheim halten können, desto größer ist unsere Chance, dass wir dem Täter unbeobachtet näher kommen. Ich werde Commandant Nkoulou anrufen und ihm meine Sicht der Dinge erläutern. Ich bin sicher, dass er mich versteht. *Mon Capitaine, ma Sous-Lieutenant*, Sie ermitteln weiterhin, wie alle anderen verfügbaren Beamten auch, im Fall der verschwundenen Noëlle. Aber Sie ermitteln zusätzlich im Fall der Toten von Calès. Nur Sie beide.

Diskret. Viel Erfolg.« Sie nickte ihnen zu, drehte sich um und verschwand hinter einer schallgepolsterten Tür, die in der prachtvollen Wand des Gangs eingelassen war.

»Siehst du, du warst doch ganz entspannt«, sagte Blanc.

»Tu du-weißt-schon-was mit deinem Knie«, erwiderte Fabienne und atmete tief durch.

Der Junge und die Elben

Blanc und Fabienne quälten sich aus Aix-en-Provence hinaus. Überall Baustellen, ausgerechnet vor Weihnachten. Endlich bogen sie auf die A7 ein, und Blanc gab Gas. Sie rollten erst wenige Kilometer dahin, als das Funkgerät plärrte. »An alle Streifen!« Die Stimme von Brigadier Barressi. Sie sahen einander an, mussten nichts sagen. Jemand hatte doch etwas entdeckt. Noëlle. Eine Spur. Alarm.

»Commandant Nkoulou befiehlt allen rückkehrenden Teams, auf den Parkplatz neben dem Friedhof auszuweichen und die letzten Meter zu Fuß zurückzulegen. Wenn möglich, über Nebenwege«, verkündete Barressi.

Blanc atmete durch, nicht sicher, ob er erleichtert oder enttäuscht sein sollte. Er schüttelte verwundert den Kopf und schaltete das Mikrofon ein. »Ist die Straße in Gadet gesperrt?«, fragte er die Zentrale.

»Ich wünschte, es wäre so. Wir haben so viele Journalisten vor der Station, auf der Straße staut sich alles. Und die Reporter haben nichts zu tun. Die filmen jeden, der rein- oder rausgeht. Der Chef ist ... na ja. Aber er kann die Meute nicht einfach verhaften. Also sollen sich alle Beamten möglichst unauffällig dem Gebäude nähern. Parken Sie am Friedhof und nehmen Sie den Hintereingang.«

»Ich bin zu jung für den Friedhof«, murmelte Blanc und trat auf die Bremse. Er zwang das Auto mit quietschenden Reifen in die Einfahrt zum Rastplatz Ventabren.

»Wenn du so weiterfährst, dann sind wir genau im richtigen Alter für den Friedhof!«, rief Fabienne. Sie war blass geworden.

Blanc legte ihr beruhigend die Hand auf den Arm. »Wir trinken hier einen Kaffee. Der kann auch nicht schlechter sein als auf der Station. Das wird immer verrückter dort.«

»Auf einem Parkplatz finden wir den Mörder nicht.«

»Bist du dir da so sicher? Du hast doch die Bilder des Hochzeitsfotografen auf deinem iPad. Und hier haben wir eh mehr Ruhe, die Aufnahmen durchzusehen als auf der Station. Vielleicht fällt uns ja irgendetwas auf einem der Bilder auf.« Blanc warf ihr einen aufmunternden Blick zu. »Die Chance, auf einem der Fotos etwas zu entdecken, ist größer, als dass einer der Suchtrupps in den Wäldern hinter der Burg noch etwas finden wird.« Fabienne seufzte, nahm ihr Tablet von der Rückbank und ging mit ihm zum Café.

Fünf Minuten später wischte sie über den Touchscreen. Es waren mehr als zweitausend Fotos, viele Bilder musste Lalle im Abstand weniger Sekunden geschossen haben, sie sahen praktisch identisch aus. Blancs Augen flimmerten. »Bei meiner Hochzeit hat ein Freund von Geneviève die Fotos gemacht, wir hatten gar kein Geld für einen Profi. Da gab es am Ende zwanzig Hochglanzabzüge, das war's. Viel übersichtlicher als dieses digitale Chaos. Und dauerhafter.«

Fabienne bedachte ihn mit einem spöttischen Blick. »Wer hat die Bilder heute?«

Blanc zuckte mit den Achseln. »Wahrscheinlich hat meine Exfrau die Fotos ins Altpapier geworfen.«

»So viel dazu, dass die analogen Fotos aus der guten alten Zeit dauerhafter sind.« Fabienne deutete auf ihr iPad. »Die Fotos hier stecken in meinem Tablet, in meinem Rechner, auf der SD-Karte der Kamera, in Lalles Computer, in der Cloud. Die sind dauerhafter als jede Ehe!« Fabienne starrte auf den Touchscreen und schien die Bilder viel schneller analysieren zu können als er. Trotzdem war es Blanc, der schließlich die Hand hob. »Warte mal!«

Ein Foto aus dem Festsaal, offenbar beim letzten Gang des Abendessens geschossen. Die meisten Gäste saßen vor Schüsseln mit Mousse au Chocolat oder Eiscreme. Noëlle war nirgendwo zu sehen. Dafür erkannte Blanc im Hintergrund einen Mann, der zum Ausgang strebte. Man sah die Gestalt nur von hinten, doch Blanc sagte: »Das ist Bourniquel.«

»Tatsächlich.« Fabienne zoomte den Ausschnitt größer und pfiff durch die Zähne. »Er hat noch die helle Hose an.«

»Mach es noch größer«, bat Blanc. »Sieh an«, murmelte er. Auf dem linken Hosenbein zeigte sich ein dunkler Fleck, der sich bis auf die Hinterseite erstreckte, der halbe Oberschenkel schien beschmutzt zu sein.

»Ob das wohl der Rotweinfleck ist, von dem Bourniquel erzählt hat?«, sagte Fabienne.

»Wenn mich jemand während einer Feier so begossen hätte, dann hätte ich auch die Hose gewechselt.«

Auf den nächsten Fotos war Bourniquel dann tatsächlich nicht mehr zu sehen. Die Leute erhoben sich von den Tischen, streiften durch den Saal. Aber dann war auf einem Foto Noëlle zu sehen. Und auf den nächsten Fotos auch.

»Verdammt«, murmelte Fabienne. »Noëlle war noch im Saal, nachdem Bourniquel bereits weg war. Er hat sie nicht mitgenommen.«

»Keine vorschnellen Schlüsse. Sie könnte auch allein auf den Parkplatz gegangen sein und ihn dort wieder getroffen haben«, gab Blanc zu bedenken.

Sie überflogen die nächsten Fotos. Nicht auf jedem Bild, aber doch auf sehr vielen waren Noëlle und bei ihr ein ungefähr gleichaltriges Mädchen zu erkennen.

»Wer ist sie?«, fragte Blanc.

»Magali Auger. Die Freundin, die zusammen mit Noëlle Bourniquels Wagen angesehen hat. Sie hat die Geschichte mit dem Auto bestätigt. Später hat sie aber nicht mehr auf Bourniquel geachtet und die Sache schon beinahe wieder vergessen.«

Blanc betrachtete ein Foto der beiden zwischen den Tischen stehenden Mädchen. Sie wirkten, als wüssten sie, dass sie fotografiert wurden, und als wollten sie für Lalle posieren. Stolz. Frech. Verlegen. »Gut möglich, dass auch Noëlle nach dem Abendessen Bourniquel schon so gut wie vergessen hat«, sagte er leise. »Die Mädchen sehen aufgekratzt aus.«

Die nächsten Bilder. Magali war verschwunden. Noëlle saß an einem Tisch vor ihrem Eis. Auf dem nächsten waren beide Mädchen verschwunden. Fabienne vergrößerte die Fotos vom Saal, hundert Feiernde, aber die Mädchen waren nicht mehr darunter zu entdecken. »Noëlle ist offenbar tatsächlich nach draußen gegangen«, stellte sie fest. Fabienne wischte nun hektisch über das iPad, als könnte sie damit die Zeit wieder aufholen. Dutzende Fotos aus dem Saal, Dutzende, und dann ... plötzlich Nacht. Laternen.

»Die hat er draußen gemacht!«, rief Blanc. Sie sahen die Bilder genauer an: Die Mauern von La Barben. Die Zugbrücke. Der Park. Vor den Mauern und im Park flanierende Gäste, viele mit Zigaretten zwischen den Fingern. Lalle hatte Porträts und Gruppenaufnahmen gemacht. Elegante, lachende Menschen in kalter Winterlandschaft. Vollkommen sorglos. Nirgendwo war Noëlle zu erkennen. Blanc hätte wahnsinnig werden können. Einmal hatte sich eine Gruppe so neben der raureifüberzogenen Mauer aufgestellt, dass die Weitwinkelaufnahme zufällig auch noch einen Teil des Parkplatzes eingefangen hatte. Bourniquels Kangoo war auf dem Bildausschnitt nirgendwo zu erkennen. Auch Noëlle nicht. Dafür sah man an der Zufahrt zum Parkplatz eine seltsame, dünne Form, einen pixeligen Schattenriss im Dämmerlicht zwischen zwei Laternen.

»Ein Fahrradfahrer?«, sagte Fabienne.

Blanc schüttelte düster den Kopf. »Ein Mann auf einem Motorroller. Und dem sind wir vor ein paar Tagen schon einmal begegnet.«

»Ich wusste nicht, dass Jérémy Dominici zur Hochzeit eingeladen war«, sagte Blanc. Sie hatten sich ins Auto gesetzt. Er gab Gas. Den Rest der Fotos würden sie sich später vornehmen. Jetzt fuhren sie bis zur nächsten Ausfahrt und nahmen die Route départementale nach Lamanon.

Fabienne öffnete eine Textdatei auf ihrem iPad und scrollte sie rasch durch. »Er steht nicht auf der Gästeliste, die uns die Sekretärin gegeben hat«, verkündete sie. »Und gearbeitet hat er an dem Abend auf der Burg auch nicht.« Sie rief eine andere Datei auf und zückte ihr Handy. Das Anrufzeichen summte durch die Freisprechanlage.

»Wen rufst du an?«, fragte Blanc.

»Einen der beiden Gorillas von La Barben. Nicht die aus dem Zoo. Die vom Parkplatz.«

»*Allô?*«

Blanc erkannte den Bass des schwarzen Security-Mannes wieder. »Monsieur Fabrice, kennen Sie einen Jérémy Dominici?«, fragte Fabienne, nachdem sie ihren Namen genannt hatte.

»Nie gehört.«

»Ein Junge auf einem Motorroller, der bei der Hochzeit …«

»Der Trottel auf dem Scooter? *Putain*. Wenn Sie den verhaften, dann tun Sie ein gutes Werk!«

»Was hat er gemacht?«

Fabrice seufzte. »Diese Schmeißfliege. Der Typ ist mit seiner Vespa die ganze Zeit über die Zufahrt zum Parkplatz geknattert, rauf und runter, rauf und runter. Manchmal hat er auch angehalten und auf die Burg gestarrt.«

»Was noch?«

»Nichts. Hat einfach auf die Burg gestarrt. Dann gab er wieder Gas. Jedes Mal habe ich gedacht: Endlich ist der Kerl weg. Aber nein, eine Minute später war er wieder da. Der fuhr immer bis kurz vor unsere Absperrung, dann hat er gewendet und ist wieder weggefahren. Ich dachte, der will uns provozieren. Aber man hat ihm angesehen, dass der dazu zu blöd war.«

»Haben Sie ihn mit der kleinen Noëlle Samson gesehen?«, rief Fabienne. »Haben die beiden vielleicht miteinander gesprochen?«

»Die hätte ich doch nie an diesen Kerl herangelassen!« Fabrice klang ehrlich empört. »Keiner der Gäste hat mit ihm auch nur ein Wort gewechselt. Und dieser schräge Vogel ist der Burg auch nie näher gekommen als bis zum Zufahrtsweg vor dem Parkplatz. Der wollte vielleicht auch gar nicht auf die Feier. War vielleicht einfach nur neugierig und fuhr da herum.«

»Den ganzen Abend?«

»Nein. Irgendwann wurde mir das zu dumm. Ich habe Salman gesagt, er soll ein paar Minuten allein auf unserem Posten bleiben. Ich bin dann die Straße ein Stück hinuntergegangen. Und als der Typ das nächste Mal mit seinem Scooter ankam, hab ich ihn gestoppt und ihm gesagt, dass er verschwinden soll. Der Kerl war wirklich nicht sehr hell im Kopf, aber ich hatte Argumente, die ihn überzeugt haben.«

Fabienne bedankte sich und legte auf. »Meinst du, wir treffen Dominici in Lamanon?«

»Wir können wohl kaum bei seiner Sekretärin einen Termin vereinbaren. Vielleicht haben wir Glück. Wo sollen wir ihn sonst suchen?«

Sie blickte nach vorn auf die Straße. »Der Junge ist siebzehn. Er kann auf keinen Fall etwas mit den Todesfällen von Noëlles Großmutter und Mutter zu tun gehabt haben.«

»Das stimmt«, sagte Blanc. »Aber ist es nicht seltsam, dass

dieser Junge genau an dem Abend in Lamanon herumlungert, als das Skelett auftaucht? Der alte Compagnat hat gesagt, dass Dominici sich sogar in den Höhlen von Calès herumtreibt. Selbstverständlich ist er viel zu jung, um etwas mit dem Tod von Yvonne Le Guennec und ihrer Tochter zu tun zu haben. Aber vielleicht hat Dominici auf seinen Streifzügen irgendetwas gesehen? Und an dem Abend, an dem das Mädchen verschwindet, ist dieser Typ jedenfalls schon wieder in der Nähe.«

»Niemand kümmert sich um den Jungen, hat Compagnat behauptet. Wenn Dominici den lieben langen Tag mit seinem Scooter durch die Gegend fährt, dann wird er sich ständig gerade da herumtreiben, wo irgendwann mal ein Verbrechen stattgefunden hat. Man sollte keine vorschnellen Schlüsse ziehen. Das hat mir mal ein Kollege geraten.«

Blanc lächelte und schwieg.

Diesmal sahen sie Lamanon im schmeichelnden Licht des späten Winternachmittags: Sie fuhren an einem umzäunten Park vorbei, einer fußballplatzgroßen Wiese, auf der die mächtigste Platane wuchs, die Blanc je gesehen hatte. Ein Methusalem mit einem Fächer gigantischer knotiger Äste, die sich in wilden Bögen vom Stamm fortwölbten und bis zum Erdboden hinabsenkten. Die Altstadt dahinter war eigentlich nicht mehr als eine Straße, die von schiefen, bunt verputzten Häusern gesäumt wurde. Über den Dächern schimmerten bläulich die bewaldeten Kuppen der Alpilles.

Sie fuhren auf den Platz vor der Kirche, auf einer Anhöhe am Rand der Altstadt, von der aus die Wanderwege in den Wald hineinführten. Das ockerfarbene Gotteshaus war wuchtig, eckig, streng, viel zu groß für diesen kleinen Ort. Sein Portal wurde nicht von Jesus und den Heiligen geziert, sondern von einer eingemeißelten Inschrift: *Liberté, Égalité, Fraternité;* darüber das Signet der Republik: *RF.* Irgendwann, wahrscheinlich noch in der Dritten Republik, als die fortschrittlichen Politiker die reaktionäre Kirche hassten, hatte ein Bürgermeister dieses Gotteshaus symbolisch der katholischen Kirche entrissen und ihm buchstäblich den Stempel der Republik aufgedrückt. Blanc dachte an Géraldine Tornero, die alte Freundin von Compagnat und überzeugte Kommunistin, seit einem Menschenalter im Gemeinderat. Lamanon mochte wie ein Kaff wirken, aber seine Bürger schienen eher Rebellen als Reaktionäre zu sein. Vielleicht das Erbe der Grotten von Calès, dem Refugium der Widerspenstigen. Und das erklärte vielleicht auch, warum man hier einen wie Jérémy Dominici in Ruhe ließ und nicht ins Heim sperrte.

Sie sahen zuerst seinen Motorroller, der an der Kirchenmauer lehnte. Der Junge saß einige Meter weiter auf einer Bank.

»Lass mich raus«, rief Fabienne und schnallte sich ab, während sie noch über den Parkplatz rollten. Blanc trat auf die Bremse, sie sprang aus dem Auto. Fabienne stellte sich zwischen Dominici und seine Vespa, jetzt würde er nicht mehr mit seinem Roller verschwinden können. Blanc steuerte den Streifenwagen bis in die Nähe der Bank und stieg aus.

Dominici sah sich mit hektischen Kopfbewegungen um. Er mochte vielleicht nicht Einstein sein, aber er erkannte doch rasch, dass es besser für ihn war, genau dort sitzen zu bleiben, wo er war.

»Haben Sie ein paar Minuten Zeit für uns, Monsieur Dominici?«, begrüßte ihn Blanc und zeigte seinen Gendarmerie-Ausweis.

»Das kann ich nicht lesen«, erwiderte er.

Dominici war ziemlich groß und wirkte beinahe dürr, doch aufgrund der Art, wie er sich bewegte, als er jetzt aufstand, vermutete Blanc, dass dieser Junge mehr Kraft hatte, als man ihm ansah. Er hatte schwarze, glatte Haare, die ihm bis in den Nacken fielen. Sein Mund stand ein wenig offen und zeigte schlecht gepflegte Zähne. Es waren seine Augen, die ihn verrieten: Sie lagen auffallend dicht beisammen, sie waren nicht trübe, im Gegenteil, glänzend dunkel, fast schwarz. Es lag ein seltsamer Ausdruck darin, schwer zu beschreiben, nichts Gefährliches, kein tückisches Glitzern, eher ein Leuchten, als würde er sehr aufmerksam in die Welt sehen, aber als wäre seine Welt nicht ganz die Welt, die Blanc mit seinen eigenen Augen sah. »Setzen Sie sich doch bitte wieder hin«, forderte er den Jungen auf.

Fabienne kam hinzu und setzte sich an der anderen Seite Dominicis auf die Bank. Sie stellte sich ebenfalls vor. Der Junge hielt einen großen, verdreckten blauen Rucksack in der Hand. Er trug eine alte, schwarze Kunstlederjacke, die knautschte wie ein durchgesessenes Sofa, als er den Arm ausstreckte, um ihr die Hand zu schütteln. Vor Fabienne hatte er offenbar keine Angst, vor ihm schon.

Blanc räusperte sich. »Monsieur Dominici ...«

»Jérémy. Alle nennen mich Jérémy. Monsieur Dominici, das war mein Vater. Aber so möchte ich nicht heißen.« Er redete schnell und verschluckte manche Silben, so, als ob ihm das Sprechen Stress bereiten würde.

Fabienne warf Blanc über den Kopf des Jungen hinweg einen Blick zu und hob unmerklich die Schultern.

»Jérémy«, sagte sie und lächelte. »Wir möchten dir ein paar Fragen stellen.«

»Wirklich? Ein paar Fragen? Ich war nie gut in der Schule.«

»Wir sind doch keine Lehrer, Jérémy, wir sind viel harmloser.« Fabienne hatte, während sie das sagte, so unauffällig wie möglich ihr iPhone hervorgeholt und auf die Aufnahmefunktion gedrückt.

»Erinnerst du dich noch an den Abend vor zwei Tagen?«, übernahm Blanc die Befragung. »Du bist vor dem Château de La Barben hin und her gefahren. Es gab eine große Feier. Eine Hochzeit.«

»Oh ja.« Jérémy lächelte. »Tolle Autos. Ich habe die Mercedesse gezählt. Und es gab einen Porsche. Aber dann ist der große schwarze Mann gekommen und hat gesagt, ich soll verschwinden. Der war nicht nett.«

»Und warum bist du an dem Abend überhaupt nach La Barben gefahren, Jérémy?«

Der Junge starrte Blanc verblüfft an. »Sie fragen aber komische Sachen. Da sind doch die Tiere!«

»Tiere?«

»Giraffen. Löwen. Ich fahr da oft hin. Ich meine, auf den Weg zur Burg, da fahre ich rauf und runter. Nicht tagsüber, nein.« Die Miene des Jungen verdüsterte sich. »Da schicken mich die Leute vom Zoo weg. Die sind auch nicht nett. Ein Wärter hat mir mal gesagt, er würde mich in einen Käfig sperren, wenn er mich noch mal erwischt. Ich habe kein Geld für den Eintritt. Deshalb gucke ich mir die Tiere vom Weg aus an. Aber das stört die Besucher, hat jemand vom Zoo gesagt. Also fahre ich jetzt lieber abends nach La Barben, wenn der Zoo zugemacht hat. Da störe ich niemanden. Ich hatte keine Ahnung, dass sie da am Abend auf der Burg feiern. So schöne Autos.«

»Und Mädchen?«, fragte Fabienne behutsam. »Hast du auch Mädchen gesehen?«

Jérémy blickte auf seine an den Seiten eingerissenen Turnschuhe. »Mädchen interessieren mich nicht«, stieß er hervor.

Blanc zog sein Nokia aus der Tasche und hielt dem Jungen Noëlles Bild vors Gesicht. »Hast du an dem Abend vielleicht trotzdem zufällig dieses Mädchen gesehen?«

»Das ist die Kleine, die der Hundemensch getötet hat, oder?«, sagte er abwehrend. »Die habe ich bei meiner Tante im Fernsehen gesehen.«

»Aber am Abend der Hochzeit?«, beharrte Fabienne. »Hast du das Mädchen da auch gesehen? In echt?«

»Nein.« Jérémy schüttelte entschieden den Kopf. »Autos ja, Mädchen nein. Und dann kam ja auch der schwarze Mann, und dann bin ich lieber weggefahren.«

Blanc blickte in den Himmel. Sollte er Jérémy zum Verhör mit auf die Station nehmen? Wenn sie Bourniquel laufen lassen müssten, und er war beinahe sicher, dass sie ihn früher oder später aus der Haft entlassen würden, dann könnte Dominici der nächste ideale Schuldige werden: ein geistesschwacher Jugendlicher. Ein verschwundenes Mädchen. Schon wieder würden die Gedanken Amok laufen. Aber er glaubte, dass der Junge neben ihm die Wahrheit sagte.

»Was hast du danach gemacht?«, fragte er. »Nachdem der schwarze Mann dich vom Château de La Barben weggeschickt hatte?«

Jérémy zuckte mit den Achseln. »Na, ich war hier.«

»Hier? Auf dem Platz vor der Kirche?«

»Na ja. Ich wollte«, er zögerte, »halt noch nicht nach Hause zu meiner Tante gehen. Und da war ich halt in den Höhlen.«

»In den Grotten von Calès?« Blanc bemühte sich, seine Stimme möglichst gelassen klingen zu lassen. »Bist du da oft?«

»Ja! Da bin ich nicht allein.« Auf einmal lächelte Jérémy.

Blanc und Fabienne wechselten einen raschen Blick. »Wer ist denn da mit dir?«, wollte Fabienne wissen.

»Elben! Und Orks und Zwerge! Die kommen aus den Höhlen, nachts«, erklärte Jérémy, plötzlich eifrig und lächelnd. »Ich muss mich einfach an einen Baum lehnen oder auf einen Felsen setzen und ganz still sein. Dann kommen sie raus.«

»Wie sehen sie denn aus, diese Elben, Orks und Zwerge?«, fragte Blanc. Kein Spott, ermahnte er sich, bloß keine dumme Reaktion.

Jérémy sah ihn verlegen an. »Das kann ich nicht beschreiben. Die sind halt da. Na ja. In der Nacht, als der schwarze Mann mich weggejagt hat, da habe ich sie richtig gesehen. Da war eine weiße Elbe da. Ganz weiß. Und ein Ork, ganz schwarz. Aber die waren nicht lange da, leider. Die sind wieder in einer Höhle verschwunden. Und jetzt sehe ich die nicht mehr, obwohl ich jeden Abend auf sie warte. Gleich gehe ich wieder hin. Wenn Sie mich lassen.«

Blanc lächelte beruhigend. »Keine Sorge, Jérémy. Wir lassen dich zu den Höhlen gehen. Nur nicht zu der Höhle, die mit den rot-weißen Bändern abgesperrt ist, *d'accord*?«

»*D'accord.*« Der Junge nickte ernsthaft.

»Weißt du, warum dieser Bereich abgesperrt ist?«

Jérémy nickte erneut und sah dabei schuldbewusst auf den Boden. »Diese Frau da, die mit dem alten Roland seit ein paar Wochen in den Höhlen ist ...«

»Agnes Havel, die Archäologin?«, hakte Fabienne nach.

»Keine Ahnung, wie die heißt, ist ja nur eine Frau. Aber die hat Knochen gefunden, da, wo die Felsen weggerutscht sind. Und Roland war da. Und dann«, Jérémy zögerte, »na ja, Sie beide auch. Ich habe Sie beobachtet. Ich war im Wald, oben über der Höhlen. Ich mag es nicht, dass diese Frau und ihre Leute da herumgraben. Die stören die Elben und die Orks. Und vor allem die Zwerge, die graben doch die Höhlen, oder nicht?«

»Klar«, bestätigte Fabienne. »Aber bald sind die Zwerge wieder ungestört. Die Archäologen hören Weihnachten auf.«

Jérémy lächelte. »Meinen Sie, dass dann die weiße Elbe wiederkommt?«

»Ich kenne mich mit Elben nicht aus«, gestand Blanc, »und mit Orks und Zwergen auch nicht. Aber hast du vielleicht in Calès auch schon mal ...«, er suchte nach dem richtigen Wort, er wollte Jérémy weder erschrecken noch misstrauisch machen, »... Knochenmänner gesehen?«, vollendete er. »Ich meine: Gerippe, die da nachts herumgehen oder die ... vielleicht nachts irgendwo in Höhlen liegen?«

»Wie in der Höhle, die zerstört wurde?«

»Genau«, sagte Blanc. »Genau das meine ich, Jérémy: Hast du dieses Gerippe schon mal gesehen?«

»Nein«, antwortete der Junge. »Die Höhle war doch zu!«

»Zu? Wie kann eine Höhle zu sein?«

»Na, da war ein Stein davor. Ich habe schon lange gesehen, dass dahinter eine Höhle war, da gab es Ritzen oben und an der Seite, aber ich habe da nicht durchgepasst. Ich denke, den Stein haben die Zwerge vor die Höhle gerollt. Die werden ganz schön Arbeit haben, jetzt, wo die Felsen kaputt sind.«

»Hast du irgendeine Idee, zu wem diese Knochen gehören?«, fragte Fabienne.

Jérémy starrte sie mit einem leeren Blick an. »Das sind halt Knochen«, erklärte er schließlich.

Blanc stand von der Bank auf und klopfte Jérémy auf die Schulter. »*Merci beaucoup*. Sei vorsichtig in den Höhlen. Und denk an die Absperrbänder!«

»Kurz habe ich befürchtet, du würdest den Jungen auf die Station mitnehmen«, stieß Fabienne hervor, als sie sich neben ihn in den Streifenwagen setzte.

»Da laufen im Moment ein paar Leute herum, die verrückter sind als dieser Jérémy.« Blanc schüttelte den Kopf. »Elben, Orks und Zwerge …«

»Du hast in deiner Jugend offenbar die richtig coolen Bücher verpasst.«

»Dieser Junge hat die richtig coolen Bücher auch verpasst. Jérémy kann nicht mal meinen Dienstausweis lesen.«

»Dann hat er eben die coolen Filme gesehen. Wenn du Nacht für Nacht zwischen diesen düsteren Grotten hocken würdest und wenn dein Geist …«, sie zögerte, »… und wenn dein Geist seine eigenen Wege ginge, dann würdest du in Calès auch irgendwann Fantasy-Wesen sehen.«

»*Merde*. An dem Abend, an dem Noëlle aus der Burg verschwindet, ist Jérémy dort – aber er zählt Mercedesse. An dem Abend, an dem wir ein Skelett in den Grotten finden, ist Jérémy dort – aber er macht sich Sorgen um Zwerge. Ich habe schon bessere Zeugenaussagen aufgenommen.«

»Aber glaubst du denn wirklich, dass der Junge irgendetwas mit einem der beiden Verbrechen zu tun hat?«

»Keine Ahnung. Wahrscheinlich nicht als Täter, aber als Zeuge. Vielleicht hat Jérémy etwas gesehen. Und vielleicht weiß er noch nicht mal, dass er etwas gesehen hat. Ist doch möglich, oder? Der Junge treibt sich überall herum. Vielleicht war er zufällig zur richtigen Zeit am richtigen Ort und er *hat* etwas gesehen? Jemanden, der Noëlle mitgenommen hat? Oder jemanden, der sich in Calès an einer ganz bestimmten Höhle zu schaffen gemacht hat, irgendwann nachts, als Jérémy wieder mal Elben beobachtet? Vielleicht müssen wir sein Wissen irgendwie anders aus ihm herausholen.«

Fabienne schüttelte energisch den Kopf. »Du willst dem Armen doch nicht Doktor LL auf den Hals hetzen?!«

»Du hast gehört, was er über die Archäologin gesagt hat: ›ist ja nur eine Frau‹. Doktor LL würde sich an dem die Zähne ausbeißen. Wir müssen mehr über dieses Dorf und diese Leute hier herausfinden«, murmelte Blanc gedankenverloren. »Vielleicht können wir Jérémy dann die richtigen Fragen stellen. Fragen, die er so beantworten wird, dass wir damit etwas anfangen können.« Er straffte sich. »Bist du noch nicht zu müde für eine weitere Befragung?«

»Ich bin zwanzig Jahre jünger als du.«

»*D'accord*. Dann frag mal dein superkluges Telefon, wo wir Géraldine Tornero finden.«

»Warum gerade die?« Fabienne bearbeitete bereits ihr Handy.

»Sie sitzt seit einem halben Jahrhundert im Gemeinderat. Stellen wir ihr ein paar Fragen zu ihren Mitbürgern.«

Der Himmel hatte sich bis zur Erde hinabgesenkt, ein dichtes graues Geflecht, das als feuchte Decke über dem Land lag. Blanc musste die Scheibenwischer einschalten. Es war nicht klar, ob sie durch feinsten Nieselregen fuhren oder eher dichten Nebel, jedenfalls zogen die Wischer schlierige Bahnen über die Frontscheibe, in denen sich die Lichter der entgegenkommenden Wagen wie in einem Kaleidoskop brachen.

»Fahr mal langsamer«, sagte Fabienne. »Ich glaube, unser rechter Scheinwerfer glimmt nur noch mit Standlicht. Und wenn ich Google Maps glauben darf, dann hätten wir besser einen Jeep genommen.«

Sie lotste ihn über eine kleine Route départementale in der Nähe von Lamanon, bis sie plötzlich »Hier rein!« rief.

»Bist du sicher?«, fragte Blanc.

»Ich habe ja gesagt, ein Jeep wäre besser. Oder ein Hubschrauber. Oder wir warten einfach auf gutes Wetter.«

Sie bogen in einen Feldweg ab, roter, sandiger Boden, links und rechts Garrigues-Gestrüpp und niedrige Eichen, die Landschaft vor ihnen verschwamm in grauen Dunstschwaden. Vorsichtig umkurvte er Schlaglöcher, in denen man sich die Fußgelenke brechen konnte. Braunes Wasser stand in den Senken. Die Scheibenwischer quietschten, ihr Gummi rubbelte über die schmutzige Scheibe. Die Achsen des alten Mégane stöhnten bei jeder Bodenwelle. Fabienne ist schwanger, fuhr es ihm durch den Kopf. Er versuchte, noch langsamer über die Unebenheiten zu kommen, kein Stoß, kein Schlag. Nach langen Minuten tauchte am Ende des Weges ein niedriges Haus aus dem Dunst auf, einer jener schmucklosen, sich unter flachen Dächern duckenden Kästen, wie man sie kurz nach dem Krieg errichtet hatte. Die verputzte Fassade war braun oder grau, unter den Stockflecken des Regens war das kaum zu erkennen. Hinter den Fenstern glühte warmes gelbes Licht. Aus dem Kamin quollen Rauchschwaden, es roch würzig nach brennendem Holz. Um das Anwesen war ein auffallend moderner und drei Meter hoher Drahtzaun gezogen worden. Als sie näher kamen, erkannten sie, warum: Hunde.

Blanc versuchte die Golden Retriever zu zählen, die sich hinter dem Zaun am Tor drängten, manche bellend, die meisten schwanzwedelnd, dreizehn, vierzehn, fünfzehn, er gab auf. Welpen, junge Hunde, trächtige Weibchen, alte Rüden, die kaum noch gehen konnten.

»Sind die nicht süß?«, rief Fabienne. »Da könnte ich mir glatt einen mitnehmen. Oder zwei.«

»Vielleicht solltest du zuerst deine Frau fragen«, brummte Blanc. Er fürchtete sich vor einer Rückfahrt mit zwei hechelnden, sabbernden, regenfeuchten und garantiert nicht stubenreinen Welpen auf der Rückbank. Außerdem filmten die Journalisten alles und jeden, der zur Station ging, hatte Barressi über Funk gesagt. Das fehlte noch: Fabienne mit zwei Hundewelpen auf den Armen auf dem Weg in die Station, während der Hauptverdächtige als Hundezüchter bekannt war. Ihre Telefonleitungen würden zusammenbrechen, das Internet würde summen vor Gerüchten, und der Commandant würde Fabiennes Welpen auf seinem Schreibtisch schlachten.

Er ließ die Seitenscheibe hinunter und drückte eine Klingel außerhalb des Tores. Nach einigen Minuten kam Géraldine Tornero aus dem Haus, ihr schmaler Körper wurde von einem weiten Regenpelerine umweht. Sie wirkte wie aus einem Foto der Fünfzigerjahre entstiegen. Sie zog das Tor auf, die Hunde umsprangen fröhlich den Wagen, keiner rannte davon. Blanc fuhr im Schritttempo bis unter das Dach einer alten Scheune, in der bereits ein weißer, verbeulter R5 parkte.

»Warum haben Sie nicht vorher angerufen?«, begrüßte sie die alte Dame. »Dann hätte ich uns Tee gekocht.«

»Wir haben uns spontan zu dem Besuch entschlossen, Madame Tornero«, erklärte Blanc.

Sie lachte auf. »Ein spontaner Flic! Die Zeiten ändern sich. Kommen Sie herein!«

»Sie züchten Hunde?«, fragte Fabienne.

»Von irgendetwas muss der Mensch ja leben.«

Der Eingang führte direkt in eine Wohnküche mit niedriger Decke, geblümten Tapeten und Möbeln aus den Fünfzigerjahren. Fabienne pfiff anerkennend. »Alles Vintage! Dafür würden Sie ein Vermögen bekommen.«

»Um mir stattdessen was zu kaufen? Irgendeinen Möbelhaus-Mist?« Ihre Gastgeberin lachte. »Ich glaube nicht an den lieben Gott und den Himmel und die Hölle, aber von mir aus können Sie mich mit diesem Sessel da«, sie deutete auf ein wuchtiges, mit dunklem, floral gemustertem Stoff bezogenes Teil, »in einer Gruft beerdigen. Ich könnte eine Ewigkeit darin sitzen.« Sie hantierte in der Küche und setzte Teewasser auf. Bald duftete es nach Earl Grey.

Blanc nahm dankbar eine Tasse, wärmte seine Hände an ihr und blies sachte in den Tee. Er entschied sich dafür, der alten Dame die Wahrheit zu sagen, und erzählte ihr, warum ihnen Jérémy Dominici aufgefallen war. »Ich halte ihn nicht für verdächtig«, versicherte er schließlich, »aber vielleicht für einen Zeugen. Allerdings brauchen wir dafür einen Zugang zu seinem Wesen. Zu seiner Gedankenwelt. Der Junge hat möglicherweise etwas gesehen, aber er beschreibt es nicht so, dass wir es verstehen.«

»Da sind Sie nicht der Erste, dem das auffällt, *mon Capitaine.*« Géraldine Tornero seufzte. »Man sagt ja heute, dass es einem ungeborenen Kind schadet, wenn die Mutter während der Schwangerschaft trinkt. Zu meiner Zeit haben die jungen Frauen noch Rotwein getrunken, *eh bien*. Vielleicht schadet es auch, wenn der Vater bei der Zeugung besoffen war. Zumindest war das ganz sicher bei Jérémy der Fall, denn ich kann mich an keinen Tag erinnern, an dem sein nichtsnutziger Vater nüchtern gewesen wäre. Jedenfalls hat der Junge schon immer im Wald Wesen gesehen, die niemand sonst gesehen hat. Ich fürchte, der wird Ihnen immer nur etwas von Elben und irgendwelchen Monstern erzählen.«

»Und diese Elben sieht er immer in den Grotten von Calès?«, fragte Fabienne.

»Jérémy hat ein paar Lieblingsplätze«, erklärte Géraldine Tornero. »Er sitzt oft vor der Kirche. Er verschwindet immer wieder für Stunden in den Höhlen, manchmal ist er da auch über Nacht. Der Bürgermeister hat den Zugang zu den Grotten gesperrt, aber Sie können sich denken, dass das einen wie Jérémy nicht davon abhält, durch den Wald dorthin zu gehen. Es stimmt auch, was er Ihnen gesagt hat: Er ist gerne abends in La Barben und sieht aus der Ferne den Tieren zu.«

Blanc hatte seinen Notizblock hervorgeholt. »Und wo treibt sich Jérémy sonst noch herum?«

»Er war mehr Jahre auf der Grundschule als Sie und ich zusammen. Irgendwann haben es die Lehrer nicht mehr ausgehalten und ihm sein Zeugnis ausgestellt, obwohl er weder lesen noch eins und eins zusammenrechnen kann. Sie haben ihn mehr oder weniger hinausgeworfen. Seither braust Jérémy mit seinem Roller gern bis vor die Schulen und lungert dort herum – nicht nur vor seiner alten Schule, sondern vor allen Schulen in der Umgebung. Wahrscheinlich fühlt er sich einfach wohl unter Kindern. Hier in Lamanon ist er am häufigsten. Aber er ist auch oft zum Beispiel in Pélissanne und in Lançon. Er fährt sogar hin und wieder bis nach Salon. Er …« Die alte Dame starrte Blanc überrascht an. »Jetzt, da wir darüber reden, fällt es mir auf: Im Rathaus hat neulich erst der Direktor von Viala-Lacoste angerufen, einer katholischen Privatschule in Salon. Er hat gesagt, dass sich einige Eltern über Jérémy beschwert haben. Der Junge hat sie nervös gemacht. Wir sollten etwas tun, damit er nicht mehr frei herumläuft. Ich habe diesen scheinheiligen Katholiken meine Meinung gesagt – einen zurückgebliebenen Jungen einfach so wegsperren zu wollen, nur weil er manchmal vor einer Schule sitzt! Aber«, sie blickte sich mit Unbehagen um, »Viala-Lacoste – das ist die Schule, die Noëlle besucht.«

Fabienne verschluckte sich an ihrem Tee und hustete. Blanc lehnte sich zurück. »War Monsieur Samson unter den Eltern, die sich beim Direktor der Schule über Jérémy beschwert haben? Womöglich, weil er seine Tochter angesprochen hat?«

»Das weiß ich nicht. Das müssen Sie Samson schon selbst fragen oder den Direktor. Ich habe Jérémy nie zusammen mit Noëlle gesehen. Oder, was das angeht, überhaupt je mit irgendeinem Mädchen.«

»Der Junge ist siebzehn, aber kein Mädchen will etwas von ihm wissen«, murmelte Fabienne.

»Das heißt noch lange nicht, dass er sich an der Kleinen vergriffen hat«, erwiderte Géraldine Tornero ein wenig zu bestimmt.

Blanc merkte, dass die alte Dame angefangen hatte, den Jungen zu verteidigen. Sie beschützte ihn, und das konnte er auch gut verstehen: der verlachte Junge, der Außenseiter, der Dorftrottel, um den sich niemand kümmerte. Das mochte bei einer überzeugten Kämpferin für Gerechtigkeit wie Géraldine Tornero Solidaritätsgefühle wecken. Blanc würde schnell mehr über Jérémy Dominici und diese Schule herausfinden können, auch ohne ihre Hilfe. Und er wollte sie jetzt nicht zu sehr provozieren, denn er brauchte noch andere Informationen von ihr. Also stieß er seine Kollegin unauffällig mit dem Fuß an und wechselte lieber das Thema.

»Selbstverständlich nicht, Madame«, versicherte er. »Wir ermitteln in alle Richtungen und konzentrieren uns nicht bloß auf einen Verdächtigen. Vielleicht gibt es auch gar keinen Verdächtigen – womöglich ist das Mädchen allein verschwunden. Vielleicht gab es Probleme in der Familie?«

»Da müssen Sie sich anderswo umhören«, sagte Géraldine Tornero knapp. Sie stand auf und spülte ihre Tasse, wie es Blanc schien, gründlicher als nötig.

»Es geht uns nicht um Klatschgeschichten«, sagte er. »Noëlle hat vor wenigen Jahren ihre Mutter durch einen Unfall verloren. Das muss ein Schock gewesen sein. Es wäre durchaus verständlich, wenn das Mädchen seither traumatisiert wäre. Und es wäre nicht indiskret von Ihnen, die doch hier alle Leute kennt, wenn Sie uns dazu einen Hinweis geben könnten.«

Die alte Dame ließ sich wieder auf ihrem Lieblingssessel nieder und atmete tief durch. Sie blickte ihn ernst an. »Es gibt Leute, die kenne ich, *mon Capitaine*. Und es gibt Leute, die kenne ich anders. Noëlle gehört zu den anderen. Dafür kann sie nichts, aber das ist so.«

»Ich gestehe, ich kann Ihnen nicht recht folgen, Madame.«

Sie seufzte. »Ich bin 1933 in Lamanon geboren worden«, erklärte sie. »Ich bin Jüdin.« Sie lächelte wehmütig. »Mein Vater ist gestorben, als ich drei Jahre alt war, ein Arbeitsunfall auf einer Baustelle. Ich habe praktisch keine Erinnerung mehr an ihn. Aber an meine Mutter, an die erinnere ich mich sehr wohl: Sie ist 1944 gestorben.«

Blanc sah die alte Dame ernst an. »Sie wurde deportiert?«

»Und ich habe nur überlebt, weil mich ein Nachbar aufgenommen hat, ein alter Kollege meines Vaters, ein Arbeiter. Für die Deutschen galt ich forthin als seine Tochter. Ich habe schon als Elfjährige für die Résistance Botengänge gemacht. Direkt nach der Befreiung bin ich in die Jugendorganisation der Kommunisten eingetreten. Seit 1953 sitze ich im Gemeinderat, niemand ist länger dabei als ich. Sie sehen ja das Haus hier, *mon Capitaine*: Ich bin nie reich gewesen, ich bin Jüdin, Waise, Arbeiterkind und Kommunistin – und damit ungefähr in allem das Gegenteil von Noëlles Familie.« Sie hob die Hand, um seiner Frage zuvorzukommen. »Oh, ich meine nicht Samson, den nicht. Der ist ein kalter Fisch, sein Bruder ist eine Krämerseele mit einem Computerladen in Salon, aber die Samsons sind hier nur mächtig geworden, weil Jean-Baptiste in Noëlles Familie eingeheiratet hat. Ihre Großmutter Yvonne war eine Fabre, nur ein paar Jahre älter als ich. Die Fabres haben in Lamanon mal mit einer Eisenwarenhandlung begonnen, später hatten sie eine Landmaschinenfabrik. Richtige Kapitalisten. Reich. Nicht gerade bescheiden. Sehr katholisch. Der alte Fabre war ein harter Patron, gegen den haben die Kommunisten schon in den Dreißigerjahren Streiks organisiert. Na, 1945 war er dann pleite. Aber Yvonne hat rechtzeitig einen Pariser geheiratet, einen gewissen Le Guennec, und die haben hier wieder ein Unternehmen aufgebaut. Vielleicht liegt so etwas in den Genen. Jedenfalls – vergleichen Sie meine Bude mit dem Château de La Barben, und dann sehen Sie, dass uns Welten trennen, nicht bloß die paar Kilometer Landstraße. Deshalb kenne ich diese Familie kaum, und wenn Samson ein Problem mit seiner Tochter hat, dann ist das wirklich ganz allein sein Problem, nicht meins.«

Fabienne beugte sich vor. »Und Noëlles Mutter Séverine ...«

»Die habe ich so gut wie gar nicht gekannt«, unterbrach sie Géraldine Tornero. »Noëlles Vater schon, Jean-Baptiste Samson muss für seine Marmorschneiderei hin und wieder mit dem Gemeinderat verhandeln, da sieht man sich. Aber seine Frau Séverine hat immer sehr zurückgezogen gelebt, über die kann ich Ihnen nichts sagen.«

Blanc überlegte kurz, ob er seine Gastgeberin noch weiter nach Noëlles Großmutter fragen sollte, aber entschied sich dann dagegen: Géraldine Tornero war mit Compagnat befreundet, sie wusste sicherlich schon alle Details vom Skelett in den Grotten von Calès. Wenn er sich jetzt zu auffällig für die vor Jahrzehnten verschollene Yvonne Le Guennec interessieren würde, dann könnte Géraldine Tornero die richtigen Schlussfolgerungen ziehen. Und wenn jemand wie sie, die so prominent war in Lamanon, der Geschichte auf die Spur kam, dann würden es bald alle wissen.

»Sprechen wir noch über etwas völlig anderes, das nichts mit Noëlles Verschwinden zu tun hat«, sagte er. »Sie haben wahrscheinlich gehört, dass die Archäologen in den Grotten von Calès Gebeine freigelegt haben. Wir müssen auch in dieser Sache ermitteln.«

»Dafür haben Sie jetzt Zeit, wo alle Welt nach dem Mädchen sucht?« Géraldine Tornero musterte ihn missbilligend.

»Sie haben vollkommen recht, Madame, dafür bleibt uns nicht viel Zeit. Deshalb nutze ich jede Gelegenheit aus, die sich zufällig ergibt.« Er lächelte gewinnend. »Zum Beispiel die Gelegenheit, eine Zeitzeugin zu befragen, die sich in Lamanon wahrscheinlich besser auskennt als irgendjemand sonst.«

»Als ich jung war, haben mir Männer andere Komplimente gemacht, aber ich freue mich, dass ich überhaupt noch eines bekomme«, erwiderte die alte Dame gelassen. »Aber sind Sie sicher, dass das Skelett nicht eher ein Fall für die Archäologin ist? Das muss doch uralt sein.«

»Vielleicht nicht. Erinnern Sie sich an die Gerüchte über einen ›Wolfsmann‹, der in den Grotten von Calès sein Unwesen trieb?«

Géraldine Tornero dachte nach. »Irgendwo in meinem Gehirn klingelt etwas. Den Namen habe ich schon einmal gehört. Muss aber lange her sein.«

»Das war im Winter 1965/66«, warf Fabienne ein.

Géraldine Tornero zuckte mit den Achseln. »Das mag sein. Jetzt, wo Sie das ansprechen, kommt die Erinnerung langsam wieder, aber fragen Sie mich nicht nach dem genauen Jahr. Ich glaube, die Leute waren damals ziemlich aufgeregt. Sie haben sogar eine Art Treibjagd veranstaltet, die Gendarmen zusammen mit den Jägern aus dem Ort. Am Ende haben sie nicht mal ein Kaninchen gefunden. Aber irgendwann hörte das alles von alleine auf, ich kann mich jedenfalls nicht erinnern, dass da noch etwas geschehen ist. Glauben Sie denn, dass der Tote ein Opfer des ›Wolfsmannes‹ ist, *mon Capitaine*? Sie kommen zu mir und wundern sich über den armen Jérémy, der Elben und Oger im Wald sieht. Und am Ende erzählen Sie mir selbst eine Geschichte vom ›Wolfsmann‹. Verzeihen Sie mir, aber das klingt für mich auch nach einem Märchen.«

»Gut möglich, dass der ›Wolfsmann‹ genauso real ist wie die Elbe«, gab Blanc zu und erhob sich. »Vielen Dank für Ihre Zeit, Madame Tornero. Und für den Tee.«

»Das war aber eine gewagte Behauptung eben«, sagte Fabienne, nachdem sie sich ohne Achsbruch über den Feldweg zurückgequält hatten und in die Landstraße eingebogen waren. »Du glaubst wirklich, dass der ›Wolfsmann‹, von dem uns Paulmier berichtet hat, genauso existiert wie die Elbe, von der uns Jérémy erzählt hat?«

»Irgendetwas geht in den Grotten von Calès vor«, erwiderte Blanc grimmig, »und zwar schon seit vielen Jahren.«

»Vielleicht müssen wir gar nicht in der Wildnis suchen. Jérémy hat sich vor Noëlles Schule herumgetrieben. Schon wieder so ein seltsamer Zufall.«

»Das passt alles nicht zusammen. Wenn allein Noëlle verschwunden wäre, dann würde ich jetzt Jérémy verdächtigen, schließlich ist er bei der Hochzeitsfeier und vor ihrer Schule gesehen worden. Aber wie passt das damit zusammen, dass Jérémy auch in den Grotten von Calès war, wo die vor vielen Jahren ermordete Großmutter von Noëlle versteckt war? Hat der Junge irgendetwas mit der Familie zu tun?«

»Apropos Familie: Man kann ja nicht gerade sagen, dass die alte Dame eine Freundin von Noëlles Familie ist. Seltsam, dass sie in La Barben auf der Hochzeit dabei war.«

»Ihr Freund Compagnat hat sie mitgeschleppt.«

Fabienne strich sich über die Stirn. Blanc merkte, wie erschöpft sie war. »Géraldine Tornero könnte uns garantiert ein paar Geschichten über Noëlles Großmutter erzählen. Wir müssen uns einen Vorwand ausdenken, um sie noch einmal so zu befragen, dass sie dabei nicht an das Skelett denkt.«

»Aber nicht mehr heute«, sagte Blanc. »Ich fahre dich nach Hause.«

Die alte Ölmühle lag in der Dunkelheit wie ein Wrack auf dem Meeresgrund. Blanc hatte am Morgen vergessen, die Laterne über der Eingangstür anzulassen. Der Akku seines Nokias hatte schon vor Stunden den Geist aufgegeben, und die Taschenlampe, die er nach einigem Herumwühlen im Handschuhfach des Espace fand, funktionierte nicht mehr. Als er aus dem Auto stieg, erkannte er einen Schatten vor seiner Haustür.

Der Hund.

Das riesige Tier hob den Kopf und grollte, klang dabei jedoch einigermaßen zufrieden, so als würde er ihn begrüßen und fragen, wieso zum Teufel er denn jetzt erst aufkreuze. Der Hund lag quer vor der Tür.

»Mach mal bitte Platz«, sagte Blanc betont ruhig.

Der Hund rührte sich nicht.

Blanc wartete mindestens eine Minute. Seine Finger wurden klamm. Nichts geschah. *»Eh merde«,* grummelte er. Fluchend und halb blind beugte er sich irgendwie über das ruhende Riesentier, fummelte mit halbtauben Fingern den rostigen Schlüssel ins Schloss und stieg über den reglosen Hund hinweg. Endlich war er drin.

In dem Gemäuer war es so kalt wie in den Grotten von Calès. Blanc steckte Fulignis alten Heizkörper in eine Steckdose und hoffte, dass die Sicherungen die nächsten Stunden durchhielten. Er kochte sich eine Suppe und aß sie so heiß, dass er sich den Gaumen verbrannte. Vielleicht sollte er im Salon Holz für ein Lagerfeuer aufschichten. Draußen ertönte der hohe Jagdruf einer Eule, es klang wie eine Totenklage. Er fühlte sich müde und besiegt. Noëlles Großmutter war unter rätselhaften Umständen gestorben, ebenso Noëlles Mutter. Er wollte sich nicht ausmalen, was mit Noëlle selbst geschehen war. Es war zum Kotzen. Bourniquel war verdächtig. Jérémy Dominici war verdächtig. Aber die passten nicht zur Geschichte der schon vor Jahren gestorbenen Frauen. Jean-Baptiste Samson? Der passte irgendwie hinein, aber wie? Wie hätte er seine eigene Tochter in seinem Schloss verschwinden lassen können, während zweihundert Menschen dort zu Gast waren? Und warum hätte er das tun sollen? Und Géraldine Tornero? Die hatte ihnen auch nicht die ganze Geschichte erzählt, garantiert nicht.

Blanc blickte aus dem Fenster, auf dessen Scheibe Eisblumen glitzerten. Der Hund lag immer noch vor der Tür. Er seufzte und kramte in einem seiner neuen Küchenschränke herum, bis er zwei Plastikschalen gefunden hatte. In die eine füllte er Wasser, in der anderen mischte er den Rest seiner Suppe mit dem letzten Schinken, den er in seinem Kühlschrank gefunden hatte.

»Hier«, sagte er zu dem Hund und stellte ihm die Schalen direkt vor den gewaltigen Kopf. »Das wärmt.«

Erst als er sich ins Bett schleppen wollte, fiel ihm ein, dass er schon lange nicht mehr seine Mailbox abgehört hatte. Er vernahm die Stimme seiner Nachbarin Paulette Aybalen. Sie hatte ihre Nachricht gestern hinterlassen: »Salut, Roger. Wir sind am Sonntag bei den Michelettis eingeladen. Es wird garantiert eine vorweihnachtliche Schlemmerei, du weißt, wie fantastisch Sylvie kocht. Ich würde mich freuen, wenn du mitkommen würdest. Das heißt«, hier zögerte Paulette, »falls du Zeit hast. Ich meine, wegen des Mädchens. Die arme Noëlle.«

Blanc hatte ein schlechtes Gewissen, weil er noch nicht geantwortet hatte. Er schickte Paulette eine SMS: *Ich freue mich und komme gerne mit. Mach dir keine Sorgen: Wir werden Noelle finden.*

Das war kein leeres Versprechen, sagte er sich, nein, *merde*, sie würden die Kleine finden, sie *mussten* sie finden. Zum ersten Mal wurde Blanc bewusst, wie viel er mit diesem Fall riskierte. Dass er mehr riskierte als je mit einer Korruptionsermittlung in Paris oder mit den Mordfällen in der Provence. Dass er mehr riskierte, als er je in einem Streit mit Staatssekretär Vialaron-Allègre oder in der wahnwitzigen Affäre mit dessen Frau riskiert hatte. Dass er nicht bloß seine Karriere, sondern auch seine Ruhe und sein Glück und überhaupt alles riskierte. Denn was wäre, wenn er Noëlle *nicht* fände? Niemals? Wenn es nie eine Spur gäbe, nie einen Täter, kein Zeichen, kein Motiv, kein Wort, kein gar nichts? Er würde die Akte niemals schließen. Er würde ihr Foto niemals von seinem Handy löschen. Er würde immer an die Grotten von Calès denken und die nachthelle Burg von La Barben, an einen seltsamen Unfall auf einer Landstraße und an einen Schädelknochen mit einem kreisrunden Loch in der Stirn.

Als Blanc seinen langen Leib endlich in den Schlafsack gewunden hatte, glitt er langsam in einen unruhigen Schlaf. Kurz bevor ihn die Erschöpfung übermannte, fasste er schon keinen klaren Gedanken mehr, es spukten bloß noch wirre Bilder und Ideen durch seinen Geist. Das Letzte, was er eher fühlte als dachte, bevor er ins Dunkle stürzte, war: Ich habe irgendetwas übersehen.

Geschoren

Ein Freitagmorgen, neun Tage vor Heiligabend. Jeder vernünftige Franzose machte jetzt seine Weihnachtseinkäufe. Später, sagte sich Blanc, darum kümmere ich mich später. Das hatte er auch schon vor den vergangenen zehn Weihnachtsfesten gedacht – und meistens war es dann Geneviève gewesen, die im letzten Moment alle Geschenke und das Festessen einkaufen musste. Zumindest gab es jetzt ja nicht mehr so viele Menschen, die Präsente von ihm erwarteten. Der Hund war verschwunden, die beiden Schalen vor der Tür waren leer. Über Nacht war es noch kälter geworden, auf den Scheiben des Küchenfensters klebte eine dünne Eisschicht. Immerhin waren die Sicherungen nicht rausgeflogen. Der Heizkörper stank leicht nach verbranntem Staub, die von ihm ausgehenden Hitzewellen fühlten sich auf der Haut irgendwie ungesund an, aber das war immer noch besser, als sich in einer kühlschrankkalten Küche sein Frühstück zu machen. Er ließ sich mehr Zeit als üblich, Café au lait statt Espresso, ein trockenes Croissant vom Vortag und dann noch eines. Vielleicht würde Fuligni mit seinen Leuten ja heute aufkreuzen. Noch ein Café au lait. Doch irgendwann zeigte die alte Uhr an der Wand neun Uhr an, und es war immer noch kein Bauarbeiter in Sicht.

Also schwang sich Blanc in den Espace. Er hatte Fabienne gestern Abend mehr oder weniger gezwungen, sich ein verlängertes Wochenende freizunehmen. Auf der Station würde Marius wohl immer noch Bourniquel verhören, und wer weiß, was die Journalisten vor dem Gebäude machten. Er wollte sich dort nicht sehen lassen, nicht jetzt. Also fuhr er zu den Grotten von Calès. Er hoffte, dass ihm – allein und ungestört – in den Höhlen oder in Lamanon etwas auffallen mochte, das er bislang übersehen hatte. Denn er *hatte* etwas übersehen, und diese Ahnung machte ihn unruhig wie ein verwundetes Tier.

Von Sainte-Françoise-la-Vallée aus führte die kürzeste Strecke nordwärts quer durch Salon-de-Provence. Doch der Weihnachtsmarkt und die Anti-Terror-Straßensperren verstopften die Stadt. Er würde Stunden brauchen, wenn er sich dort hindurchwagte. Stattdessen nahm er südlich von Salon die Autobahn A7 und fuhr an der Ausfahrt Salon-Nord schon wieder ab. Von dort waren es nur noch wenige Kilometer Landstraße, dann fuhr er auf den Parkplatz vor der wuchtigen Kirche. Jérémy Dominici war nicht zu sehen, es war überhaupt niemand zu sehen. Aber er erkannte einen schwarzen Mini wieder: Die Archäologin Agnes Havel musste in den Grotten sein. Blanc nahm den Weg in den Wald.

Als er auf die ersten Brocken des Felssturzes stieß, hielt er inne. Jérémy hatte ihm gestanden, dass er Blanc und die anderen beim Skelett in den Grotten beobachtet habe. Und Géraldine Tornero hatte behauptet, dass sich Jérémy nicht von der Sperrung abhalten lasse. Er musste also eine andere Route bis zu den Höhlen genommen haben. Blanc machte sich auf die Suche und ging vom Weg quer in den Wald hinein. Zu seiner Linken stieg der Berg steil an. Der Talkessel von Calès war wie ein Vulkankrater, ein riesiges Loch auf der Spitze der Erhebung, das von unten nicht zu erkennen war. Blanc folgte einem Bogen um den Berg herum und kämpfte sich dabei langsam den Hang hinauf. Über den Wipfeln brannte die Sonne so hell, dass die Blätter der Eichen silbrig glänzten. Doch unterhalb der Baumkronen blieb es düster, der Boden war noch hart gefroren, Dunstschwaden hatten sich in den Zweigen verfangen. Er zwang sich durch Brombeergebüsch. Tiefe Stille umhüllte ihn. Irgendwann war er oben. Er stand auf nacktem, grauem Fels, tückisch glatt, in winzigen Mulden glänzte Eis. Dort, wo irgendwann einmal Frost die Steine aufgesprengt hatte, zwängten sich Bäume heraus: Eichen, Pinien, Fichten, kein Baum höher als zehn Meter. Vorsichtig trat er an den Rand: Fünfzig Meter weiter unten glänzte der taunasse Boden des Talkessels. Die Wände waren so steil, dass er die Höhlen auf seiner Seite der Schlucht nicht sehen konnte. Er erblickte das Zelt der Archäologen, erkannte Agnes Havel, die sich mit zwei Studenten über irgendein Objekt am Boden beugte. Niemand bemerkte ihn. Es gab keinen Weg hinab.

Blanc ging am Abgrund entlang. Er fragte sich, ob Jérémy mit Seilen oder Leitern irgendwo hinuntergestiegen war. Oder ob sich der Junge wie diese wahnwitzigen Freeclimber an winzigsten Gesteinsvorsprüngen in die Tiefe hangelte? Irgendwann kam er auf einen Trampelpfad, der vom Abgrund fort und in den Wald zurückführte. Er betrachtete den Boden: nackter Fels oder hart gefrorene Erde. Wenn hier jemand kürzlich gegangen sein sollte, dann hatte er keine Spuren hinterlassen. Er folgte dem Pfad trotzdem.

Nach einigen Minuten stand Blanc plötzlich vor einer Kapelle mitten im Wald: ein eckiges, steinernes Gotteshaus, nur wenig kleiner als seine Ölmühle, die grauen Steinblöcke der Wände sorgfältig verfugt, das Dach war frei von Moos und Gras. An der Stirnseite des Dachs war eine Art kleiner Glockenturm errichtet worden, doch die beiden Glocken selbst mussten schon lange verschwunden sein, es waren nur zwei leere Bögen geblieben, durch die die Sonne fiel. Das Portal aus massiven Holzbalken war mit einem uralten, jedoch wuchtigen Schloss versperrt, die ganze Kirche schien ihm so abweisend zu sein wie eine belagerte Burg. Blanc fragte sich, wer dieses Gotteshaus einst inmitten der Einöde errichtet hatte und warum. Warum dieser Aufwand? Turmhohe Wände, Glocken, an der Stirnseite sogar eine eckige Apsis – das mussten Tausende sorgfältig behauene Steine sein, Kilometer entfernt von jeder Siedlung, ja jeder Straße. Er umrundete die einsame Kapelle und stieß auf einen Weg, der den Hang nun wieder hinauf- und diesmal tatsächlich bis in den Talkessel hineinführte. Denn die Schlucht war genau an dieser Stelle eingekerbt, als hätte einst ein Meteor hier eingeschlagen. Blanc kam näher, der Weg führte auf eine alte Mauer zu, mit der früher diese Öffnung offenbar versperrt worden war. In den Fels gehauene Stufen führten ihn die letzten Meter vom Weg hoch zu einem steinernen Bogen in der Mauer. Doch kein Tor, kein Gitter, nicht einmal ein Verbotsschild verwehrte ihm den Zugang durch diesen Bogen. Bäume wucherten aus den Fugen des Walls, eine Pinie war in einem aberwitzig schrägen Winkel quer über den Weg gewachsen, ihr knotiger Stamm schwebte drohend über ihm.

Die Felsen im Talkessel leuchteten gelb. Manche Höhlen waren so gewunden, dass sie das Sonnenlicht einfingen und aus anderen Öffnungen wieder entließen: Es wirkte, als leuchteten die Grotten aus ihrem Innern. Blanc sah zwei nahe beieinanderliegende, beinahe kreisrunde Öffnungen, jede zu schmal, als dass ein Mensch hätte hindurchschlüpfen können, aber groß genug, dass es ihn unwillkürlich schauderte: Die Löcher wirkten wie die leeren Augen eines Totenschädels. Er fühlte sich beobachtet und blickte sich um. Mach dich nicht verrückt, ermahnte er sich.

Nachdem er ein paar Dutzend Schritte hinunter ins Tal gegangen war, kletterte er über Treppen auf ein Plateau am Rand der Schlucht, einen Felsen, groß wie eine Theaterbühne, an der Kante ragten noch die Trümmer einer alten Mauer hüfthoch auf. Er fühlte sich wie in den Kulissen eines Fantasyfilms, in dem Steinzeithöhlen hinter mittelalterlichen Ruinen gähnten. Elben, Orks und Zwerge – langsam konnte er Jérémy verstehen. Er sah die Zelte der Archäologen etwa fünfzig Meter entfernt am Talgrund, hob die Hand und rief Agnes Havel einen Gruß zu. Nicht, dass sich auch noch die Archäologin tödlich erschreckte, wenn er so plötzlich aus den Grotten kam. Er stieg zu ihr hinunter.

»Warum haben Sie den Hintereingang genommen?«, begrüßte ihn die Forscherin und schüttelte ihm die Hand.

»Wir nennen das ›Tatortbegehung‹«, erwiderte Blanc. »Ich bin überrascht, was man hier alles entdeckt.«

Agnes Havel lachte. »Haben Sie die Kirche Saint-Denis im Wald gesehen?«

»Ein Gotteshaus für Füchse und Eichhörnchen.«

»Dort haben die Leute schon vor Urzeiten gebetet, niemand weiß, warum. Die Kirche ist um 1150 gebaut worden, doch lange davor muss es schon ältere Heiligtümer gegeben haben. Ich habe alte Reste unter den Fundamenten des Gebäudes gesehen. Nachdem die Grotten von Calès verlassen wurden, sind die Gläubigen aus Lamanon manchmal noch zu Wallfahrten dorthin gepilgert, Saint Denis ist der Schutzpatron der Stadt. Erst irgendwann in der Neuzeit wurde die Kirche vergessen, und während des Zweiten Weltkrieges ist sie geplündert worden: Steine, Dachziegel, sogar die Fußbodenplatten hat man herausgerissen. Die Leute haben immer gesagt, dass das die Deutschen waren. Aber wenn Sie mich fragen: Hierher hat sich nie ein einziger Soldat der Wehrmacht verirrt. Das waren die Bauern selbst, die sich bedient haben, weil in der Besatzungszeit niemand so genau hingesehen hat.«

»Die Kirche wirkt auf mich aber nicht gerade ausgeraubt.«

»Wir haben sie in den Neunzigerjahren vom Fußboden bis zum Dachstuhl renoviert, sie ist jetzt so solide, dass sie die nächsten tausend Jahre überstehen wird.«

»Wir?«

»Mein erster Job hier. So habe ich die Grotten kennengelernt. Freiwillige aus der Stadt und wir Studenten haben damals das Gebäude restauriert. So habe ich auch Monsieur Compagnat kennengelernt, er hat das seinerzeit organisiert. Er hat sich ein Vorhängeschloss besorgt und die Tür versperrt, damit die Plünderungen aufhörten. Und dann hat er Idealisten angeworben und einen Verein zum Wiederaufbau gegründet. Ein paar Wissenschaftler haben den Bürgern geholfen. Ich durfte als junge Forscherin während der Renovierungsarbeiten unter den alten Fundamenten graben und habe einen Kamm aus Knochen gefunden. Aus dem 6. Jahrhundert! Sie können ihn heute noch im Heimatmuseum von Lamanon bewundern. Das war mein allererstes Fundstück, das es bis in ein Museum geschafft hat. Kein Schwert, keine Goldmünze oder Statue, sondern ein Kamm.« Sie lachte, schüttelte verwundert den Kopf, wurde dann ernst. »Haben Sie etwas über die Tote herausbekommen?«

»Wir verfolgen ein paar vielversprechende Spuren«, erwiderte Blanc einigermaßen wahrheitsgemäß. Er war mit Agnes Havel bis zum Zelt der Archäologen gegangen. Die beiden Studenten grüßten ihn desinteressiert. Sie reinigten mit einem Staubpinsel irgendein handgroßes Objekt, das sich für Blancs laienhaften Blick vielleicht als eine Tonschüssel entpuppen konnte, wenn sie erst den über Jahrhunderte verkrusteten Dreck entfernt hatten. Über einige in den Stein gehauene Stufen kam Compagnat aus einer Höhle hinunter. Er schien überrascht zu sein, ihn hier zu sehen. »Sie haben den Hintereingang genommen, *mon Capitaine*?«

Blanc schüttelte ihm die Hand. »Es war nicht gerade schwer, die Mauer zu überwinden.«

Der Alte kratzte sich am Kopf. »Das sage ich dem Bürgermeister seit Wochen. Aber wer will schon Geld ausgeben, um einen Trampelpfad im Wald zu sperren? Also dachte Monsieur Cassandri, er kann es sich sparen, Barrieren dort aufzustellen.«

Blanc lächelte. »Haben Sie Verständnis für den Bürgermeister, Monsieur Compagnat. Man muss schon sehr lange durch diesen Wald laufen, um den Weg zu finden.«

Der Alte seufzte. »Was ist mit Ihrer Leiche?«

Blanc wiederholte seine Geschichte.

»Vielleicht legen Sie den Fall einfach zu den Akten«, schlug Compagnat vor.

Blanc blickte ihn überrascht an. »Sind Sie denn gar nicht neugierig?«

Compagnat lachte. »Ich bin neugierig, aber ich bin auch ein Großvater. Bald ist Weihnachten. Madame Havel wird ihre Grabungen beenden, und ich darf bis zum nächsten Frühjahr gewissermaßen den Schlüssel an den Haken hängen, denn niemand wird sich mitten im Winter für die Grotten von Calès interessieren. Außer natürlich, Gendarmen wühlen hier herum. Dann wird der Bürgermeister mich wohl bitten, ein Auge auf Sie zu haben, damit Ihnen kein Felsen auf den Kopf stürzt. Und dann kann ich meine Weihnachtseinkäufe vergessen.«

»Dann sind wir ja schon zu zweit«, erwiderte Blanc, beschwichtigte ihn dann aber: »Ich glaube nicht, dass wir hier alles umpflügen müssen.«

»Da wäre ich mir nicht so sicher«, warf Agnes Havel ein. Compagnat seufzte theatralisch, doch sie blickte ihn bloß milde tadelnd an. »Kommen Sie mit«, forderte sie Blanc auf.

Sie führte ihn zu einer Höhle nahe am Talboden. In der Morgensonne war die Luft wärmer geworden, war nun feucht und schwer, Millionen Wassertropfen glitzerten in den Grashalmen, die Rinde einer jungen Eiche war dunkel vom Tau. Blanc kam sich so vor, als tauchte er auf den Grund eines riesigen Aquariums. Die Öffnung der Grotte war so groß wie ein Garagentor, doch die Höhle dahinter führte nur wenige Meter tief in den Fels hinein. In den Boden war eine Grube gehauen worden, die kaum größer war als ein Kochtopf. Der Grubenrand war schwarz, im Innern lagen einige verkohlte Holzstücke auf einem Bett aus grauer Asche. Auch zwei staubige Corona-Bierflaschen ragten noch mit den Hälsen aus dem Dreck. Blanc dachte einen Moment lang, Agnes Havel würde ihm diese Feuerstelle zeigen wollen. Doch sie ignorierte die Relikte und deutete stattdessen auf einen etwa zwei Meter langen, vielleicht zwanzig oder dreißig Zentimeter breiten, etwas unregelmäßigen Strich im rötlichen Sand am Eingang der Höhle.

»Das ist vermutlich eine Schleifspur«, erklärte die Archäologin. »Jemand hat etwas hier vorbeigeschleppt.« Sie deutete auf einige Ausbuchtungen links und rechts der Schleifspur, die Blanc bei näherem Hinsehen als Reste von Fußabdrücken identifizierte.

»Jemand ist hier entlanggegangen und hat etwas über den Boden hinter sich hergezogen und dabei seine eigenen Fußspuren wieder verwischt«, vermutete er.

»Wahrscheinlich. Das Gras am Talgrund hat sich längst wieder aufgerichtet. Auf dem nackten Felsboden hat der Unbekannte sowieso nie eine Spur hinterlassen können. Nur hier, am Höhleneingang, hat sich Sand gesammelt, so hat er sich zufällig verraten. Vermutlich hat da jemand einen Sack oder so etwas hinter sich hergezogen.«

»Wer zerrt einen Sack durch dieses Tal?«

»Ein Raubgräber zum Beispiel.« Agnes Havel deutete auf die Spur. »Wenn man als Archäologin irgendwo gräbt, dann muss man immer damit rechnen, dass nach Einbruch der Dunkelheit noch jemand anderes gräbt. Jemand, der nicht zu deinem Team gehört. Jemand, der sich denkt: Da, wo Archäologen graben, ist was zu holen! Es ist eine Pest. Nachts oder am Wochenende kommen Typen mit Metalldetektoren und Spaten auf die Grabungen und sacken buchstäblich alles ein. Sie werfen Steine, Scherben, einfach alles in einen Sack und machen sich davon. Später können sie ihre Beute in aller Ruhe durchsuchen. Was sie nicht brauchen, werfen sie weg. Den Rest verkaufen sie. Es ist Diebstahl, reiner Diebstahl.«

»Sie vermuten einen Raubgräber hier?«

»Wer sonst sollte das getan haben? Hier war jemand. Nicht an der Stelle, an der wir selbst graben. Ich hätte es sofort bemerkt, wenn dort jemand gewühlt hätte. Aber irgendwo in diesen Höhlen muss es eine zweite, illegale Grabung geben. Da holt jemand Funde raus, wenn wir nicht da sind.«

»Wann haben Sie diese Spur entdeckt?«

»Heute Morgen. Aber das heißt nicht, dass sie aus der vergangenen Nacht stammt, wir suchen nicht jedes Mal alle Höhlen ab. Die Spur da könnte auch schon einige Tage alt sein. Aber auf keinen Fall älter als eine Woche, dann hätten Wind und Regen sie deutlicher verwischt. Könnten Sie nicht einen Kollegen abstellen, der nachts hier Wache hält? Wir sind Weihnachten fertig, es sind nur ein paar Nächte.«

Blanc schüttelte bedauernd den Kopf. »Doktor Havel, Sie haben sicher die Nachrichten gesehen.«

»Das vermisste Mädchen, ich weiß. Tut mir leid. Sie haben Wichtigeres zu tun, als ein paar Tonscherben zu schützen.« Sie verzog den Mund. »Wahrscheinlich schnappe ich mir meinen Schlafsack und übernachte in der Höhle. Eine Feuerstelle gibt es ja schon.«

»Die stammt nicht von dem Raubgräber?«, fragte er.

»Dafür ist die Asche zu alt. Da hat jemand im Sommer ein Lagerfeuer gemacht. Vielleicht waren das Jäger. Oder ein paar Jugendliche. Unser unbekannter Freund hier«, sie deutete auf die Schleifspur, »macht nachts garantiert so wenig Licht wie möglich und schon gar kein Lagerfeuer.«

»Machen Ihre Studenten beim Übernachten mit?«

Die Archäologin lachte. »Ich gehöre noch zur Generation Schlafsack. Die Kids von heute kriege ich nachts nicht in die Grotten. Hier kann man nirgendwo sein Handy aufladen.«

Blanc musterte Agnes Havel kurz. Sportlich. Wettergegerbt. Tough. Aber eine Frau, allein nachts in den Höhlen. Dort, wo sie das Skelett einer anderen Frau gefunden hatten, mit einem

Loch in der Stirn ... »Ich bedaure, aber das kann ich Ihnen nicht erlauben«, erklärte er.

»Sie wollen mir verbieten, auf meiner eigenen Grabung zu übernachten?«, fragte Agnes Havel ebenso verblüfft wie empört. »Selbst in Ägypten hat mich seinerzeit die Polizei nicht von meiner eigenen Grabung fortzerren können. Mit welchem Recht wollen Sie das jetzt tun?«

»Theoretisch könnte ich das ganze Tal zum Tatort erklären und sperren«, erklärte Blanc. »Aber ich ...«

»Das Skelett ...«, unterbrach ihn die Archäologin. Sie hatte plötzlich verstanden. Musterte ihn jetzt aufmerksam. »Sie haben doch etwas herausgefunden, nicht wahr?«

Auch Compagnat sah ihn nun alarmiert an. »Was ist los?«

Blanc beschloss, mit der halben Wahrheit herauszurücken. »Die Tote ist mit einer amerikanischen Armee-Pistole erschossen worden«, erklärte er. »Wir haben die Kugel im Schädelinneren gefunden. Dieser Mord muss etliche Jahre her sein. Doch solange wir nicht wissen, wer hier geschossen hat, wann genau er das getan hat, auf wen und warum – so lange«, er blickte Agnes Havel entschuldigend an, »dürfen Sie hier nachts nicht allein schlafen. Und auch tagsüber nicht allein arbeiten.«

»Bei den Grabungen bin ich ja immer dabei«, versicherte Compagnat.

Blanc fragte sich, welchen Schutz ein Mann von über achtzig gegenüber einem bewaffneten Mörder bieten könnte, doch er nickte zustimmend.

»*D'accord,* ich verzichte auf die Nächte im Schlafsack«, murmelte die Archäologin, wenn auch zögernd. »Eine Kugel im Kopf ist ein überzeugendes Argument.«

»Warnen Sie auch Ihre Studenten, aber verraten Sie bitte keine Einzelheiten. Nichts davon steht in der Zeitung. Wir wollen ungestört ermitteln.«

»So ungestört wie der Raubgräber?«

»Falls es denn ein Raubgräber ist.«

»Haben Sie denn schon einen Verdacht, wer die Höhlen nachts aufsucht?«, wollte Agnes Havel wissen.

»Nein«, erwiderte Blanc. Aber er dachte an Jérémy Dominici. Und an dessen dreckigen blauen Rucksack.

Blanc ließ Agnes Havel und Compagnat in den Grotten zurück. Jetzt wollte er sich in Lamanon auf die Suche machen nach einem jungen Mann auf einem Motorroller. Als er den Platz vor der Kirche erreichte, war sein Espace jedoch hoffnungslos zugeparkt. Jérémy war nirgendwo zu sehen. Wo wollten die Fahrer alle hin? Er folgte der einzigen Straße durch die Altstadt, die irgendwann einmal in einem Anfall von Größenwahn *Grande Rue* benannt worden war. Die gleichen mobilen Absperrgitter, die den Waldpfad blockiert hatten, standen auf dem Asphalt. Die Straße hatte sich in eine Fußgängerzone verwandelt. Aus der Ferne dröhnte Musik aus Lautsprechern. Keine Weihnachtsmusik, sondern ein Militärmarsch, erkannte er überrascht. Nach einigen Metern begegneten ihm die ersten Passanten: meist grauhaarige Leute, viel mehr Männer als Frauen, einige ordenbehangen, zwei trugen eine Fahne oder Standarte, deren Wappen Blanc nicht erkennen konnte, weil das feuchte Tuch schlaff von der Stange herunterhing.

Nach vielleicht zweihundert Metern fand sich Blanc vor dem Rathaus wieder: einem bescheidenen zweigeschossigen, ockergelb verputzten Bau, über dessen Portal die Trikolore und die Fahne Europas flatterten. Das Auffälligste an diesem Haus war eine Batterie seltsam überdimensioniert wirkender Sirenen, die vom Dachfirst ragten. Blanc fragte sich, ob man bei Felsstürzen in den Grotten damit Alarm schlug. Das halbe Dorf musste ertauben, wenn diese Dinger losheulten.

Auf der Treppe vor dem Rathaus stand ein älterer, massiger Mann, bei dem die blau-weiß-rote Schärpe über seiner fassförmigen Brust spannte. Der Bürgermeister, vermutete Blanc. Neben ihm hatten sich einige besonders verwittert wirkende Männer postiert, dazu zwei junge Offizierinnen in den Uniformen der Luftwaffe, wahrscheinlich von der nahe gelegenen Base Aérienne von Salon, sowie ein älterer, streng blickender Soldat in einer blauen Uniform, die Blanc zuerst nicht identifizieren konnte. Er blickte genauer hin.

U.S. Air Force. Die Kugel im Totenschädel kam ihm in den Sinn: aus einer amerikanischen Armee-Pistole. Er schob sich durch die Menge in Richtung Rathaus. Der Bürgermeister hielt eine Rede, und nach und nach verstand er, dass an diesem Tag eine Gedenkplakette am Rathaus eingeweiht wurde. Deshalb waren Veteranen der Résistance erschienen und Offiziere der französischen und amerikanischen Armee. Blanc hörte, dass vor fast genau vierundsiebzig Jahren, am 16. Dezember 1943, die *Star Dust*, ein amerikanischer B-17-Bomber, nach einem Angriff auf deutsche Stellungen in Salon von einem Flugzeug der Luftwaffe über Lamanon abgeschossen worden war. Zehn Mann waren an Bord gewesen, einer starb im Kugelhagel des deutschen Jägers, acht segelten an Fallschirmen direkt in die Kriegsgefangenschaft – doch der Pilot Wesley Coss landete mit seinem Fallschirm zufällig in den Grotten von Calès, die ihn vor den Augen der Feinde verbargen. Rémi Chapot, ein junger Mann aus Lamanon, der in der Résistance kämpfte, versteckte den Piloten bei sich, bis im August 1944 die Alliierten die Provence befreiten. Chapot zu Ehren wurde die Plakette feierlich enthüllt.

Blanc musterte die Alten und fragte sich, wer von ihnen Rémi Chapot sein könnte, der Held von Lamanon. Erst nach einiger Zeit verstand er, dass die Männer Veteranenverbände repräsentierten, doch Rémi Chapot längst gestorben sein musste. Seit Blanc in die Provence versetzt worden war, hatte er schon mehrere Kriegsmonumente gesehen, die erst sieben Jahrzehnte nach dem Konflikt enthüllt worden waren. Manchmal hatte das mit Pietät zu tun, mit dem Bedürfnis, die Résistance zu ehren, bevor deren letzte Kämpfer ins Grab sinken würden. Manchmal war das bloßes Wahlkampfkalkül: In Zeiten, da der Front National erstarkte, machte es sich gut, mit Trikolore, »*Marseillaise*«, Orden und alten Helden Patriotismus zu demonstrieren. Blanc war es gleich, ob der Bürgermeister heute aus echtem Respekt oder aus kühler Strategie tote Freiheitskämpfer ehrte – ihn elektrisierte die Erkenntnis, dass Ende 1943 ein amerikanischer Bomber über Lamanon abgestürzt war. Blanc wusste, dass damals jedes Crew-Mitglied bewaffnet gewesen war. Zehn Mann. Zehn Pistolen. Wäre interessant zu erfahren, ob ein Bürger Lamanons damals nicht bloß einen Piloten, sondern auch eine Waffe versteckt hatte ...

Während der Bürgermeister das Wort an den amerikanischen Offizier weitergab, zog sich Blanc möglichst unauffällig aus den vordersten Reihen des Publikums zurück. Als er den Rand der Menge erreicht hatte, gewahrte er einen klein gewachsenen, alten Mann, auf dessen Brust die Spange einer Armee leuchtete, *Rhin et Danube,* »Rhein und Donau«: die von den Amerikanern ausgerüstete französische Armee, die ab 1944 zusammen mit den Alliierten bis Deutschland vorgestoßen war. Blanc beugte sich zu dem Veteranen hinunter, der mindestens dreißig Zentimeter kleiner war als er, und fragte höflich: »Wissen Sie zufällig, ob es hier ein Archiv gibt, in dem ich mehr über Lamanon im Zweiten Weltkrieg erfahren kann?«

»*Bien sur.*« Der Mann, offenbar erfreut, dass sich jemand für diese alten Geschichten interessierte, deutete die Grande Rue hinab, dorthin, wo Blanc hergekommen war. »Gegenüber der Kirche steht *Le Cabaret*, ein großes Haus, das aussieht wie eine alte Schule. Sie erkennen es an der Plakette vom *Office du Tourisme*, das ist dort im Erdgeschoss untergebracht. Im ersten Stock ist das Archiv. Die alte Roselyne hat im *Office du Tourisme* Dienst. Grüßen Sie sie von mir. Sagen Sie, Charles hat Sie geschickt. Dann lässt sie Sie nach oben. Die haben da zwei, drei Kartons voller Dokumente aus dem Zweiten Weltkrieg. Sie werden Sie leicht finden, so groß ist das Archiv ja nicht. Viele erinnerungswürdige Dinge sind nach 1945 in diesem Kaff ja nicht mehr passiert.« Der Veteran lachte.

Blanc dachte an die Tote in den Höhlen, sagte aber nichts dazu, bedankte sich bloß und machte sich auf den Weg. *Le Cabaret* hatte er nach zwei Minuten erreicht. Das Gebäude wirkte tatsächlich wie eine Schule aus der Zeit der Dritten Republik, ein massiger Kasten mit Portal und Treppe und hohen Fenstern, und er fragte sich, wie es an seinen für eine Schule ziemlich unpassenden Namen gekommen war. Drinnen sah er zu seiner Linken einen kleinen Raum, an der Wand hingen Plakate für Ausstellungen, auf einem Tisch stand ein Ständer mit einer Handvoll angestoßener Prospekte – eine Touristeninformation, wie sie viele kleine Städte der Region hatten, die sich professionelle Werber nicht leisten konnten. Es waren idealistische Rentner, die in solchen Büros für Gotteslohn und den Ruhm ihrer Heimat arbeiteten. Roselyne war eine außergewöhnlich große, schlanke Frau von vielleicht siebzig Jahren, die erstaunt aufsah, als sie ihn erblickte.

»Sind die Reden denn schon vorbei?«, begrüßte sie ihn. »Wenn unser Bürgermeister eine Feier veranstaltet, dann dauert das normalerweise so lange wie eine Eröffnungssitzung der Vereinten Nationen. Ich hätte nicht gedacht, dass schon so früh jemand aus dem Publikum hier aufkreuzt.«

»Ich habe mich zwischen zwei Reden davongestohlen, Madame«, erklärte Blanc und richtete die Grüße des Veteranen Charles aus. Er gab sich als Heimatforscher aus, als interessierter Laie – auf keinen Fall als Gendarm, denn er wollte, einmal im Archiv, nicht bloß nach dem Verbleib von zehn amerikanischen Pistolen fahnden, sondern so diskret wie möglich auch nach der Vergangenheit der jungen Yvonne Fabre, der Großmutter der verschwundenen Noëlle. Sie war nach der Befreiung 1944 aus Lamanon weggezogen. Die alte Géraldine Tornero hatte gesagt, dass die Familie Fabre bis zum Kriegsende vermögend gewesen sei, beliebt wohl aber nicht – und dass sie nach 1945 pleitegegangen sei. Vielleicht fand sich auch dazu etwas im Archiv.

Roselyne nickte. »Sie machen das richtig. Nach solchen Feierlichkeiten kommen die Leute immer zu uns ins Heimatmuseum«, sie deutete auf einen Durchgang zu einem zweiten Raum, »und dann stehen sie sich vor unseren drei Vitrinen gegenseitig auf den Füßen. Das Archiv ist viel interessanter.« Sie wies auf eine Treppe. »Sie haben bis ein Uhr Zeit, dann gehe ich essen und schließe das Haus. Viel Vergnügen mit Ihren Forschungen!«

Blanc nahm vorsichtig die Treppe. Kleine, rote Fliesen waren in die Stufen eingelassen, viele schienen ihm gefährlich locker zu sein. Das Geländer musste schon vor Jahren mit grüner Ölfarbe lackiert worden sein, doch wirkte die Farbe auf dem Handlauf immer noch wie neu. Wackelige Stufen, ein unbenutzter Handlauf: Über diese Treppe waren in den letzten Jahren nur wenige Menschen gegangen.

Im ersten Stock fand er sich in einem Saal wieder, der nicht viel größer war als ein Klassenraum. Er war mit mehreren Reihen mannshoher Regale vollgestellt, auf denen vergilbte Pappkartons Rücken an Rücken standen. Die Luft schmeckte nach altem Papier. Es war höchstens fünfzehn Grad warm. Die Wintersonne fiel golden durch die Scheiben, Staub flirrte in den Lichtstreifen. Er ging zwischen den Regalen hindurch. Die Etiketten auf den Rückseiten der ältesten Kartons waren mit der gestochen scharfen Handschrift der Beamten aus dem 18. und 19. Jahrhundert beschriftet. In den Reihen, die weiter hinten im Raum standen, waren diese Etiketten dann mit

Schreibmaschinen getippt worden. Blanc hatte keine Schwierigkeiten, die Kartons aus der Kriegszeit zu finden. Er blätterte flüchtig durch vergilbte Dokumente, brüchiges Papier, Aktenordner mit verrosteten Metallbügeln: Zweiter Weltkrieg, Niederlage 1940, Vichy-Kollaboration, Résistance, deutsche Besetzung, Befreiung – in den meisten Akten schien es so, als hätte es diese Dinge in Lamanon nie gegeben. Es ging einfach weiter mit Gemeinderatssitzungen, genehmigten oder nicht genehmigten Bauanträgen, mit der Verlängerung von Jagdscheinen oder der Verteilung von Wasser auf die Felder.

Ein einziger Karton war nicht verstaubt. Sein Rücken war sogar eingerissen, so als ob er häufiger geöffnet worden wäre. Auf dem Etikett las Blanc: *1943–45 – Guerre et Libération*. Er nahm ihn aus dem Regal.

Zuoberst lag ein Protokoll, das auf den ersten Blick wie das einer gewöhnlichen Gemeinderatssitzung wirkte. Erst als er genauer las, erkannte Blanc, dass ein Bauer um Schadenersatz bat – weil »sein Schuppen am 16. Dezember 1943 durch den Absturz eines amerikanischen Kampfflugzeugs in Flammen aufgegangen« sei. Blanc blätterte weiter, doch mehr fand er dazu nicht. Es war das einzige amtliche Zeugnis der abgeschossenen B-17. Von einem heimlich versteckten US-Piloten fand sich in den offiziellen Dokumenten selbstverständlich nichts. Erst im Herbst 1944, nach der Befreiung Südfrankreichs, wurde »Chapot, Rémi Claude Bernard, geboren 1930 in Lamanon, wohnhaft ebendort, 17, chemin de Terrons, Landarbeiter«, von der Gemeinde eine Prämie über einhundert Francs ausgezahlt, »in Anerkennung seiner heldenhaften Rettung eines amerikanischen Piloten«. Danach fand Blanc nichts mehr zu diesem Fall. Hundert Francs, dachte er, das mochte damals vielleicht eine Stange Geld gewesen sein, aber so viel dann auch wieder nicht. Kein Orden, keine weitere Auszeichnung. Er zückte sein Smartphone und überprüfte bei Google Maps, ob in der Gemeinde Lamanon ein Platz oder eine Straße nach Rémi Chapot benannt worden war. Nichts. Vierzehn Jahre alt war Rémi Chapot damals, dachte Blanc, schon Landarbeiter, ein Erwachsener gewissermaßen – und als Landarbeiter garantiert nicht einer der Dorfhonoratioren. Hundert Francs dafür, dass du einen fremden Soldaten rettest und monatelang versteckst, dass du dein Leben riskierst und wohl auch ein kleines Vermögen ausgibst, um in Kriegszeiten einen Illegalen durchzufüttern und zu kleiden. Einhundert Francs und die Sache ist vergessen, bis man vierundsiebzig Jahre danach – und wer weiß wie viele Jahre nach Chapots Tod – eine Plakette ans Rathaus dübelt, und das womöglich auch nur, weil der Bürgermeister für den nächsten Wahlkampf Sympathiepunkte sammeln will.

Über Pistolen, andere Waffen, über irgendetwas aus der unglückseligen B-17, die doch offenbar genau auf das Anwesen eines Bauern gestürzt war, fand er nichts. Blanc blätterte frustriert durch die vergilbten Dokumente. Niemand hatte je eine amerikanische Pistole gemeldet oder bei der *Mairie* abgegeben, auch nach der Befreiung nicht.

Endlich stieß er auf einen muffig riechenden Pappordner mit der Aufschrift: *Libération, 22 août 1944*. Der Tag der Befreiung von den Deutschen. Im Ordner klebten auf eingehefteten karierten Blättern verblasste Schwarz-Weiß-Fotos, niemand hatte sich die Mühe gemacht, sie zu beschriften. Viele waren überbelichtet oder verwackelt, sie wirkten auf Blanc wie die Fotos eines begeisterten, aber nicht besonders talentierten Amateurs. Der 22. August 1944 musste ein heißer Sommertag gewesen sein, er erkannte Männer in kurzärmligen Hemden und Frauen in leichten Kleidern, die am Straßenrand standen und jubelten. Die Grande Rue hatte sich seit damals kaum verändert, nur hingen an jenem Tag aus fast jedem Fenster Trikoloren oder amerikanische Fahnen. Man sah zwei Jeeps auf der Straße, in denen US-Soldaten saßen, die lachten und in ihren

Händen Blumensträuße schwenkten. Auf einem anderen Foto wurden sie von jungen Mädchen geküsst, ein alter Mann stand daneben und schenkte Rotwein aus einer Korbflasche in Becher. Dann entdeckte Blanc ein Foto, das die gigantische, uralte Platane am Dorfrand zeigte. In ihrem Schatten hatten sich ein paar Dutzend Männer und Frauen aufgestellt, keine GIs dabei diesmal, dafür hielt ein Mann ein Akkordeon in der Hand. Es wirkte, als hätten sie nur kurz für den Fotografen einen Tanz unterbrochen. Keine Deutschen, keine Kämpfe, keine Waffen, keine Zerstörung – Lamanons Befreiung musste, glaubte man diesen Bildern, eine Art sommerliches Volksfest gewesen sein.

Bis Blanc die letzte Seite des Ordners aufschlug.

Wieder ein Foto der Grande Rue: In der Straßenmitte lief eine Frau, deren Alter schwer einzuschätzen war – sie war kahl geschoren, nackt und hielt den Blick gesenkt. Nur um ihre Scham hatte sie eine dunkle Herrenjacke geschlungen. Drei kräftige Männer in Unterhemden und Stoffhosen umringten die Unbekannte sowie ein Mann in Anzug, der groteskerweise ein Damenfahrrad schob. Am Straßenrand standen noch mehr Männer, viele mit aufgekrempelten Hemdsärmeln, und Frauen in geblümten Sommerkleidern. Der Fotograf hatte die Szene offenbar aus einem Fenster im ersten Stock eines Hauses abgelichtet. Alle Menschen lachten – nur die Geschorene nicht, die nicht. Eine Kollaborateurin, vermutete Blanc, eine von den Frauen, die sich mit Wehrmachtssoldaten eingelassen hatten und nach der Befreiung durch ihr Heimatdorf Spießruten laufen mussten. Er hasste diese Bilder, diese Demütigungen, auch wenn die Frauen sich den Besatzern hingegeben hatten, er fühlte sich irgendwie selbst entehrt und beschmutzt, obwohl das doch absurd war, er war zu jener Zeit ja noch nicht einmal geboren gewesen. Blanc wollte den Ordner zuklappen, doch irgendetwas ließ ihn zögern.

Er sah genauer hin. Die Frau …

Sie musste jung sein, der misshandelte Kopf machte es schwer, ihr Alter zu schätzen, doch ihr Leib war schlank und schön, achtzehn, zwanzig, schätzte Blanc, eine Jugendliche eher noch als eine Frau. Er nahm den Ordner, verließ die Regalreihen und ging hinüber zum einzigen Fenster des Saals. Als Tageslicht auf das alte Foto fiel, konnte er die Einzelheiten besser erkennen. Das Gesicht, dachte er, *merde, merde, merde*.

Yvonne Fabre.

Die verschwundene Frau aus der Polizeiakte, bloß hier zwanzig Jahre jünger. Die Tote aus den Grotten von Calès. Die Frau, die schon Mitte der Sechzigerjahre ihre Haare so außerordentlich lang getragen hatte, war 1944 kahl geschoren durch ihr Dorf gejagt worden.

Blanc legte den Ordner auf die Fensterbank und stürzte zu den Regalen zurück. In den Unterlagen von Sommer 1944 bis Ende 1945 fand er nichts mehr zu Yvonne Fabre oder überhaupt irgendeine Erwähnung dieser doch angeblich wohlhabenden Familie. Es war, als hätten die Fabres nie existiert. Doch 1950 war Yvonne ja in die Provence zurückgekehrt, das hatte Fabienne herausgefunden, verheiratet mit einem Monsieur Le Guennec, einem Mann aus Paris. Sie hatten das Schloss von La Barben gekauft, das allerdings zu einer anderen Gemeinde gehörte. Darüber würde er im Archiv von Lamanon wohl nichts finden. Trotzdem nahm sich Blanc den Karton des Jahres 1950 vor; Charles, der alte Veteran, hatte recht gehabt: So viel war es nicht, was nach dem Krieg noch aufbewahrt wurde. Er blätterte durch die wenigen Dokumente, die, nach der Staubschicht auf dem Karton zu urteilen, mindestens seit einem halben Jahrhundert keinen Menschen mehr interessiert hatten. Nichts, nichts, nichts … Bis auf einen Grundbucheintrag. Es war, so schien es, der einzige Besitzerwechsel eines Flurstücks im ganzen Jahr 1950: Yvonne Le Guennec, geborene Fabre, hatte für einen nicht genannten Preis ein kleines Haus erworben. Am 22. August 1950, auf den Tag genau sechs Jahre nach ihrer Demütigung: das Haus Nummer 17 im chemin de Terrons. Das Haus des Résistance-Helden Rémi Chapot.

Blanc eilte zurück ans Fenster. Er vernahm Stimmen von unten, Rufe, Gelächter. Offenbar war die Zeremonie vorüber, und die alte Dame im Touristenbüro hatte mit ihrer Vorhersage richtig gelegen: Jetzt kamen die Besucher. Würden sie alle unten im Museum bleiben? Vielleicht würde doch jemand jeden Augenblick die schiefe Stiege hochkommen. Blanc wollte nicht, dass man sah, welche Dokumente er sich anschaute. Er überflog noch einmal das Foto mit der Geschorenen. Ob einer der Männer neben Yvonne Fabre Rémi Chapot war? Die Männer wirkten alle eher wie vierzig als vierzehn. Er blickte auf die lachenden Gaffer am Straßenrand. Da allerdings standen zwei, drei sehr junge Männer, einer von ihnen konnte Chapot sein. Doch die Aufnahme war schlecht, ihre Gesichter waren unscharf. Blanc hörte Schritte auf den Stufen. Er wollte den Ordner schon wieder zuklappen, als er innehielt.

Die Gaffer am Straßenrand.

Ein Mädchen stand zwischen den Erwachsenen, die Kleine war vielleicht zehn, zwölf Jahre alt, ihr gepunktetes Kleid war ihr eigentlich zu kurz, man sah ihre mageren Beine, ihre streichholzdünnen Arme. In der Rechten schwenkte sie eine französische Fahne. Sie lachte, wie es Blanc schien, die Geschorene aus, ja, es schien, als riefe sie ihr etwas zu, aber das mochte auch eine Illusion sein, die Aufnahme war verwackelt. Und doch: Die Züge dieses Kindes, dachte er, die habe ich schon einmal gesehen …

Er nahm das Blatt mit dem Bild der Geschorenen heraus und versteckte es unter seiner Jacke, danach stopfte er den Ordner in den Karton und schob ihn genau in der Sekunde zurück ins Regal, als ein älterer Mann den Raum betrat. Blanc grüßte ihn freundlich und machte sich auf den Weg nach unten, wo er sich von Roselyne verabschiedete und eilig nach draußen trat. Er hatte das Bedürfnis, frische Luft einzuatmen, dem Gestank nach Staub zu entkommen und diesen verwischten alten Fotos.

Das höhnisch lachende Mädchen am Straßenrand neben der geschorenen Yvonne Fabre – das war die junge Géraldine Tornero gewesen.

Schräg gegenüber vom Archiv erblickte er das *Café du Midi*: In einem alten Haus war ein Gewölbe, in dem vielleicht einst Kutschen gestanden hatten, weiß verputzt worden. Davor war eine moderne Terrasse angelegt. Über deren linke Hälfte wölbte sich ein eckiger Wintergarten. Die rechte Hälfte verschwand halb unter einer schmiedeeisernen Pergola, über die ein altes Militärtarnnetz als Schattenspender gespannt war. Darunter saß ein eleganter älterer Mann mit etwas zu langen weißen Haaren im Freien, er hatte sich tief in seinen blauen Dufflecoat verkrochen, bearbeitete sein Notebook, rauchte und nippte an einem Espresso. Über ihm schlich eine Katze, die Pfote um Pfote vorsichtig auf das Tarnnetz setzte. Im warmen Wintergarten nebenan waren die meisten Tische schon besetzt, nur in einer Ecke war noch einer frei. Blanc merkte plötzlich, wie hungrig er war.

Zehn Minuten später dampfte auf seinem Teller ein gewaltiges Faux Filet mit einem Berg Bratkartoffeln und einem Salat dazu, der eine halbe Legion Vegetarier satt gemacht hätte. Aus versteckten Lautsprechern klang, ganz leise, eine Musik, die ihn irgendwie nostalgisch stimmte. Er versuchte, das Gelächter und die lauten Gespräche an den Nebentischen auszublenden, und hörte genauer hin: AC/DC, *»Highway to Hell«*. Blanc lehnte sich nach dem letzten Bissen zufrieden zurück und schwor sich im Stillen, ein Bistro, in dem man mittags AC/DC spielte, häufiger zu besuchen.

»Noch ein Dessert?«, fragte der Kellner. »Wir haben einen Café Gourmet, mit Schokoladenkuchen, Apfelkuchen und Plätzchen.«

»Alles zusammen?«

»Dann müssen Sie sich nicht entscheiden.«

Ich platze, dachte Blanc. Doch genau in diesem Augenblick sah er, dass sich ein schwergewichtiger Mann auf einen Stuhl der Terrasse fallen ließ und eine Zigarre aus seiner Jacketttasche zog. Der Bürgermeister. »Servieren Sie den Café Gourmet auch draußen?«, fragte er.

»Selbstverständlich. Da dürfen Sie rauchen.«

»Sie finden mich im Freien«, sagte Blanc und stand auf.

Der Bürgermeister hatte extrem breite Schultern und eine Nase, die ihm einst gebrochen worden sein musste und die mit einem Knubbel und etwas schräg nach links weisend wieder zusammengewachsen war. Ehemaliger Boxer, dachte Blanc, ein Mann wie eine Dampfwalze. Zwischen den wulstigen Fingern seiner behaarten Rechten glomm die Zigarre, deren bläuliche Rauchfahne so sehr nach Tabak stank, dass die Katze sich beleidigt auf die gegenüberliegende Seite des Tarnnetzes zurückgezogen hatte. Der Bürgermeister sah aus, als wollte er Blanc freundlich, aber bestimmt abweisen, doch bevor er etwas sagen konnte, präsentierte Blanc ihm unauffällig seinen Dienstausweis.

»Sie haben fünf Minuten. Wenn ich mit meiner Zigarre fertig bin, gehe ich nach drinnen und esse zu Mittag. Mit Freunden«, erklärte der Bürgermeister. Sein Bass klang vertrauenerweckend, eine Stimme, die ihm wahrscheinlich schon den halben Wahlsieg garantierte.

»Wenn Sie mit Ihrer Zigarre fertig sind, bin ich auch mit meinen Fragen durch«, versicherte Blanc.

»Victor Cassandri«, stellte sich der Bürgermeister vor, klemmte die Zigarre zwischen seine Lippen und schüttelte mit einem schraubstockartigen Griff Blancs Hand. »Sie sind der Beamte, der sich um das Skelett aus den Grotten kümmert? Der alte Compagnat hat es mir erzählt. Müssen Sie nicht die verschwundene Kleine suchen? Haben Sie für das uralte Gerippe überhaupt Zeit?«

»Nur kurz vor dem Wochenende«, versicherte Blanc. Er musterte Cassandri einen Augenblick lang und beschloss, dem Mann zu trauen. Was blieb ihm sonst auch übrig? Er würde bei dem Bürgermeister in den paar Minuten, die er hatte, kaum weiterkommen, wenn er ihm eine falsche Geschichte auftischte. »Was ich Ihnen jetzt sage, muss zwischen uns bleiben, *Monsieur le Maire*: Es gibt gewisse Indizien, die darauf hindeuten, dass es sich bei diesen Gebeinen um die sterblichen Überreste einer ehemaligen Mitbürgerin handelt.«

Cassandri richtete sich gerade auf. »Hier wird niemand vermisst.«

»Früher schon. Yvonne Le Guennec. Sie ist 1965 aus La Barben verschwunden, das war sicherlich vor Ihrer Amtszeit. Und sie hat noch viel früher in Lamanon gelebt. Bis 1944. Da hieß sie noch Yvonne Fabre.«

»Fabre ...« Der Bürgermeister nahm einen tiefen Zug von seiner Zigarre. »Das war vor meiner Zeit, in der Tat«, fuhr er schließlich fort. »Da war ich noch nicht einmal geboren. Aber der Name sagt mir was. Der sagt jedem was, der sich mal mit der Geschichte dieser kleinen Stadt beschäftigt hat.«

»Sie ist im Sommer 1944 mit kahl geschorenem Kopf durch diese Straße getrieben worden, an der wir beide gerade sitzen, *Monsieur le Maire*. Ich habe vorhin im Archiv das Foto entdeckt.«

Cassandri seufzte. »Ich habe von der alten Geschichte gehört. Und das Foto habe ich auch schon einmal gesehen. Das muss ich kein zweites Mal sehen.«

»Yvonne Fabre war eine Kollaborateurin?«

»Yvonne Fabre war jung und hübsch und verwöhnt. Sie war die einzige Tochter des reichsten Mannes dieser Stadt. Der alte Fabre muss ein harter Hund gewesen sein. Der hat den Bauern Pflüge und Hacken verkauft, aber er hat nie auch nur einen Sous Rabatt gegeben. Und wehe, jemand hat gewagt zu fragen, ob man anschreiben lassen könnte! Aber für seine Tochter hat der Alte alles getan und ihr hat er alles erlaubt. Leider. Sie hat sich drüben in Salon in einen jungen Soldaten verliebt, einen Offizier aus der Kommandantur. Die beiden ... na ja. Vielleicht hat Yvonne wirklich geglaubt, dass die Deutschen den Krieg gewinnen werden. Oder sie hat zumindest geglaubt, dass ihr Schatz sie mit ins Reich nehmen würde. Aber dann sind die Amerikaner gekommen, und von dem feschen Offizier hat man nie wieder etwas gehört. Und Yvonne, *eh bien,* Sie haben das Foto gesehen.«

Der Kellner brachte den Café Gourmand. Cassandri starrte mit großen Augen auf den Teller. »Wie machen Sie das? Solche Portionen vertilgen und keinen Bauch haben?«

»Ich teile mit meinen Freunden«, erwiderte Blanc und schob den Teller in die Mitte des Tisches. Cassandri ließ sich nicht zweimal bitten. Mit jedem Bissen entspannte er sich mehr. »Wenn Sie immer so ermitteln, dann rufe ich Sie ab jetzt jedes Mal, wenn wir einen Falschparker haben«, erklärte er zufrieden kauend. »Viel mehr passiert hier ja nicht.«

»Nicht mehr.« Blanc lächelte dünn und trank den Espresso. »Ich nehme an, dass Yvonne Fabre nach dieser Demütigung fortgezogen ist?«

»Mit ihren Eltern. Das ist alles so lange her, das habe ich nur von den Erzählungen der Rentner mitbekommen, früher, als diejenigen noch lebten, die den Krieg mitgemacht haben. Inzwischen liegen die meisten längst auf dem Friedhof. Der alte Fabre jedenfalls war zwischen 1940 und 1944 groß im Geschäft mit der Wehrmacht. Er hat denen Spaten und Maschendraht und solche Sachen verkauft. Das war dann mit der Befreiung auch vorbei. Ein paar Männer haben ihm den Laden geplündert. Aber das hat niemand fotografiert. Und niemand hat das bei der Polizei angezeigt. Die Fabres sind nach Paris gezogen, sagt man. Aber genau weiß ich das nicht.«

»Und 1950 ist Yvonne wieder da. Mit einem Ehemann, der reich genug ist, sich das Château de La Barben leisten zu können. Und reich genug, um in Lamanon ein ganz bestimmtes Haus zu erstehen. Das Haus des Helden Ihrer heutigen kleinen Feier.«

»Das haben Sie also auch schon herausgefunden, was? Tut mir leid«, sagte Cassandri und deutete auf den leeren Teller. »Jetzt habe ich doch glatt alles aufgegessen. Sie hätten mir das nicht vor dem Mittagessen unter die Nase stellen sollen. Ich bestelle Ihnen einen neuen Teller.« Er drehte sich nach dem Kellner um, doch Blanc winkte ab und klopfte auf seinen Bauch. »Damit er so bleibt, wie er ist.«

Der Bürgermeister wirkte für einen Moment so, als wollte er trotzdem einen zweiten Dessertteller bestellen, doch dann schüttelte er den Kopf. »Sie haben recht. Mein Arzt rät mir auch immer, wer nicht mehr Rugby spielt, der darf auch nicht wie ein Rugby-Spieler essen.« Er lächelte nostalgisch, wurde dann wieder ernst. »Rémi Chapot war im Sommer 1944 so etwas wie der Held des Dorfes, verstehen Sie? Er war gewissermaßen der einzige Résistance-Kämpfer weit und breit. Ich meine, die meisten waren froh, als die Deutschen weg waren, aber, seien wir ehrlich, sie haben diesen Job lieber den Amerikanern überlassen. Während der Besatzungszeit haben sie sich um ihre eigenen Angelegenheiten gekümmert.«

»Zum Beispiel die Kapelle im Wald geplündert«, warf Blanc ein.

»Das hat Ihnen garantiert Doktor Havel erzählt. Oder war es Roland Compagnat? Der hat die kleine Kirche vor einigen

Jahren mehr oder weniger eigenhändig restauriert, sonst wäre die heute ganz verfallen. Und seither hütet er den Schlüssel wie ein Höllenhund, damit sie nicht wieder geplündert wird. Nicht mal der Priester darf hinein. *Eh bien,* 1944 jedenfalls war Rémi Chapot der Held der Stunde. Die Chapots waren Landarbeiter, arme Schlucker, ihr Haus am chemin de Terrons war eine Bruchbude. Mit den Fabres gab es seit Jahren irgendeinen Streit, vermutlich ging es um Geld. Jedenfalls hat der junge Rémi die Befreiung zur Abrechnung genutzt. Niemand mochte die Fabres, und es gab damals wahrscheinlich viele Männer, die die junge Yvonne gerne mal nackt durch die Straßen getrieben hätten. Aber es war Rémi, der damit angefangen hat. Er hat sie aus ihrem Elternhaus gezerrt und ihr persönlich die Haare geschoren und die Kleider vom Leib gerissen. Ohne ihn wäre das seinerzeit vielleicht nicht so ...«, Cassandri suchte nach den richtigen Worten, »... so aus dem Ruder gelaufen. Hinterher war das allen peinlich. Und selbst die Rentner, die doch sonst jeden Furz aus der alten Zeit wieder und wieder fliegen lassen, werden bei dieser Geschichte einsilbig.«

»Und exakt sechs Jahre nach dieser Demütigung kauft Yvonne, die nun Le Guennec heißt, das Haus von Chapot. Wie alt war Rémi seinerzeit? Zwanzig, nicht wahr?«, fragte Blanc.

»Noch nicht mal volljährig, nach den damaligen Gesetzen. Sein Vater hat die Bude verkauft. Musste sie verkaufen. Man munkelt, dass Yvonnes Mann ihn irgendwie ruiniert hat. Der hatte Geld, viel Geld. Man munkelt ebenfalls, dass er das zwischen 1940 und 1944 in Paris verdient hatte, und niemand weiß bis heute genau, wie. Na, jedenfalls hat er die Chapots ruiniert, und jeder konnte sich denken, dass das der zugezogene Pariser nur getan hat, um seiner Frau einen Wunsch zu erfüllen. Yvonne wollte sich an den Chapots rächen, vor allem an Rémi.«

»Was ist aus Rémi und seiner Familie geworden?«

Der Bürgermeister hob die mächtigen Schultern. »Keine Ahnung. Angeblich sind sie an die Küste gezogen, damals wurden in Fos und Berre die Raffinerien gebaut, Vater und Sohn sollen dort gearbeitet haben. Der Vater aber sicher nicht lange, denn der ist noch in den Fünfzigerjahren gestorben. Und der Sohn? Der ist nie wieder in Lamanon aufgetaucht, das ist mal sicher. Ich bin vor drei Monaten von einem amerikanischen Veteranenverband angeschrieben worden. Die haben irgendwo in Virginia eine Ausstellung über den abgestürzten Piloten organisiert und sich bei uns nach seinem Retter erkundigt. So bin ich überhaupt erst auf die Geschichte gestoßen, habe im Archiv recherchiert und mich dann um diese Plakette gekümmert. Irgendwann muss man ja mal anfangen, unsere Helden zu ehren. Ich wollte Rémi Chapot einladen, aber der Kerl ist wohl schon lange tot. Er ist nirgendwo gemeldet. Ich habe einen alten Freund bei der *Police* in Aix-en-Provence angerufen, der ein bisschen für mich nachgeforscht hat. Fehlanzeige. Mein Freund vermutet, dass Rémi Chapot wahrscheinlich schon vor Jahren ohne Hinterbliebene verstorben und in irgendeinem Armengrab bestattet worden ist. Lamanons einziger Kriegsheld, und niemand weiß, was aus ihm geworden ist.«

»Und Yvonne Le Guennec? War die noch oft in Lamanon?«

Cassandri lachte. »Die hatte garantiert keine nostalgischen Erinnerungen an den Ort! Sie hat sich hier nie wieder blicken lassen. Die Bude am chemin de Terrons hat sie verfallen lassen und irgendwann in den frühen Sechzigern an einen Anwalt aus Aix-en-Provence verkauft. Der hat die Ruine abgerissen und auf dem Grundstück ein Landhaus errichtet. Yvonne war in La Barben und hat die Schlossherrin gespielt. Für die existierten wir nicht mehr.«

»Und 1965?«, fragte Blanc. »Nach ihrem Verschwinden? Hat man da nicht im Dorf geredet?«

Der Bürgermeister musterte ihn nachdenklich. »Vermutlich. Aber selbst das war noch vor meiner Zeit. Sie glauben, es war jemand aus Lamanon, der das getan hat?« Er deutete in Richtung der Hügel, in denen die Grotten von Calès verborgen waren. »Wegen der alten Geschichte?«

Blanc dachte an die Kugel aus dem amerikanischen Army-Revolver aus dem Zweiten Weltkrieg. Die Kugel, die man Yvonne mitten in den Kopf geschossen hatte. Den einstmals geschorenen Kopf. »Durchaus möglich«, gab er zu.

Cassandri seufzte. »Ich fürchte, Sie kommen ein paar Jahre zu spät. Lamanon hatte bei Kriegsende nur ein paar Hundert Einwohner. Von den Menschen, die Yvonne damals durch die Straße gejagt haben und die vielleicht selbst zwanzig Jahre nach Kriegsende noch eine Rechnung mit ihr offen hatten, lebt heute niemand mehr.«

»Zumindest Madame Tornero lebt noch«, korrigierte ihn Blanc trocken.

Der Bürgermeister blickte ihn überrascht an. »Géraldine?« Er lachte unsicher. »Géraldine und ich sind nicht gerade oft einer Meinung, politisch jedenfalls. Aber – ich bitte Sie: Géraldine muss damals doch noch ein Kind gewesen sein!«

»Ich habe sie auf dem Foto wiedererkannt. Sie stand am Straßenrand und hat gelacht.«

»Géraldines Mutter wurde von den Deutschen ermordet. Yvonne hat mit einem Deutschen geschlafen. Was erwarten Sie? Dass die Kleine damals vor Mitleid geweint hätte?«

»1965 war Géraldine Tornero allerdings kein kleines Mädchen mehr.«

Der Bürgermeister erhob sich ächzend und drückte den Stumpf seiner Zigarre im Aschenbecher aus. »Lamanon ist ein friedlicher Ort. Ihre Zeit ist um, *mon Capitaine.*«

Blanc wollte etwas erwidern, besann sich dann jedoch anders und nickte bloß. »Vielen Dank für die Informationen«, sagte er, »und *bon appetit.*«

Er zahlte, blieb jedoch noch am Tisch sitzen und dachte nach. Die Kälte kroch langsam seine Beine hoch. Die Sonne war bereits hinter den Alpilles verschwunden. Die Grande Rue lag im Schatten. Selbst der Katze musste kalt geworden sein, sie war jedenfalls irgendwann während seiner Unterhaltung mit dem Bürgermeister verschwunden. Hin und wieder traten Leute aus dem Wintergarten auf die Terrasse, um eine Zigarette zu rauchen. Niemand achtete auf ihn. Ein friedlicher Ort.

Das Nokia summte. Fontaine Thezan.

»Das waren interessante Proben«, sagte die Gerichtsmedizinerin.

Blanc erhob sich und verließ das Bistro. Musste ja niemand mithören. »Commandant Nkoulou hat Ihnen eine DNA-Probe von Noëlle Samson geschickt?«

»Haare aus dem Auto, ja. Zusammen mit dem Wunsch, ich möge deren genetische Spur mit der aus dem Skelett von Calès vergleichen. War das Ihre Idee?«

»Ich habe einen gewissen Verdacht, Doktor Thezan.«

»Meinen Glückwunsch. Beim Abgleich der beiden DNA-Proben zeigen sich verblüffende Übereinstimmungen. Die Tote und das verschwundene Mädchen müssen eng miteinander verwandt sein. Vermutlich ist die Tote ...«

»... Noëlles Großmutter. Ich bin nicht überrascht.«

»Ich schon.« Man hörte, wie Fontaine Thezan tief inhalierte.

»Wenn Sie ein paar Minuten Zeit haben, erzähle ich Ihnen die Geschichte der Großmutter«, bot er an.

»Ich bin ganz entspannt«, antwortete die Gerichtsmedizinerin.

Blanc berichtete ihr von dem, was er herausgefunden hatte. »Wir dürfen das nicht an die große Glocke hängen«, schloss er. »Noëlles Entführer darf auf keinen Fall erfahren, dass wir in dem alten Mord ermitteln. Ich bin sicher, dass die beiden Verbrechen irgendwie zusammenhängen.«

»Sie suchen einen Täter, der einer Frau eine Kugel in den Kopf schießt und Jahrzehnte später ein Kind entführt?«

»Und vergessen Sie nicht die Mutter des Mädchens. Wir suchen jemanden, der zwischen dem Mord und der Entführung wahrscheinlich auch noch eine Frau auf einer einsamen Landstraße in einen tödlichen Unfall verwickelt hat.«

»Es ist doch immer wieder ein Vergnügen, mit Ihnen zusammenzuarbeiten, *mon Capitaine*. Sie können sich auf meine Diskretion verlassen.« Fontaine Thezan hatte aufgelegt, bevor Blanc etwas erwidern konnte.

Er war die Grande Rue bis zu ihrem Ende gegangen und an dem Platz vor der Kirche angelangt. Die meisten Autos waren inzwischen verschwunden. Er konnte seinen Espace aus der Lücke zirkeln. Während Blanc noch am Lenkrad kurbelte, hörte er den Motorenlärm eines Scooterfahrers, der mit Vollgas die Grande Rue hinunterbrauste. Er blickte sich um und sah gerade noch Jérémy Dominici, der aus dem Dorf raste, als wären tausend Orks hinter ihm her. Der Junge hatte seinen alten Rucksack umgeschnallt. Blanc fragte sich, was dort wohl drin sein mochte und wo der Junge hinwollte. Und wo er die ganze Zeit über gesteckt hatte. Hatte er ihn womöglich beobachtet, als er ins Archiv gegangen war und später auf der Terrasse des Bistros gesessen und sich mit dem Bürgermeister unterhalten hatte?

Alte Liebe, alter Hass

An einem Samstagmorgen, fand Blanc, war es gerade eben höflich, wenn man die Leute um zehn Uhr morgens anrief. Géraldine Tornero ging allerdings nicht an den Apparat. Vielleicht war sie mit ihren Golden Retrievern draußen. Blanc probierte es auf ihrem Handy.

»Die Fünfunddreißigstundenwoche gilt auch für Sie, *mon Capitaine*«, begrüßte sie ihn.

»Verraten Sie mich nicht bei der Gewerkschaft, Madame. Darf ich vorbeikommen?«

Die alte Dame zögerte eine Winzigkeit. »Ich bin …« Sie seufzte. »Ach, was soll's. Kommen Sie nach Lamanon, ich bin bei Roland. Bei Monsieur Compagnat. Trinken Sie einen Kaffee mit uns.«

Blanc lächelte. Die alte Klassenkämpferin und der pensionierte Buchhalter. Zusammen mindestens einhundertsiebzig Jahre alt. Das Leben konnte auch im Alter noch schön sein. Er stoppte unterwegs in Gadet bei seiner Lieblingsbäckerei und kaufte eine Tüte voller ofenheißer Croissants. »Statt Blumen«, sagte er, als ihm eine Viertelstunde später Roland Compagnat die Haustür öffnete. Géraldine Tornero trat hinzu und küsste ihn auf beide Wangen. »Schmeckt sicher besser als ein Bund Rosen. Kommen Sie herein.«

Compagnats Haus stand an der Grande Rue, etwa einhundert Meter von der *Mairie* entfernt. Obwohl es drei Stockwerke hatte, wirkte es niedrig. Die Decken in den Räumen waren kaum mehr als zwei Meter hoch, die Fenster winzig. Es war orangegelb verputzt, es leuchtete in der Straße wie eine Warnweste. Die Fensterläden waren in einem kräftigen Blau gestrichen, vor Kurzem erst, bemerkte Blanc, die Farbe war nirgendwo gesplittert oder abgeblättert. Wahrscheinlich hatte das Compagnat selbst erledigt, zumindest würde er ihm solche Arbeiten noch zutrauen. Über der Tür war eine kleine Nische in die Mauer gelassen, in der eine grob zurechtgehauene, beinahe naiv wirkende Steinfigur stand: ein Mann mit Bischofsmütze und -stab, der seine Rechte segnend ausgestreckt hatte. Die Figur wirkte wie eine Heiligenstatue aus einem frühmittelalterlichen Kloster, doch der helle Stein war unverwittert.

»Saint Denis«, erklärte Compagnat, der Blancs Blick gefolgt war. »Unser Schutzpatron. Ich habe ihn selbst aus einem Steinbrocken von Calès gemeißelt. Vielleicht behält mich der Heilige zum Dank dafür im Auge, wenn ich im Tal bin.«

Blanc nickte und wandte sich, milde spottend, an die alte Kommunistin: »Sie wagen sich unter den Schutz eines katholischen Heiligen, Madame. Was sagt die Partei dazu?«

»Ach was! Der da«, Géraldine Tornero deutete kopfschüttelnd auf die Statue, »ist reines Heidentum. Roland hat einen Götzen gemeißelt, der ihn beschützen soll. Er ist so oft in den Grotten, dass er darüber selbst wieder zu einem Steinzeitmenschen geworden ist.«

Sie führte Blanc in eine winzige Wohnküche. Die Schränke und selbst Herd und Kühlschrank sahen so aus, als wären sie in den Sechzigerjahren eingebaut und seither hingebungsvoll benutzt und ebenso hingebungsvoll geputzt worden. An dem kleinen Esstisch hatten eigentlich bloß zwei Personen Platz, doch Compagnat holte aus einem Raum nebenan einen Stuhl, stellte ihn an eine Tischecke und stellte eine dritte Schüssel hin. Zwei Minuten später dampfte Blanc daraus Café au lait entgegen, und die Tüte mit den Croissants lag aufgerissen auf dem Tisch.

Blanc hatte sich auf dem Weg nach Lamanon überlegt, welche Geschichte er den beiden alten Leuten erzählen wollte. »Sie wissen«, begann er, »dass alle Gendarmen nach der kleinen Noëlle suchen. Das hat oberste Priorität, auch wenn man, wie ich, noch an anderen Fällen arbeitet. Bei solchen Entführungen durchleuchten wir routinemäßig die Familienverhältnisse des Opfers.« Er musterte seine Gegenüber. Compagnat schlürfte seinen Kaffee und sah ihn über den Rand seiner Schüssel aufmerksam an. Géraldine Tornero aber hatte aufgehört zu essen. Sie legte auffallend behutsam ein halbes Croissant auf den Tisch.

»Noëlles Großmutter war, wie ich bei meinen Nachforschungen erfahren musste …«, Blanc wog seine Worte sorgfältig ab, »… in diesem Ort nicht gerade beliebt. Sie wurde gedemütigt und hat sich dafür später gerächt.«

»Sie war ein Flittchen!«, zischte Géraldine Tornero. Ihr Freund sah sie an, überrascht von diesem Ausbruch.

»Sie war ein junges Mädchen, das nackt und mit geschorenem Kopf durch diese Straße gejagt wurde. Wie Sie sehr wohl wissen, Madame.«

»Sie hat sich mit einem Mann eingelassen, der unsere Leute deportiert hat. Yvonne ist noch ziemlich glimpflich davongekommen, wenn Sie mich fragen.« Die alte Dame reckte ihr Kinn kämpferisch vor. Blanc registrierte, dass sie ihn nicht einmal fragte, woher er wusste, dass sie damals Augenzeugin gewesen war. Es schien ihr gleichgültig zu sein, vielleicht war sie sogar stolz darauf. Gut möglich, dachte er, dass sie das selbst hin und wieder herumerzählt. Vielleicht die einzige Bürgerin Lamanons, der diese Sache heute nicht peinlich ist.

»Und was soll diese alte Geschichte mit dem Schicksal des kleinen Mädchens zu tun haben? Das ist mehr als siebzig Jahre her«, fuhr sie fort.

»Yvonne Le Guennec ist erst 1965 verschwunden. Das wissen Sie doch auch, oder?«

»Das weiß jeder. Und das ist auch schon mehr als fünfzig Jahre her.«

»Warum, glauben Sie, ist Madame Le Guennec verschwunden?«

»Na, aus demselben Grund, aus dem sie gut zwanzig Jahre vorher schon einmal verschwunden ist. Sie hat es hier nicht mehr ausgehalten. Yvonne hat auf La Barben wie eine Prinzessin gelebt, aber sie hat genau gewusst, dass die Leute hier niemals vergessen würden, was sie früher getan hat. Also ist sie irgendwann durchgedreht und hat sich davongemacht. Sie hat ihren Mann und ihre Tochter sitzen lassen. Vielleicht hat sie ja einen neuen Kerl gefunden und dessen Namen angenommen. Sie sind der Flic, Sie müssen das doch herauskriegen!«

Blanc blickte die alte Dame an: ehrlicher Zorn. Selbstgerecht, das auch, aber ehrlich. Géraldine Tornero schien wahrhaftig zu glauben, dass sich Yvonne Le Guennec aus Scham und Schande davongestohlen habe.

»Was soll das eigentlich?«, fragte sie. »Warum wühlen Sie ausgerechnet in den alten Geschichten von Noëlles Familie herum? Glauben Sie nicht, dass dieser Bourniquel Noëlle etwas angetan hat?«

»Vielleicht war es nicht Monsieur Bourniquel. Vielleicht will jemand mit der Familie Fabre eine alte Rechnung begleichen?«

»Hat Ihnen Noëlles Vater diesen Floh ins Ohr gesetzt? Der ach so selbstbeherrschte Monsieur Samson? Wenn Sie mich fragen, *mon Capitaine*: Es geht hier nicht um die Familie Fabre und uralte Geschichten aus dem Krieg. Sondern um die Familie Samson und ziemlich aktuelle Angelegenheiten aus dem Geschäft!«

Compagnat hob begütigend die Hand. »Géraldine.« Er wandte sich Blanc zu. »Bitte entschuldigen Sie, aber Géraldine ist immer noch so temperamentvoll wie eine Jungkommunistin.« Er klang nicht so, als würde er das bedauern. »Diese alten Geschichten kenne ich nur vom Hörensagen, die Leute haben nie gern darüber geredet«, fuhr er fort. »Ich bin erst 1970 nach Lamanon gezogen. Aber Monsieur Samson …« Er machte eine Geste, die man nicht deuten konnte.

»Sie haben lange für ihn gearbeitet. Sie kennen ihn sicher gut«, soufflierte Blanc, als der Alte einfach nicht weiterredete.

»Seit 1970, ja. Man soll so etwas ja nicht weitertratschen, gerade jetzt, wo die kleine Noëlle verschwunden ist«, erklärte er verlegen.

»Im Gegenteil: Gerade weil das Mädchen fort ist, gibt es keinen Tratsch mehr. Jede Geschichte könnte uns auf die entscheidende Spur bringen«, ermunterte ihn Blanc.

»Zier dich doch nicht so«, warf Géraldine Tornero ein. »Sag es, wie es ist: Jean-Baptiste Samson hat nicht Séverine geheiratet, sondern Séverines Geld!«

»Nach dem Verschwinden ihrer Mutter 1965 und dem Tod ihres Vaters einige Jahre darauf war Séverine Le Guennec Alleinerbin von La Barben«, gab Compagnat zu. »Und von der Marmorschneiderei ihres Vaters. Und vom Zoo.« Der Alte nickte nostalgisch. »Sie glauben gar nicht, wie viel Geld ein beliebter Tierpark abwirft. Bevor ich nach Lamanon kam, war ich Buchhalter in der Industrie, und ich versichere Ihnen, dass es große Unternehmen gibt, die mit einer Raffinerie voller Tanks und Pipelines weniger Gewinn erwirtschaften als Nashörner und Tiger, die einfach in der Gegend herumstehen. Als ich noch jung war, hätte man Séverine Le Guennec eine ›gute Partie‹ genannt. Die reichste Braut weit und breit.«

»Und Jean-Baptiste Samson hat sie bekommen«, sagte Blanc.

»Gewissermaßen.« Compagnat zögerte lange. »Das kommt in kein Protokoll oder so etwas?«, vergewisserte er sich schließlich. »Das bleibt unter uns?«

»Ihre Geheimnisse sind bei mir so sicher wie im Beichtstuhl«, erwiderte Blanc.

Géraldine Tornero schnaubte. Compagnat blieb ernst. »*Alors*, jedermann konnte damals sehen, dass Séverine Monsieur Samson liebte«, fuhr er fort. »Aber nicht *diesen* Monsieur Samson.«

Blanc ging plötzlich ein Licht auf. Er dachte an das Verhör auf dem Schloss, in der Nacht von Noëlles Verschwinden. Jean-Baptiste Samson im Saal, kalt, fast unbeteiligt. Aber der Onkel …

»Seinen Bruder«, flüsterte er.

»Genau«, erklärte Géraldine Tornero. »Ich weiß ja nicht, was eine Frau an diesem Krämer finden kann …«

»Matthieu Samson ist ein stiller, behutsamer Mann«, verteidigte ihn Compagnat. »Keiner, der das große Wort schwingt. Aber einer, der zuhören kann. Der verlässlich ist. Genau so einer, wie ihn Séverine gebraucht hätte.«

»Aber sie hat ihn nie bekommen?«, riet Blanc.

»Als Séverine erwachsen wurde und sich für Männer ernsthaft zu interessieren begann, war Matthieu schon vergeben. Aber er und seine Frau haben einfach keine Kinder bekommen. Alle konnten sehen, dass sich Matthieu irgendwann mehr zu Séverine hingezogen fühlte als zu seiner Gattin. Doch dann wurde seine Frau krank.« Compagnat hob die Schultern. »Verdammtes Pech, für alle. Die Frau war jahrelang bettlägerig. Matthieu wollte nicht schäbig sein und sie in diesem Zustand für seine Geliebte verlassen. Also …«

»… hat Séverine schließlich nicht Matthieu, sondern Matthieus Bruder geheiratet«, vollendete Blanc.

»So blieb sie ihm gewissermaßen nahe. Sehr nahe«, kommentierte Géraldine Tornero trocken.

Blanc sah sie stirnrunzelnd an. »Matthieu Samson …«

»… würde bei Noëlles Vaterschaftstest als Sieger hervorgehen, *oui, mon Capitaine*«, sagte sie und lächelte spöttisch. »Das behauptet zumindest die halbe Stadt. Offiziell ist die Kleine selbstverständlich die Tochter von Jean-Baptiste.«

»Weiß Jean-Baptiste von diesen Gerüchten?«

»Ich habe ihn so etwas natürlich nie gefragt«, erklärte Compagnat, dem die ganze Affäre im Gegensatz zu seiner Freundin sichtlich unangenehm war. »Und er hat nie etwas dahingehend erwähnt. Aber er hat Augen im Kopf, und dumm ist er auch nicht.«

»Unsinn!«, ereiferte sich Géraldine Tornero. Ihr schien die Sache von Minute zu Minute mehr Spaß zu machen. Verkommene Kapitalisten, dachte Blanc, das war genau das, was ihr richtig Freude bereitete. »Jean-Baptiste Samson wusste von Anfang an, wie es zwischen seinem Bruder und Séverine stand. Und er wusste, warum die schöne, reiche Séverine sich plötzlich für eine Ehe mit einem Frosch wie ihm erwärmte. Es war ihm gleichgültig. Das Einzige, was Jean-Baptiste interessierte, waren Burg und Vermögen: An dem Tag, an dem er Séverine zum Traualtar führte, war er ein gemachter Mann.«

»Und mit dem Tag, an dem Séverine einen tödlichen Autounfall hatte, war er Alleinerbe«, murmelte Blanc.

»Nun ja.« Compagnat rutschte jetzt unruhig auf seinem Stuhl herum. »Genau genommen nicht. Séverine hatte ein Testament gemacht. Jean-Baptiste hat selbstverständlich zunächst das Vermögen verwaltet. Doch Noëlle hat das meiste geerbt, den Zoo und Château de La Barben. Nur die Marmorschneiderei ist direkt an Monsieur Samson gegangen.«

Blanc starrte ihn an. Der Raum schien schlagartig stiller geworden zu sein und das Licht, das durch die Fenster flutete, irgendwie dunkler. »Wenn nun das Mädchen …«, begann er, aber er konnte nicht weitersprechen.

Compagnat schluckte und nickte. »Genau. Sollte Noëlle sterben, dann würde ihr Vater – ihr offiziell anerkannter Vater – alles erben. Aber das behalten Sie für sich! Ich will nicht, dass die Leute herumerzählen: ›Der alte Compagnat hat den Vater als Noëlles Mörder denunziert!‹ Was ist, wenn Jean-Baptiste unschuldig ist? Ich glaube nämlich, dass er unschuldig ist.

Mein alter Chef ist ein schwieriger Charakter, aber garantiert kein Kindsmörder. Wenn Sie ihn jetzt verhaften und die Leute anfangen zu tratschen, dann …«

»Ich verhafte niemanden«, versicherte Blanc rasch. »Noch nicht.«

»Noch etwas Kaffee, *mon Capitaine?*«, fragte Géraldine Tornero.

Blanc schritt nachdenklich die Grande Rue entlang. Die Sonne stand im Zenit, die Schatten waren kurz, und die Luft fühlte sich an wie Seide. Es hätte wie im Frühling sein können, wenn ihn nicht ein Gefühl von Winter eingehüllt hätte. Ob Frost einen eigenen Geruch hatte? Es duftete jedenfalls nach Frost. Niemand sonst schlenderte über den Bürgersteig, kein Auto fuhr über die Straße. Doch hinter vielen Fenstern nahm er Bewegungen wahr. Und der Wintergarten im *Café du Midi* war bis auf den letzten Platz besetzt. Keine Chance auf ein zweites Mittagessen hier, aber eigentlich war er auch zu unruhig dafür.

Blanc hatte Compagnats Haus in der Hoffnung betreten, mehr über Géraldine Torneros Rolle bei der einstigen Demütigung von Yvonne Fabre zu erfahren. Er hatte dieses Haus verlassen mit einem Gerücht vom Ehebruch der Tochter Yvonnes – und mit einer Geschichte über einen vermeintlichen Vater, der ein sehr gutes Motiv hätte, seine Frau getötet zu haben. Wie auch das Mädchen, nach dem sie alle so verzweifelt suchten.

Auf dem Parkplatz vor der Kirche lehnte sich Jérémy an eine Steinmauer und blinzelte in die Sonne.

»Salut!«, grüßte Blanc und stellte sich neben ihn. Erfreut stellte er fest, dass der Junge nicht mehr den Reflex hatte, wegzulaufen, sobald er ihn erblickte. Er fragte sich, was dieser Junge während seiner zahllosen Touren durch die Region von den Frauen aus der Familie Fabre erfahren hatte, von Yvonne,

Séverine und Noëlle, und was von dem Brüderpaar Jean-Baptiste und Matthieu Samson. Ob Jérémy sie täglich sah, ohne auch nur zu ahnen, was sich hinter den Fassaden von Burg und Häusern zugetragen hatte? Oder ob dieser Halbwüchsige, der da neben ihm an der Wand lehnte und in den Himmel blickte, mehr wusste als Géraldine Tornero, Roland Compagnat und der Bürgermeister zusammen?

»Hast du heute schon Elben gesehen?«, fragte er.

»Ja, vorhin, eine auf dem Dach. Die müssen Sie doch auch gesehen haben, als Sie rübergekommen sind.« Der Junge lächelte.

»Ich bin zu blind für Elben, fürchte ich«, erwiderte Blanc. »Vielleicht kannst du mir eine aufmalen?«

Der Junge wirkte, als hätte er gern zugestimmt. Doch dann schüttelte er entschieden den Kopf. »Die darf man nicht malen. Und ich kann auch gar nicht malen.«

»Ich dachte bloß«, murmelte Blanc und deutete auf den Rucksack des Jungen. »Irgendwie habe ich geglaubt, du hast da deine Malsachen drin. Oder was schleppst du da mit dir herum?«

Jérémy hob den Rucksack und schüttete seinen Inhalt einfach auf den Boden. Der hat keine Angst, mir die Sachen zu zeigen, sagte sich Blanc, im Gegenteil: Er ist begeistert, dass ich mich dafür interessiere. Ein Stapel Comics lag verteilt auf dem Pflaster und eine lange, spitze Schere. Das war alles. Keine Scherben, Knochen, Münzen, nichts, das der Archäologin Agnes Havel den Schlaf hätte rauben müssen. Blanc, ein wenig enttäuscht, bückte sich und hob das oberste Heft auf: *Asterix und Kleopatra,* eine alte Ausgabe, sehr angestoßen. Unter dem Titel stand in großen, ungelenken Buchstaben *JÉRÉMY.* »Magst du den Comic?«

»Die Bilder sind toll. Und manchmal liest mir jemand vor. Ist echt lustig.«

Flüchtig blätterte Blanc durch die Seiten.

Dann stutzte er.

Einzelne Zeichnungen waren sorgfältig herausgeschnitten worden. Blanc selbst hatte diesen Comic vor hundert Jahren einmal gelesen und erinnerte sich noch dunkel: Kleopatra, die herrische, schöne Königin mit der unvergesslichen Nase. Genau ihr Bild war herausgeschnitten worden, jedes einzelne Bild von dieser Frau fehlte.

»Warum hast du Kleopatra herausgeschnitten, Jérémy?«

Der Junge, plötzlich misstrauisch, nahm ihm das Heft ab, hob die anderen auf und stopfte alles wieder in seinen Rucksack. Zuletzt nahm er die Schere in seine kräftige Hand. Blanc spannte unwillkürlich seinen Körper. Doch Jérémy ließ sie nur in dem Sack verschwinden und zog den Reißverschluss zu. Er hatte dabei die ganze Zeit über geschwiegen. Erst als alles wieder verstaut war, murmelte er: »Sie hat mich immer so komisch angesehen.«

»Dich?«

»Ja. Immer wenn ich eine Seite aufgeblättert habe, hat sie mich angestarrt. Und da hab ich sie halt ausgeschnitten. Ist ja auch lustiger so.«

»Es ist lustiger ohne Frau, Jérémy?«

»Ist es denn bei Ihnen nicht auch lustiger ohne Frau?«

Der Tod kommt zum richtigen Zeitpunkt

Blanc fuhr von Lamanon nach Gadet. Es war Nachmittag, die Tage waren so kurz, dass es um diese Zeit schon wieder kalt wurde. Drei weiße Fernseh-Übertragungswagen und einige Autos mit Pariser Kennzeichen parkten auf der Straße vor der Gendarmerie-Station, doch es war kein Journalist zu sehen. Die wärmen sich wahrscheinlich im *Le Soleil*, vermutete Blanc. Er schritt also unter den blinkenden Weihnachtssternen zwischen den Platanen einher und konnte es wagen, den Haupteingang zu benutzen. Drinnen war es ungewöhnlich ruhig.

»Was ist los?«, fragte er den Diensthabenden an der Pforte, den jungen, abgekämpft aussehenden Brigadier Sylvain.

»Bourniquel kann nicht mehr. Sein Anwalt behauptet, wir verstoßen gegen irgendwelche Menschenrechte, wenn wir ihn noch länger verhören. Der Kerl braucht angeblich eine Pause.« Sylvain lachte höhnisch. »Also hat ihn der Chef in die Zelle verfrachtet, wo der Typ seither schläft wie ein Baby. Ich könnte das ja nicht, wenn ich ein Mädchen abgemurkst hätte.«

»Hat Bourniquel etwa gestanden?«

»Nein. Die immer gleiche Geschichte: Er war es nicht, wir Flics sind Schweine, und er will endlich nach Hause. Ich könnte den Typen am nächsten Ast aufhängen.«

»Wo sind die Kollegen?«

Der Brigadier zuckte mit den Achseln. »Die eine Hälfte durchkämmt die Region und sucht nach Zeugen, die wir bislang übersehen haben könnten. Die andere Hälfte schläft auch, vermute ich. Commandant Nkoulou hat eine Schicht nach Hause geschickt, damit sie sich mal hinlegen kann. Und duschen. Auf der Station hat es schon gestunken wie in einem U-Boot. Morgen machen alle Mann weiter. Und dann ist dieser Bourniquel fällig.«

»Sie halten als einziger Beamter in Gadet die Stellung?«

Sylvain seufzte. »Irgendjemanden erwischt es immer. Ich würde mich ja hier langmachen, wenn nicht …« Er deutete nach oben. »Der Chef ist auch noch hier. Ich glaube, der schläft nie.«

Im Flur des ersten Stocks konnte Blanc bis in Nkoulous Büro sehen, seine Tür stand offen. Der Commandant nickte ihm nur kurz zu. Seine Uniform saß wie immer korrekt, doch er sah abgespannt aus. Blanc dachte an Dorothée Féraud, die junge Drogensüchtige, die sein Chef hatte laufen lassen. Ob sie möglicherweise auch ein Grund dafür war, dass Nkoulou noch hier hockte? Vielleicht war das Büro für den Commandant genauso ein Gefängnis wie die Zelle für Bourniquel. Über sich selbst wollte Blanc lieber nicht zu genau nachdenken. Er ging in sein Büro und schloss die Tür.

Der Computer, den sie den Drogendealern abgenommen hatten, war viel schneller als sein alter Kasten, immerhin. Es war beinahe ein Vergnügen, in den Datenbanken der Gendarmerie zu recherchieren. Blanc durchforstete noch einmal alle Informationen, die zu Séverine Samsons Unfall im Jahr 2010 zu finden waren. Über den Hergang selbst erfuhr er nichts Neues. Doch er war ein ehemaliger Korruptionsermittler und wusste nun genau, wonach er suchen musste: Es kostete ihn bloß ein paar Minuten, bis er auf eine Spur gestoßen war – nicht zum tödlichen Crash selbst, sondern zu dem, was *danach* geschehen war.

Jean-Baptiste Samson hatte, nachdem das Hinscheiden seiner Frau einige Wochen später offiziell als Unfalltod festgestellt worden war, die Lebensversicherung seiner Gattin kassiert.

Blanc holte sich den Vertrag auf den Bildschirm. Er war seinerzeit nur ein paar Tage nach der Trauung unterzeichnet worden. Blanc kannte solche Policen aus seiner Pariser Epoche, sie waren stets ein Alarmsignal bei seltsamen Todesfällen gewesen: Es war eine kapitalbildende Lebensversicherung, die Séverine Samson bei Erreichen ihres sechzigsten Geburtstags eine hübsche Summe garantiert hätte. Und wäre sie »eines natürlichen Todes« gestorben, dann hätte ihr Gatte Jean-Baptiste diese hübsche Summe bekommen. Bei einem »Unfalltod« Séverines jedoch verdoppelte sich die Summe ... Blanc sah sich die Details an: Im Normalfall hätten Séverine oder Jean-Baptiste Samson eine Viertelmillion Euro kassiert. Nach dem Unfalltod hatte die Versicherung eine halbe Million auf Samsons Konto überwiesen.

Blanc lehnte sich zurück und pfiff leise durch die Zähne.

»Der Tod deiner Frau hat dir einen schönen Batzen Geld eingebracht«, flüsterte er. »Und wenn deine Tochter nie wieder auftaucht, dann gehören dir jetzt auch die Burg und der Zoo.«

Er griff zum Telefonhörer und wählte eine Pariser Nummer, die er auswendig kannte, noch aus seinem früheren Leben. »Maître Petrarucci, wie schön, Ihre Stimme zu hören!«

»Wie schön wäre doch die Welt, wenn ich das auch sagen könnte. *Mon Capitaine,* es ist Samstag«, erwiderte Petrarucci schicksalsergeben. »Sind Sie denn da unten im Süden nicht entspannter geworden?« Silvio Petrarucci war der cleverste Finanzanwalt der Hauptstadt. Meistens haute er Betrüger und Trickser heraus, die eigentlich zehn Jahre Gefängnis verdient hätten, manchmal jedoch half er auch der Gendarmerie. Und Blanc hatte er sogar, aus alter Verbundenheit, beim Scheidungstermin mit Geneviève beigestanden, obwohl Familienrecht nicht gerade seine Domäne war.

»Wenn das Wetter nicht so schlecht wäre, würde ich jetzt auf dem Golfplatz eine Runde spielen«, fuhr Petrarucci fort.

»Ich hätte mich einfach regenfest anziehen sollen, dann hätten Sie mich nicht erreicht. Was wollen Sie wissen?« Er seufzte.

»Sie brauchen dafür garantiert nicht lange«, versicherte Blanc, »mit Ihren Kontakten! Ich will wissen, wie ein ganz bestimmter Mann zu einem ganz bestimmten Zeitpunkt eine halbe Million Euro angelegt hat, mehr nicht.«

»Das kann man ja beinahe schon googeln«, spottete der Anwalt.

»Der Mann heißt Jean-Baptiste Samson, er bekam Ende 2010 diese Summe von der Lebensversicherung seiner verstorbenen Frau ausbezahlt.« Blanc buchstabierte Namen und Adresse und berichtete so wenige Einzelheiten wie nötig, kaum mehr als den Namen der Versicherungsgesellschaft, die Nummer der Police und Samsons Bankdaten.

Der Anwalt atmete schwer, wie ein Arzt, der einem unvernünftigen Patienten zum hundertsten Mal die Gefahren fetten Essens erklären muss. »Monsieur Samson ist nicht mein Klient. Eine halbe Million Euro ist eine Summe, für die die meisten meiner Klienten nicht einmal aus dem Bett aufstehen würden. Und derartigen Nachforschungen stehen tausend Gesetze entgegen, nicht zuletzt das Bankgeheimnis, wie Sie sehr wohl wissen.«

»Deshalb wende ich mich ja gerade an Sie, Maître Petrarucci«, erwiderte Blanc.

Nachdem er aufgelegt hatte, starrte Blanc lange auf den Computermonitor, über den der Bildschirmschoner psychedelische Muster zog. Das Gespräch mit Petrarucci hatte ihn an seine eigene Scheidung erinnert. Von der Scheidung wanderten seine Gedanken zur Hochzeit. Hochzeitsfeier. Hochzeitsfotograf.

Er tippte schließlich auf eine Taste und klickte dann die Datei mit Lalles Fotos an, die ihm Fabienne auf seine Festplatte kopiert hatte. Etliche Kollegen hatten sich diese Dateien bereits vorgenommen. Doch Fabienne und Blanc selbst hatten längst noch nicht alle Aufnahmen durchgesehen, es gab einfach nie genug Zeit. Und bislang hatten sie alle die Bilder nur nach dem Mädchen und Bourniquel abgesucht.

Diesmal jedoch würde Blanc nach Jean-Baptiste Samson Ausschau halten.

Ein kalter Frosch, dachte er einige Zeit später frustriert, vielleicht hatte das auch Lalle sofort gespürt. Der Fotograf hatte sich jedenfalls nicht sonderlich Mühe gegeben, den Burgherren abzulichten. Blanc klickte sich durch die Bilder, aber Samson war nur selten mal irgendwo zu sehen – meist bei jenen steifen Gelegenheiten, wenn alle Gäste mit dem Brautpaar posierten, auf den Stufen der Kirche oder vor der Burg oder die Champagnergläser erhoben an der langen Tafel. Und selbst dann stand Jean-Baptiste Samson meist irgendwo am Rand, als hätte ihn jemand im letzten Augenblick noch gegen seinen Willen mit aufs Bild geschoben. Und auf keinem dieser Fotos war er seiner Tochter Noëlle jemals nahe. Die stand meistens nicht weit entfernt vom Brautpaar. Ein Mädchen im Mittelpunkt. Überhaupt, fiel Blanc nun auf, waren Noëlle und ihre genauso junge Freundin Magali Auger auffallend häufig abgelichtet worden. Auf einem Bild tanzte sie sogar ausgelassen mit einem Mann.

Matthieu Samson.

Vater und Tochter.

Beide lachten sich an, hatten nur Augen füreinander. Ob das Mädchen ahnte, wer ihr richtiger Vater war? Oder ob sie da bloß in aller Naivität mit ihrem Lieblingsonkel eine kesse Sohle aufs Parkett legte?

Blanc klickte immer mutloser durch die Fotos. Jean-Baptiste Samson, das Phantom. Samson, der Mann im Hintergrund. Manchmal stand er am Rand der Tanzfläche, man sah ihn vor der Burg, am Tisch sitzend, bei … Am Tisch. Er holte ein Bild zurück auf den Monitor, das er schon wieder weggeklickt hatte: An der Festtafel schnitt das Brautpaar eine riesige weiße Torte an, beide posierten mit erhobenem Messer und Tortenheber für Lalle. Am Tisch dahinter saß die Sekretärin Claire Pardini neben Samson. Die Sekretärin, die alles organisiert hatte. Die Sekretärin, die sie auf La Barben begrüßt hatte, als gehörte sie zur Familie. Blanc vergrößerte das Bild, bis nur noch ein pixeliger Ausschnitt den großen Monitor füllte. Samson saß zur Rechten Pardinis, sie lachte und selbst er schien zu lächeln, soweit ein Typ wie Jean-Baptiste Samson lächeln konnte. Vor ihnen standen Teller, daneben lagen Kuchengabeln. Sie hatten ihre Hände auf den Tisch gelegt, so als warteten sie höflich, bis man ihnen ein Tortenstück servieren würde. Samson hatte seine Linke auf das weiße Tischtuch gelegt, offen und entspannt. Claire Pardini hatte ihre rechte Hand auf den Tisch gelegt, die gleiche Geste. Aber – Blanc zoomte das Foto noch größer, bis es sich in einer Explosion von Pixeln in eine Art abstraktes Gemälde auflöste und er es wieder etwas verkleinern musste, um noch Einzelheiten zu erkennen – diese Hände lagen so dicht beieinander, dass sie sich berührten. Samsons Linke, Claire Pardinis Rechte, Handrücken an Handrücken. Das war kein Zufall, dachte Blanc. Ihr Lachen, sein Lächeln, zwei einander berührende Hände. Eine intime Geste.

Ich habe ein Muster, sagte er sich: Ein Mann, der eine Frau nur wegen ihres Geldes heiratet. Eine hohe Lebensversicherung. Eine andere Frau und eine intime Geste. Nur eine Tochter, die nicht einmal die leibliche Tochter ist, stört in diesem Bild.

Telefonläuten schreckte ihn auf.

»Das ging aber rasch, Maître Petrarucci«, sagte Blanc.

»Ich habe es mir überlegt: Ich spiele gleich doch noch eine Runde Golf, falls Sie mich noch ein zweites Mal anrufen, deshalb habe ich mich beeilt. Und das Bankgeheimnis musste ich dafür auch nicht umschiffen, das hätten Sie auch selbst nachsehen können. Jean-Baptiste Samson hat seine halbe Million Euro nämlich nirgendwo angelegt. Zumindest hat er nicht das getan, was Sie und ich unter ›anlegen‹ verstehen. Die halbe Million ist längst wieder verdampft. Samson hat Anfang 2009 vor Gericht für sein Unternehmen Vergleich anmelden müssen. Wahrscheinlich wäre die Firma im Lauf der folgenden Monate liquidiert worden. Das können Sie alles beim Handelsgericht online nachlesen. Doch dann hat er das Geld aus der Lebensversicherung Ende 2009 in das Unternehmen gesteckt und es damit im letzten Moment vor dem Konkurs gerettet. Manchmal sterben Ehefrauen genau zum richtigen Zeitpunkt, *mon Capitaine.*«

Die einzige Freundin

»Sind Sie wahnsinnig geworden?«, sagte Commandant Nkoulou so resigniert, als wäre es bloß eine rhetorische Frage.

»Jean-Baptiste Samson hätte ein gutes Motiv, Noëlle verschwinden zu lassen: Geld.« Blanc ballte die Hände zu Fäusten. Entspann dich. Er hatte Kopfschmerzen. Wann hatte er zum letzten Mal gegessen? Er war zu seinem Chef ins Büro gegangen und hatte ihm erzählt, was er über den Vater der Vermissten herausgefunden hatte. »Lassen Sie mich ihn verhören. Ihn mit der Lebensversicherung konfrontieren. Mit der Erbschaft, seiner Sekretärin. Vielleicht ist dieser Fall heute Abend gelöst.«

»Oder vielleicht werden wir heute Abend alle an den Nordpol versetzt.« Nkoulou seufzte und hob die Hand. An seinen Fingern zählte er ab: »Erstens haben wir Monsieur Samson der gesamten französischen Presse als gramgebeugten Vater präsentiert. Wenn ich mich nicht sehr täusche, waren Sie selbst dabei. Wir müssten schon einen sehr guten Grund haben, warum wir ihn plötzlich offiziell als Verdächtigen führen.«

»Wir haben einen sehr guten Grund!«

Sein Chef überging den Ausruf. »Zweitens ist es ruhig, der Journaille ist kalt, unser Hauptverdächtiger schläft. Wenn Sie gleich nach La Barben fahren, geht der Zirkus wieder los, und ich muss alle erschöpften Kollegen zurückholen.«

Blanc schüttelte den Kopf. »Niemand wird auf mich achten, wenn ich zur Burg fahre.«

»In der Sekunde, in der Samson begreift, dass Sie ihn verdächtigen, wird sein Anwalt die Presse informieren, um uns die Hölle heiß zu machen. Drittens«, Nkoulou musterte ihn mit kühlem Blick, »haben wir Monsieur Samsons Alibi überprüft, denn natürlich ist erst mal jeder verdächtig, auch der Vater des verschwundenen Mädchens. Jean-Baptiste Samson war an jenem Abend der Gastgeber, viele Menschen haben ihn bemerkt, er ist sicherlich mehr Leuten aufgefallen als ein gewöhnlicher Gast. Wir haben alle Eingeladenen befragt, ebenso die Mitarbeiter. Wir haben ein Bewegungsprofil erstellt. Bis auf zwei, drei Minuten können wir Samsons Verbleib lückenlos nachweisen. Der Mann war während der Hochzeitsfeier niemals für längere Zeit verschwunden. Er hat immer mit irgendeinem Anwesenden geredet oder hat jemanden begrüßt, hat Angestellten Anweisungen erteilt, solche Dinge. *Mon Dieu,* selbst als Samson einmal aus der Toilette kam, hat ihn jemand gesehen, der vor der verschlossenen Tür gewartet hatte! Samson hat den ganzen verdammten Abend lang einfach keine Gelegenheit gehabt, Noëlle verschwinden zu lassen. Er ist ein Mann, der seine Frau vor Jahren aufgrund eines tragischen Verkehrsunfalls verloren hat. Und dessen Tochter jetzt auf mysteriöse Weise verschwunden ist. Ein doppeltes Opfer, kein Tatverdächtiger. Lassen Sie ihn in Ruhe. Das ist ein Befehl!«

Blanc schlief in dieser Nacht nur wenige Stunden. Der riesige Hund war nicht noch mal aufgetaucht, er fing schon an, ihn zu vermissen. Er hatte das Gefühl, die Kälte würde nicht nur aus den Mauern kriechen, sondern käme auch aus seinem Innern. Im Halbschlaf während der grauen Stunde vor Sonnenaufgang träumte er von Noëlle. In diesem Traum war er ganz sicher, dass das Mädchen noch lebte, er spürte die Kälte, die sie spüren musste, er spürte ihre Angst und dass sie dabei war, die Hoffnung zu verlieren. Er fühlte sich gefesselt und schrie vor hilflosem Zorn. Als er aufwachte, war er sich nicht ganz sicher, ob er auch das bloß geträumt oder ob er tatsächlich geschrien hatte. Manchmal war es gut, allein zu schlafen.

Eine halbe Stunde später war Blanc wieder auf der Station. Sonntag. Fast alle Gendarmen waren da, sogar Fabienne, die auf ihr verlängertes Wochenende verzichtete. Marius setzte sich nur kurz auf seinen Platz ihm gegenüber. Er strich sich fahrig durch die Haare, stand wieder auf. »Ich gehe schon zu Bourniquel, bevor die anderen da sind«, erklärte er und hatte die Hand bereits auf dem Türgriff. »Heute knacke ich diesen Typen wie eine Nuss!«, versprach er. Er nuschelte immer noch leicht, weil seine Lippe geschwollen war.

Blanc tippte warnend auf seine eigene Oberlippe. »Mach keine Dummheiten.«

»Ich weiß, dass beim Verhör eine Kamera mitläuft.«

»Habt ihr denn schon irgendeinen Fortschritt gemacht?«

Marius grunzte nur und verschwand.

Nkoulou rief die übrigen Beamten kurz darauf zu einer Besprechung zusammen. Der Commandant sah aus wie aus einem Werbeprospekt für die Gendarmerie, seine Augen waren klar und seine Gesichtszüge so glatt, als hätte er in der vergangenen Nacht zehn Stunden durchgeschlafen. Wie schafft er das bloß?, fragte sich Blanc flüchtig.

»Wir nehmen uns noch einmal alles vor«, verkündete Nkoulou. »Wir schicken noch einmal Suchteams durch die Burg La Barben und die Umgebung sowie durch Bourniquels Haus. Und wir verhören noch einmal alle Zeugen. Aber wir wechseln die Ziele der Teams: Die Beamten, die beim letzten Mal das Haus durchsucht haben, nehmen sich nun die Burg vor und umgekehrt. Und bei den Verhören befragt jeder von Ihnen Zeugen, mit denen er bislang noch nicht gesprochen hat. Vielleicht stoßen wir so im neuen Durchgang auf eine Spur, die wir bislang übersehen haben. An die Arbeit!«

Der Chef verteilte die Aufgaben. Als Blanc und Fabienne an der Reihe waren, wies er ihnen Magali Auger zu, Noëlles Freundin. »Womöglich kann sie uns noch etwas verraten«, sagte

Nkoulou und reichte ihnen einen Zettel mit einer Adresse in Salon-de-Provence.

Als alle Gendarmen schon aus dem Besprechungsraum drängten, nahm Blanc den Commandant beiseite. »Und Jean-Baptiste Samson?«, fragte er flüsternd. »Den haben Sie an niemanden verteilt.«

»Ich selbst werde mit Monsieur Samson sprechen.« Nkoulous Gesichtszüge verrieten keinerlei Emotionen. »Jeder Journalist wird glauben, dass ich den Vater über den Stand der Ermittlungen informiere, niemand wird sich darum kümmern. Aber ich werde Monsieur Samson diskret einige Fragen stellen, zum Beispiel zu einer bestimmten Lebensversicherung. Ich wünsche Ihnen viel Erfolg mit Ihrem Verhör, *mon Capitaine.*«

Blanc blickte seinem Chef hinterher. Aus dir werde ich nie klug, dachte er.

Fabienne ließ sich neben Blanc auf den Beifahrersitz sinken. Sie war blass. »Dieser Fall macht mich fertig«, gestand sie. »Letzte Nacht habe ich von Noëlle geträumt. Ich habe das Foto vor mir gesehen, das wir von ihr haben. Und irgendwie fing die Kleine an, mit mir zu reden. Aber ich habe kein Wort verstanden, sosehr ich mich auch bemüht habe zuzuhören.«

»Ist in deinem Traum ein schreiender Typ vorgekommen? Das war dann ich. Ich habe auch von der Kleinen geträumt«, verriet Blanc.

Sie blickte bedrückt auf die Straße, während sie beide langsam aus Gadet rollten. »Ich meine, selbst wenn wir das Mädchen jetzt finden würden, vergewaltigt und ermordet, weggeworfen wie ein Stück Abfall in irgendeinem Gebüsch, also, selbst das könnte ich irgendwie besser aushalten als diese Ungewissheit. Wir wissen nicht, wo sie ist. Wir wissen nicht, was mit ihr geschehen ist. Wir wissen nicht, wer ihr das angetan hat. Und nun auch noch dieses Verhör …«

»Du willst nicht zu Noëlles Freundin fahren?«, fragte Blanc.

»Du etwa?!« Fabienne schloss die Augen. »Es macht mir überhaupt nichts aus, mich Mördern oder Dealern gegenüber hinzusetzen oder so einem Kerl wie Bourniquel. Wenn solche Typen mir dumm kommen, dann kriegen sie es von mir zurück. Aber ein neunjähriges Mädchen? Was soll ich das denn fragen? Ich meine: *Wie* soll ich das befragen? ›Verzeihung, aber kannst du mir sagen, wer deine Freundin entführt, vergewaltigt und aufgeschlitzt hat?‹ So etwa? *Merde,* ich habe Angst, dass ich schon bei der ersten Frage anfange zu heulen. Ich werde unprofessionell.«

»Du bist keine Maschine. Und genau deshalb bin ich froh, dass du bei dieser Befragung an meiner Seite bist.«

Sie warf ihm einen dankbaren Blick zu und stieß ihn sachte mit dem Ellenbogen an. »Du fühlst dich auch zum Kotzen, nicht wahr?«

Blanc antwortete nicht darauf. Stattdessen berichtete er ihr, was er am Tag zuvor über den Vater herausgefunden hatte. »Ich würde viel lieber diesen Samson in die Mangel nehmen«, schloss er. »Was kann uns eine Neunjährige schon verraten?«

Fabienne hatte inzwischen das Protokoll von Magali Augers erster Befragung auf ihrem Schoß ausgebreitet. »Nach dem, was hier steht, kannst du froh sein, wenn sie uns auch nur ihren Namen verrät. Die Kollegen schreiben hier etwas von ›schwierigem Charakter‹ und ›Wohlstandsverwahrlosung‹. Magali ist Einzelkind, die Eltern haben Geld. Der Vater ist Geschäftsmann, die Mutter laut Protokoll ›oft auf Reisen‹, was immer das bedeuten mag. Wie es scheint, ist die Kleine die meiste Zeit über allein. Und Noëlle ist ihre einzige Freundin.«

»Woher kennen sich die beiden? Die Augers wohnen in Salon. Mehr als fünfzehn Kilometer von La Barben entfernt.«

»Sie besuchen dieselbe Klasse einer katholischen Privatschule. Viala-Lacoste.«

Blanc wandte Fabienne den Kopf zu. »Viala-Lacoste? Das ist eine der Schulen, vor denen unser Scooter fahrender Freund öfter herumlungert.«

»Der gute Jérémy kann offenbar froh sein, dass er dabei noch nie in Magalis Hände gefallen ist.« Fabienne tippte auf das Papier. »Hier steht, dass die Kleine Kung-Fu im Club von Caillouteaux macht. Und dass sie schon mal beinahe von der Schule geflogen wäre, weil sie mitten im Unterricht mit einer Schere auf eine Mitschülerin losgegangen ist.«

»Ich ahne allmählich, warum Nkoulou ausgerechnet uns zu dem Mädchen schickt.«

»So etwas nennt man ›Arschkarte‹. Hast du den Chef schon wieder irgendwie provoziert?«

Blanc verzichtete auf eine Antwort. Fabienne zuckte mit den Achseln und lotste ihn in ein Gewerbegebiet im Süden von Salon. Zu ihrer Rechten donnerten Lastwagen über die A54, links ragten Supermärkte, Discount-Hotels und Schnellimbisse auf.

»Hier wohnt das Mädchen?«, wunderte sich Blanc.

»Gleich wird es besser. Nimm am nächsten Kreisverkehr die erste Straße.« Sie wies auf eine unscheinbare Ausfahrt, die Blanc für einen Parkplatzzugang gehalten hätte. Promenade des Tamaris. Nach ein paar Hundert Metern beschrieb die Straße einen Bogen und führte einen Hügel hinauf. Blanc sah rechts Wasser, das in einem Bett aus Beton zu Tal rauschte: den Kanal der EDF, der viele Kilometer weiter am Étang de Berre ein Kraftwerk antrieb, ein kobaltblauer Strom, so breit und gerade wie eine Schnellstraße im Schatten turmhoher, graffitibesprühter Hochspannungsmasten. Links von der Promenade des Tamaris erstreckte sich ein überraschend gediegenes Wohnviertel: zwei Meter hohe Grundstücksmauern, Doppelgaragen, dahinter ockerfarbene Villen. Zypressen wuchsen aus den ummauerten Terrains, Pinienkronen überwölbten die Gärten. Wenn Blanc die imposante Größe der Bäume richtig deutete, dann mussten Häuser und Gärten vor dreißig, vierzig Jahren angelegt worden sein. Sie bogen in einen Nebenweg ein. Viele geparkte Autos am Rand waren wuchtige SUVs oder schicke Kleinwagen. Als sie ausstiegen, krachzte irgendwo über ihnen eine Dohle, und das wirkte doppelt laut, denn es war das einzige Geräusch zwischen den Häusern. Kein Verkehrslärm von der Autobahn. Nicht ein Wagen, der vorbeifuhr. Kein Fußgänger. Kein Hund. Bloß eine gelbbraune Katze, die sich zufrieden auf einer Mauer sonnte und sie still musterte. Es duftete nach Pinien und irgendwie auch nach frischem Gras; jemand musste vor Kurzem hinter einer dieser Mauern mitten im Winter den Rasen gemäht haben.

Sie gingen um einen vor einer Garagenauffahrt geparkten grünen Range Rover herum, drückten dahinter eine braun lackierte, schmiedeeiserne Pforte auf und betraten einen Vorgarten mit sauber geharktem, weißem Kies, so hell und perfekt, dass er zu leuchten schien. Blanc betrachtete das Anwesen, das so gebaut war, wie man sich in den Siebzigerjahren ein provenzalisches Landhaus gedacht hatte: gelbbraun verputzt, ein Dach aus Tonschindeln, ein Holzbalken über der Tür und Fenster, so breit wie Schaufenster, mit Rollladenkästen aus plastiküberzogenem Blech darüber. »Vintage«, stellte Fabienne fest und nickte anerkennend. »Ich mag diese alten Kästen.«

»Alter Kasten? Dieses Haus wurde gebaut, als ich ein Junge war«, brummte Blanc.

»Sag ich ja.«

Von einem Gesims im Obergeschoss hing eine Strickleiter herab, an der ein fröhlich grinsender Plastikweihnachtsmann hinaufkletterte. Rechts vom Haus glänzte blau ein Schwimmbad unter einem gewölbten Glasdach. Vielleicht war es unter dem Glas so warm, dachte Blanc in einem Anflug von Neid, dass man sogar mitten im Winter in diesem Pool schwimmen konnte. Wohlstandsverwahrlosung, *eh bien.* Er hatte Kinder gesehen, die unter schlechteren Bedingungen groß wurden.

Auf ihr Klingeln hin tat sich ziemlich lange nichts. Erst nach ihrem dritten Versuch öffnete ihnen eine Frau Ende dreißig, die so stark geschminkt war, dass es eher zu einem Samstagabend als zu einem Sonntagmorgen passte. Sie war mittelgroß, hatte lange, braune Haare und trug ein teuer wirkendes, graues Kaschmirkleid. Sie duftete nach Mon Guerlain und nach Cognac und hielt sich mit der rechten Hand am Türrahmen fest.

Blanc stellte Fabienne und sich vor. »Madame Auger, nehme ich an?«

»Wie Monsieur Auger sehe ich wohl nicht aus.« Sie kicherte. »Wenn Sie meinen Mann sprechen wollen, der ist verreist. Er hat aber gesagt, dass er heute Abend wieder da ist. Oder morgen Abend? Er ist so oft weg, ich komme mit seinen Terminen ganz durcheinander. Wenn Sie aber zu mir wollen, dann sind wir ganz sicher in den nächsten Stunden ungestört. Kommen Sie herein.« Sie ließ den Türrahmen los und berührte mit ihrer Hand Blancs Rechte, bevor sie sich umdrehte und sie ins Haus führte.

»*Mon Dieu,* wie ist die denn drauf?«, flüsterte Fabienne, während sie Madame Auger folgten. »Die würde glatt mit dir ins Schlafzimmer gehen, wenn ich nicht dabei wäre.«

»Vielleicht will sie auch mit uns beiden ins Schlafzimmer«, erwiderte Blanc leise. Langsam ahnte er, was seinen Kollegen beim ersten Verhör aufgefallen war.

Sie kamen in ein Wohnzimmer, das ganz auf den größten Flachbildfernseher ausgerichtet war, den Blanc je gesehen hatte: eine schwarze, glänzende Riesenscheibe, die mit einem kranartigen Stahlarm an der Wand befestigt war. In einem Halbkreis davor waren zwei Sofas und drei Sessel angeordnet, Designerstücke aus weißem Leder. Ein niedriger Beistelltisch stand neben einem Sofa, messingfarbene Stahlelemente trugen eine Glasplatte, original Siebzigerjahre. Auf der Glasplatte stand eine halb gefüllte Flasche Hennessy neben einem Schwenker. Ein Hauch von Tabak stand im Raum.

»Wir würden uns gern mit Ihrer Tochter unterhalten«, erklärte Blanc und setzte sich auf eines der Sofas.

»Noch einmal? Schon am Abend von dieser verdammten Hochzeit haben …«

»Reine Routine«, unterbrach sie Fabienne. »Wir müssen einfach noch mal alle Aussagen durchgehen. Wir folgen mehreren konkreten Spuren«, setzte sie hinzu. Blanc bemerkte, dass ihre Wangen gerötet waren. Ihre Stimme war vor Nervosität um eine halbe Oktave nach oben gerutscht.

»Selbstverständlich«, murmelte Madame Auger, die jetzt erst zu realisieren schien, wer da vor ihr saß und warum. Sie zog die Plastiklamellen einer Schiebetür auf und verschwand in einem Flur.

Blanc warf Fabienne einen raschen Blick zu, sagte jedoch nichts. Man konnte nie wissen, ob solche Häuser hellhörig waren oder nicht. Es dauerte lange, bis Madame Auger zurückkehrte. Sie führte ein schmächtiges, schwarzhaariges Mädchen in Jeans und einem T-Shirt mit dem Foto und Namen des Rappers Jul an der Hand ins Wohnzimmer. Blanc erkannte Magali von den Bildern des Hochzeitsfotografen wieder. »Meine Tochter hat noch im Bett gelegen«, erklärte die Hausherrin entschuldigend.

Magali sagte nichts. Sie musterte Fabienne und Blanc aus tiefdunklen Augen, die in ihrem schmalen Gesicht unnatürlich groß wirkten wie die Augen einer Manga-Figur.

»Setz dich doch bitte«, sagte Fabienne und deutete gezwungen lächelnd auf einen Sessel.

Magali schüttelte bloß stumm den Kopf.

Fabienne sah Blanc Hilfe suchend an.

»Es wird nicht lange dauern«, versicherte er.

»Das haben die Flics beim letzten Mal auch gesagt.« Ihre

Stimme klang wie die eines Mädchens und doch irgendwie hart, so als wäre sie viel älter als neun Jahre.

Das ist immerhin schon einmal eine Antwort, dachte Blanc. Er überlegte kurz, ebenfalls aufzustehen, wenn das Mädchen sich nicht setzen wollte, aber dann würde er Magali um mehr als einen halben Meter überragen, und er wollte nicht, dass sie zu ihm aufsehen musste. Also blieb er sitzen. Er zwang sich kein falsches Lächeln ins Gesicht, denn er hatte das Gefühl, dass die Kleine das durchschauen würde. Aus den Augenwinkeln beobachtete er, wie ihre Mutter den Schwenker füllte. Er wandte sich ganz dem Mädchen zu und blickte es ernst an. Dann erklärte er genau und ausführlich, warum Fabienne und er noch einmal hier waren: das zweite Team, dem im Gespräch vielleicht Details auffallen würden, die den ersten Beamten entgangen waren.

Magali dachte nach und setzte sich endlich auf ein Sofa. Sie wirkte aufmerksam und ein ganz klein bisschen weniger misstrauisch. »Gut«, verkündete sie. »Fangen Sie an.«

Fabienne atmete tief durch. »Du und Noëlle, ihr seid gute Freundinnen?«

Magali zuckte bloß mit den Achseln.

»Ihr seid doch befreundet, oder etwa nicht?«

»Mehr oder weniger.«

»Ich habe mir die Fotos von der Hochzeitsfeier angesehen«, übernahm Blanc. »Man sieht euch auf vielen Bildern zusammen. Ihr lacht viel.«

»Das war schon nett«, gab Magali beinahe widerwillig zu. Sie warf ihrer Mutter einen raschen, finsteren Blick zu.

Blanc wartete ein paar Augenblicke vergebens, dass sie fortfuhr, dann räusperte er sich. »Warst du denn den ganzen Abend mit Noëlle zusammen?«

Magali schüttelte entschieden den Kopf. »Zuerst ja. Wir haben gespielt und gegessen und«, sie bedachte Madame Auger wieder mit einem schnellen Blick, »getrunken. Und wir waren einmal auf dem Parkplatz, mit dem Hundemann.«

»Dem Hundemann? Monsieur Bourniquel?«

»Das habe ich Ihren Kollegen auch schon alles erklärt. Noëlle ist verrückt nach Tieren. Sie wollte unbedingt das Auto sehen, mit dem der Mann seine Welpen herumfährt. Na, und da bin ich halt mitgegangen. Es war ein Auto mit einem Drahtgitter im Kofferraum. Echt öde. Aber Noëlle fand's super.«

»Und danach?« Fabienne war, ohne es zu bemerken, bis auf die Kante des Sessels vorgerutscht und sah das Mädchen an, als wollte sie ihm die Antworten aus dem Leib zerren.

»Nichts ›und danach‹. Wir sind wieder reingegangen, draußen war es uns zu kalt. Noëlle hat zuerst überhaupt nicht mehr aufgehört, von den Hunden zu reden. Da war ich schon genervt. Aber dann ist dieser Fotograf gekommen, und da hat sie die Hunde vergessen und hat für den gepost. Hat gelacht und so, sie hat sich wohl für ein Model gehalten. Das war am Anfang lustig, aber irgendwann wurde mir das auch langweilig. Aber Noëlle wollte einfach nicht damit aufhören. Da war ich dann richtig genervt. Ich hab ihr gesagt, von mir aus kann der Typ noch tausend Bilder mit ihr machen, aber ich verziehe mich.«

»Und wohin hast du dich verzogen?«, fragte Blanc. »Warst du mit deinen Eltern zusammen?«

»Papa war wie immer nicht da und Maman ...« Sie zuckte wieder mit den Achseln. »Da gab es so viele Zimmer. Ich bin in eins rein und hab aus einem Fenster gesehen, einfach so. Von unten aus dem Saal habe ich Musik gehört, aber das war eher Musik für alte Knacker. Na ja, bis jemand die Musik leiser gedreht hat und die Leute anfingen zu rufen. Noëlle war ja verschwunden. Da bin ich dann auch nach draußen gegangen und habe mitgesucht.«

Fabienne nickte. »Du hast deine Freundin nicht mehr gesehen, nachdem ihr euch gestritten hattet?«

»Wir haben uns nicht gestritten!« Magali hatte sich aufrecht hingesetzt, ihre Augen blitzten. Ist die schnell zornig, dachte Blanc erschrocken. Er hob begütigend die Hände. »Nachdem ihr verschiedener Meinung wart wegen der Fotos«, sagte er.

»Ja. Ich bin abgezogen und habe Noëlle nicht mehr gesehen. Keine Ahnung, was die gemacht hat.«

»Wie lange war das, bevor dann die Rufe kamen, dass ihr nach deiner Freundin suchen solltet?«, wollte Fabienne wissen. »Der Zeitraum zwischen eurer Trennung und der Suche nach Noëlle?«

Magali hob in einer schwer zu deutenden Geste die Hand, vielleicht Unsicherheit, vielleicht sogar so etwas wie ein schlechtes Gewissen. »Eine Stunde? Oder zwei Stunden? War jedenfalls ziemlich lange. Ich war wirklich beleidigt.«

»Und Monsieur Bourniquel?«, fragte Blanc. »Hast du noch mal auf den Hundemann geachtet, nachdem ihr vom Parkplatz wieder in die Burg zurückgegangen seid?«

»Der hat geschimpft«, antwortete Magali und kicherte. Auf einmal wirkte sie wie die Neunjährige, die sie war. »Da war ich noch unten im Saal, bevor Noëlle für den Fotografen gepost hat. Der Hundemann hatte sich da in die Hosen gemacht oder so etwas. Auf jeden Fall ist der aus dem Saal gestampft und hat geflucht, und seine Hose war ganz nass. Danach habe ich aber nicht mehr auf ihn geachtet, sondern weiter getanzt, und ich glaube, ich habe ihn nicht mehr gesehen. Na ja, außer, dass er dann später irgendwie wieder da war, als das mit der Suche losging. Und dann mit Ihnen.« Sie blickte Fabienne an und lächelte zum ersten Mal. »Guter Tritt. Das war schon cool, wie Sie den Typen fertiggemacht haben. Wie die Flics in Filmen. Machen Sie auch Kung-Fu oder so was?«

»Du hast nicht geheult«, sagte Blanc, nachdem sie das Haus verlassen hatten. Er schloss den Streifenwagen auf.

Fabienne setzte sich hinein und blickte starr durch die Frontscheibe. »Ich habe mich gefühlt, als müsste ich in diesem Haus gleich ersticken.«

»Das sind diese verdammten Fenster aus PVC, die man in diese Siebzigerjahre-Kästen gesetzt hat. Die lassen keine Frischluft rein.«

»Du weißt genau, warum ich da drinnen Beklemmungen gekriegt habe.«

Blanc wollte den Motor starten, doch dann hielt er inne. »Der Cognac«, murmelte er. »Madame Augers Kichern. Diese Stille im Haus.«

Fabiennes Augen folgten der Katze, die grazil von einer Grundstücksmauer gesprungen war und sich jetzt mitten auf der Straße in einer Lichtinsel zwischen Pinienschatten sonnte. Offenbar war sie sich sehr sicher, dass hier um diese Zeit kein Auto vorbeifahren würde. »Meine Eltern haben sich getrennt, als ich ein bisschen älter war als Magali. Aber selbst in ihrer schlimmsten gemeinsamen Zeit war es nicht so wie hier. Wahrscheinlich sieht die Kleine ihren Vater nie und ihre Mutter nur betrunken.«

Blanc dachte an sein Pariser Appartement mit Geneviève und den Kindern und fragte sich, was Astrid und Eric wohl gegen Ende seiner Ehe über ihre Mutter und vor allem über ihn selbst gesagt hätten. Er startete den Wagen und gab mehr Gas als notwendig.

»Pass auf die Katze auf«, ermahnte ihn Fabienne. »Wo willst du überhaupt hin?«

»Zur Grundschule. Sieh mal auf dem Navi nach, wo die Viala-Lacoste ist.«

»Nkoulou hat uns nicht befohlen, da aufzukreuzen.«

»Er hat es uns auch nicht verboten.«

»Es ist Sonntag.«

»Vielleicht ist ja einer von den Lehrern da. Oder ein paar Kinder haben eine Katechismus-Stunde. Das ist doch eine katholische Schule, oder?«

Fabienne seufzte und nahm ihr iPhone aus der Tasche. »Möchtest du einen Lehrer befragen oder Noëlles Mitschüler? Wenn wir Kinder verhören, ohne vorher deren Eltern zu informieren, bricht die Hölle los.«

»Fragen wir halt den Lehrer.« Blanc bog auf die Promenade des Tamaris ein. Seine Kollegin schickte ihn weiter den Hügel hinauf. Die Sonne stand nun so hoch, dass das Wasser im Kanal silbern leuchtete. Er sah im Vorüberfahren dorthin. Eine Betonrinne, glatt, ohne Stufen, ohne Leiter, so breit wie eine Autobahn. Wie tief mochte das Wasser im Kanal sein? Bloß einen Meter? Oder fünf, zehn? Wenn ein Mädchen dort hineingeworfen wurde, wo das Wasser durch eine Betonröhre rauschte, den Hügel hinunterströmte, bis in ein Kraftwerk ... Fabienne hatte recht: Sie mussten Noëlle finden. Sonst würde er sie für den Rest seines Lebens an jedem schrecklichen Ort vermuten und würde an jedes schreckliche Ende denken, ganz egal, ob das wahrscheinlich war oder nicht. »Ja«, bekräftigte er, »wir sollten den Lehrer fragen, der Noëlle und Magali am besten kennt.«

»Warum?«

Blanc zögerte. Er kam sich irgendwie schäbig vor, einen Verdacht zu äußern. »Magalis Aussagen decken sich mit Bourniquels Geschichte«, erklärte er. »Demnach haben sich die Mädchen das Auto zeigen lassen, aber wohl noch ziemlich am Anfang der Feier. Danach haben sie sich nicht mehr sonderlich für den Hundezüchter interessiert. Magali hat behauptet, dass die Mädchen anschließend ihre Zeit damit verbracht hätten, für den Fotografen zu posieren. Wir sind Lalles Fotos durchgegangen, du hast selbst gesehen, dass Noëlle und Magali in der Tat ziemlich oft darauf zu finden sind. Das scheint also auch zu stimmen. Schließlich hat sie von Bourniquels ruinierter Hose erzählt, was ebenfalls die Aussage des Mannes stützt, den wir ganz Frankreich als Hauptverdächtigen präsentiert haben.«

Fabienne blickte ihn aufmerksam an. »Mag ja alles sein. Aber deshalb musst du keinen Grundschullehrer verhören.«

Er atmete tief durch. »Was uns nur Magali erzählt hat und offenbar kein anderer Zeuge bestätigen kann, ist dies: Magali und Noëlle haben sich irgendwann gestritten.«

»Woraufhin sich Magali beleidigt in irgendein Zimmer zurückzog und eine Zeit lang aus dem Fenster starrte.«

»Zumindest behauptet sie das.«

Fabienne wollte etwas erwidern, doch sie schloss den Mund. Langsam schüttelte sie den Kopf. »Nein«, flüsterte sie. »Die Kleine ist neun Jahre alt!«

»Magali und Noëlle haben sich gestritten. Aber wir haben nur Magalis Aussage selbst, dass sie sich danach getrennt und nicht mehr gesehen haben. Magali, das aufbrausende, schwierige Mädchen. Sie trainiert Kung-Fu. Und sie ist schon einmal mit einer Schere auf eine Mitschülerin losgegangen. Vielleicht ist sie nach dem Streit gar nicht beleidigt davongegangen? Vielleicht ist die Auseinandersetzung stattdessen eskaliert?«

»Du glaubst doch nicht ernsthaft ...«

»Was ist, wenn die beiden sich richtig gestritten haben? Ich meine, nicht bloß mit Worten.« Blanc sprach für lange Sekunden nicht weiter. »Was ist, wenn sich die Mädchen unbeachtet von den anderen Gästen so heftig in die Haare gekriegt haben, dass etwas ... dass irgendetwas passiert ist? Etwas Schreckliches? Wir uns die ganze Zeit auf einen miesen Typen wie Bourniquel oder einen kühlen Kerl wie Jean-Baptiste Samson – überhaupt suchen wir doch nach einem Mann, oder? Wer hat schon ein neunjähriges Mädchen im Visier?«

»Und deshalb fährst du zur Grundschule? Weil du einen Lehrer fragen möchtest, ob er einer seiner Schülerinnen einen Mord zutraut? Capitaine Roger Blanc, manchmal ist es nicht einfach, mit dir zu arbeiten.« Fabienne sah aus dem Beifahrerfenster.

»Sei nicht sauer«, bat er leise. »Meine Gedanken laufen Amok. Vielleicht fahre ich nur zu dieser Schule, weil ich jemanden finden will, der mir überzeugend erklärt, wie schwachsinnig mein Verdacht ist.«

Sie seufzte tief. »Jemand, der *uns* erklärt, dass *unser* Verdacht schwachsinnig ist. Jetzt hast du mir diese Scheiße eingeflüstert, jetzt laufen meine Gedanken auch Amok. Ich wünschte, sie würden über Funk verkünden, sie hätten die Kleine gefunden.«

Doch das Funkgerät blieb auf der ganzen Fahrt still. Sie bogen nach links in die Avenue du Maréchal Leclerc ab: gediegene Wohnhäuser, irgendwelche Verwaltungsbauten, jenseits der Dächer ragte der weiße Klotz des Krankenhauses von Salon auf. Sie fuhren ins Zentrum, bis Fabienne ihm vor einer etwas schmuddeligen Sackgasse das Zeichen zum Halten gab. Zu ihrer Linken standen alte Wohnhäuser, mehrere Stockwerke hoch, mit Gesims und Säulen und dem ganzen Prunk des Empire, doch wirkten sie wie erschöpft von der Zeit: der vom Dieselruß geschwärzte Putz seit Jahrzehnten nicht erneuert, wuchtige hölzerne Eingangstüren mit absplitternder Ölfarbe, Fenster, deren alte Rahmen wohl schon lange herausgerissen worden waren und in die nun Scheiben aus Sicherheitsglas eingebaut waren, hinter denen sich das Büro eines Steuerberaters verschanzte. Auf der rechten Seite der Gasse musste einst eine Fabrik aus dem 19. Jahrhundert gestanden haben, doch die war schon so lange verfallen, dass sie aussah wie nach einem Bombenangriff: Blanc sah durch Fensterhöhlen bis in einen aufgerissenen Dachstuhl, in dem Tauben müde flatterten.

Viala-Lacoste selbst lag am Ende dieses deprimierenden Weges und war heller, als Blanc nach dieser Sackgasse befürchtet hatte. Ein Schulgebäude aus der Zeit der Dritten Republik, in sauberem Ocker verputzt, daneben eine katholische Kapelle, davor ein Hof unter den winterkahlen Ästen mehrerer Platanen.

Das Tor stand tatsächlich offen, hinter manchen Fenstern schimmerte trotz der Mittagsstunde Licht. Fabienne und Blanc fanden das Schulsekretariat direkt hinter dem Eingang, präsentierten der Angestellten ihre Ausweise und fragten nach Noëlles Lehrerin.

»Sie haben Glück«, erwiderte sie. »Die Lehrer gehen heute die Listen für die Zeugnisse durch. Madame Monteil arbeitet in ihrem Klassenraum.«

Die Sekretärin führte sie in den ersten Stock eines modernen Nebengebäudes. »Gibt es etwas Neues zu Noëlle?«, fragte sie im Gehen. »Leider nein«, sagte Blanc. »Wir klären hier nur ein paar Dinge ab. Aber wir kommen schon weiter«, setzte er rasch hinzu und bemerkte selbst, wie wenig überzeugend er klang. Die Sekretärin sagte nichts mehr und ging so rasch voran, dass er auf den letzten Metern nur noch auf ihren Rücken blicken konnte.

Der Klassenraum war licht, an den Wänden flatterten Kinderzeichnungen im Wind, die Lehrerin hatte die Fenster geöffnet, um frische Luft hereinzulassen. Sie hatte kurze, dunkle Haare, war ziemlich groß und matronenhaft wuchtig, aber noch jung, Blanc schätzte sie auf dreißig Jahre. »Lucienne Monteil«, stellte sie sich vor. Sie wirkte wie eine Frau, die oft und gerne lachte, allerdings nicht in den letzten Tagen. »Was für eine schreckliche Geschichte«, murmelte sie, als sie ihre Gendarmerie-Ausweise betrachtete.

»Wir stehen leider noch am Anfang unserer Ermittlungen«, begann Blanc. »Wir müssen mehr über Noëlle herausfinden, über ihre Vorlieben und ihre Gewohnheiten zum Beispiel. Deshalb sind wir hier.«

Die Lehrerin blickte ihn überrascht an. »Aber ich dachte, Sie haben den Täter schon geschnappt?«

»Der Verhaftete hat uns bislang nichts über den Aufenthaltsort des Mädchens gesagt«, antwortete Blanc ausweichend. Sie redeten eine Zeit lang über Noëlle. Fabienne und er erfuhren wenig, was sie nicht schon wussten. »Noëlles Mutter war selbst schon vor ihrer Geburt im Kindergarten sehr engagiert«, sagte Lucienne Monteil schließlich. »Madame Samson hat bei jedem Sommerfest geholfen. Aber nach dem Unfall ...« Sie hob bedauernd die Hände. »Noëlles Vater hat sicher viel zu tun. Für Monsieur Samson muss das alles sehr schwierig sein. Er holt seine Tochter immer nach der Schule mit dem Auto ab.« Sie deutete aus dem Fenster Richtung Sackgasse. »Er wartet stets dort unten. Wir bekommen ihn sonst eigentlich selten zu sehen, auch nicht beim Elternabend. Was auch nicht notwendig war«, setzte sie rasch und entschuldigend hinzu. »Noëlle war eine ausgezeichnete Schülerin.« Sie bemerkte, was sie gesagt hatte, schlug die Hand vor den Mund und wurde rot. »Noëlle *ist* eine ausgezeichnete Schülerin«, korrigierte sie sich. »Gute Noten, ein stilles Mädchen. Vielleicht etwas zu schüchtern.«

»Sie hat nur eine richtige Freundin, habe ich gehört«, warf Fabienne ein. »Magali Auger. Sie waren gemeinsam auf dem Hochzeitsfest.«

»Magali, ja ...« Lucienne Monteil stand auf, ging mit großen Schritten zu den Fenstern und schloss sie so energisch, als müsste sie im letzten Moment verhindern, dass etwas Unerwünschtes in ihren Klassenraum eindrang. Sie setzte sich wieder und atmete tief durch.

»Eine schwierigere Schülerin als Noëlle?«, fragte Blanc.

»Schwieriger als jedes andere Mädchen dieser Klasse. Ach was: schwieriger als jeder andere Schüler dieser Schule. Wenn

Sie mich fragen: Wir sind eine Privatschule, wir müssen nicht jedes Kind aufnehmen. Unsere Rektorin hätte Magali damals besser absagen sollen. Aber vielleicht hat das seinerzeit noch niemand geahnt, die Kinder sind ja noch so jung, wenn sie hier angemeldet werden. Sehen Sie.« Sie deutete auf ein Pult in der letzten Reihe. Blanc erkannte, dass die Holzplatte voller Macken und Rillen war. »Das stellt Magali mit ihrer Schere an. Wenn sie sich provoziert fühlt. Und sie fühlt sich oft provoziert.«

»Wir haben gehört, dass es auch schon einmal einen Zwischenfall mit einer Mitschülerin gegeben hat«, sagte Fabienne. »Mit einer Schere.«

»›Zwischenfall‹ ist noch untertrieben. Es war während meiner Stunde. Ich weiß nicht, womit die Mitschülerin Magali angeblich provoziert hat, ich habe jedenfalls kein lautes Wort oder Lachen gehört und keine Geste gesehen. Aber plötzlich ist Magali aufgesprungen, mit der Schere in der Hand. Sie hat den Namen ihrer Klassenkameradin herausgebrüllt wie … nun ja, wie einen Kriegsruf.« Sie strich sich über die Stirn. »Ich ging gerade zwischen den Pulten durch die Reihen und war zufällig in ihrer Nähe. Ich habe ihr die Schere abgenommen, bevor sie ihrer Mitschülerin nahe kommen konnte. Das war gar nicht so einfach, die Kleine hat Kraft. Nichts ist passiert. Aber ich habe ihren Blick gesehen und ihren Gesichtsausdruck. Wenn ich nicht dazwischengegangen wäre, dann …« Sie hielt inne und sah Fabienne und Blanc an. »Sie glauben doch nicht etwa, dass Magali etwas mit Noëlles Verschwinden zu tun hat?«

»Nein, Madame«, log Blanc und hoffte, überzeugend zu klingen.

Fabienne täuschte einen Hustenanfall vor, hielt sich die Hand vor den Mund und drehte das Gesicht weg.

Die Lehrerin blickte vom einen zur anderen, sagte lange nichts. *»Eh bien«*, fuhr sie schließlich irgendwann fort. »Wir haben Magali damals strengstens ermahnt. Die Kleine ist klug – schwierig, aber klug. Eigentlich sogar brillant. Sie schreibt Aufsätze zum Niederknien. Und Gedichte, richtige kleine Meisterwerke. Über Katzen und Hunde. Sie mag Tiere. Und ich kann mich nicht erinnern, dass sie sich je bei einer Mathematikaufgabe verrechnet hätte. Welche Kinder zeigen schon so viele so unterschiedliche Talente? Es sind«, sie seufzte, »die Eltern, verstehen Sie? Der Vater sieht aus wie ein Filmstar. Ein Geschäftsmann, charmant, aber ständig in Eile. Er hat unsere Schule im ersten Jahr mit einer Spende bedacht, einer so bedeutenden Spende, dass wir ... nun ja, das hat Magalis Anmeldung sicherlich vereinfacht. Aber seither habe ich ihn kaum noch gesehen. Einmal bei einer Weihnachtsfeier, da ist er mir vor allem deshalb aufgefallen, weil er telefoniert hat, während die Kinder im Chor gesungen haben. Magalis Mutter ist häufiger hier. Jedes Mal, wenn es Ärger mit ihrer Tochter gibt und sie deshalb erscheinen muss. Die Dame fällt auch auf, aber das hat nichts mit ihrem Handy zu tun.« Sie vollführte mit der rechten Hand eine Geste, als würde sie ein Glas in sich hineinkippen. Die Lehrerin beugte sich vertraulich zu ihnen. »Man munkelt, dass sie einmal sogar mit Kokain erwischt worden ist. In ihrem Auto, bei einer Verkehrskontrolle! Ich weiß nicht, ob das stimmt, jedenfalls fährt Madame Auger seit zwei Jahren nur noch mit dem Bus.«

»Noëlle ist wirklich Magalis einzige Freundin?«, fragte Blanc. Aus den Augenwinkeln sah er, dass Fabienne etwas auf dem iPad checkte.

»›Freundin‹ ist vielleicht übertrieben«, erwiderte Lucienne Monteil, »oder vielleicht auch nicht. Noëlle ist eher schüchtern. Magali ist aufbrausend und verschlossen. Aber gemeinsam sind die beiden, nun ja, fröhlicher, netter, neugieriger, offener. Sie sind dann ganz normale Mädchen. Sie ergänzen sich gut, glaube ich.«

Fabienne schob Blanc das Tablet zu. Sie hatte ein Protokoll der *Police nationale* aus Marseille heruntergeladen: Madame Auger war vor zweieinhalb Jahren bei einer Routinekontrolle auf der Canebière mit einem Gramm Kokain im Auto erwischt worden. Ihr Alkoholspiegel hatte bei anderthalb Promille gelegen. Die Kontrolle hatte gegen 15.30 Uhr stattgefunden. Blanc zog fassungslos die Augenbrauen in die Höhe und räusperte sich. »Hat es zwischen den beiden Mädchen einmal Streit gegeben? Heftigen Streit?«

Lucienne Monteil schüttelte entschieden den Kopf. »Noëlle ist so ungefähr die einzige Schülerin, die niemals Ärger mit Magali hatte. Im Gegenteil: Wenn Magali mal wieder in ihrer aggressiven Stimmung war, dann haben wir Lehrer uns zuletzt angewöhnt, Noëlle hinzuzurufen. Wenn Noëlle dabei war, war alles immer viel einfacher.«

Blanc und Fabienne erhoben sich. »Vielen Dank, Madame Monteil.« Dann, als wäre ihm das spontan eingefallen, drehte sich Blanc noch einmal im Türrahmen um. »Sagt Ihnen zufälligerweise der Name Jérémy Dominici etwas? Er war bei der Hochzeitsfeier anwesend, gewissermaßen.«

Die Lehrerin schüttelte den Kopf. »Wir haben keinen Dominici auf der Schule.«

»Ein junger Mann auf einem Motorroller.«

»*Mon Dieu,* der!« Lucienne Monteil lachte. »Der arme Junge auf dem Scooter, nicht wahr? Der parkt manchmal in der Sackgasse und starrt zur Schule herüber wie ein geprügelter Hund. Ich glaube, der will am liebsten hier rein. Ein bisschen«, sie zögerte, »zurückgeblieben. Darf man das heute noch sagen? Na, jedenfalls nicht der Hellste. Aber harmlos. An manchen Tagen steht er halt eine Stunde lang vor der Schule.«

»Eltern haben sich über ihn beschwert.«

Sie zuckte mit den Achseln. »Was soll unsere Rektorin schon machen? Sie hat einmal bei der *Police municipale* angerufen, und die haben eine Streife vorbeigeschickt. Die Sackgasse ist aber ein öffentlicher Weg. Da darf man herumstehen. Der Junge hat niemals einen unserer Schüler angesprochen. Der ist, wenn Sie mich fragen, bloß ein armes Würstchen, das manchmal hier herumlungert, weil es nichts anderes zu tun hat. Also haben die Beamten bloß kurz mit ihm geredet, dann ist er davongebraust. Seither kommt er seltener hierher. Aber ganz haben seine Besuche nicht aufgehört. Wenn ich mich recht erinnere, war er letzten Montag wieder mal hier.«

»Am Tag vor der Hochzeitsfeier?«, vergewisserte sich Blanc.

»Könnte sein, ja.«

Fabienne blickte die Lehrerin eindringlich an. »Gehörten Noëlles Vater oder Magalis Eltern zu denjenigen, die sich über Jérémy Dominici beschwert haben?«

Lucienne Monteil schüttelte den Kopf. »Denen ist die Schule so was von gleichgültig, die würden sich nicht einmal beschweren, wenn die Hell's Angels nebenan ein Clubheim eröffnen würden.«

Vergessene Fotos

Auf der Rückfahrt sprachen sie über Jérémy. »Der Junge ist harmlos«, bekräftigte Fabienne. »Wenn selbst eine Grundschullehrerin sich nicht vor Jérémy fürchtet, dann muss sich niemand vor ihm fürchten.«

Blanc versuchte, sich an die seltenen Male zu erinnern, als er sich um die Schule gekümmert hatte, während seine Kinder noch klein gewesen waren. Wer hätte ihm damals größere Sorgen bereitet? Ein geistesschwacher Junge, der mit sehnsüchtigem Blick auf die Schule starrt? Oder eine jähzornige, mit einer Schere bewaffnete Klassenkameradin? »Magali ist diejenige, um die wir uns zuerst kümmern müssen«, stimmte er zu.

Daraufhin rief Fabienne bei den Kollegen in Gadet an. Nachdem sie das Gespräch beendet hatte, erklärte sie Blanc: »Madame Auger und ihre Tochter haben sich für die Fahrt nach La Barben ein Taxi genommen. Nachdem die Feier abgebrochen wurde, hat sich die Mutter wieder einen Wagen bestellt, um nach Salon zurückzukehren. Der Fahrer kam gerade bei der Burg an, als wir dort alles durchsucht haben. So konnten ihn zwei Kollegen kurz befragen. Er wird oft von Madame Auger gerufen. Die Frau fährt schon länger kein Auto mehr. Und ihr Mann ist definitiv nicht auf der Feier gewesen.« Sie atmete tief durch und sprach nicht weiter.

»Ja«, erwiderte Blanc bloß. Weitere Erklärungen waren überflüssig. Falls Magali ihrer Freundin etwas angetan hatte, musste Noëlle noch irgendwo auf La Barben sein. Eine Neunjährige hätte Noëlle nicht allein fortschaffen können. Und selbst wenn sie sich ihrer Mutter anvertraut hätte – was nach allem, was Blanc heute Morgen gesehen und gehört hatte, ziemlich unwahrscheinlich war –, dann hätte auch Madame Auger ihr nicht beim Transport helfen können. Die Lehrerin hatte gesagt, dass Magali hochintelligent sei. Und dass sie vernarrt sei in Tiere. »Ob Magali zwischen den Gehegen des Zoos ein Versteck gefunden hat, dass einer Hundertschaft Gendarmen entgehen könnte?«, fragte er.

»Und auch den Suchhunden?«, erwiderte Fabienne zweifelnd.

»Vielleicht kennt sich das Mädchen mit Tieren besser aus als jeder von uns. Und es ist doch möglich, dass eine wie Magali weiß, wie man Spuren verwischt?«

»Magali ist für mich eher ein Opfer, keine Täterin. Denk an ihre Eltern.«

»Genau das tue ich«, erklärte Blanc. »Viele Gewalttäter sind zuvor selbst Opfer gewesen. Das macht sie ja gerade erst zu Tätern.«

»Aber das Mädchen ist doch erst neun! Und außerdem ist die Kleine jähzornig.« Fabienne schüttelte den Kopf. »Wenn du mitten im Unterricht mit einer Schere auf eine Mitschülerin losgehst, dann siehst du rot. Du denkst nicht über die Folgen nach. Wenn Magali an dem Abend der Hochzeit ebenfalls so ausgerastet und wirklich das Allerschlimmste passiert wäre, dann hätten wir irgendetwas gefunden: Blut, Kampfspuren oder einen Zeugen, der etwas gehört hätte. Aber Noëlle ist aus dieser Burg verschwunden, ohne dass es scheinbar irgendjemandem aufgefallen wäre. Die Hunde haben ihre letzte Spur bis zum Parkplatz verfolgt, jemand muss Noëlle mit dem Auto weggebracht haben. Das kann keine Neunjährige gemacht haben, auch nicht mithilfe ihrer koksenden und führerscheinlosen Mutter.«

Blanc schlug frustriert aufs Lenkrad. »Aber Magali hat uns etwas verschwiegen! Hast du das nicht gespürt? Diese Blicke immer wieder zur Mutter, ihre Verschlossenheit, ich habe ein mieses Gefühl dabei. Das Mädchen weiß irgendwas, aber will es uns nicht sagen.«

»Wir können nicht eine Neunjährige auf die Station schleppen und verhören, nur weil ein gewisser Capitaine ein mieses Gefühl hat. Madame Auger wäre möglicherweise doch nüchtern genug, um sich einen Anwalt zu nehmen. Wie stehen wir dann da? Zwei Gendarmen, die eine verschwundene Neunjährige suchen, haben nichts Besseres zu tun, als eine zweite Neunjährige zu verschleppen? Nkoulou würde ausrasten.«

Auf der Station von Gadet war es ziemlich ruhig. Die meisten Beamten waren noch ausgeschwärmt, auch Nkoulous Büro stand leer. Marius war nirgendwo zu sehen. Blanc ging kurz zur Zelle und blickte durch die vergitterte Scheibe der Tür, nur zur Sicherheit. Bourniquel lag auf dem schmalen Bett und starrte an die Decke. Er wirkte nicht, als wäre er verprügelt worden.

Blanc kehrte zu Fabienne zurück. »Wir teilen uns auf. Nimm dir noch mal Lalles Fotos vor. Schau dir die Uhrzeiten an, die kann man doch auf jedem Datensatz auslesen, oder? Vielleicht können wir so herausfinden, bis zu welchem Zeitpunkt der Hochzeitsfotograf beide Mädchen abgelichtet hat – und ab wann nur noch Noëlle. Das wäre dann der Moment, in dem Magali verschwunden ist, um irgendwo aus einem Fenster zu gucken. Falls sie das getan hat.«

»Und du? Was machst du?«

»Ich gehe zur Boulangerie und hole uns Croissants.«

Doch als er eine Viertelstunde später wiederkam, war Fabienne nicht mehr am Schreibtisch. Verwundert sah Blanc sich um. Er stellte die Tüte mit dem Gebäck auf den Tisch und schob eine zerfledderte Ausgabe von *La Provence* unter die Tüte, damit die Butter, die schon die Tüte durchsichtig feucht gemacht hatte, nicht auf die Holzimitatplatte lief. Der wunderbare Duft füllte den Raum, bis selbst ein heruntergekommenes, überhitztes Büro der Gendarmerie-Station heimelig wirkte. Blanc hatte Hunger. Wenn Fabienne noch ein paar Minuten länger fortbleiben würde, könnte er sich nicht länger beherrschen und müsste den Inhalt der Tüte allein plündern. Er überlegte gerade, ob er am Automaten im Flur noch zwei Kaffee ziehen sollte, die zwar deutlich schlechter sein würden als diese Croissants, aber immerhin. Da kam Fabienne herein. Sie schloss die Tür hinter sich, sagte kein Wort. Sie war sehr blass. Sie wankte.

Erschrocken sprang Blanc rüber zu ihr, fing sie ab, führte sie zu ihrem Stuhl. »Was ist los?«, fragte er leise.

»Ich musste kotzen«, erklärte sie matt.

Schwangerschaft, Komplikationen, *merde, merde, merde.* Blanc griff zum Hörer. Er bemerkte, wie stark seine Hand zitterte. »Ich rufe einen Krankenwagen und …«

Fabienne sah ihn einen Moment lang erschrocken an, dann verstand sie, was er dachte, und sie brachte ein schwaches Lächeln zustande. »Mir geht es blendend«, log sie. »Das hat damit nichts zu tun«, sagte sie auf ihren Bauch tippend. »Sondern damit.« Sie deutete auf den Computermonitor.

Blanc legte den Hörer zurück auf die Gabel, ganz behutsam, so als könnte eine heftige Bewegung noch mehr kaputtmachen – was immer es war, was hier in den letzten Minuten kaputtgegangen war. Er zog einen Stuhl heran, setzte sich neben Fabienne und blickte auf den Bildschirm. Er brauchte ein paar Augenblicke, bis er begriff, was er da sah.

Ein nackter Mann.

Und ein nacktes Mädchen.

Das ist nicht wahr, dachte er und wusste doch zugleich, wie lächerlich so eine Illusion war. Er spürte den Zorn in sich aufwallen, heiße, blinde Wut, befeuert von der Scham – er schämte sich, weil er sich allein dadurch, dass er dieses Foto ansah, selbst wie ein Stück Dreck vorkam. Den Mann hatte er noch nie gesehen, er war eher sechzig als fünfzig. Das Mädchen ist nicht Noëlle, fuhr es Blanc durch den Kopf, auch nicht Magali. Aber ungefähr in deren Alter.

»Das Foto hat Lalle gemacht?«, flüsterte er erschüttert.

»Nicht bei der Hochzeit.« Fabienne atmete tief durch. »Ich habe getan, worum du mich gebeten hast: Ich habe mir die Metadaten angesehen. Und dabei habe ich mir die Speicherkarte etwas genauer angeschaut.« Sie schloss für einen Moment die Augen. »Weißt du«, erklärte sie dann, »vermutlich hat Lalle eine SD-Karte in die Kamera eingeschoben, deren frühere Daten er zuvor gelöscht hatte. So hatte er Platz für seine Hochzeitsfotos. Aber die Dateien, die du einmal auf einer SD-Karte gespeichert hast, werden vom System nicht wirklich gelöscht. Sie werden vom Programm gewissermaßen nur versteckt. Die Kamera, in der die SD-Karte steckt, erkennt die alten Dateien nicht mehr. Der Apparat schreibt die Dateien neuer Fotos über die alten Bilder und vernichtet sie dabei erst nach und nach. Doch auf den Abschnitten der Speicherkarte, auf denen noch keine neuen Fotos abgelegt sind, sind immer noch die alten Aufnahmen vorhanden, wie hinter einem Schleier verborgen. Diesen Schleier kannst du mit einer Spezialsoftware lüften. Wenn man gezielt danach sucht. Ich habe gesucht und«, sie deutete erschöpft auf den Monitor, »dabei das hier gefunden.«

»Wie viele Fotos?«, fragte Blanc bloß.

»Einundzwanzig. Lalle hat bei der Feier mehr als zweitausend Fotos geschossen, die SD-Karte ist beinahe voll. Doch in einem kleinen, nicht neu beschriebenen Sektor findest du einundzwanzig andere Bilder. Solche Bilder.«

»Kinderpornografie.«

»Ja.«

Blanc wandte den Kopf vom Monitor ab und sah nach draußen. Ein elektrischer Weihnachtsstern blinkte zwischen den

Platanen. So harmlos. Aber ihm kam das in diesem Moment wie eine Verhöhnung vor, wie irgendein perfider Trick, der ihn über die Schlechtigkeit der Welt hinwegtäuschen sollte. Er hatte kein Gespür mehr für die Zeit und wusste nicht, wie lange er so verharrte, doch irgendwann seufzte er. Es half ja nichts. »Ich sehe mir diese verdammten Fotos einmal schnell durch. Du kannst weggucken.«

»Ich habe sie schon durchgeklickt. Immer derselbe Kerl. Immer dasselbe Mädchen.« Fabienne ballte wütend die Fäuste. Dann rief Blanc mit der Computermaus die Fotos einzeln auf.

Nach dem einundzwanzigsten Bild lehnte er sich erschöpft zurück. Er fühlte sich wie durchgeprügelt. Professionell bleiben, ermahnte er sich, du musst jetzt zu hundert Prozent funktionieren. Wie eine Maschine. Keine Wut. Kein Hass. Kein Ekel. Erledige diesen Job, *merde*. Er berührte Fabienne behutsam am Arm. »Erklär mir, wie ich an die Metadaten komme. Ich will wissen, wann Lalle diese Fotos gemacht hat.«

Fabienne zwang sich ein Lächeln ins Gesicht, das sehr kläglich ausfiel. »Es geht wohl schneller, wenn ich das selbst erledige, statt es dir erst zu erklären.« Sie atmete durch und wandte sich wieder dem Computer zu. Ihre Hände flogen über die Tastatur. »Die Fotos sind sechs Monate alt«, erklärte sie dann. »Aufnahmen aus dem letzten Sommer.« Sie sah sich die Angaben genauer an. »Alle vom selben Tag, im Abstand weniger Minuten gemacht. Ich könnte diesem Typen auf dem Foto die Eier mit einer glühenden Zange abreißen. Und Lalle auch. Wenn ich mit dem fertig bin, wird der nie wieder ein kleines Mädchen fotografieren. Er wird überhaupt nie wieder jemanden fotografieren, geschweige denn eine Kamera anfassen können.«

»Das ist noch nicht alles«, murmelte Blanc düster.

»Wie bitte?«

»Der Mann hat das Mädchen im Freien missbraucht. Sie liegen auf einer Wiese im Sonnenlicht. Und im Hintergrund siehst du Bäume. Und bei einem Foto«, Blanc klickte ein paar Bilder zurück, »da erkennst du etwas mehr: Felsen und Eichen.«

Fabienne stand ruckartig auf. »Ich glaube, ich muss schon wieder …«

Während Fabienne auf dem Flur verschwand, blickte Blanc unverwandt auf das Foto. Er konzentrierte sich auf den Hintergrund, der verschwommen war, weil der Fotograf sein Objektiv auf die Personen fokussiert hatte, wollte den Hintergrund analysieren, bis es gar keinen Zweifel mehr gab.

Diese schrecklichen Fotos waren bei den Grotten von Calès gemacht worden.

Bis Fabienne zurückgekehrt war, hatte Blanc den Monitor ausgeschaltet und Kaffee geholt. Er reichte ihr einen Plastikbecher und schob ihr die Tüte der Boulangerie zu.

»Das geht jetzt wirklich nicht«, sagte sie schwach.

»Doch«, erwiderte er bestimmt, »das geht. Weil es gehen muss.«

»Ich …«

»Du darfst nicht umfallen. Wir haben Arbeit vor uns. Jetzt erst recht.«

Fabienne nickte müde und griff nach der Tüte. Ihre Hände zitterten so stark, dass Blanc schließlich das Papier aufriss, damit sie besser an die Croissants kam. Sie waren noch immer warm. Es konnte also nicht lange her sein, dass er mit dem Gebäck angekommen war, ihm kam es wie eine Ewigkeit vor. Die Croissants schmeckten nach Butter und waren weich und köstlich, und zugleich wussten Blanc und Fabienne, wie schrecklich absurd das war, denn sie mussten bloß den Knopf auf dem Monitor drücken und die Hölle würde zurückkehren.

Irgendwann waren die Plastikbecher leer und von den Croissants nicht einmal mehr Krümel übrig, und sie hatten kein Wort gewechselt. Da erhob sich Blanc und ging im Büro auf und ab. Er hob die linke Hand und zählte an den Fingern ab. »Erstens: David Lalle macht nicht nur Hochzeitsfotos, sondern auch Kinderpornos, und das nicht erst seit gestern. Zweitens: David Lalle kennt die Grotten von Calès. Der alte Compagnat hat es uns erzählt: In diesem Tal treiben sich häufiger seltsame Typen herum, die seltsame Dinge tun. Das ideale Versteck. Offenbar auch für Kinderschänder. Drittens: David Lalle hat an dem Abend Noëlle und Magali auffallend oft abgelichtet, Noëlle hat regelrecht für ihn posiert, wer weiß, was er ihr vorgemacht hat. Lass zuerst die Metadaten aller Fotos durchlaufen. Ich will die exakten Uhrzeiten von jedem einzelnen Hochzeitsbild wissen. Dann sehen wir, ob es irgendwo eine auffällige Lücke gibt, während derer Lalle bei der Feier einmal keine Fotos geschossen hat. Wäre interessant zu erfahren, wo er dann war und was er getan hat.«

Eine Stunde später rieb sich Blanc die tränenden Augen. Er hatte so viele Bilder gesehen, sein Blick flimmerte. Und er wusste, dass sie in eine Sackgasse geraten waren: Lalle hatte, so schien es, fast pausenlos Bilder gemacht – von den ersten Aufnahmen bei der Trauung auf den Stufen der Kirche um kurz vor achtzehn Uhr bis zu einem Foto von Tanzenden im Festsaal der Burg, das um kurz nach dreiundzwanzig Uhr gemacht worden war, nur Augenblicke bevor Matthieu Samson Alarm wegen der vermissten Noëlle ausgelöst hatte. Dazwischen gab es keine Lücke, die länger gewesen wäre als drei oder vier Minuten. Selbst während der Gänge des Festessens musste Lalle immer wieder aufgestanden sein, um Fotos zu machen. Tatsächlich hatte er relativ viele Aufnahmen von Noëlle und Magali gemacht, aber alle Bilder waren harmlos. Erst wenn man wusste, welche schrecklichen Aufnahmen noch in der Kamera verborgen waren, gruselte es einen, wenn man diese Fotos sah. Sie hatten zehn Aufnahmen gefunden, auf denen Noëlle ohne ihre Freundin posierte: Sie lachte, tanzte, einmal streckte sie die Zunge heraus. Blanc klickte auf eine bestimmte Aufnahme und zoomte sie so groß, dass sie den Bildschirm ganz füllte. Das letzte Bild von Noëlle. Da posierte sie schon nicht mehr für Lalle, sie schien den Fotografen vergessen zu haben. Sie saß an einem Tisch und löffelte aus einem Glasbecher Eiscreme. Neben ihr saßen Matthieu Samson, Roland Compagnat und Géraldine Tornero. Die vier schienen sich irgendetwas Lustiges zu erzählen, alle lachten, niemand blickte zum Fotografen hinüber. Die Aufnahme war um 20.51 Uhr gemacht worden.

»Der Typ hat sich sein Alibi selbst zusammengeknipst«, folgerte Blanc enttäuscht. »Er hat sich nach Noëlles Verschwinden niemals für längere Zeit von der Hochzeitsgesellschaft entfernt.«

»Es sei denn, jemand anders hat die Kamera benutzt. Lalle drückt sie einem Gast in die Hand, der macht weiter Bilder, während er selbst ganz andere Dinge tut.«

»Unwahrscheinlich. Lalle war kein Gast, er hatte an diesem Abend einen Job zu erledigen. Er war der offizielle Hochzeitsfotograf. Wenn der seine Kamera für längere Zeit an jemanden ausgeliehen hätte, dann wäre das aufgefallen. Das hätte uns irgendjemand gesagt. Lalle hat alle Bilder selbst gemacht.«

»Lass noch mal sehen.« Fabienne rief die Daten auf: 20.51 Uhr, das letzte Foto von Noëlle. Dann klickte sie das nächste Foto an: Raucher auf dem Weg zum Park vor der Burg. 20.55 Uhr. »Vier Minuten«, murmelte sie, »immerhin vier Minuten. Das ist praktisch die größte Lücke zwischen zwei Fotos, die wir haben.«

»Die Aufnahme von Noëlle ist im Festsaal gemacht worden, die von den Rauchern vor der Burg. Lalle muss von drinnen nach draußen gegangen sein«, gab Blanc zu bedenken.

»Auch wenn diese Burg ein großer Kasten ist, da bleibt trotzdem nur ein Weg vor die Tür. Wie viele Meter mögen das sein zwischen Saal und dem Anfang des Parks? Hundert Meter? Dafür braucht niemand vier Minuten.«

»Lalle musste ja nicht sprinten. Vielleicht hat er sich zwischendurch etwas zu essen geholt oder …«

»Verdammt!« Fabienne schlug auf den Tisch. »Dieser Typ hat ein Mädchen fotografiert, das missbraucht wurde. Und er hat Noëlle fotografiert, und danach ist sie verschwunden. Vier Minuten! Vielleicht hat er was mit dem Mädchen angestellt. Er ist danach im Park, du siehst es selbst. Der Park ist dunkel. Vielleicht hat Lalle Noëlle irgendwie verschwinden lassen. Dann hat er gewartet, bis der Alarm kam und die Aufregung und bis alle Suchteams da waren und wieder abzogen, und erst dann macht er sich wieder an ihr zu schaffen. Oder er hat einen Komplizen. Denk an diesen widerlichen Mann auf den Fotos. Lalle bringt Noëlle nach draußen, und dieser Kerl …«

»D'accord«, stimmte Blanc zu. »Wir führen Lalle von nun an als Verdächtigen. Und wir nehmen ihn uns sowieso vor – mit diesen Bildern auf der Speicherkarte. Er ist dran, so oder so.« So oder so … Während sie über Lalle sprachen, kam eine Erinnerung plötzlich zurück. Blanc fiel wieder eine Szene auf der Burg ein: auf dem Weg hinaus aus dem Saal, Fabienne und er hatten Matthieu Samson befragt, Noëlles Onkel. Und danach war dieser zu Lalle gegangen, hatte ihn am Arm gefasst und ihn praktisch aus der Burg geworfen.

»Lass uns sofort zu ihm fahren und ihn verhaften. Lass mich das machen!«

»Auf keinen Fall.« Blanc rieb sich die schmerzenden Schläfen. »Solange wir nicht wissen, wo Noëlle ist, müssen wir vorsichtig sein«, fuhr er fort. »Angenommen, Lalle hat tatsächlich etwas mit Noëlles Verschwinden zu tun. Wir verhaften ihn, aber er schweigt – was dann? Wir finden das Mädchen nicht. Und wir haben nicht einmal genug in der Hand, um ihn bei diesem Verbrechen zu überführen. Die kinderpornografischen Bilder können wir ihm eindeutig nachweisen, das reicht für eine Anklage. Aber Noëlle? Da können wir ihm nichts beweisen, im Gegenteil: Perverserweise sind seine Fotos ein ziemlich starkes Indiz dafür, dass er keine Gelegenheit zu einem Verbrechen hatte. Vier Minuten zwischen zwei Fotos – kein Untersuchungsrichter würde allein darauf ein Verfahren bauen.«

Fabienne strich sich verzweifelt durch die Haare. »Das macht mich krank. Was sollen wir tun?«

»Wir müssen so viel wie möglich über Lalle herausfinden. Wer ist der Kerl auf den Bildern? Wer ist das Mädchen? Warum hat Lalle solche Bilder gemacht? Allein zu seinem Vergnügen? Wohl kaum. Der Typ ist ein Profi – vielleicht verkauft er diese Bilder? Der Onkel von Noëlle kann ihn nicht leiden.« Er erinnerte Fabienne an die Szene. »Matthieu Samson weiß irgendetwas über Lalle.«

»Wenn Lalle Fotos anbietet, dann irgendwo im Netz. Matthieu hat einen Computershop.« Fabienne richtete sich auf und setzte sich mit neuer Energie an den Computer. »Wenn Lalle sich im Internet herumtreibt, dann kriege ich ihn!«

»Und ich gehe zu Nkoulou«, erklärte Blanc. »Er muss ein paar Beamte auf Lalle ansetzen. Wir werden ihn observieren. Vielleicht führt er uns ja selbst zu Noëlle.« Er legte ihr aufmunternd die Hand auf die Schulter. »Der Kerl ist fällig. Und wir finden Noëlle«, versprach er.

Doch sobald er die Tür hinter sich geschlossen hatte und auf dem Flur stand, ballte er die Fäuste. Ein verschwundenes Mädchen und ein perverser Mann – das kann zu einer grauenhaften Tat führen, aber dieses Verbrechen wäre zugleich auch irgendwie klar: ein Opfer, ein Täter, ein Motiv, eine Tat. Doch hier hatten sie es mit Bourniquel und Lalle, dazu mit dem Vater und dem Onkel des Mädchens und sogar mit deren neunjähriger Freundin zu tun. So unterschiedliche Menschen, so verschiedene mögliche Motive. Und war das überhaupt eine einzige Tat? Verübt an einem einzigen Abend? Er dachte an Noëlles Mutter und ihre Großmutter, ihre mysteriösen Tode. Wenn diese doch etwas mit dem Verschwinden des Mädchens zu tun hatten – welche Rolle spielte dann ein junger Fotograf wie David Lalle? Der mochte ein Schwein sein, aber er war ein Halbwüchsiger ohne Führerschein gewesen, als man Noëlles Mutter mit einem Auto totgefahren hatte. Und er war noch nicht einmal geboren gewesen, als man Noëlles Großmutter eine Kugel in den Kopf geschossen und ihren Körper in den Grotten von Calès versteckt hatte.

Observation

Kurz darauf saß Blanc Nkoulou gegenüber und klärte ihn über die neuesten Entwicklungen auf.

»Vielleicht ist dieser Fotograf nur ein Beifang«, gab der Commandant schließlich zu bedenken. »So etwas kommt immer wieder vor: Wir arbeiten intensiv an einem Verbrechen und klären dabei zufällig ein ganz anderes auf.«

»Es kann sein, dass Lalle nichts mit Noëlles Verschwinden zu tun hat«, gab Blanc zu. »Bislang haben wir nur das kinderpornografische Material, das wir in seiner Kamera gefunden haben: ein anderes Mädchen, ein anderer Ort, eine andere Zeit. Keine Verbindung zu Noëlle. Noch nicht. Aber Sous-Lieutenant Souillard sucht bereits nach allem, was wir im Netz über ihn finden können. Und wir sollten ihn observieren. Sollte Lalle Noëlle doch in seiner Gewalt haben und mit ihr etwas anstellen wollen, dann wird er selbst uns zu ihr führen.«

Nkoulou blickte ihn kühl an. »Ich nehme an, Sie wollen diesen Job erledigen?«

»Selbstverständlich.«

»Nein.«

Blanc lehnte sich zurück, als hätte ihm sein Chef einen Schlag verpasst. »Warum? Es ist doch unsere einzige Chance, dass niemand weiß, dass wir Lalle ins Visier nehmen. Wenn wir das in der großen Runde besprechen – wie viele Leute arbeiten am Fall Noëlle? Hundert? Hundertfünfzig? –, sickert diese Information früher oder später zu einem Journalisten durch. Und dann wird der es veröffentlichen. Lalle wäre gewarnt.«

»Aber Lalle wäre auch gewarnt, wenn er ausgerechnet den Gendarmen, der ihn am Abend des Verschwindens in der Burg verhört hat, zufällig in seiner Umgebung entdeckt: nämlich Sie, *mon Capitaine.*« Nkoulou schüttelte den Kopf. »Das Risiko können wir nicht eingehen. Sie haben recht: kein Wort in der großen Besprechung. Ich werde vertraulich einen Kollegen einweihen und auf den Fotografen ansetzen, einen einzigen. Jemanden, der Lalle noch nie verhört hat.«

»Wen?«

»Lieutenant Tonon.«

»Marius?!«

»Der Kollege hat sich in den letzten Tagen ausschließlich mit Bourniquel befasst. Er war zuletzt«, der Chef hüstelte, »sagen wir: überengagiert. Tonon muss einmal frische Luft schnappen. Und wie kann man in unserem Job besser frische Luft schnappen, als stundenlang vor einer Wohnung auszuharren?« Der Commandant drückte auf einen Knopf der Sprechanlage. »Holen Sie mir Lieutenant Tonon ins Büro«, befahl er Brigadier Sylvain. »Sofort.«

Dann wandte er sich wieder Blanc zu. »Lassen Sie uns noch über Monsieur Samson reden.«

»Sie waren bei ihm?«

»Diesen Vormittag. Zuvor habe ich auch einige diskrete Erkundigungen eingezogen.« Nkoulou räusperte sich. »Monsieur Samson und seine Frau hatten nach ihrer Hochzeit zwei Lebensversicherungen abgeschlossen, eine auf ihren, eine auf seinen Namen. Das tun manche Ehepartner. Selbstverständlich hat das noch nicht so viel zu sagen, aber in gewisser Hinsicht macht es Monsieur Samson ein klein wenig unverdächtiger. Wäre nur eine Lebensversicherung zu seinen Gunsten abgeschlossen worden – das wäre verdächtig gewesen. Aber so?« Der Chef hob die Hände. »Sie finden Tausende Paare in Frankreich, die solche Policen haben. Vollkommen normal.«

»Was aber nichts daran ändert, dass Monsieur Samson viel Geld zum passenden Zeitpunkt erhalten hat.«

»Exakt.« Nkoulou konnte sich ein winziges, triumphierendes Grinsen nicht ganz verkneifen. »Ich konnte Monsieur Samson ja schlecht direkt auf diese Lebensversicherung ansprechen, ohne dabei sein Misstrauen zu erregen. Ich habe ihm stattdessen erklärt, dass man bei einem verschwundenen Kind niemals die Möglichkeit einer Erpressung ausschließen darf. Zwar haben wir noch keine Forderung erhalten, aber wer weiß? Ich habe ihn, gewissermaßen prophylaktisch, gefragt, ob seine Finanzen eine Erpressung wahrscheinlich machen. Wüsste ein Erpresser, dass Monsieur Samson Geld hat? Woher? Wie viel? Solche Sachen.«

»Und? Hat Samson Geld? Oder steckt er schon wieder in Schwierigkeiten?«

»Er hat viel Geld auf der Bank. Geld, über das er frei verfügen kann.« Nkoulou holte einen Block aus der Brusttasche seiner Uniform und studierte einige Notizen, die er sich gemacht hatte. Seine Schrift war winzig und gestochen scharf. »Samsons Betrieb ist in der großen Krise von 2008 in die roten Zahlen gerutscht, ein Jahr später stand er vor dem Ruin. Die Zahlung der Lebensversicherung hat ihn in der Tat über die nächsten vierundzwanzig Monate gerettet, was Monsieur Samson mir auch ungefragt gestanden hat. Er scheint das nicht verheimlichen zu wollen. Seither geht es aber mit der Wirtschaft wieder aufwärts: Die Leute haben Jobs, sie renovieren Häuser, für Samsons Marmorschneiderei sind goldene Zeiten angebrochen. Und selbst im Zoo neben der Burg haben sich im letzten Jahr die Besucherzahlen beinahe verdoppelt. Sie sind auf dem Niveau von vor 2008. Mit anderen Worten: Samson hat die Kurve gekriegt. Er ist reich. Seine Aussichten sind blendend. Und das«, Nkoulou seufzte, »macht die Sache noch ein wenig komplizierter. Denn wenn er wirklich reich ist, dann ist es ja tatsächlich möglich, dass er erpresst wird. Aber von wem? Wer könnte wissen, dass es Monsieur Samson nach der großen Krise vor neun Jahren finanziell jetzt wieder gut geht?«

»Seine Sekretärin«, erwiderte Blanc spontan. »Claire Pardini steht ihm offenbar recht nahe. Sie genießt sein Vertrauen. Es würde mich nicht überraschen, wenn sie Samsons Bilanzen und Kontostände kennen würde.«

»Und mich würde es nicht überraschen, wenn auch sein Bruder zumindest einigermaßen im Bilde wäre.« Nkoulou blickte wieder in sein Notizheft. »Matthieu Samson hat nicht in eine reiche Familie eingeheiratet. Seine Frau und er haben ein ganz unauffälliges Leben geführt: eine Wohnung in Salon, Matthieu Samson besitzt in der Stadt einen Laden, der Computer verkauft und repariert. Ein solides Geschäft, wie es scheint, aber eine Burg können Sie davon nicht kaufen. Und seine Frau ist vor einigen Jahren ebenfalls gestorben, nach langer, schwerer Krankheit. Da gab es aber keine Lebensversicherung und damit auch keinen Cent. Im Vergleich zu seinem jüngeren Bruder ist Matthieu ein armer Schlucker geblieben.«

Blancs Gedanken wirbelten durcheinander. Genial, dachte er, teuflisch und genial zugleich: Sollte Matthieu Samson tatsächlich der biologische Vater Noëlles sein, dann könnte er, indem er sie entführt, seine eigene Tochter zu sich holen und zugleich den Bruder um sein Vermögen erpressen. Nur: Dafür gab es keinen Beweis. Matthieu Samson war während der Hochzeitsfeier auf der Burg und hatte ein Alibi. Und – was sollte der Bruder mit den anderen seltsamen Todesfällen der Familie von Noëlle zu schaffen haben? »Wenn das so weitergeht«, murmelte er, »haben wir irgendwann mehr Verdächtige, als uns lieb ist.«

»Noch sind Jean-Baptiste und Matthieu Samson offiziell keine Verdächtigen«, erinnerte ihn sein Chef. »Das bleibt ganz unter uns, *mon Capitaine*. Anders als der Kinderschänder.«

Bevor Blanc noch etwas dazu sagen konnte, wurde ohne Anklopfen die Tür geöffnet, und ein erschöpfter und wütender Marius Tonon stürmte herein.

»Setzen Sie sich«, sagte Nkoulou kühl. Dann deutete er auf Blanc. »Erklären Sie ihm die Lage.«

Blanc berichtete ihm von Lalles versteckten Fotos. Anfangs wirkte Marius so, als wollte er widersprechen, doch je mehr Einzelheiten zu den Bildern des missbrauchten Mädchens er hörte, desto nachdenklicher wurde er. *»D'accord«*, erklärte er. »Dann muss ich mir wohl jetzt diese Fotos ansehen.«

Als sie über den Gang auf Fabiennes Büro zugingen, fasste Marius Blanc am Arm und blieb stehen. »Zuerst habe ich gedacht, du hast dir mit Nkoulou einen Trick ausgedacht, um mich von Bourniquel wegzulocken. Weil ich mit dem Kerl nicht weiterkomme«, flüsterte er.

»Nein«, versicherte Blanc. »Ich wollte mich selbst um den Fotografen kümmern. Der Chef lässt mich nicht.«

»Dieser Bourniquel ist ein Arschloch«, seufzte Marius. »Er hat auf jede Frage eine Antwort. Am Anfang habe ich geglaubt, der ist gut vorbereitet. Du weißt, dass die meisten Menschen im Verhör nervös sind, die Fragen, der Druck, das macht jeden unruhig. Man verwickelt sich in Widersprüche, manchmal ungewollt, man erinnert sich nicht sofort an bestimmte Details, auf manche Fragen hat man einfach keine Antwort. So ist das normalerweise. Nur Berufskriminelle, die schon oft im Verhörraum gesessen haben, überstehen so etwas kühl und gelassen. So wie Bourniquel. Zuerst habe ich deshalb gedacht, der Typ hat sich eine Strategie zurechtgelegt. Auf jede Frage wusste der sofort die passende Erwiderung. Wo waren Sie? Wann haben Sie das Mädchen zuletzt gesehen? Wieso sind Sie während der Hochzeitsfeier einmal verschwunden? Wohin? Wie lange? Warum haben wir eine DNA-Spur des verschwundenen Mädchens in Ihrem Auto gefunden? Der war niemals verlegen oder unsicher oder auch nur überrascht. *Merde,* ich habe geglaubt, der Kerl ist so etwas von abgebrüht, man muss ihm die Zähne ausschlagen, um ihm mal einen Schrecken einzujagen. Doch je länger ich ihn in der Mangel hatte, desto mehr kam mir der Verdacht: Was ist, wenn der Typ einfach bloß die Wahrheit erzählt?«

»Den Verdacht habe ich auch«, erwiderte Blanc und blickte sich um, damit er ganz sicher war, dass niemand zuhörte. »Ich glaube, wir haben den Falschen.«

»Wir werden vor allen Leuten wie die größten Idioten Frankreichs dastehen, wenn wir ihn freilassen und sonst nichts Neues vorzuweisen haben!«

»Wir *sind* die größten Idioten Frankreichs«, brummte Blanc. »Wir haben keine Ahnung, was mit Noëlle geschehen ist.«

»Glaubst du, es war dieser Lalle?«

Blanc blickte sich ein zweites Mal nach allen Seiten um und beugte seinen Kopf nahe zu seinem Freund. »Ich bin mir sicher, dass der Fotograf ein Verbrecher ist. Ein Kinderschänder. Aber ich bin mir längst nicht so sicher, dass er Noëlle entführt hat. Vielleicht ist auch er der Falsche. Sag es aber nicht Fabienne.«

»*Merde*«, wiederholte Marius und öffnete die Tür zu Fabiennes Büro. Diesmal hatte er zuvor angeklopft.

»Ich habe Verstärkung mitgebracht«, sagte Blanc.

Fabienne blickte vom Computerbildschirm hoch und lächelte überrascht. »Marius! Ich habe schon befürchtet, du schlägst im Verhörraum Wurzeln.«

»Ich hätte lieber was ganz anderes geschlagen als Wurzeln. Der Chef meint, ich soll mal wieder an die frische Luft. Ich muss diesen Fotografen observieren.«

»Du weißt, warum uns Lalle ins Visier geraten ist?«

Marius nickte zu Blanc hinüber. »Wir kommen gerade von Nkoulou.«

Fabienne drehte den Monitor so, dass ihre beiden Kollegen

ihn ebenfalls einsehen konnten. Zuerst gingen sie die Fotos von der Speicherkarte durch. Marius sagte kein Wort, aber Blanc sah, wie er die Fäuste ballte und dann die Hände langsam wieder öffnete.

»Ich habe ein paar Sachen über ihn zusammengesucht«, erklärte Fabienne danach und rief andere Seiten auf. »David Lalle, sechsundzwanzig Jahre alt, wohnt in Salon. Er ist eigentlich kein Knipser, der sich mit seiner Kamera irgendwie durchschlagen müsste. Er hat in Arles an der ENSP studiert, der *École Nationale Supérieure de la Photographie*, besser geht es nicht. Nach seinem Diplom hat er sich als Fotokünstler niedergelassen, er macht anspruchsvolle, großformatige Bilder, die in Museen und Galerien ausgestellt werden. Wisst ihr, wo seine nächste Ausstellung eröffnet wird? In Lamanon, ausgerechnet. Ist nur noch ein paar Tage hin.« Sie schnaubte verächtlich. »Mit seinen Kunstfotos verdient unser Freund aber offenbar nicht sehr viel Geld. Also nimmt er Jobs wie den bei der Hochzeitsfeier an, um sein Budget aufzubessern. Aber das scheint ihm auch nicht zu reichen.« Fabienne klickte sich nun in verwirrendem Tempo über den Schirm und öffnete seltsam aussehende Seiten, die Blanc noch nie gesehen hatte. »David Lalle«, erklärte sie dabei, »führt im Internet ein Doppelleben. Einerseits der Kunstfotograf mit seinen Ausstellungen, den du auch für Veranstaltungen buchen kannst. Er hat eine professionell gemachte Website, die du in fünf Sekunden googeln kannst. Andererseits«, sie atmete durch, »bietet der Fotograf auch im Darknet seine Dienste an.«

»Für Kinderschänder.« Blanc musste sich setzen.

Seine Kollegin nickte. »Genau. Nur für Eingeweihte, für die, die sich in den Hinterzimmern des Internets auskennen. Du kannst Lalle im normalen Netz buchen, wenn du deine Tochter auf einer Burg verheiraten willst. Und du kannst ihn im Darknet buchen, wenn du ein Kind missbrauchen willst. Das scheint jedenfalls so etwas wie seine Spezialität zu sein. Pädophile Kerle kontaktieren ihn im Darknet, damit er Fotos macht, während sie Kinder vergewaltigen. Lalle bietet diese Dienste in ganz Südfrankreich und auch noch in Spanien an: Er reist zu den Kunden oder schlägt selbst Treffpunkte vor.«

»Wie die Grotten von Calès?«, fragte Marius. Fabienne nickte. »Die scheint Lalle ziemlich gut zu kennen. Gut genug jedenfalls, dass er damit Werbung macht. Der Typ weiß ganz genau, dass er sich in Calès gut verstecken kann.«

»Und ein Kind kann aus diesem Talkessel auch nicht so einfach fliehen. Es gibt nur zwei versteckte Wege«, ergänzte Blanc düster.

»Ich muss mich wirklich beherrschen, um nicht auf der Stelle aufzustehen und nach Salon zu fahren, um den Kerl zusammenzuschlagen.«

»Ich weiß genau, wie sich das anfühlt«, versicherte Marius. »Ich kümmere mich um ihn.«

Fabienne klickte auf eine Taste, und der Laserdrucker erwachte summend zum Leben. Sie wusste, dass Marius Daten weder auf dem Computer noch auf dem Handy ansehen würde. »Ich drucke dir alles aus, was wir zu Lalle haben. Selbstverständlich auch seine Adresse«, sagte sie. »Und ich habe sein Autokennzeichen. Wenn Lalle irgendwohin fährt, kannst du ihn kaum aus den Augen verlieren, sein Wagentyp ist nicht gerade häufig auf den Straßen zu sehen: ein Tesla S in Dunkelgrün.«

Blanc pfiff durch die Zähne. »Ein stolzes Auto für einen sechsundzwanzigjährigen Kunstfotografen.«

Fabienne trat den Papierkorb quer durch den Raum. »Wahrscheinlich zahlen Kinderschänder bessere Gehälter als die Gendarmerie. Ich laufe jetzt zur Apotheke und besorge mir ein Magenmittel.«

Blanc und Marius gingen in ihr Büro zurück und schlossen sich ein. Blanc brachte seinen Freund und Kollegen auf den neuesten Stand der Ermittlungen, die mit jedem Tag komplexer geworden waren.

»*Merde*«, kommentierte Marius schließlich, »und während ihr das alles rausgefunden habt, habe ich einem Arschloch gegenübergesessen und mir die Scheiße angehört, die da rauskam.«

»Jetzt nicht mehr«, erwiderte Blanc.

Sein Kollege schüttelte missmutig den Kopf und blätterte den Stapel Ausdrucke durch, den Fabienne ihm gegeben hatte. »Gut möglich, dass ich bloß ein Arschloch gegen ein noch größeres eintausche. David Lalle hatte bei der Feier keine Gelegenheit, Noëlle zu entführen. Ich wollte es Fabienne vorhin nicht ins Gesicht sagen, sie ist so wütend, aber vier Minuten – das ist zu wenig. Ich habe Lalle an dem Abend zwar nicht verhört, aber ich habe ihn einmal gesehen: klein, schmächtig, Brillenträger. Sicher stärker als eine Neunjährige, aber sicher nicht in der Lage, ein Mädchen innerhalb von wenigen Augenblicken lautlos verschwinden zu lassen. Und wohin auch? Wie hätte Lalle auf der Burg in vier Minuten ein Versteck finden sollen, nach dem hundert Gendarmen seit fast einer Woche vergeblich suchen?«

»Möglicherweise hatte er einen Komplizen. Er brachte Noëlle nur bis zum Parkplatz, und dort hat jemand das Mädchen in Empfang genommen«, sagte Blanc.

»Und die beiden Gorillas von der Security haben nichts gemerkt? Das ginge, wenn überhaupt, nur, wenn Lalles hypothetischer Komplize auch Gast auf dieser Feier gewesen wäre. Dann wäre er den Wächtern nicht verdächtig vorgekommen.«

Blanc seufzte. »Fabienne wird irgendwie Lalles Kundendatei hacken müssen, falls er so etwas überhaupt hat. Vielleicht ist einer der Gäste jemand, den Lalle auch schon einmal bei einer Vergewaltigung fotografiert hat. Dann hätten wir eine Verbindung.«

Draußen war es inzwischen dunkel geworden. Marius erhob sich und streckte seinen fassförmigen Leib. »Ich fahre nach Salon und sehe mir Lalle an«, verkündete er.

»Du kannst ihn nicht von nun an vierundzwanzig Stunden am Tag observieren. Du musst auch mal schlafen.«

»Zwischendurch in meinem Fiat, vor seinem Haus. Ich habe einen leichten Schlaf, wenn sich der Typ rührt, dann weckt er mich. Ich habe versprochen, dass ich mich um den Kerl kümmere. Also kümmere ich mich. *Bonne nuit.*«

Abends fror Blanc wieder in seiner Ölmühle. Die Ziegel, die einmal sein neuer Kamin werden sollten, waren an diesem Tag ganz sicher von keinem Handwerker angerührt worden. Er fragte sich, wo Fuligni blieb. Vielleicht waren die Bauarbeiter sogar da gewesen, und der riesige Hund hatte sie vertrieben. Aber das Tier war nirgendwo zu sehen. Für ein gut geheiztes Hotelzimmer, in dem er sich für eine Nacht aufwärmen konnte, sahen seine Finanzen zu bedenklich aus, und er fragte sich gerade, ob er nicht einfach zurückfahren und auf der Gendarmerie-Station übernachten sollte, eine der beiden Zellen war ja noch frei. Doch als er zufällig aus dem Küchenfenster blickte, sah er einen eckigen, roten Volvo 940 Kombi, der unter den Platanen vor dem Haus ausrollte. Als die Fahrertür geöffnet wurde, dröhnte Deep Purple heraus, *»Child in Time«*, die alte Liveaufnahme aus Japan, so laut, dass es bis ins Haus hineinwummerte. Blanc ging neugierig hinaus. Die Langspielplatte mit der Konzertaufnahme musste auch bei ihm noch irgendwo herumliegen, falls sie die Scheidung und den Umzug überstanden haben sollte, seine Exfrau jedenfalls mochte Hardrock genauso wenig wie die Dohlen, die jetzt wütend krächzend aus den kahlen Platanenästen stoben. Paulette Aybalen sprang aus dem schwedischen Wagen. Seine Nachbarin war vierzig Jahre alt, sportlich, sie hatte ihre langen, schwarzen Haare zusammengebunden und wirkte, als hätte sie sich noch nie im Leben geschminkt. Sie hatte zwei beinahe erwachsene Töchter und einen geschiedenen Mann, der sie und die Mädchen so bedrängte, dass Blanc schon vor längerer Zeit Kollegen gebeten hatte, nachts hin und wieder Streife durch Sainte-Françoise-la-Vallée zu fahren. Und auch er hatte ein Auge auf seine Nachbarin – streng professionell, wie er sich selbst immer wieder einredete, eine Erweiterung seines Jobs, gewissermaßen.

»Komm rein, aber behalte deinen Mantel besser an.« Blanc küsste sie auf beide Wangen.

»So schlimm?«, erwiderte Paulette.

»Du hast von dem Kamin gehört?«

»Fuligni war heute Nachmittag bei mir und hat eine undichte Stelle im Dach vom Pferdestall repariert. Er hatte ein schlechtes Gewissen, weil er noch nicht bei dir war.«

Blanc seufzte. »Wenn der Kerl ein schlechtes Gewissen hat, warum kommt er dann nicht einfach vorbei?«

»Weil ich vor dir dran war. Ich habe die Dachreparatur schon vor einem halben Jahr in Auftrag gegeben.«

»Ein halbes Jahr?!«

Paulette lachte und fasste ihn am Arm. »Ich will mich gar nicht in deine Eishöhle setzen. Wir sind bei den Michelettis zum Weihnachtsessen eingeladen.« Sie zögerte und blickte ihn an. »Du weißt doch noch, dass wir eingeladen sind?«

»Selbstverständlich«, log Blanc.

Sie seufzte, und es war nicht ganz klar, ob sie ihm glaubte. »Ich habe die ganze Zeit darauf gewartet, dass du endlich Feierabend machst. Wir sind spät dran!«

Fünf Minuten später saß Blanc neben Paulette im Volvo. Im Wagen war noch ein Radio mit Kassettenteil eingebaut, Deep Purple dröhnte von einer Kassette, die Paulette selbst aufgenommen hatte. Sie drehte die Lautstärke herunter, damit sie sich unterhalten konnten. Im Innern roch es nach Stroh. Im Kofferraum – sie hatte die Rückbank umgeklappt, die Ladefläche des Kombis schien so groß wie ein Flugzeughangar – steckten gelbe Halme in der Stoffverkleidung, im Fußraum vor dem Beifahrersitz klapperte bei jeder Bodenwelle ein altes, dünn getrabtes Hufeisen. Paulettes Camargue-Pferde, dachte Blanc, Tiere, Noëlle mochte Tiere, *merde,* und schon war er wieder bei dem Fall. Er sah die Frau an seiner Seite an. Paulette war schön. Sie lächelte. Er hörte Musik, die er seit hundert Jahren nicht mehr gehört hatte. Jeder Atemzug in diesem wunderbaren, altmodischen Auto duftete nach Stroh und Stall und Freiheit. Sie fuhren durch einen Wald, die schmalen Blätter der alten Eichen glitzerten im Scheinwerferlicht, auf dem roten Erdboden glänzte Reif. Der Nachthimmel war unfassbar hoch, zahllose Sterne funkelten wie unendlich ferne, blaue Feuer. Die Welt ist schön, sagte sich Blanc, schön, schön, schön, verdammt.

»Hast du in letzter Zeit einen verwilderten Hund gesehen?«, fragte er.

»Fahndest du jetzt auch nach Tieren?«

»Ein Fell wie ein alter Teppich, eine Schnauze wie eine Gebirgslandschaft, und er ist ungefähr so groß wie eines deiner Pferde.«

»So ein Hund streift seit ein paar Tagen hier herum. Den hat vielleicht ein Jäger verloren. Oder jemand hat ihn ausgesetzt.« Sie hob bedauernd die Schultern. »Ich würde mich ja um ihn kümmern, aber der lässt keinen Menschen an sich heran.«

»Einen schon«, brummte Blanc. »Ich fange an, ihn zu vermissen.« Bevor seine Nachbarin darauf etwas erwidern konnte, wechselte er lieber das Thema. »Wie geht es Sylvie?«

Sylvie und Bruno Micheletti gehörte das Weingut Bernard, einige Hektar mit Reben, die tief im Wald versteckt in einer windgeschützten Senke wuchsen. Mit dem Auto waren es nur wenige Kilometer, über halb verwilderte Forstwege joggte Blanc regelmäßig bis zu den Weinstöcken. Er wusste, dass Sylvie seit Jahren gegen Krebs kämpfte, hatte aber nie gewagt zu fragen, gegen welchen.

»Sie hält sich großartig«, sagte Paulette. Sie lächelte jetzt nicht mehr. »Sie nimmt Methadon.«

Blanc glaubte, sich verhört zu haben. Paulette bemerkte seinen schockierten Gesichtsausdruck. »Das scheint eine neue Methode zu sein«, erklärte sie rasch. »Die Patienten nehmen Methadon, damit sie die anschließende Chemotherapie besser überstehen.«

»Chemo?«

»Sylvies nächste Runde ist nach den Feiertagen angesetzt. Deshalb treffen wir uns heute schon zum Weihnachtsessen.«

Blanc schaute aus dem Seitenfenster und sagte nichts mehr. Krebs. Methadon. Chemo. Das Schicksal war nicht gerecht.

Paulette bog nach links ab und manövrierte den schweren Volvo über einen kurvenreichen Waldweg. Die Karosserie ächzte und wankte bei jedem Schlagloch, obwohl sie in den zweiten Gang zurückgeschaltet hatte. Die Baumkronen über ihnen bildeten nun einen Schirm, der das karge Mondlicht weggefiltert hatte. Die Autoscheinwerfer warfen zittrige helle Balken zwischen Stämme und fast mannshohe Brombeersträucher. Einmal blitzten im Lichtstrahl kleine Augen auf: ein Kaninchen, das eine Sekunde schockstarr auf das Auto sah und dann selbstmörderisch quer vor den Kühler sprang. Paulette stieg auf die Bremse.

»Du hast es nicht überfahren«, versicherte Blanc und deutete in die Nacht. »Ich habe gesehen, wie es unter einem Strauch verschwunden ist.«

Sie gab vorsichtig Gas. Endlich wurde es zu ihrer Linken etwas weniger schwarz. Als sich Blancs Augen an das Zwielicht gewöhnt hatten, erkannte er lange Reihen kahler, niedrig gestutzter Weinstöcke. Zwischen den knotigen Hölzern war der sandige Boden geharkt und aufgeworfen, Eissplitter blitzten dort auf, wann immer zufällig ein Scheinwerferstrahl zwischen die Reben fiel. Nach einigen Hundert Metern verließen sie die Senke wieder, die Straße wand sich erneut hoch in den Wald, Dunkelheit umschloss sie. Dann fiel der Boden ab, ein zweites Tal öffnete sich vor ihnen, neue Reben, die sich irgendwo in der Schwärze jenseits des Lichtkreises verloren. Blanc kamen die Weinstöcke wie helle Seen aus Sand und Holz vor. Endlich erblickte er vor sich vier leuchtende, gelbe Flecken: Fenster im Haus der Michelettis, einem weitläufigen, massiven alten Haus auf einem Hügelrücken zwischen zwei Senken, ein Leuchtturm in einem Meer aus Reben.

Sie parkten vor einem alten, mannshohen Weinfass, das zur Dekoration vor dem Haus stand. In den Boden waren moderne Spots eingelassen, die mit einem Bewegungsmelder gesteuert wurden, denn sie waren aufgeflammt, als sich der Volvo auf den letzten Metern dem Anwesen genähert hatte. Bruno Micheletti trat vor die Tür und begrüßte sie mit offenen Armen. Er war Anfang fünfzig, kräftig, untersetzt, die kurzen Haare wechselten allmählich von schwarz zu grau, was ihnen etwas von einem getigerten Katzenfell gab. Blanc schüttelte seine Rechte, deren Innenfläche mit einem Hornhautpanzer überzogen war. Micheletti hatte das Weingut geerbt und arbeitete seit seinem fünfzehnten Lebensjahr zwischen den Rebstöcken.

»Habt ihr den Mörder geschnappt?«, fragte Bruno als Erstes. Er hatte die Reibeisenstimme eines starken Rauchers. Eines ehemaligen starken Rauchers – Blanc wusste, dass er seiner Frau zuliebe aufgehört hatte, nachdem ihr die Diagnose gestellt worden war.

»Niemand weiß, ob das Mädchen ermordet wurde«, erwiderte er. »Wir hoffen alle immer noch das Beste.«

»Lass ihn doch erst einmal reinkommen«, bat Paulette und küsste Bruno auf die Wangen.

Sylvie wartete im Salon auf sie. Sie war so alt wie ihr Mann, die langen, grauen Haare hatte sie zu einem Pferdeschwanz gebunden, ihre Augen waren ebenfalls grau, ihre Haut sehr hell. Im Sommer fiel ihre Blässe auf, jetzt im Winter, da niemand Farbe hatte, konnte ihr keiner die schwere Krankheit ansehen. Sie bewegte sich mit der Anmut einer Tänzerin, aber vorsichtig, so als erwartete sie, dass bei jedem Schritt doch irgendwann Schmerz durch ihren Körper zucken würde.

»Wie schön, dass du trotzdem kommen konntest«, begrüßte sie Blanc, und dieses »trotzdem« war die einzige Andeutung, die sie sich zum Fall des vermissten Mädchens erlaubte, und sie sagte es so, dass den anderen klar war, dass sie von nun an nicht mehr darüber reden sollten.

»Ich freue mich auf euch«, erwiderte Blanc, »auf euer himmlisches Essen – und euren warmen Ofen.« Er deutete auf einen alten, gusseisernen Godin, hinter dessen gläserner Klappe Flammen über Holzscheiten loderten. Er berichtete von seinem Malheur.

»Du kannst bei uns einziehen, bis Fuligni endlich Zeit gefunden hat«, bot Sylvie an. »Wir haben jede Menge Zimmer frei.«

Blanc schüttelte dankbar den Kopf. »Ich muss das Haus irgendwie fertig kriegen, meine Tochter kommt mich zu Weihnachten besuchen.« Es erstaunte ihn selbst, wie stolz er war, so etwas sagen zu können.

»Bon«, erwiderte die Hausherrin, »du hast das Schlimmste hinter dir. Unsere Kinder sind Teenager. In dem Alter versuchen sie, so selten wie möglich zu Hause zu sein. Wir sind froh, wenn wir Léo, Julie und Anouk wenigstens an Heiligabend bei uns haben. Aber wenn die Kinder erst mal größer sind, dann kommen sie liebend gern wieder angeflogen, wie bei dir.«

Blanc verzichtete darauf zu erklären, dass es das allererste Mal sein würde, dass seine Tochter ihn in der Provence besuchte. Und seinen Sohn Eric hatte er seit mehr als einem Jahr nicht gesehen.

Sylvie führte ihre Gäste an einen reich gedeckten Tisch, doch auf halbem Weg hielt Blanc an. Auf den steinernen Stufen einer alten Treppe, die vielleicht zu irgendeinem alten Speicher führte, hatten die Michelettis eine Krippe aufgebaut. In einem Stall wachten Josef und Maria an der leeren Krippe – das Jesuskind würden gute Katholiken wie die Michelettis erst zu Weihnachten um Mitternacht hineinlegen –, und davor, so schien es, strömte die halbe Provence zusammen. Jede Figur war unterarmhoch und aus Holz oder Ton, Blanc konnte das nicht so genau unterscheiden, die Gesichter jedenfalls waren fein geschnitten, Augen, Münder, selbst Nasenlöcher waren aufgemalt, jedes Kleid war handgenäht. Er erkannte eine Marktfrau, eine Fischhändlerin, drei Schäfer, einen Jäger, einen Fotografen, sogar einen Pfarrer und, ganz am Rande, einen Gendarmen in der Uniform des 19. Jahrhunderts. Und daneben stand ein Mädchen. Ein Mädchen ... Blanc verscheuchte die Gedanken schnell wieder, die ihm dabei kamen. Um die Figuren hatten die Gastgeber ein ganzes Miniaturdorf errichtet, vier Häuser, eine Kirche, eine Burgruine, alles aus bemaltem Ton. Dazu ein Brunnen und eine Brücke, die sich über einen Bach wölbte, der aus einem Streifen geknitterter Aluminiumfolie nachgebildet war.

»Das ist die Touloubre«, erklärte Bruno lachend, »und das bist du.« Er deutete auf den Gendarmen. Der Uniformierte war füllig, dunkelhaarig, und der Künstler hatte ihm mit feinem Pinsel einen walrossartigen Schnauzbart verpasst.

»Die Ähnlichkeit ist frappierend«, erwiderte Blanc.

Paulette stieß ihn scherzhaft an. »Hast du denn schon deine Santons aufgestellt?«

Er räusperte sich verlegen. »Ich muss mir erst einmal welche besorgen.«

»Fang mit der Heiligen Familie an«, riet Sylvie. »Und kauf bloß nicht diese schrecklichen nachgemachten Dinger aus dem Gartencenter. Du brauchst die richtigen Santons, wir erstehen jedes Jahr vor Weihnachten eine neue Figur in Miramas-le-Vieux. Eine pro Jahr, das ist dann nicht so teuer. Wenn du gleich ein ganzes Dorf kaufst, hast du kein Geld mehr für ein Weihnachtsgeschenk für deine Tochter übrig.«

Blanc dachte an seinen Kamin und fürchtete, dass er auch ohne den Kauf einer Heiligen Familie ruiniert war. »Miramas-le-Vieux«, murmelte er, *»d'accord.«*

Sie aßen Wildschwein in Rotweinsoße, Bruno hatte den Eber am Vortag im Wald jenseits der Weinstöcke geschossen. »Jedes Jahr werden es mehr Tiere«, seufzte er, »und inzwischen pflügen sie uns schon die Reben um. Aber wenigstens schmecken sie gut.«

Blanc genoss das würzige Fleisch, die schwere Soße, den Reis aus der Camargue, den man richtig zerkauen musste wie zarte Sandkörner, den Rotwein von Bernard, der in den Gläsern funkelte. Er hoffte, dass der Wein und das Essen und Paulettes Lächeln ihn entspannen würden, er wollte sich dringend entspannen, wollte fröhlich sein und Scherze machen, und vor allem wollte er vergessen. Aber da war etwas, das ihn, auf eine ganz seltsame Art, vielleicht an diesem Abend mit Sylvie verband: Da ist etwas in dir, das du nie ganz verdrängen, das du nie ganz ignorieren kannst, etwas Fremdes, etwas Gefährliches. Nie lehnte er sich bis zur Stuhllehne zurück, nie lachte er laut auf, nie atmete er tief durch. Als das Essen, weit nach Mitternacht, vorüber war, ertappte er sich dabei, dass er die Stunden zählte, bis er wieder in der Gendarmerie-Station erscheinen konnte.

Als sie durch den Wald zurückfuhren, lächelte Paulette wieder, aber jetzt war es ein trauriges Lächeln, was schließlich sogar Blanc auffiel. Er wollte sich entschuldigen. »Ich …«

»Schon gut«, sagte sie rasch. »Ich habe selbst zwei Mädchen. Wenn Audrey oder Agathe verschwunden wären …« Sie straffte sich. »Ich danke dir, dass du dir überhaupt die Zeit genommen hast, mit uns zu essen. Angesichts dieser Umstände.«

»Wenn wir Noëlle nicht finden, wird mich das bis zum Ende meiner Tage verfolgen«, murmelte Blanc. Er wollte Paulette nicht mit seinen Sorgen behelligen, aber irgendwie musste es heraus, es ging einfach nicht anders. »Vergiss es«, fügte er schnell hinzu. »Ich bekomme momentan einfach nicht genug Schlaf. Wir finden die Kleine.«

Den Rest des Weges legten sie schweigend zurück.

Paulette fuhr bis zu ihrem Haus. Seit eines ihrer Pferde die einzige Laterne der Auffahrt mit einem gezielten Huftritt zerschmettert hatte, lag der Platz vor ihrer Tür in tiefer Dunkelheit. Blanc wollte seine Nachbarin bis zur Tür begleiten und dann über die Straße nach Hause gehen. Er zog sein Handy aus der Jackentasche, um dessen Lampe einzuschalten. Er beugte sich über das Display. Dann hielt er inne. Er sah nichts, hörte nichts. Aber er spürte etwas. Vielleicht ist der Hund zurück, hoffte er. Er hob den Kopf.

Da traf ihn ein Faustschlag auf dem linken Auge.

Der Hieb kam aus dem Nichts, Blanc ging zu Boden, sein Handy schlug irgendwo auf dem Kies auf. Ihm war, als hätte er Lichtblitze hinter der Stirn, ihn schwindelte, und er spürte schon, wie sein linkes Auge zuschwoll, als er blinzeln wollte. Dann hörte er einen Schrei, irgendwo weit über sich. Paulette. Er schüttelte den Kopf, kämpfte die Benommenheit nieder, kam mühsam hoch. Dämmerlicht, die Fahrertür des Volvos stand noch offen, gelber Schimmer aus dem Wageninnern fiel auf die Auffahrt. Er sah Paulette – und eine andere Gestalt. Ein Mann, der sie am Arm gepackt hielt.

Blanc taumelte, hob die Fäuste und schlug seine Rechte krachend gegen den Kopf des Unbekannten. Schmerz durchzuckte seine Hand, doch ihn durchflutete ein animalischer Zorn. Rache. Er schlug noch mal zu. Und noch mal. Der Unbekannte gab zuerst grunzende und schließlich wimmernde Laute von sich und sank in die Knie.

»Es ist gut, Roger, es ist gut«, hörte er irgendwann Paulettes Stimme, so dünn und weit entfernt, als käme sie aus einer anderen Welt. »Es ist mein Mann. Mein Exmann.«

Blanc hielt inne. Er blickte keuchend auf das Bündel Mensch, das sich vor seinen Füßen krümmte. »Dein Ex? Was will der hier?«, flüsterte er. Er war so ausgepumpt, dass er nicht normal sprechen konnte.

»Riechst du es nicht? Er ist total betrunken. Und wenn er betrunken ist, dann ... Es tut mir so leid.« Paulettes Stimme zitterte.

»Bon«, erwiderte Blanc und schluckte. Durchatmen. Klar sehen. *Merde.* Er sah nur noch durch ein Auge. Das andere wollte er lieber nicht betasten. Er könnte diesem Kerl schon wieder eine reinhauen. Er versuchte nachzudenken. Handschellen? Hatte er selbstverständlich nicht dabei. »Hast du irgendetwas, womit ich diesen Kerl fesseln kann?«, stieß er hervor.

Paulette beugte sich in den Volvo, öffnete das Handschuhfach und hielt Blanc ein schmales weißes Plastikband hin. »Kabelbinder«, erklärte sie. »Davon habe ich immer ein paar dabei, für das Heu.«

»Perfekt.« Blanc entriss ihr das Band und schlang es um die Handgelenke des Mannes, den er so niedergeprügelt hatte, dass er sich nicht mehr wehrte. Er wollte nicht zu genau hinsehen, wie er den Kerl zugerichtet hatte.

»Was hast du vor?«, fragte Paulette, und Blanc konnte Angst und Sorge und ein schlechtes Gewissen in ihrer Stimme erahnen.

»Ich nehme ihn mit auf die Station«, erwiderte er. »Da wird er die Nacht in der Zelle verbringen.«

»Ist das wirklich nötig? Ich weiß ... aber ... er ist mein Mann. Mein Exmann. Der Vater der Mädchen. Ich meine ...«

Blanc erinnerte sich wieder, dass Paulette ihm einmal gesagt hatte, dass ihr Exmann Anwalt sei. Ein Mann, der wusste, wie man sich wehren würde, der die Welt der Gerichte und der Flics kannte. Scheiß drauf. »Der Kerl sitzt ein«, bekräftigte er grimmig. »Ich lasse ihn nicht laufen. Sonst kommt er diese Nacht noch mal zurück. Ich habe ...« Er zögerte. Bilder flimmerten vor seinem geistigen Auge, ein Totenschädel mit einer Kugel, ein zerschmettertes Auto, ein lachendes Mädchen auf einem Handybildschirm. »... in den letzten Tagen zu viel gesehen«, schloss er.

Er schleppte den noch immer halb bewusstlosen Mann in seinen Espace und brauste nach Gadet. Dort warf er ihn in die zweite Zelle der Station, er hörte, wie sich Bourniquel nebenan über den nächtlichen Lärm beschwerte. Anschließend schrieb Blanc ein Protokoll und eine Anzeige. Am Ende war es doch so, wie er sich das zu Beginn des Abends gedacht hatte: Er verbrachte den Rest der Nacht auf der Gendarmerie-Station, allerdings auf dem unbequemen Stuhl in seinem Büro, weil die Liege der Zelle nun besetzt war.

Eine Frau kurz vor dem Ziel

»Was ist mit Ihrem Auge passiert, *mon Capitaine*?«

Blanc war um sechs Uhr zu seiner Ölmühle gerast, um im eisigen Bad eine eisige Dusche zu nehmen. Selbst die frische Kleidung, die er sich danach aus dem Schrank geholt hatte, fühlte sich tiefgefroren an. Dann war er zurück in die Station geeilt und nun auf dem Flur jener Kollegin in die Arme gelaufen, deren Namen er sich nie merken konnte. »Ich habe mich geprügelt«, antwortete er.

Die Beamtin lachte und ließ ihn stehen. Offensichtlich hielt sie das für einen Scherz. Er ging kurz in die Zelle und kontrollierte den Zustand des Verhafteten. Paulettes Exmann hatte zwei zugeschwollene Augen, ein Hämatom an der Stirn, aufgeplatzte Lippen, über dem linken Ohr leuchtete ein weiterer Bluterguss violett, blau und gelb. Er warf sich unruhig auf der Liege hin und her, doch er war nicht wach. Einen Moment lang fragte sich Blanc besorgt, ob er noch immer infolge der Schlägerei bewusstlos war, aber als er sich näher zu dem Mann hinbeugte, um ihm am Hals den Puls zu fühlen, roch er die saure Ausdünstung von Schweiß, Schnaps und Erbrochenem. Er sah unter die Liege. Der Kerl musste sich in der Nacht übergeben haben, er war noch immer schwer betrunken. Aber er hatte hoffentlich keine Verletzungen, die nicht wieder verheilen würden. Blanc beschloss, den Kollegen vom Frühdienst diesen Häftling zu überlassen. Sein Protokoll lag bereit. Mochten die Gendarmen ihn befragen, wenn Paulettes Ex wieder nüchtern genug war – und mochten die sich darum kümmern, die Zelle zu reinigen. Er verschloss die Tür und ging über den Flur. Dabei fiel sein Blick zufällig auf einen Wandkalender mit Werbebildern der Gendarmerie: Ein blauer Hubschrauber vor dem schneeglitzernden Gipfel des Montblanc war das Dezembermotiv, jemand hatte bereits mit Textmarker das heutige Datum umkringelt, alle abgelaufenen Tage waren durchgekreuzt: Montag, 18. Dezember. Es war nun schon fast eine Woche her, dass Noëlle verschwunden war. Eigentlich gab es keine Chance mehr, dass die Kleine noch lebte. Eigentlich.

»Was ist mit deinem Auge los?« Fabienne blickte vom Monitor auf, als er die Tür öffnete. Ihre Augen sahen nicht viel besser aus als seines; Blanc fragte sich, seit wie vielen Stunden sie schon wieder auf den Bildschirm starrte.

»Ich habe mich geprügelt.«

»Mach nicht auf Macho.«

Blanc seufzte und verzichtete auf umständliche Erklärungen. »Bist du weitergekommen?«, fragte er stattdessen.

»Ich versuche, mehr über Lalles Kunden herauszukriegen. Offenbar kontaktieren die ihn im Darknet, danach läuft alles über Handys mit Prepaid-Karten. Bezahlt wird in Bitcoin. Wird nicht leicht werden, die Spuren zu verfolgen. Eins scheint jedoch schon sicher zu sein: Der Fotograf bietet seinen Kunden keine Mädchen an. Die Typen, die ihn buchen, müssen sich selbst um die Kinder kümmern, die man auf den Bildern sehen soll. Mädchen, Jungen, kleine Kinder, Teenager – Lalle fotografiert sie alle, das scheint dem total egal zu sein.«

»Du weißt, was das bedeutet?«, erwiderte Blanc.

Fabienne nickte erschöpft. »Ja: noch ein Indiz weniger. Wenn Lalle es seinen Kunden überlässt, sich ihre Opfer zu holen, dann hat er kein Motiv, Noëlle zu entführen. Das gehört schlicht nicht zu seinem Job.« Sie seufzte.

»Wenn du auf Namen von Kunden stößt, dann vergleich sie mit der Liste der Gäste und Angestellten auf der Hochzeitsfeier. Könnte ja sein, dass es eine Überschneidung gibt«, sagte Blanc.

»Ja. Ich habe aus einem der Bilder von der SD-Karte die Visage des Kinderschänders herausgeschnitten und als eigene Datei gespeichert. Wir haben eine ganz gute Gesichtserkennungs-Software. Ich lasse Lalles Hochzeitsbilder und danach die Datenbank aller polizeibekannten Pädophilen durchlaufen. Vielleicht war der Kerl auf der Hochzeit. Oder vielleicht ist er schon mal verurteilt worden.«

Blanc ging über den Flur, öffnete die Tür zu seinem Zimmer und blieb überrascht stehen. Er hatte nicht erwartet, Marius an seinem Platz zu sehen.

»Was ist mit deinem Auge?«, fragte ihn sein Kollege.

»Ich habe es gemacht wie du: Ich habe mich geprügelt«, sagte er mit Blick auf Marius' Lippe.

»Ja, klar, ist auch egal, was du getan hast.« Marius strich sich durch seine wirr abstehenden Haare. Er sah so aus, als hätte er genau das getan, was er gestern Abend angekündigt hatte: als hätte er die Nacht in seinem schrottreifen Fiat verbracht.

»Ich denke, du observierst Lalle?«, fragte Blanc.

»Der Typ ist in besten Händen. Brigadier Barressi kümmert sich um ihn.«

»Selbst meine Oma mit Rollator würde Barressi abschütteln.«

»Lalle wird sich in den nächsten Stunden nicht vom Fleck rühren. Er hatte letzte Nacht keinen Besuch, ist nicht einmal vor die Tür gegangen. Wahrscheinlich hat er tief geschlafen, so wie Leute schlafen, deren Gewissen rein ist, *merde*. Heute Morgen ist er dann nach Lamanon gefahren. Da gibt es ein kleines Kunstzentrum. Lalle hat sich da mit ein paar Leuten getroffen und hängt seither riesige Bilder an die Wände. Das sieht so aus, als würde er noch Stunden damit zubringen. Deshalb habe ich Barressi gesagt, er soll sich Zivil anziehen und unauffällig vor der Galerie warten. Er ruft mich an, wenn sich irgendwas tut.« Marius tippte auf den Computermonitor. »Ich habe mir mal angesehen, was wir bei der Gendarmerie zu Lalle haben. Das Ergebnis meiner Nachforschungen lässt sich mit einem präzisen Wort zusammenfassen: nichts.«

»Keine Vorstrafe?«

»Nach unserer Datenbank ist der Kerl so sündenfrei wie der Dalai Lama. Ein gesetzestreuer Bürger.« Auch Marius' Augen waren rot gerändert vor Müdigkeit. »Dann habe ich noch die Videoaufnahmen aller Péage-Stationen an den Autobahnen rund um Salon ausgewertet, vom Tag der Hochzeit bis gestern. Nichts. Lalle fährt mit seinem schicken Tesla entweder sehr selten herum, oder er benutzt nur Landstraßen. Jedenfalls ist er letzte Woche nirgendwo mal durch eine Autobahnschranke gefahren. Wäre auch zu einfach gewesen, wenn wir eine Aufnahme von Lalle und Noëlle zusammen in seinem Auto hätten.«

»Was ist mit Lalles Handy?«, fragte Blanc.

»Das wird noch dauern, bis alle Daten ausgewertet sind. Ich habe mir schon mal die Daten für den Hochzeitsabend angesehen: Da hat sich sein Handy nicht bewegt, Lalle ist den ganzen Abend über am selben Ort geblieben. Er hat mit niemandem telefoniert. Und er hat in der fraglichen Zeit nur zwei SMS erhalten, eine Werbung und eine kurze Nachricht, offenbar von einem Freund, der fragt, ob er nächstes Wochenende mit ihm ins Kino geht. Könnte natürlich ein Code für irgendwas Perverses sein, aber wenn du mich fragst, dann ist das harmlos.«

»Fabienne meint, dass Lalle seine Kinderpornografie mit Prepaid-Karten organisiert.«

»Solange sie keine Nummern hat, komme ich da nicht weiter.«

Blanc nickte Marius aufmunternd zu. »Guter Job. Fahr nach Hause und leg dich ein paar Stunden hin. Ich kümmere mich um Barressi, wenn er um Hilfe ruft.«

Nachdem Marius sich aufgemacht hatte, ging Blanc in den verwaisten Besprechungsraum und stellte sich vor die große Schautafel, auf der die Ermittlungsergebnisse skizziert waren. In der Mitte hing ein Foto von Noëlle. Von diesem aus hatte jemand mit schwarzem Filzstift einen Pfeil zu einem Bild von Jean-Baptiste Samson gezogen, doch darunter stand bloß *Vater*. Blanc erkannte Nkoulous klare Schrift. Dann gab es viele Pfeile und gekrakelte Anmerkungen zwischen Noëlle und einem vergrößerten Passfoto von Bourniquel. Und sonst eigentlich nichts.

Er ging zurück in sein Büro, suchte herum, bis er eine alte Schreibtischunterlage aus Papier im Din-A3-Format fand, und zeichnete auf ihr seine eigene Skizze mit Noëlle in der Mitte. Der Pfeil ging links zu Jean-Baptiste Samson, und Blanc ergänzte die Beschriftung in seiner eigenen, sehr viel unleserlicheren Schrift um eine Kleinigkeit: *Vater?* Rechts zog er einen Pfeil zu Matthieu Samson und markierte ihn genauso: *Vater?* Darüber schrieb er *Séverine Samson* und an den Pfeil *Mutter*, das immerhin ohne Fragezeichen. Séverine und Jean-Baptiste verband ein Pfeil mit *Ehepartner*, Séverine und Matthieu mit *Liebhaber*. Über Séverine platzierte er Yvonne Fabre, neben sie setzte Blanc, nach kurzem Zögern, den Namen von Géraldine Tornero – die alte Kommunistin war ja zumindest dabei gewesen, als man Yvonne mit geschorenem Kopf durch Lamanon getrieben hatte. Neben Jean-Baptiste Samson schrieb er *Claire Pardini* und *Sekretärin/Geliebte?*. Unter Noëlles Foto setzte er *Magali Auger* und verband beide Namen mit *Freundin*. Und ganz unten auf das Blatt schrieb Blanc: *David Lalle – Jérémy Dominici*. Kein Pfeil zu irgendjemandem, die beiden Namen leuchteten auf dem Papier wie zwei Männer, die zufällig in eine Gesellschaft hineingeplatzt sind, in der sie nichts zu suchen haben.

Blanc wollte sich vor Müdigkeit die Augen reiben, vergaß

dabei die Schwellung und zuckte vor Schmerz zusammen, als seine Hand das Hämatom berührte. Weil ihm nichts Besseres einfiel, was er in den nächsten Stunden hätte tun können, suchte er sich in den Datenbanken alle Angaben zu Samsons damals drohendem Insolvenzverfahren zusammen. Er fand nichts wirklich Neues, doch als er die von der Marmorschneiderei eingereichten Dokumente durchsah, stutzte er. Sie waren gezeichnet mit *Roland Compagnat, Buchhalter*. Der Mann, sagte sich Blanc, musste schon damals längst im Rentenalter gewesen sein. Es kostete ihn weitere fünf Minuten, bis er wusste, dass Compagnat erst Ende 2009 in den Ruhestand gegangen war.

Unmittelbar nachdem die Firma durch das Geld aus Séverine Samsons Lebensversicherung gerettet worden war.

Blanc klickte sich weiter durch, bis er auf einen kleinen Artikel aus *La Provence* stieß, in dem Compagnat gewürdigt wurde: »Vierzig Jahre auf der Burg«. Demnach hatte Samson Compagnat zu Ehren eine Abschiedsfeier veranstaltet, über die ein Journalist dann berichtet hatte. Compagnat, las Blanc, sei 1970 von einem großen Unternehmen aus Fos-sur-Mer nach Lamanon gekommen, weil er, so wurde er zitiert, »bessere Luft atmen« wollte. Und er hatte den Buchhalterposten bei der Marmorschneiderei erst verlassen, »nachdem wir jetzt die wirtschaftlichen Turbulenzen glücklich überwunden haben. Wenn ich in der Krise gegangen wäre, dann wäre ich mir wie ein Verräter vorgekommen. Jetzt kann ich beruhigt in Rente gehen, denn die Bilanzen glänzen wieder.«

Blanc lehnte sich zurück. Glänzende Bilanzen ... Compagnat musste als Buchhalter am besten um die Bedeutung jener hohen Zahlung der Lebensversicherung gewusst haben. Und Blanc hatte im Artikel gelesen, dass die Burg von La Barben schon immer nicht bloß die Wohnung der Samsons beherbergte, sondern auch deren Büros. »Vierzig Jahre auf der Burg«. Compagnat musste dort jeden Winkel kennen.

Er beugte sich nach vorn und schrieb entschlossen auch Compagnats Namen unter den von Jean-Baptiste Samson. Nkoulou hatte ihm verboten, den Vater zu verhören. Aber es gab mindestens zwei Menschen, deren Befragung ihm der Chef *nicht* verboten hatte – und die ihm vielleicht mehr sagen konnten zu jener glücklichen und mysteriösen Firmenrettung vor einigen Jahren. Er wählte Compagnats Handynummer, doch der Alte ging nicht dran. In Samsons Firma sagte ihm eine Dame, dass Claire Pardini heute ihren freien Tag habe. »Sie ist zu Hause, sie hat zufällig gerade angerufen«, versicherte die Gesprächspartnerin. Blanc bedankte sich und legte auf. Er hatte ein Ziel.

Er schnappte sich seine Jacke und stürmte rüber zu Fabienne. »Zieh dich warm an, wir machen eine kleine Fahrt.«

»Ich kann nicht. Das Programm für die Gesichtserkennung läuft noch immer durch.«

»Das läuft auch gut ohne dich. Wenn du zurückkommst, kannst du dir in Ruhe die Resultate ansehen. Ich habe einen Job, bei dem es mir lieber ist, wenn eine Kollegin dabei ist.«

Sie seufzte, aber stand bereits auf. »Befragen wir schon wieder ein Kind?«

»Eine Frau. Es ist nicht weit.« Blanc suchte in seinem schmuddeligen Notizblock. »Claire Pardini wohnt in Saint-César.« Er hätte diese Sache auch sehr gut allein erledigen können. Doch er wollte, dass Fabienne für einen Moment fortkam von einem endlosen Reigen aus Missbrauch und Leid und den Fratzen jener Männer, die dafür verantwortlich waren.

Claire Pardini wohnte in einem modernen Apartmentkomplex außerhalb der Altstadt von Saint-César. Die Straße, die zur Anlage führte, endete vor einem Stahltor in einem hohen Schutzzaun. Blanc sah sich um: drei Überwachungskameras, zwei rote Lampen von Alarmanlagen, ein Tastaturfeld, auf dem die Bewohner den Code für das elektrisch betriebene Tor eingeben konnten. Da er die Ziffernkombination nicht kannte, blieb ihm nichts anderes übrig, als auszusteigen und auf einer Klingeltafel, die so groß war wie ein Kinoplakat, nach dem Namen der Sekretärin zu suchen. Als er endlich den richtigen Knopf gedrückt hatte, blickte er in die Kamera einer Gegensprechanlage und stellte sich vor.

Claire Pardinis Stimme schepperte aus einem versteckt installierten Lautsprecher: »Fahren Sie durch bis zum Haus Nummer neun, freie Parkplätze finden Sie direkt davor.« Mit elektrischem Summen öffnete sich die Barriere.

Der Komplex dahinter kam Blanc so vor wie eine zu groß gewachsene Stadt aus Legoland: ungefähr dreißig würfelförmige, irgendwie putzig aussehende moderne Häuser, jedes zwei oder höchstens drei Stockwerke hoch, gelb, ockerfarben, hellrosa gestrichen, mit Balkons an den Seiten. Gepflegte Rasenflächen glänzten zwischen den Blocks, ein schmales Asphaltband schlängelte sich von Gebäude zu Gebäude. Parkplätze überall, drei mit Holzpalisaden verkleidete Verschläge für Müllcontainer, im Zentrum der Anlage ein Swimmingpool, über dessen Wasserfläche eine dunkelblaue Schutzplane gespannt war, auf der sich braunes Laub und Winterdreck gesammelt hatten. Kein Fußgänger auf den Wegen, nicht einmal eine Bewegung hinter einem der zahllosen Fenster.

»Die Dame wohnt gern ruhig«, sagte Fabienne, nachdem sie vor einem rosafarbenen Haus mit einer neben der Eingangstür aufgemalten 9 geparkt hatten. Die Tür zum Treppenhaus öffnete sich summend, noch bevor sie ganz herangetreten waren. Die Stufen waren aus poliertem Marmor, die Wände weiß verputzt, und auf dem ersten Absatz wucherte ein mannshoher Gummibaum aus einem Terrakottatopf, als wäre das hier sein perfektes Biotop. Eine Tür im ersten Stock stand offen, Claire Pardini erwartete sie. »Was ist mit Ihrem Auge passiert, *mon Capitaine*?«, begrüßte sie ihn.

»Ich habe mich geprügelt«, erklärte Blanc.

»Das sagt er jedem«, setzte Fabienne hinzu. Beide Frauen lächelten nachsichtig und glaubten ihm offenbar kein Wort.

»Wir haben bloß ein paar Fragen, Madame Pardini. Dürfen wir eintreten?«, bat Blanc.

Die Sekretärin ging ihnen voran ins Wohnzimmer. Ein großes Fenster und eine Schiebetür führten von dort zum Balkon. Der Blick weitete sich auf die Lego-Häuser der Siedlung, den Pool, in einigen Hundert Metern Entfernung schimmerte grau der Étang de Berre. Der Wind riss Schaumkronen in die Wellen, Windböen rüttelten an den Fensterscheiben. Im Wohnzimmer standen eine beige Ledercouch, zwei dazu passende Sessel, ein kleiner Tisch, eine Anrichte, die einen bescheidenen Fernseher und eine kompakte Musikanlage trug, daneben ein Regal voller Taschenbücher. Alles modern und glatt und genauso konturlos wie die Mode, die Claire Pardini bevorzugte. Blanc hatte den Eindruck, seine Gastgeberin richtete sich ihr Leben in Onlineshops ein.

Er hatte bereits zuvor beschlossen, Nkoulous Geschichte von einer möglichen Lösegeldforderung zu übernehmen. »Madame«, begann er, »wir können nicht ausschließen, dass Noëlle entführt worden ist, um Monsieur Samson zu erpressen.«

Sie blickte ihn überrascht und etwas bestürzt an. »Aber wie soll dieser Bourniquel denn Jean-Baptiste ...«, die Sekretärin zögerte, »... meinen Chef erpressen können, wenn er schon von Ihnen verhaftet worden ist? Das ist doch absurd.«

»Monsieur Bourniquel hat noch nicht gestanden. So lange müssen wir weiter nach möglichen anderen Tätern fahnden, das ist ein ganz normales Vorgehen.« Blanc lächelte entschuldigend. »Bei unseren Nachforschungen haben wir allerdings festgestellt, dass der Marmorschneiderei vor einigen Jahren die Insolvenz gedroht hat. Könnte Monsieur Samson also überhaupt Geldforderungen erfüllen, sollte ihn jemand erpressen wollen? Sie verstehen, dass wir den besorgten Vater nicht unbedingt in dieser Zeit allzu detailliert befragen wollen, deshalb kommen wir zu Ihnen.«

»Der Firma geht es blendend«, erklärte Claire Pardini rasch. »Wir könnten sofort ...« Sie stockte.

»›Wir‹?«, fragte Fabienne höflich. »Sind Sie etwa Mitbesitzerin der Firma?«

»Das sage ich einfach so. Ich bin schon so lange dabei. Das hat nichts zu bedeuten.«

»Da bin ich nicht ganz so sicher«, sagte Blanc. Er lächelte noch immer, auch wenn ihm nicht entging, dass Claire Pardinis Blick nun nervös vom einen zum anderen ihrer Besucher hin und her flog. Er zog eine Ausschnittvergrößerung eines der Hochzeitsbilder aus seiner Jackentasche. Der Laserdrucker in Gadet war alt, druckte nur schwarz-weiß und hinterließ dabei weiße Linien auf dem Bild, trotzdem war das Motiv deutlich genug zu erkennen: Jean-Baptiste Samson und Claire Pardini, lächelnd Seite an Seite am Tisch, ihre Hände berührten sich.

Die Sekretärin errötete, als sie auf den Ausdruck blickte.

»Sie haben ein Verhältnis mit Ihrem Chef.« Blanc sagte das sehr gelassen und sehr bestimmt. Eine Feststellung, keine Frage. Kein Vorwurf, im Gegenteil: Er wollte, dass sie heraushörte, dass er dafür durchaus Verständnis hatte. Das war nichts als ein Bluff, ein kleiner, schäbiger Trick: Wenn er sie damit konfrontierte, aber zugleich signalisierte, dass er es durchaus normal, ja nachvollziehbar fand, dann würde sie es gar nicht erst abstreiten.

Tatsächlich holte Claire Pardini tief Luft. Sie deutete auf das Sofa, als wäre ihr jetzt erst aufgefallen, dass es in ihrem Wohnzimmer stand. »Setzen Sie sich doch bitte. Ich muss mich jetzt auch setzen.« Sie strich über ihren Bauch.

»Sie sind schwanger«, platzte es aus Fabienne heraus. Eine

Sekunde zuvor hatte sie die Sekretärin noch kritisch und ein klein wenig verächtlich gemustert. Jetzt jedoch fasste sie sie am Ellenbogen, als müsste sie ihr beim Hinsetzen helfen. Die beiden Frauen sanken Seite an Seite auf das Sofa. Blanc räusperte sich und setzte sich in einen Sessel.

»Wissen Sie«, fuhr Claire Pardini fort, und sie klang dabei traurig und erleichtert zugleich, »ich war schon drei Mal schwanger. Jedes Mal hat das mit einer Fehlgeburt geendet. Meine Gynäkologin versichert aber, dass es diesmal gut aussieht. Ich bin jetzt achtunddreißig. Wäre gut, wenn es endlich mal klappte.« Sie versuchte sich vergebens an einem Lächeln.

»Monsieur Samson ist der Vater?«, fragte Blanc behutsam.

Sie nickte.

»Und er weiß, dass Sie schwanger sind?«, fragte Fabienne.

»Oh ja!« Claire Pardini blickte die junge Polizistin stolz an. »Selbstverständlich. Wir sind schon ... sehr lange ein Paar.«

Blanc hatte seinen Notizblock gezückt. »Seit wann?«

»Seit 2008«, sagte Claire Pardini. »Es gab eine Weihnachtsfeier in der Firma, auf der Burg, und, *eh bien* ... Gewissermaßen feiern wir jedes Jahr im Dezember Jubiläum.«

2008, dachte Blanc. Ein Jahr *bevor* Séverine Samson nachts auf einer Landstraße starb. Er wog seine nächste Frage sorgfältig ab. »Warum haben Sie Ihr Verhältnis nicht längst offiziell gemacht? Monsieur Samson ist Witwer. Wenn Sie nun sogar schwanger sind, dann könnten Sie doch heiraten.«

»Aber wir *wollen* ja auch heiraten!« Claire Pardini blickte ihn flehentlich an, als wäre es ihr auf einmal ungeheuer wichtig, dass Blanc sie nicht moralisch verurteilte. »Sehen Sie: Jean-Baptiste sorgt gut für mich.« Sie vollführte eine ausholende Geste. »Diese Wohnung hat er für mich gekauft. Ich weiß, dass er auf andere Menschen manchmal etwas steif und kalt wirkt. Aber in Wahrheit ist er ein sehr verständnisvoller Mann. Sehr sensibel. Und in gewisser Weise auch sehr streng mit sich, beinahe zu streng. Er hatte ein schlechtes Gewissen, dass wir uns … *eh bien*, seine Ehe war damals schon in der Krise, und sicherlich hätte er sich scheiden lassen. Doch dann kam dieser schreckliche Unfall. Und danach wollte er nicht, dass wir in der ersten Zeit nach dem Tod seiner Frau unsere Beziehung öffentlich machen. Das hätte, nun ja, irgendwie herzlos gewirkt, finden Sie nicht?«

Blanc erwiderte nichts. ›Herzlos‹ traf es ganz gut, fand er.

»Jetzt, dachten wir, ist dieser tragische Tod aber so lange her. Jean-Baptiste und ich wollten zu Weihnachten unsere Verlobung verkünden. Wir wollten nächstes Jahr heiraten, noch vor der Geburt. Und ich wäre …«, sie zögerte kurz, »… ich wäre Noëlle ganz sicher auch eine gute Stiefmutter geworden. Aber nun …« Sie zupfte ein Papiertaschentuch aus einer mit Blumen bedruckten Pappbox und betupfte sich die Augen.

»Sie haben Ihre Hochzeitspläne aufgegeben?«, hakte Fabienne nach.

»Wir können doch nicht unsere Verlobung verkünden oder gar eine Hochzeit feiern, während Jean-Baptistes Tochter verschwunden ist!«, erklärte die Sekretärin verzweifelt. »Niemand würde das verstehen. Wir feiern, während das Mädchen … Verstehen Sie? Eine Hochzeit kann man verschieben.« Sie atmete tief durch und blickte Fabienne an. »Aber eine Schwangerschaft nicht. Ich will mein Kind bekommen, ich werde es bekommen. Nur eben nicht als Madame Samson. Jean-Baptiste wird es selbstverständlich anerkennen. Aber wir können die Geburt oder die Taufe nicht im großen Rahmen feiern, wir werden überhaupt nie etwas um dieses Kind feiern können, weil wir dann immer an das andere Kind denken müssen. Es ist«, sie ballte ihre Hände zu Fäusten und ließ sie dann jedoch kraftlos auf das Leder des Sofas sinken, »so ungerecht.«

»Hast du gehört, was Claire Pardini gerade gesagt hat?«, fragte Fabienne nachdenklich, als sie ein paar Minuten später die Treppe hinunterstiegen. Sie imitierte die Stimme der Sekretärin und traf ihren Tonfall ziemlich gut. »›Und ich wäre Noëlle ganz sicher auch eine gute Stiefmutter geworden.‹ Das hört sich doch so an, als wüsste sie ganz genau, dass sie niemals die Stiefmutter des Mädchens werden wird. Als wüsste sie schon, dass das Mädchen niemals wiederkommen wird.« Sie rieb sich die Schläfen. »Jean-Baptiste Samson hat eine Frau geheiratet, die er gar nicht geliebt hat. Es ging ihm bloß ums Geld. Mehr noch: Er weiß, dass seine Gattin ebenfalls nicht ihn liebt, sondern seinen Bruder. Bei keinem der beiden ist Liebe im Spiel gewesen, nur Kalkül.«

Blanc hielt ihr die Tür auf. Sie gingen auf den Streifenwagen zu. Ein winziger Terrier schnüffelte an einem Rad herum, der Mégane roch wahrscheinlich aufregend fremd in dieser Siedlung, in die sich niemand zufällig verirren konnte.

»Als Jean-Baptiste Samson 2008 ein Verhältnis mit seiner Sekretärin beginnt, und vielleicht ist es da tatsächlich Liebe, da ist ihm die eigene Ehefrau nur noch lästig«, fuhr Fabienne fort. »Und plötzlich ist Madame Samson tot. Jetzt ist Samsons Geliebte schwanger, da ist vielleicht auch die Tochter irgendwie lästig – die Tochter, von der offenbar alle Welt weiß, dass sie gar nicht Jean-Baptistes Tochter ist. Und dieses Mädchen ist auf einmal verschwunden. Wie passend, findest du nicht? Der feine Monsieur Samson ersetzt einfach eine ungeliebte Frau und ein Kuckuckskind durch eine geliebte Frau und sein eigenes Kind. Und womöglich hat er auch noch seiner Geliebten die Drecksarbeit überlassen.«

Blanc und Fabienne fuhren durch die stille Siedlung und warteten vor dem Stahltor, bis sich dessen schwere Flügel geöffnet hatten. Blanc blickte gedankenverloren zur Überwachungskamera hoch, gab Gas – dann stieg er abrupt auf die

Bremse. Er legte den Rückwärtsgang ein und raste mit quietschenden Reifen zurück, bevor das Tor wieder zufallen konnte.

»Wieso machst du jetzt schon wieder auf Autoscooter?«, keuchte Fabienne. »Was haben wir vergessen?«

Blanc deutete auf das erste Haus direkt am Tor, Block Nummer eins, es war sonnenblumengelb verputzt. Neben der Haustür leuchtete ein Messingschild: *Gérant d'immeuble.* »Lass uns beim Hausverwalter vorbeischauen«, erklärte er, dann deutete er auf eine der Überwachungskameras. »Irgendwo müssen diese Bilder ja gespeichert sein.«

Das Büro war im Erdgeschoss und stand offen. Der Hausverwalter war ein freundlicher älterer Araber, der bloß milde erstaunt aufblickte, als sie ihm ihre Gendarmerie-Ausweise präsentierten. »Wir brauchen die Bilder aller Überwachungskameras dieser Wohnanlage von den letzten sieben Tagen«, erklärte Blanc ohne Umschweife.

»D'accord«, erwiderte der Verwalter gleichmütig und machte sich an einem Computer zu schaffen.

Fabienne betastete die Taschen ihrer Jacke und fischte schließlich einen USB-Stick heraus. »Hier.«

Eine Viertelstunde später verließen sie das Büro, sie hatten einige Gigabyte Film auf dem USB-Stick. »Bitte behandeln Sie unseren Besuch vertraulich«, bat Blanc zum Schluss, »kein Wort zu einem der Bewohner.«

»Das sind nicht gerade Filme für einen spannenden Kinoabend. Hier passiert nie etwas.« Mit einem müden Winken verabschiedete sie der Verwalter.

»Du willst die Aufnahmen nach Claire Pardini durchsuchen?«, fragte ihn Fabienne, als sie zum Auto zurückkehrten.

»Vor allem vom Abend der Hochzeitsfeier: Wann ist sie von ihrer Wohnung losgefahren? Wann ist sie zurückgekommen? Ist sie zwischendurch einmal hier aufgekreuzt? Wann ist sie in den Tagen danach losgefahren? Zu gewöhnlichen Arbeitszeiten? Oder zu ungewöhnlichen Stunden? Kann man etwas Auffälliges in ihrem Auto erkennen? Vielleicht«, Blanc zögerte und seufzte, »Seile, Schaufeln, solche Sachen. Oder sogar das Mädchen. Theoretisch könnte Claire Pardini genau das gemacht haben, was alle Welt diesem Bourniquel vorwirft: Sie könnte das Mädchen bei der Feier entführt und am späten Abend hierhergeschafft haben. Danach ist sie zurückgekehrt, als wäre nichts gewesen. Von La Barben nach Saint-César braucht man nachts – wie lange? Zwanzig, fünfundzwanzig Minuten?«

»Claire Pardini lebt hier. Sie weiß, dass alles überwacht wird.«

»Manchmal machen Menschen Fehler.«

Sie fuhren zum zweiten Mal durch das Tor. Endlich, dachte Blanc erleichtert. Ihm kam die Wohnanlage wie ein Gefängnis vor, ein putziges Gefängnis in hellrosa und sonnenblumengelb, aber doch ein Gefängnis.

Er blickte nach vorn. Die Sonne stand schon tief. Es war ein wolkenloser Tag, das Licht war rotgolden und klar zugleich. Die Schatten der Pinien waren sehr lang, ihre Konturen waren wie mit schwarzem Stift scharf gezeichnet, sie legten verwirrende Muster auf die Straße. Er hatte seine Sonnenbrille auf der Station vergessen und kniff das Auge zusammen, das er noch zusammenkneifen konnte. Er fuhr vorsichtig. Nachmittags rauschten viele Wagen über die kurvenreiche Route départementale, die aus Saint-César hinausführte: Leute, die von der Arbeit kamen oder zum Einkaufen fuhren oder ihre Kinder aus der Schule abholten. Normalerweise rasten sie wie gedopte Formel-1-Piloten, doch den Mégane der Gendarmerie wagte niemand zu überholen. Eine lange Reihe von Autos zockelte brav hinter Blanc her. Vielleicht rette ich heute einem Raser das Leben, dachte er flüchtig.

Wenigstens das.

»Was machen wir, wenn uns die Aufnahmen der Überwachungskameras nichts Auffälliges zeigen?«, fragte Blanc schließlich, nachdem sie eine Zeit lang schweigend durch die Landschaft gerollt waren. »Ich habe mir letzte Nacht noch einmal alle Aussagen von den Teilnehmern der Hochzeitsfeier vorgenommen. Die Sekretärin hat zu Protokoll gegeben, dass sie den ganzen Abend auf der Burg geblieben ist. Samson hat das bestätigt, aber das mag eine Falschaussage sein, um seine Geliebte zu decken. Von den anderen Gästen haben wir kaum brauchbare Angaben dazu. Niemand hat wohl sonderlich auf sie geachtet. Wenn Claire Pardini also während der Hochzeitsfeier verschwunden ist, aber *nicht* zu ihrer Wohnung gefahren ist – dann haben wir nichts gegen sie in der Hand.«

»Leider. Claire Pardini gehört auf der Burg zum Inventar«, meinte Fabienne. »Die Sekretärin, die seit Jahren dort arbeitet, fällt einfach niemandem mehr auf. Sie wäre die perfekte Täterin. Sie kennt wahrscheinlich jede Ecke auf La Barben. Und wenn sie mit einem neunjährigen Mädchen an der Hand irgendwohin ginge, dann würde sich niemand etwas Böses dabei denken. Noëlle wäre auch nicht misstrauisch, schließlich kennt sie diese Frau seit ihrer Geburt. Selbst wenn wir Noëlles DNA oder Fingerabdrücke in Pardinis Auto fänden, was hätte das schon zu bedeuten? Vielleicht ist die Kleine schon Dutzende Male von der Sekretärin ihres Vaters herumkutschiert worden.«

»Claire Pardini entführt Noëlle während der Hochzeitsfeier«, nahm Blanc den Gedanken auf, »während einer Feier, bei der mehr als zweihundert Menschen anwesend sind, was bedeutet: zweihundert Verdächtige. Wer würde ausgerechnet sie ins Visier nehmen? Sie versteckt das Mädchen in einem Winkel dieser riesigen Burg, der den Suchteams entgeht. Und erst spät in der Nacht, nachdem die meisten Beamten für ein paar Stunden abgezogen sind, bringt sie Noëlle irgendwo anders hin und stellt was-weiß-ich-was mit ihr an.«

Fabienne nickte düster. »Noëlle ist seit einer Woche verschwunden – eine Woche, in der Claire Pardini relativ ungestört Spuren beseitigen könnte.«

»Trotzdem hakt irgendetwas an der Sache«, murmelte Blanc. »Denk an ihre Verzweiflung, vor allem am Ende unserer Unterhaltung. Claire Pardini ist so oft vergeblich schwanger geworden – jetzt endlich scheint es zu klappen. Sie hatte über viele Jahre ein heimliches Verhältnis – jetzt endlich soll es mit der Heimlichkeit vorbei sein. Eine achtunddreißigjährige, ledige, kinderlose Sekretärin will sich in ein paar Monaten in eine Mutter, Unternehmersgattin und Schlossherrin verwandeln. Noëlles Verschwinden bedroht diesen Traum, zumindest einen Teil davon: Claire Pardini wird den Mann, den sie seit Jahren liebt, nicht heiraten können. Und sie wird zusammen mit ihrem Kind auch zukünftig in dieser ummauerten Legoland-Wohnung leben und nicht auf einer prachtvollen Burg. Claire Pardini fühlt sich vom Schicksal betrogen, und ich glaube ihr. Sie profitiert nicht vom Verschwinden des Mädchens, im Gegenteil: Dieser Vorfall bedroht ihre Träume. Außerdem«, Blanc schüttelte zweifelnd den Kopf, »sind Séverine und Noëlle Samson ja vielleicht bloß zwei von drei Opfern. Vergiss Yvonne Fabre nicht, das erste Opfer!«

»Wie könnte ich die vergessen?«, erwiderte Fabienne müde. »Ich träume seit einer Woche von diesem Skelett.«

Blanc tätschelte ihre Schulter. »Denk nicht an die gruseligen Knochen. Versuch, dir Yvonne Fabre als stolze, reiche Frau in Dior-Jacke auf einer Burg vorzustellen. Oder von mir aus als Mädchen, das von seinen Mitbürgern 1944 nackt und mit geschorenem Kopf durch das Dorf getrieben wird. Auf jeden Fall als lebendige Frau – als lebendige Frau, die irgendetwas getan hat, das einen Mörder dazu bringt, auf sie zu schießen. Aber Claire Pardini kann nicht dieser Mörder sein, denn sie war noch nicht einmal geboren, als Noëlles Großmutter getötet wurde.«

»Und wenn diese Verbrechen doch nichts miteinander zu tun haben? Vielleicht sind es am Ende doch drei schreckliche, aber zufällige Ereignisse? Vielleicht gibt es Familien, in denen die Menschen über mehrere Generationen hinweg einfach bloß verdammtes Pech haben? Die Großmutter verliebt sich 1944 in den falschen Soldaten. Die Mutter hat einen Verkehrsunfall. Und die Enkelin wird von einem Verbrecher entführt. Dass alle Opfer miteinander verwandt sind, ist reiner Zufall. Manche Menschen ziehen die Finsternis an.«

»Und dann sterben solche Familien aus«, murmelte Blanc.

Den Rest des Tages verbrachten sie auf der Gendarmerie-Station. Fabienne hatte das Programm zur Gesichtserkennung komplett durchlaufen lassen und anschließend zur Sicherheit noch einmal Hunderte von Lalles Hochzeitsbildern persönlich angesehen: Kein Gast, kein Mitarbeiter der Feier sah dem Mann auf den Fotos ähnlich. Auch in der Datenbank der polizeibekannten Pädophilen gab es keinen Treffer. Schließlich hatte sie noch die Vergrößerung ausgedruckt, die nur das Gesicht des Vergewaltigers zeigte, und war damit durch die Gänge gelaufen: Kein Kollege hatte diesen Mann je zuvor gesehen. Draußen wurde es dunkel, als sie in Blancs Büro kam und sich schwer auf den leeren Stuhl von Marius fallen ließ. »Nichts«, verkündete sie geschlagen. »Ich bin nicht klüger als vor ein paar Stunden. Und wie ist es mit dir?«

Blancs verletztes Auge fühlte sich an, als wäre es zugeklebt. Und sein gesundes fühlte sich, wenn er ehrlich war, auch nicht mehr gesund an, vielmehr so, als hätte er zu viele Stunden in einer extrem verrauchten Kneipe verbracht. Er hatte die Videoaufnahmen aus Saint-César studiert, bis sein Blick flimmerte. Der Hausverwalter hatte recht gehabt: Fünfundneunzig Prozent des Materials bestand aus Filmen, die leere Straßen zeigten, auf denen sich nichts bewegte außer Spatzen, die hin und wieder auf dem Boden herumpickten. »Es hat gedauert, bis ich Claire Pardinis Auto überhaupt zum ersten Mal gesehen habe«, gestand er erschöpft. »Sie ist am letzten Dienstag morgens gegen acht Uhr, also zehn Stunden vor Beginn der Feier, losgefahren und erst am frühen Mittwochmorgen zurückgekehrt – zu einer Zeit, als auch die meisten Suchteams Pause gemacht haben. Danach ist sie erst wieder nachmittags losgefahren und bald darauf zurückgekehrt. Die folgenden Tage scheint sie ganz normal zur Arbeit gefahren zu sein: Claire Pardini verlässt jeden Morgen gegen acht Uhr die Wohnanlage, sie kehrt zwischen siebzehn und neunzehn Uhr zurück. Am Samstagvormittag war sie für einige Stunden fort, am Sonntag gar nicht. Nie haben die Kameras irgendeine auffällige Form oder einen sonderbaren Gegenstand in ihrem Auto aufgezeichnet. Du findest keine einzige Aufnahme, auf der sich die Frau irgendwie verdächtig verhält.«

Fabienne starrte auf den Monitor, auf dem ein Bild der Überwachungskamera eingefroren war: das massive Tor, die leere Straße, das Licht eines schönen Wintervormittags. »Wenn wir bei der Sekretärin nicht weiterkommen, dann müssen wir uns halt doch ihren Geliebten vornehmen.«

»Nkoulou wird Schnappatmung kriegen, wenn er erfährt, dass wir Noëlles Vater befragt haben.«

»Er wäre nicht der Einzige mit Atemproblemen. Wir müssen vorsichtig sein«, sagte Fabienne. »Die Journalisten schwirren überall herum. Wenn einer von denen mitbekommt, dass Noëlles Vater seit Jahren ein heimliches Verhältnis hat, findest du am nächsten Tag schmutzige Geschichten in der Zeitung.«

Fabienne wollte noch etwas sagen, da klopfte es an die Bürotür. Ein groß gewachsener, massiger Mann trat ein. Er hatte lichte, helle Haare, einen sorgfältig gestutzten Vollbart, ein rotes Gesicht, das von zu viel gutem Essen und gutem Wein kündete, und er trug einen maßgeschneiderten dunkelblauen Anzug, der Blancs Büro schlagartig noch eine Stufe ramponierter erscheinen ließ als bislang.

»Maître Lerant-Nioti«, stellte er sich vor und warf Blanc mit einer nonchalanten Geste eine Visitenkarte und einige mit offiziellen Stempeln und schwungvollen Unterschriften verzierte Dokumente auf den Schreibtisch. »Ich habe beim Gericht die Haftverschonung für meinen Mandanten durchgesetzt, *mon Capitaine.*«

Blanc blickte den Eindringling verwirrt an, seine Gedanken drehten sich im Kreis. Bourniquel. Kaution. Haftverschonung. Unmöglich. Und warum kam dieser aufgeblasene Typ damit zu ihm und nicht zu Nkoulou?

»Monsieur Aybalen hat die geforderte Kaution hinterlegt«, setzte der Anwalt hinzu und tippte auf ein bestimmtes Blatt Papier.

Aybalen? Endlich begriff Blanc. Er war zu müde, um noch rasch zu reagieren. Paulettes Ex. »Monsieur Aybalen ist frei?«, vergewisserte er sich.

»Er sitzt bereits draußen in meinem Auto.«

»Ich habe ihn angezeigt und verhaftet.«

»Und nur deshalb bin ich hier.« Maître Lerant-Nioti setzte einen derart zufriedenen Gesichtsausdruck auf, als hätte Blanc soeben ein Kapitalverbrechen gestanden. »Monsieur Aybalen wird sich zur Verfügung des Gerichts halten. Falls es denn überhaupt zu einem Prozess kommen wird, was ich für äußerst unwahrscheinlich halte angesichts Ihres, sagen wir: wenig selbstbeherrschten Verhaltens gestern Abend. Wir sehen uns sicher wieder, *mon Capitaine.*« Damit drehte sich der Anwalt um und war aus dem Büro verschwunden.

»Was für ein Arschloch«, kommentierte Fabienne. »Was wollte der überhaupt bei dir? Wen hat dieser Anwalt aus dem Gefängnis geholt?«

»Den Typen, der mir das hier verpasst hat.« Blanc deutete auf sein zugeschwollenes Auge.

Sie sah ihn verblüfft an. »Du hast dich wirklich geprügelt?! Cool. Hat es sich wenigstens gelohnt? Ging es um eine Frau?«

»So ungefähr.« Blanc berichtete ihr in dürren Worten von seiner nächtlichen Schlägerei und der Verhaftung.

»Was hätte Aybalen wohl mit seiner Exfrau gemacht, wenn du nicht zufällig mit ihr aufgekreuzt wärst?«, sagte Fabienne. »Und dann kommt so eine Eiterbeule von Anwalt und der Kerl ist wieder frei.«

»Hätte der Typ Steuern hinterzogen, dann wäre er jetzt nicht freigekommen«, erwiderte Blanc erschöpft. »Steuerhinterzieher werden härter bestraft als Gewalttäter.« Er betastete sein schmerzendes Auge und dachte an Paulette. Dann dachte er an Noëlle. Ich bin müde, sagte er sich, deshalb komme ich nicht mehr hinterher und lasse mich schleifen, ich bin einfach zu müde. Eine Nacht Schlaf, und morgen würde er es allen Arschlöchern zeigen. Eine Nacht bloß.

Stille Burg

Am Ende hatte sich Blanc um Mitternacht hingelegt und sich sechs Stunden gegönnt, bevor ihn das Weckerklingeln seines Nokias aus einem Albtraum gerissen hatte. Er fing an, sich an die Kälte zu gewöhnen. Wer braucht einen Kamin, wenn er im Schrank einen uralten Fleece-Pullover findet? Er sah auf dem Weg nach Gadet bei Paulette vorbei, doch auf sein Klopfen hin öffnete niemand. Die Weide zwischen dem Haus und der Touloubre lag verlassen da, Raureif glitzerte über den Grashalmen. Am Bach wuchs dichter Bambus, drei, vier Meter hoch, die Prismen unzähliger Eistropfen in den Blättern reflektierten das Sonnenlicht. Die Raureifdecke war vor dem Gatter zertreten, darunter war der Boden erdig braun und feucht. Blanc ging in die Hocke und beugte sich über die Spuren: Hufeisen und Schuhabdrücke, Stiefel wahrscheinlich, kein großer Fuß – Paulette musste schon sehr früh morgens hier gewesen sein, allein oder mit ihren Töchtern. Erleichtert richtete er sich wieder auf, keine Spur, die auf einen Mann hindeutete, kein Schläger, der irgendwo hier lauerte. Wahrscheinlich war seine Nachbarin schon, wie so oft, vor der Dämmerung mit ihren Camargue-Pferden in die Wälder um Sainte-Françoise-la-Vallée ausgeritten. Er riss ein Blatt aus seinem Notizblock und warf einige Zeilen auf das Papier:

Chère Paulette,
dein Ex ist gestern Abend auf Kaution freigekommen. Es tut mir leid, ich konnte es nicht verhindern. Sieh dich vor. Ich behalte dein Haus im Auge, aber du weißt,

dass mein Fall mir nicht viel Zeit lässt. Vielleicht kannst du für ein paar Tage irgendwo unterkommen, wo er dich nicht findet?

Verkehrte Welt, dachte er bitter, wenn ein Gendarm dem Opfer raten muss, sich zu ducken, weil der Täter frei herumlaufen darf. Er hoffte nur, dass Paulette nicht die Heldin spielen und sich ihrem gewalttätigen Ex allein entgegenstellen wollte.

Es war so früh, dass Fabienne noch nicht da war. Dafür fand Blanc zu seiner Überraschung Marius im Büro vor, der zufrieden ein Croissant aß. Den Krümeln auf seinem Pullover nach zu urteilen das letzte einer stolzen Reihe.

»Du hättest mir eins übrig lassen können«, brummte er.

Marius tupfte sich den Mund mit einer Papierserviette ab. »Ich besorge neue. Ich habe immer noch so viel Hunger wie Gérard Depardieu.«

»Wieso hängst du nicht an Lalles Fersen?«

»Der Typ hat gestern bis spät in die Nacht in der Ausstellungshalle gearbeitet. Jetzt pennt er in seiner Wohnung. Er ist erst heute Mittag wieder in Lamanon verabredet, das hat er zumindest den Leuten der Stadtverwaltung am Telefon gesagt.«

»Ihr hört sein Handy ab?«

»Deine Untersuchungsrichterin hat die Abhöraktion im Rekordtempo genehmigt, nachdem ich ihr die versteckten Fotos von Lalles Speicherkarte zugesandt habe.«

Deine Untersuchungsrichterin. Blanc spürte einen Schmerz in der Seele. Halb Eifersucht, weil ein anderer Mann über Aveline gesprochen hatte, und sei es ein so guter Freund wie Marius, halb schlechtes Gewissen, weil er sich ertappt fühlte, ertappt, da er schon länger nicht mehr an sie gedacht hatte. Absurd. »Hat Madame Vialaron-Allègre auch einen Haftbefehl ausgestellt?«, fragte er und bemühte sich, möglichst gleichmütig zu klingen.

»Ja. Madame Vialaron-Allègre hat gesagt, sie kann es nicht erwarten, diesen Typen in ihre Folterkammer zu stecken. Ich bin nicht ganz sicher, ob sie das nur metaphorisch gemeint hat. Wir können den Haftbefehl jedenfalls vollstrecken, wann immer wir das für nötig halten. Gerade rühre ich den Typen aber noch nicht an, wir observieren ihn bloß. Vielleicht führt er uns doch noch zu einigen seiner Kunden. Barressi macht seine Sache übrigens gar nicht so schlecht, wer hätte das gedacht? *Eh bien*, momentan scheint Lalle sich aber ausschließlich um seine bescheuerte Ausstellung zu kümmern, hängt Bilder auf und wieder ab, dreht an Scheinwerfern, begutachtet Werbeplakate, solche Dinge. Als hätte er das reinste Gewissen der Welt und würde nur an seine Kunst denken. Ich würde nicht glauben, dass dieser Mann heimlich Kinderpornos macht, wenn ich die Fotos nicht mit eigenen Augen gesehen hätte. Und wenn du mich fragst: Lalle wirkt überhaupt nicht wie jemand, der vor einer Woche ein Mädchen entführt hat. Der ist nicht nervös, der versucht nicht, irgendwelche Spuren zu beseitigen, er hat Barressi und mich auch deshalb noch nicht bemerkt, weil er gar nicht damit rechnet, dass er observiert werden könnte. Der Typ hat überhaupt keine Sorgen.«

»Hast du Zeit für einen kleinen Ausflug, bevor du wieder zu Lalle musst?«, wollte Blanc wissen. »Vorausgesetzt, du bist nicht zu müde.«

»Ich schlafe in meinem Fiat wie ein Baby in der Wiege. Ich schlafe überhaupt gut, seitdem ich trocken bin. Ich hab ja immer gedacht, Wein macht müde. Aber kein Wein macht noch müder.«

»Bon«, sagte Blanc. »Wir fahren zuerst zur Boulangerie und dann nach La Barben.«

Unterwegs verschlangen sie Pains au Chocolat, deren Duft selbst den ranzigen Gestank in dem heruntergekommenen Mégane der Gendarmerie überdeckte. Marius hat recht, dachte

Blanc: Sobald er mit dem letzten Pain fertig war, hatte er schon wieder Hunger auf ein neues. Vielleicht mischte der Bäcker nicht nur Schokolade, sondern auch irgendetwas Illegales in den Teig. Er berichtete kauend vom Verhältnis, das Jean-Baptiste Samson mit seiner Sekretärin hatte, und von Claire Pardinis Schwangerschaft und warum das Paar in Fabiennes und seinen Augen verdächtig war.

Marius leckte sich genüsslich die fettigen Fingerspitzen ab und schüttelte den Kopf. »Wir bauen gerade irgendeinen Mist«, verkündete er schmatzend. »Wir jagen Gespenster. Ich spüre das, wenn wir nah dran sind, es ist so ein Kribbeln im Bauch: Du weißt, bald hast du die Katze im Sack. Du hast einen Verdächtigen, du hast Beweise, du weißt, du musst nur noch ein paar Dinge erledigen und dann ist ein Fall abgeschlossen. Aber diesmal kribbelt hier nichts.« Er tippte auf seinen beeindruckenden Bauch und hinterließ einen dunklen Fleck auf dem Hemd. »Bourniquel wäre der ideale Schuldige, aber wahrscheinlich ist dieser Kerl es nicht gewesen. Lalle macht dreckige Fotos, aber der Typ scheint sich überhaupt nicht um Noëlle zu kümmern. Und der Vater des Mädchens mit Claire Pardini? Ich bitte dich! Ein Chef und seine Sekretärin, das kommt in den besten Firmen vor. Aber deswegen wird man noch nicht zum Mörder, schon gar nicht zum Kindsmörder. Du hast es selbst gesagt: Claire Pardini hat sehr gute Gründe, es *nicht* zu tun. Wir folgen lauter falschen Spuren. Wir übersehen irgendetwas.«

Blanc trommelte ungeduldig mit den Fingern auf das Lenkrad. »Vergiss nicht die Lebensversicherung von Séverine Samson, das *ist* ein gutes Motiv. Es sind schon viele Menschen umgebracht worden, weil jemand an das Geld ihrer Policen kommen wollte.«

»Das wäre ein Motiv für den Tod der Mutter, aber nicht für das Verschwinden der Tochter.«

»*Merde!* Jean-Baptiste Samson rettet Firma und Burg mit der Lebensversicherung seiner Frau. Er hat eine Geliebte. Er ahnt, dass Noëlle gar nicht seine leibliche Tochter ist. Aber er wird jetzt endlich selbst Vater. Er hat durchaus ein Motiv, sich des Mädchens zu entledigen!«

»Aber er hat auch ein betonfestes Alibi«, erklärte Marius gelassen. »Er wurde an dem Abend praktisch ständig von irgendwem gesehen. Keine Chance, die Kleine verschwinden zu lassen, ohne dass es jemand gemerkt hätte.«

»Wir knöpfen ihn uns trotzdem vor«, erwiderte Blanc grimmig.

Sie trafen Samson schließlich im Park von La Barben. Es war ein barocker Garten, der wohl schon vor Jahrhunderten in eine Senke unterhalb der Burg gequetscht worden war, einige Hundert Meter lang, aber nur wenige Meter breit. Sorgfältig gestutzte Hecken, die selbst im Dezember dicht wucherten, formten ein Labyrinth: ein grünes Riesenornament aus Halbkreisen, eckigen Mauern und Schleifen, die sich um verschwiegene Plätze wanden, aus deren Rabatten Blumen rosa und rot leuchteten. Inzwischen war der Raureif getaut, ein Wasserfilm lag auf Blättern und Blüten. Mit diesen gestutzten Formen und den wie lackiert erscheinenden Farben wirkten Hecken und Rabatten auf Blanc durch und durch künstlich, geschnitzte Skulpturen eher als lebendige Wesen. In der Mitte des Parks glänzte ein kreisrunder Teich im Morgenlicht. Schatten glitten durch das stille Nass, fette Goldfische, die träge dahinschwammen, weil sie überfressen waren oder vielleicht auch, weil das Wasser so kalt war, dass sie in eine Art halb bewusstlosen Dämmerzustand gefallen waren. An einem Ende des Labyrinths wuchs ein monströser Baum in den fahlen Himmel. Fünfzig Meter, vermutete Blanc, oder hundert oder noch mehr, es war schwer zu schätzen, denn der Baum war ein Solitär, ein stolzer

Riese, der sich aus dem engen Tal erhoben hatte. Der Stamm war so mächtig wie eine Mondrakete, die braune Rinde faserig. Seine Äste waren unter einer Last dichter, dunkelgrüner, weicher Nadeln gebeugt – Äste, die an jedem anderen Baum zu einer mächtigen Krone ausgeformt wären, die an diesem Stamm jedoch wirkten, als wären sie zu klein und irgendwie von Geisterhand gekappt worden. Samson stand neben dem Stamm. Zu seinen Füßen war ein schlichter, flacher grauer Stein in den Parkboden eingelassen, keine Inschrift, kein Schmuck, Blanc konnte sich trotzdem denken, dass es ein Grabstein war.

Das Grab von Noëlles Mutter.

Der Ort, an dem das Mädchen viele Stunden verbracht hatte.

Samson war in ein ausgewaschenes, kariertes Flanellhemd und eine speckige Jeans gekleidet, seine dürren Beine steckten in schlammbespritzten grünen Gummistiefeln, die bei ihm so gewaltig und deplatziert wirkten, als könnte er sie kaum anheben. Er hielt eine kleine, solide Gartenharke in der rechten Hand und ein paar Unkrautblätter in der linken. Vor dem Grabstein war eine Stelle sauber gekratzt, der aufgeworfene Erdboden leuchtete braunrot. Blanc schwindelte einen Moment lang. Ein frisches Grab. Er hat Noëlle neben ihrer Mutter beerdigt. Dann ermahnte Blanc sich. Die Spürhunde hatten nicht angeschlagen. Und das hier war wirklich nur eine Stelle, an der gerade Unkraut gejätet worden war, ein Flecken Erde, kaum größer als ein Spültuch.

»*Bonjour,* Monsieur Samson!«, rief er.

Der Burgherr blickte auf. Für einen Augenblick mischten sich in seinen grauen Zügen Bestürzung und Freude auf seltsam gleichzeitige Weise. Dann erloschen beide Emotionen umgehend. Offenbar hatte Samson an ihrer Haltung oder ihrem Blick erkannt, dass ihm die Gendarmen weder schreckliche noch gute Neuigkeiten über Noëlle bringen würden. Aber in dieser einen Sekunde, in der Blanc solche Bestürzung und solche Freude sah, durchfuhr es ihn blitzartig: Er ist es nicht.

Wenn Samson etwas mit Noëlles Verschwinden zu tun gehabt hätte, dann wäre er beim plötzlichen Anblick zweier Flics vielleicht zusammengezuckt oder nervös geworden oder ängstlich oder er hätte irgendein Gefühl geheuchelt, aber das war ein Vater, der um seine Tochter bangte und sich doch noch alles erhoffte. Blanc wechselte einen raschen Blick mit Marius. Der schüttelte kaum merklich den Kopf. Nein, Samson war es nicht.

»Sie sehen nicht so aus, als hätten Sie wichtige Neuigkeiten für mich«, begrüßte sie der Burgherr.

»Das können Sie uns am Gesicht ablesen, Monsieur Samson?«, fragte Blanc.

»Wenn Sie Noëlle befreit hätten, würden Sie lächelnd zu mir kommen. Und wenn meine Tochter«, er zögerte, »in weniger gutem Zustand gefunden worden wäre, dann wäre Ihr Chef hier, um mir diese Nachricht zu eröffnen. Sie und Ihr Kollege sind die Beamten für Routinefragen. Was kann ich für Sie tun?« Idiot, dachte Blanc. Beamte für Routinefragen. Sieh dich doch selbst mal an, grauer Mann. Er hatte eigentlich geplant, Samson behutsam zu befragen, ihn erst nach und nach auf gewisse heikle Punkte in seiner Vergangenheit anzusprechen. Doch jetzt beschloss er, sofort zum Angriff überzugehen. »Warum haben Sie uns nicht gesagt, dass Sie seit 2008 ein Verhältnis mit Madame Pardini haben?«

Samson warf die Unkrautblätter fort. Er wog die Harke in seiner Hand. Das Gerät wirkte nicht gerade gefährlich, aber es hatte drei Zinken aus Edelstahl und war wahrscheinlich solide genug, um eine Schädeldecke zu durchdringen, wenn man fest zuschlug. Blanc behielt das Werkzeug im Auge. »Ich weiß nicht, was meine private Beziehung mit dem Verschwinden meiner Tochter zu tun haben soll«, erwiderte Samson schließlich.

»Es ist eine reine Routinefrage«, erwiderte Blanc bissig.

»Monsieur Samson«, fiel Marius ein. Er klang milde wie ein nachsichtiger Priester. »Wir sind nicht von der Sittenpolizei, und Ihr Privatleben geht uns nichts an. Das Problem ist, dass man bei Verbrechen wie diesem kein Privatleben mehr hat. In solchen Fällen kann uns jede Information über das Opfer auf die entscheidende Spur bringen. Ganz besonders Informationen über die Familie.«

Samson holte tief Luft, bevor er antwortete. Er ließ die Hand mit der Harke sinken. »Claire und ich werden bald heiraten«, erklärte er. »Wir wollten unsere Beziehung demnächst unseren Familien und Freunden offenbaren, noch ist sie ja sehr vertraulich. Aber nun ist dieses schreckliche Verbrechen dazwischengekommen. Ich wollte nicht, dass alle Welt durch die Gendarmerie erfährt, dass Claire und ich ein Paar sind, deshalb hatten wir beschlossen, bei dem Verhör nichts zu sagen.«

»Sie haben sich abgesprochen?«, vergewisserte sich Blanc.

»Nachdem wir bei Ihnen angerufen und Noëlle als vermisst gemeldet haben, ja.« Samson fuhr sich durch die grauen Haare. »Es dauerte einige Minuten, bis die ersten Streifenwagen eingetroffen waren. In der Zeit haben Claire und ich uns darauf verständigt, unser Verhältnis vorerst nicht zu offenbaren. Ich sehe auch jetzt keinen Grund, warum wir es hätten gestehen sollen. Was hätte das geändert? Hätten Sie Noëlle jetzt schon gefunden, wenn Sie es von Anfang an gewusst hätten?« Er blickte sie herausfordernd an, ein unscheinbarer, doch unbeugsamer Mann. Jemand, dachte Blanc, der sich nicht um die Reaktionen anderer Menschen scherte oder es vielleicht sogar genoss, sie zu provozieren. Jemand, der sich nicht leicht Freunde machte, aber sehr leicht Feinde schaffte. Feinde, die vielleicht vieles tun würden, um diesen kalten Mann zu erschüttern.

»Wusste Noëlle, dass Sie und Madame Pardini sich nahestehen?«, fragte Blanc.

»Ich wüsste nicht, was …«

»Das reicht jetzt, Monsieur Samson!« Dieser fischkalte Typ trieb Blanc an den Rand der Selbstbeherrschung. Sechs Stunden Schlaf waren offenbar doch nicht genug. Er nahm sich zusammen und deutete auf den flachen Stein neben dem Stamm des Sequoia. »Dort liegt Ihre Frau begraben. Noëlle war oft hier, es ist vielleicht ihr liebster Ort auf der Welt. Es ist normal, dass ein neunjähriges Mädchen seine Mutter vermisst. Und es ist auch normal, dass es dann schwierig sein könnte, wenn eine neue Frau ins Leben des Vaters tritt – eine Frau, die aus Sicht des Kindes die Rolle der Mutter einnimmt, ja, die diese Mutter gewissermaßen verdrängt. Aus einem solchen Grund ist schon mehr als ein Kind von zu Hause ausgerissen. Und deshalb, Monsieur Samson, hätten wir das gern von Anfang an gewusst, ja. Habe ich mich jetzt klar genug ausgedrückt?«

»Vollkommen«, erwiderte Samson. Er hatte die Predigt mit unbewegter Miene über sich ergehen lassen.

»Alors«, sagte Marius entspannt, »wusste die Kleine nun von Ihrem Verhältnis oder nicht? Wusste sie vielleicht sogar, dass demnächst eine Hochzeit geplant war?«

»Noëlle ist ein kluges Mädchen.«

Jetzt holte auch Marius tief Luft. »Wie wäre es mit einem klaren Ja oder Nein, Monsieur Samson?«

»Vielleicht.« Der Burgherr hob beschwichtigend die linke Hand, an deren Fingern braune Erdkrümel klebten. »Die Antwort ist: ›Nein, meine Tochter weiß das nicht‹ – aber nur in dem Sinne, dass Claire und ich es ihr noch nicht gesagt haben. Aber Noëlle ist eben sehr klug. Sehr aufmerksam. Sie sieht genau hin, sie hört zu, sie ist weit für ihr Alter. Und da Claire ständig um mich ist, sie ist häufig auf La Barben zu Gast, da, nun ja, vielleicht hat Noëlle einmal etwas gesehen. Oder sie hat es einfach bloß gespürt, wie es zwischen uns steht. Ich habe meine Tochter nie darauf angesprochen, aber ich vermute, dass sie etwas geahnt hat.«

»Womöglich hat Noëlle sogar geahnt, dass Ihre Sekretärin Ihnen schon sehr lange nahesteht? Schon zu der Zeit, da Ihre Gattin noch gelebt hat? Vielleicht hat das Mädchen das alles gewusst?«, meinte Blanc.

Samson blickte ihn sehr lange an. »Jetzt hören Sie mir mal genau zu, *mon Capitaine*«, sagte er schließlich leise. »Ich frage Sie nicht, woher Sie das alles wissen, und ich frage Sie auch nicht noch einmal, was das mit Ihren Ermittlungen zu tun hat. Aber ich will jetzt mal ein paar Dinge klarstellen: Ich habe meine Gattin Séverine geliebt. Ich habe sie so sehr geliebt, wie man eine Frau nur lieben kann. Ich habe immer gewusst, dass Séverine eigentlich meinen Bruder Matthieu haben wollte und dass sie mich nur genommen hat, weil sie ihn nicht bekommen konnte. Ich wusste sogar, dass Noëlle von ihm ist, nicht von mir. Ich habe sie trotzdem als meine Tochter großgezogen. Sie *ist* meine Tochter! Ich habe lange gehofft, dass ...« Plötzlich drehte er sich weg und blickte auf den flachen Stein. Blanc bemerkte erstaunt, dass Samson Tränen in den Augen hatte. »Ich habe lange gehofft«, wiederholte er, nachdem er sich gefasst hatte, »dass Séverine lernt, mich zu lieben. Dass wir uns in den Jahren der Ehe näherkommen. Doch es kam anders, ganz anders: Séverine ist mit der Zeit immer distanzierter geworden. Noch distanzierter. Wir hatten zuletzt nur noch wenig gemeinsam.«

Blanc sah ihn an. Seine Wut war verraucht. »Sie wollten weitere Kinder, aber Ihre Gattin nicht«, riet er.

Samson nickte. »Selbstverständlich. Eigene Kinder. Viele Kinder.« Er brachte ein schwaches Lächeln zustande. »Ich habe davon geträumt, diese Burg mit Leben zu füllen. Aber wie wollen Sie Kinder bekommen, wenn Sie nicht bloß in getrennten Betten schlafen, sondern sogar in verschiedenen Zimmern in einer sehr, sehr großen Burg? Und da ist es dann irgendwann mit Claire geschehen. Sie hat mir all das gegeben, was mir Séverine nie geben wollte. Trotzdem habe ich meine Frau weiterhin geliebt. Deshalb wollte ich auch lange nicht wieder heiraten, nach diesem schrecklichen Unfall. Es wäre mir wie Verrat an Séverine vorgekommen. Erst über die Jahre ist mein schlechtes Gewissen auf ein erträgliches Maß geschrumpft. Jetzt war ich so weit, dass ich Claire heiraten wollte. Und dann das.«

»Monsieur Samson«, begann Marius erneut, nachdem sie eine diskrete Pause eingelegt hatten, »Sie haben aber auch vom Tod Ihrer Frau profitiert, nicht wahr?«

Samson musterte ihn verwirrt.

»Die Lebensversicherung«, erinnerte ihn Marius sanft. »Die halbe Million hat Ihr Unternehmen gerettet und wahrscheinlich auch diese Burg und …«

»Was erlauben Sie sich?!«, keuchte Samson. Sein Blick wanderte von Marius zu Blanc. Er war noch blasser geworden. Dann nickte er. »Ich verstehe«, murmelte er. »Ich habe eine Geliebte. Ich habe das Geld der Lebensversicherung meiner Frau kassiert. Wahrscheinlich müssen Sie so denken, in Ihrem Beruf.«

»Wie denken Sie denn?«, fragte Blanc ruhig.

Samson lachte bitter auf, drehte sich um und deutete auf die Burg. »Denken Sie wirklich, ich lebe gern in diesem alten Kasten?! Denken Sie wirklich, ich genieße es, jede Nacht die Schreie von Affen und das Löwengebrüll aus dem Zoo zu hören, aber kein Kinderlachen und kein zärtliches Wort von einer Frau? Denken Sie wirklich, es macht mir Spaß, Besucher durch meine eigenen Zimmer zu führen und Feste in meinem eigenen Salon zu veranstalten, nur um die Kosten für den Erhalt dieses Steinhaufens reinzubekommen? Warum, glauben Sie, habe ich wohl diese Hochzeit veranstaltet? Hätte ich das doch nie getan …« Er wandte sich wieder dem Grabstein zu. Es wirkte auf Blanc, als würde er nun eher zu seiner verstorbenen Gattin sprechen als zu ihm. »Das Geld der Versicherung habe ich in die Firma und in die Burg gesteckt, aber nicht freiwillig. Ich war so traurig, ich hätte die Marmorschneiderei in den Bankrott gehen lassen. Mir war alles egal. Und ich wollte fort aus dieser dunklen Burg, wollte mir ein kleines, ganz normales Haus kaufen, ich wäre auch mit einer winzigen Wohnung zufrieden gewesen. Aber Noëlle wollte auf der Burg bleiben, den Zoo behalten. Das habe ich gespürt, selbst als sie noch ganz klein war. Sie wollte, dass ihre Mutter hier begraben wird. Ihr zuliebe habe ich die halbe Million hier hineingesteckt.« Er lachte bitter. »In diese Gruft. Damit Noëlle glücklich ist.«

Blanc sah Marius an, sein Kollege nickte. »Vielen Dank für diese Auskünfte«, sagte Marius.

»Und falls Ihnen doch noch etwas einfällt, dann zögern Sie diesmal nicht, es uns zu sagen«, ergänzte Blanc.

»Da ist tatsächlich noch was«, sagte Samson leise. »Wenn wir denn schon über meine verstorbene Frau sprechen: Damals, ich weiß nicht mehr genau, wann das anfing, 2008, 2009, als meine Affäre mit Claire begann und kurz nach Noëlles Geburt jedenfalls, da hat Séverine beunruhigende Anrufe erhalten.«

»Von wem? Was war der Inhalt dieser Anrufe?«

Samson schüttelte den Kopf. »Das weiß ich nicht. Irgendwann muss ein Unbekannter begonnen haben, Séverine auf ihrem Handy anzurufen. Sie hat mir nie gesagt, wer das war und was er gesagt hat. Wie ich schon sagte: Wir standen uns nicht mehr sehr nahe. Dieser Anrufer, wer immer das war, hat nie auf einem der Apparate in der Burg oder der Firma angerufen oder auf meinem Handy. Immer nur auf Séverines Mobiltelefon. Ich habe nur manchmal mitbekommen, wie ihr Handy vibrierte. Dann wurde sie nervös, ja, ängstlich. Sie ist in meinem Beisein nie drangegangen, sondern hat den Anruf weggedrückt. Aber ich glaube, sie wusste genau, um wen es sich handelte. Sie muss mit dem Anrufer gesprochen haben, wenn ich nicht dabei war. Ich habe sie danach gefragt, aber sie hat mir nicht einmal eine Ausflucht oder Lüge erzählt, sie hat einfach so getan, als hätte ich die Frage nicht gestellt. Hat mich einfach ignoriert und ihr Handy in die Tasche gesteckt. Ich weiß bis heute nicht, ob das etwas mit ihrem Unfall zu tun hatte oder nicht.«

»Haben Sie das damals der Gendarmerie gemeldet?«

»Was denn? Anrufe, die meine Frau in meiner Gegenwart nicht annimmt, von einem Anrufer, den ich nicht kenne – was hätte ich denn da anzeigen sollen?«

Blanc packte den Notizblock weg. »Sie haben uns weitergeholfen, Monsieur Samson. Vielen Dank.«

»Kommt das an die Presse?«, fragte der Burgherr müde. »Das mit mir und Claire? Wenn das jetzt jeder erfährt, dann wird man doch denken, dass …«

»Wir reden nicht mit Journalisten«, versicherte Blanc. *»Au revoir.«* Er drehte sich weg, hielt dann inne und wandte sich ihm noch einmal zu. »Monsieur Samson: Wusste Ihr Bruder Matthieu, dass er Noëlles biologischer Vater ist?«

»Selbstverständlich.«

»Und wusste Noëlle, wer ihr richtiger Vater ist?«

»Ich weiß es nicht, wir haben darüber nie gesprochen. Aber, wie gesagt: Sie ist ein kluges Mädchen.«

Sie ließen Samson zurück, eine kleine Gestalt neben einem kleinen Grab unter einem übermächtigen Baum. »Als wir ankamen, dachte ich, Samson kann es nicht getan haben. So, wie der uns angeschaut hat«, flüsterte Marius im Fortgehen. »Aber jetzt bin ich mir schon wieder nicht mehr so sicher.«

Blanc nickte düster. »Wenn es stimmt, was Samson behauptet, dann hat er gar nicht von der Lebensversicherung seiner Frau profitiert. So zumindest empfindet er es. Und diejenige, die ihn gewissermaßen um den Genuss der halben Million Euro gebracht hat, ist seine Tochter.«

»Seine offizielle Tochter, von der er selbst ganz genau weiß, dass sie es nicht ist«, ergänzte Marius.

»Und so haben wir ein sehr gutes Motiv: Jean-Baptiste Samson will mit Claire Pardini und dem gemeinsamen Kind ein neues Leben beginnen. Weg aus der düsteren Burg, wo er nur aus dem Fenster zu gucken braucht, um das Grab seiner verstorbenen Frau zu sehen mit all den bitteren Erinnerungen an eine unerfüllte Liebe. Solange Noëlle aber da ist, fühlt er sich verpflichtet, es auf La Barben auszuhalten. Also muss das Mädchen verschwinden.«

Marius tippte auf seinen Bauch. »Aber es kribbelt immer noch nicht da drinnen. Der Typ hätte über die Jahre doch sicher tausend Gelegenheiten gehabt, um Noëlle ohne Zeugen weiß Gott was anzutun. Aber das Mädchen verschwindet ausgerechnet bei einer Feier, während der Samson nach allen verfügbaren Aussagen *keine* Gelegenheit hatte, ihr etwas anzutun.«

»Und was hältst du von den Anrufen, die Séverine Samson vor ihrem Tod erhalten haben soll?«, fragte Blanc.

Marius ließ seine Hand da, wo sie war. »Es kribbelt nichts. Wir haben dafür nur Samsons Aussage – die reichlich spät nach dem Unfall seiner Frau kommt, findest du nicht auch? Verbindungsdaten von Handys aus dem Jahr 2008 oder 2009 sind längst gelöscht. Da könntest du auch gleich behaupten, der liebe Gott hat dir auf die Mailbox gesprochen. Keine Chance, das jemals zu überprüfen.«

»Wir werden …« Blanc hielt inne und stieß Marius an. Sie waren auf dem Parkplatz unterhalb des Felshügels angelangt, auf dessen Gipfel La Barben thronte. Es standen nur wenige Autos dort, wahrscheinlich von den paar Besuchern, die an einem Wochentag im Dezember vormittags in den Zoo gingen.

Der Mégane der Gendarmerie parkte allein unter einem kleinen Mimosenbaum am Rand der Fläche.

Beinahe allein.

Neben dem Auto stand ein Motorroller. Jérémy Dominici hockte darauf und starrte hoch zur Burg. Blanc beschleunigte seine Schritte. Doch da bemerkte der Junge die beiden Gendarmen, drückte hektisch auf den Starterknopf und raste mit kreischendem Motor davon. Blanc spurtete ihm noch ein paar Meter hinterher, dann gab er auf.

»Der Junge ist immer da, wo man ihn nicht erwartet«, rief er keuchend.

»Vielleicht hat er auf irgendwas gewartet«, murmelte Marius nachdenklich.

Der gute Onkel

In Gadet warteten etliche Journalisten vor der Gendarmerie-Station. Als Blanc und Marius ausstiegen, hielten sie ihnen Mikrofone vor die Köpfe, Kameras richteten sich auf sie.

»Haben Sie immer noch keine Spur von Noëlle?«, rief ein junger Reporter in einem Tonfall, als wäre Blanc ein Fußballtrainer nach der fünften Heimniederlage.

Blanc hatte bloß einen finsteren Blick für ihn übrig. Sie schoben sich wortlos durch die Meute und öffneten schließlich erleichtert die Tür. Im Gang traf Blanc auf die Kollegin, deren Namen ihm partout nie einfallen wollte, obwohl sie ständig seinen Weg kreuzte. »Wieso regen sich die Journalisten ausgerechnet jetzt so auf?«, fragte er. »In den letzten Tagen war es doch ruhiger. Ist etwas passiert?«

Die Beamtin sah ihn verblüfft an. »Haben Sie die Sondersendung auf TF1 gestern nicht gesehen? ›Falsche Fährten in der Affäre Noëlle?‹ Da wurde behauptet, dass wir den Falschen haben und uns nicht genug um andere Spuren kümmern. Neunzig Minuten zur besten Sendezeit. Sehen Sie denn nicht fern?«

»Ich habe keinen Fernseher.«

Sie wirkte, als müsste sie sich extrem beherrschen, um nicht das zu sagen, was ihr auf der Zunge lag. Stattdessen setzte sie ein verständnisvolles Lächeln auf und redete zu ihm wie eine Sozialarbeiterin zu einem Klienten. »Die Reporter machen uns jedenfalls seit dem Morgen die Hölle heiß. Wenn Sie es vermeiden können, zum Chef zu gehen, dann vermeiden Sie es. Commandant Nkoulou hat beschissene Laune.«

Blanc nickte und klopfte an die Tür zu Fabiennes Büro.

»Das können Sie sich auch sparen«, erklärte die Kollegin spitz. »Unsere hübsche Sous-Lieutenant hat sich krank gemeldet. Wahrscheinlich hat sie gestern Fernsehen geguckt und sich gesagt, dass sie sich den Rummel heute nicht antun will. Kluges Mädchen.«

»Kluges Mädchen, ja«, murmelte Blanc und zwang sich, gleichmütig zu bleiben. Er hoffte, dass es Fabienne gut ging.

»Was machen wir jetzt?« Marius hatte wortlos dabeigestanden. Nun deutete er auf eine Wanduhr und meinte: »Ich habe noch zwei Stunden Zeit, bevor ich Barressi ablösen muss. Lass uns hinten durch den Notausgang rausgehen. In der Seitengasse steht mein Fiat. Der sieht so scheiße aus, der ist für Journalisten praktisch unsichtbar. Wir sind weg, bevor irgendein Reporter das merkt.«

»Bon«, erwiderte Blanc, »und dann nehmen wir uns Noëlles Vater vor.«

Marius sah ihn einen Moment lang verblüfft an. »Da kommen wir doch gerade her!« Dann tippte er sich an die Stirn. »Matthieu Samson hat einen Computerladen in Salon. Wahrscheinlich treffen wir ihn dort.«

Der Shop lag im Erdgeschoss eines älteren Hauses an der einzigen schmuddeligen Seite der Place Morgan in Salon. Blanc erinnerte sich noch an den vergangenen Sommer, seine ersten Tage in der Provence, sein erstes Verhör in der Gegend: Da waren Platz und Straßen eine Riesenbaustelle gewesen, er hatte den Streifenwagen zwischen Sandhügeln abstellen müssen. Nun sah der Platz so schick renoviert aus, als hätten ein paar zerstreute Stadtplaner versehentlich eine Anlage für Paris in diese Provinzstadt verpflanzt: ein mit polierten Steinplatten gepflastertes Geviert von den Dimensionen einer Landebahn, ein moderner Springbrunnen, der aus lauter eckigen Bassins bestand, ein Laubengang im Retrodesign, Pavillons mit edlen

Cafés, eine hippe Bierstube, ein Bowlingcenter, ein Supermarkt, eine Reihe Platanen mit dünnen Stämmchen, die noch hundert Jahre wachsen mussten, bis ihre Kronen richtige Schatten werfen würden. Der Dezemberwind pfiff ungehindert über diese Steinwüste. Die wenigen Passanten, die es wagten, die Freifläche zu überqueren, taten es geduckt wie Soldaten im Gefecht.

Nur eine Schmalseite des Platzes sah aus wie in alten Zeiten – Häuser mit stockfleckigen Fassaden, in denen sich das seit dreißig Jahren nicht mehr renovierte Postamt, ein arabischer Secondhandladen und Matthieu Samsons Computershop breitgemacht hatten.

Der Besitzer war zu dieser Zeit allein in seinem Geschäft. Auf Regalen und Tischen waren schwarze und graue Computerterminals in einem Design präsentiert, als könnte man mit ihnen in den Krieg ziehen. Ein Gamer-Schuppen, vermutete Blanc, einer der Orte, an denen sich die richtigen Freaks ausrüsteten, nicht Leute wie er, die sich höchstens mal ein billiges Notebook kauften, damit sie zu Hause Mails schreiben konnten. Matthieu Samson saß, fast komplett hinter einigen gewaltigen Flachbildmonitoren verborgen, an einer Art Werkbank und beugte sich über ein ausgeweidetes Notebook. Er sah auf und blickte sie, wie Blanc meinte, mit einem Anflug von Resignation an, so als wüsste er schon, was nun auf ihn zukommen würde. Er drückte sich schließlich zögernd vom Tisch hoch und legte einen kleinen Spezialschraubenzieher beiseite. Erst als er auf sie zukam, um sie mit Handschlag zu begrüßen, fiel auf, wie elastisch sein Gang war, wie mühelos er sich bewegte, wie fest sein Händedruck war – ein Mann in den besten Jahren, der seit einem halben Jahrhundert Sport machte. Blanc erwiderte bewusst fest den soliden Händedruck und fragte sich, was für Sachen jemand, der mit seinen Händen einerseits so kräftig zupacken und andererseits mit feinsten Werkzeugen in den Platinen eines Rechners operieren konnte, noch anstellen mochte.

»Sie haben Noëlle nicht gefunden, oder?«, sagte Matthieu Samson. Er deutete auf einen Monitor. Blanc und Marius erkannten eine Nachrichtenseite. »Der Newsticker wird alle paar Minuten erneuert«, fuhr Samson fort. »Seit die Kleine verschwunden ist, habe ich die Seite immer auf dem Schirm. Im Laden, bei mir zu Hause, auf dem Smartphone. Wenn es etwas gibt, dann weiß ich das sofort. Aber es ist nichts rübergekommen. *Alors?*«

»Monsieur Samson«, begann Marius liebenswürdig, »wenn ein Kind vermisst wird, sehen wir uns seine Familie an.«

Der Ladenbesitzer blieb stumm.

»Seine *ganze* Familie«, setzte Marius hinzu. »Ganz besonders natürlich Mutter und Vater ...«

»Also gut«, seufzte Matthieu Samson. »Sie haben es herausgefunden. Ich bin nicht wirklich überrascht. Und macht mich das jetzt irgendwie verdächtig?«

»Das haben jetzt Sie gesagt«, brummte Blanc. Der Mann blieb erstaunlich gelassen, fand er. »Monsieur Samson, mit jedem kleinen Geheimnis, das wir erst mühsam aufdecken müssen, verlieren wir Zeit. Kostbare Zeit.«

»Verdammt!« Samson musste sich setzen. Er wirkte plötzlich wie ein Schauspieler, der zu erschöpft war, um seine Rolle weiterzuspielen. »Ich zähle die Stunden genauso wie Sie«, sagte er, müde und traurig. »Jede Stunde, jede Minute, jede verdammte Sekunde hoffe ich, dass etwas gesendet wird. Oder dass das Telefon klingelt. Dass Noëlle wieder da ist. Dass alles nicht so schlimm ist, dass alles wieder gut werden wird, dass ich sie wieder in die Arme nehmen kann.« Er schloss die Augen und atmete tief durch. »Ich hätte es Ihnen doch nie sagen können«, fuhr er nach einer langen Pause fort. »Abends auf der Burg waren zweihundert Leute da. Hätte ich da sagen sollen, dass das Kind meines Bruders eigentlich meines ist? Außerdem habe ich da ja noch gehofft, dass sich der Schrecken nach ein, zwei Stunden auflöst. Dass Noëlle vielleicht einfach nur müde war oder sich beim Spielen auf der Burg irgendwo versteckt hat oder bei den Tieren im Zoo war, solche Sachen. Und später …« Samson sah sie an. »Ihre Station wird von Journalisten belagert. Wenn ich da aufgekreuzt wäre und das wäre irgendwie durchgesickert, ich meine, wie hätten wir denn dagestanden, wenn das in der Zeitung gestanden hätte? Séverine hätte doch ausgesehen wie ein Flittchen, heiratet einen Bruder und hat ein Kind vom anderen. Und Jean-Baptiste und ich, wie hätten wir denn vor der Öffentlichkeit gewirkt? Und erst recht vor Ihnen?!«

»Ich sehe Sie nicht komisch an«, erklärte Blanc nüchtern. »Ich möchte bloß wissen, ob diese …«, er suchte nach dem richtigen Wort, »… komplizierten Familienverhältnisse möglicherweise etwas mit Noëlles Verschwinden zu tun haben könnten. Und ich möchte wissen, ob jemand, der dem Mädchen so nahegestanden hat wie Sie, uns nicht noch einige Details mehr zu der Kleinen sagen kann als bisher.«

»Der Hochzeitsfotograf hat viele Bilder gemacht, auf denen Noëlle zu sehen ist. Das letzte Foto von ihr zeigt sie zusammen mit Ihnen«, ergänzte Marius. Er zog einen zerknitterten Ausdruck aus der Brusttasche seines Hemds und glättete ihn auf der Werkbank neben dem zerlegten Notebook. Das Bild von Noëlle mit Matthieu Samson, Roland Compagnat und Géraldine Tornero, lachend vor ihren Desserts. Es sah so harmlos aus. Und Marius lächelte noch immer ganz liebenswürdig. Doch die Drohung breitete sich von dem Foto wie eine schwarze Wolke aus, bis es im Laden selbst dunkler geworden zu sein schien: Matthieu Samson, der letzte Mann, der zusammen mit dem verschwundenen Mädchen fotografiert worden war.

»Das ist ein Albtraum«, murmelte Samson. »Sehen Sie, ich

habe das, was Sie ›komplizierte Familienverhältnisse‹ nennen, wirklich nie gewollt. Ich habe meinen Laden, ich habe ein Haus, ich lebe mein Leben und bin zufrieden damit. Und ... ich habe auch meine Frau geliebt. Es war nur ... schwierig. Denise wurde krank. Am Anfang war es noch nicht so schlimm, aber wir wussten, dass es unheilbar war. Die Ärzte haben gesagt, sie muss sich so viel wie möglich bewegen, muss beweglich bleiben, verstehen Sie? Da haben wir uns einer Wandergruppe angeschlossen. Es gibt ein Dutzend solcher Gruppen in Salon. Die Leute verabreden sich: der und der Ort, die und die Zeit, und dann geht man einen der Wanderwege. In den Alpilles, an der Côte Bleue durch die Calanques, durch die Camargue, auf die Montagne Sainte-Victoire hinauf. Ein paar Stunden, manchmal einen ganzen Tag lang, wir kehren ein oder nehmen uns Picknick mit. Es ist nett. Und, nun ja, einmal hat einer aus unserer Gruppe am Ende einer Rundtour eine Besichtigung von Château de La Barben organisiert. Wir sind dort angekommen – und Séverine hat uns empfangen. Sie war die junge Fabre, die Tochter des Besitzers.«

Samson lächelte nostalgisch. »Für mich war es wie ein Märchen«, murmelte er. »Da war diese mittelalterliche Burg, und durch das Tor kam diese schöne Frau heraus wie eine Prinzessin.« Er nahm sich zusammen. »Ob Sie es nun glauben oder nicht: Für uns beide war es Liebe auf den ersten Blick. Séverine und ich sind schnell ein Paar geworden. Aber ich konnte meine Frau doch nicht verlassen! Denise«, er schluckte, »verfiel. Ich meine, ihr Körper verfiel, Tag um Tag ein wenig mehr, aber ihr Geist blieb glasklar. Ich konnte sie in dieser Situation nicht für eine andere verlassen. Und andererseits verfiel sie nicht *so* schnell, dass Séverine und ich, *eh bien* ... Wir konnten nicht warten, bis Denise gestorben war, und dann erst heiraten, verstehen Sie? Das Siechtum meiner Frau zog sich über Jahre hin, über ein ganzes Jahrzehnt. Erst im Herbst letzten Jahres wurde sie von ihrem Leiden erlöst. Aber Séverine wurde schwanger, als Denise noch lebte, und Séverine wusste, welche Gefühle mein Bruder für sie hegte. Also hat sie ihn geheiratet, weil wir es nicht konnten. So konnte ich ihr trotzdem nahe sein, als Schwager der Braut. Das war nicht einfach für mich, glauben Sie mir! Aber ich war Noëlle nahe, der gute Onkel, der immer zur Stelle war.« Er lachte bitter. »Ich habe kein anderes Kind. Noëlle ist mein Ein und Alles.«

»Und dann hatte Madame Samson den Unfall«, sagte Blanc behutsam.

Samson nickte müde. »Das war der schwärzeste Tag meines Lebens. Zumindest habe ich bis zum Verschwinden von Noëlle geglaubt, dass es nichts Schlimmeres geben könnte als Séverines Tod: Ich war am Boden zerstört, vollkommen verzweifelt. Vor allem, weil …« Er schwieg.

»Vor allem, weil was?«, hakte Blanc nach.

»Weil ich mich mitschuldig fühlte. Séverine war in den Wochen vor ihrem Tod irgendwie anders. Nicht länger die fröhliche Frau, die ich kennengelernt hatte. Irgendetwas hat sie bedrückt. Sie hat nur noch wenig geredet. Nicht mehr gelacht.«

»Was könnte das gewesen sein, das sie so beschäftigt hat?«, fragte Marius. Blanc hatte seinen Notizblock hervorgezogen.

»Ich weiß es nicht«, sagte Samson. »Ich habe sie darauf angesprochen, aber sie ist bloß ausgewichen. Sie wollte mir nichts sagen, das habe ich genau gespürt. Dann hat mein Bruder einmal zufällig eine Bemerkung fallen lassen. Ich glaube seitdem, dass Séverine Anrufe bekommen hat.«

»Von wem? Und worum ging es?«, wollte Blanc wissen.

»Ich habe leider nicht die leiseste Ahnung«, erwiderte Samson. »Ich habe wohl nicht energisch genug nachgefragt. Ich wollte sie in Ruhe lassen und habe mir gedacht: ›Das ist alles schon kompliziert genug mit uns. Lass Séverine in Frieden. Es wird sich alles einrenken.‹ Was man sich halt so einredet. Ich war so naiv. Und nach dem Unfall stand ich unter Schock, ich war wie betäubt. Erst Wochen danach habe ich wieder an diese Anrufe gedacht. Da wollte ich mich nicht mehr an die Gendarmerie wenden. Ich wollte nicht sagen, dass ich Séverines Liebhaber war, wie hätte das denn ausgesehen? Und was hätte ich auch aussagen können? Séverine hat ja mir gegenüber nie diese Telefonate erwähnt. Hatten die Anrufe überhaupt etwas mit dem Unfall zu tun? Ich habe darauf bis heute keine Antwort. Und ich glaube auch nicht, dass Jean-Baptiste diese Anrufe bei der Gendarmerie erwähnt hat, wir haben darüber jedenfalls nie gesprochen.«

Blanc verzichtete auf eine Erklärung. »Wie hat Noëlle das alles verkraftet?«, fragte er stattdessen.

»Ich habe gesehen, wie sie gelitten hat. Sie war später oft an dem Sequoia, wo das Grab ihrer Mutter ist. Meine Tochter hat sich diesen Ort ausgesucht. Ich war nicht oft mit ihr da, nicht oft genug jedenfalls. Séverine hatte immer dafür gesorgt, dass meine Tochter und ich viel Zeit miteinander verbringen konnten. Ihr Tod hat uns nicht nur sehr hart getroffen, danach war es für uns auch schwieriger, uns zu sehen. Sie wissen vielleicht, dass mein Bruder und seine Sekretärin sich sehr nahestehen?«

»Wir kennen die Geschichte von Madame Pardini«, versicherte Marius.

»Nun gut, ich kann es ihm nicht verdenken: Jean-Baptiste ist ein Eigenbrötler, verschroben und ein wenig seltsam. Aber selbst er hat gespürt, dass er Séverine nie etwas bedeutet hat. Und Noëlle? Selbstverständlich haben wir ihm nie etwas gesagt, aber er ist ja nicht blind. Jedenfalls verstehe ich, dass mein Bruder mit Madame Pardini eine Affäre hat, seit Jahren schon, und ich bin ja nun wirklich der Letzte, der das kritisieren dürfte. Aber seit Séverine gestorben ist, ist Claire praktisch ständig auf La Barben. Da konnte ich nicht einfach täglich zur Burg fahren, es hätte Claire irgendwann misstrauisch gemacht, wenn ich ständig dort aufgekreuzt wäre. Ich habe Noëlle deshalb in letzter Zeit immer seltener gesehen. Hin und wieder noch war ich in La Barben, manchmal habe ich sie zu mir eingeladen. Deshalb habe ich mich so auf dieses Fest gefreut: ein ganzer Abend mit meiner Tochter! Noëlle war so fröhlich.«

»Wann haben Sie das Mädchen auf der Feier zuletzt gesehen?«, fragte Blanc.

Samson hob die Schultern. »Ich weiß es nicht, ich habe nicht auf die Uhr gesehen. Nach dem Essen. Wir haben getanzt und dann mit dem alten Roland und seiner Géraldine Eis gegessen. Danach bin ich eine Runde im Park spazieren gegangen. Ich musste das Essen verdauen, es war so viel. Ich bin wieder hineingegangen. Vielleicht war es da zehn Uhr abends? Halb elf? Jedenfalls ist mir irgendwann aufgefallen, dass Noëlle nirgendwo zu sehen war. Ich bin durch die Räume gegangen und habe nach ihr gesucht. Ich weiß nicht, wie lange das gedauert hat, mir kam das wahnsinnig schnell und zugleich wie eine Ewigkeit vor.«

»Waren Sie allein im Park?«, fragte Blanc.

Matthieu Samson nickte bloß.

»Und schließlich haben Sie Alarm geschlagen?«

»Ja. Bis dahin war das noch niemandem sonst aufgefallen. Ich habe meinen Bruder beiseitegenommen und ihm gesagt, dass Noëlle fort ist. Ich habe ihn gedrängt, die Gendarmerie anzurufen, er war schließlich Gastgeber und Burgherr. Und natürlich offiziell der Vater …«

»Sie mussten Ihren Bruder *drängen*?«, hakte Marius nach.

»Er wollte zuerst gar nichts tun. Hat mir gesagt, dass Noëlle sicher irgendwo spielt. Schließlich wollte er selbst noch einmal alle Räume und den Park absuchen, aber ich habe ihm gesagt, dass wir damit noch mehr Zeit verlieren. Da erst hat er bei Ihnen angerufen. Und ich habe währenddessen ein paar Gäste angesprochen und so etwas wie eine Suche organisiert.« Er verbarg sein Gesicht in den Händen.

Blanc ließ ihm Zeit, sich zu sammeln. »Monsieur Samson, ich möchte gern noch etwas mehr über Séverines Familie wissen«, fuhr er irgendwann fort.

Der Mann blickte auf. »Was hat das mit Noëlle zu tun?«

»Beantworten Sie mir einfach ein paar Fragen. Es dauert nicht lange.« Blanc blickte ihn verständnisvoll an. »Kannten Sie Séverines Mutter?«

»*Diese* alte Geschichte?!«, rief Samson.

»Sie haben davon gehört?«

»Yvonne Fabre ist 1965 verschwunden, da war ich drei Jahre alt. Erst Séverine hat mir irgendwann davon erzählt, das ist vielleicht zehn Jahre her. Ich weiß nicht, wie Séverine von der Vergangenheit ihrer Mutter erfahren hat, aber es hat sie ziemlich mitgenommen. Stellen Sie sich das vor: Ihre eigene Mutter, mit geschorenem Kopf durch das Dorf gejagt, weil sie mit einem fremden Soldaten ins Bett gegangen ist. Hätten Sie Mitleid mit Ihrer Mutter? Würden Sie sie verachten? Beides zugleich? Wahrscheinlich war es das bei Séverine. Sie wollte darüber aber nicht wirklich mit mir reden. Sie hat es mir einmal erzählt, aber danach nie wieder ein Wort über die Geschichte verloren. Sie ist allerdings nie gern in Lamanon gewesen. Sie mochte die Blicke der Leute nicht.«

»Es waren dieselben Leute, die Séverines Mutter als Kollaborateurin durch das Dorf getrieben haben«, meinte Blanc und bemühte sich, das möglichst nüchtern zu sagen.

»Und Séverine wusste auch sehr genau, dass ihre Mutter sich an den Leuten von Lamanon gerächt hatte: Sie ist ja als Yvonne Le Guennec mit einem Mann und mit viel Geld wieder zurückgekommen und hat sich diese Burg gekauft.« Samson wog seine Worte nun sorgfältig ab. »Ich weiß ja nicht, was 1944 alles passiert ist«, murmelte er, »aber ich glaube, das, was man Séverines Mutter angetan hat, das hatte sie nicht verdient, selbst wenn man mit einem Besatzer eine Affäre hatte. Yvonne Fabre hat es ihren ehemaligen Mitbürgern jedenfalls heimgezahlt. Vor allem der Familie Chapot. Deren Sohn hat ihr seinerzeit die Haare geschoren.«

»Sie hat Chapots Haus gekauft und verfallen lassen«, fuhr Blanc fort, als Samson nicht weiterreden wollte.

»Irgendwie hat sie es geschafft, die Chapots zu ruinieren. Der alte Chapot muss ein Säufer gewesen sein, die Mutter war wohl krank und ist bald gestorben. Aber der junge Rémi Chapot war ein paar Jahre lang so etwas wie der Held von Lamanon, bevor Séverines Mutter ihn vertrieben hat. Dann wurde er im Ort vergessen, als hätte es ihn nie gegeben. Jetzt erst haben sie ihm eine Art Denkmal errichtet, habe ich in der Zeitung gelesen.« Er schnaubte verächtlich.

»Als man Yvonne Fabre durch die Gassen Spießruten laufen ließ, standen viele Schaulustige am Rand. Zum Beispiel Madame Tornero«, sagte Blanc und wartete auf Samsons Reaktion.

Der schüttelte nachdenklich, aber offenbar nicht überrascht von dieser Nachricht den Kopf. »Kann sein. Das weiß ich nicht. Die alte Géraldine war immer eine leidenschaftliche Kämpferin. Und sie hatte allen Grund, die Deutschen zu hassen, wie Sie sicherlich wissen. Géraldine …«

»… saß bei der Hochzeitsfeier erstaunlicherweise mit der Enkelin der Kollaborateurin am selben Tisch und löffelte Eis«, unterbrach ihn Marius.

»Géraldine hat den alten Roland begleitet, deshalb. Roland Compagnat gehört für uns praktisch zur Familie, er hat vierzig Jahre lang für meinen Bruder gearbeitet. Deshalb war er eingeladen. Und Madame Tornero, *eh bien*«, Samson lachte, trotz allem. »Die alte Dame würde niemals einen Mann ehelichen, seinen Namen annehmen oder mit ihm zusammenziehen. Sie ist so stolz und unabhängig wie ein Pirat! Aber für Roland macht sie seit Jahrzehnten eine Ausnahme, gewissermaßen. Also war sie auch bei der Feier dabei, wir haben sie eingeladen, weil sie seine Freundin ist. Jedenfalls ist Madame Tornero nicht nachtragend, für die gibt es keine Sippenhaft. Sie war Noëlle gegenüber an dem Abend sehr nett. Wie eine Großtante, die zu Besuch ist. Und soweit ich weiß, hat schon Séverine nie von ihr zu spüren bekommen, dass sie die Tochter einer Kollaborateurin war. Zumindest hat sie mir nie etwas Negatives über Madame Tornero erzählt. Séverine mochte sie sogar.«

»Haben Sie eine Idee, warum Yvonne Le Guennec 1965 verschwunden ist?«, fragte Marius.

Samson schüttelte den Kopf. »Séverine wollte nie über das Verschwinden ihrer Mutter sprechen. Sie war ja noch ganz klein, ein Baby, als Yvonne Le Guennec auf einmal fort war. Ich glaube, sie war ihrer Mutter ein Leben lang böse deswegen. Dass die Mutter ihr kleines Kind verlassen hat, so denke ich mir das. Für Séverine war Yvonne Le Guennec eine Frau, die sich davongestohlen hat.« Er schwieg lange. »Ich habe ihr nicht widersprechen wollen. Aber ich habe das nie geglaubt, nicht in diesem Sinne zumindest. Madame Le Guennec wollte ihre Familie schon verlassen, aber meiner Meinung nach anders: Sie hat die Schande auch nach so vielen Jahren nicht verwunden und hat sich schließlich umgebracht. Ich glaube, dass sie ins Wasser gegangen ist, in irgendeinen See oder ins Meer, und da ruht sie noch heute. Warum wollen Sie das eigentlich alles wissen? Glauben Sie etwa, dieses alte Drama hat irgendetwas mit Noëlles Verschwinden zu tun?«

»Wir schließen nichts aus«, erwiderte Blanc.

Marius faltete das Foto zusammen.

Matthieu Samson folgte seinen Bewegungen mit dem Blick und räusperte sich. Er deutete auf das Bild. »Ich habe meinem Bruder geraten, einen anderen Fotografen zu engagieren als diesen Lalle«, erklärte er unvermittelt. »Aber Jean-Baptiste hört ja nie auf mich.«

Blanc hielt inne. »Warum?«

Samson zeigte auf das Notebook. »Ich repariere Computer. Aus der ganzen Region kommen Leute zu mir und bringen mir ihre Rechner. Einmal war auch dieser Lalle da. Die Festplatte seines Notebooks war gecrasht. Ich habe sie ersetzt und dabei die Daten der alten Festplatte, so weit es ging, übertragen. Und dabei habe ich ein paar Fotos gesehen.« Er zögerte. »Von nackten Mädchen. Ziemlich jungen Mädchen.«

Blanc sah ihn ernst an. »Zusammen mit älteren Männern?«

Samson schüttelte empört den Kopf. »Wie kommen Sie darauf? Nur nackte junge Mädchen, auf einer Wiese liegend, an einen Baum gelehnt, auf einem Stuhl sitzend. So etwas.«

»Und was haben Sie gemacht, nachdem Sie diese Fotos auf der Festplatte entdeckt hatten?«, fragte Marius.

»Ich habe Lalle darauf angesprochen, als er sich sein Notebook im Laden abholte. Dem war das peinlich, aber nicht sehr. Er ist Künstler, hat er gesagt. Das sei ein Teil seines nächsten Projekts. Aktbilder seien so alt wie die Kunst selbst, das älteste Kunstwerk der Welt sei die Figur einer nackten Frau aus irgendeiner Steinzeithöhle, er hat mir einen richtigen kleinen Vortrag gehalten. Ich habe nur genickt, schließlich ist der Kunde König, und wenn ich alle Kunden, die seltsame Dinge auf ihren Festplatten speichern, zur Rede stellen würde, könnte ich meinen Laden gleich dichtmachen. Aber ich habe diesem Typen nie getraut.« Er straffte sich und knetete seine muskulösen Hände. »Auf der Hochzeit habe ich jedenfalls ständig aufgepasst, was Lalle macht, damit dieser Fotograf nie mit Noëlle allein war, verstehen Sie? Man weiß nie. Er hat das Mädchen fotografiert, das schon, aber ich habe ihn dabei nie aus den Augen gelassen.«

»Bis zu dem Zeitpunkt nach dem Essen, als Sie allein im Park spazieren gingen«, erinnerte ihn Blanc.

Schnee

Als Blanc am nächsten Morgen um sechs Uhr aufwachte, klebte Eis an der Fensterscheibe. An der *Innenseite.* Er seufzte und rieb das Eis mit der bloßen Hand fort. Obwohl die Sonne längst noch nicht aufgegangen war, war es draußen aus irgendeinem Grund schon hell. Er blickte neugierig durch das freigewischte Glas: Schnee. Eine feine pulvrige Decke lag auf dem Kies vor der alten Ölmühle und auf der Ziegenweide seines Nachbarn Serge. Der Schnee reflektierte das Mondlicht. In den Blättern des Bambus an der Touloubre glitzerten Eisperlen, so klein und hart wie die Sterne am schwarzen Himmel. Es war der 20. Dezember, was hatte er erwartet?

Er sprang aus dem Bett und schlüpfte in Jogginghose und Sweatshirt. Fünf Minuten später begann sein Lauf durch eine weiße, stille Welt. Das Thermometer konnte nicht sehr weit unter null gefallen sein, minus zwei, drei Grad, schätzte Blanc. Die Luft war so rein, als würde nicht ein Staubkorn in ihr schweben, ein mäßiger Nordwind blies, und nach ein, zwei Kilometern wusste er, dass er sich zu leicht angezogen hatte. Eine winddichte Jacke wäre gut gewesen. Und eine Mütze. Und Handschuhe. *Merde,* aber er würde jetzt nicht mehr umkehren.

Es war herrlich, durch einen Wald zu laufen, als wäre man der erste Mensch auf Erden. Der Schnee schien aus sich selbst heraus zu leuchten, und das war das einzige Licht. Aber er war die Wege inzwischen so oft gelaufen, er kannte jeden Stein und jede Eichenwurzel, die irgendwo den Erdboden tückisch aufgewölbt hatte. Die Piniennadeln in den Ästen über seinem

Kopf waren mit Eis verklebt, viele Stämme waren knotig und so schief gewachsen, dass sich auf ihrer Rinde Flocken gesammelt hatten. Die Schneedecke war zwar zu dünn, als dass seine Schritte hätten knirschen können, aber dick genug, um jeden Tritt zu dämpfen. Ihm war, als würde er lautlos durch den Wald fliegen. Er lief schneller, spürte, wie seine Muskeln sich erwärmten, wie sich sein Puls beschleunigte – und wie sein Kopf frei wurde, als würde der eisige Wind jegliche Verwirrung aus seinem Gehirn fortblasen.

Blanc dachte über Matthieu Samson nach. Ein Mann, dem wichtig war, was die Leute dachten und was sie nicht denken sollten. Vielleicht war das einfach sein Charakter, oder vielleicht wurde man so, wenn man einen Laden hatte und pleitegehen würde, wenn zu viele Leute das Falsche über einen dachten. Ein Mann, der seine kranke Frau mit Séverine betrog, sie jedoch nicht verlassen wollte – und stattdessen die Ehe seiner Geliebten mit seinem eigenen Bruder zuließ. In gewisser Weise hatte Matthieu nicht nur seine Gattin betrogen, sondern auch seinen Bruder über Jahre hinweg ausgenutzt. Er fragte sich, was das heimliche Liebespaar geplant haben mochte: Matthieu Samsons Frau war im letzten Jahr ihrer Krankheit erlegen – hätte Séverine dann den einen Bruder ganz offiziell durch den anderen ersetzt, hätte sie sich von Jean-Baptiste scheiden lassen und wäre sie Matthieus zweite Frau geworden? Oder wäre diese Dreiecksgeschichte ewig so weitergegangen, denn: Was sollten sonst die Leute denken?

Am Ende hatte sich der Tod Séverine schneller geholt als Denise Samson. Blanc glaubte Matthieu Samson, dass dies sein schwärzester Tag gewesen war. Welches Motiv sollte er gehabt haben, Séverine zu beseitigen? Und welches Motiv könnte er haben, Noëlle verschwinden zu lassen? Der Mann musste sich wohl eher wie verflucht vorkommen: Du hast drei Frauen – eine Gattin, eine Geliebte, eine Tochter –, und nach und nach schlägt das Schicksal zu, unentrinnbar, jedes Mal anders, jedes Mal grausam, und am Ende bist du ganz allein.

Blanc lief an einem *borie* vorbei, einem kaum drei Meter hohen, wuchtigen Relikt uralter Zeiten. Schäfer und Bauern hatten solche Bauten vor Jahrhunderten oder vielleicht schon vor Jahrtausenden errichtet, turmartige Häuser, die sie ohne Mörtel und Stützen aus geschickt aufeinandergeschichteten Steinen erbaut hatten. Im *borie* gab es nur einen Eingang, ein niedriges Loch, durch das Blanc vor Monaten schon einmal hineingekrochen war, auf der Südseite, der dem Mistral abgewandten Seite des Mauerwerks. Das Dach bestand aus flachen Steinen, die Schicht für Schicht enger aufeinandergelegt waren, bis sie eine Art Kuppel formten, die den Turm überwölbte. Auf diesem Dach lag der Schnee jetzt höher als anderswo, wie eine weiße Kappe. In den Wäldern der Provence versteckten sich Hunderte *bories*, viele waren längst zu Steinhaufen zerfallen, überwuchert von Ginster und Brombeeren. Aber andere trotzten seit Äonen Schnee und Wind. Eine Gruft, fuhr es Blanc durch den Kopf, während er an der Ruine vorbeilief, es war die perfekte Gruft. Was war, wenn Noëlles Körper in irgendeinem *borie* ruhte, in irgendeinem Wald? Sie könnte dort Jahre unentdeckt liegen, Jahrzehnte, und irgendwann würde der *borie* über ihren Gebeinen zusammenstürzen und sie wäre unter Gestein begraben – wie ihre Großmutter in den Grotten von Calès. Es war nicht länger allein der Nordwind, der Blanc frösteln ließ.

Seine Gedanken wanderten zu dem, was beide Brüder Samson ausgesagt hatten: dass Séverine kurz vor ihrem Unfalltod bedrückt gewesen zu sein schien. Dass sie mysteriöse Anrufe erhalten habe, über die sie mit niemandem habe sprechen wollen. War sie bedroht worden? War es eine Erpressung? Und warum hatte sich Séverine keinem Menschen anvertraut?

Blanc fragte sich auch, welche Rolle Géraldine Tornero in dieser Familie spielte. Sie hatte gesagt, dass sie die Familie Samson kaum gekannt habe, aber das stimmte mit ziemlicher Sicherheit nicht. Als man die Großmutter gedemütigt hatte, da hatte sie am Straßenrand zugeschaut und war selbst noch ein traumatisiertes Kind gewesen. Als Erwachsene hatte sie jedoch angeblich keinen Groll gegen Séverine oder Noëlle gehegt. Oder hatte die alte Kommunistin vielleicht so etwas wie ein schlechtes Gewissen der Tochter und Enkelin gegenüber aufgrund dessen, was einst der Großmutter widerfahren war? Aber wie passte das zu all diesen schrecklichen Vorkommnissen?

Am Ende, sagte sich Blanc, war er vor allem bei David Lalle weitergekommen. Matthieu Samson hatte auf dessen Festplatte ebenfalls beunruhigende Fotos gefunden, wenn auch nicht ganz so beunruhigende: Aktfotos junger Frauen. Was jedoch bedeutete, dass Lalle offenbar nicht nur für Pädophile arbeitete, sondern sich, zumindest mit seiner Kamera, auch selbst an Mädchen heranmachte. Vielleicht würden sie unter den Gästen und Mitarbeitern der Hochzeitsfeier keinen Komplizen einer Entführung finden, weil Lalle gar keinen Komplizen brauchte. Andererseits: Wie hätte Lalle Noëlle in nur vier Minuten etwas antun können?

Als er gegen sieben Uhr zur Ölmühle zurückkehrte, graute endlich der Morgen. In der Auffahrt zu Paulettes Haus parkte ihr Volvo, doch leuchtete noch kein Licht hinter einem Fenster, vor ihrem Tor regte sich nichts. Gut, dachte Blanc erleichtert, wenigstens lässt ihr Ex sie in Ruhe. Seinem malträtierten Auge hatte die Kälte geholfen, zum ersten Mal seit zwei Tagen konnte er die Lider wieder öffnen, die Kopfschmerzen waren auch verflogen. Er duschte, nahm sich aber keine Zeit mehr für ein Frühstück, sondern fuhr direkt zur Station, wo er vor den Journalisten eintraf, immerhin.

Er setzte sich zu Fabienne ins Büro. Sie war blass und sah erschöpft aus. »Geht es dir gut?«, fragte er besorgt.

»Mir geht es blendend«, log Fabienne. Sie deutete auf den Monitor. »Ich habe das Foto des Kinderschänders von Lalles Speicherkarte zu Interpol geschickt. Ein Treffer, endlich. Die belgischen Kollegen haben ihn im System, er ist schon einschlägig vorbestraft. Der Mann wohnt in Brüssel und reist häufiger nach Südeuropa, um – du weißt schon. Ich habe den Beamten in Brüssel unseren Fall erklärt, sie werden sich den Mann vornehmen, sobald er wieder in Europa ist. Es sieht nämlich so aus, als wäre der Kerl seit mindestens zwei Wochen in Thailand. Der war definitiv nicht auf der Hochzeitsfeier von La Barben. Die anderen – wie soll ich diese Arschlöcher nennen? –, die anderen ›Kunden‹ von Lalle zu identifizieren ist schwierig. Ich habe bislang erst zwei Namen. Ein Mann aus Gap, ein Fernfahrer, der seit Tagen irgendwo in Nordafrika unterwegs ist, und ein Mann, der eigentlich in der Nähe von Avignon wohnt, aber seit drei Wochen wegen irgendeiner Drogengeschichte in Untersuchungshaft sitzt. Sieht nicht so aus, als kämen wir mit denen weiter.«

Blanc betrachtete Fabienne immer noch besorgt. Er vermutete, dass sie in der vergangenen Nacht nicht geschlafen hatte. Vielleicht auch mehrere Nächte. »Du musst dich da nicht länger so reinhängen«, sagte er und berichtete ihr von dem, was Matthieu Samson behauptet hatte.

»Nackte Mädchen auf der Festplatte? Und dieser feine Monsieur Samson meldet das nicht der Gendarmerie?! Kunst, *eh bien.*« Fabienne schloss für einen Moment die Augen. »Manchmal frage ich mich, warum ich unbedingt ein Kind zur Welt bringen will, wenn diesem Kind danach so etwas passieren kann«, flüsterte sie.

»Den meisten Kindern passiert so etwas nicht«, sagte Blanc. »Es ist einfach bloß verdammtes Pech, wenn ein Kind so einem Verbrecher über den Weg läuft. Genauso wie es Pech ist, wenn ein Kind Krebs bekommt oder von einem Auto angefahren wird, verdammtes, beschissenes Pech. Aber die meisten Kinder haben Glück. Du musst ans Glück denken.«

»Ans Glück denken, ja.« Fabienne lächelte ihn traurig und erschöpft an. »Das sagt ausgerechnet der größte Glückspilz von Gadet.«

»Ich war meinen Kindern ein mieser Vater, als sie klein waren«, gab Blanc zu. »Aber jetzt will meine Tochter mich besuchen. Vielleicht kann ich ein paar Dinge wieder geradebiegen. Eine zweite Chance ist auch ein Glück.«

Fabienne stand auf, ging zu ihm und küsste ihn auf die Wange. »Das waren nicht die klügsten Worte, die ich in meinem Leben gehört habe, aber sie kamen von Herzen. *Merci.*« Dann wurde sie wieder ernst und sah ihn eindringlich an. »Aber wir müssen die Kleine bald finden. Sonst gehe ich kaputt.«

Später rief Nkoulou die Beamten zur Konferenz zusammen. Blanc sah sich in dem überfüllten, stickigen Raum um: das Heerlager einer Armee auf dem Rückzug. Graue Gesichter, Augenringe, zu viele Zigaretten; einige Kollegen hatten sich seit Tagen nicht mehr rasiert, und der eine oder andere roch so, als hätte er seit mindestens ebenso langer Zeit nicht einmal mehr die Kleidung gewechselt. Selbst der Commandant hatte seine äußere Makellosigkeit eingebüßt, seine Augen waren rot und auf dem linken Glas seiner goldgefassten Brille schimmerte ein fettiger Fingerabdruck, den er offenbar nicht einmal bemerkte.

»Wir können Bourniquel nicht viel länger in Untersuchungshaft lassen«, verkündete Nkoulou.

Keine Protestrufe, nicht einmal unzufriedenes Murmeln, jeder wusste schon lange, dass das drohte.

»Wir haben ein paar Indizien, die gegen ihn sprechen, aber

Bourniquel hat für alles eine Erklärung, die wir nicht widerlegen können. Wir kommen nicht weiter. Wenn wir nichts Neues präsentieren können, wird der Mann nicht einmal angeklagt werden. Wir müssen suchen, suchen, suchen.«

»Jetzt ist Schnee gefallen«, rief jemand. »Wenn es noch irgendwo Spuren gab, dann sind die nun weg.«

Schnee, dachte Blanc, und ein neunjähriges Mädchen vielleicht irgendwo draußen in der Kälte. Er bemerkte, dass sein Chef ihn fixierte. »Wir haben möglicherweise eine neue Spur«, verkündete Nkoulou. »Capitaine Blanc, wenn Sie die Sache bitte ausführen wollen.«

Merde, dachte Blanc, wir tauschen einfach einen unsympathischen Verdächtigen durch einen anderen aus, aber kommen wir so weiter? Doch er nahm sich zusammen, erhob sich und fasste in dürren Worten zusammen, was Fabienne, Marius und er über den Fotografen David Lalle herausgefunden hatten. »Wir können ihn sicherlich wegen Kinderpornografie drankriegen, aber ob wir ihn dieses Verbrechens überführen können, steht in den Sternen«, warnte er zum Schluss. »Wir haben nicht wirklich etwas, das David Lalle mit Noëlles Verschwinden in Verbindung bringt. Jeder Anwalt würde aus dem, was wir bislang gefunden haben, in kürzester Zeit …«

»Vielen Dank, *mon Capitaine*«, unterbrach ihn Nkoulou und atmete durch. »Jeder hier im Raum versteht, dass das eine vage Spur ist. Aber haben wir eine andere?«

Niemand erwartete ernsthaft, dass Blanc darauf etwas erwiderte, weshalb er sich etliche überraschte Blicke einfing, als er mit »Ja« antwortete.

»Welche Spur?«, fragte der Commandant nach einer unangenehm langen Pause. »Welcher Verdächtige?«

»Jean-Baptiste Samson. Matthieu Samson.«

Nun wurde das Schweigen noch tiefer.

Blanc räusperte sich und erzählte rasch, was ihm an dem

Brüderpaar aufgefallen war. »Ich gebe zu, das ist auch nicht besser als bei Bourniquel oder bei Lalle«, sagte er. »Wir stoßen auf lauter Männer, in deren Leben es Ungereimtheiten gibt. Aber was hat das mit dem Mädchen zu tun? Ich weiß es nicht. Einige Männer haben kein richtiges Motiv, andere hatten an dem Abend nicht einmal eine richtige Gelegenheit, Noëlle etwas anzutun. Es ist immer etwas da, was nicht passt. Wir übersehen irgendetwas. Aber vielleicht finden wir es ja, wenn wir alle zusammen genau genug hinsehen.«

Nkoulou nahm seine Brille ab und rieb seine Augen. Als er sie wieder aufsetzte, glänzten im Licht der Neonröhre Fettringe auf beiden Gläsern. *»Bon«,* sagte er. »Die Hälfte unserer Leute wird sich Lalle vornehmen. Observiert ihn mit einem größeren Team, nehmt euch seine Bankkonten vor, sein Telefon, befragt Freunde, Familie, Nachbarn, Kollegen, findet heraus, was dieser Kerl in jeder einzelnen Minute während der letzten acht Tage gemacht hat. Die anderen kümmern sich um die beiden Samsons.« Er deutete auf die Beamtin, deren Namen sich Blanc unbedingt einmal merken musste. »Sie gehen auf die Burg. Sagen Sie Jean-Baptiste Samson, dass Sie von nun an als permanenter Kontakt bei ihm sind, damit wir ihn noch schneller über alle Entwicklungen auf dem Laufenden halten können. So schöpft er hoffentlich keinen Verdacht, und auch die Journalisten werden das schlucken. Dann können Sie ihn unauffällig überwachen. Sobald er die Burg verlässt, informieren Sie die Zentrale. Wir beschatten ihn dann. Wir schicken auch Teams zu Matthieu Samsons Computerladen und postieren Leute vor seinem Haus. Wir lassen uns die Kontobewegungen und Telefondaten der beiden Männer geben. Beten Sie, dass bei den Banken und Telekommunikations-Unternehmen niemand arbeitet, der unsere Anfrage an die Presse durchsteckt. An die Arbeit!«

Als Blanc abends nach Hause fuhr, schmeckte die Luft nach Frost. Sie hatten nichts erreicht, nicht beim Fotografen, nicht bei den beiden Brüdern Samson, kein Indiz, das irgendjemanden aufhorchen ließ, kein verdächtiges Telefonat, kein gar nichts.

Den Tag über war kein Schnee mehr gefallen, an vielen Stellen war die dünne weiße Decke vom Wind weggefegt worden. Doch über das Portal vor Paulettes Haus wölbte sich eine alte Mimose, deren Krone einen Schatten geworfen hatte, in dem sich der Schnee hielt. Keine Reifenspuren zerschnitten die pulvrige Schicht, kein verdächtiger Fußabdruck war dort zu sehen. Gut. Alles ruhig und … der Hund.

Der große, grauschwarze Hund lag quer vor der Tür zur alten Ölmühle. Auch dort, im Schatten der Mauern, lag immer noch Schnee. Blanc studierte die Abdrücke der Pfoten: Der Hund musste aus dem Wald hinter dem Haus direkt bis zur Tür getrottet sein und sich dort auf den Schnee geworfen haben. Er schlief so selbstverständlich, als täte er das schon ewig vor Blancs Ölmühle. Als Blanc näher kam, hob er den Kopf und wedelte mit dem Schwanz, aber beides so träge, als hätte er ihn auch schon tausendmal so begrüßt. Als Blanc noch näher kam, machte das Tier sich nicht einmal die Mühe aufzustehen. Er musste sich über den massigen Leib beugen, um den Schlüssel ins altertümliche Schloss zu stecken. Dann stieg er mit einem großen Schritt vorsichtig über den Hund.

»*D'accord,* du Bettvorleger«, sagte er, »von mir aus bleib da liegen, dann zieht es wenigstens nicht durch den Türspalt.« Blanc schleppte sich in die Küche und kochte sich irgendetwas zusammen. Er checkte die wenigen privaten Mails auf seinem Handy – nichts von Fuligni und seinen Handwerkern, natürlich nicht. Er dachte an Aveline. Im Salon zog er irgendein Buch aus dem Regal und erwischte einen Roman, den Geneviève einmal gelesen hatte, aber nach ihrer Scheidung nicht behalten wollte. Ihr altes Lesezeichen steckte noch zwischen den Seiten, und er gab nach dem ersten Kapitel auf und holte sich eine Flasche Rosé. Der Vorteil des jetzigen Zustands seines Hauses war, dass der Wein auch ohne Kühlschrank eiskalt war. Er trank ein Glas, viel zu hastig, und wollte sich schon nachschenken. *»Eh merde!«,* rief Blanc schließlich, stand auf und ging nach vorne zur Eingangstür. »Komm rein«, sagte er zu dem Tier. »Hier ist es zwar auch bloß zwei Grad wärmer als draußen, aber immerhin.«

Der Hund erhob sich gemächlich, trottete gelassen vier Schritte bis in den Flur und legte sich an die Innenseite der Tür – so, als hätte er auch das schon tausendmal gemacht.

Journalisten lieben das

Blanc fand den Hund an exakt der Stelle vor der Tür wieder, an der das Tier sich gestern niedergelassen hatte. Erwartete der Hund jetzt etwa, dass er mit ihm eine Runde Gassi ging? Er drehte den Schlüssel herum und drückte die Tür auf. »Du findest auch ohne mich einen Baum«, murmelte er verschlafen. Er blickte dem Tier nach, das müde auf den Oleander an der Hausecke zuschlurfte. Donnerstag, dachte Blanc, während er auf die eisüberkrusteten Ziegelsteinstapel starrte, morgen würde Astrid kommen. Scheinwerfer leuchteten auf einmal zitternd in den dunklen Tunnel unter den Platanenästen vor seiner Ölmühle. Er hörte das Röhren eines asthmatischen Diesels. Ein Lastwagen.

»Monsieur Fuligni!«, rief Blanc. Er konnte sein Glück nicht fassen.

»Ist das Ihr Hund?«, begrüßte ihn der Bauunternehmer, nachdem er aus dem Führerhäuschen gesprungen war.

»Das müssen Sie ihn selbst fragen.«

Fuligni lachte. Er hatte einen seiner beiden rumänischen Arbeiter dabei. Auf der Ladefläche des Lastwagens stapelten sich eiserne Gestänge und Bretter, die Blanc als Teile eines Gerüsts identifizierte. »Ich mache Ihnen Kaffee«, versprach er rasch. Er war bereit, so ziemlich alles zu tun, damit die beiden Männer nicht mehr gehen wollten. 21. Dezember, ihnen blieben noch mehr als sechsunddreißig Stunden. Das musste doch reichen für einen Kamin.

Fuligni nickte huldvoll. »Heute Abend steht auf Ihrem Dach ein Schornstein, der besser zieht als die Schornsteine der Raffinerien von Berre«, versprach er. »Sie können über die Weihnachtstage einen ganzen Wald in Ihrem Ofen verheizen.«

Blancs gute Laune hielt bis zur Ortseinfahrt von Gadet an. Auf den Trottoirs und zwischen den noch geschlossenen Weihnachtsmarktständen parkten Übertragungswagen – ihm kam es so vor, als wären es mehr denn je. Einige Reporter hatten sich vor die Gendarmerie-Station gestellt und redeten in Mikrofone, während frierende Kameramänner ihre Apparate und Scheinwerfer auf sie richteten. Was senden die so früh am Morgen?, fragte sich Blanc. Er stellte den Espace am Friedhof ab und nahm zu Fuß den Umweg bis zum Hintereingang.

Drinnen sah er in die langen Gesichter einiger Kollegen. Marius war schon da und zerriss ein Croissant mit seinen wulstigen Fingern, als wollte er es rupfen. »Bourniquel ist frei«, verkündete er. »Nkoulou musste ihn laufen lassen. Der Typ ist schon um fünf Uhr in das Auto seines Anwalts gestiegen. Ich sage dir nicht, was er uns zum Abschied zugerufen hat.«

»Ich glaube, es ist keine gute Idee, jetzt den Fernseher einzuschalten.«

»Die Journalisten reden über uns, als wären wir diejenigen gewesen, die die arme Noëlle entführt haben. Wenn das so weitergeht, wird uns spätestens heute Mittag die französische Luftwaffe bombardieren und das ganze Land wird jubeln. Wir stecken wirklich in der Scheiße.«

Blanc blickte den Flur hinunter zu Nkoulous Büro. Die Tür war geschlossen. »Der Chef hat keine Wahl mehr, wenn er nicht will, dass sie ihm in Paris den Kopf abschneiden: Er wird David Lalle verhaften lassen. Mit den Bildern, die der gemacht hat, holt ihn auch der beste Anwalt der Welt nicht so schnell wieder heraus.«

»Lalles Verhaftung wird uns bis Weihnachten eine Atempause geben«, pflichtete ihm Marius bei. »So lange wird sich die Meute auf den Fotografen stürzen. Aber danach …« Er wedelte mit der Hand und verteilte dabei Croissantkrümel über den halben Flur. »Wenn wir Lalle einbuchten, haben wir wieder den Falschen, und diesmal wissen wir von Anfang an, dass es der Falsche ist. Dieser Fall wird von Stunde zu Stunde beschissener.«

Gegen zehn Uhr morgens schlichen sich Blanc, Marius, Fabienne und einige weitere Kollegen nach und nach aus der Gendarmerie-Station wie schwänzende Schüler. Sie trugen zivile Kleidung, verließen das Gebäude durch den Hinterausgang, schlenderten allein oder zu zweit auf verschiedenen Wegen durch Gadet, bis sie sich auf dem Parkplatz vor dem Friedhof einfanden. Blancs Espace sah so abgewrackt aus, kein Pariser Journalist würde ihn für einen Wagen der Flics halten. Als er Gas gab und mit seinen Kollegen den Ort verließ, folgte ihnen niemand.

Sie fuhren nach Lamanon. Die Ausstellung sollte genau zu dieser Stunde eröffnet werden: »*Nature surprenante – nouvelles photos de David Lalle*«. »Überraschende Natur«, dachte Blanc grimmig, wir werden dir auch eine Überraschung bereiten. Es war Nkoulous Idee gewesen, dass sich die Gendarmen heimlich aus der Station stehlen sollten – um David Lalle genau zur Eröffnung der Vernissage vor den Augen aller Gäste zu verhaften. Sie würden so einerseits ungestört bis nach Lamanon gelangen, dort jedoch andererseits eine Sensation verursachen. Die Journalisten würden das lieben und der spektakulären Wendung des Falls Sondersendungen widmen. Clever, dachte Blanc.

Die *Salle d'exposition du Lavoir* war das Schmuckkästchen der Stadt. *Lavoirs* hatte Blanc in den letzten Monaten in praktisch jedem Dorf der Provence schon gesehen: lang gestreckte, viereckige Becken aus Stein oder Beton, durch die beständig Wasser floss. Diese Becken wurden von auf Stelzen oder Pfeilern stehenden Dächern überwölbt, damit sie im Schatten lagen. Manche waren steinalt, doch die meisten waren in den Jahren um 1900 herum erbaut worden. Bis in die Fünfziger-, Sechzigerjahre hinein hatten die Frauen hier ihre Wäsche gewaschen: Es waren die Kraftwerke von Klatsch und Tratsch, städtische Nachrichtenbörsen, interfamiliäre Heiratsvermittlungen und die Lokalparlamente für den weiblichen Teil der Einwohnerschaft. Seither hatten Waschmaschinen dieser Institution den Garaus gemacht, doch in den meisten Gemeinden hatte sich, wie Blanc fand: zum Glück, nie jemand die Mühe gemacht, die alten überdachten Becken niederzureißen. *Lavoirs* standen meist nutzlos irgendwo im Dorfzentrum herum, nicht schön genug, um als Denkmal zu gelten, aber doch zu schön, um zu verschwinden.

In Lamanon war das anders, und vielleicht war auch das ein Zeichen lokalen Querdenkens. Hier waren Becken und Dach perfekt erhalten, und zwischen die Pfeiler der Straßenfront waren schaufenstergroße Glaswände gezogen, die anderen drei Seiten waren zugemauert worden, sodass sich das *lavoir* in eine helle, rustikale kleine Halle verwandelt hatte. Ideal für Ausstellungen, die etwa ein, zwei Dutzend Bilder zeigten.

Blanc parkte direkt vor der *»Salle d'exposition«* in einer stillen Nebenstraße der Grande Rue im Schatten einer Platane. Das alte *lavoir* war nicht viel größer als eine Garage. Die Sonne schien so schwach, dass es in der Gasse gar nicht richtig hell war. Im Ausstellungsraum jedoch strahlten in Reihen angeordnete LED-Lampen beinahe so kräftig wie Operationsleuchten. Durch die Scheiben blickten er und seine Kollegen vom Bürgersteig aus hinein, niemand achtete auf sie. Die Schwarz-Weiß-Fotos waren so groß wie Tischtücher und wurden von modernen, dünnen Aluminiumrahmen umspannt. Blanc erkannte die alte Platane von Lamanon wieder, ihre Äste wurden vom Frühnebel umflort. Er blickte auf karge Gipfel der Alpilles. Auf eine Nahaufnahme von Tautropfen zwischen Eichenblättern. Auf einen Wolkenturm, der aus dem trichterförmigen Wipfel eines Micocoulier, eines Zürgelbaums, aufzusteigen schien.

Und auf die Grotten von Calès.

Blanc sah einen Herzschlag lang auf das große Foto von einem Höhleneingang – es waren die Grotten, deren Gewölbe ihn beim ersten Besuch an die Fratze eines Totenschädels gemahnt hatten, und ihn schauderte unwillkürlich. Lalle stand genau vor diesem Bild und deutete darauf, offensichtlich hielt er eine kleine Rede. Er trug eine Jeans, dazu ein schwarzes Jackett, ein weißes Hemd, das an der Brust um einen Knopf zu weit aufgeknöpft war – die Tracht des Intellektuellen. Er wirkte entspannt, zufrieden. Jemand, der angekommen ist. Jemand, der es geschafft hat. Er lächelte. Neben ihm stand Bürgermeister Cassandri und nickte bedächtig. Der alte Journalist Paulmier hatte sich am Rand des Raumes zwischen zwei Fotos postiert und schoss Bilder mit seiner leicht antiquierten Kamera, die halb so groß und vermutlich auch nur halb so teuer war wie der Apparat von Lalle, der dekorativ auf einem Tischchen neben dem Rednerpult glänzte. Wahrscheinlich schrieb Paulmier einen Artikel für *La Provence*. Das Publikum saß auf einfachen Plastikstühlen, die in Reihen um das Becken angeordnet waren, das immer noch das Zentrum des Raumes bildete. Das Wasser schimmerte so klar, dass sich die Zuschauer, sollten sie durstig sein, bloß zur Seite beugen und das Nass mit der Hand abschöpfen mussten. Ganz vorne erkannte Blanc Roland Compagnat und Géraldine Tornero. Die alte Dame war die Einzige, die zufällig einmal nach draußen sah, die Gendarmen erkannte und überrascht die Hand hob, halb Begrüßung, halb abwehrende Geste.

»Dann ändern wir doch jetzt mal Lamanons Kulturprogramm«, murmelte Blanc und öffnete die Tür. Er blickte Marius an: »Der Typ gehört dir.«

Marius ging quer durch den Raum, ignorierte die erstaunten Ausrufe aus dem Publikum und den empörten Blick des Bürgermeisters. Er baute sich vor Lalle auf, hielt ihm seinen Gendarmerie-Ausweis so hoch vor Augen, dass ihn selbst die Zuschauer in der letzten Reihe noch erkennen konnten, und sagte laut: »Monsieur David Lalle, Sie sind verhaftet.«

Paulmier war eine Sekunde lang wie erstarrt – dann riss er die Kamera vor die Augen und hörte gar nicht mehr auf zu fotografieren.

Lalle blickte die Beamten an. Sein linkes Augenlid flatterte. Panik flammte in seinem Gesicht auf, er sah flehentlich zum Bürgermeister hin. Cassandri achtete nicht auf Marius, sondern schob seinen massigen Leib bis zu Blanc vor. »Was hat das zu bedeuten?«, rief er.

Blanc beugte sich zum Bürgermeister vor und flüsterte nur ein Wort: »Kinderpornografie.«

Cassandri wurde blass und schnappte nach Luft. Als er sich endlich Lalle zuwandte, hatte er den Blick eines Henkers. »Ist das wahr, David?«, zischte er.

»Ich rufe wohl besser meinen Anwalt an«, sagte Lalle.

»Wird schwer werden mit dem Anrufen«, brummte Marius, »mit Handschellen an den Gelenken.« Sie schnappten mit einem leisen Ratschen zu. »Sie dürfen auf der Gendarmerie-Station telefonieren.«

»Putain«, murmelte der Bürgermeister, dann sah er Blanc an. »Vierzig Jahre lang passiert in Lamanon weniger als in einem Seniorenheim. Und dann tauchen Sie auf.«

»Ich würde die Weihnachtstage auch gern anders verbringen, *Monsieur le Maire*«, erwiderte Blanc.

»Monsieur Lalle ist ein netter junger Mann, der oft in Lamanon ist.« Géraldine Tornero war zu ihnen getreten und sah Blanc streitlustig an. »Sie erinnern mich schon an die Deutschen!«

»Die Gestapo hat Résistance-Kämpfer gejagt. Die Gendarmerie jagt Kinderschänder, Madame«, erwiderte Blanc und ließ sie damit stehen. Er folgte Marius, der bereits losmarschiert war und Lalle quer durch den Raum Richtung Ausgang führte, wo die anderen Beamten sich aufgebaut hatten. Als sie den Fotografen in den Espace gesetzt hatten, eilte Paulmier aus dem *lavoir* und nahm Blanc beiseite. »Ich habe Ihre Unterhaltung mit Madame Tornero gehört. Was steckt hinter dieser Inszenierung, *mon Capitaine*?«, fragte er halblaut. »Wir haben eine Abmachung: Ich will die Pariser Journalisten schlagen.«

Blanc zögerte. Er hatte Bürgermeister Cassandri nichts zum Fall Noëlle gesagt, denn er glaubte ja nicht, dass Lalle der Entführer des Mädchens war. Aber Nkoulou würde den Fotografen in spätestens einer Stunde auf einer Pressekonferenz als Verdächtigen im Fall der Kindesentführung präsentieren. »Mein Chef sieht eine Verbindung von Lalle zum verschwundenen Mädchen«, gestand er schließlich vorsichtig. »Einzelheiten wird der Commandant persönlich verkünden. Aber die Fotos der Verhaftung«, er deutete auf Paulmiers Apparat, »die können Sie in einer Stunde an jede Redaktion Frankreichs verkaufen.«

Am späten Vormittag hielt Nkoulou seine Pressekonferenz ab – eine Niederlage, die er in einen Sieg verwandelt hatte. Im Saal des Rathauses von Gadet drängten sich Reporter und Kameraleute, die Luft im Raum konnte man schneiden. Der Commandant trat diesmal allein vor die Reporter. Er sagte nicht etwa, dass er Bourniquel aus Mangel an Beweisen freilassen musste, sondern drehte es so, als hätten die Ermittlungen der Gendarmerie Bourniquel entlastet und zugleich zu einem neuen – und jedermann im Raum verstand damit: dem nun endlich richtigen – Verdächtigen geführt, David Lalle. Nkoulou hielt einen Ausdruck hoch, den Fabienne für ihn hatte vorbereiten müssen. Sie hatte eines jener schrecklichen Fotos genommen und darauf Gesichter und Körper stark verpixelt. Tatsächlich waren die Züge von Opfer und Täter unkenntlich, doch die Leiber waren immer noch zu erahnen.

Die Journalistin von *Le Monde* saß neben Blanc und sog scharf die Luft ein. »Das können wir nicht einmal in dieser Form drucken!«, rief sie.

Nkoulou nickte. Er hatte nicht ernstlich erwartet, dass irgendjemand dieses Foto veröffentlichen würde, es ging ihm nur um die Wirkung auf die Reporter. »Auch wegen dieser Fotos ermitteln wir.« Dann skizzierte er seine Version der Geschichte: der Hochzeitsfotograf auf der Burg – das verschwundene Mädchen – die zufällig auf Lalles Kamera entdeckten kinderpornografischen Aufnahmen – der Verdacht, dass Lalle allein oder mit einem Komplizen Noëlle entführt haben könnte. Blanc saß bloß da und versuchte, seinen Commandant mit den Augen der Reporter zu sehen. Es war eine gruselige Geschichte. Aber eine logische. Mit einem perfekten Schuldigen.

Jetzt müsste Lalle bloß noch gestehen.

Später ging Blanc mit Marius und Fabienne in den Verhörraum, in dem Lalle bereits auf sie wartete. Der Fotograf sah erschöpft aus. Neben ihm saß sein Anwalt, Maître Lerant-Nioti. Blanc seufzte. »Sie suchen sich die angenehmsten Klienten aus, Maître«, begrüßte er ihn.

»Und Sie suchen sich immer die falschen Verdächtigen aus, *mon Capitaine*«, erwiderte der Jurist. »Und die falschen Kollegen.« Er deutete mit ausgestreckter Hand auf Marius. »Lieutenant Tonon«, rief er scharf, »Sie werden sich meinem Mandanten gegenüber nicht so benehmen, wie Sie es sich bei der Verhaftung von Monsieur Bourniquel erlaubt haben. Eine einzige auch nur angedeutete Gewalttätigkeit, und ich mache Ihnen die Hölle heiß!«

Marius wurde blass, erwiderte jedoch nichts. Blanc fixierte den Anwalt. Wer anderen zeigen will, wo der Hammer hängt, der muss aufpassen, dass ihm dieser Hammer nicht selbst auf den Kopf fällt, dachte er. Eigentlich hatte er die Vernehmung zurückhaltend eröffnen wollen, doch nun holte er Ausdrucke von Lalles Fotos aus einer Mappe – unverpixelte, gestochen scharfe Ausdrucke. Er legte sie so auf den Tisch, dass der Anwalt praktisch gezwungen war, sie anzusehen. Einen nach dem anderen, sehr langsam, es dauerte, bis alle einundzwanzig Aufnahmen auf der verschrammten Resopalplatte lagen. Lerant-Nioti sagte nichts mehr, er wirkte, als wäre er auf seinem Stuhl um zehn Zentimeter geschrumpft.

»Diese Fotos befanden sich auf dem Speicherchip in Ihrer Kamera«, sagte Blanc endlich zu Lalle. »Wir wollen gerne wissen, wie sie entstanden sind. Und wen sie zeigen.«

Lalle hatte an der Decke des Raumes irgendetwas Interessantes entdeckt, das er unverwandt anblickte. »Keine Ahnung, wie die Aufnahmen auf die SD-Karte gekommen sind«, erwiderte er. »Ich kaufe hin und wieder gebrauchte Speicherkarten, ich benötige so viele. Vielleicht waren die da schon drauf, vom Vorbesitzer. Die sind mir jedenfalls noch nie aufgefallen.«

»Mir sind allerdings einige Seiten im Darknet aufgefallen«, sagte Fabienne. Sehr höflich und sehr kalt. Zum ersten Mal hatte Blanc den Eindruck, dass ein Verdächtiger Angst haben musste, seiner Kollegin gegenüberzusitzen. Sie legte Ausdrucke jener Seiten vor, auf denen Lalle seine Dienste für Pädophile angeboten hatte, Chat-Protokolle, Mobilfunknummern, Honorarforderungen, zuletzt die Namen jener wenigen Kunden, deren Identitäten sie schon festgestellt hatten. Danach war es lange vollkommen still in dem stickigen Raum.

»Das reicht allemal für eine Verurteilung«, beendete Marius

schließlich das Schweigen. Er klang entspannt. »Wenn Sie nicht reden, wird es ein langer Prozess werden, und der Richter wird Ihnen die Höchststrafe aufbrummen. Wenn Sie gestehen, reichen vielleicht ein oder zwei Verhandlungstage und ein Teil der Strafe wird zur Bewährung ausgesetzt. Sie haben ja keine Vorstrafe. *Alors?*«

Lalle warf seinem Anwalt einen hektischen Blick zu. Sein linkes Augenlid flatterte wieder. Er schluckte. Maître Lerant-Nioti jedoch mied den Augenkontakt, er starrte auf die Fotos, als wünschte er sich, nicht da zu sein, wo er sich gerade befand. Lalle fuhr sich mit der Zungenspitze über die Lippen. »Dürfte ich ein Glas Wasser haben, bitte?«

Eine Viertelstunde später hatte er alles gestanden. Es war so erbärmlich. »Mein Vater ist Nachtwächter bei Airbus Helicopter«, rechtfertigte er sich, »meine Mutter geht putzen. Wir hatten nie viel Geld. Ich habe mein Studium mit Nachhilfestunden finanziert. Und im Sommer habe ich bei der Aprikosenernte gejobbt. Als ich mein Diplom hatte, habe ich davon geträumt, als freier Fotograf zu leben. Sie haben die Bilder in Lamanon gesehen, nicht schlecht, oder?« Er blickte sie beinahe flehentlich an.

Als niemand etwas sagte, räusperte er sich. »Von der Kunst allein konnte ich aber nicht leben«, fuhr er schließlich fort. »Also habe ich Hochzeiten und Taufen fotografiert. Auch keine Ölquelle, aber besser als nichts. Na ja, und bei einer Taufe hat mich mal einer der Gäste beiseitegenommen. Ob ich auch andere Fotos machen würde. Sehr gut bezahlte Fotos.« Er zuckte mit den Achseln. »So bin ich da reingerutscht.«

»Reingerutscht?«, wiederholte Fabienne. Ihre Stimme war Eis.

Lalle wurde rot. »Ich bin keiner von … von denen. Für mich war das nur ein Job. Die richtige Location, das richtige Licht, und dann bringe ich es hinter mich.«

»Und die Kinder waren Ihnen egal?«, hakte Blanc nach. Er konnte es nicht glauben.

»Die wären doch sowieso ...«, fuhr Lalle auf. Er bemerkte das entgeisterte Gesicht seines Anwalts und atmete tief durch. »Meine Kunden haben die Kinder besorgt«, fuhr er fort. »Die wären doch sowieso dran gewesen mit ... Ich meine, Sie wissen schon. Wenn das ein Profi fotografiert, dann geht es wenigstens schneller über die Bühne, als wenn das ein Amateur gemacht hätte.«

»Sie haben den Kindern also gewissermaßen einen Gefallen getan, ja?«, sagte Fabienne. Blanc tastete unter dem Tisch nach ihrer Hand, bis er sie zu fassen bekam. Er drückte sie und ließ sie nicht mehr los. Fabienne war so erschreckend ruhig, er hatte Angst, dass sie gleich aufstehen und das Magazin ihrer Pistole in Lalles Körper entleeren würde.

»Darf ich rauchen?«, fragte der Fotograf.

Blanc warf Fabienne einen fragenden Blick zu, sie nickte. Lalle zog eine zerknautschte Packung Gitanes aus seiner Hosentasche und zündete sich eine an. Seine Finger waren nikotingelb. Sie zitterten.

»Sie haben auch nackte Mädchen allein fotografiert«, fuhr Blanc fort, »ohne Männer.«

»Die Fotos auf meiner alten Festplatte, was? Monsieur Samson hat Ihnen davon erzählt? Sind Sie mir so auf die Spur gekommen?«

»Beantworten Sie einfach meine Frage.«

Lalle schüttelte den Kopf. »Auch die Mädchen, die allein für mich posiert haben, haben meine Kunden besorgt.«

»Wir wollen alle Namen«, sagte Blanc so ruhig, wie es ihm noch möglich war. »Die Namen von Kunden, Personenbeschreibungen, Telefonnummern, ihre Autos oder Adressen, alles, was Ihnen einfällt. Wir wollen sie alle kriegen.«

»Ich brauche Papier und Stift«, erwiderte der Fotograf.

Endlose Minuten vertickten, während er gierig rauchte und dabei schrieb. »Von den meisten Kunden kenne ich nur Vornamen oder Spitznamen«, rechtfertigte er sich. »Zwei oder drei Telefonnummern kenne ich auswendig. Aber das sind Prepaid-Karten, die liegen wahrscheinlich längst auf dem Müll. Und bei einigen Kunden erinnere ich mich noch an Hobbys oder deren Autos oder daran, dass sie mir zufällig gesagt haben, wo sie gern Urlaub machen oder was sie für einen Job haben.« Er schob Blanc schließlich zehn eng bekritzelte Seiten über den Tisch und drückte den Stummel der Gitane aus. Er wirkte wie ein Mann, der glaubte, seinen Job erledigt zu haben.

Achtunddreißig, dachte Blanc, nachdem er die Einträge überflogen hatte. Achtunddreißig Namen. Keiner darunter, den er auf Anhieb einem der Gäste oder Mitarbeiter der Hochzeitsfeier auf La Barben hätte zuordnen können. Er atmete durch und reichte Lalle ein neues, unbeschriebenes Blatt. »Und nun die Namen der Kinder«, sagte er.

»Die kenne ich doch nicht«, protestierte der Fotograf schwach. »Meine Kunden haben die Kinder zu den Terminen mitgebracht, das habe ich Ihnen doch schon gesagt. Ich habe mich nicht mit ihnen unterhalten.«

Blanc tippte bloß auf das leere Blatt. Lalle schrieb ein oder zwei Vornamen auf, an die er sich noch erinnerte, schätzte das Alter mancher Kinder, bei einem Jungen wusste er noch, dass er nicht Französisch sprach, »sondern vielleicht irgendeine osteuropäische Sprache«.

Am Ende waren es nicht einmal halb so viele Beschreibungen wie bei der Liste der Täter. »An die anderen Kinder erinnere ich mich wirklich nicht mehr«, murmelte Lalle.

Marius lehnte sich zurück. »Dann lassen Sie uns jetzt über ein ganz bestimmtes Kind sprechen: Noëlle Samson.«

Lalle starrte ihn für einen Moment mit leeren Augen an, dann erinnerte er sich wieder an den Namen. »Nein, nein,

nein!«, rief er panisch. »Diese Sache hängen Sie mir nicht an! Ich habe Mist gebaut, *d'accord*. Aber ich habe kein Mädchen entführt!«

»Sie haben die kleine Noëlle auf der Burg fotografiert und …«

»Ich habe auf dieser verdammten Burg zweihundert Leute fotografiert!«

»Noëlle und ihre Freundin Magali haben für Sie posiert«, warf Blanc ein.

»Das Brautpaar hat auch für mich posiert«, sagte Lalle. »Das hat doch überhaupt nichts zu sagen.«

»Wann haben Sie Noëlle Samson an jenem Abend zum letzten Mal gesehen?«, wollte Fabienne wissen.

Lalle zuckte mit den Achseln. »Die Mädchen haben mal eine Zeit lang vor der Linse Grimassen geschnitten. Der einen ist schnell langweilig geworden, Noëlle hat länger durchgehalten, aber irgendwann hatte sie auch keine Lust mehr. Das war noch vor dem Abendessen. Ich habe danach nicht mehr besonders auf die beiden geachtet. Vielleicht sind sie noch auf Fotos drauf, ich habe ja praktisch pausenlos geknipst.«

»Außer während ungefähr vier Minuten, am Ende des Desserts gegen einundzwanzig Uhr. Sie sind aus dem Saal gegangen. Die nächsten Bilder zeigen Gäste im Park. Was haben Sie in diesen vier Minuten gemacht?« Blanc blickte den Fotografen aufmerksam an.

»Das ist ein schlechter Scherz, oder?!«, erwiderte Lalle fassungslos. »Ich habe mal vier Minuten nicht auf den Auslöser gedrückt? Kann sein. Wer achtet schon auf so etwas? Vielleicht habe ich mir ein Glas Wein geholt. Ich erinnere mich nicht mehr.«

»Sie wollen doch nicht etwa behaupten, dass mein Mandant ein Mädchen während einer Hochzeitsfeier mit zweihundert Gästen innerhalb von vier Minuten spurlos verschwinden lassen kann?«, fiel Lerant-Nioti ein. »Wenn das alles ist, was Sie in diesem tragischen Verbrechen gegen meinen Mandanten vorzubringen haben, dann …«

Blanc seufzte und wollte auf keinen Fall zugeben, dass dieser Scheißanwalt recht hatte. Er tippte stattdessen bloß auf die Fotos, die auf dem Tisch lagen. »Fürs Erste sitzt Monsieur Lalle deshalb ein. Im Fall von Noëlle Samson werden wir sehen, was die Durchsuchung seiner Wohnung ergibt.«

Lalles Appartement lag im dritten Stock eines modernen Komplexes nahe der Place Morgan in Salon: weiße Wände, Parkett, große Fenster und ein Balkon, der sich in einer Art Kurve um die Wohnung schwang und einen fantastischen Blick auf das wuchtige Château de l'Empéri im Herzen der Stadt bot. Marius strich missmutig über eine filigrane, mit Klavierlack konservierte Kommode aus den Sechzigerjahren. »Und in der Tiefgarage unten parkt Lalles Tesla«, brummte er.

Sie standen mit einigen Kollegen in der Wohnung. Fabienne war nicht mitgekommen, weil sie zu erschöpft war. Sie wollte sich von ihrer Ärztin untersuchen lassen. Blanc war besorgt, aber zugleich erleichtert, dass sie sich das hier nicht auch noch antat. Denn sie hatten Verstärkung anfordern müssen: Uniformierte aus Gadet und Salon hatten die schmale Straße vor dem Haus gesperrt. Sobald Lalles Name bekannt geworden war, hatten Journalisten seine Adresse herausgefunden. Fernsehteams belagerten den Appartementkomplex. Andere liefen wie ruhelose Wölfe durch die umliegenden Gassen und befragten jeden Passanten, in der Hoffnung, so auf einen Nachbarn zu stoßen, der ihnen etwas über den Verdächtigen sagen konnte. Blanc sah durch das Wohnzimmerfenster auf die Hektik drei Stockwerke unter ihm und dachte nach. Vater Nachtwächter, Mutter Putzfrau, der Sohn hier. Aufstieg um jeden Preis – buchstäblich. Er fragte sich, ob Lalle genauso skrupellos auf den Abzug einer Waffe wie auf den Auslöser einer Kamera drücken würde, wenn man ihm nur genügend Geld dafür böte. Vermutlich ja. Er beobachtete die Kollegen von der Spurensicherung, die Schränke öffneten und Schubladen entleerten. Alles in dieser Wohnung war entweder ultramodern oder Vintage, Sechziger- und Siebzigerjahre, alles teuer, alles makellos – und alles harmlos. Einer der Beamten in den weißen Ganzkörperanzügen hielt ihm drei eckige, stählerne Casio-Digitaluhren entgegen. »Die hätte ich auch gerne«, murmelte er hinter seiner Maske. Ein anderer steckte ein Tablet und ein Notebook in Plastiksäcke, um sie später im Labor analysieren zu können, natürlich Apple, natürlich die neuesten Modelle. Sie hatten einen Hund durch das Appartement geführt, aber der hatte keine Spur von Noëlle erschnüffelt. Eine junge Kollegin kam aus dem Schlafzimmer und hielt einen Mantel in der Hand. »Der hing im Schrank«, verkündete sie.

Marius und Blanc sahen einander an. Ein Damenmantel, feinster weißer Wollstoff, Größe S.

»Noëlle hat am Abend der Hochzeit einen weißen Mantel getragen«, sagte Blanc.

»Könnte passen«, erwiderte Marius, aber Blanc hörte ihm an, dass er das selbst nicht glaubte. Es war ein kleiner Mantel, aber doch ein Damen- und kein Kindermodell. Die Kriminaltechnikerin wischte über Lalles Hochzeitsfotos, die sie auf ihrem iPad gespeichert hatte. »Es gibt kein Bild, auf dem man Noëlles Mantel in allen Einzelheiten erkennen kann«, erklärte sie, »aber sehen Sie mal hier, *mon Capitaine.*« Sie zeigte ihm eine Aufnahme.

»Der Kragen sieht bei Noëlles Mantel anders aus als bei dem hier«, meinte Blanc.

Sie holten den Schäferhund zurück, aber der schlug bei dem Mantel immer noch nicht an.

»Soll ich ihn in den Schrank hängen?«, fragte die Kollegin. »Der gehört wahrscheinlich bloß der Freundin des Typen.«

»Nein«, bestimmte Marius. »Wir schicken ihn trotzdem ins Labor. Die sollen im Stoff nach der DNA des Mädchens suchen.«

»Das kann Tage dauern und wird nichts bringen«, widersprach die Spezialistin.

»Es bringt uns eine Atempause. Noëlle trug einen weißen Wintermantel. Wir finden im Appartement des Verhafteten einen weißen Wintermantel. Jeder Journalist wird glauben, dass wir eine erfolgversprechende Spur verfolgen. Wir stehen nicht wie die Idioten da, die wir sind. Niemand wird uns Druck machen, und wir haben ein paar Tage mehr Zeit, um unbehelligt nach dem echten Täter zu suchen.«

»Du klingst schon wie Nkoulou«, seufzte Blanc erschöpft.

Marius schüttelte energisch den Kopf. »Ich habe bloß kapiert, wie der Chef tickt. Er verschafft uns mit Lalles Verhaftung eine Galgenfrist. Eine Chance, diesen verdammten Fall doch noch aufzuklären, bevor uns ganz Frankreich in der Luft zerreißt. Also nehmen wir jede Möglichkeit wahr, diese Verhaftung zu rechtfertigen. Und wenn es bloß ein Mantel ist, den irgendeine Tussi vergessen hat, die mal mit einem Kerl wie Lalle im Bett war.«

Ein Kriminaltechniker kam vom Treppenhaus in die Wohnung. »An Lalles Auto in der Tiefgarage hat der Hund auch nicht angeschlagen. Und das Treppenhaus und der Aufzug sind ebenfalls sauber. Keine Spur von Noëlle im ganzen Haus.«

Blanc dachte an Marius' Worte. »Bringen Sie das Auto trotzdem ins Labor und suchen Sie es nach der DNA des Mädchens ab.« Atempause, Ablenkungsmanöver, Galgenfrist, verdammt.

Ein paar Minuten später trat er auf den Balkon und blickte hinunter zur Tiefgarageneinfahrt. Lalles Wagen rollte auf einem Transporter der Gendarmerie davon. Ein Auto wie diese Wohnung: elegantes Hightech, teuer. Die geschwungene Karosserie schimmerte grünmetallic, ein Lack, der zugleich ultramodern wirkte und doch an die Farbe legendärer englischer Rennwagen erinnerte: Racing Green.

Grün.

»Merde!«, rief Blanc. *»Merde, merde, merde!«*

Er zückte sein Handy und machte ein Foto vom Tesla. Dann drehte er sich um und stürmte aus der Wohnung.

Die Zeugin, die alles ändert

Blanc quälte seinen Espace mit Vollgas zur Ölmühle. Es war früher Nachmittag, Fuligni und sein Arbeiter hatten ihre Mittagspause schon beendet und standen auf dem Dach. Sein Kamin sah aus wie vorher, aber irgendwie waren die Ziegelberge vor dem Haus verschwunden.

»Geben Sie uns noch ein paar Stunden!«, rief der junge Bauunternehmer von oben herab. »Wir haben den Kamin von innen fast fertig hochgezogen. Und sagen Sie Ihrem Hund, dass er nicht ständig gegen unseren Lastwagen pinkeln soll. Er hat schon alle vier Reifen markiert!«

Blanc deutete auf die Eingangstür und sagte: »Platz!« Er glaubte selbst nicht, dass das Tier auf ihn reagieren würde, doch zu seiner Überraschung hob es seinen massigen Leib, schlurfte bis zur Türschwelle und ließ sich dort keuchend fallen.

Als Junge hatte Blanc mit Matchboxautos gespielt. In seinen kindlichen Erinnerungen hatte er mindestens so viele Autos besessen, wie über die Boulevards von Paris rauschten, tatsächlich waren es wohl bloß ein paar Dutzend gewesen. Als Jugendlicher hatte er die schrundig gespielten kleinen Wagen vergessen, und später war er zu sentimental gewesen, um sie wegzuwerfen. Er hatte sie von Wohnung zu Wohnung mitgeschleppt, wie andere Leute eine Lieblingssocke mitschleppen, deren Gegenstück verloren ging: Vergraben in irgendwelchen Schubladen hatten sie in seinem winzigen Zimmer zur Ausbildungszeit überdauert und im dunklen, billigen Appartement, das er mit Geneviève am Anfang ihrer Ehe bezogen hatte, später in der großen Wohnung mit den Kindern und jetzt noch in seiner Ölmühle. Matchboxautos hatten in der Küche hinter selten benutzten Mixern und Dosenöffnern geschlummert, im Handschuhfach des Espace, sie waren irgendwie in seine Sporttasche vorgedrungen und sogar in seinen einzigen Koffer, den er seit Jahren nicht mehr geöffnet hatte, weil er keine Urlaubsreise mehr unternehmen wollte. Nun kramte Blanc hektisch seine alten Schätze von überall hervor, zerbeulte Peugeots, zerkratzte Porsches und einen gelben Ford Mustang mit schräg eingedrücktem Dach. Er suchte und suchte, bis er vier grüne Matchboxautos beisammen hatte: dunkelgrün, froschgrün, eine Art Türkis und ein alter Jaguar in ungefähr jenem Racing Green von Lalles Tesla. Er stopfte die Spielzeuge in seine Jackentasche, rannte hinaus und wäre beinahe über den Hund auf der Türschwelle gestolpert, den er schon wieder vergessen hatte.

»Wie heißt er eigentlich?«, rief ihm Fuligni vom Dach aus nach. »Dann kann ich ihn das nächste Mal mit Namen anschimpfen, wenn der Köter wieder …«

»Suchen Sie sich einen Namen aus!«, erwiderte Blanc und schlug die Fahrertür zu. Er gab Gas.

Gut zwanzig Minuten später saß er in Salon im Wohnzimmer der Familie Auger der jungen Magali gegenüber. Deren Mutter war aus dem Zimmer verschwunden, »um sich frisch zu machen«. Er hatte sie, wie es die Vorschrift verlangte, gebeten, dabei zu bleiben, doch Madame Auger hatte desinteressiert abgewunken. Blanc wartete, bis sie die Tür hinter sich geschlossen hatte, dann stellte er seine vier verbeulten Matchboxautos auf den glänzenden Designertisch. Magali beobachtete ihn stumm und bemühte sich nicht, ihre Verachtung zu verheimlichen: ein alter Knacker, der mit Spielzeugautos zu ihr kam.

Blanc lächelte sie an. »Ich bin kein Therapeut«, versicherte er, »und wir spielen auch kein blödes Spielchen. Wir suchen gemeinsam nach Spuren.«

»Jetzt klingen Sie aber genau wie mein Therapeut.« Das Mädchen betrachtete ihn misstrauisch.

Blanc ahnte, dass er nur dann Magalis Vertrauen gewinnen konnte, wenn er ihr nichts vormachte. Er wog seine Worte sorgfältig ab. »Es könnte sein, dass Noëlles Entführung etwas mit dem Tod ihrer Mutter zu tun hat. Du hast vom Schicksal ihrer Mutter gehört?«

»Sie hatte einen Autounfall. Noëlle hat manchmal davon erzählt. Ich war mal an ihrem Grab unter dem großen Baum. Zeigen Sie mir deshalb diese blöden kleinen Autos? Hat Ihnen das ein Psychotyp bei den Flics gesagt, dass Sie das tun sollen?«

»Auf diese Idee bin ich ganz allein gekommen. Jemand hat Noëlles Mutter damals von der Straße gedrängt. Man hat den Verantwortlichen nie gefunden. Aber ein Zeuge hat ausgesagt, dass der Fahrer ein grünes Auto hatte.«

Magali blickte lange auf die Matchboxautos, zum ersten Mal flackerte so etwas wie Interesse in ihrer Miene auf. »Und deshalb zeigen Sie mir diese alten Kisten?«

»Genau.« Blanc holte tief Luft. »Magali«, fuhr er ernst fort, »du hast mir erzählt, wie ihr für den Fotografen posiert habt, du und Noëlle.«

»Der Typ, den Sie jetzt verhaftet haben? Ich hab das auf Facebook gesehen, krass. Der war aber nett an dem Abend, der hat mich nicht blöd angemacht.«

»Du hast gesagt, dass du es irgendwann leid warst, für Monsieur Lalle zu posieren, aber Noëlle hat sich nicht gelangweilt. Ihr beiden …«, er suchte nach dem richtigen Ausdruck, »… wart darüber nicht einer Meinung. Noëlle ist bei Lalle geblieben, und du bist auf ein Zimmer gegangen und hast aus dem Fenster gesehen. Von dort bist du erst später wieder zurückgekommen, als die Musik leiser gemacht wurde und jemand Alarm geschlagen hat. Und du hast dann gesagt: ›Noëlle war ja verschwunden.‹ Ist das richtig?«

»Sie haben sich doch die Antwort schon selbst gegeben«, sagte Magali und blickte ihn herausfordernd an. »Das habe ich Ihnen und den anderen Flics alles schon erzählt.«

»Ja«, sagte Blanc leise. »Und weißt du, wie das für mich klingt? Als wärst du aus dem Zimmer gekommen, nachdem Alarm geschlagen wurde – aber als hättest du da schon gewusst, dass Noëlle verschwunden war. Du warst nicht überrascht. Du wusstest bereits, dass deine Freundin fort war: ›Noëlle war ja verschwunden.‹«

Magali sagte einige Minuten lang nichts. Ihre Augen füllten sich mit Tränen. Auf einmal wirkte sie wieder wie ein kleines Mädchen, sogar jünger als die neun Jahre, die sie zählte. Blanc hätte sie gern tröstend in den Arm genommen, doch er fürchtete, dass sie das als Bedrohung empfinden würde. So beschränkte er sich darauf, sie aufmunternd anzusehen. »Dir passiert überhaupt nichts«, versicherte er.

»Sie verhaften mich jetzt«, flüsterte Magali traurig.

»Niemand wird dich verhaften. Niemand wird auch nur ein Wort von dem hören, was wir hier in diesem Wohnzimmer bereden.«

»Auch nicht meine Mutter?«

»Auch nicht deine Mutter.«

»Ich habe Mist gebaut«, sagte Magali leise.

Blanc schüttelte den Kopf. »Nein«, erwiderte er. »Du warst wütend auf deine Freundin, deshalb hast du dich von ihr zurückgezogen. Du wolltest allein sein. Das ist doch vollkommen normal. Aber als du oben in dem Zimmer warst, da hast du aus dem Fenster geschaut und etwas gesehen …«

Magali nickte. »Eigentlich war da nichts. Nur der Parkplatz.« Sie warf den Matchboxautos einen scheuen Blick zu, als könnten sie plötzlich explodieren. »Ich habe da nur so rausgeguckt. Ich wollte gar nichts Bestimmtes sehen oder jemanden belauschen oder so.« Sie starrte lange auf den Boden, bevor sie fortfuhr. »Aber dann habe ich auf einmal Noëlle gesehen. Da waren vorher immer schon mal Leute auf dem Parkplatz. Die haben da geraucht oder etwas aus ihren Autos geholt, Jacken oder so etwas. Und die beiden Männer von der Security. Aber auf die habe ich nie richtig geachtet. Nur als Noëlle plötzlich da war, habe ich halt genauer hingesehen. Erst wollte ich das Fenster aufmachen und sie rufen. Aber ich war noch so sauer. Und dann habe ich nichts gemacht, nur geguckt, was sie macht. Wenn ich sie gerufen hätte, dann wäre sie vielleicht jetzt nicht weg.« Magali atmete tief durch. »Na ja, und da habe ich gesehen, dass sie in ein Auto eingestiegen ist.«

»Allein?«, fragte Blanc. Sein Mund war trocken, sein Puls raste.

»So ungefähr.«

»So ungefähr? Was bedeutet das?«

»Na ja. Noëlle hat die Tür aufgemacht und ist ins Auto gestiegen. Aber da war natürlich schon jemand im Wagen. Denn danach ist der Wagen losgefahren.«

»Wer war mit ihr im Auto?«

»Weiß ich nicht. Es war ziemlich dunkel auf dem Parkplatz. Da war halt schon jemand im Auto und ist dann losgefahren. Ohne Lichter zuerst, das weiß ich noch. Aber dann hat er auch die Lichter angemacht und ist weitergefahren. Ganz normal.«

»Normal?«

»Langsam eben.«

»Und Noëlle ist freiwillig in das Auto gestiegen? Sie hat sich nicht gewehrt? Sie hat nicht geschrien?«

»Nein. Ich habe mir auch nichts dabei gedacht, bis …« Magali ließ den Kopf hängen. »Na ja, bis der Alarm kam. Ich bin nach unten in den Saal gegangen, als da plötzlich alle durcheinanderriefen. Nach einiger Zeit habe ich erst richtig kapiert, dass Noëlle verschwunden war.« Ihre Stimme wurde ganz leise. »Ich dachte, wenn ich das jetzt sage, wie sie ins Auto gestiegen ist, dann sind alle Leute wütend auf mich. Warum ich das denn nicht schon vor Stunden gesagt habe? Ich dachte, dass ich dann mitmuss mit den Gendarmen, so wie Mama einmal, als die Flics sie in Marseille angehalten haben. Also habe ich nichts gesagt. Ich dachte, Sie finden Noëlle auch so. Aber Sie haben sie nicht gefunden. Und da konnte ich doch erst recht nichts mehr sagen, dann wären Sie doch wütend gewesen, weil ich das alles verschwiegen hatte beim ersten Mal.«

Blanc berührte sie jetzt doch ganz leicht an der Hand. »Ich bin nicht wütend, im Gegenteil: Ich bin stolz auf dich, dass du dich doch dazu durchgerungen hast, es mir zu erzählen. Weißt du, als wir Monsieur Lalle verhaftet haben, da habe ich sein Auto gesehen. Es war grün. Und da ist mir der Unfall von Noëlles Mutter wieder eingefallen. Es war ein grünes Auto, das den Wagen von Noëlles Mutter von der Straße gedrängt hat. Und da habe ich mir plötzlich gedacht: Vielleicht war jemand mit einem grünen Auto auf der Hochzeitsfeier eingeladen? Jemand, der vor einigen Jahren Noëlles Mutter etwas angetan hat – und der nun vielleicht Noëlle etwas antun will? Aber wer könnte das beobachtet haben? Da musste ich an dich denken und dass du am Fenster gesessen hast und nicht überrascht warst von Noëlles Verschwinden. Deshalb habe ich dir die alten Matchboxautos mitgebracht – alle grün, irgendwie.« Er lächelte schief. »War es vielleicht ein grünes Auto, in das Noëlle eingestiegen ist?«

Magali nickte.

Blanc holte sein Nokia hervor und zeigte ihr das Foto von Lalles Tesla. »So ein Auto?«

Sie schüttelte entschieden den Kopf. »Der Wagen hat nicht so geglänzt. Und er war nicht so dunkel. Und nicht so modern.«

Blanc deutete auf die Spielzeugautos. »So alt wie diese Kisten?«

Auf einmal lächelte Magali schüchtern. »Aber nicht so verbeult.«

Blanc nickte ermunternd. »Aber alt?«, hakte er nach.

»Das Auto sah irgendwie alt aus. Jedenfalls habe ich so einen Wagen noch nie gesehen. In echt, meine ich. Vielleicht mal in irgendeinem der alten Filme, die sich Mama so gerne ansieht.« Sie zögerte und griff dann nach dem dunkelgrünen Matchboxauto. Ein Morris Minor. »Das Auto, in das Noëlle eingestiegen ist, hatte ungefähr diese Farbe«, sagte Magali. »Aber es war größer und irgendwie anders.«

»Anders?«

»Na ja, runder irgendwie und flacher. Und breiter und größer. Nicht so eine Klapperkiste.«

Blanc schloss die Augen. Seine Gedanken rasten. Irgendwie runder, flacher, breiter, größer – mit so einer Beschreibung durfte er Nkoulou nicht kommen. Eigentlich müsste er Magali jetzt auf die Station mitnehmen. Sie müssten ihr dort Fotos von alten Autos zeigen, alle möglichen Modelle, stundenlang, bis sie vielleicht irgendwann ein ganz bestimmtes Modell identifizieren würde. Aber, *merde,* er hatte dem Mädchen versprochen, dass sie nicht aus diesem Haus hinausmusste, dass kein Wort von ihrem Gespräch nach außen dringen würde. Er dachte an die Journalisten in den Straßen von Gadet und dass sie Magalis Haus belagern würden, wie sie es bei Lalle getan hatten. Außerdem würden die Reporter in kürzester Zeit die Geschichten vom Kokain und Magalis Mutter und dem Angriff mit der Schere in der Grundschule herausfinden. Ein altes grünes Auto, *merde,* das musste er doch auch ohne ihre Hilfe herauskriegen!

Er nahm Magalis Hand in seine Rechte. Sie wirkte dünn und leicht wie ein Blatt Papier. »Ich fahre jetzt zurück zur Station und suche nach dem grünen Wagen«, sagte er leise. »Und nur dann, wenn ich dieses Auto allein nicht finde, brauche ich doch noch einmal deine Hilfe. Dann müsstest du mit mir zusammen Fotos von alten Autos ansehen, bis du das Auto wiedererkennst. Und wenn du es nicht wiedererkennst, dann ist das auch nicht schlimm. Du hast uns auf jeden Fall sehr weitergeholfen.«

Magali dachte nach und nickte schließlich ernsthaft. »*D'accord*. Wenn Sie nicht weiterkommen, dann helfe ich Ihnen. Aber nur Ihnen!«

»Wir sehen uns, wenn es sein muss, tausend Autobilder gemeinsam an. Nur wir beide, hier in deinem Haus«, versicherte Blanc.

Sie lachte plötzlich und deutete auf die Matchboxautos. »Haben Sie noch viele von diesen komischen Kisten?«

»So viele, wie in Paris Autos fahren.« Blanc bemerkte Magalis Blick. »Möchtest du die hier haben? Ich schenke sie dir.«

»Cool«, sagte Magali und strich mit den Fingerkuppen ehrfürchtig über das verbeulte Spielzeug.

Blanc fuhr zurück nach Gadet. Bevor er sich von Magali verabschiedet hatte, hatte er noch rasch mit dem Handy den dunkelgrünen Morris aufgenommen. Nun zeigte er Brigadier Barressi das Bild des Matchboxautos. »Wir müssen schnellstens herausfinden, welcher Hochzeitsgast ein älteres Auto in diesem Grünton fährt«, befahl er.

Der Brigadier starrte ihn fassungslos an. »Sie fahnden jetzt nach Spielzeugautos, *mon Capitaine*?«

»Achten Sie nicht auf das Matchboxauto, Barressi!«, sagte Blanc barsch. »Achten Sie auf die Farbe! Eine Zeugin hat einen älteren Wagen gesehen, in den die kleine Noëlle eingestiegen sein könnte. Das Modell konnte sie nicht erkennen, aber sie konnte sich an die Farbe erinnern. Sie war genauso wie bei diesem Spielzeugauto. Wir brauchen die Liste aller Autos von Gästen und Mitarbeitern an dem Abend. Wir müssen alle grünen Wagen identifizieren, vor allem ältere Modelle. Irgendwie rundlich und breit, hat die Zeugin ausgesagt. Vielleicht suchen wir einen richtigen Oldtimer. Fragen Sie auch die beiden Security-Männer, ob sie sich an ein altes grünes Modell erinnern können. An einen älteren Wagen, der irgendwann nach einundzwanzig Uhr für eine Zeit lang den Parkplatz verlassen hat. Es ist ungeheuer wichtig, dass wir möglichst schnell …«

Da unterbrach ihn der Brigadier mit einem fröhlichen Lachen. »Aber, *mon Capitaine*!«, rief er. »Ein Oldtimer in diesem hässlichen Grün? Da gab es nur einen Wagen auf dem Parkplatz, das ist doch sogar mir aufgefallen! Aber nach diesem Auto wollen Sie doch garantiert nicht fahnden!«

Blanc sah den Brigadier für endlose Sekunden an. Er könnte wahnsinnig werden. »*Mon Dieu,* Barressi, von welchem grünen Auto reden Sie?!«, stieß er hervor.

»Na, von dem grünen Citroën DS! Dem Wagen vom alten Compagnat.«

Das wird schon

Blanc stürzte in Fabiennes Büro. Seine Kollegin war nicht da, am Monitor ihres Apples klebte ein Post-it: *Bin bei der Ärztin. Ruft mich auf dem Handy an, wenn was ist.* Blanc hoffte inständig, dass es Fabienne gut ging, und er hielt es für besser, sie nicht aus dem Termin in der Praxis herauszuholen. Er schickte ihr bloß eine SMS: *Wenn du fertig bist, komm vorbei. Wir brauchen dich dringend. Viel Glück.*

Er war froh, wenigstens Marius an seinem Platz vorzufinden.

»Warum bist du so plötzlich aus Lalles Wohnung abgehauen?«, fragte sein Freund. »Nicht, dass wir da noch etwas Interessantes gefunden hätten.«

»Ich habe aber etwas Interessantes gefunden«, erklärte ihm Blanc. Dann berichtete er von Magalis Aussage, vom grünen alten Auto, in das Noëlle eingestiegen war – und von Barressis heiterem Ausruf.

Marius lehnte sich zurück. Plötzlich lächelte er. »Das fühlt sich zum ersten Mal richtig an«, murmelte er gedankenverloren und tippte auf seinen Bauch. »Zu dem alten Compagnat würde Noëlle wahrscheinlich jederzeit freiwillig einsteigen. Der Buchhalter geht auf der Burg aus und ein, er gehört quasi zur Familie, die Kleine kennt ihn, seit sie denken kann, wahrscheinlich ist der so eine Art Ersatzopa für sie.«

»Erinnerst du dich, wie ich dir gesagt habe, was Compagnat Fabienne und mir bei unserem ersten Treffen erzählt hat? Als wir aus den Grotten von Calès zurückgekehrt waren? Da stand sein alter Citroën auf dem Parkplatz und er ist durch die Beifahrertür eingestiegen …«

»... weil die Fahrertür beschädigt war, ja.«

»Und Séverine Samson ist damals von einem grünen Auto von der Straße gedrängt worden, das sich *rechts* an ihr vorbeigezwängt hat, nicht links!« Blanc legte seine Hände auf die Schreibtischplatte, symbolisierte mit seiner Linken den Wagen von Noëlles Mutter, mit der Rechten den des Unbekannten. »Séverine ist mit einem alten, leichten R4 unterwegs. Die Kiste wankt in den Kurven, vielleicht fährt sie nachts auch gern mitten auf der engen Route départementale, es kommt ihr ja niemand entgegen. Jedenfalls gibt es rechts von ihrem Wagen Platz auf der Straße. Compagnat kommt mit seinem viel größeren und schwereren Citroën von hinten heran und drängt sich dort neben die ahnungslose Frau. Séverine erschreckt sich – niemand erwartet, auf einer engen Landstraße rechts überholt zu werden. Compagnat fährt einen Augenblick lang neben ihr, verdammt, er muss sein Opfer durch die Seitenscheibe gesehen haben! Dann schlägt er das Lenkrad ein und drängt mit seiner Limousine den kleinen R4 nach links ab: runter von der Straße in den Graben, wo sich das Auto überschlägt und mitten in einen Olivenhain hineinfliegt, wo es praktisch sicher ist, dass es an irgendeinem eisenharten Stamm zerfetzt wird. Bei Compagnats Citroën hingegen wird bei dem Anschlag bloß die Fahrertür eingedrückt.«

»Die Tür, die er niemals hat reparieren lassen, obwohl das Auto unbeschädigt inzwischen ein teurer Oldtimer wäre.« Marius lächelte. »Aber wenn Compagnat damit zu einer Werkstatt fahren würde, dann könnte ein Mechaniker selbst heute noch winzige Lackspuren finden und anfangen, unangenehme Fragen zu stellen. Das Risiko ist er nie eingegangen.«

»Compagnat hat in den Grotten auch noch von den Felsstürzen erzählt«, fuhr Blanc fort. »Er hat einen gefährlichen Sturz miterlebt, ›zwanzig Jahre nach Kriegsende‹, wie er selbst gesagt hat. Ich war ein Idiot und habe nicht darauf geachtet.

Ich habe nur die ganze Zeit gespürt, dass ich etwas übersehen hatte. Zwanzig Jahre nach Kriegsende, also 1965. Aber Compagnat hat später gesagt, dass er erst 1970 als Buchhalter aus Fos zum ersten Mal nach Lamanon und zu Le Guennecs Firma gekommen ist.«

»1965 ist das Jahr, in dem Yvonne Fabre verschwunden ist, Séverines Mutter und Noëlles Großmutter«, ergänzte Marius.

»Und das Jahr, in dem der ›Wolfsmann‹ in den Grotten von Calès sein Unwesen trieb, bevor er spurlos verschwand.«

»Compagnat muss 1965 Ende zwanzig, Anfang dreißig gewesen sein. Wir müssen das nachprüfen. Jedenfalls ein Mann voller Saft und Kraft.«

»Sein Händedruck ist heute noch so fest, dass ich mir Noëlles Körper in diesen Händen nicht vorstellen möchte.« Blanc schloss kurz die Augen. »Wir stecken ganz schön in der Scheiße«, murmelte er.

»Warum?«, erwiderte Marius. »Ich finde, wir machen riesige Fortschritte. Wir schnappen uns Compagnat und …«

»Und was?«, unterbrach ihn Blanc. »Wir verhaften einen Mann, der auf die neunzig zugeht und den jedermann hier kennt und liebt? Und das allein aufgrund der Zeugenaussage einer Neunjährigen, deren Mutter wegen Drogendelikten verurteilt wurde und die selbst bereits Ärger wegen Gewalttätigkeiten in der Grundschule hatte? Und die ihre Zeugenaussage mehr als eine Woche lang für sich behalten hat und plötzlich damit herausrückt, weil ein Capitaine der Gendarmerie mit vier alten Matchboxautos in ihrem Wohnzimmer aufgekreuzt ist? *Merde,* Marius, ich konnte Magalis Aussage nicht einmal protokollieren! Wenn wir damit bei Nkoulou antanzen, wird der Chef uns kreuzigen. Und wenn der Commandant uns wider Erwarten nicht kreuzigt, dann werden es ganz sicher die Journalisten tun, die da draußen nur darauf lauern, dass wir den nächsten Mist bauen!«

Marius schlug mit der Faust auf den Tisch. »Aber der Kerl hat vielleicht die Kleine bei sich! Durchsuchen wir wenigstens sein Haus!«

Blanc atmete tief durch. »Die Sache ist noch komplizierter. Géraldine Tornero ist die Freundin vom alten Compagnat. Sie hat als Elfjährige ihre Mutter durch die Nazis verloren. Die Fabres haben kollaboriert – und ist es nicht seltsam, dass in dieser Familie seither stets die Frauen sterben? Yvonne, Séverine, Noëlle ... drei Generationen. Noëlle ist noch so klein, es wird keine vierte Generation mehr geben. Die Familie wird ausgelöscht. Ist doch möglich, dass die alte Géraldine Tornero auch mit drinhängt, oder? Sie hat ihre Mutter verloren, sie hat auch keine Nachkommen, mit ihr wird ihre Familie verlöschen. Nur: Wir haben nicht einmal eine einzige Zeugenaussage, die die alte Dame belasten würde, wir haben gar nichts!«

»Die Alte züchtet Hunde«, sagte Marius leise. »*Mon Dieu.* Wenn Noëlle dort ... Irgendwann fange ich auch an zu kotzen wie Fabienne.«

»Wir müssen uns die beiden irgendwie vornehmen«, flüsterte Blanc. »Aber heimlich. Niemand darf etwas davon wissen. Ich werde nur Fabienne einweihen.«

»Es geht ihr nicht gut.«

»Ich habe keine Wahl. Sie würde uns das nie verzeihen, wenn wir sie jetzt ausschließen.«

Draußen war es inzwischen dunkel geworden. Sie hatten nicht daran gedacht, die Lampe im Büro anzumachen, und das war auch kaum nötig. Die Weihnachtssterne und -girlanden, die zwischen den Platanen rhythmisch glitzerten, warfen gelbe, rote und grüne Lichtstreifen durch den Raum. Leise schepperte ein Song von Bing Crosby durch die Fensterscheibe, *»I'll Be Home for Christmas«*. Es duftete nach Spekulatius und Frittenfett. Marius bearbeitete den Computer – vergeblich bislang. Weder Roland Compagnat noch Géraldine Tornero hatten irgendeinen Eintrag in einer Datenbank von Gendarmerie oder *Police nationale*. Und was es über sie zu googeln gab, war harmlos: ein paar Artikel von *La Provence*, in denen sie mal erwähnt wurden, Vereinsmitteilungen, Bekanntgaben der Gemeinde von Lamanon. »Die beiden Alten möchtest du als Oma und Opa haben«, brummte Marius. »Wird Zeit, dass mir mal jemand hilft, der sich mit Computern auskennt. Irgendwo muss doch mehr über diese Leute zu finden sein.«

»Schon verstanden«, erwiderte Blanc. Er fragte sich seit einiger Zeit, wo Fabienne wohl blieb. Er ging hinüber zu ihrem Büro, klopfte an die Tür und trat ein. Er brauchte ein paar Augenblicke, bis er sich an das Dämmerlicht im Raum gewöhnt hatte. Dann erblickte er einen Schatten. Fabienne saß am Schreibtisch. Zuerst erkannte er nur, dass ihre Schultern unruhig zitterten.

Dann begriff er, dass sie stumm weinte.

»*Merde*«, flüsterte Blanc, schloss die Tür und eilte zu ihr. Er schloss Fabienne wortlos in die Arme. Es war nicht nötig, dass sie ihm etwas erklärte. »Das wird schon«, sagte er irgendwann leise, »keine Sorge, das wird schon. Du bist so jung, das klappt schon.«

»Fehlgeburt«, flüsterte Fabienne. »Die Ärztin sagt, das ist vollkommen normal, dass es beim ersten Mal nicht klappt. Und dann der Stress, und ich war viel unterwegs und«, sie deutete vage nach draußen, »irgendwie war das nicht der richtige Zeitpunkt, oder? Ich meine, solange die Kleine irgendwo da in der Kälte ist …«

»Es ist nicht deine Schuld.« Blanc zermarterte sich das Hirn, um auf irgendetwas Klügeres zu kommen, etwas Tröstlicheres, Optimistisches. Aber angesichts des Elends seiner Kollegin wollte ihm kein passender Satz einfallen. Er fühlte sich vollkommen nutzlos in diesem düsteren Raum, und da ihm kein

Wort mehr in den Sinn kommen wollte, nahm er Fabienne noch mal in die Arme. Er hielt sie sehr lange so fest, bis er spürte, wie sie tief durchatmete und sich von ihm löste. Sie deutete auf ihr Handy. »Du hast mir eine SMS geschickt. Ihr habt etwas Neues gefunden?«

»Das ist jetzt nicht wichtig für dich. Geh nach Hause und nimm ein paar Tage frei, wenigstens über Weihnachten und Neujahr. Und danach …«

Sie schüttelte den Kopf, erschöpft, aber nicht resigniert. »Das *ist* wichtig für mich. Du weißt genauso gut wie ich, dass ich niemals Ruhe finden werde, solange wir nicht herausgekriegt haben, was mit dem Kind geschehen ist.«

»Du solltest dich erholen, Fabienne.«

»Manchmal liegst du echt weit neben dem Ziel, Roger. Trotzdem bin ich wirklich froh, dass es dich gibt. Und Marius auch. Lass uns in dein Büro gehen und weiterarbeiten.«

»Ich …«

»Ich *muss* diesen verdammten Fall lösen, *d'accord*?«

Blanc sagte nichts mehr und folgte ihr über den Flur.

Marius brauchte einen Blick, um zu kapieren. Er drückte Fabienne an seine mächtige Brust, setzte sie auf seinen Schreibtischstuhl wie eine Puppe, holte von irgendwoher ein labberiges Croissant hervor und ging zur Tür. »Ich hole uns Kaffee«, verkündete er. »Jetzt kannst du wieder literweise das ölige Zeug schlürfen, ohne dass deine Ärztin ausflippt. Irgendeinen Vorteil muss diese Scheiße ja haben.«

Blanc nahm ihr gegenüber Platz und setzte sie über alles ins Bild, was sie seither herausgefunden hatten und was sie bislang bloß vermuten konnten. »Wir nehmen die beiden Alten ins Visier, aber niemand darf es wissen«, schloss er. »Am wenigsten die beiden Alten selbst.«

Marius kam zurück und stellte die dampfenden Plastikbecher auf den Schreibtisch. »Das duftet zumindest besser als das

Frittenzeug vom Weihnachtsmarkt«, sagte Fabienne dankbar. Sie deutete auf den Computermonitor. »Ihr habt nichts gefunden?«

»Ich habe geahnt, dass dich das nicht überraschen wird.« Blanc grinste schief. »Roland Compagnat und Géraldine Tornero sind so sauber wie zwei frische Babywindeln.« Er merkte zu spät, was er gesagt hatte, und wurde rot. »Tut mir leid«, murmelte er.

»Ich bin nicht aus Zucker.« Fabiennes Finger flogen über die Tasten. Blanc und Marius ließen sie eine halbe Stunde lang ungestört arbeiten und tranken dabei langsam ihren Kaffee. Schließlich lehnte sie sich zurück und sah ihre beiden Kollegen an. Fabienne war müde, aber in ihren Blick war der Kampfgeist zurückgekehrt. »Zwei mustergültige Bürger«, gab sie zu. »Wahrscheinlich haben weder Roland Compagnat noch Géraldine Tornero in ihren langen Leben je irgendwo falsch geparkt.«

»Sag ich doch«, brummte Marius. »Die beiden sind so was von gewöhnlich, da schlafen dir die Zehennägel ein.«

»Einen ungewöhnlichen Punkt gibt es in der Vita von Roland Compagnat allerdings schon«, fuhr Fabienne in triumphierendem Ton fort: »Er hat es irgendwie geschafft, seinen eigenen Tod zu überleben.«

»Zeig's mir!«, rief Blanc. Er starrte auf den Monitor, plötzlich hellwach. Er erkannte den Scan eines sehr alten Formulars, das noch mit einer mechanischen Schreibmaschine ausgefüllt worden war.

»Das«, erklärte Fabienne, »ist ein Bericht der Gewerbeaufsicht von Fos. Ich habe mir Roland Compagnats früheren Arbeitgeber vorgenommen, ihr erinnert euch? Bevor er 1970 bei Le Guennecs Marmorschneiderei anfing, war er Buchhalter bei einer Raffinerie in Fos. Das hat er selbst gesagt. Und, *voilà*, Roland Compagnat war tatsächlich Buchhalter bei einer Raffinerie. Zumindest *ein* Roland Compagnat. Aber ob es unserer ist?« Sie tippte auf den Bildschirm. »Im Sommer 1970 ist es in dieser Raffinerie zu einer Explosion gekommen. Drei Arbeiter sind dabei ums Leben gekommen, dazu ein Angestellter, der auf dem Weg zum Büro zufällig an der defekten Anlage vorbeigegangen ist.«

»Roland Compagnat«, murmelte Blanc, der den Namen endlich auf dem Formular gefunden hatte.

»Genau. Er war auf der Stelle tot. Die Gewerbeaufsicht hat das Ganze untersucht, aber irgendwie führte das zu nichts. Wenn du noch weiter nachforschst, dann findest du auch noch eine Anfrage der Versicherung, aber offenbar hatte Compagnat keine Angehörigen. Es gab niemanden, an den eine Summe hätte ausgezahlt werden können, also haben sie auch bei der Versicherung den Fall schnell zu den Akten gelegt. Kein Wunder, sie waren froh, dass sie nichts zahlen mussten.« Fabienne blickte ihre beiden Kollegen an. »Jedenfalls ist Roland Compagnat 1970 bei einem Arbeitsunfall in einer Raffinerie gestorben, und seither hat sich nie wieder jemand für ihn interessiert.«

Ein Freund in Marseille

Freitag, 22. Dezember – und noch immer keine Spur von Noëlle. Blanc hatte den falschen Verdächtigen in Haft, und gegen die beiden Alten – die richtigen Verdächtigen – konnte er bloß mit gefesselten Händen ermitteln. Fabienne hatte eine Fehlgeburt erlitten. Er hatte seit Tagen nichts mehr von Aveline gehört. An diesem Abend wollte seine Tochter Astrid zum ersten Mal zu ihm in die Provence kommen. Und seine bescheuerte Ölmühle war immer noch grabeskalt, denn als Blanc gestern Abend zurückgekehrt war, waren Fuligni und sein Arbeiter bereits verschwunden, ohne eine Nachricht hinterlassen zu haben. Durfte er nun den Ofen wieder anfeuern oder nicht? Wenn wenigstens noch der riesige Hund vor der Tür läge, dann gäbe es weniger Durchzug, aber auch der war irgendwo verschollen.

Auf der Station schloss sich Blanc mit Marius und Fabienne im Büro ein – es stand außer Frage, dass seine Kollegin freinehmen würde. Sie überließen einigen Kollegen und Doktor Lucas Lalles Verhör. Sechs Männer aus der Kundenliste des Fotografen waren inzwischen identifiziert worden. Teams von Gendarmerie und *Police nationale* waren in verschiedenen südfranzösischen Städten ausgeschwärmt und hatten fünf Verdächtige verhaftet, den sechsten hatten sich die spanischen Kollegen in Barcelona geschnappt. Den spanischen Beamten war es auch gelungen, das erste der missbrauchten Kinder zu identifizieren – die Tochter des Verhafteten. Stunde um Stunde eine neue Wendung, die Journalisten waren gefesselt von diesem Fall. Ganz Frankreich starrte auf David Lalle, das Monster im Internet, der unfreiwillige Star von Fernsehsondersendungen, die Spinne im Netz der Pädophilen. Niemand konzentrierte sich noch auf irgendeine andere Spur.

»Was machen wir jetzt?«, fragte Blanc seine beiden Kollegen. »Wie gehen wir vor, ohne Aufsehen zu erregen?«

»Ich rufe einen der beiden Gorillas an, Fabrice«, erklärte Fabienne. »Ich habe ja schon mal mit ihm gesprochen.« Sie tippte seine Nummer ein. Einige Sekunden später dröhnte der Bass des Security-Mitarbeiters aus der Freisprechanlage. Er klang nicht gerade ausgeschlafen und gut gelaunt. »Ich brauche noch eine Auskunft«, sagte Fabienne.

»Über diesen Fotografen, den sie gerade im Frühstücksfernsehen zeigen? Tut mir leid, dieser Perverse ist mir nicht besonders aufgefallen. Der wollte zwischendurch mal ein Bild von uns machen, aber Salman hatte früher mal irgendwie Ärger, *eh bien,* jedenfalls mag er es nicht, wenn man ihn fotografiert. Da ist diese Schwuchtel wieder abgezogen. Zum Glück, sonst wären wir beide jetzt vielleicht auch in Ihrer Kinderschänderliste, eh?«

Fabienne rollte mit den Augen. »Machen Sie sich keine Sorgen, Fabrice. Ich will nichts über den Fotografen wissen, sondern nur, ob Sie sich an ein bestimmtes Auto auf dem Parkplatz erinnern: einen alten grünen Citroën DS.«

»Mais oui!« Fabrice wurde langsam munter. »Cooles Auto, nicht so eine Zuhälterkarre wie der X6. Das Ding hat richtig Stil. Der Wagen hat einem alten Mann gehört. Keine Ahnung, wie der hieß. Aber der Alte war in Ordnung, einer der wenigen Gäste, die uns Trinkgeld gegeben haben.«

»Können Sie sich erinnern, ob dieser ältere Herr mit seinem Citroën DS an dem Abend zwischendurch mal weggefahren ist?« Fabienne hatte unbewusst ihre Hände zu Fäusten geballt. Blanc hielt den Atem an.

Lange Pause. »Ich glaube schon«, antwortete Fabrice schließlich. »Ich meine, da war ein ständiges Kommen und Gehen.

Aber ja, ich glaube, der Alte ist mal mit seiner Karre über den Platz gekurvt.«

»Nur über den Platz? Oder ist er auch an Ihnen vorbeigefahren und hat den Weg zur Straße genommen?«

»Ja, genau. Der ist weggefahren, kam aber irgendwann wieder.«

»Wann ist der Citroën weggefahren?«

»Keine Ahnung, wirklich. Ich hatte schon seit ein paar Stunden Dienst, und es war dunkel. Aber ich glaube nicht, dass es schon richtig spät war.«

»Gegen einundzwanzig Uhr?«

»Wenn Sie es sagen.«

»Wie lange war das Auto fort?«, fiel Blanc ins Gespräch ein.

»Eh bien«, Fabrice seufzte. »Der stand irgendwie plötzlich wieder auf dem Parkplatz. An einer anderen Stelle, also muss er zurückgekommen sein, als ich nicht so genau aufgepasst habe.«

»War das lange bevor der Alarm wegen des verschwundenen Mädchens gegeben wurde?«, fragte Marius.

»Ja, denke schon. Das war lange vor dem Alarm, also ziemlich lange, na, jedenfalls mehr als ein oder zwei Minuten.«

Blanc beugte sich nahe zum Telefon, als könnte er damit seiner Stimme einen dringlicheren Klang verleihen. »Haben Sie neben dem alten Mann noch eine zweite Person im Auto gesehen? Auf dem Beifahrersitz? Oder auf der Rückbank?«

»Nein. Der alte Sack hat keine Puppe abgeschleppt, wenn es das ist, was Sie wissen wollen.« Fabrice lachte.

»Waren Sie denn nahe am Auto, als es vom Parkplatz fuhr?«

»Nein, wir haben gerade eine Runde um die Anlage gedreht, zur Kontrolle. Den Citroën haben Salman und ich nur aus der Entfernung gesehen, vielleicht aus zwanzig, dreißig Metern. Und es war auch nicht sehr hell.« Fabrice stockte in plötzlicher Erkenntnis. »Glauben Sie etwa, der Alte hat das Mädchen mit seinem Wagen weggeschafft?!«, fragte er fassungslos. »Dieser Opa mit dieser Karre? Der Typ kann doch nicht mal mehr …«

»Fabrice«, unterbrach ihn Blanc und sprach langsam und eindringlich. »Wenn Ihnen noch etwas zu diesem Mann und seinem Auto einfallen sollte, irgendein Detail, egal, wie unwichtig es Ihnen erscheinen mag – dann rufen Sie uns an. Und im Übrigen reden Sie bitte mit niemandem darüber, wenn Sie Weihnachten in Ruhe verbringen wollen.«

»Was soll das? Wollen Sie mir die Hölle heiß machen?«

»Oder die Journalisten. Kommt drauf an, wer schneller bei Ihnen ist, wenn Sie reden. Die Hölle wird es auf jeden Fall.«

»So eine Schande«, brummte Fabrice, »ein Opa mit einem neunjährigen Mädchen. Heute kannst du echt niemandem mehr trauen.«

»Deshalb haben Security-Männer wie Sie goldene Zukunftsaussichten, Fabrice.« Blanc legte auf und sah Fabienne und Marius an.

»Eine Stunde«, sagte seine Kollegin. »Vielleicht war der Kerl eine ganze, verdammte Stunde mit Noëlle allein.«

Marius ging zu einer großen Landkarte, die sie an die Wand gepinnt hatten. La Barben war rot umkreist. »Das letzte von Lalles Fotos, auf denen Noëlle zu sehen ist, wurde gegen einundzwanzig Uhr geschossen. Ebenfalls um diese Zeit ist die Kleine Matthieu Samson zum letzten Mal aufgefallen – da saß sie mit ihm und Géraldine Tornero und Roland Compagnat am Tisch und hat ihr Dessert gegessen.«

Blanc trat zu ihm. »Dann verlässt Matthieu Samson den Tisch. Noëlle ist allein mit den beiden Alten. Erinnert euch an das Bild: Sie ist fröhlich. Sie kennt die beiden, sie vertraut ihnen.«

Nun kam auch Fabienne zu ihnen. Sie starrten alle drei auf die Landkarte, als wäre das alte, durch viele Knickfalten rissige Papier so etwas wie ein Fenster in die Vergangenheit, das ihnen einen Blick auf den fatalen Abend erlauben würde. »Magali kann sich nicht an die genaue Uhrzeit erinnern – aber sie sieht, wie Noëlle allein und offenbar freiwillig über den Parkplatz auf den Citroën DS zugeht und einsteigt. Dort wartet schon jemand auf sie und fährt los, sobald sie im Wagen ist. Roland Compagnat? Géraldine Tornero? Beide? Niemand hat das so genau gesehen, auch Fabrice nicht, der mit seinem Kollegen zufällig zu weit entfernt war. Hat der Security-Mann die kleine Gestalt des Mädchens auf die große Distanz und bei dem schlechten Licht einfach nicht erkannt? Oder hat man im Auto Noëlle irgendwie dazu gebracht, sich zu ducken?«

»Auf jeden Fall verschwindet Noëlle aus der Burg, vermutlich um kurz nach einundzwanzig Uhr«, resümierte Marius. »Fabrice behauptet, dass der Citroën plötzlich wieder auf dem Parkplatz stand. Wann genau er zurückgekehrt ist, weiß er nicht, aber es sei ›lange‹ vor dem Alarm gewesen. Aber was bedeutet schon ›lange‹ bei einem Mann, der Nachtdienst hat und nicht so genau darauf geachtet hat? Eine Stunde? Oder bloß fünf ereignislose Minuten? Wenn ihr mich fragt: Compagnat oder Tornero hatten nicht nur eine Stunde Zeit, sondern vielleicht beinahe zwei: zwischen kurz nach einundzwanzig und kurz vor dreiundzwanzig Uhr.« Er zog mit der ausgestreckten Hand einen großen Kreis um La Barben. »Zwei Stunden mit dem Auto über nächtlich leere Straßen. *Putain*, die Kleine kann überall sein!«

»Wir müssen die Kriminaltechniker auf den Citroën ansetzen«, rief Fabienne. »Wenn sie dort Spuren von Noëlle entdecken, dann können wir …«

»… gar nichts tun«, unterbrach Blanc sie bitter. »Compagnat ist ein alter Freund der Familie. Wer weiß, wie oft das Mädchen schon zuvor mit ihm gefahren ist? Wenn wir DNA, Haare oder was auch immer, von Noëlle im Auto sicherstellen, dann hat das überhaupt nichts zu sagen.« Er starrte auf die Landkarte. »Nachts war wenig los«, murmelte er gedankenverloren, »aber trotzdem: Es war erst einundzwanzig Uhr, da sind noch Leute auf der Straße. Und so ein alter Citroën DS ist auffällig. Wir selbst haben ihn beim ersten Mal bewundert. Fabrice findet ihn cool. Sogar Brigadier Barressi hat das Auto nicht vergessen. *Alors,* wenn Compagnat so wenig Aufsehen wie möglich erregen will, dann wird er die größeren Städte rund um das Château de La Barben meiden.« Er tippte auf das Papier: »Salon, Lançon, Pélissanne, Lambesc – nirgendwo wird er durch die Innenstadt gefahren sein.«

Marius deutete auf eine gelbe Linie. »Die Route départementale 572 führt an der Burg vorbei und bringt dich südlich von Salon direkt auf die A7 und die A54. Und bist du erst einmal auf der A7, dann schaffst du es auch mit so einer alten Karre wie dem Citroën in einer guten halben Stunde bis nach Marseille.«

»Und die andere Autobahn führt dich zu einer Route nationale, die schnurgerade nach Fos führt.« Fabienne zeigte auf die A54. »Was ist, wenn Compagnat doch nicht 1970 gestorben ist? Wenn der erste Teil seiner Geschichte stimmt? Wenn er bis 1970 in Fos gearbeitet hat? In Fos gibt es Raffinerien und den Containerhafen und Öltanker. Mein Gott, eine Neunjährige verschwindet von einer Hochzeitsfeier auf einer ländlichen Burg, jedermann sucht im Gebäude und in den Wäldern, und wir haben sogar sämtliche Gehege in dem verfluchten Zoo durchwühlt – aber wer denkt schon an Häfen und Raffinerien? Niemand würde je in Fos nach Noëlle Ausschau halten.«

»In den Raffinerien stellen sie das Benzin für Frankreichs Autos her. Und Fos ist der größte Containerhafen des Mittelmeers. Wenn du diese Anlagen anhältst und durchsuchst, dann hast du eine Staatskrise. Nkoulou würde uns das niemals erlauben. *Merde,* der Präsident selbst würde uns das niemals erlauben!«, rief Marius düster.

»*D'accord*«, gab Blanc zu. »Prüfen wir doch erst einmal nach, ob Compagnat überhaupt eine der beiden Autobahnen genommen hat. Kommen wir unauffällig an die Bilder der Kameras aller Péage-Stationen?«

Marius nickte. »Ich kenne jemanden bei ASF, das ist die Firma, die die Autobahnen betreiben: *Autoroutes du Sud de la France*. Der Mann ist mir noch einen Gefallen schuldig.«

Blanc holte für alle Kaffee. Währenddessen griff Marius zum Hörer und hatte nach einigem Herumfragen seinen Kontakt an der Strippe, der ihm versprach, die Aufnahmen vom Dienstag, den 12. Dezember, zwischen einundzwanzig und dreiundzwanzig Uhr für die Gendarmen durchzusehen. »Er sagt aber, dass das bis übermorgen dauern wird«, verkündete Marius, nachdem er aufgelegt hatte.

»Übermorgen?«, fragte Blanc entgeistert, der in der Tür stand und drei Plastikbecher balancierte. »Dann ist Heiligabend.«

»Mein Freund ist Muslim, der hockt nicht vor der Krippe. Er hat sich freiwillig zum Dienst gemeldet und wird bis dahin alle Aufnahmen analysieren, ohne dass es einem Kollegen auffällt. Er ruft dann an.«

»An Heiligabend?«

»Ich habe ihm deine Handynummer gegeben.« Marius grinste Blanc an.

Später saßen Fabienne und Blanc im alten Espace und fuhren über die A7. Marius hatte sich vorgenommen, Roland Compagnat und Géraldine Tornero zu beschatten, weil er hoffte, dass die beiden die Zeit vor den Feiertagen zusammen verbringen würden. Blanc hatte einen Kollegen von der *Police judiciaire* in Marseille angerufen: Kad Djendelli. Er glaubte, dass der vielleicht im Archiv der Kriminalpolizei von Marseille mehr über Roland Compagnat und jenen tödlichen Unfall von 1970 ausgraben konnte.

»Ich habe mordsmäßigen Hunger«, hatte Djendelli gesagt, »wir treffen uns im *Au Bout du Quai* am Vieux Port. Es ist um die Ecke von der Évêché und du kannst in der Tiefgarage hinter dem Rathaus parken. Ich lade dich ein.«

»Ich komme mit einer Kollegin.«

»Dann erst recht! Wir sehen uns in einer Stunde.«

»Wird dieser Djendelli unsere Ermittlungen wirklich nicht an einen Journalisten durchstechen?«, fragte Fabienne. Sie war erst wenige Jahre bei den Flics, aber bereits durchtränkt mit jener Rivalität zwischen Gendarmerie und *Police nationale*, die so alt war wie Frankreich selbst.

Blanc lachte. »Du möchtest kein Dealer sein, wenn Djendelli die Ermittlungen leitet! Kad ist korrekt. Er ist bei der Brigade Antigang und hat mir schon mehr als einmal den unteren Rücken gerettet.«

Sie rollten mit sechzig Stundenkilometern dahin. Mehr ging nicht, der Verkehr war dicht, es sah so aus, als wollte kurz vor Weihnachten noch mal jeder nach Marseille. Sie schafften es gerade noch pünktlich zur Verabredung. Das *Au Bout du Quai* trug seinen Namen zu Recht: ein kleines Restaurant im Erdgeschoss eines schmucklosen, rotbraunen Kastens, den irgendein fantasieloser Architekt in den Fünfziger- oder Sechzigerjahren hierher gezwungen hatte. Der Vieux Port war ein rechteckiges Becken mitten in Marseille, eine verwinkelte Rinne im Schatten der wuchtigen Forts Saint-Jean und Saint-Nicolas führte von dort aus zum offenen Mittelmeer. Diesen Hafen hatten im Prinzip schon die alten Griechen vor zweieinhalb Jahrtausenden angelegt, als sie ihre Kolonie Massalia gegründet hatten. Heute dümpelten hier weiße Segeljachten und alufarbene Motorboote. Die Kais waren mit hellen Steinplatten gepflastert. Ein Riesenrad drehte sich majestätisch langsam, es waren jedoch kaum Leute in den Kabinen, es war zu kalt. Restaurants hatten das Hafenbecken umzingelt sowie luxuriöse

Hotels, und vor dem Rathaus im Empire-Stil flappte langsam die Tricolore im Rhythmus der Böen.

Und doch war der Vieux Port noch immer nicht totsaniert worden, und doch stank es hier noch nach Fisch und Teer und Ferne und Gefahr. Fischer verkauften noch immer ihren glibberigen, sich windenden Fang direkt am Kai. Nahe am Fort Saint-Jean waren Patrouillenboote der Marine vertäut, graue und irgendwie aggressiv wirkende Motorboote, die jeden daran erinnerten, dass das Mittelmeer nicht nur eine Badewanne war. Vor manchen Restaurants lungerten schon zur Mittagszeit Typen herum, die nach hundert Jahren Gefängnis aussahen. Und am Ende der Kais merkte man, dass die Stadtplaner kein Geld oder vielleicht auch einfach keine Lust mehr gehabt hatten, denn dort gingen die schicken Kais unvermittelt in breite, graue Schnellstraßen über, die irgendwann in den architektonisch schrecklichen Siebzigerjahren durch Marseille gepflügt worden waren.

Und genau am Ende des Kais, vor der Kurve der ersten Schnellstraße, fand Blanc das *Au Bout du Quai*, das letzte und vielleicht kleinste Restaurant unter Dutzenden am Vieux Port, an einem so entlegenen Ort, dass die Touristenströme bis zu dieser Ecke versickert waren und nur Einheimische hier zu Mittag aßen. Der Innenraum war nicht viel größer als Blancs Wohnzimmer, aber hoch und hell. Durch Fenster, die eher in eine Fabrikhalle gepasst hätten, ging der Blick auf das Fort Saint-Jean, auf den Mastenwald der Jachten im Alten Hafen, und im Hintergrund strahlte die vergoldete Mutter Gottes von Notre-Dame-de-la-Garde in den eisig blauen Himmel.

Commissaire Kader Djendelli von der *Brigade de recherche et d'intervention de la police judiciaire* sah aus, als hätte er gern in einer Rockband gespielt, und wenn sein Leben anders verlaufen wäre, dann wäre es vielleicht auch so gekommen. Blanc erinnerte sich an die Jimi-Hendrix-Stratocaster an der

Wand seines Büros in der Évêché. Djendelli war Anfang vierzig, mittelgroß, schlank, die Glatze umflort von einem letzten Ring raspelkurz rasierter schwarzer Haare, und er trug zerknautschte Basketballschuhe und selbst mitten im Winter eine Jeans, bei der das Verhältnis von Stoff zu Löchern ungefähr fünfzig zu fünfzig betrug. Er stand auf, lächelte, und es dauerte weniger als eine Sekunde, bis Fabiennes sämtliche Vorurteile über die *Police nationale* weggeschmolzen waren.

Djendelli schüttelte Blanc die Hand, küsste Fabienne auf beide Wangen und rückte ihnen die Stühle zurecht. »Wie steht es um das verschwundene Mädchen?«, fragte er. Man merkte ihm an, dass ihn echte Anteilnahme trieb.

»Die Geschichte macht uns fertig«, gestand Blanc.

»Die Jungs aus den Quartiers Nord sind ja auch keine Chorknaben«, sagte Djendelli kopfschüttelnd, »aber mir ist ein Kaïd mit einer Kalaschnikow tausendmal lieber als ein Typ, der Kinder entführt. Kommt ihr mit den Ermittlungen voran?«

»Ja und nein«, erwiderte Fabienne. »Ja, wir kommen voran. Aber wir dürfen nicht so ermitteln, wie wir wollen.«

Djendelli sah sie einen Augenblick lang verblüfft an, dann lachte er so laut los, dass der jungen Kellnerin, die sich ihnen gerade näherte, vor Schreck eine Speisekarte aus der Hand glitt. »Das klingt ganz nach einem typischen Fall von Capitaine Roger Blanc!« An Fabienne gewandt hob er scherzhaft warnend die Hand. »Wenn du jemals eine hübsche Uniform mit richtig vielen Streifen auf dem Ärmel tragen willst, dann lass dich lieber gleich versetzen. Roger ist die Axt, die den Karrierewald lichtet.«

»Baudelaire hätte das poetischer formuliert«, brummte Blanc.

»Ich bin ein vorsichtiges Mädchen«, erwiderte Fabienne. »Mir passiert nichts.« Man musste sie schon so gut kennen wie Blanc, um herauszuhören, wie schwer ihr dieser Satz fiel.

Doch auch Djendelli wurde wieder ernst und deutete auf die Speisekarten. »Wir stärken uns erst einmal. Nehmt Fisch, Filet de Loup oder die Scholle zum Beispiel. Und wenn es nichts aus dem Meer sein soll, dann das Carpaccio. Danach reden wir über die weniger wichtigen Dinge, wie tote Buchhalter in explodierenden Raffinerien.«

Djendelli hielt Wort. Bis zum Espresso amüsierte er sie mit Anekdoten aus Marseille, eine haarsträubender als die andere. In jeder anderen Stadt der Welt hätte man solche Geschichten als Hirngespinste abgetan, aber im Hinblick auf Marseille glaubte Blanc, dass Kad Djendelli, der seine Heimatstadt mit gleicher Intensität hasste wie liebte, ihnen noch nicht einmal die schlimmsten Storys aufgetischt hatte.

Erst nachdem er den Espresso in einem Zug gekippt hatte, erzählte Blanc von ihrem Fall und wie sie auf den mysteriösen Unfalltod jenes Roland Compagnat im Jahre 1970 gekommen waren. Daraufhin beugte sich Djendelli nach unten. Neben einem Stuhlbein stand eine voluminöse, alte Aktentasche aus Leder. Mit einem leisen Klacken sprang das Schloss auf, und der Commissaire holte vergilbte Ordner hervor, die nach Staub und Archiv stanken. »Das war schließlich noch vor der Erfindung des Computers«, erklärte er seufzend, »zumindest hier bei uns. *Voilà*.«

Blanc erkannte das Original jenes Unfallberichts wieder, den er als Scan bereits gestern auf dem Monitor studiert hatte.

»Damals waren sie gerade erst dabei, hier überall Raffinerien hochzuziehen. Offiziell waren das alles private Unternehmen, aber ihr wisst, wie das war: Der Staat hat kräftig mitgemischt. Es war eine Entscheidung der Regierung, diese Ecke Südfrankreichs zum Zentrum der Ölindustrie zu machen. Fos, Berre, Martigues, das waren damals Orte, die strategisch beinahe so wichtig waren wie die Atomraketen auf dem Plateau d'Albion. Und es waren Pionierzeiten. Auf diesen verdammten

Raffinerie-Geländen ist andauernd irgendetwas hochgegangen. Explosionen jeden Tag, das war wie im Krieg. Aber Fortschritt musste halt sein, also hat man die Unfälle immer rasch und geräuschlos erledigt – diesen hier auch.« Djendelli nahm den Bericht aus dem Ordner und wedelte damit herum. »Heute würden sie für so etwas eine Regierungskommission einsetzen und Frankreichs beste Wissenschaftler zur Unfallstelle schicken, und die würden ein Jahr lang alles analysieren und danach einen Abschlussbericht schreiben, mit dem du die *Titanic* versenken könntest. Damals waren das zwei Blatt, mit der Schreibmaschine von irgendjemandem getippt, der sich offenbar vor den Regeln der Rechtschreibung gefürchtet hat, und nach einer guten Woche war die Sache gegessen. Dein toter Buchhalter, drei tote Arbeiter und mehr als zwei Dutzend verletzte Arbeiter, manche verkrüppelt für den Rest ihres Lebens – und nach sieben Tagen klappt jemand den Aktendeckel zu. Bis sich zwei Flics aus der hintersten Provinz auf einmal wieder dafür interessieren.«

Blanc nahm sich den Ordner und blätterte durch die vergilbten, brüchigen Papiere. Manche Seiten waren dünn wie Seide, Durchschläge auf Kohlepapier und so bleich, dass sie praktisch unleserlich geworden waren. Er fand ein paar Angaben zu Roland Compagnat: geboren 1930, seit 1965 als Buchhalter bei der Raffinerie, davor hatte er für eine Reederei in Marseille gearbeitet. Bei der Explosion war er beinahe fünfzig Meter entfernt und auf dem Weg zu einem Firmenwagen gewesen, als ihm der fingergroße Metallsplitter einer zerrissenen Pipeline in die Stirn schlug. Sofort tot. Keine Ehefrau, keine Kinder, keine Eltern mehr. Eine Adresse in Marseille, Deuxième Arrondissement, ganz in der Nähe des Restaurants, in dem sie gerade saßen.

»Ich habe mich erkundigt«, brummte Djendelli. »Die Reederei ist längst pleite, das alte Mietshaus mit der Wohnung von Compagnat ist schon vor Jahren abgerissen und durch einen Komplex mit Eigentumswohnungen ersetzt worden. Keiner seiner alten Nachbarn wohnt mehr dort. Ich habe in der Personalabteilung der Raffinerie angerufen, aber die haben bloß gelacht, als ich nach Unterlagen aus der Zeit vor 1970 gefragt habe.«

Blanc öffnete die Bügel des Ordners erneut und hob die Akten in ungefähr zwei gleich großen Stapeln heraus. Einen legte er vor Fabienne, den anderen vor sich. »Wir gehen jede Seite durch«, sagte er. »Vielleicht finden wir trotzdem irgendetwas.«

Sie lasen rasch und systematisch und doch vertickten die Minuten. Djendelli vertrieb sich die Zeit, indem er mit der Kellnerin flirtete. Man merkte, dass er nicht zum ersten Mal in diesem Restaurant war. Einige neu hinzugekommene Gäste grüßten ihn mit Kopfnicken, und Blanc, der einmal zufällig aufblickte, fragte sich flüchtig, ob das wohl Kollegen von der Évêché waren oder eher Leute von der Gegenseite, ob das *Au Bout du Quai* vielleicht so etwas wie ein neutrales Gebiet und die Mittagspause eine Art Auszeit im ewigen Kampf um die Seele von Marseille war. Oder war das überhaupt noch die Mittagspause? Draußen dämmerte es schon, und die Gläser auf den Nebentischen sahen eher nach Aperitif aus.

»Ich habe was«, riss ihn Fabienne aus den Gedanken. Sie war so aufgeregt, dass sie flüsterte. Sie deutete auf eine unsauber getippte Namensliste. »Das sind die fünfundzwanzig Raffineriearbeiter, die bei der Explosion verletzt worden sind«, erklärte sie. »Sieh dir diesen Namen an.«

Blanc las: *CHAPOT, Rémi.* »Ich fasse es nicht«, murmelte er.

»Der Résistance-Held von Lamanon«, sagte Fabienne, und ihre Stimme zitterte vor Jagdfieber. »Der junge Landarbeiter, der den amerikanischen Piloten versteckt hat.«

»Und der Junge, der Yvonne Fabre den Kopf geschoren und durch das Dorf gejagt hat«, sagte Blanc. »Der Junge, der einige

Jahre später von Yvonne aus seinem Haus vertrieben wurde und ...«

»... nach Fos ging, als Arbeiter.« Fabienne holte ihr iPad hervor.

Djendelli hatte sein Tablet ebenfalls aus einer Jackentasche gezogen, es war, als hätten die beiden ihre Colts gezückt wie zwei Revolverhelden. Blanc beobachtete stumm, wie ihre Finger über die Touchscreens sausten. Wieder verwehte eine endlose halbe Stunde.

»Rémi Chapot hat nach dem Unfall eine Abfindung von ein paar Tausend Francs erhalten und noch 1970 die Raffinerie verlassen«, verkündete Fabienne schließlich.

»Im selben Jahr kündigt er seine Wohnung in Marseille – und seither gibt es keine Spur mehr von Rémi Chapot«, ergänzte Djendelli. »Keine neue Wohnadresse, kein neuer Job, keine Einzahlungen mehr bei der *Sécurité sociale* oder bei der Rentenkasse, und später ist auch nie ein müder Euro an Rente ausgezahlt worden.«

»Der Bürgermeister von Lamanon hat ihn auch nicht auftreiben können«, ergänzte Blanc. »Der wollte ihn vor ein paar Tagen mit einer Feier ehren, aber niemand wusste, wo man Chapot erreichen konnte.«

Djendelli blickte auf das Tablet und las ab: »Keine Vorstrafe, kein Antrag auf einen Reisepass, kein Krankenhausaufenthalt, keine Vermisstenmeldung – Rémi Chapot ist 1970 einfach vom Erdboden verschwunden, als hätte Scotty ihn weggebeamt.«

»Und zugleich taucht 1970 ein Mann in Lamanon auf und lebt dort bis heute als allseits beliebter Buchhalter namens Roland Compagnat«, meinte Blanc, »obwohl doch Roland Compagnat bei der Explosion in Chapots Raffinerie gestorben ist.«

»Sieht so aus, als hättet ihr eine interessante Spur«, schloss Djendelli und grinste breit. »Die Akte schenke ich dir.«

Später verabschiedeten sie sich vor dem Restaurant. Die Straßenlaternen leuchteten trübe. Es gab ein paar Ecken unter den Arkaden am Vieux Port, an denen man jetzt nicht gern allein vorbeigehen würde. Vom Mittelmeer her wehte inzwischen Südwind in die Stadt, feucht und schwer. Fabienne schlug den Kragen ihrer Multifunktionsjacke hoch und winkte ein Taxi herbei. »Ich fahre nach Hause und gönne mir ein paar Stunden Pause«, sagte sie und umarmte die beiden Männer.

Djendelli blickte ihr nach, bis sie ins Auto eingestiegen war. »Tolle Kollegin«, murmelte er, »noch jedenfalls. Es geht mich ja nichts an, aber sie sieht für meinen Geschmack zu blass aus. Ich habe das Gefühl, du musst auf sie aufpassen, wenn du sie noch lange als Kollegin behalten willst.«

Blanc seufzte. »Fabiennes Gesundheit ist ein weiterer Grund, warum ich diesen verdammten Fall so schnell wie möglich aufklären muss.«

»Aber nicht allein damit.« Der Commissaire deutete auf die Aktentasche, die nun Blanc trug. »Damit weist du bestenfalls nach, dass Rémi Chapot 1970 seine Spuren verwischt hat, um fortan unter dem Namen des verstorbenen Kollegen Roland Compagnat an einem anderen Ort zu leben. Das mag illegal sein, aber richtig geschadet hat er damit eigentlich niemandem. Kein Richter Frankreichs wird einen so alten Mann wegen einer so alten Geschichte verurteilen. Im Fall der entführten Noëlle beweist das bloß, dass der alte Chapot alias Compagnat in den Vierziger- und Fünfzigerjahren die Großmutter des Mädchens gekannt hat. Na und, was sagt das über das Verschwinden eines Mädchens von heute aus? Auch das wird keinen Richter umhauen.«

»Rémi Chapot hasst seit der Kriegszeit die Kollaborateurin Yvonne Fabre, und später erst recht, als sie ihn und seine Familie ruiniert und aus ihrem Haus vertreibt. Das wäre ein sehr gutes Motiv, ihr eine Kugel in den Kopf zu schießen – mit dem amerikanischen Revolver, den er bei sich trägt, seitdem er einst den abgeschossenen Piloten bei sich versteckt hat. Dann hat er ihre Leiche in den Grotten von Calès vergraben, wo sie für alle Zeiten unauffindbar gewesen wäre, wenn nicht zufällig ein Felssturz die Knochen freigelegt hätte.« Blanc dachte nach. »Nur weil die Archäologen an jenem Tag dabei waren, ist das Skelett überhaupt gemeldet worden. Compagnat war ja auch in den Grotten. Wäre er allein gewesen, hätte er alle Zeit der Welt gehabt, die Knochen ein zweites Mal zu verscharren.«

»Nette Hypothese, die du aber leider nicht beweisen kannst. Und du müsstest ja auch noch nachweisen, dass dieser freundliche alte Herr Jahre nach dem Mord von Calès ebenfalls die Tochter seines ersten Opfers mit seinem uralten Citroën von der Straße in den Tod gedrängt hat, wobei dein einziges Indiz eine verbeulte Tür ist. Und schließlich soll Chapot alias Compagnat nach einigen weiteren Jahren die Enkelin seines ersten Opfers vor zweihundert ahnungslosen Zeugen abgemurkst haben, wobei du dich da auf die Aussage einer verhaltensgestörten Neunjährigen und eines weit entfernt patrouillierenden Security-Mannes stützt. Nur das Kind behauptet allerdings, dass Noëlle in das Auto gestiegen ist; der Gorilla der Sicherheitsfirma sagt ausdrücklich, dass er die Kleine nicht gesehen hat. Wenn du das alles vor Gericht als angebliche Beweise hervorzauberst, müssen sich die Anwälte Windeln anziehen, um sich nicht einzunässen vor Lachen.«

»Was ich an dir besonders schätze, ist, wie du mir jedes Mal wieder Mut machst«, seufzte Blanc und wusste doch, dass Kad recht hatte. Er überlegte, wie es gewesen sein musste, als Rémi Chapot alias Roland Compagnat 1970 zum ersten Mal wieder einen Fuß nach Lamanon gesetzt hatte. Vielleicht hatten ihn die Alten, die 1945 noch erlebt hatten, wirklich nicht erkannt. Er war damals ja noch ein Junge gewesen und ein Landarbeiter dazu, ein Außenseiter eher als einer der Honoratioren. Und dann war da ein gesetzter Mann wiedergekommen, ein Buchhalter mit Hemd und Fliege und Jackett, wo einst ein zerlumpter, ruinierter Landarbeiterjunge gewesen war. Man sah nur, was man sehen wollte – und niemand hätte in dem Buchhalter des feinen Herrn auf der Burg von La Barben den Dorfproleten von einst sehen wollen. Niemand … außer Géraldine Tornero, die bei Kriegsende selbst noch ein Kind gewesen war und die sich als Kommunistin lebenslang eher für die Arbeiter als für die Reichen eingesetzt hatte. Die würde Rémi Chapot wiedererkannt haben.

Aber sie hatte nie etwas gesagt.

»Vielleicht treibe ich ja doch noch eine Zeugin auf«, sagte Blanc und schüttelte Djendelli zum Abschied die Hand. Inzwischen war es längst dunkel geworden, und über den Vieux Port strich ein böiger Wind, der in den Masten der Jachten heulte und nach Meer und Dreck schmeckte.

Er fuhr mit dem Espace vom Zentrum Marseilles direkt zum Flughafen nach Marignane. Er kam eine Stunde zu früh an und blickte sich um, ob er vielleicht irgendwo einen Blumenstrauß für Astrid zur Begrüßung kaufen konnte. Doch das Terminal für die Billigflieger sah aus wie ein Busbahnhof in der Dritten Welt, eine Baracke, unter deren Dach staubbedeckte, schlecht isolierte metallene Belüftungsrohre hingen. Hier hätte er höchstens eine lauwarme Cola aus einem Automaten ziehen können. Er setzte sich auf einen Plastikstuhl, war aber so nervös, dass er gleich wieder aufstand.

Seine Tochter.

Er versuchte sich daran zu erinnern, wann er zum letzten Mal ein richtig gutes Vater-Tochter-Gespräch mit Astrid geführt hatte. Während jenes einen Campingurlaubs in der Bretagne, im Zelt, bei Regen, als sie kichernd vor dem alten *Monopoly*-Spiel gehockt hatten – aber statt zu würfeln, hatten sie bloß geredet und geredet. Wie alt war Astrid da gewesen? Zwölf, *mon Dieu*. Danach hatte er irgendwie nie mehr richtig Zeit gehabt, weil seine Karriere seine Zeit und seine Kraft und am Ende seine Ehe gefressen hatte. Und seit er in die Provence gezogen war, hatte es nur hin und wieder Telefonate gegeben, kaum eines länger als ein paar Minuten. Astrid war jetzt zwanzig.

Er blickte sich nach den anderen Wartenden um: arabische Großfamilien, Frauen und Männer, besorgte Eltern vielleicht, die allein reisende halbwüchsige Kinder abholen wollten, junge Leute, die auf ihre Kumpels warteten. Alle wirkten aufgeregt und freuten sich, aber nervös war hier in diesem Terminal nur einer.

Endlich öffneten sich die Schranken vor dem Security-Bereich und die ersten Reisenden kamen heraus. Blanc musste sich nicht strecken, er überragte alle anderen sowieso um Haupteslänge. Er musste ebenfalls nicht mehr lange Ausschau halten: Auch Astrid war überdurchschnittlich groß, schlank, sportlich. Sie hatte ihre langen dunkelblonden Haare zu einem nachlässigen Knoten hochgebunden, trug Jeans und eine Adidas-Polyester-Sportjacke in Lila und Türkis, Vintage, Achtzigerjahre. Blanc erinnerte sich schlagartig daran, dass Geneviève einst so einen Jogginganzug für ihre Runden im Bois de Boulogne getragen hatte. Die Tochter musste dieses Oberteil aus dem Schrank ihrer Mutter gezogen haben.

»Du siehst großartig aus!«, rief er, zögerte eine verlegene Winzigkeit lang und schloss sie dann in die Arme.

»Dir scheint die Provence ja gutzutun, du siehst auch super aus«, erwiderte Astrid. Das hörte sich ernst gemeint an, und Blanc freute sich. »Nur dein linkes Auge hat schon mal besser ausgesehen«, fuhr seine Tochter fort. »Sag nicht, dass du dich geprügelt hast!«

»Wenn ich das nicht sagen darf, dann kann ich dazu gar nichts sagen.«

Beide lachten. Fühlt sich gut an, dachte Blanc. Er nahm ihr das Reisegepäck ab – eine große, himmelblaue Adidas-Sporttasche. »Genau wie meine alte Tasche!«, rief er.

»Deshalb habe ich sie mir ja in einem kleinen Laden in der Nähe vom Centre Pompidou gekauft. Du und Maman, ihr habt früher echt schräge Sachen getragen.«

»Wie geht es Maman?«, fragte Blanc in einem, wie er hoffte, möglichst beiläufigen Ton.

»Gut, nehme ich an. Sie ist mit ihrem Neuen in Rio. Damian. Halb so groß wie du und dafür dreimal so schwer. Vollbart. Ein Teddybär. Ich glaube, das braucht Maman jetzt. Es soll wohl eine Überraschung werden, offiziell weiß ich von nichts, aber einmal habe ich zufällig ein Telefonat mitgehört, als ich bei ihnen in der Küche war. Ich glaube, die beiden wollen sich zu Silvester verloben. Irre, oder? Ich meine, wer verlobt sich heute denn noch? Und dann noch zwei so alte Knacker. Pardon, ich wollte nicht ... du weißt schon, du bist noch gar nicht so alt, und eigentlich wirkst du viel jünger, als du bist. Wie alt bist du eigentlich noch mal? Ich muss mal nachrechnen ...«

Astrid hörte auf dem Weg vom Terminal zum Parkplatz nicht auf zu reden. Sie ist genauso nervös wie ich, dachte Blanc. Und: Verlobung, Teddybär, verdammte Scheiße.

Astrid blieb abrupt stehen. »Hast du etwa immer noch die alte Karre? Fährt der Espace noch? *Mon Dieu,* du hast ja sogar noch das Pariser Kennzeichen drangelassen! Lassen sie dich denn damit überhaupt nach Marseille rein?«

»Freust du dich, dass ich den Wagen noch habe?«

»Und wie! Darf ich fahren?« Und bevor er antworten konnte, hatte sie ihm den Schlüssel aus der Hand gezogen und küsste ihn auf die Wange.

Er lotste sie auf die Route départementale 113 und ließ sie dann immer geradeaus fahren. Unterwegs deutete er auf die düsteren Schatten der Hügel vor Lançon und erzählte ihr von dem harten Garrigue-Gestrüpp auf steinigem Grund und von versteckten antiken Ruinen in der kargen Landschaft. Deutete auf die Silberscheibe vom Étang de Berre und erzählte von dem halb abgewrackten Segelboot, das er sich in einem Anfall von Wahnsinn gekauft hatte und das nun dort dümpelte. Erzählte von Caillouteaux und Gadet und vom Rosé und von Skorpionen unter den Steinen, wenn es heiß wurde im Sommer. Er erzählte und erzählte, und als sie nach einer guten halben Stunde unter die Platanen vor der alten Ölmühle einbogen, kam es ihm absurderweise so vor, als wäre Astrid nicht zum ersten Mal in der Provence angekommen, sondern als wäre sie dort noch nie lange fort gewesen.

»Wow«, rief Astrid, nachdem sie ausgestiegen war und sein Zuhause lange betrachtet hatte. »Hier könntest du einen Film mit Gérard Depardieu drehen. Irgendetwas Pralles, wo sie fressen und ficken und wo es um düstere Familiengeheimnisse geht. Würde mich nicht wundern, wenn irgendwo zwischen den Platanen eine Leiche vergraben wäre.«

»Hier liegen nur ein paar alte Ziegelsteine vom Kamin herum«, erklärte Blanc und räusperte sich verlegen. »Wir werden jetzt gleich beide zusammen ausprobieren, ob mein Ofen funktioniert.«

»Cool.«

»Ja, vor allem, wenn er nicht funktionieren sollte, dann ist dieser Kasten so was von cool, dass wir vielleicht ins Hotel ziehen müssen.«

»Und was ist das?« Astrid deutete auf eine schwarze Masse nahe an der Hausmauer. Sie zückte ihr Handy und schaltete die Taschenlampe ein. »Ein Hund!«, sagte sie entzückt. »Du hast mir gar nicht erzählt, dass du dir einen Hund angeschafft hast!«

»Der Hund hat sich mich angeschafft. Keine Ahnung, wo der herkommt. Er ist seit ein paar Tagen hier, zumindest meistens.«

Seine Tochter streichelte dem Tier über das Fell. Aus dem gewaltigen Brustkasten kam ein behagliches Grollen. Sie blickte auf seinen riesigen Kopf. »Der sieht aus wie Jacques Chirac«, verkündete sie.

Blanc blickte den Hund an und gab Astrid recht. »Nennen wir ihn Jacques«, sagte er, und das Tier fing tatsächlich an, mit dem Schwanz zu wedeln.

Später hockten sie vor dem Ofen. Blanc hatte zwei Armvoll Holz hineingetragen, Astrid hantierte mit Streichhölzern, trockenen Ästen und einer zusammengeknüllten Ausgabe von *La Provence*. »Weißt du, dass ich in meinem ganzen Leben noch nie einen Ofen angezündet habe?«, gestand sie aufgeregt. Sie brauchte fünf Minuten und etliche Streichhölzer – aber dann loderten tatsächlich Flammen im Ofen.

»Der Kamin zieht!«, rief Blanc. Er konnte sein Glück kaum fassen.

»Na klar, warum sollte der denn nicht ziehen? Sieht doch aus wie ein ganz normaler Kamin.«

Blanc betrachtete das Feuer, das warm war und über den Scheiten tanzte, er hörte, wie das Holz knackte und an einer Stelle Wasser aus der Rinde zischte, er roch einen Hauch bitterer Asche in der Luft, er sah, wie die Flammen goldenes Licht über das Gesicht seiner Tochter legten. Und da nahm er Astrid wortlos in die Arme und sagte sich, dass er vielleicht doch nicht alles falsch gemacht hatte im Leben.

Zwei harmlose alte Leutchen

Samstagmorgen. Eiskristalle glitzerten im Bambus und auf dem Teppich brauner Platanenblätter vor der Tür. Im alten Ofen glomm das letzte Scheit vom vorangegangenen Abend, das Gusseisen hatte sich mit Hitze vollgesogen. Blanc ließ Astrid schlafen und öffnete die Tür für Jacques. Dann setzte er sich in den Espace und fuhr nach Gadet, um frische Baguettes und Croissants zu kaufen und, weil er ihn auf einem Regal in der Boulangerie sah, zusätzlich einen sündhaft teuren Topf Honig von einem Imker aus dem Ort.

Später saß er seiner Tochter gegenüber. Auf dem alten Tisch dampfte Café au lait aus zwei Schüsseln. »Ich habe geschlafen wie eine Mumie«, sagte Astrid kauend, »es ist so wahnsinnig ruhig hier.« Sie blickte sich um. »Schicke Küche. Wer hätte gedacht, dass du mal Küchen renovieren würdest? Kochst du jetzt auch?«

»Lass dich überraschen.«

»Du hättest Maman und uns damals in die Provence verfrachten sollen, als du diesen alten Kasten geerbt hast. Dann wäre ich jetzt Imkerin oder Bäuerin oder so etwas, Eric wäre ein ordentlicher Verbrecher in Marseille und nicht so ein Bio-Nerd in Kanada, und Maman hätte sich nicht in einen Teddybären verliebt.«

»Manche Erkenntnisse kommen unpünktlich«, gab Blanc zu.

»Ich gehe gleich eine Runde spazieren. Mal sehen, wie du hier so wohnst.« Astrid stand auf. »Ich platze vor Energie. Gute Landluft und so. Ich glaube, ich nehme Jacques mit. Hast du eine Leine?«

Er schüttelte skeptisch den Kopf. »Wenn dieser Hund einem Kaninchen hinterherjagt, dann ist es keine gute Idee, am anderen Ende der Leine zu hängen«, sagte er. »Geh einfach los. Vielleicht kommt Jacques mit. Vielleicht nicht. Ich wage keine Prognose. Unsere Beziehung ist noch unerprobt.«

Astrid lachte und küsste ihn zum Abschied. Und fünf Minuten später trottete der Hund tatsächlich so gehorsam an ihrer Seite in den Wald jenseits der Touloubre, als hätte er das schon immer so gemacht.

Blanc blickte ihr mit mehr als nur einem Anflug von schlechtem Gewissen nach, bis sie hinter den Eichen verschwunden war. Er konnte den Fall Noëlle nicht schleifen lassen, obwohl seine Tochter endlich da war. Er wartete, bis Astrid außer Sicht war, und sprang dann in den Espace. Ein paar Minuten nur, sagte er sich, nur ein paar verdammte Minuten.

Kurz darauf parkte er in Caillouteaux und rannte bis in die Rue du Passe-Temps. Diesmal bemühte er sich gar nicht darum, unauffällig zu sein. Sollten ihn die braven Bürger doch sehen, wie er bei den Vialaron-Allègres klingelte, *merde*. Und scheiß drauf, ob ihr Gatte da war oder nicht. Sein Anliegen war dienstlich. Aveline öffnete ihm und musterte ihn kühl. »Sie haben sich keinen günstigen Zeitpunkt für Ihren Überraschungsbesuch ausgesucht, *mon Capitaine.*«

»Die kleine Noëlle diktiert meinen Terminkalender, *Madame le Juge*. Wir müssen über den Fall sprechen. Jetzt.«

Sie zögerte einen Augenblick und nickte dann. *»Bien.«* Sie führte ihn nicht nach oben in ihr verstecktes Zimmer, sondern in ein Büro neben der Eingangstür.

Blanc setzte sich auf einen Besucherstuhl, der ihm zu klein war, und berichtete, wie sie auf die Spur von Compagnat alias Rémi Chapot gestoßen waren und dass sie ihn für den Entführer des Mädchens hielten.

»Nur Sie, Ihr Kollege Lieutenant Tonon und die junge Sous-Lieutenant Souillard ermitteln?«, vergewisserte sich Aveline. »Sonst haben Sie noch keinen Gendarmen hinzugezogen? Und schon gar nicht Ihren Vorgesetzten?«

»Die Indizien sind so dünn, dass wir das erst einmal vertraulich behandeln«, gab er zu. Kad Djendelli erwähnte er lieber nicht. »Wir können Compagnat jetzt nicht einfach verhaften, das ist mir schon klar. Er wäre dann der dritte Verdächtige in elf Tagen, aber wieder haben wir keinen echten Beweis. Die ganze Welt würde uns für kopflos halten.«

»Nicht ganz zu Unrecht, *mon Capitaine.*«

Blanc ignorierte den Einwurf. »Aber wir könnten die Überwachung von Compagnat so diskret wie möglich ausweiten: mehr Beamte, vierundzwanzig Stunden am Tag. Vielleicht führt uns der Alte zu dem Mädchen. Noëlle ist seit mehr als einer Woche verschwunden. Vielleicht hält er sie irgendwo gefangen.«

Aveline blickte ihn an. Auf einmal wirkte sie nicht mehr abweisend, sondern weicher, beinahe traurig. »Mehr als eine Woche«, wiederholte sie leise. »Sie wissen selbst, wie gering die Chance ist, dass das Mädchen jetzt noch lebt. Und falls Compagnat tatsächlich etwas mit ihrem Verschwinden zu schaffen hat, dann hätte er inzwischen mehr als ausreichend Zeit gehabt, sich ihrer Leiche zu entledigen. Das Letzte, was er dann täte, wäre, in Zukunft noch einmal dorthin zurückzukehren, wo er Noëlle abgelegt hat. Und hätte er sie entführt, dann hätte er sich längst mit irgendeiner Forderung an uns gewandt. Solange wir keine stärkeren Indizien entweder für den Tod oder für die Entführung des Mädchens haben, kann ich nicht offiziell Dutzende Beamte für eine Observation anfordern – schon gar nicht für die eines nahezu Neunzigjährigen. Außerdem würde das sofort bis zur Presse durchsickern.«

»Dann könnten wir Géraldine Tornero vorladen«, versuchte es Blanc. »Sie muss mehr über Compagnat alias Chapot wissen, als sie bislang zugegeben hat. Vielleicht hilft sie uns doch noch weiter.«

»Wenn sie das gewollt hätte, dann hätte sie es längst getan«, erwiderte Aveline und zündete sich eine Gauloise an. »Und mit welcher Begründung wollen Sie die alte Dame überhaupt verhören? Gegen Madame Tornero sehen die Indizien noch dünner aus als gegen Compagnat. Sie ist eine Überlebende des Holocaust und eine Heldin der Résistance – und so eine Dame wollen Sie als Komplizin in einer Kindesentführung vorladen? Die Journalisten würden fordern, dass man uns nach Syrien versetzt.«

»Nur als Zeugin, *Madame le Juge*!«, rief Blanc. »Niemand spricht von Verhaftung oder Verdacht.«

»Aber ganz Frankreich wird es genau so verstehen. Unmöglich.«

Er schloss verzweifelt die Augen. »Wir können doch nicht einfach gar nichts tun und die Stunden addieren, die das Mädchen schon verschollen ist«, sagte er.

Aveline blies eine Rauchwolke aus und sah in den blauen Qualm, als käme von dort die Erleuchtung. »Sie können nicht einmal nachweisen, dass Roland Compagnat tatsächlich bis 1970 Rémi Chapot gewesen ist«, resümierte sie. »Chapot und Compagnat sind brave Leute, die nie mit dem Gesetz in Konflikt geraten sind. Also gibt es keine registrierten Fingerabdrücke von den beiden. Und was würde eine DNA-Analyse von Compagnat ergeben? Nichts. Wir haben keine Verwandten, weder von Chapot noch von Compagnat, die wir so schnell für Vergleiche auftreiben könnten.«

Blanc sah aus dem Fenster, wo der Blick weit über eisglitzernde Olivenhaine bis auf den Étang de Berre ging. Wasser wie Silber. Ein Himmel wie blaues Glas. Feine Wolkenstreifen dicht über dem Horizont. Wunderschön. Aber irgendwo da draußen war ein neunjähriges Mädchen. »Ich weiß nicht, was ich noch tun soll«, gestand er. »Ich glaube nicht, dass Compagnat Noëlle in seinem eigenen Haus versteckt hat – ein kleines Haus an der Hauptstraße einer kleinen Stadt, das wäre zu auffällig. Ich glaube auch nicht, dass er sie in den Grotten von Calès verborgen hat, so wie er es vielleicht einst mit ihrer Großmutter gemacht hat.«

»Falls Compagnat der Mörder von Yvonne Le Guennec ist, was Sie aber ebenfalls nicht nachweisen können«, warf Aveline ein.

Blanc nickte düster. »Nur mal angenommen, er war es: Compagnat alias Chapot wird das Mädchen nicht in die Grotten gebracht haben, denn dort arbeiten Agnes Havel und ihre Archäologen, Leute, deren Job es ist, diese Höhlen zu untersuchen. Da würde Compagnat ein großes Risiko eingehen, wenn er einen toten Körper irgendwo verscharren wollte. Also«, er atmete tief durch, »bleibt meiner Meinung nach nur Fos übrig. Rémi Chapot hat dort jahrelang in der Raffinerie gearbeitet, bevor er seine Identität wechselte. Wenn sich jemand zwischen all den Tanks und Pipelines auskennt, dann ein Arbeiter, der diese Anlagen in ihren Pionierjahren mit aufgebaut hat. Aber kann ich ausgerechnet zu Beginn der Weihnachtsferien, wenn alle Welt mit dem Auto herumfährt und die Wohnungen heizt, Frankreichs wichtigste Raffinerie stilllegen? Was soll ich der Öffentlichkeit sagen? Dass wir einen fast Neunzigjährigen verdächtigen, dort eine Leiche versteckt zu haben? Die Antwort, die ich aus Paris hören würde, kann ich mir lebhaft vorstellen. Was also soll ich jetzt noch tun?«

Aveline legte für einen Moment ihre Hand ganz leicht auf seine. »Ich weiß es auch nicht«, sagte sie. »Sie können Compagnat und, wenn Sie wollen, auch Géraldine Tornero unauffällig im Auge behalten. So, dass die Alten nichts davon mitbekommen – und die Reporter auch nicht. Vielleicht macht einer der beiden einen Fehler, irgendwann.«

Er lachte bitter. »Irgendwann! Die beiden sind so alt, die haben nicht mehr viel Zeit, um noch Fehler zu machen. Wenn wir einfach nur abwarten, dann nehmen sie das Geheimnis mit ins Grab.«

Aveline erhob sich, ihre Unterhaltung war beendet. Sie lächelte bedauernd und ein wenig traurig. »Ich packe jetzt meine Koffer. In zwei Stunden geht mein TGV nach Paris. Ich werde die Feiertage mit Jean-Charles verbringen. Sie haben freie Hand, *mon Capitaine* – sofern Ihnen doch noch etwas einfällt. Und selbstverständlich sofern Sie so diskret vorgehen, dass die Journalisten nicht einen Skandal daraus machen.«

»Natürlich, Diskretion ist das Wichtigste überhaupt.« Blanc stand auf. Im Flur öffnete sie die Tür. »Viel Glück«, sagte Aveline, aber sie küsste ihn nicht zum Abschied.

Er stand noch lange in der Rue du Passe-Temps und starrte auf die Felder und Haine unterhalb der Stadt, ohne sie jedoch wirklich zu sehen. Ich kann nicht nur das Mädchen nicht finden, dachte er traurig. Ich bin auch dabei, meine Geliebte zu verlieren. Und das Schlimmste war: Er wusste nicht, was er jetzt noch tun sollte.

Blanc war wieder in der Ölmühle, kurz bevor Astrid mit Jacques zurückkehrte. Sie war außer Atem, ihre Wangen glänzten rot und ihre Augen leuchteten. »Habe ich einen Hunger!«, rief sie und sagte dann ernster, als sie ihn genauer ansah: »Was ist denn mit dir los?«

»Tut mir leid, dass ich nicht in Weihnachtsstimmung bin, ich denke an meinen Fall«, sagte Blanc.

»Das verschwundene Mädchen, ja.« Astrid verkroch sich tiefer in ihren Mantel. »Ich habe dich im Fernsehen gesehen. Bei der Pressekonferenz mit dem Vater der Kleinen warst du einmal kurz zu sehen. Armer Vater. Bei so etwas wünsche ich mir manchmal doch die Guillotine zurück.«

»Dann hätten wir jetzt schon zwei falsche Verdächtige unter das Fallbeil gelegt.«

»Der Hundezüchter und dieser Kinderschänder sind es beide nicht gewesen? Wenn die es nicht waren, welcher schmierige Typ soll denn da noch kommen?« Seine Tochter stieß ihn an. »Komm schon, ich kenne dich: Du willst arbeiten, obwohl Samstag und fast Weihnachten ist!«

Er schüttelte den Kopf. »Wir feiern zusammen.«

»Na, das klingt aus deinem Mund aber sehr entspannt.« Astrid lachte. »Ich mache dir einen Vorschlag: Bei euch im Dorf ist doch Weihnachtsmarkt, oder? Ich meine, kein Mensch geht mehr in die Kirche, aber überall bimmelt und blinkt es. Wenn's einen Weihnachtsmarkt gibt, dann kann man da auch ein paar vernünftige Dinge kaufen: Gemüse, Obst, Käse. Du fährst mit mir in das Kaff mit deiner Gendarmerie-Station und tust, was du tun musst. Ich kaufe währenddessen ein. Und dann fahren wir zurück, ich mache Feuer, und du zauberst in deiner neuen Küche irgendeine Köstlichkeit mit dem, was ich vom Markt geholt habe. Und vielleicht finde ich auf dem Weihnachtsmarkt auch noch eine Bürste.«

»Eine Bürste?«

»Für Jacques. Das Vieh ist so verfilzt wie mein Fleece-Pulli. Dem hat seit hundert Jahren niemand mehr das Fell gebürstet.«

Blanc stieg in den Espace. Astrid öffnete die Heckklappe, um ein paar Einkaufstüten in den großen Kofferraum des alten Minivans zu werfen, als Jacques mit einer Behändigkeit, die man ihm niemals zugetraut hätte, ins Auto sprang.

»*Merde,* geh sofort wieder raus!«, fluchte Blanc.

»Lass ihn doch«, sagte Astrid und schwang sich auf den Beifahrersitz. »Vielleicht gibt's auf dem Markt auch irgendwo eine Leine zu kaufen.«

In Gadet parkte Blanc schließlich vor dem Friedhof und zeigte ihr den Weg Richtung Zentrum. »Ich gehe durch Nebengassen bis zum Hintereingang der Station«, erklärte er. Unter anderen Umständen hätte er gern Marius, Fabienne und überhaupt allen Kollegen Astrid – oder, was wahrscheinlicher war: Astrid und seinen neuen Hund Jacques – vorgestellt, doch wie seine Tochter vorhin bemerkt hatte: Man kam in diesen Tagen leicht ins Fernsehen, wenn man der Gendarmerie von Gadet zu nahe kam. Blanc wollte nicht, dass Astrid mit den Flics gefilmt wurde, die möglicherweise schon bald als Totalversager vor der Nation stehen würden.

Astrid winkte ihm zum Abschied fröhlich zu und schlenderte die Straße hinunter. Jacques trabte gelassen neben ihrem rechten Bein und blickte milde interessiert auf all jene Passanten, die ihnen entgegenkamen und dabei hastig weite Bögen um das gewaltige, unangeleinte Tier schlugen.

Fabienne war nicht auf der Station. Sie hatte sich endlich einmal freigenommen. Blanc hoffte, dass sie die Weihnachtstage mit ihrer Frau Roxane trotz allem gut verbringen würde. Nkoulou hatte sich seit der Nacht im Büro eingeschlossen und wollte niemanden sprechen. Blanc fragte sich, ob ihr Commandant vielleicht auch den Heiligen Abend dort verbringen würde. Oder würde er mit seiner drogensüchtigen Freundin zusammen sein? Aber wie mochte eine solche Weihnachtsfeier wohl aussehen?

»Was gibt es Neues?«, fragte er Brigadier Barressi.

»Wir mussten Lalle vor einer Stunde ins Gefängniskrankenhaus verlegen. Schwächeanfall. Der Typ hat nur noch geheult.«

»Vielleicht spritzen sie ihm im Krankenhaus irgendwelche Drogen und er sagt doch noch aus.«

»Sie haben auch kein Mitleid mit dem Kerl, eh?«

»Ich habe selbst zwei Kinder«, erklärte Blanc. Lalle im Krankenhaus – das bedeutete keine weiteren Verhöre, mindestens bis nach Weihnachten. Keine neuen Auskünfte. Früher oder später würden sich die Journalisten fragen, wann es denn endlich eine neue Spur zu Noëlle geben würde.

Kurz darauf rief Nkoulou die wenigen Beamten, die einen Tag vor Heiligabend noch Dienst hatten, zu einer Besprechung zusammen. Er sah so erschöpft aus, wie Blanc ihn noch nie erlebt hatte. »Wir blasen die aufwendige Suche nach dem Mädchen ab«, erklärte der Commandant. »Wir haben alles durchsucht, was wir durchsuchen konnten. Wir können nicht über Weihnachten Hubschrauberpiloten, Hundeführer, Taucher und ganze Hundertschaften in Bereitschaft halten, wenn wir nicht einmal wissen, wo wir noch nachforschen sollen. Nur wir hier in Gadet arbeiten selbstverständlich weiter am Fall. Aber mit der reduzierten Feiertagsbesetzung. Uns wird wohl nur noch ein Zufall auf Noëlles Spur bringen.«

So darf das nicht einfach enden, dachte Blanc. Er starrte wie betäubt aus dem Fenster auf diese bescheuerten Weihnachtssterne zwischen den Platanen, dann fasste er einen Entschluss und folgte nach der Konferenz seinem Chef in dessen Büro, schloss die Tür und setzte sich. »Vielleicht habe ich mehr zu bieten als den Zufall«, begann er.

»Sie geben niemals auf, oder, *mon Capitaine*?«

»Lieber Letzter im Ziel als gar nicht im Ziel.« Blanc holte tief Luft und erklärte dem Commandant schließlich ausführlich, was er über Compagnat herausgefunden hatte und was das bedeuten konnte. Nkoulou unterbrach ihn kein einziges Mal. »Wir müssen einfach irgendwo weitermachen«, schloss er seinen Rapport. »Wir sollten uns die beiden Alten vornehmen, auch wenn man uns dafür die Hölle heiß machen wird. Vielleicht können wir ja doch so ermitteln, dass wir bei keinem Journalisten auf dem Radarschirm aufblinken. Die werden ja schließlich auch an Weihnachten unterm Tannenbaum sitzen und nicht vor der Station herumstehen.«

Nkoulou putzte sorgsam und sehr, sehr lange seine Brille. Er sah eine Winzigkeit weniger erschöpft aus als noch vorhin. Eine Spur. Eine vage, eigentlich irrsinnige Spur. Aber eine Spur. »Der Leiter vom Werkschutz der Raffinerie in Fos ist ein Ehemaliger von der Gendarmerie-Schule«, ließ er sich endlich vernehmen. »Er war mein Lehrer im Pistolenschießen, bevor er vorzeitig in Rente ging, um sich den besser bezahlten Job zu sichern. Ich werde ihn anrufen und bitten, sich diskret auf dem Raffinerie-Gelände umzusehen. Die haben da sicher Überwachungskameras. Wenn Compagnat oder Tornero in den letzten zwei Wochen einmal in Fos aufgekreuzt sein sollten, dann wird es davon Bilder geben. Und dann sehen wir weiter, im doppelten Wortsinne.«

Blanc lächelte erleichtert. »Vielen Dank! Unsere einzige Chance liegt darin, dass Compagnat nicht einmal ahnt, dass wir ihm auf der Spur sind. Er wird womöglich nicht aufpassen. Dann kriegen wir ihn.«

»Wenn Sie in die Mitternachtsmesse gehen, dann zünden Sie eine Kerze an und beten Sie, dass Compagnat uns wirklich nicht bemerkt, *mon Capitaine.*« Blanc zog sich in sein Büro zurück. Kurz danach kam Marius auf die Station und fuhr sich frustriert durch seine schon wieder etwas unvorschriftsmäßig langen Haare. »Die beiden Alten sind so harmlos wie zwei Grundschullehrer.«

»Waren sie denn die ganze Zeit zusammen?«, wollte Blanc wissen.

»Im Gegenteil. Ich war am frühen Morgen bei Géraldine Tornero. Aber die alte Lady füttert eigentlich nur ihre Hunde. Ich habe schmatzende Golden Retriever belauscht, sonst ist nichts geschehen. Also habe ich mich auf die Suche nach Compagnat gemacht. Ich bin durch den Wald gestiefelt und habe mich hinter einem Brombeerstrauch versteckt.« Marius verzog seinen Mund und zeigte seine von Kratzwunden verunstalteten Hände. »Das war so wie früher bei Cowboy-und-

Indianer, nur wird man auch nicht jünger. *Eh bien,* ich habe mich am Zugang zu den Grotten von Calès auf die Lauer gelegt. Der Alte war im Tal, zusammen mit der Archäologin und ihren Studenten. Die fangen an, ihre Zelte abzubauen. Agnes Havel hatte ja gesagt, dass sie am Heiligen Abend aufhören will. Compagnat hat ein wenig geholfen. Zwischendurch ist er einmal auf dem anderen Weg aus dem Tal bis zu dieser Kapelle gegangen und hat am Schloss gerüttelt. Wollte wohl überprüfen, ob da niemand eingebrochen ist.«

Blanc nickte. Ihm fiel wieder ein, dass der Bürgermeister erzählt hatte, dass Compagnat praktisch eigenhändig die Renovierung des Gotteshauses organisiert habe und seither darüber wache, dass es nicht erneut geplündert werde.

»Na, jedenfalls war Compagnat nur für ein paar Minuten an der Kirche. Dann ist er zurück und hat den Rest des Vormittags damit verbracht, mit Agnes Havel zu flirten. Von dem kann ich noch etwas lernen. Schließlich ist er nach Lamanon gegangen, da gibt es ein Altenzentrum am Ende der Grande Rue. Die Fenster im *Club des Seniors* sind so groß, du kannst von der Straße aus die Leutchen sehen, wie sie drinnen an Tischen sitzen und Karten spielen. Compagnat ist ganz bei der Sache. Da habe ich aufgegeben. Gestern habe ich noch gedacht: Endlich sind wir Noëlles Entführer auf der Spur! Und heute sage ich mir, dass ich der größte Spinner Frankreichs bin, weil ich zwei klapprige Alte verfolge, die Hunde füttern und Karten spielen. Die Sache ist so beschissen, es kann nicht schlimmer kommen.«

»Ich habe Nkoulou vorhin verraten, dass wir Compagnat und Tornero in Verdacht haben«, gestand Blanc.

»*Putain,* es kann doch noch schlimmer kommen.« Marius stützte sein Doppelkinn auf seine Rechte und sah aus dem Fenster. »Ich bin froh, wenn Weihnachten vorbei ist«, sagte er unvermittelt. »Ich kann diese Musik und diese Plastiksterne nicht mehr ertragen.«

Blanc hatte bis zu diesem Augenblick noch gar nicht darüber nachgedacht, wie sein Freund denn die Feiertage verbringen würde. »Meine Tochter ist hier«, verriet er. »Ist eine Premiere, und ich hoffe, ich vermassele es nicht. Ich will morgen mit ihr in eine richtig schöne provenzalische Mitternachtsmesse gehen.«

Marius deutete müde nach draußen. »Da kannst du gleich in Gadet bleiben, da gibt es eine traditionelle Weihachtsmesse mit Schäferjungen, blökenden Lämmern und einer Riesenkrippe mit Santons, so groß wie die Paviane im Zoo von La Barben. Du musst aber eine Stunde vorher da sein, sonst kriegst du nur noch einen Stehplatz hinter der Säule. Und zieh dir bloß keinen dicken Mantel an, in der Kirche wird es so warm wie im Freudenhaus.«

»Klingt, als wäre das auch etwas für dich.«

Marius verzog den Mund zu einem schiefen Grinsen. »Du lädst mich zu einem Gottesdienst ein?«

»Nach Dienstschluss. Die Kirche steht ja bloß ein paar Schritte neben der Station.« Blanc verabschiedete sich von Marius und ging durch Gadet. Mittagszeit. Zwischen manchen Marktständen waren Klapptische und -stühle aufgebaut worden, ganze Familien aßen dort Bratwürstchen oder Kuchen. Grillduft vermischte sich mit den Aromen von Zucker und Zimt, Blanc atmete flacher und beschleunigte seine Schritte. Er traf Astrid vor dem Espace. Sie führte Jacques an einer neuen, blaugrün gestreiften Leine und hielt zwei braune Papiertüten in der anderen Hand, aus denen Kartoffeln und Kohlköpfe ragten, und dazu einen der Plastikbeutel, in denen der Metzger von Gadet sein Fleisch einpackte. Mit gelinder Verzweiflung fragte sich Blanc, was er daraus wohl kochen sollte. Dann erkannte er in einer der Tüten ein paar Dinge, die definitiv nichts in der Küche zu suchen hatten: eingepackte Geschenke.

»Ich habe aber kein Weihnachtsgeschenk für dich!«, rief er mit schlechtem Gewissen.

»Ich habe mein Geschenk doch schon bekommen: eine Woche Hotel Papa!« Astrid umarmte ihn. »Irgendetwas muss hier in der Luft liegen«, fuhr sie fort, »anders kann ich mir nicht erklären, dass ich schon wieder Hunger habe. Und außerdem wird mir kalt. Ich freue mich schon auf den Ofen.«

»Und morgen gehen wir in eine echte Weihnachtsmesse«, sagte Blanc stolz. Weihnachten mit seiner Tochter.

Und in einer ruhigen Minute würde er in der Kirche eine Kerze entzünden – für Noëlle.

Messe

Sonntag, 24. Dezember. Als Blanc mit Astrid am Frühstückstisch saß, rollte ein roter Volvo vor die Ölmühle. Paulette Aybalen stieg aus, gefolgt von ihren Töchtern, die jüngere Ebenbilder ihrer Mutter waren: die gleichen langen, schwarzen Haare, die gleiche sonnendunkle Haut, die gleichen elastischen Bewegungen, die gleiche Aura von Frauen, die am liebsten unter freiem Himmel waren. Agathe war zwanzig Jahre alt, Audrey siebzehn. Blanc wusste, dass Paulettes Exmann damit drohte, die Jüngere zu sich zu holen. Er begrüßte seine Nachbarinnen und stellte ihnen Astrid vor. Zwei Minuten später hatten die drei jungen Frauen Jacques in ihre Mitte genommen und spazierten unter den Platanen davon.

»Wir gehen zum Hof zurück und zeigen Astrid die Pferde«, rief Agathe, sich noch mal umdrehend. »Damit sie sich über die Feiertage um die Tiere kümmern kann.«

»Serge wird ihnen doch Futter geben«, erwiderte Paulette.

Agathe lachte. »Nur, wenn er nüchtern ist. Besser, wir zeigen Astrid, wo wir das Heu lagern.« Damit waren sie verschwunden.

Paulette zuckte mit den Achseln und öffnete die Heckklappe des alten Kombis. Sie zerrte eine beinahe türgroße Holzplatte heraus, auf die kleine, gelb und rot bemalte Holzhäuser geklebt waren. Die Ölfarbe leuchtete längst nicht mehr, sondern klebte stumpf und rissig auf dem Holz. Blanc erkannte einen Burgturm, jede einzelne Zinne war sorgfältig ausgesägt, eine Brücke wölbte sich über einen aufgemalten Fluss, ihr Geländer bestand aus einer Reihe kleiner Nägel, deren Köpfe durch einen alten Zwirnfaden miteinander verbunden waren. Und in der Mitte erhob sich ein offener Schuppen, der mit einem Dach aus echten Strohhalmen gedeckt war.

»Eine Krippe!«, rief Blanc.

»Von meinem Großvater väterlicherseits«, erklärte Paulette. »Wo soll ich sie hinstellen?«

Er sah sie überrascht an. »Das kann ich nicht annehmen«, erklärte er dann verlegen.

Sie lachte bloß. »Bei dir ist sie besser aufgehoben als bei mir auf dem Speicher«, sagte sie. »Ich habe Krippen von beiden Großvätern geerbt. Der eine hat alle Häuser aus Ton geformt, gebrannt und mit feinem Pinsel bemalt, ein echter Künstler. Die stellen meine Töchter und ich jedes Jahr bei uns auf. Mein anderer Großvater war auch ein toller Mann, aber ein Grobmotoriker. Die Krippe hat er sich irgendwann in den Fünfzigerjahren zurechtgesägt. Nach seinem Tod habe ich es nicht übers Herz gebracht, sie wegzuwerfen. Aber wer stellt schon zwei Krippen zu Weihnachten auf? Also lag sie bei mir bloß jahrelang rum und hat Platz weggenommen. Ab heute wird sie bei dir Staub sammeln.«

»Ich werde sie in Ehren halten«, versprach Blanc gerührt.

Sie fanden gemeinsam eine alte Truhe in der Nähe des Ofens, auf die sie die Krippe stellten. Paulette kehrte zum Volvo zurück und kam mit drei alten Schuhkartons wieder. Vorsichtig holte sie Tonfiguren aus den mit Stroh gefüllten Kartons – Figuren, von denen Blanc vermutete, dass sie mindestens so alt waren wie die Krippe: eine kniende und betende Maria in blauem Gewand, blond und wunderschön. Josef mit Prophetenbart, stehend, mit etwas ratlosem Blick. Ein dralles Jesuskind, die kräftigen Arme weit ausgestreckt, die Händchen zu einer Geste geformt, mit der der Bildhauer vielleicht einen Segen andeuten wollte, oder vielleicht sollten es auch einfach bloß Fäustchen sein. Den Jesus ließ Paulette noch im Karton, er durfte erst nach Mitternacht in die Krippe gelegt werden. Schließlich holte sie eine alte Dame heraus, Augen, Lippen, sogar die Augenbrauen waren mit dünnem Pinselstrich auf das modellierte Gesicht gemalt worden, ihre Haare waren eine winzige echte weiße Perücke, ihr langes Gewand bestand aus feinster schwarzer Spitze, in der Linken hielt sie eine alte Waage, die aus dünnem Silberblech getrieben war.

»Eine Marktfrau von anno dazumal«, sagte Paulette und stellte die Figur behutsam mitten in die Szenerie, die Häuser waren grotesk klein im Vergleich zu ihr. »Dein erster Santon. Ab jetzt musst du der alten Dame bitte jedes Jahr eine weitere Figur zur Gesellschaft kaufen. Irgendwann hast du ein ganzes provenzalisches Dorf um das Jesuskind versammelt. So soll das sein.« Sie klatschte zufrieden in die Hände und richtete sich auf. »Das musste ich noch erledigen, bevor ich fahre.«

»Du bist über Weihnachten weg?«, fragte Blanc, und es gelang ihm nicht ganz, die Enttäuschung aus seiner Stimme zu drängen.

»Das Haus meiner Freundin in den Alpen, du erinnerst dich? In Villaudemard. In dem Kaff findet uns mein Ex garantiert nicht. Ich werde mit Agathe und Audrey das friedlichste Weihnachtsfest seit Jahren verbringen.« Sie gingen nach draußen. Paulette küsste ihn zum Abschied auf die Wangen. »Ich sammle die beiden unterwegs ein. Fröhliche Feiertage!« Sie brauste davon.

Blanc sah ihr nach und blickte immer noch auf die Allee, als sich die Abgaswolke aus dem alten Volvo längst aufgelöst hatte.

»Houston an Capitaine Blanc: Aufwachen!« Astrid war unbemerkt an ihn herangetreten und wedelte mit der Hand vor seinen Augen. »Nettes Patchwork«, fuhr sie fort.

Er schaute sie verständnislos an.

Sie rollte theatralisch mit den Augen. »Wenn das meine zukünftige Stiefmutter und meine zukünftigen Stiefschwestern sein sollten – also: Ich hätte nichts einzuwenden.« Sie sagte das in bloß halb neckischem Ton.

Blanc erwiderte besser nichts. Irgendwann würde er wohl mal mit Astrid über seine Beziehung zu Aveline sprechen müssen, denn auch wenn es ihm immer noch schwerfiel, das zu glauben, war sie schließlich längst erwachsen und sollte im Bilde darüber sein, wie ihr Vater so lebte. Aber vorher musste Blanc erst einmal selbst wissen, wie er eigentlich leben wollte. Und das war, wenn er ehrlich zu sich war, zurzeit alles andere als klar.

Später sah er auf der Gendarmerie-Station vorbei – ganz kurz nur, das hatte er Astrid versprochen. Fabienne war nicht da. Marius war unterwegs und observierte die beiden Alten. Und Nkoulou bestellte ihn in sein Büro.

»Mein ehemaliger Gendarmerie-Lehrer hat aus Fos angerufen: Niemand in der Raffinerie hat je einen alten Mann in einem alten Citroën gesehen. Die Überwachungskameras haben niemanden aufgenommen, der auch nur entfernt eine Ähnlichkeit mit Compagnat, Géraldine Tornero oder gar der kleinen Noëlle haben könnte.«

Blanc hielt sein Versprechen und fuhr bald wieder nach Hause – er fühlte sich besiegt.

Abends machten sie sich viel zu früh auf den Weg zur Mitternachtsmesse. Jacques schlief im Haus, er war kein Hund für Gottesdienste. Die Luft versprach schon Frost, aber noch glitzerte kein Raureif auf den Steinen. Nordwind fuhr durch die kahlen Äste der Platanen, zu schwach und unregelmäßig, um schon ein Mistral zu sein, aber stark genug, um Blanc frösteln zu lassen. Er blickte nach oben. Kein Mond. Die Sterne tausend Spitzen, die bläulich-weiß flimmerten. Er hielt auf dem Weg zum Auto inne. Ein Punkt am Himmel leuchtete anders.

Rot. Der Mars, dachte er, Planet des Krieges und des Blutes. Ich bin nicht abergläubisch, sagte er stumm und trotzig in den Himmel, *merde,* ich bin nicht abergläubisch!

Die Kirche Saint-Pierre von Gadet lag mitten im Ort und war doch versteckt. Sie erhob sich auf einem winzigen Plateau im Herzen des Städtchens. Um diese Anhöhe jedoch waren im 18. und 19. Jahrhundert Häuser errichtet worden, Wand an Wand, Dach an Dach, sie waren wie eine drei, vier und fünf Stockwerke hohe Stadtmauer, die Saint-Pierre umstand und beinahe unsichtbar machte. Nur der eckige Turm mit seinem Glockengestell aus Schmiedeeisen überragte die Häuser. Er stand in seltsam schiefem Winkel zum Kirchenschiff, so, als wäre das ganze Gotteshaus einmal von einem riesigen Bulldozer gerammt und an einer Seite eingedellt worden. Nur zwei versteckte, nach Hundepisse und Schimmel stinkende, schulterbreite Durchlässe sowie eine unbeschilderte Gasse führten durch die Häuserwand bis auf das Plateau. Vor der Kirche lag ein kleiner Platz. In anderen provenzalischen Städten hätte man diese lauschige Fläche längst gepflastert, hätte Springbrunnen installiert, Platanen gepflanzt, und Cafés wären mit Schirmen und Stühlen vorgekrochen. In Gadet war es bloß eine zernarbte Asphaltfläche, auf der die Bewohner der umliegenden Häuser ihre Peugeots und Renaults parkten.

»Das nennt man wohl ›authentisch‹«, kommentierte Astrid, die Blanc gefolgt und mit angehaltenem Atem durch einen der stinkenden Durchlässe geeilt war.

Er zuckte mit den Achseln. »Besser, als das Dorf in ein Freilichtmuseum zu verwandeln. In Gadet hast du noch nicht den Eindruck, dass es verboten ist, auf der Straße laut zu sprechen.«

Die Fassade von Saint-Pierre mit dem Hauptportal wirkte auch irgendwie, als wäre sie zusammengequetscht worden: zu hoch und zu schmal, zur Linken wölbte sich ein steinerner Bogen von der Kirche zu einem der Häuser, als müsste das müde Gotteshaus von seinen stoischen Nachbarn gestützt werden.

Das Innere war gelb und cremefarben verputzt, Kerzenlicht brach sich in bunten Fenstern und die Holzbänke waren doch schon bis auf den letzten Zentimeter besetzt. Auch auf den Gängen zwischen den wuchtigen Pfeilern drängten sich bereits Gläubige, und Marius hatte mit seiner Warnung recht gehabt: Es war ofenwarm, die Leute hatten ihre Wintermäntel ausgezogen und trugen sie über den Armen, was jedem Körper noch mehr Volumen verlieh und das Gefühl, von allen Seiten bedrängt zu werden, verstärkte. Blanc und Astrid stiegen eine enge Wendeltreppe hoch. Dicht unter der gewölbten Decke des Kirchenschiffs öffneten sich links und rechts Emporen. Auch hier hatten sich schon etliche Familien versammelt, doch gelang es ihnen, einen Platz unter einem Bogen zu ergattern, von wo aus sie auf das Innere hinunterblicken konnten.

»Besser als eine Theaterloge«, flüsterte seine Tochter aufgeregt. »Ich glaube, ich war seit meiner Kommunion nicht mehr in der Kirche. Nein, warte, seit Céciles Hochzeit.«

»Cécile?«

»Eine Freundin, die du nicht kennst. Du hattest in Paris wirklich keine Augen für mich, Papa. Na, wenigstens hast du deshalb auch nicht mit meinen Freundinnen geflirtet wie einige der anderen Väter. Jedenfalls habe ich so etwas wie hier noch nie erlebt. So viele Menschen!«

»Das muss an Weihnachten liegen«, erwiderte Blanc trocken.

»Du warst noch nicht in der Kirche, seit sie dich in die Provinz versetzt haben?«

»Ich hatte nichts zu beichten.«

Astrid stieß ihn spöttisch tadelnd an und deutete dann nach unten. »Sieh dir die Krippe an! Die ist größer als mein Apartment in Paris!«

Blanc legte seinen Mantel über die Brüstung und fischte seine Leica aus dessen Tasche. Seine Tochter sah ihn mit großen Augen an. »Wo hast du denn dieses Teil wieder ausgegraben? Damit hast du uns zuletzt am Strand von Deauville fotografiert, als ich – wie alt war ich da? Elf? *Mon Dieu,* ich habe dich seit Jahren nicht mehr mit einer Kamera erlebt.«

»Wir haben in der Station einen alten Kriminaltechniker, der sich noch mit den fünfzig Jahre alten Apparaten auskennt. Der entwickelt für mich die Filme und macht Schwarz-Weiß-Abzüge.«

»Filme entwickeln? Schwarz-Weiß-Abzüge? Demnächst verkaufst du auch noch das Auto und leihst dir von deiner hübschen Nachbarin ein Pferd aus, ja? Ich finde ja Retro toll, aber wer hätte gedacht, dass der eigene Vater zum Puristen wird?«

»Ich bin bloß so authentisch wie der Parkplatz vor der Kirche«, erwiderte Blanc gelassen, aber er war stolz, dass er Astrid verblüffen konnte. Er stützte die Kamera auf der Balustrade ab und schoss das erste Foto. Die Leica klackte satt, doch das ging im aufgeregten Gemurmel der Gläubigen unter, das bis zum Gewölbe hochsummte.

»Immer auf dem besten Observierungsposten«, sagte jemand hinter ihm.

»Marius!« Blanc freute sich, seinen Freund zu sehen. Er trug eine Jeans, die er aus irgendeinem unerklärlichen Grund gebügelt hatte, ein Hemd mit provenzalischem Muster – gelbgoldene Zikaden auf blauem Grund – und darüber eine schwarze, glänzende Lederjacke, wie sie in den späten Siebzigerjahren einmal Mode gewesen war. »Marius, darf ich dir meine Tochter Astrid vorstellen?«

Marius drückte sie ohne Zögern an seine mächtige Brust, als wäre er der Onkel, der seine Lieblingsnichte wiedersieht. Über seine Schulter hin warf Astrid ihrem Vater einen ebenso belustigten wie flehentlichen Blick zu.

»Es gibt leider nichts Neues«, sagte sein Kollege, nachdem er Blancs Tochter endlich wieder freigegeben hatte.

»Du warst auf der Station?«

»Ich komme gerade aus dem Büro. Jetzt ist praktisch niemand mehr da – außer Nkoulou. Aber das überrascht ja niemanden.«

»Wo sind Géraldine Tornero und Roland Compagnat?«

»Die alte Kommunistin wird wohl kaum in die Messe gehen. Vielleicht feiert sie mit ihren Hunden, und die Viecher dürfen an den Weihnachtsbaum pinkeln. Heute Nachmittag bin ich noch mal in Lamanon vorbeigefahren. Compagnat hat sich am Parkplatz vor der Kirche von Agnes Havel verabschiedet. Die Archäologen sind abgefahren. Danach ist Compagnat die Grande Rue runterspaziert. Seither spielt er schon wieder mit den Alten im Seniorenzentrum Karten.«

Nachdem Astrid einige Höflichkeiten mit Marius ausgetauscht hatte, beugte sie sich unauffällig zu Blanc und flüsterte ihm ins Ohr: »Dein Kollege sieht aus wie ein Frührentner. Kein Wunder, dass in Marseille die Gangster regieren.«

»Wenn Marius bei manchen Einsätzen nicht dabei gewesen wäre, dann wärst du jetzt Halbwaise«, erwiderte Blanc leise und lächelte. »Du kannst dich ganz auf ihn verlassen.« Er wandte sich seinem Kollegen zu. »Halt mir bitte kurz den Platz frei.«

»Wo willst du hin?«, zischte Astrid.

»Ich muss eine Kerze anzünden. Das habe ich jemandem versprochen.« Blanc drängte sich nach unten und bis nahe an den Altar, wo schon viele kleine Lichter auf einem eisernen Gestell flackerten. Er warf eine Münze in die Blechbox und zündete eine Kerze an. Noëlle. Ein Teil seines Geistes sagte ihm, dass es vollkommen lächerlich war, was er da tat. Ein anderer Teil sagte: Was soll's? Wenn gar nichts mehr hilft, dann hilft vielleicht beten.

Blanc hatte erwartet, dass Astrid ihn bei seiner Rückkehr auf die Empore spöttisch oder womöglich auch verständnislos ansehen würde, denn wann hätte ihr Vater je in einer Kirche eine Kerze entzündet? Doch seine Tochter machte ihm am Rand der Balustrade Platz und schloss ihn wortlos in die Arme. Marius nickte fast unmerklich. Blanc verstand, dass sein Freund während seiner Abwesenheit mit Astrid über Noëlle gesprochen hatte. Bevor er jedoch noch etwas sagen konnte, brausten Orgelklänge durch das Gotteshaus – Orgelklänge, in die sich ganz unharmonisch Lämmerblöken mischte.

Der Priester kam durch das Portal, er schwenkte das Weihrauchfässchen, aus dem es würzig dampfte. Hinter ihm schritten Messdiener einher, die große, brennende Kerzen trugen, und man sah ihnen an, dass jeder peinlich darauf achtete, bloß nicht zu stolpern. Und dann kamen … die Schafe. Die jungen Tiere – dürre, wollige Wesen, kaum größer als Katzen – wurden von Hirtenjungen auf den Schultern getragen. Die Kinder trugen Filzhüte und wollene Umhänge und gingen hinter dem Priester und den Messdienern durchs Kirchenschiff, mindestens so stolz und würdevoll wie die Gestalten in Soutanen. Sie stellten die Lämmer nahe der Krippe auf ihre wackeligen Beine. Die Tiere blökten kläglich. Erwachsene Hirten folgten der Prozession, sie trieben einige größere Schafe heran, Muttertiere, deren Anwesenheit die Lämmer schnell wieder beruhigte. Es gab noch Hunderte Schäfer in der Provence, und Marius hatte Blanc erklärt, dass es in vielen Städten Brauch sei, dass die Schäfer zu Weihnachten ein paar Lämmer in die Kirche führten, wo diese gesegnet würden – und wo die modernen Hirten, als Reinkarnation der Schäfer aus der Weihnachtsgeschichte, die Krippe mit den Santons durch ihre Anwesenheit ins Lebendige höben. Astrid jauchzte vor Vergnügen. Blanc setzte die Leica an.

Gesänge. Gebete. Mal erhoben sich die Gläubigen. Mal knieten sie nieder. Marius kannte alle Lieder, er sang sie mit, so laut wie falsch. Er murmelte die Gebete, und Blanc stellte überhaupt erstaunt fest, dass sein Kollege den katholischen Ritus mindestens so gut kannte wie ein braver Messdiener. Für Astrid war das hingegen ein exotisches Ritual, das sie genauso begeistert und unbeholfen mitmachte, wie sie vielleicht auf Bali einer buddhistischen Tempelzeremonie beigewohnt hätte. Blanc fand, dass er vor seiner kleinen Kerze neben dem Altar bereits genug gebetet hatte, er wollte sein Gebet nicht durch weitere Rezitationen verwässern. Also beschränkte er sich darauf, respektvoll dabeizustehen und hin und wieder unauffällig die Leica zu heben, um einen besonders schönen Schnappschuss zu machen. Einmal, er war schon seit mindestens einer halben Stunde an der Balustrade, blickte er durch das Teleobjektiv auf die Häupter der Gläubigen unten im Kirchenschiff – als er plötzlich riesengroß ein bekanntes Gesicht im Sucher hatte. Erschrocken setzte er den Apparat ab, ohne ein Bild gemacht zu haben.

Jérémy Dominici.

Leise stieß er Marius an und deutete nach unten.

»Unser Scooterfahrer ist da.« Er wies auf den Jungen, der sich an einen Pfeiler gelehnt hatte. Er hielt seinen Helm in den Händen und schien zu beten, jedenfalls bewegte er seine Lippen. Auf einmal blickte er nach oben und entdeckte Blanc. Der Junge schien überhaupt nicht überrascht zu sein, er blieb ernst und hob die Hand. Blanc, der sich irgendwie ertappt fühlte, nickte. Grüßte ihn der Junge bloß? Oder machte er ihm ein Zeichen?

Marius winkte zurück, fast wirkte es, als segnete er Jérémy. »Der Junge ist vielleicht nicht Doktor LL, aber ich sage dir: Der hat einen untrüglichen Psycho-Instinkt. Der ist immer da, wo es brennt.«

Blanc sah sich ungläubig in der Kirche um. »Meinst du das ernst?«

»An Weihnachten macht man keine Witze.«

Blanc brummte Unverständliches und behielt Jérémy im Auge. Der schien den Ablauf des Gottesdienstes und die Liedtexte jedenfalls auch besser zu kennen als er. Vielleicht besuchte der Junge jeden Sonntag die Messe. Blanc wollte … Da brummte sein Handy. Er hatte es vor der Kirche auf lautlos gestellt, doch das Nokia steckte in seiner Manteltasche, und der Mantel lag auf der Balustrade, weshalb die ganze Konstruktion bei jeder Vibration ein leises Brummen von sich gab.

Astrid seufzte. »Manche Dinge ändern sich bei dir offenbar nie.«

Blanc fischte den Apparat aus der Tasche und zog sich hastig in die dunkelste und entlegenste Ecke der Empore zurück.

»*Allô?*« Er hauchte das bloß.

»Hier ist Mohammed und …«

»*Merde.* Mitten in der Weihnachtsmesse kriege ich einen Anruf vom Propheten. Wenn das ein Scherz ist, dann …«

»Mohammed Ouadah, *mon Capitaine.* Verantwortlicher Techniker bei ASF an der Péage-Station von Lançon. Ich habe Ihre Telefonnummer von Monsieur Tonon bekommen.«

Die Aufnahmen von der Autobahn. Blanc hätte sich in den Hintern treten können. »Pardon«, flüsterte er. »Ich bin momentan nicht ganz auf der Höhe.«

»Macht nichts, ist ja auch schon beinahe Mitternacht. Haben Sie meine Mail von vorhin bekommen?«

Blanc schloss die Augen. Er kam sich wie ein Idiot vor. Sein Nokia gab bei eingehenden Mails keinen Laut von sich. »Ich war«, er suchte nach der richtigen Formulierung, »anderweitig beschäftigt. Bleiben Sie dran. Ich sehe mir Ihre Mail auf dem Handy an.« Hektisch wischte er über den winzigen Touchscreen. Eine Mail von *mohammed.ouadah@asf.fr.* Kein Text, aber eine Betreffzeile: *Foto Péage Salon.* Er öffnete den Anhang – und musste sich an der Wand festhalten.

Ein etwas unscharfes Schwarz-Weiß-Bild, von oben aufgenommen. Ein Citroën DS mit leicht eingedellter Fahrertür. Am Steuer: Roland Compagnat. Die Rückbank: vom Kamerastandpunkt aus nicht zu sehen. Auf dem Beifahrersitz: eine undeutliche, kleine Masse. Man hätte das für einen Berg Stoff halten können, für ein aufgeworfenes riesiges Tischtuch, zum Beispiel.

Aber vielleicht war das auch ein kleiner Körper in einem großen weißen Mantel.

»Sind Sie noch dran?« Blanc musste sich beherrschen, um immer noch leise zu reden. Von jenseits der Empore wehte ein Kinderchor zu ihm hinauf. *»Mon beau sapin«*.

»Ich verstehe Sie klar und deutlich«, erwiderte Mohammed Ouadah. »Die Aufnahmesequenz ist am 12. Dezember um 21.24 Uhr gemacht worden, ich habe für Sie das beste Bild herausgezogen. Station Salon. Das ist da, wo Sie auf die A54 und die A7 draufkommen.«

»Und die Route départementale 572, die am Château de La Barben vorbeiführt, die bringt einen doch genau zu dieser Auffahrt?«

»Genauer geht es nicht. Von La Barben bis zur Auffahrt müssen Sie nicht einmal abbiegen.«

»Ich kann das Foto momentan nur auf meinem Handy anschauen. Können Sie es bei sich größer zoomen? Erkennen Sie, was sich auf dem Beifahrersitz befindet? Ich sehe bloß eine weiße Masse, ziemlich verschwommen.«

Stille. Schließlich hörte Blanc, wie Ouadah seufzte. »Unsere Kameras sind auf die Kennzeichen der Autos eingestellt. Die anderen Details an den Wagen werden schnell undeutlich. Ich kann das Bild vergrößern, aber auch dann sehe ich bloß etwas Weißes. Wirkt irgendwie weich. Vielleicht …« Er zögerte.

»Vielleicht was?« Blanc war jetzt doch laut geworden. Einige Gläubige warfen ihm missbilligende Blicke zu. Astrid hob die Hand. Doch Marius war aufgestanden und starrte ihn an.

Er wirkte, als könnte er beim ersten Zeichen aus der Kirche stürzen.

»*Alors*«, fuhr Ouadah unsicher fort. »Über dem weißen Stoff ist alles schwarz. Ich meine, der ganze Innenraum des Autos ist schwarz. Aber, das mag vielleicht blöd klingen, das Schwarz ist da über dem weißen Stoff irgendwie anders. Also ich meine, das könnten auch Haare sein. Ein Kopf, verstehen Sie? So, als ob da jemand sitzt. Aber vielleicht bilde ich mir das auch nur ein. Ich weiß ja, dass Sie das Mädchen suchen.«

Blancs Gedanken rasten. Wenn Compagnat mit Noëlle auf die Autobahn gefahren war, dann musste er auch irgendwo durch eine Péage-Station wieder runtergekommen sein. »Wo ist er abgefahren, Monsieur Ouadah?«, fragte er atemlos – scheiß auf die anderen Gottesdienstbesucher. »Fos? Marseille?«

»Da habe ich zuerst nachgesehen, das hat mir Monsieur Tonon geraten. Da war aber niemand in einem alten Citroën. Dann habe ich weitergesucht, bis hoch nach Vienne. Fehlanzeige. Die allernächste Péage-Station habe ich als Allerletztes überprüft. Hätte ich mal früher machen sollen. Der Fahrer ist schon bei Salon-Nord wieder raus. Um 21.29 Uhr.«

Salon-Nord. Die Gegenrichtung zu Marseille und Fos. Die Ausfahrt, die Blanc selbst erst vor Kurzem genommen hatte, um die Staus von Salon zu umfahren, weil er ... zu den Grotten von Calès fahren wollte.

»Haben Sie von Salon-Nord ein besseres Foto?«

»Nein, im Gegenteil. Nur das Nummernschild. Es tut mir sehr leid.«

»Es braucht Ihnen nichts leidzutun, Monsieur Ouadah. Wenn das hier vorbei ist, schlage ich Sie für die Ehrenlegion vor.« Blanc beendete das Gespräch.

Ihn schwindelte. Also doch die Grotten von Calès. Agnes Havel hatte ihm die Spuren in einer Höhle gezeigt. Raubgräber, hatte sie gedacht. Aber das war kein Raubgräber gewesen. Jérémy Dominici hatte aus seinem nächtlichen Versteck heraus einmal eine weiße Elbe gesehen. Aber das war keine Elbe gewesen. Compagnat hatte die Kleine in den Grotten versteckt, dachte Blanc verzweifelt, *merde*! Irgendwie musste er es doch geschafft haben, das Mädchen dorthin zu verschleppen. Vielleicht hatte er Noëlle in irgendeiner Grotte versteckt. Angekettet. Gefangen hinter einem vorgerollten Felsbrocken. Eine Horrorvorstellung. Er zwang sich, besonnen zu sein. Ruhig nachzudenken. Vielleicht hatte es Compagnat geschafft, Noëlle bis in die Grotten zu verschleppen – aber dann? Er konnte in dem engen Tal unmöglich lange ausgeharrt haben, um zu tun, was immer er dort mit dem Mädchen tun wollte. Tagsüber arbeiteten die Archäologen von morgens bis abends bei den Grotten. Und nachts irrte einer wie Jérémy Dominici dort herum, der vielleicht doch kein so großer Trottel war und auf jeden Fall ein Junge mit scharfen Augen und Ohren. Vielleicht hatte Compagnat also bloß Zeit gehabt, die Kleine in eine Grotte zu stoßen, einen Stein davorzurollen, fertig. Vielleicht gab es doch noch Hoffnung.

Dann fiel Blanc ein: Agnes Havel und ihre Studenten hatten ihre Kampagne heute beendet, Marius hatte sie nachmittags wegfahren sehen. Compagnat selbst hatte ihnen zuvor noch beim Zusammenräumen der Sachen geholfen. Und Jérémy war in dieser Heiligen Nacht ausnahmsweise nicht in Calès – der war hier, in Gadet in der Kirche, und betete mit seinem Helm den Rosenkranz. In dieser Nacht wäre Compagnat viele Stunden lang allein in den Grotten …

Blanc wurde blass und nickte Marius zu.

»Wir müssen los«, flüsterte er.

Die kalten Grotten von Calès

»Wohin?«, fragte Marius bloß. Er hatte sich bereits seine Lederjacke und Blancs Mantel gegriffen.

»Calès«, erwiderte Blanc nur und eilte zur Wendeltreppe.

»Du kannst nicht schon wieder abhauen!« Astrid war aufgesprungen. »Ich komme mit.«

»Das ist ein Einsatz.«

»Und ich bin deine Tochter.«

Blanc hatte keine Zeit für Diskussionen und zuckte nur mit den Achseln. Sie drängten sich aus der Kirche und ignorierten dabei die geflüsterten und wenig christlichen Beschimpfungen der anderen Besucher. Die eisige Luft draußen traf Blanc wie ein Sprung in kaltes Wasser. Sie eilten durch die stillen Gassen unter dem grotesken Lichtgewitter der Girlanden. Schneeflocken sanken zu Boden, auf dem Pflaster lag eine weiße Schicht, dünn, doch tückisch rutschig. Schnee. Grotten. Ein neunjähriges Mädchen. Mehr als eine Woche in der Kälte.

»Schneller!«, rief Blanc. Sie rissen die Türen vom Espace auf, Blanc gab Gas, schon bevor seine Mitfahrer sie wieder zuknallen konnten. Sie bogen auf die Route départementale ein. Kein Auto. Keine Reifenspuren in der Schneedecke. Es war, als wären sie die einzigen Menschen, die wie verrückt durch eine Welt rasten, in der sich alle anderen verkrochen hatten.

Fast alle anderen.

Blanc wurde auf einmal vom Fernlicht im Rückspiegel geblendet. Von einem einzigen Licht. »Das glaube ich nicht!«, rief er.

Marius wuchtete seinen massigen Leib so weit herum, dass

er durch die Heckscheibe blicken konnte. »*Putain,* der fehlt uns gerade noch!«

Jérémy Dominici verfolgte sie auf seinem Motorroller. Blanc trat das Gaspedal bis zum Bodenblech durch. Der Abstand vergrößerte sich, aber der Junge gab nicht auf. Ein Kreisverkehr. Blanc stieg in die Eisen und zwang den alten Minivan mit kreischenden Reifen hindurch. Er warf einen raschen Blick in den Rückspiegel. Der Lichtkegel des Scooters taumelte und tanzte wie irre durch die Luft.

»Den schleudert es bei diesem Schnee gleich in den Graben«, sagte Marius atemlos.

»Eh merde!« Blanc trat auf die Bremse und ließ den Espace am Straßenrand ausrollen. Astrid öffnete die linke hintere Tür.

»Lass deine wackelige Kiste stehen und steig ein!«, rief Marius, als der Junge schlitternd neben ihnen zum Stehen kam.

Zehn Sekunden später saß Jérémy neben Astrid. Er starrte sie ängstlich an, offenbar hatte er nicht damit gerechnet, neben einer jungen Frau sitzen zu müssen. Er behielt seinen Integralhelm auf. Blanc beschleunigte.

»Du kannst deinen Helm ruhig absetzen«, schlug Astrid dem Jungen vor.

Jérémy schüttelte den Kopf.

»Kluger Junge«, flüsterte Marius zu Blanc. »Der weiß, wie du fährst.«

Blanc raste über die einsamen Landstraßen. Der Schnee leuchtete, Flocken wirbelten durch den Lichtkegel der Scheinwerfer, die Olivenbäume am Rand der Route départementale sahen aus wie riesige, nach oben hin geöffnete Hände. Die Minuten vertickten. Die Uhr im Armaturenbrett zeigte schon nach Mitternacht an.

In Lamanon war der Platz vor der wuchtigen Kirche hoffnungslos zugeparkt. Das Gotteshaus strahlte in gelbem Licht, Musik wehte hinaus. *»Adeste Fideles«*.

»Da!«, rief Marius. Er deutete auf eins der abgestellten Autos. Compagnats Citroën DS.

»Der Alte ist garantiert nicht beim Gottesdienst«, sagte Blanc grimmig. »Der ist ganz woanders.« Er bremste und stellte den Espace mitten auf der Straße ab. Sie sprangen hinaus und liefen in den direkt an die Kirche grenzenden Wald. Die dünnen Lichtstrahlen ihrer Handys zuckten über Brombeeren und schneeüberzogene Eichenstämme. Jérémy war schneller als die anderen. Er hatte kein Licht, doch er wies ihnen mit traumwandlerischer Sicherheit den Weg vorbei an Dornen, Felsen, Gräben. Er trug immer noch seinen Helm.

Die Grotten.

Der Talkessel war still. Schnee rieselte herein und schien ihn wie ein Becken ganz langsam zu füllen. Die Höhlen waren schwarze Flecken in schwarzen Felswänden, ihre Schwärze tiefer als die Nacht, eher zu spüren als zu sehen. Kein Laut. Und kein Fußabdruck im frischen Schnee, nirgends irgendeine Spur von jemandem, der hier in der letzten Stunde gewesen sein könnte. Doch an exponierten Stellen, über die der Wind strich, sowie unter dem schützenden Geäst der Pinien lag der nackte Fels noch frei. Wenn man geschickt genug war und von Fels zu Fels sprang, dann mochte man hier keine verräterischen Abdrücke hinterlassen haben. Blanc deutete auf Marius und Jérémy. »Ihr geht auf der linken Seite durch den Talkessel.« Er nickte Astrid zu. »Wir gehen rechts herum. Wir treffen uns am gegenüberliegenden Felsdurchbruch wieder.«

Er wandte sich noch einmal an den Jungen. »Jérémy«, sagte er leise, »du hast nicht nur die besten Augen, sondern auch die besten Ohren. Also nimm endlich deinen verdammten Helm ab und sperr die Ohren auf!«

Der Junge gehorchte. »Hören Sie die Zwerge?«, flüsterte er. »Sie arbeiten unter der Erde.«

Blanc vernahm nichts. Es war zum Verrücktwerden. War das

die Wahnvorstellung eines geistesschwachen Jungen? Oder hörte dieser Jérémy tatsächlich etwas? »Pass auf«, sagte er eindringlich, »heute Nacht kümmern wir uns nicht um die Zwerge. Und nicht um Orks. Wir suchen einen alten Mann. Und ein kleines Mädchen.« Dann fiel ihm noch etwas ein. »Bei der weißen Elbe mache ich eine Ausnahme. Wenn du die siehst, dann sag uns sofort Bescheid. Und jetzt los!«

Inzwischen war es so kalt geworden, dass der Schnee unter ihren Sohlen knirschte. Ihr Atem stand in kleinen weißen Wolken über den Lippen. Die Felswand knackte im Frost. Manchmal rollten Steinchen ins Tal, jedes Mal hielt Blanc inne und lauschte. Nichts. Er leuchtete mit seinem Nokia in die Grotten. Er sah damit nur noch wenige Meter weit. Das Telefon war alt, es war kalt, *merde,* der Akku durfte jetzt nicht schlappmachen.

Er drehte sich zu Astrid um, die ihm dichtauf folgte. »Alles in Ordnung?«, hauchte er.

»Ich glaube, ich träume das alles. Hast du eigentlich eine Waffe dabei oder Handschellen oder so etwas?«

»Wer geht schon mit einer Knarre zum Weihnachtsgottesdienst?«

Aber Marius, dachte Blanc beunruhigt, der war direkt von der Station zur Kirche gekommen. Der hatte sicher seine SIG Sauer dabei, und er hatte schon öfters geschossen ... Außerdem mochte er sich lieber nicht ausmalen, was ein Junge wie Jérémy wohl alles in seinen Hosentaschen versteckt hatte. Er blickte in Richtung der anderen Talseite, doch er sah nichts und hörte nichts.

»Nicht mal ein Funkgerät?«, fuhr seine Tochter fort. »Wir könnten Verstärkung rufen.«

»Wir haben keine Zeit«, erklärte Blanc. Hausgroße Grotten. Winzige Höhlen. Risse in der Felswand. Überall leuchtete Blanc hinein. Nichts, nichts, nichts. Steine, die von irgendwo weit oben in die Tiefe stürzten und dabei gegen die Felsen schlugen, klack, klack, dann nichts mehr. Eis auf dem Gestein, Blanc fuhr mit der Hand über die glatte Oberfläche, sie war so kalt, dass es ihm wie hundert kleine Messer in die Haut fuhr.

Auf der gegenüberliegenden Seite des Talkessels, am zweiten Zuweg, der zur Kapelle im Wald führte, trafen sie irgendwann Marius und Jérémy. Sie mussten kein Wort sagen. Nichts. Und doch ... Blanc bildete sich ein, dass da jemand war und sie beobachtete.

»Was machen wir nun?«, flüsterte Marius. »Gehen wir zurück und sehen in der Kirche nach? Vielleicht ist Compagnat doch ein harmloser Rentner und beugt gerade seine arthritischen Knie vor dem Altar?«

Blanc schüttelte den Kopf. Auf einmal konnte er Jérémy verstehen, der schon zahllose Nächte allein zwischen den Grotten verbracht haben musste. Er glaubte, in der Schwärze irgendwelche Schatten zu sehen, Schatten, die viel größer waren als normale Menschen. Er glaubte, Geräusche zu hören, die aus der Erde aufzusteigen schienen, wie ferne Stimmen. Verdammt, da *war* eine ferne Stimme.

Eine Mädchenstimme.

Plötzlich ein Krachen. Bombe, dachte er erschrocken, Granate, Explosion. Der Lärm war ohrenbetäubend. Er sah Astrids angstverzerrtes Gesicht, sah, wie sich ihre Lippen zu einem Schrei formten, hörte jedoch nichts anderes mehr als das Dröhnen. Ein Dröhnen von oben.

»Felssturz!«, schrie Blanc in höchster Not. Er packte seine Tochter.

Und dann dehnte sich die Zeit. Für einen unendlich langen Moment sah Blanc sich selbst, wie er Astrid an der Hand hielt, aber wie angewurzelt stehen blieb. Der Boden unter ihm zitterte, er spürte die Vibrationen, die durch die Sohlen in die Beine hochkamen, seinen ganzen Körper durchströmten, bis er so heftig taumelte, dass er nicht mehr klar sehen konnte. Die schreckliche Ungewissheit lähmte ihn. Sein Instinkt trieb ihn dazu, blindlings loszurennen, fortzustürzen von dem tonnenschweren Gestein, das sicherlich gleich niederstürzen würde. Aber wo? Er blickte hoch und sah nichts als Schwärze. Vielleicht war er da, wo er gerade stand, sicher – und wenn er fortlief, dann womöglich mitten hinein in die kollabierenden Felsen? Das Zittern wurde stärker, als würde der Boden selbst sich hochwölben.

Da sah er Jérémy vor sich. Der Junge ruderte mit den Armen, er zeigte mit dem Helm in der Hand auf irgendetwas, er rief, doch Blanc verstand kein Wort. Dann das: Jérémy wies ihm die Richtung, in die er laufen sollte.

Er hastete los, Astrid zog er mit. Marius hatte schneller auf Jérémy reagiert, der war schon vor ihm. Er spürte den Atem des Jungen in seinem Rücken. Sie stürzten auf den Talboden zu, hin zu jenem kleinen Felsplateau, auf dem man im Mittelalter einst eine Mauer errichtet hatte. Blanc packte Astrid und warf sich mit ihr hinter dem Plateau in Deckung. Der Boden war eisig, er bebte. Ein steinerner Hagelschauer traf das Plateau, faustgroße Steine sprangen von dort mit leisem Klacken wieder hoch, segelten taumelnd durch die Nacht, schlugen wieder auf wie winzige Granaten. Einer traf Blancs Hand, es war wie ein Schlag mit dem Hammer aus dem Nichts. Dann füllten ein Dröhnen und Grollen seinen Kopf und ein Lärm, der wie ein gigantisches Seufzen klang. Ein hässliches Splittern, als irgendwo ganz in der Nähe ein Baum umgerissen wurde.

Stille.

Blanc merkte, dass er die ganze Zeit über den Atem angehalten hatte. Er sog Luft in die Lungen, Luft, die auf einmal nach Staub und Sand schmeckte. Er hustete und kämpfte sich hoch.

»Alles in Ordnung?« Er krächzte nur noch.

»Mir ist nichts passiert«, flüsterte Astrid. Sie taumelte, aber sie stand und klopfte sich schon den Schnee aus dem Mantel.

»*Putain,* das war knapp.« Marius deutete auf eine dunkle Masse, höchstens zehn Meter neben dem Plateau. Blanc sah genauer hin: Ein riesiger Brocken lag dort, unter ihm zitterten die Äste einer zerschmetterten Eiche im letzten Windhauch des Felssturzes. Der Stein war länglich, viereckig, beinahe so ebenmäßig, dass man ihn für einen Container aus massivem Gestein halten konnte. Der Lichtstrahl aus Blancs Handy strich zittrig über die zernarbten, feuchtigkeitsschlierigen Flanken – nur eine Seite war ganz hellgelb, beinahe weiß, die Abbruchkante. Gestein, das Hunderttausende von Jahren weder Luft noch Sonne ausgesetzt gewesen war und das ab jetzt über Äonen verwittern würde.

»Machen Sie das Licht wieder aus!«, flehte Jérémy leise. Der Junge war schon wieder bis auf das Plateau hinaufgeklettert und war hinter der alten Mauer in Deckung gegangen. Aufgeregt deutete er in Richtung des heruntergerollten Brockens. »Orks haben den Felsen geschleudert!«, zischte er ängstlich.

Und da erkannte Blanc einen Schatten. Einen Schatten jenseits des Felsens. Er drehte sein Handy in seine Richtung. Kein Ork, dachte er zornig, und auch niemand, der sich auf sie stürzen wollte. Im Gegenteil. Roland Compagnat. Und er lief davon.

»Halt, Gendarmerie!«, rief er.

Aber der Schatten war schon lautlos verschwunden.

In welche Höhle?, dachte Blanc, während er bereits in Richtung des herabgestürzten Felsens rannte. Er vernahm Schritte hinter sich. Marius, Jérémy, Astrid? »Die Grotten!«, keuchte er. »Verteilt euch, schneidet ihm den Weg ab, er kann noch nicht weit sein!« Er hatte keine Zeit, sich umzublicken, um zu sehen, was sie taten. Oder der Wald? Würde Compagnat durch den Wald hetzen, sich ins Auto stürzen, davonrasen, während sie noch durch das verwunschene Tal irrten?

Die Erkenntnis traf ihn wie ein Schlag.

Die Mädchenstimme, unmittelbar vor dem Felssturz. So fern. Und auf einmal erinnerte er sich daran, was ihm Bürgermeister Cassandri im Bistro von Lamanon und die Archäologin Agnes Havel am Talgrund erzählt hatten: von der Kapelle Saint-Denis mitten im Wald, etliche Meter vor dem versteckten zweiten Zugang zu den Grotten. Die geplünderte, vergessene Ruine. Compagnat hatte die Kapelle wieder aufgebaut. So solide wie ein Gefängnis. Und Compagnat allein hatte den Schlüssel zum massiven Portal.

»Hier lang!«, schrie Blanc. Er stolperte durch das Tal und wusste nicht, ob ihm die anderen folgten. Die Pinie, deren Stamm sich gefährlich schief über den Weg wölbte. Die alte Mauer im schmalen Felseinschnitt. Der Bogen. Der Wald. Plötzlich taumelte Blanc durch die Dunkelheit. Das Licht seines Handys war erloschen. Einen unendlichen Moment lang blieb er stehen, damit sich seine Augen an die Dunkelheit gewöhnten. Sterne, die weit über den Eichenkronen leuchteten. Und auf einmal, nur wenige Meter vor ihm, ein gelbes Leuchten.

Die Kirche im Wald.

Das Portal war eine solide, kleine Eichentür in der Längsseite des alten Gemäuers. Zum ersten Mal sah Blanc es offen stehen. Aus dem Inneren drang unruhiges Licht, als hätte jemand eine Kerze oder Fackel entzündet.

Der Schrei eines Mädchens.

Blanc dachte nicht mehr nach. Angst und animalische Wut durchströmten ihn. Er wusste nicht, wie er so rasch an das Portal gekommen war. Er war nicht vorsichtig, missachtete alle Regeln, stürmte einfach blindlings hinein.

Der Raum war kahl und kalt, kaum zehn Meter lang, halb so breit, die Decke aber so hoch, dass sich das flackernde Licht einer großen Kerze, die auf den steinernen Bodenplatten stand, nach oben in Düsternis verströmte. Nacktes Mauerwerk, kein

Altar, keine Bänke, nichts, hinter dem man sich verstecken könnte. Mitten im Raum Roland Compagnat, das runde, sonst so gutmütige Gesicht eine Fratze des Zorns, Schweiß auf der Stirn, in der Hand eine wuchtige, schwarze Pistole. Am fernen Ende des Kirchenschiffs war eine fünfeckige Apsis angebaut, nicht größer als eine der Grotten von Calès. Dort hockte ein Mädchen an der Wand, schmutziger weißer Mantel, verfilzte Haare, große dunkle Augen.

Compagnat hob die Waffe.

Blanc sprang.

Der Schuss dröhnte in der kleinen Kirche so betäubend laut wie der herausgebrochene Fels. Blanc prallte im selben Moment gegen Compagnat, riss ihn um. Sie wälzten sich über den Boden. Die Pistole schlitterte über die Steine. Blanc taumelte hoch, ballte die Rechte zur Faust – und schlug zu.

Er wandte den Kopf um und blickte in die Apsis. Das Mädchen saß genauso zusammengekauert an der Wand wie zuvor. Es rührte sich nicht, brachte keinen Laut heraus. Aber Blanc sah seine Augen. Das Mädchen starrte ihn an, furchtsam, verwirrt, schockiert, aber zweifellos lebendig.

»Alles ist gut, Noëlle«, keuchte Blanc mit letzter Kraft. »Jetzt ist alles gut.«

Es gibt schlechtere Familien

Marius stürzte in die Kirche, in der einen Faust die Pistole, in der anderen sein Handy, mit dem er in den Raum leuchtete. Compagnat lag auf dem Boden, die Augen geschlossen, aus seiner Nase rann ein dünner Blutfaden. Marius steckte die Waffe weg und legte dem Bewusstlosen Handschellen an. Jérémy folgte Marius und überholte ihn dann. Noch im Laufen zog er seine Lederjacke aus. Er warf sie um Noëlles Schultern.

»Kleine Elbe!«, rief er, immer wieder: »Kleine Elbe!«

Astrid kniete sich neben Blanc. »Alles in Ordnung?«

»Ich habe mich noch nie im Leben besser gefühlt«, erwiderte er und brachte ein schwaches Lächeln zustande, denn irgendwie stimmte das auch. Er wollte aufstehen, doch seine Beine gehorchten ihm nicht richtig. Er war so unglaublich erleichtert. Er stützte sich auf seine Tochter und taumelte zu dem Mädchen, das sich noch immer nicht von der hintersten Wand der Kirche fortbewegt hatte.

»Ich bin Capitaine Blanc von der Gendarmerie«, sagte er zu ihm. »Es tut mir leid, dass es so lange gedauert hat.«

»Darf ich jetzt gehen?« Noëlle blickte zu ihm auf. Sie war schrecklich dünn, ihre Haare waren wirr, ihre Haut schmutzig, sie stank – doch als sie sich nun erhob, stand sie sicherer auf den Beinen als Blanc.

Astrid schloss sie in die Arme. »Der Albtraum ist vorbei«, versicherte sie beruhigend. »Wir bringen dich zurück zu deinem Vater.«

»Zwölf Tage«, flüsterte Blanc und sah das Mädchen staunend an. »Du warst die ganze Zeit über hier eingesperrt?«

Noëlle nickte. »Es ist so kalt hier.«

»Wie …«, begann er und besann sich. *Wie hast du das überlebt?* Sollte er das wirklich so fragen? »Du musst durstig und hungrig sein«, sagte er stattdessen.

Marius, der hinzugetreten war, fischte aus seiner Jacke eine Rolle Pfefferminzbonbons. »Die schmecken wie Zahnpasta mit Mundwasser«, erklärte er entschuldigend, »aber vielleicht halten sie dich erst mal auf den Beinen.«

Das Mädchen packte gleich drei Pastillen und stopfte sie sich in den Mund.

Sein Freund, erkannte Blanc, dachte bereits praktisch. Wenn sie von der Kirche aus den Rettungswagen rufen würden, dann würde es Stunden dauern, bis Sanitäter die Stelle im Wald gefunden hätten. Besser, sie brachten Noëlle durch die dunkle Einöde bis nach Lamanon. »Wie hast du das bloß geschafft?«, fragte Blanc das Mädchen bewundernd.

Die Kleine öffnete schüchtern ihren Mantel. Aus einer Innentasche lugten leere Chipstüten und Plastikhüllen von Schokoladenriegeln hervor. »Die habe ich bei der Hochzeit eingesteckt. Papa mag es nicht, wenn ich nasche, aber er hatte so viel zu tun und hat nicht aufgepasst.« Sie lächelte, und bei aller Erschöpfung und Furcht blitzte Schalk in ihren Augen auf und Freude über den gelungenen Streich. »Und ich habe Wasser vom Boden aufgeleckt – wie eine Katze. Da kam immer was rein, Regen oder Schnee.« Sie deutete auf eine Stelle in der Apsis, wo der Fußboden dunkler war als im Rest der Kirche.

»Opa Roland«, fuhr sie fort und sah scheu zu dem alten Mann, der sich noch immer nicht gerührt hatte, »hat mir gesagt, dass er ein neues Tier für den Zoo gefangen hat. Einen jungen Wolf!«, rief sie atemlos. Es war, als müsste alles mit Macht aus ihr heraus. »Er hat mich gefragt, ob ich den mal sehen will, noch vor dem Zoodirektor und allen anderen. Klar, habe ich gesagt. Ich bin nicht dumm, und ich habe noch nie von einem

Wolf in den Grotten von Calès gehört, aber ich dachte, vielleicht stimmt es ja doch. Opa Roland hat immer so verrückte Geschichten erzählt, und meistens waren sie wahr. Er hat gesagt, dass das Tier noch ganz klein ist und dass er es im Wald gefunden und in die Kirche gebracht hat, damit die Männer vom Zoo den Wolf am nächsten Tag holen können. Er ist mit mir hierhergefahren und hat die Tür aufgeschlossen und dann ...« Jetzt fing sie doch an zu weinen.

Blanc nahm sie in die Arme. Den Rest der Geschichte konnte er sich denken. »Er hat dich eingeschlossen«, flüsterte er, »einfach eingeschlossen und zurückgelassen.« Wahrscheinlich hatte Compagnat gehofft, dass Durst und Kälte sein schreckliches Werk vollenden würden. Er drückte Noëlle noch fester an sich. »Kluge Naschkatze«, murmelte er.

»Kleine Elbe!«, rief Jérémy entzückt.

»*D'accord* und jetzt ist es gut mit den Sentimentalitäten«, brummte Marius. »Lasst uns von hier verschwinden. Die Kleine muss zum Arzt. Und dieser Typ hier muss in eine Zelle.« Er rüttelte Compagnat an der Schulter. »Steh auf!«

Sie schleiften ihren benommenen Gefangenen durch das Tal und dann über den Weg hinunter nach Lamanon. Jérémy hatte sich Noëlle wie eine Art Rucksack auf den Rücken gelegt und trug sie.

»Leihst du mir dein Handy?«, bat Blanc unterwegs Marius. Er nahm den Apparat seines Kollegen und rief in der Gendarmerie-Station von Gadet und anschließend im Krankenhaus von Salon an. Danach versuchte er es bei Nkoulou. Das Freizeichen tönte so lange, dass er schon wieder auflegen wollte, als doch noch jemand abnahm.

»Allô?« Eine Frauenstimme, schleppend und belegt, doch Blanc erkannte Dorothée Féraud ohne Schwierigkeiten wieder.

»Commandant Nkoulou, bitte«, sagte er, »es ist dringend.«

»Scheiß auf dringend. Es ist Weihnachten.«

»Wenn der Chef nicht in zehn Sekunden am Apparat ist, dann sitzen Sie bis nächste Weihnachten hinter Gittern«, erwiderte Blanc. Sehr ruhig, aber in einem Ton, dass sich Astrid mitten im Wald umdrehte und ihn besorgt ansah.

Nkoulous Stimme. »Capitaine Blanc, wenn das ...«

»Wir haben Noëlle. Das Mädchen lebt. Der Täter ist verhaftet.«

Danach war es sehr lange still am anderen Ende der Leitung. Endlich vernahm er den Commandant wieder, genauso formell und beherrscht wie immer. Und doch hörte er sich an, als hätte ihm jemand einen Berg von der Brust weggeräumt. »Wo sind Sie?«, fragte er bloß.

»Vor der Kirche von Lamanon.«

»Ich bin in zehn Minuten da.«

Der Gottesdienst von Lamanon war längst vorüber, als sie endlich erschöpft und durchgefroren aus dem Wald wankten. Compagnats Citroën war das einzige Auto auf dem Parkplatz. Den Espace hatte jemand von der Straßenmitte fort und ein Stück auf einen Bürgersteig geschoben. Astrid führte Jérémy, der Noëlle noch immer trug, zum Minivan, wo sie den Motor anließ und danach die Heizung auf volle Leistung stellte. Als sie das Mädchen behutsam auf einen der Sitze legten, stellten sie fest, dass es bereits eingeschlafen war.

Blanc und Marius brachten Compagnat, der den ganzen Weg über geschwiegen hatte, zu einer Bank unter einer trüben Laterne. Blanc wischte die dünne Schneedecke von den Holzstreben und setzte den Verhafteten hin. Er selbst und Marius blieben stehen. »Wir haben ein paar Minuten Zeit, bis die Streifenwagen kommen«, sagte er. »Auf der Station wird unser Commandant sicherlich das Verhör persönlich führen. Aber ich will es von Ihnen hören. Alles. Erzählen Sie, Monsieur Chapot.«

Der Alte hob den Kopf und sah mit leerem Blick zu ihm auf.

»Ich habe geahnt, dass das irgendwann auffliegt«, erwiderte er. »Géraldine hat immer gesagt, dass die Leute Idioten sind und das nie herauskriegen. Aber ich hatte immer so ein mieses Gefühl.«

»Madame Tornero kannte Ihre wahre Identität?«

»Natürlich. Wir waren beide Kinder im selben Dorf, nur ein paar Jahre auseinander.«

»Warum sind Sie zum Mörder geworden, Monsieur Chapot?« Blanc sagte das sehr ruhig. Überrascht stellte er fest, dass er so etwas wie Mitleid mit dem alten Mann hatte. Absurd.

Chapot alias Compagnat seufzte tief, als müsste er überlegen, ob er wirklich alles sagen sollte. Dann deutete er mit einer Geste voller Verachtung auf das Dorf, auf die Welt hinter der Kirche, die Grande Rue, auf alles. »Wir waren beide in der Résistance«, begann er. »Géraldine war richtig organisiert, die Kommunisten waren schon immer gut darin, alles zu organisieren. Sie hat als Mädchen Botengänge gemacht, solche Sachen. Ich habe mich nie für Politik interessiert und bin da eher zufällig reingerutscht. Ich habe eines Tages diesen amerikanischen Piloten auf dem Feld hinter unserem Haus gefunden, er war verletzt, die Deutschen waren in der Nähe. Na, da habe ich ihn halt versteckt.«

»Genauso wie seine Pistole«, fiel Marius ein.

»Ich war ein Junge! Jeder richtige Junge ist vernarrt in Waffen.« Der Alte schüttelte den Kopf, als wäre er über sich selbst verwundert. »Nicht mal meinem Vater habe ich von der Pistole erzählt. *Eh bien,* die Leute von der Résistance haben irgendwie erfahren, dass wir bei uns zu Hause einen Amerikaner hatten, und da haben sie uns heimlich Sachen zugesteckt, neue Kleidung, Essen, einmal sogar Zigaretten. Nach dem Krieg waren wir so was wie Helden in Lamanon.« Er lachte bitter auf. »Jedenfalls anfangs. Dann haben die braven Leute die Zeit unter den Deutschen schnell vergessen wollen, so große Helden waren *sie* ja nicht gewesen. Und Leute wie ich waren dann eher peinlich. Ich war wie ein Vorwurf auf zwei Beinen, verstehen Sie?«

Chapot blickte Blanc und Marius an. Plötzlich hatten sich seine Züge gewandelt. Unter dem alten, faltigen Gesicht schimmerten die Verachtung und der Hass eines gedemütigten jungen Mannes durch. »Ich war plötzlich jemand, der den Spießern jeden Tag bewiesen hat, dass man damals auch anders hätte handeln können. Jemand, der ihnen ein schlechtes Gewissen gemacht hat. Ausgerechnet ein armer Landarbeiterjunge wie ich! Normalerweise behandeln die Bauern Knechte wie uns schlechter als ihr Vieh. Aber nun mussten sie mich grüßen, wenn sie mir auf der Straße entgegenkamen. Ich habe genau gespürt, wie schwer es meinen Nachbarn fiel, vor mir den Hut zu ziehen. Nur Géraldine war anders, für die bin ich ein Held geblieben.«

Chapot schwieg lange. Blanc ließ ihm Zeit, sich zu sammeln. Er stellte sich einen einfachen Jungen vor, der eine mutige Tat vollbracht hatte, der ein Leben gerettet hatte, einen Jungen, der nach der Befreiung hoffte, dass sein eigenes Leben fortan ganz anders verlaufen würde, strahlender, besser, ehrenvoller. Und der dann Tag für Tag ein wenig mehr erkannte, dass in dieser engen Welt von Lamanon alle seine Nachbarn wünschten, dass er genau an dem Platz bleiben würde, den er schon immer eingenommen hatte: ganz unten.

»Als dann diese Nutte als feine Dame wiedergekommen und auf der Burg eingezogen ist wie eine Prinzessin, da hat niemand protestiert«, rief der Alte schließlich bitter. »Niemand! Als wäre das vollkommen normal, dass eine Kollaborateurin einfach wieder zu uns zieht! Und als Yvonne Fabre uns dann auch noch aus unserem eigenen Haus gejagt hat, da hat niemand einen Finger gerührt. Im Gegenteil: Die meisten waren ganz froh, dass ich weg war.«

»Sie waren es, der Yvonne Fabre geschoren und nackt durch das Dorf getrieben hatte«, erinnerte ihn Blanc.

»Weil sie eine Nutte der Deutschen gewesen war! Und weil ihr verdammter reicher Vater einen Haufen Geld mit der Wehrmacht verdient hat!«

»Das hat sich 1944 geändert. Der Laden des alten Fabre wurde geplündert«, sagte Marius nüchtern.

»Das war nur eine gerechte Strafe.«

»Und es war auch nur eine gerechte Strafe, dass Sie zwanzig Jahre nach Kriegsende dieser Frau und Mutter eines kleinen Kindes eine Kugel in den Kopf schossen und den Leichnam in den Grotten von Calès verscharrten?«, fragte Blanc scharf.

»Das hört sich an, als hielten Sie mich für einen eiskalten Mörder«, erwiderte Chapot vorwurfsvoll und trotzig. »Aber so war das nicht. Ich bin nach Fos gegangen und habe zuerst im Hafen gearbeitet und dann bei den neuen Raffinerien. Meine Eltern sind vor Gram gestorben. Meine Arbeit war beschissen, ganz anders als auf dem Land, aber wenigstens gut bezahlt. Gut genug, dass ich mir schon in den Fünfzigern eine 2CV gekauft habe, wer konnte das damals schon! Ich habe mich hochgearbeitet. Ich habe Abendkurse belegt, Buchhaltung. Ich wollte ein feiner Herr werden, mit Hemd und Krawatte. Ich wollte es zu etwas bringen. Ich wollte es denen zeigen!« Seine Stimme zitterte vor Zorn, wieder deutete er mit den gefesselten Händen auf die Häuser hinter der Kirche. »Aber ich konnte von Lamanon nicht loskommen, verstehen Sie? Es war, als würde mich eine unbezwingbare Macht hierher zerren. Manche kommen vom Wein nicht los, obwohl sie mit dem Trinken aufhören wollen. Ich kam von Lamanon nicht los, so einfach war das. Mit dem Auto bin ich manchmal heimlich zurückgekehrt. Ich habe mich in den Wäldern versteckt und habe mir Lamanon angesehen. Unser altes Haus, das diese Nutte mit Absicht verfallen ließ. Manchmal habe ich in den Grotten übernachtet, die waren im Sommer warm und trocken.«

»Und Sie haben Yvonne Le Guennec belauert und auf Ihre Chance gewartet, sie zu töten«, fiel Marius ein.

Chapot schüttelte energisch den Kopf. »*Mais non!* Ich habe diese Frau gehasst, aber ich dachte mir«, er zögerte, »na ja, ich dachte mir, die sterben sowieso aus. Die konnte keine Kinder bekommen. Ich war manchmal in La Barben und habe sie genau beobachtet. Yvonne hat gelitten. Selbst schuld, habe ich gedacht, das ist deine Strafe. Du bist unfruchtbar, weil bei dir als erster Mann Sie-wissen-schon-wer zugange gewesen war. Ich dachte: Das ist deine Strafe und du gehst langsam kaputt dabei und ich sehe dir bei deinem Verfall zu. Ha!« Er lachte bitter auf. »Und dann wird Yvonne doch noch schwanger! Für mich brach eine Welt zusammen. Es war, als hätte sie schon wieder gewonnen. Es war so ungerecht! Und da erst«, er atmete tief durch, reckte dann sein Kinn stolz und herausfordernd vor, »da erst habe ich beschlossen, das Schicksal in meine eigenen Hände zu nehmen.«

»Sie haben in Ihrem Hass und in Ihrer Demütigung Yvonne Le Guennec zum Tode verurteilt«, brummte Marius.

»Genau so war es!«, rief Chapot, und man hörte ihm genau an, dass er nichts bereute. »Sie war aber die ganze Zeit auf der Burg, seit sie wusste, dass sie schwanger war. Wahrscheinlich hat es ihr der Arzt geraten, sie war ja schon nicht mehr ganz jung für eine erste Schwangerschaft. Oder vielleicht hat sie auch etwas geahnt. Ich bin vor der Geburt nie nah an sie herangekommen. Bis sie das Mädchen bekommen hat.«

»Séverine Le Guennec, Noëlles Mutter«, sagte Blanc.

Chapot nickte. »Es ging also weiter mit dieser verfluchten Familie. Ich musste warten, bis sich Yvonne so weit erholt hatte, dass sie die Burg wieder verließ. Wie arrogant die dann umherstolzierte! Eine feine Dame, ich …« Chapot musste innehalten, überwältigt vom Hass, selbst nach so vielen Jahren noch. »Sie ging eines Tages allein im Wald hinter der Burg spazieren«, fuhr er schließlich fort. Nun klang er schreckenerregend kalt, ja unbeteiligt. »Da habe ich sie erwartet. Endlich. Ich hatte die Pistole des amerikanischen Piloten dabei.« Er holte tief Luft. »Ich habe gar nichts gefühlt, verstehen Sie? Kein Mitleid. Aber irgendwie auch keine Befriedigung. Ich habe die Ordnung wiederhergestellt. Es war ausgleichende Gerechtigkeit. Es war, als ob du Schulden hast und sie dann endlich zurückzahlst. Wir waren quitt, Yvonne und ich.« Er schwieg und starrte auf die wuchtige Fassade des Gotteshauses. Blanc fragte sich, ob dieser alte Mann sein Gewissen je in einer Kirche erleichtert hatte.

»Jedenfalls habe ich sie in einer der Grotten versteckt. Nein, richtig beerdigt. Das war eigentlich sogar ganz würdevoll.«

Blanc musste sich beherrschen, um nicht laut zu werden. »Danach haben Sie Wanderer und Jäger, die ins Tal von Calès gingen, zusammengeschlagen. Sie waren der ›Wolfsmann‹.«

»Ich hatte keine andere Wahl, ich musste die Leute verscheuchen, solange die Spuren noch frisch waren. Man konnte sehen, dass ich einen Stein vor eine kleine Höhle gerollt hatte, es gab Schleifspuren. Ich musste ein paar Wochen lang alle Neugierigen fernhalten, es ging nicht anders. Nach einiger Zeit waren die Spuren nicht mehr so deutlich, und ich musste nicht weiter Wache halten. Außerdem haben die Gendarmen eine regelrechte Treibjagd veranstaltet, es hätte mich einmal beinahe erwischt. Später war ich mir sicher, dass ich nichts mehr befürchten muss. Man hätte Yvonne niemals gefunden, wenn dieser verdammte Felssturz nicht gewesen wäre.«

»Und Sie konnten das Skelett nicht beseitigen, weil Agnes Havel mit ihren Studenten da war«, ergänzte Marius. »Zu viele Zeugen. Sie mussten hilflos zusehen, wie wir den Körper geborgen und zur Gerichtsmedizin gebracht haben. Das muss hart für Sie gewesen sein.« Seine Stimme troff vor Ironie.

»Ich habe trotzdem nicht geglaubt, dass Sie mir auf die Spur kommen«, erwiderte der Alte trotzig.

»Genauso wenig wie bei Séverine Samsons Tod.«

»Die habe ich jahrelang nur beobachtet«, sagte Chapot. »Der Raffinerie-Unfall 1970 war für mich eine goldene Gelegenheit, mit der ich nie gerechnet hätte. Ich hatte weitere Fortbildungskurse genommen, Buchhaltung, Rechnungswesen, ich habe auch mein Abitur auf dem Abendgymnasium nachgeholt. So habe ich Roland Compagnat kennengelernt – den echten Roland Compagnat. Der war Lehrer für Buchhaltung. Er hatte keine Familie, für den waren wir Schüler so etwas wie eine Ersatzfamilie. Er hat mich manchmal zu sich eingeladen, nach und nach haben wir uns angefreundet. Und dann ist da ein Tank explodiert, weil den jemand mit falschem Zeug befüllt hat. Ich bin erst im Krankenhaus wieder aufgewacht. Und da habe ich erfahren, dass es Roland Compagnat erwischt hatte. Es kam über mich wie eine Erleuchtung, da in meinem Krankenhausbett.« Er schüttelte verwundert den Kopf. »Ich kann es nicht genau erklären, vielleicht waren es unsere Initialen: Rémi Chapot – Roland Compagnat, RC. Jedenfalls wusste ich plötzlich, dass ich in seine Rolle schlüpfen könnte. Ich habe meine Entschädigung von der Raffinerie kassiert, dann habe ich gekündigt und meine Wohnung aufgelöst. Ich war in dem Appartement von Roland Compagnat und habe seine Papiere mitgenommen und noch ein paar Unterlagen. Später habe ich mir von den Behörden neue Papiere ausstellen lassen, mit seinem Namen und meinem Foto. Das ging in den Siebzigern noch so einfach. Ich bin ganz offiziell nach Lamanon gezogen und habe mich bei Le Guennecs Marmorschneiderei beworben. Eigentlich nur, damit ich Séverine unauffällig im Auge behalten konnte. In dem Kaff hat mich niemand wiedererkannt, ob Sie es glauben oder nicht. Nur Géraldine, selbstverständlich, der konnte ich nichts vormachen.«

»Wusste Madame Tornero seinerzeit schon, was Sie Yvonne Le Guennec angetan hatten? Und«, Marius zögerte, »was Sie noch alles tun wollten?«

»Nein. Géraldine hatte meine falsche Identität sofort durchschaut, aber sie hatte keinen Verdacht. Sie glaubt bis heute, dass Yvonne abgehauen ist, weil sie die Schande doch nicht mehr ertragen konnte. Als ich 1970 zurückgekehrt bin, habe ich ihr weisgemacht, dass ich Compagnats Identität bloß angenommen habe, um eine Karriere zu machen, die ich als Landarbeiterjunge nie hätte machen können. Sie weiß nicht, was ich mit Yvonne gemacht habe.«

Den letzten Satz hat Compagnat zu schnell gesagt, dachte Blanc. Vielleicht hatte Géraldine Tornero Chapot tatsächlich nie auf all die seltsamen Todesfälle angesprochen. Vielleicht hatte sie seine Motive für den Raub der Identität nie offen angezweifelt. Und doch ... Sie hatte sich garantiert ihren Teil dabei gedacht. Diese seltsamen Tode der Frauen der Familie Fabre – Géraldine Tornero war viel zu klug, um da nicht hellhörig zu werden. Aber wahrscheinlich hatte sie irgendwann beschlossen, nichts hören und nichts sagen zu wollen. Ihre Form der Rache. Komplizenschaft durch Stillhalten. Blanc überlegte einen Moment lang, noch eine Streife zu alarmieren und zur alten Kommunistin zu schicken, um sie aus dem Bett heraus zu verhaften. Aber dann entschied er sich dagegen. Er würde ihr niemals etwas nachweisen können – schon gar nicht, wenn der Haupttäter Chapot alles gestand und sie in seiner Aussage entlastete.

»Warum haben Sie Séverine dann nicht schon 1970 ermordet?«, fragte er den Alten stattdessen.

»Sie hatte ja keine Kinder. Und als ich von ihrer hoffnungslosen Affäre mit Matthieu Samson erfahren hatte, habe ich Matthieus Bruder Jean-Baptiste die Idee eingeflüstert, Séverine zu heiraten. Ich kannte Jean-Baptiste ja schon, er war damals

Angestellter beim alten Le Guennec, wir waren Kollegen in der Marmorschneiderei, und ich kannte ihn gut genug, um zu wissen, dass er es bloß auf ihr Geld abgesehen hatte. Der Plan ging auf. Das dachte ich zumindest.

Ich blieb Buchhalter in der Firma und auf der Burg, am Tag der Hochzeit wurde Jean-Baptiste Samson der neue Patron – ein Mann, der mir dankbar war, weil er nie vergaß, dass ich die Ehe mit Séverine angebahnt hatte. So hatte ich Séverine besser unter Kontrolle als je zuvor, glaubte ich. Und ich habe mir gedacht: Du musst nichts tun, diesmal nicht! Die bekommt keine Kinder, die liebt ihren Mann ja gar nicht. Diesmal stirbt die Familie endlich aus. Aber nein, Séverine war bei der Hochzeit schon schwanger, von Matthieu. Wie hätte ich das ahnen können? Ich habe mich gefühlt, als hätte mich schon wieder eine Fabre betrogen. Wieder hatten die gewonnen! Ich war zornig, aber was sollte ich tun? Eine schwangere Frau, diese Burg, schon wieder waren ständig Leute um sie herum. Ich konnte nicht«, Chapot lächelte bitter, »zuschlagen. Das dürfen Sie wörtlich verstehen. Ich hätte sie totschlagen können, aber ich bin einfach nicht rechtzeitig an Séverine herangekommen. Erst nach der Geburt …«

»… haben Sie Séverine von der Straße gedrängt«, vollendete Marius grimmig.

»Unfall, Fahrerflucht, niemand hatte mich in Verdacht. Auf einmal war das so einfach. Ich hätte früher auf so eine Idee kommen sollen. Ich hatte Séverine eine Zeit lang immer wieder anonym angerufen, als Freund der Familie hatte ich ja ihre Handynummer. Ich habe sie bedroht, beschimpft, so lange, bis sie sich auf Château de La Barben nicht mehr sicher fühlte. Sie ist dann immer häufiger mit ihrem alten Auto davongefahren, es war praktisch eine Flucht, sie hat es nicht mehr ausgehalten auf der Burg. Ich musste bloß an der Route départementale warten und auf sie lauern. In einer Nacht war dann niemand sonst auf der Straße, es war die perfekte Gelegenheit. Ich durfte danach nur meinen Wagen nicht in die Werkstatt bringen, um kein Aufsehen zu erregen.«

»Und warum Noëlle?«, fragte Blanc erschöpft. »Warum rächen Sie sich an einem kleinen Mädchen?«

Chapot deutete mit den durch die Handschellen gefesselten Händen auf seinen Leib. »Da wächst was«, erklärte er müde. »Leberkrebs. Ich kann nicht mehr jahrelang warten und zusehen, ob Noëlle mal ein Kind haben wird oder nicht. Ich musste das …« Er atmete tief durch und streckte sich dann, als hätte er sich zu etwas entschlossen. »Ich musste das alles nun endlich hinter mich bringen. Ich habe die Diagnose vor ein paar Wochen bekommen. Die Feier war die erste Gelegenheit danach, wieder in Noëlles Nähe zu sein. Ich habe das Mädchen nach dem Essen weggelockt. Niemand hat auf uns geachtet. Noëlle ist freiwillig mitgegangen. Ich bin mit ihr nach Lamanon gefahren. Ich hatte mir schon eine Höhle ausgesucht.«

»Die Schleifspuren!«, rief Blanc. »Die Spuren, die Agnes Havel für die eines Raubgräbers gehalten hat.«

»Ja, ich hatte schon ein paar Sachen vorbereitet. Einige Steine beiseitegeräumt. Einen großen Stein unauffällig neben den Zugang gerollt, um ihn später zu verschließen. Ich hätte Noëlle im selben Tal beerdigt, in dem ihre Großmutter so lange geruht hat.«

Blanc ballte die Hände zu Fäusten. Glaubte der Alte etwa, dass er das rührend finden würde? Er atmete tief durch. »Warum haben Sie Noëlle dann nicht in der Nacht ihrer Entführung erschossen?« Seine Stimme war kalt.

Chapot ließ sich Zeit mit der Antwort. »Ich konnte nicht. Einem Kind eine Kugel in den Kopf schießen? Nein, das konnte ich nicht. Ich hatte die alte Pistole dabei, an diesem Abend. Aber ich konnte es einfach nicht. Noëlle war nicht wie Yvonne, bei der ich immer an den Krieg denken musste und an das

Haus, aus dem sie uns vertrieben hatte. Bei Noëlle wollte ich mich zwingen, das auch zu denken.« Chapot lachte freudlos auf. »Aber das ging einfach nicht. Aber es ging irgendwie auch nicht, sie in dieser Nacht wieder zurückzufahren auf diese verdammte Burg, so als wäre nichts gewesen. Ich musste diese Sache zu Ende bringen, irgendwie. Also ...«, er rang nach Worten, »... also habe ich das Mädchen schließlich in die Kirche gesperrt. Da ist nie jemand, vor allem im Winter nicht. Da hört und sieht man niemanden. Ich dachte, ich muss bloß ein paar Tage lang warten, bis Durst und Kälte das erledigt hätten, wozu ich selbst nun zu schwach geworden war. Und an Weihnachten, wenn die Archäologen fort sind und Jérémy in der Messe ist, hätte ich Noëlle schließlich doch noch ungestört in den Grotten beerdigen können. Aber irgendwie war die Kleine noch am Leben, als ich die Tür aufgeschlossen habe.«

Chapot schüttelte verwundert den Kopf. »Ich habe keine Ahnung, wie sie das geschafft hat. Ich habe nur gesehen, dass sie noch lebte. Da habe ich die Tür erschrocken wieder zugeworfen, bevor sie reagieren konnte. Ich musste die Sache also doch so erledigen, wie ich das anfangs geplant hatte. Aber die Pistole hatte ich in meinem Haus versteckt, und so bin ich durch den Wald zurückgelaufen. Dann habe ich festgestellt, dass mein Wagen zugeparkt war. Der Weihnachtsgottesdienst hatte begonnen, vor der Kirche war es so verdammt voll, irgendein Auto stand quer vor meinem. Also musste ich auch noch zu Fuß bis zu meinem Haus laufen und danach den ganzen Weg zurück.«

»Und als Sie endlich wieder im Tal waren, da waren Sie nicht mehr allein«, sagte Blanc.

Chapot blickte ihn an. Plötzlich lag Hass in diesen alten Augen, ein tödliches Glitzern, das vielleicht schon zwei Frauen und ein kleines Mädchen gesehen hatten. »Ich weiß nicht, wie Sie es geschafft haben, ausgerechnet am Heiligen Abend hier aufzukreuzen«, zischte er. »Ich habe mich gefühlt, als wollte Gott mich schon wieder betrügen. Schon wieder entkommt eine Frau aus dieser verfluchten Familie! Ich habe mich hinter einem Baum versteckt und Sie beobachtet. Im ersten Augenblick dachte ich, dass ich Sie alle erschießen sollte. Ich hatte sechs Schuss im Magazin der Pistole. Vier für Sie und Ihre Leute wären das gewesen, eine Kugel für Noëlle und die letzte für mich. Ja, für mich! Aber«, er deutete mit dem Kinn Richtung Espace, wo man undeutlich zwei Gestalten sah, »Sie waren zu viele, und ich bin nicht mehr schnell genug. Ich hätte es nicht geschafft.«

Chapot lächelte diabolisch. »Dann habe ich gemerkt, dass Sie die Höhlen durchsuchen. Niemand hat sich die Kirche angesehen. Die finden das Mädchen nie!, habe ich mir da gedacht. Ich habe mir im Wald einen dicken Ast gesucht und mich auf die Lauer gelegt. Es gab da einen Felsen, der schon lange mürbe war. Als Sie unterhalb des Felsens angekommen waren, habe ich den Ast wie einen Hebel benutzt. Es war sehr leicht, den Felsen abzusprengen. Ich dachte, der wird Sie erwischen. Und ich laufe in die Kirche und tue das, was ich tun muss.« Chapot schloss die Augen.

Blaulicht durchzuckte die Grande Rue. Ein Krankenwagen kam mit quietschenden Reifen um die Kurve und stoppte auf dem Parkplatz. Ihm folgten zwei Méganes der Gendarmerie, ein metallicschwarzer Peugeot 607 – und ein weißer Van mit dem Aufdruck der Nachrichtenredaktion von France 2. Nkoulou hat an alles gedacht, sagte sich Blanc. Der Commandant stieg aus dem Peugeot. Seine Uniform war makellos. Er eilte zu Noëlle, die aufgewacht war und ihn verwirrt ansah, und sprach ein paar Worte mit ihr, dann mit der Notärztin. Währenddessen spannten die Gendarmen aus den Streifenwagen rot-weiße Absperrbänder um den Platz, obwohl außer dem

Kameramann und einer Journalistin von France 2 niemand sonst zu sehen war – und die beiden Fernsehleute ließen sie auch noch die Sperre passieren, nachdem Nkoulou kurz genickt hatte. Sie filmten den Commandant, wie er mit Noëlle sprach und ihr beruhigend über den Kopf strich.

Ihr Chef kam danach zu ihnen, warf Chapot bloß einen kühlen Blick zu und schüttelte Blanc und Marius die Hand. Der Kameramann hielt drauf. Blanc berichtete so knapp wie möglich, was vorgefallen war. Er sprach leise, damit die Journalistin nichts hörte, wenigstens das.

»Ich werde Monsieur Compagnat – oder muss ich sagen: Monsieur Chapot? – persönlich vernehmen«, versprach Nkoulou. Dann legte er die Hand zum militärischen Gruß an die Stirn. »Capitaine Blanc, Lieutenant Tonon, Sie sind Helden!« Das sagte er laut genug, dass es die Journalistin aufnehmen konnte – Blanc und Marius blieb nichts anderes übrig, als mehr oder weniger strammzustehen und den Gruß zu erwidern.

Nkoulou packte danach Chapot und zog ihn von der Bank hoch. Das würden großartige Bilder für die Sondersendungen sein. Blanc jedoch stellte sich wie zufällig in den Weg und beugte sich vertraulich zu seinem Chef. *»Mon Commandant«,* flüsterte er. »Wenn Sie Chapot selbst vernehmen und den ganzen Papierkram erledigen, dann wird das Stunden dauern. Sollen wir nicht dabei helfen? Sie werden sonst die Weihnachtstage auf der Station verbringen müssen.«

Nkoulou blickte sich rasch um und vergewisserte sich, dass der Kameramann sein Gesicht nicht filmen konnte. Dann erlaubte er sich eine Sekunde lang ein kleines, trauriges Lächeln. »Vermutlich wird es bei der Gendarmerie besinnlicher zugehen als bei mir zu Hause.« Er straffte sich. »Das war wirklich gute Arbeit. *Joyeux Noël, mon Capitaine!*«

Blanc blickte dem Krankenwagen nach, der Noëlle nach Salon brachte, eher zur Beobachtung für ein paar Tage als für eine wirkliche Behandlung. Die Notärztin hatte ihnen versichert, dass die Kleine ihre zwölftägige Tortur erstaunlich gut überstanden hatte. Körperlich zumindest. Auch die Rückleuchten des schwarzen Peugeot von Nkoulou verglommen. Blanc fragte sich, ob der kranke Chapot überhaupt so lange durchhalten würde, dass es zu einem Prozess kam. Aber was würde das auch jetzt noch ändern? Compagnat alias Chapot war ein gedemütigter Held, der zwei Frauen auf dem Gewissen hatte – wenn man das so sagen konnte bei einem Mann, dessen Gewissen leicht war, weil er sich als Rächer im Recht gefühlt hatte.

Ihm blieb hier nur noch eine Sache zu tun. Blanc lieh sich von Marius noch einmal dessen Handy. Bei Jean-Baptiste Samson hob nach langem Läuten Claire Pardini ab. Sie weinte vor Erleichterung, als er ihr von Noëlles Rettung berichtete. »Wir fahren ins Krankenhaus«, sagte sie.

Matthieu Samson ging sofort dran. »Ich habe es gerade im Internet gesehen!«, rief er atemlos. »Ich ziehe mich an, gleich bin ich bei Noëlle. *Mon Dieu,* ich danke Ihnen!«

Das werden lange Gespräche werden in dieser Nacht im Krankenhaus, vermutete Blanc – und er war sehr froh, dass er dort nicht dabei sein musste.

Er wusste nicht, wie spät es schon war, als er endlich in den Espace stieg. Marius ließ sich auf den Beifahrersitz fallen, Astrid stieg hinten ein. Jérémy stand verloren auf dem Parkplatz.

»Soll ich dich nach Hause fahren?«, fragte Blanc.

Der Junge schüttelte verlegen den Kopf und deutete auf den Wald. »Ich sehe mal nach den Elben«, erklärte er.

»Kommt gar nicht infrage, dass du Weihnachten in diesen grauenhaften Höhlen verbringst!«, rief Astrid, stieg wieder aus und zerrte den Jungen mehr oder weniger mit Gewalt in den Wagen. »Wir haben doch noch ein zweites Gästezimmer, Papa?«

»Klar«, sagte Blanc und gab Gas.

Schnee auf dem Asphalt. Er fuhr vorsichtig. Jetzt darf bloß nichts mehr passieren. Das Leben war so fragil. Er dachte an Noëlle und daran, wie sie wohl weiterleben würde nach diesen zwölf Tagen. Und mit wem? Dem echten Vater? Dem offiziellen Vater? Mit beiden, irgendwie? Dann wanderten seine Gedanken weiter.

»*Eh merde!*«, rief er und bog an einem Kreisverkehr schleudernd ab. Marius, der das Ortsschild erkannt hatte, brauchte bloß eine Sekunde, um zu verstehen. Er lächelte nur und sparte sich für einmal einen Kommentar zu seiner Fahrweise.

Sie fuhren nach Vitrolles hinein und bis vor den etwas heruntergekommenen Appartementkomplex, in dem Fabienne mit Roxane wohnte. Die anderen warteten im Minivan, während Blanc ausstieg und zur Eingangstür ging. Er musste lange klingeln, bis er endlich in der Wohnung stand. Keine Krippe, kein Weihnachtsbaum, keine Dekoration, und die beiden jungen Frauen sahen aus, als hätten sie ausgiebig geweint.

»Noëlle lebt! Und ihr beiden kommt jetzt mit«, verkündete Blanc.

Fünf Minuten später quetschten Fabienne und Roxane sich auf die Sitze in der dritten Reihe. Sie fuhren durch die Nacht. Niemand sprach. Graues Licht fraß sich von Osten hoch in den Himmel. Ein Stern nach dem anderen erlosch. Die Luft schmeckte nach Frost. Keine Wolke. Es würde ein heller Tag werden, sehr kalt – und sehr klar.

Sie hielten vor der alten Ölmühle an. Jérémy sprang als Erster heraus und eilte auf den riesigen Hund zu. Astrid, Fabienne, Roxane und Marius folgten Blanc ins Haus und gingen in die Küche. Blanc selbst schleppte danach Holz, das unter den Platanen gestapelt war, herein und machte sich am Ofen zu schaffen. Später saßen sie im Halbkreis vor dem Feuer und aßen Baguettes mit Camembert und tranken Wasser oder Wein. Blanc blickte sie alle nacheinander an. Das fühlt sich gut an, dachte er.

Es gibt schlechtere Familien als diese.

Personnages

ROGER BLANC
Capitaine der Gendarmerie, dessen Karriere und Leben in der Provence unsanft aus der Kurve getragen werden

MARIUS TONON
Ewiger Lieutenant, dem die meisten Kollegen lieber aus dem Weg gehen

FABIENNE SOUILLARD
Computerspezialistin, die der Himmel oder die Bürokratie in den Midi geschickt hat

NICOLAS NKOULOU
Commandant der Gendarmerie, der seinen Blick von Gadet aus fest auf eine viel größere Stadt gerichtet hält

DAMIAN HURAULT
Junger Kriminaltechniker, der es rasch bereut, im tarnfarbenen Skianzug durch die Provence zu laufen

LAURENCE LUCAS
Psychologin der Gendarmerie, wie immer von Idioten umzingelt

BARRESSI
In Geist und Körper nicht der schnellste Brigadier von Gadet

SYLVAIN
Ein Brigadier, der dann Dienst hat, wenn kein anderer Dienst hat

SAAD BEN ROUIJAL
Ein Spezialist, der noch weiß, wie in der guten alten Zeit Fotos gemacht worden sind

KADER »KAD« DJENDELLI
Commissaire de police in Marseille, ein passabler Gitarrenspieler und ein mehr als passabler Flic

JEAN-CHARLES VIALARON-ALLÈGRE
Staatssekretär in Paris mit mehr Verbindungen in die Provence, als Roger Blanc guttut

AVELINE VIALARON-ALLÈGRE
Untersuchungsrichterin, die das Risiko liebt; Gattin des Staatssekretärs

FONTAINE THEZAN
Rechtsmedizinerin in Salon-de-Provence, raucht eine sehr spezielle Marke

ASTRID BLANC
Sie ist neu in der Provence und hat noch nie ein Schaf in einer Kirche gesehen

PAULETTE AYBALEN
Nachbarin von Blanc, die ihr Dorf, ihre Töchter, ihre Pferde und den freien Himmel liebt und vielleicht noch jemanden anderen

BRUNO MICHELETTI
Besitzer eines sehr versteckten Weinguts

SYLVIE MICHELETTI
Seine Gattin, die keinen Wein trinken darf

GÉRARD PAULMIER
Ein ehemaliger Journalist, der immer noch gerne schreibt

MATTHIEU FULIGNI
Ein junger Bauunternehmer ohne Sorgen

MAÎTRE LERANT-NIOTI
Ein Anwalt mit einem zu schönen Anzug für ein zu schäbiges Büro

MAÎTRE SILVIO PETRARUCCI
Ein Pariser Anwalt, der lieber Golf gespielt hätte

ROLAND COMPAGNAT
Niemand kennt die Grotten von Calès so gut wie er

AGNES HAVEL
Eine Archäologin, die über alte Knochen stolpert, die dann doch nicht so alt sind

JÉRÉMY DOMINICI
Kein Einstein, und doch weiß er mehr als so mancher andere

FABRICE
Ein Security-Mitarbeiter mit guten Argumenten

NOËLLE SAMSON
Das verschwundene Mädchen

YVONNE FABRE, VERHEIRATETE LE GUENNEC
Noëlles Großmutter – eine Frau, an die sich manche Menschen nicht gerne erinnern

SÉVERINE LE GUENNEC, VERHEIRATETE SAMSON
Noëlles Mutter – eine Frau, an die sich manche Menschen sehr gerne erinnern

JEAN-BAPTISTE SAMSON
Noëlles Vater, ein sehr emotionsloser Mann

MATTHIEU SAMSON
Noëlles Onkel, der sich sehr um seine Nichte kümmert

GÉRALDINE TORNERO
Die letzte Kommunistin in diesem Teil der Provence

OLIVIER BOURNIQUEL
Ein Hundezüchter mit Vorstrafenregister

DAVID LALLE
Ein Kunstfotograf, der nicht genug auf seine Speicherkarte achtgibt

DOROTHÉE FÉRAUD

Ein Junkie, glücklicherweise oder unglücklicherweise mit einem Beschützer bei der Gendarmerie

VICTOR CASSANDRI

Lamanons Bürgermeister, der einen Verschollenen ehrt

CLAIRE PARDINI

Sekretärin von Jean-Baptiste Samson, gehört gewissermaßen zur Familie

MAGALI AUGER

Noëlles Freundin, ein schwieriges Mädchen

MADAME AUGER

Magalis Mutter, die die Realität nicht ohne Nachhilfe ertragen kann

LUCIENNE MONTEIL

Lehrerin von Noëlle und Magali; eine Frau, die eigentlich oft und gerne lacht

MOHAMMED OUADAH

Ein Mitarbeiter der Péage-Station, der zum richtigen Zeitpunkt Dienst hat

DER NEUE FALL
FÜR CAPITAINE ROGER BLANC

LESEPROBE

›VERLORENES VERNÈGUES‹

382 Seiten / Auch als eBook

Wölfe in der Geisterstadt

Zwischen den Ruinen von Vieux Vernègues war es so still wie in einer Gruft. Capitaine Roger Blanc ging langsam durch das verwüstete Dorf. Er kletterte über den Stumpf einer ginsterüberwucherten Wand und erreichte eine Treppe, die in eine Felsenkammer hinunterführte. Die Stufen waren ausgetreten und manche tückisch glatt, andere waren geborsten, wieder andere hatten Risse. Zu beiden Seiten der Treppe wuchsen junge Eichen. Ihre Stämme waren wie dünne Säulen, ihre Kronen rauschten fünf, sechs Meter über Blanc im eisigen Wind, die winzigen Blätter schimmerten hellgrün. An einigen Ästen hingen noch braunschwarze, eisverkrustete Eicheln. Blanc kamen die beiden Bäume, die sich über die Ruine wölbten, wie das Portal zu einer verbotenen Welt vor.

Vorsichtig stieg er die Treppe hinunter in einen halb eingestürzten Keller. Über ihm spannte sich ein Ziegelgewölbe. Dort klaffte ein Riss, als hätte Gott mit einer Axt hineingeschlagen. Durch die Lücke sickerte die Morgensonne und beleuchtete einen Balken im Mauerwerk, der von Sinterkristallen überzogen war. Die Tür darunter war längst verwittert, auf dem Boden lagen bloß noch Holzreste im grauen Sand. Die Luft schmeckte muffig nach feuchter Erde.

Er wartete, bis sich seine Augen an das Halbdunkel gewöhnt hatten, und blickte sich um. Niemand zu sehen. Keine Geräusche. Er kletterte wieder hinaus und musterte die Umgebung: Überall ragten Ruinen auf, fahlgrau im Morgendämmer, konturlos. Die massigen Ecksteine eines alten Hauses erhoben sich fünf Meter hoch aus einem Schuttfeld. Eine steinerne Wendeltreppe, die nirgendwo mehr hinführte, wurde von Rosmarin- und Thymiansträuchern überwuchert. Unter dem Raureif leuchteten, nur wenige Meter neben ihm, weiße und schwarzgraue Steinfliesen, sie waren wunderbarerweise so sauber, als wären sie erst gestern verlegt worden.

Blanc legte den Kopf in den Nacken. Die Ruinen von Vieux Vernègues standen an der Flanke eines Bergs, der sich einige Meter über ihm zu einem Plateau abflachte. Dort war einst eine Burg errichtet worden. Er blickte hinauf zu ihren Mauern aus Tausenden sorgfältig gesetzten, kopfgroßen Steinen, die erst in unfassbarer Höhe in einer Zinnenreihe endeten. Doch auch diese solide Mauer war an vielen Stellen geborsten – und dahinter war bloß Luft. Kein Turm ragte mehr dort auf, kein Palast, nichts. Nur ein einziger gotischer Bogen krümmte sich wie ein gichtiger Riesenfinger ins Leere. Sein schwarzer Schatten fiel auf Trümmerhaufen, die längst von struppigen Büschen und Brombeeren überwachsen waren.

»Wir sollten hier nicht allzu lange stehenbleiben«, sagte Blancs Kollege Lieutenant Marius Tonon halblaut. Er rieb sich die Hände warm und deutete dann unbehaglich auf den Riss im Gewölbe. »Ein Souvenir vom Erdbeben. Dieser Keller kann jeden Moment einstürzen.«

Blanc nickte und ging weiter bergan. Vieux Vernègues. Eine Stadt wie Dutzende in der Provence: ein Hügel, darauf eine Burg, eine Kirche, ein Rathaus, eine Handvoll ehrwürdiger Häuser. Nur dass Vieux Vernègues eine Stadt der toten Seelen war, eine Geisterstadt, in der Eichen und Feigenbäume Mauerstümpfe aufsprengten, Efeu die Ruinen erstickte und in der bloß noch Füchse und Ratten lebten. Ein Erdbeben hatte sich den Ort geholt. Blanc fühlte sich, als würde er durch die Relikte eines mykenischen Palastes stapfen. Doch diese archaisch anmutenden Bauten waren zu Trümmern zerfallen, als schon Autos durch die Provence fuhren und sogar die ersten Flugzeuge brummten, als es schon Telefone gab und Strom und Zeitungen und Fotoapparate.

Erdbeben. Als Capitaine Roger Blanc, der damals den Süden weder gekannt noch gemocht hatte, vor sieben Monaten in den Midi versetzt worden war, da hatte er an Hitze und Rosé gedacht, an Lavendel und Oliven, an die Marseiller Mafia. Aber an Erdbeben? Das waren Katastrophen aus dem Fernsehen.

Und nun schritt er an aufgerissenen Bauten und geborstenen Türmen vorbei und musste aufpassen, dass er nicht irgendwo in ein Loch trat und womöglich mehrere Meter tief in einen halb verschütteten Keller stürzte.

Er hielt inne, damit Marius, der kein großer Freund körperlicher Aktivitäten war, Luft schnappen konnte. Der Schutt deprimierte Blanc, daher wandte er den Blick ab und ließ ihn über ein weites Tal wandern. Der Berg von Vieux Vernègues war fast vierhundert Meter hoch. Auf einem nahen Hügel badete ein anderes Dorf in der Morgensonne: Lambesc. Ein mittelalterliches Dorf wie Vieux Vernègues, in der mistralklaren Luft hatte es den Anschein, als könnte er es mit der ausgestreckten Hand beinahe berühren. Dieses Dorf war ebenfalls alt – jedoch makellos. Warum bloß? Waren Erdbeben nicht gigantische Katastrophen? Warum war dann Vieux Vernègues eine Wüstenei, während ein paar Tausend Meter weiter östlich in Lambesc nicht ein einziger Stein aus einer Fassade gestürzt zu sein schien? Hatten die Menschen in Lambesc vor Jahrhunderten ihre Häuser erdbebensicher gebaut und die von Vieux Vernègues nicht und waren dafür bestraft worden? Oder waren Beben wie Tornados, die willkürlich eine Fläche verwüsteten und die daneben unbeschadet ließen? Er atmete tief durch. Es duftete nach nassem, satten Boden, zwischen Vieux Vernègues und Lambesc lagen dunkle Eichenwälder, fette Weiden und winterkahle Rebstöcke in einem weiten Tal. Dunst stand über den nächsten Hügeln. In bläulicher Ferne schimmerte der gekrümmte Riesenrücken der Montagne Sainte-Victoire bei Aix-en-Provence, auf der anderen Seite leuchtete der Étang de Berre und dahinter glänzte vielleicht das Mittelmeer, oder vielleicht war das auch nur seine Einbildung, weil sich so früh am Morgen der Horizont in eine silberne Linie verwandelt hatte.

»Ich komme mir vor wie im Mittelalter«, murmelte Blanc.

»Du bist im 21. Jahrhundert«, brummte Marius, wischte sich den Schweiß von der Stirn und deutete auf das Tal. »Ich kann mich noch daran erinnern, wie die Leute hier vor fünfundzwanzig Jahren auf Demonstrationen ›*Non au TGV!*‹ skandiert haben. Ich musste als Flic damals für Ordnung sorgen. Aber eigentlich sieht das gar nicht so schlecht aus, oder?« Er deutete auf eine mehr als einen Kilometer lange Brücke aus hellem Beton, die sich wie ein Aquädukt quer durch das Tal unterhalb von Vieux Vernègues spannte. Ihre siebenundzwanzig Stelzen wirkten wie ein gigantischer Zaun, der die weite Senke in zwei Hälften teilte. Ein Schnellzug rauschte in diesem Augenblick über die Brücke, danach ein Grollen und Rumpeln, es donnerte wie bei einem Jet, war aber nach kaum zwanzig Sekunden verweht. Tiefe Stille flutete zurück ins Tal.

Und dann durchzog ein Heulen diese Stille.

Das Heulen eines Wolfes.

Es war Sonntag, der 5. Januar. Der letzte Tag der Weihnachtsferien, des Innehaltens zwischen den Jahren. Zeit der Besinnung. Zeit für die Tochter. Astrid hatte Blanc über die Feiertage besucht, eine junge Frau von zwanzig Jahren, eine Pariserin, die Snapchat und Instagram brauchte wie Blanc Sonne und frische Luft. Zwischen dem schlafenden Baby mit dem noch von der Geburt zerknautschten Gesicht, das er stolz in seinen Armen gewiegt hatte, und dieser weltgewandten jungen Dame lagen zwei neblige Jahrzehnte, in denen er irgendwie kaum mitbekommen hatte, wie Astrid erwachsen geworden war. Doch dann war sie zu ihm gereist, um die kurzen Tage des Jahreswechsels mit ihm zu verbringen. Sie hatten mit Jacques, dem Hund, der Blanc zugelaufen war, lange Spaziergänge unternommen, auf dem Markt von Aix-en-Provence eingekauft und waren über die legendäre halb zerstörte Brücke von Avignon flaniert. Und sie hatten geredet und geredet, die Tage hindurch und auch noch die halben Nächte. Es war, als wollten sie beide aufholen, was sie in den letzten zwanzig Jahren versäumt hatten. Was *ich* versäumt habe, korrigierte sich Blanc in Gedanken, denn *er* hatte es vermasselt.

An diesem Sonntagabend musste Astrid nach Paris zurückfliegen. Blanc hatte Bereitschaftsdienst gehabt und gehofft, dass er mit Marius einige ereignislose Stunden auf der Gendarmerie-Station von Gadet sitzen und schon nachmittags zurückkehren könnte, um noch ein paar letzte Momente mit seiner Tochter zu verbringen.

Doch dann war noch vor dem Morgengrauen ein Notruf eingegangen: Ein Schäfer war nachts in Vieux Vernègues überfallen worden. Von einem Wolf.

»Das ist ein mieser Scherz«, schimpfte Blanc, als er seinen fast zwei Meter langen Leib im eiskalten Mégane der Gendarmerie zusammenfaltete.

»Um fünf Uhr morgens macht niemand einen Scherz«, erwiderte Marius, der sich auf den Beifahrersitz wuchtete und die Rückenlehne so weit zurückdrehte, dass er beinahe lag. »*Putain*, es war bloß eine Frage der Zeit, bis uns die Wölfe auch hier erwischen.«

»*Auch* hier? Wo denn sonst noch?«

»In den Alpen, in der Haute-Provence, sogar im Umland von Aix und Salon – die Biester sind wieder überall.« Sein Kollege schloss schläfrig die Augen und sagte gelangweilt: »Letztens sind zwei Wölfe um Viertel nach neun Uhr morgens einige

Hundert Meter neben dem Krankenhaus von Manosque zum Frühstück auf eine Schafweide spaziert. Wölfe haben Schafe und Ziegen mitten in der Camargue getötet, und nahe am Weingut Calissanne ist beinahe eine ganze Herde massakriert worden. Neulich gab es sogar einen Angriff in Berre, direkt neben den Raffinerien.«

Calissanne, Berre, das war so nah bei seiner alten Ölmühle in Sainte-Françoise-la-Vallée, dass er beim Joggen schon gelegentlich bis dorthin gelaufen war, dachte Blanc beunruhigt. Doch dann fand er seine Sorgen lächerlich. »Was haben wir damit zu schaffen? Jeden Morgen höre ich das Geballere der Jäger aus den Wäldern. Sollen die sich doch um die Wölfe kümmern!«

Marius brachte die Energie auf, ein Auge zu öffnen und ihm einen mitleidigen Blick zuzuwerfen. »Du kennst doch die Typen, die morgens in der Bar National in Tarnanzügen vor ihrem Pastis hocken. Die knallen mit Schrotflinten auf gezüchtete Fasane, die in Käfigen gehalten werden, bis man sie zur Jagdsaison freilässt. Und selbst diese tollpatschigen Vögel verfehlen sie meistens. Wenn du solche Kerle auf ein Rudel Wölfe loslässt, dann ergeht es denen nicht besser als den Lämmern von Calissanne.«

»Also ruft man die Gendarmerie.«

»Keine Angst, du musst nicht mit deiner Pistole auf Wolfsjagd gehen. Die Tiere stehen ja unter Naturschutz, also kümmert sich Vater Staat um alles. Wir müssen bloß den Schaden begutachten und ein Protokoll schreiben. Damit geht der Schäfer zur Präfektur und bekommt für jedes gerissene Tier eine Entschädigung. Wenn du mich fragst: Ob der Schäfer sein niedliches Lämmchen nun zum Schlachter trägt oder einem Wolf überlässt, er macht so oder so ein gutes Geschäft.«

»Aber wenn er zum Schlachter geht, müssen wir nicht um fünf Uhr morgens im kalten Streifenwagen hocken.« Blanc blickte aufmerksamer nach draußen. Wölfe. Er schüttelte fassungslos den Kopf. Der Mistral blies, die Luft schmeckte nach Frost, auf dem Asphalt glitzerten Eiskristalle im Scheinwerferlicht. Er ließ die Seitenscheibe trotzdem fingerbreit hinab, damit ihn der kalte Hauch endlich richtig aufweckte. Die Straße war eng und wand sich hinter Salon-de-Provence in Serpentinen hügelan. Der Wald zu beiden Seiten war wie eine riesige Woge aus schwarzer Tinte, eine auf- und absinkende düstere Masse. Aus der Nacht schallte der scharfe, kurze Jagdruf einer Eule. Ein zweiter Raubvogel antwortete. Und nur Sekunden später glaubte Blanc, das verzweifelte Fiepen einer Maus zu vernehmen, ein Laut, der abrupt endete. Tiefe Stille. Er fuhr die Scheibe wieder hoch.

»Wo kommen alle diese Wölfe her?«, fragte er. »Ich dachte, die seien längst ausgestorben.«

»Das sind Emigranten aus Italien. Seit unsere Regierung vor mehr als zwanzig Jahren im Mercantour in den Seealpen den Nationalpark eingerichtet hat, wandern die Tiere wieder ein. Wölfe sind klug. Sie haben begriffen, dass sie hier nicht mehr gejagt werden. Und du weißt selbst, wie herrlich Lammfleisch schmeckt. Also wagen sie sich Jahr für Jahr ein paar Kilometer weiter vor. Irgendwann werden sie durch die Straßen von Marseille streifen.«

»Ich wusste, dass diese Sache auch etwas Gutes hat.«

Die schwarzen Wogen zu beiden Seiten ebbten ab. Die Straße führte noch immer bergauf, doch das Land um sie herum lichtete sich. Im Scheinwerferlicht tauchten lange Reihen kahler Weinstöcke auf. »Ist es noch weit?«, fragte Blanc.

Marius kurbelte die Rücklehne wieder in eine aufrechte Position. »Wir sind gleich da. Vieux Vernègues liegt nur zehn Kilometer hinter Salon im Massif des Costes, aber du denkst, du hast die Provence verlassen. Diese Hügelkette erstreckt sich zwar zwischen Lubéron und Alpilles, ist aber viel weniger bekannt. Keine Hollywoodstars, keine Oligarchen, keine Scheichs. Keine restaurierten Landhäuser, deren Fotos du in Pariser Architekturmagazinen wiederfindest. Traumhaft.«

»Wenn es so schön ist, warum haben es dann die Millionäre noch nicht entdeckt?«

»Nenn es das ›kollektive Unbewusste‹. Vielleicht spüren die Leute instinktiv, dass das Massiv gar nicht so massiv ist und du dem Boden unter deinen Füßen nicht trauen kannst. 1909 hat es in der Provence das letzte große Erdbeben gegeben. In Salon ist ein Burgturm einfach umgekippt, selbst in Avignon haben noch die Wände gewackelt. Aber das Epizentrum lag unter dem Massif des Costes, und das lag auch schon mal im Mittelalter hier und wer weiß wie oft davor schon. Vieux Vernègues sah jedenfalls nach dem Beben aus, als hätte Assad es bombardiert. Die überlebenden Einwohner haben ein neues Vernègues lieber tiefer im Tal wieder aufgebaut, weil die Bergspitze so heftig gebebt hat. Die Ruinen oben haben sie den Füchsen überlassen. *Putain*, in der Provence wird jede miese alte Scheune von irgendeinem reichen Schnösel renoviert, aber da steht ein ganzes mittelalterliches Dorf auf einem malerischen Gipfel, und niemand geht mehr hin. Niemand! Die haben nicht einmal ein Museum aus Vieux Vernègues gemacht wie in Vaison-la-Romaine oben am Mont Ventoux. Vieux Vernègues ist einfach bloß eine Geisterstadt.«

»Der Schäfer, der uns zu Hilfe gerufen hat, scheint mir kein Geist zu sein.«

»Das Gipfelplateau von Vieux Vernègues ist so groß wie fünf oder sechs Fußballfelder. Die normalen Häuser des Dorfes standen am Hang, ganz oben durfte nur der Herr Ritter wohnen. Die Adelsfamilie war übrigens mit dem Marquis de Sade verwandt. Vielleicht hatte Gott einfach irgendwann die Schnauze voll vom perversen Treiben und hat ihnen ein Beben geschickt. Na, jedenfalls steht diese Burg am östlichen Ende des Plateaus. Am nördlichen Ende erhob sich einst eine Windmühle. Du kannst heute noch den Stumpf des Turms sehen. Und zwischen Burg und Mühle erstreckt sich eine Weide: Gras, ein paar Felsen, und zum Rand hin, wo das Plateau in die Tiefe abfällt, wachsen Bäume und Büsche. Die schützen dich vor dem Mistral und sind eine Art natürlicher Zaun, der die Schafe von nächtlichen Irrläufen abhält. Deshalb treiben Hirten im Winter gern ihre Herden dorthin, da ist es grün, geschützt und sicher. Zumindest bis zu dieser Nacht war es dort sicher.«

Sie folgten einer Straße, die immer schmaler und kurviger wurde, bis sie irgendwann vor einer Schranke endete. Blanc stellte den Mégane auf einem nicht asphaltierten Parkplatz daneben ab, der zerfurcht war wie ein schlecht gepflügtes Feld. Kein weiteres Auto stand hier, keine Straßenlaterne glomm. Sie stiegen einen Feldweg hoch, die Lichtstrahlen ihrer Taschenlampen zuckten über Sträucher. Im ersten grauen Dämmerlicht tauchten bald gezackte Gebilde auf, die Blanc im Näherkommen als Ruinen erkannte, die aus Brombeerbüschen aufragten.

»Willkommen in Vieux Vernègues«, brummte Marius.

Im Osten leuchtete der Himmel beinahe durchsichtig weiß, die Bergrücken am Horizont tauchten blau aus der Nacht. Sie schalteten die Lampen aus. Mit Sonnenaufgang wurde der Mistral stärker, der Wind rauschte in den Eichen, im Gesträuch raschelte es, und niemand konnte sagen, ob es die Böen waren oder kleine Tiere, die vor Blanc und Marius flohen.

Und schließlich hörten sie das Heulen.

Es war ein langgezogener, hoher, trauriger Ton, der schier endlose Sekunden durch das Tal hallte, bevor ihn der Mistral schließlich verwehte. Es war, als hätten alle Tiere den Atem angehalten.

»*Merde*«, flüsterte Blanc und holte tief Luft. »So etwas kenne ich nur aus dem Kino.«

»Vielleicht war es ja bloß ein schlecht gelaunter Hund«, sagte Marius.

Blanc erwiderte nichts. Einen Moment lang hatte er einen tiefen, archaischen Schrecken verspürt. War es möglich, dass sich Angst über zahllose Generationen hinweg vererbte? Dass sich die jahrtausendealte Furcht des Menschen vor dem Wolf in die Gene gegraben hatte? Sodass selbst ein Gendarm des 21. Jahrhunderts von derselben Furcht gepackt wurde wie der Jäger, der im Neolithikum durch diese Hügel gestreift war?

Sie lauschten. Nichts. Marius fuchtelte irgendwann mit der Hand durch die Luft, als wollte er einen Gestank vertreiben. »Lass uns weitergehen und diesen verdammten Job erledigen.«

Sie streiften vorsichtig hügelan durch die zerstörte Stadt. Blanc bestand darauf, in Keller hinunterzusteigen und um Mauerreste herumzugehen – er wollte nicht, dass sich irgendwo in den Trümmern ein Wolf verbarg und sie womöglich von hinten angriff. Seine Hand lag auf dem Pistolengriff. Doch er bemerkte kein Tier, nicht einmal einen Fuchs. Endlich standen sie oben. Die gewaltigen Burgmauern boten ihnen einen Moment lang Schutz vor dem Mistral. Im Dämmerlicht sah Blanc eine Eiche, die aus dem gemauerten Ring einer mittelalterlichen Zisterne hinauswuchs, die tief in den Felsen getrieben worden war. Sie stapften durch die Ruinen der Festung, bis der Mistral sie wieder peitschte und sie über das Gipfelplateau blickten: Gras, dazwischen graue Felsgrate, als sei die Wiese eine zerschlissene Decke, die den Bergrücken nur unvollständig bedeckte. Gebüsch zu beiden Seiten und in zweihundert oder dreihundert Metern Entfernung der geköpfte Windmühlenturm, ein stumpfer Zylinder, der Blanc unwillkürlich an die römischen Gräber neben der Via Appia erinnerte, ein Flashback zurück in jene Zeit, als er noch eine gute Ehe geführt und schöne Reisen gemacht hatte. Am südlichen Abhang des Plateaus hatte die Moderne einen Teil dieser archaischen Welt erobert: Blanc sah drei filigrane Metallgestelle mit Radarmuscheln und Antennen, die Konstruktionen waren so hoch wie ein dreistöckiges Haus.

»Ich habe nie herausgefunden, ob diese Antennen zum Flughafen Marseille gehören oder ob hier die Kampfpiloten von der Base Aérienne in Salon angefunkt werden«, erklärte Marius, der seinem Blick gefolgt war. »Es hat auf jeden Fall was mit Flugzeugen zu tun. Doch was auch immer das für eine Installation ist, sie scheint nicht besonders wichtig zu sein. Sie wird von niemandem bewacht.«

»Also gibt es keinen Sicherheitsmann, den wir als Zeugen befragen können«, folgerte Blanc. »Und es gibt keine Überwachungskameras?«

»Mach dir um Zeugen und Filmaufnahmen keine Sorgen, die Sache klärt sich auch so.« Marius deutete nach vorn.

Am rechten Rand des Plateaus stand ein fast zehn Meter hoher, dicker Stamm, das Holz verdreht wie ein Korkenzieher, schwarz und verwittert, mit roten Streifen, als hätte der Baum geblutet. Doch selbst Blanc konnte erkennen, dass dieser Baum längst tot war, das Skelett eines uralten Olivenbaumes ohne Zweige, ohne Blätter, ohne Früchte. Zu seinen Füßen war ein Lager aufgeschlagen worden: ein grünes Igluzelt, eine als Windschutz aufgespannte Plastikplane, am knotigen Stamm lehnte ein altes grünes Mountainbike mit *Decathlon*-Schriftzug. Vor dem Zelt glomm ein Lagerfeuer in einem Kreis aus Steinen. Eine dünne graue Spirale stieg von dort auf und wurde vom Mistral verweht. Die glimmenden Holzscheite dufteten würzig. Blanc atmete tief ein. Da war aber noch ein anderer Geruch in der Luft.

Blut.

Er sah sich misstrauisch um. Endlich erkannte er zwei Gestalten am hinteren Ende des Plateaus, nahe am Mühlenstumpf. Zwei Männer, dachte er. Und zwischen ihm und den Männern erkannte er seltsam unförmige Gebilde auf der Wiese, mal hier, mal dort, vielleicht ein Dutzend – als hätte man achtlos Bettwäsche in großen Haufen auf den Boden geworfen, Bettwäsche, die einmal weiß gewesen war. Jetzt waren diese Haufen schmutzig-grau.

Und sie waren an manchen Stellen rot, sehr rot.

Als sie näher kamen, versuchte Blanc, so flach wie möglich zu atmen. Die unförmigen Haufen waren die Kadaver von Schafen. Die Tiere waren alle auf dieselbe Art gestorben: ihre Kehlen waren zerrissen, aus den zerfetzten Schlagadern hatte sich Blut über ihre Felle und den Boden ergossen. Es stank nach Eisen und schon ein wenig süßlich nach Verwesung, obwohl die Luft in der Nacht doch eiskalt gewesen war. Blanc zählte drei ausgewachsene Muttertiere und acht Lämmer, mager und klein. Sie trugen dichte Winterwolle, auf ihre Flanken hatte jemand mit roter Sprühfarbe *FL* und jeweils eine zwei- oder dreistellige Zahl gesprüht. Die meisten Schafe wiesen schreckliche Halswunden auf, waren ansonsten aber anscheinend unverletzt. Nur ein ausgewachsenes Tier und zwei Lämmer waren zusätzlich an Bauch und Brust aufgerissen worden, Blut und Reste zerstörter Eingeweide quollen aus diesen Verletzungen. Manche Schafe blickten im Tod hin zum Rand des Plateaus, andere zur Burg oder zum Mühlenstumpf. Erst nach und nach glaubte Blanc, so etwas wie ein Muster zu erkennen: alle Opfer lagen auf jenem Teil der Wiese, der sich leicht absenkte und etwa hundert Meter vom alten Olivenbaum entfernt war. Vom Lager dort aus war diese Senke, zumal bei Dunkelheit, kaum noch auszumachen, vermutete er.

»Kluger Wolf«, murmelte Blanc so leise, dass Marius ihn nicht hörte.

Einer der beiden Schäfer kam nun auf sie zu: verwittertes Gesicht, dichte graue Haare, sehnige, altersfleckige Hände, nicht einmal eins siebzig groß, die Bewegungen so geschmeidig, dass man sofort wusste, dieser Mann hatte sein ganzes Leben draußen verbracht. Blanc schätzte ihn auf Mitte sechzig und vermutete, dass er stärker und schneller war als die meisten Männer Mitte zwanzig. Er hatte einen alten, aber gut eingefetteten Karabiner und eine lederne Jagdtasche um die Schulter geschlungen und trug eine Jeans, grobe Wanderschuhe und ein rot-schwarz kariertes Flanellhemd. Keine Mütze, keine Jacke, keine Handschuhe. Ob der Kerl unter seinem Flanellhemd noch einen Pullover trug? Oder war dem einfach nicht kalt?

»Frédéric Locez«, stellte er sich vor. »Aber nennen Sie mich einfach Fred.« Sein Händedruck war fest, die Innenfläche seiner Rechten so hart und rau wie altes Holz, um seine beinahe schwarzen Augen lag ein Spinnennetz von Fältchen.

Blanc erwiderte den Gruß und stellte Marius und sich vor. »Tut mir leid um Ihre Tiere, Fred«, fuhr er fort. »So etwas habe ich noch nie gesehen. Elf tote Schafe.«

»Zwölf«, korrigierte ihn Locez und wies auf eine Stelle der Wiese, die dunkel glänzte. »Es fehlt noch ein Lamm. Vermutlich hat es sich ein Wolf von dort geholt und mit ins Unterholz gezerrt. Von dem Tier werde ich wohl nichts mehr finden.«

»Sie sind sicher, dass es ein Wolf war?«

»Ein Kaninchen war es jedenfalls nicht.« Locez schüttelte traurig den Kopf. »Haben Sie das Geheul eben nicht gehört? Ich mache Ihnen keinen Vorwurf, *mon Capitaine,* Sie sind ein Städter, das sieht man schon auf hundert Meter. Sie kennen Wölfe nur vom Zoobesuch mit den Kindern. Ich habe in diesem Winter aber schon dreiundzwanzig Merinos an den Wolf verloren. Außerdem habe ich die Wölfe diese Nacht gesehen.«

»Sie haben die Tiere gesehen?«, mischte sich Marius ein.

»Der Mond steht zu drei Vierteln am Himmel. Die Luft ist klar. Wenn sich Ihre Augen erst einmal daran gewöhnt haben, können Sie im Mondlicht sogar Strafzettel schreiben, *mon Lieutenant*«, erwiderte Locez und lachte, trotz allem.

Der zweite Schäfer näherte sich ihnen. Schäferin, korrigierte sich Blanc dann erstaunt. Beinahe die gleichen kurzen grauen Haare, der gleiche kompakte, muskulöse Körper, die gleiche Kluft in Jeans und Flanellhemd wie Fred Locez, doch ohne Zweifel eine Frau.

»*Une femme-homme*«, flüsterte Marius, »nimm dich vor der in Acht.«

Mit ihrer Linken umklammerte sie – wie es Blanc schien: mit eisenhartem Griff – das lederne Halsband eines massigen, weißen Hundes, der ihr bis zur Hüfte reichte. Der Hund grollte die beiden Gendarmen feindselig an.

»Das ist Emir«, erklärte Fred, »unser Hütehund aus den Pyrenäen. Der mag keinen Wolf, und er mag auch keine Fremden. Wie jeder Patou, da kann man nichts machen. Und das ist meine Frau Clotilde.«

Zuerst der Hund, dann die Frau, dachte Blanc, das ist ja mal eine galante Vorstellung. Er schüttelte ihr die Hand – mit weit vorgestrecktem Arm, er wollte dem riesigen Hund nicht zu nahe kommen. Der Patou hatte ein Fell wie ein Eisbär, und wahrscheinlich konnten es auch seine Kiefer mit denen eines Bären aufnehmen.

»Sie habe ich schon mal gesehen«, begrüßte Clotilde Locez Marius, dann blickte sie Blanc in die Augen. »Aber Sie sind ein Neuer.«

»Ich bin vor mehr als einem halben Jahr in die Provence versetzt worden, Madame.«

»Sag ich doch: ein Neuer. Das ist Ihr erster Winter hier. *Eh bien,* jetzt wissen Sie, wie das hier ist. Ich wollte Sie mir nur mal ansehen. Emir sollte Ihre Witterung aufnehmen, dann erkennt er Sie beim nächsten Mal und greift Sie nicht an. Zumindest nicht sofort. So, der Hund und ich kümmern uns mal besser um die Herde. Um die Tiere, die noch leben, meine ich. Fred erklärt Ihnen alles. Ist ja nicht das erste Mal.« Sie spuckte auf den Boden, drehte sich um, ohne eine Antwort abzuwarten, und zog den gewaltigen Hund mit sich. Erst jetzt bemerkte Blanc, dass sich im Schatten des zerstörten Mühlenturms Dutzende Schafe so dicht wie möglich ans Mauerwerk drängten, alle Tiere waren still und rührten sich nicht. Er war nicht traurig, Hund und Herrin davongehen zu sehen, und atmete erleichtert auf.

»*Bon*«, sagte Marius, »dann wollen wir mal.«

日本再敗北　目次

●格付け会社の評価はアメリカ軍の宣伝ビラと同じだ

●世論に迎合して大蔵省を裏切った自民党

●アメリカ的なるものに反発する勢力

●日本はアメリカの売り子さんになってもいいのか

●日本ほど占領されるのがうまい国はない

●二十一世紀には日本はアジアの大阪になってしまう

●国はホテルと同じ、居心地のいいほうへ移ればいい

日本再敗北

装釘　坂田政則
カバー写真　朝倉宏二

第1章

大蔵省の罪と罰

大蔵官僚の〝頭の良さ〟が金融危機を招いたのだ

田原　いま日本全体が異常なまでの金融不安にとらわれています。金融クライシスだと危ぶむ声も強い。とくに昨年（一九九七）秋口から、日産生命の破綻にはじまって三洋証券、北海道拓殖銀行の破産、そして十一月の山一證券の自主廃業へとつづき、今年（一九九八）に入ってからは銀行の貸し渋りで企業の倒産が急増、三月の年度末決算になだれ込むという深刻な状況だった。また、国民の誰もが株価が百円割れしている銀行、金融機関への不信感*を募らせています。国民ばかりじゃない。自民党総裁の橋本さんをはじめ政府自民党幹部たちまでが、毎日株価の動きを窺っている。株価によって財政出動するかしないか、といった政策を決めるというようなきわめて異常で不健全な事態にある。ズバリ聞きます。こういう状況が起きるだろうことを、山田さんは予想していましたか。

山田　相当な混乱は予想していましたが、どんな展開になるかは分かりませんでした。九七年の正月に日債銀（日本債権信用銀行）と北拓の経営不安が表

＊銀行への不信感
銀行や証券会社の破綻が相次いだ九七年十一月、民間から郵便局への大規模な預け替えが起きた。毎年十一月は、預け入れ額より払い戻し額が上回るのが郵便局の通例だが、この年に限っては預け入れ額のほうが三千三百五十三億円多くなった。北海道の郵便局には、北海道拓殖銀行の帯封をつけたままの札束を持ち込んだ人もいた。

面化し、金融市場に不安感が広まったとき私は「金融界の大掃除が始まる」という見出しで記事を書いた。つまり九六年にはすでに現在起きていることの兆候は見えていたんです。九六年以前から大蔵省はたびたび、金融不安は「山を越えた」とか「先が見えた」といっていたけれど、われわれは金融システム再編の第三幕がはじまったに過ぎないと、九六年末には指摘していた。信用組合など小さな金融機関の破綻が第一幕、住専が第二幕で、大手銀行・証券に波及するのが第三幕と位置づけたのです。だからこそ北拓、日債銀の不安が出たとき、これからは整理すべき破綻金融機関は静かに退場させるようなシステムをつくらなければいけませんよ、と考えて記事を書いたわけです。すると、そういう不穏な記事が金融崩壊を招くのだというリアクションが大蔵省や経済界から出ました。たしかに天気予報がいくら雨という予報を出しても、降らないときは降らないけれど、経済予測は不況になる不況になるといい続けると、人が降ってくる場合がある（笑い）。でも、先延ばしにするのは良くありませんからね。

結局、大蔵省と金融界があのときとった措置は、日債銀に対しては奉加帳を回してキャピタル・インジェクション（資本注入）をするという極めて古典的、日本的なやり方で切り抜けを図った。北拓は、四月一日に北海道銀行と合併することを発表した。経営状態の悪い会社と必ずしも良好でない会社が合併したからといって良くなるはずはない。だから北拓の合併記者会見で私は「日債銀はいわば輸血をしてもらった。あなたのところは輸血なしで再建できるのか」と聞いたし、大蔵省にも、北拓は大幅な債務超過なのではないかと質した。ところが大蔵は、債務超過ではない、だから合併してきちんとリストラすれば大丈夫なんだ、と胸を張った。その後の展開はわれわれが危ぶんだとおりで、巨額の債務超過が発覚して北海道拓殖銀行はあっけなく破産。* 結論は、いくら大蔵や金融業界がその場しのぎの彌縫策で時間稼ぎをしても、破綻する銀行は破綻するということです。

ただ、日債銀、北拓に不安が出た時点で、具体的にどんな混乱になるか想定し得たかというと、出来なかったというしかありませんね。

田原 このままではもたないということだけは予見できた？

山田 銀行が相当な不良債権を隠していることは、外から見ていても歴然としていたし、それが表面に出てくれば、大きな不安を生み出すことは確実です。こんなことは金融界でも常識のある人たちは、口にしていたことですよ。

田原 そこなんです。例えば九六年の住専問題。住宅専門金融会社が不良債権を抱えて経営が危ないといわれた。借り手の末野興産や桃源社の関係者が摘発されて、その実態がいっそう明らかになった。このままでは住専だけでなく金融システムのダメージが大きくなるばかりだといって、母体行も責任を負え、

＊拓銀破産の影響　明治以来の名門銀行・拓銀は、北海道内に約一万五千社の融資先を持ち、道内企業の六割と取引があった。拓銀破綻の直後、天塩川木材工業が二百十六億円の負債を抱えて倒産したのを皮切りに、ホテルやゴルフ場経営、建設業などで拓銀の支援を受けていた企業の大型倒産が連鎖的に起きている。「拓銀の破綻は道内経済の血流を止めてしまう」という危惧は現実のものとなりつつある。

その代わり国も六千八百五十億円を財政負担しようということで決着した。しかし、あの住専処理は、はっきりいって遅すぎた。もっと早く手を回していなければならなかったという指摘が九六年の段階ですでになされていた。銀行、生保など、金融機関によっては少しでも早く不良債権を処理したいと考えていたところがたくさんあった。にもかかわらず、それが先送りされてきて現在の大混乱がある。なぜなのか。大蔵省が先送りを指導したからですよ。どうしてだと思いますか。

山田 一つには民間金融機関にも問題があるんです。本来なら自分たちで、いわゆる自助努力できちんと処理をすべきなのに、最後のところになると大蔵省に下駄を預けてしまう傾向、習い性がある。

大蔵省はなぜ先延ばししたのか。私は大蔵省の人間は頭が良すぎるのではないか、と疑っているんです。つまり金融機関の不良債権の処理を早めるとします。するとどれだけの欠損が出るかは、大蔵の役人なら見当がつく。しかし、いまの預金保険機構の積立金ではとてもまかないきれない。各銀行の奉加帳の限度も超えていることも分かってしまう。とすれば、いずれかの局面で国家がカネを投入しなければならなくなる。それだけの巨額の公的資金となれば議論沸騰は避けられない。そこで大蔵省銀行局の人間は考えてしまうわけです。主計局は通るかな、国会は紛糾するだろうな、と。譬えていえば、碁打ちや将棋

＊新井将敬　一九四八年生まれ。東大理科一類から経済学部に転じ、卒業後は新日鐵→大蔵省→衆議院議員と転じ、さらに自民党→自由党→新進党→自民党と変遷した。意に染まない場

差しが、三十手も四十手も先の先を考えて投了するようなものです。そんな落語がありましたね。一手も指さないで「負けました」という、あれと同じ。優秀なるがゆえの読みすぎなんです。

新井将敬はミッチーの懐刀になったのが転機だった

田原　大蔵省の人間は頭がいいという話が出ましたが、自殺した自民党代議士の新井将敬*さん、彼もまた大蔵省の出身者でした。東京地検の逮捕直前というタイミングもあり、汚職事件にまつわる多くの自殺と同様、これで闇から闇へか、というやり切れない気持ちが残りました。正直、またか、という感じです。個別の話題だけと、ここは少し新井の話をしたい。山田さんは新井将敬さんをご存じでしたか。

山田　第一報を聞いたときはショックでした。あいつは逃げをうたない、カッコつける男だからな、というのが最初に思ったことでした。

一九七八年に東京の経済部へきて、一年間兜町の仕事をやってから大蔵省担当へと回ったとき、大蔵省は徳田博美*銀行局長の時代で、六月の人事異動で酒田の税務署長から戻って銀行局総務課の課長補佐になったのが、新井将敬氏だったんです。金利とか、そういう全体を調整する担当だった。向かい側の中小金融課にいたのが、道路公団に天下って汚職事件を起こした井坂武彦*でした。所に自分を縛りつけるのを嫌ったのか、九八年二月の首つり自殺もまた、実に唐突な転身だった。

＊徳田博美
一九二二年生まれ。七七年大蔵省銀行局長に就任。退官後は野村総研理事長などを務める。九六年、武富士の未公開株を娘名義で取得するなど、数々の不正な蓄財が明るみに出ると同時に、一晩に百万円を超えるどんちゃん騒ぎの武勇伝も明るみに出て、公職を辞任した。

＊井坂武彦
一九四三年生まれ。九四年大蔵省を造幣局長で退官、日本道路公団理事となる。総会屋・小池隆一の逮捕以来、イモづる式に摘発された大蔵OBの第一号。公団の外債発行にまつわる野村證券接待汚職で九八年一月逮捕。

新井の当時の印象は、官僚離れした爽やかな男で、言うことも率直だし、上司のことを斟酌（しんしゃく）しないで自分の正しいと思った意見をはっきり言った。きちんと本音を語ってくれる男だなという感じで、好印象を持ちました。

田原　その新井将敬が日興證券に圧力をかけて、付け替え*をさせていたというのが容疑事実ですが、付け替えというのは明らかに証券取引法違反ですね。新井将敬は政治家になる前の官僚時代から、株取引きをやっていたという話があるけれど、知っていましたか。

山田　そのへんのところは分かりません。新井将敬は入省三年目か五年目のときに大蔵省から厚生省に出されたんですが、当時の厚生大臣が渡辺ミッチー（美智雄）で、折しも日本医師会会長の武見太郎と大喧嘩*をしていた。新井氏は最初に配置されたところから、急遽医務課に配置換えになって、ミッチーの懐刀になった。

これは新井自身から聞いた話ですが、武見の医師会と喧嘩するのに厚生官僚は腰が引けているし、情報が漏れるからダメだということで、ミッチーが外様の自分を引っぱってきて一緒に戦おうとしたんだ。だからミッチーと俺は同志なんだと言っていました。

田原　官僚でありながら、すでに政治への志向を持っていたわけだ。

山田　酒田税務署時代に、あることで異色の税務署長として取り上げられた

＊付け替え
証券会社が自己売買で得た利益を顧客につけること。総会屋への利益供与事件で問題になった。東証はこれを防ぐため、証券会社が取引所に売買注文を出すときは自己売買か顧客の委託かを区別するよう義務づけることにした。

＊武見太郎と大喧嘩
一九五七年から二十五年にわたって日本医師会の会長を務めた武見太郎は、「ケンカ太郎」の異名そのまま、医師会の保険医総辞退といった戦術を使って、医師の権利獲得の戦いを何度も仕掛けた。七七年には、医療費是正、医師優遇税制の見直しを打ち出した福田内閣の厚相・渡辺美智雄と渡り合った。

ことがあって、その毎日新聞の県版を自慢そうに見せてくれたことがある。そのとき、ああこの男はやはり官僚としては少し違うな、外れているなと感じた記憶がある。そのころから政治への一種の野心はあったのだと思う。

彼は銀行局の課長補佐を一年間やった後、輸出入銀行に出されるんだけれど、これは明らかに外された人事だった。彼は、上司の筆頭課長補佐の名前を挙げて、「あいつが俺を外した」とずいぶん荒れていました。大蔵省というのはかなり早い時期から人事の選別が始まります。輸銀への出向で俺は外されたんだなと彼は見たわけです。そのへんから、政治への道を固めていくのではないか、と私は思う。

そこへ彼が同志と見た渡辺ミッチーが大蔵大臣になって来て、新井は政務の秘書官に抜擢された。ミッチーは、かつて田中角栄が大蔵省でやったように、やる気のある若手と直につながろうとしていて、その斬り込み隊長的な役割を新井将敬は果たした。ミッチーを囲む課長補佐の会などを彼がアレンジして、しきりにミッチーと若手を結びつけようとしていた。

それからしばらくして私は自動車担当になって大蔵省とは切れていたんですが、年末の日本自動車工業会のパーティーで新井と会ったら、大蔵省時代にはオールバックにしていたロングヘアを、きれいに刈り上げていた。半分冗談で政治家になるのかと訊いたら、今度の選挙に出るというんで、やはりな、と思いました。で、彼は自動車業界を紹介してくれよというから、日産の石原さんなどに「こいつは大蔵省時代の知り合いで、ほんとに悪い奴なんだ」と紹介したら、彼は後で、ああいう紹介の仕方がいいんだ、と言っていた。悪い奴といってくれたほうが親しみがわくから、というわけです。

「田原さん、われわれの行動を取材して下さい」

田原　新井将敬は結局、大田区の選挙区から出馬*しましたが、選挙中にずいぶん怪文書というか、ポスターに、こいつは朝鮮人だというような貼り紙をされて、嫌がらせ、妨害を受けた。

山田　私はちょうどそのときには仙台の支局にいた。だから、東京へ戻って金融担当になったときには、新井将敬はすでに国会議員になっていた。ちょうどそのころ、いま自由化の先触れみたいな動きがあって、銀行と証券の分野調整をどうするか、盛んに議論、研究がなされていた時期なわけですが、彼は証券派の議員として証券の既得権を守る方向で銀行派と対立していた。

たまたま明治座で後援会の人たちを呼んでイベントをやるというから、行って見たら、舞台でマイク持って、威勢のいいアジ演説をやっていた。その後、控室で会った彼に、バス仕立てて劇場借り切って、おカネが大変だろうといったら、カネという言葉ははっきり使わなかったけれど、この世界はやればやっ

*大田区の選挙区から出馬　八二年に立候補するが、次点で落選。八六年再び立候補し、当選。

ただけの効果があるんだという言い方をしていましたね。在日ということが影響があったのかどうかは分かりませんが、大蔵省のときは、突出すると潰されたりして結果的には空回りだった。政界のほうが向いているなあと感じました。彼は脇を固めて、周りと調和してということには向かなかった。

田原 新井はどうして証券派になったのだろう。

山田 落選したときに、銀行は面倒を見てくれなかったと言っていた。俺を支えてくれたのは証券会社と生命保険だと。ミッチーが野村證券の偉い人に口をきいてくれた、と言っていました。日興に付け替えをさせていたと聞いてじつに意外だった。ミッチー筋の野村だけでは足りなくて、日興までウィングを広げていたのか、というのが偽らない感想です。

田原 ロッキード事件のとき、佐藤孝行が東亜国内航空のカネで起訴されるなら納得できても、全日空から賄賂をもらったのではない、あれは敵なんだから、というのと同じ思いが新井将敬にもあったのかも知れないな。

山田 もともとミッチーは大蔵大臣のときに、金融業界をテコに温知会をつくった。なかでも証券業界と緊密な関係を結んだし、生命保険業界とも組んだ。銀行というのは国民協会を通じて政界に献金しているから、最大のスポンサーではあるけれど、議員個人とは結びつきにくい。それに対して証券というのは、株の投資指南など、いわば国会議員の直接ファンドマネーをやって毒饅頭を配

*ミッチーと証券業界の関係　渡辺美智雄の株好きは有名で、いわゆる「政治銘柄」の多くが「ミッチー銘柄」だとされた。九八年一月、新井将敬は国会に参考人として招致され、証券会社との付き合いは、渡辺に証券会社の幹部を紹介されてからだと述べた。「私のポスターに元朝鮮人というシールを張られ、非常に困った時期に、その方が『たとえどんなことがあっても引き受けた以上、俺はやる』といって、深い付き合いが始まりました」

りますから、現ナマを懐手に突っ込みたい人間にとっては証券のほうが話をつけやすい。

田原　僕が新井将敬を最初に知ったのは、あの金丸信が佐川急便からカネをもらって新聞、テレビで大問題になっているときに、自民党から何の批判の声も出てこないときでした。経世会独裁の時代です。僕はおかしいと思っていたから、自民党の中でも発言できそうな議員をテレビに呼んで、どうなっているのかを聞いた。出てきたのは、故人になってしまった塚原俊平*と、与謝野馨*、麻生太郎*だった。自民党ではなぜ誰も金丸はおかしいと言わないんだ、もし批判ができないというのなら自民党は独裁政党ではないか、自由の党でも民主の党でもないと迫ったんです。そうしたら塚原俊平がおずおずと「だって、怖いんだもん」と言った。これが自民党の中から出た金丸、ひいては経世会への批判の第一声でした。

この放送を見ていたらしく、新井将敬から電話がかかってきて、俺たちは行動します、若手で会をつくって問題を追及していくから、その旗揚げのときにはぜひ取材にきてほしいといった。それが、新井との最初の接触です。新井や太田誠一、山本拓が代表世話人になって若手七人の「党の信頼回復を考える会」*がその週のうちにできて、次の日曜の「サンデー・プロジェクト」に新井たちに出てもらった。で、非常にカッコのいい金丸批判を展開したんです。

*塚原俊平
一九四七～九七年。二世議員で、第二次海部内閣の労相、橋本内閣の通産相を務めた。心筋梗塞のため五十歳の若さで没。

*与謝野馨
一九三八年生まれ。与謝野鉄幹・晶子夫妻の孫にあたる。中曾根康弘の秘書を経て、衆議院議員に。村山内閣の文相、第二次橋本内閣の官房副長官を務める。

*麻生太郎
一九四〇年生まれ。吉田茂元首相の孫で、麻生セメント社長を経て衆議院議員に。第二次橋本内閣で経企庁長官を務める。射撃の選手としてオリンピックに出たこともある。

*「党の信頼回復を考える会」
この前後のことは新井将敬

やはり大蔵ＯＢだから出来た付け替えだろう

山田　まさに政界のニューウェーブだったわけだ。

田原　そう、ヌーベルバーグ。その旗手的存在が新井将敬だった、と僕は見ています。ただ、自民党の政治改革派には二派あって、その一つが小沢一郎や羽田孜たちが唱えていたもので、政治の浄化は精神問題に止まっていてはダメだ、政治家の倫理を高めようとしても無理だから、まずシステムを変えるんだという一派です。これは小選挙区制につながっていくわけです。

それに対して新井将敬たちは、言ってみれば倫理向上運動なんです。僕は、人間の倫理なんてそう簡単に高まるとは思っていないから、まして政治家の倫理向上なんて、はなから信じていない。政治を改革するならシステムを改革しなければならないというのが僕の考えだから、その意味では小沢のほうがリーズナブルだと思っていた。だから、倫理、倫理という新井将敬の言説を聞いていて、おやっという感じを持ちました。

新井は、小沢たちの政治改革に共鳴する形で、自民党を離党して自由党をつくった後、新進党に入ったわけだけど、住専問題で六千八百五十億円の財政投入に賛成だという立場をとって、新進党を離れていった。そういう新井を見ていて、僕が印象的だったのは、この男はまず言葉ありきなんだなというもので

著『「平成の乱」を起こせ——信頼回復の原点はこれだ』（祥伝社刊）に詳しい。太田誠一と山本拓は、その後、自由党から新進党へ、新井と行動をともにし、太田は新井より一年早く自民党に復帰、山本は九六年の衆議院選挙で落選した。

した。アジテーターといってもいい。普通の政治家は、言葉だけありき。だけど、彼はまず言葉ありきで、次に行動が伴うんです。言い換えれば、言葉の後を行動がついていく。

帰化したとはいっても在日という問題は、大蔵省の時代にもあったかも知れないけれど、政治家になってもあったと思う。つまり、地盤、看板、カバンのうち、親から引き継いだ組織票も基礎票もなかったわけだから、当選するには言葉と行動しかなかった。浮動票を狙って、カッコいいことをぶちあげて、後は行動あるのみ。そういうやり方でしか地元にアピールできなかった。ほとんどの自民党系国会議員の選挙の手法は利益誘導型です。公共事業を持ってくる、道路をつくる、橋を架けるということをやるわけだけど、彼は選挙区が東京だから、幸か不幸か、利益誘導型選挙はできなかった。言葉と行動、いわばパフォーマンスで踊るしかなかったのだと思う。

彼の自殺を聞いて最初に思ったのは、彼は今度の事件を言葉でも行動でも表すことができなかった。つまり理屈がつかなかったのではないか。それで追い詰められて、破綻してしまったのではないかと思ったんです。

山田　政治の世界は表と裏があるから、表ではそういう一種の美学を貫きながら、裏では懸命にカネづくりしていた。それが彼の負の部分だったと思います。

田原　新井将敬は誰にも相談しなかったらしいね。太田誠一が言っていたけれど、彼は日興の問題が起きてから、一度も親しい仲間に相談もしなかったし、助けも求めてこなかったというんです。太田氏のほうが心配して、大丈夫かと聞いたら、いや大丈夫だと弱みを見せなかったと言っていた。恐らく夫人以外に彼の本当の顔を知っている人物はいないのだろうね。

山田　厚生次官だった岡光序治*が、特養ホームの怪しげな経営者にゴルフ会員権などの便宜供与を受けて逮捕された後、別の要件で新井将敬に会ったことがあるんです。話が一段落したときに「おい、オカミッちゃんやられたよな」と慨嘆していた。私は岡光のことは新聞で読んでいるくらいの知識しかなかったんだけれど、彼は、ああいう腹の太い男がやられるんだなあ、脇は甘いけど、ああいう豪快でいい男は少ないんだ、と他人事ではないという感じで話していた。岡光がひどいことをしたという話は出なかった。

日興に付け替えをさせたところは、やはり大蔵官僚だなと思いました。いや、官僚だから出来たというより、新井氏は証券会社とか、生保、信託と接点を持てるポジションにいたわけですよ。国会議員であり、大蔵OBであり、重鎮ミッチーが後ろについていたわけですから、相当強い要求もできただろうし、普通の人がなかなか入れないチャンネルをごりごり使う形で、彼の裏の政治活動は支えられていたのではないかと思う。

＊岡光序治　一九三九年生まれ。厚生省保険局長を経て、九六年事務次官に就任。厚生省のゴールドプランは老人ホームの増床と表裏一体で、巨額の補助金が動くため、同プランの旗振り役であった岡光は業者の間で「岡光天皇」と呼ばれた。埼玉県の彩福祉グループから六千万円を受け取ったことなどが明るみに出て、九六年辞任、逮捕された。

田原　新井将敬でいちばん問題なのは、株をやっていたことではなく、付け替えまでやらせていたということだと思う。新井将敬が頼んだものが損をしたとき、日興證券が儲けた株を付け替えるわけだから、新井は連戦連勝になる。こういうことをやっている議員はどのくらいいるのだろう。

山田　政界で偉い人はやっていると言われている。そのことを新井氏は知っていたと思う。

これは推測ですが、派閥にいたときにも、証券業界と政界をつなぐ一種のポイントになっていたことは十分に考えられる。あの人もやっているなら、自分もやれるな、と思うのは自然な流れです。これは確かめたわけではありませんが、私たちの間で常識的にいわれているのは、証券業界は銀行より政治力がありますというのが証券の自負だというんです。口が固い担当者が一人いれば相当なことができる。頼むよといえば、あとはよろしくやってくれる。頼む人が政治力や社会的な力があればあるほど、無理がきく世界なんです。

いままでは禁止されていますが、リクルート事件までは未公開株の譲渡なんて当たり前だった。損失補塡だって、いけないと指弾されるまでは、極めて古典的な手だったんです。その意味では、付け替えも一種の方便としてあって不思議はない。政治家や官僚が強いのはインサイダー情報が持てることと、毒饅頭と呼ばれる、特別のいい商品を優先的に配分してもらえることです。ですから、

＊政治家と株
バブル時代、政治家の資金形成に株は欠かせないものとなった。一時は兜町の出張所が永田町にできたといわれたほどである。

政治家、官僚の汚職は、インサイダー情報から始まって、毒饅頭的なおいしい商品の配分、それから場合によっては損失補塡、それでも足りなければ付け替えというふうに進化していくプロセスを踏むのだと思う。

社会的な力と地位で、証券のほうの許容範囲も変わっていくんです。そのうち本人が要求しなくても、勝手に証券会社のほうでやってくれるという最上級の扱いもたぶんあると思う。派閥の親分になったり、政治力で制度まで動かせるような人は、そういう特別待遇が待っている。その点では、新井将敬はまだB級の扱いだったのではないか。何で俺が、という思いは彼にあったでしょう。

銀行も大蔵省もバブルは再来すると読んだ

出原　本題に戻ろう。いまから考えると、もしバブルがはじけた直後に出来るだけ早く不良債権の処理を行なっていれば、現在の百兆円とも百二十兆円ともいわれている不良債権にはなっていなかったのではないか。そもそも不良債権というのは土地なのだし、土地そのものが不良なわけではない。土地自身にはそれなりの有用性がある。機敏に対応せず手を拱いていて、バブル崩壊で地価がダーンと下落して、いわば資産デフレになる。不良債権が雪だるま式にふくれ上がったのだと僕は思う。

山田　現在の地価*はバブル時の三割だといわれている。当然の疑問として、

＊地価は高いか安いか　九七年版『土地白書』によれば、最近の地価下落・横ばい傾向を「好ましい」と思う人は五七・二パーセント、「好ましくない」と思う人は二三・一パーセント。自分が土地を所有しているか、していないかによって、答えは両極端に分かれる。「適正価格」の設定はむずかしい。

なぜ銀行は七割、六割の段階で売らなかったのかということになります。たぶんその段階で処分すれば銀行は損切りできたと思う。早めに損切りしていれば、結果的には銀行の傷口はそこで塞がっていただろうし、不況も金融不安も現在ほどではなかったでしょう。しかし、その後の地価がさらに下落したら、その土地を取得した次の人が残り二割の被害をかぶることになる。逆にいうと、持家の個人か事業会社か地方自治体か分かりませんが、二次取得者が被害をかぶる形で、世の中全体で不良債権を均塡していくことになったと思う。

銀行は果たして七割のときに損切りできたか。三割にしても損害は損害ですから、熾烈な競争を行なっている銀行には、耐えられない悲惨な思いだったろうと私は思うんです。

田原 僕は、それは違うと思う。銀行も大蔵省も、もっと基本的なところで過ちを犯したんだと思う。つまり、いずれバブルは戻ると考えた。資産デフレになって下落した分、どうせバウンドしてはね上がるだろうから、それを待っていたほうが損失が少ない。そう読んだのだと思う。

山田 彼らがそれほど冷静に読んでいたとは思えませんね。たしかに不動産価格には循環的な側面があるから、カーブが上昇曲線に入った後にに売ればいいわけだし、今までそうやってうまく処理してきた。過去の成功体験に彼らは考え方を呪縛されていたんです。

しかし、本当に戻るのか、という議論は当時からあった。あのバブルは行き過ぎだったし、その水準まで上げ戻すことなんかあるのか。仮に戻るとしても相当時間がかかると多くの人たちは考えた。ただ、それまでの習性から、常にいまが底値だと思うものだから、底値で売り払うのは損だと考える。手が縮こまってしまった。何年か先には地価は上がると確信していたというより、銀行首脳も大蔵官僚も自分のときに手をそめたくなかったというのが真相に近いのではないか。大蔵省の役人もせいぜい二年、銀行の経営者でも二、三年で職責を替わる。自分のときに損失を表に出したくないというのが人情です。確信していたのではなく、そう自分に言い聞かせていたんですよ。

田原 バッ点がつくことを銀行が嫌がるのは、信用だけがいわば資産だから、まあ分かる。でも、大蔵省は金融機関全体を管理・監督する立場なのだから、先送りさせるべきではなかった。どうしてある時点で、売れと指導できなかったのか。しなかったのか。

例えば住専の問題にしても、九六年に関連法案で六千八百五十億円の公的資金導入を決めたけれども、その前、九三年の住専再建計画*をやろうとして実現しなかった経緯がある。あのときに対策をきちんと講じておけば、六千八百五十億円の半分で済んでいたかも知れないし、傷はずいぶん浅かった。これは結果論じゃない。いってみれば責任論ですよ。なぜあのとき大蔵省は管理・監督

＊九三年の住専再建計画
加熱する地価を下げようと、大蔵省銀行局が九〇年に出した「不動産向け融資の総量規制」と「三業種規制」の二つの通達が、結果的に農林系金融機関から住専への巨額の融資を招いた。そのため土田正顕銀行局長（当時）は、のちに住専問題の〝戦犯〟といわれるようになった。九二年、土田局長のあとを継いだ寺村信行局長は、住専の再建に奔走し、九三年の第二次住専再建計画を練った。農水省と話をつけ、銀行には「母体行が責任を持つ」という念書を提出させた。

を怠ったんですか。

山田　当時の銀行局長は、故・渡辺ミッチーの秘書をやっていた寺村信行さん[*]ですが、彼が最後の最後のところで決断できなかった。首相の宮澤さんは住専処理やるべしの先鋒だった。宮澤さんが山から下りてきて、何か策を練らなければ駄目だといったのだけれど、大蔵省の中に、銀行に相当な損害が出ることを危ぶむ声が強かった。もう一つネックになったのが農水省。農林系金融機関がかなり不安定な状況にあったから、ここで手術をしたら大量に血が出る、と族議員を中心に全面否定だった。銀行局にすれば農水省の説得に自信が持てない上に、農協系や銀行の負担を避けて住専を処理しようとすれば公的資金が必要になる。そうなると予算を管理している主計局とぶつかる。ここまで事態を深刻化させた銀行局の責任を追及されかねない。とても主計局の説得など覚束ない、とふんだわけです。

要するに省内官僚制なんです。銀行局に入った情報は、入ったきり出てこないから、主計局は金融機関がどんな惨憺たる状況にあるか知らない。大蔵大臣もたぶん具体的数字を知らない。

田原　それはおかしい。総理大臣が住専の再建を最優先にしなければいけないと言っているのに、大蔵省の大臣でもない、一部局の銀行局が総理の意向をはね返してしまう。政治家というのは、自分の政治カン、経済カンを持ってい

＊寺村信行
　一九三七年生まれ。六一年大蔵省入省。銀行局長、国税庁長官を経て九五年退官。九六年二月、住専の責任問題をとりあげた衆院予算委員会に参考人として招致され、銀行局長時代の住専再建計画がうまくいかなかった理由を「宮澤首相の危機意識と大蔵省の危機意識に温度差があったのではないか」と追及された。寺村は「あの時点で公的資金を入れろというのは無理だった。危機意識を持っていたからこそ、国民が納得しないことはできない。まず不良債権がどれくらいなのか、金融機関自体が分からなかった」と述べつつ、農水省と母体行の間で話をまとめるのがいかに困難だったかを語った。

て、これは危ない状況だ、と読む。そのことを大蔵省なり、外務省なりに下問する。当然、細かい計算をする、緻密な分析をするだろうと考える。しかし、当該部局、この場合には銀行局が「ノー」と言ったら、さらに官僚を問い詰めたりしない。残念ながらそういうしきたりというか、暗黙の諒解が永田町と霞が関の間にはありますね。

「ワルの思想」が行政にはびこっているのだ

山田　私は単純な「大蔵＝巨悪」論には賛成できません。大蔵省の役人は人一倍、自負心が強いんですよ。自分たちの問題は自分たちで処理しなければならない。人に迷惑かけたり、世の中にご迷惑をかけることは、不甲斐ないことだという意識が強い。だから問題を噴出させないように懸命に辻褄合わせするわけですが、処理しきれないぐらいマグマが溜まってくる。それでも、マグマを噴出させてしまえばバツがつくから、さらに糊塗しよう、なんとか取り繕った形で次にバトンタッチしようとする習性がある。いってみれば官僚体制そのものの習性なんです。「番頭さん頼んだよ」と言われて、「はい、やっときます」と応えた以上、何としても自分の責任で始末しなければならない。そういう意識が強すぎるんです。九三年のときにも、国会で問題になりかけましたが、番頭さんが、大蔵大臣も知らないところで、勝手に農水省と差しで話をつけてしまう。銀行局長と住専などノンバンク担当の課長とで、農水省の経済局長に話をつける。大蔵次官には決裁は上がっていたと思いますが、大臣は知らされていないでしょう。

優秀といわれる官僚は、法律をうまく乗り越えてしまう度胸があるんです。法律に書かれていないことでも必要ならやってしまう。法意識の欠如かも知れないけれど、大蔵省では、そういうことのできる人間をワルと呼ぶんです。昔、悪源太某といったのと同じで、ワルは力があるという「ワルの思想」です。前日本開発銀行総裁の吉野良彦*さんは、大蔵省時代には吉野ワル彦と〝勇名〟を馳せた（笑い）。力のある男という意味、リスクを自分の責任で背負い込むといってもいい。法律を踏み越えて確信犯的に政策を具体化していく。自分の責任、言い方を換えれば、腹芸的に書いた念書の数を誇るような風土がある。しかもそれを密室で行なう。そういうことが一課長レベルでも日常的に行なわれているんです。

ある意味では尊大ともいえるでしょうが、責任感が強いともいえる。そこまであなたたちに任せていないのに、と私はその過剰なまでの責任感を「独善的な責任感」と呼んでいるんです。行政をきちんとやっていくには、政治的判断が必要になるときがある。にもかかわらず、彼らは政治家を本来的に信じていない。政治家に説明していては時間ばかりかかってしまう。場合によれば、政

*吉野良彦　一九三〇年生まれ。五三年大蔵省入省。八六年事務次官となる。一年後の人事で留任が決まったとき、「次官は一年が慣例なのに、松下康雄、山口光秀氏と三代続いて二年はいかがなものか」という声が上がったが、消費税創設をにらんだ税制改革を乗り切れるのは剛直な吉野次官をおいてないというのが省内の空気だった。

治家はそうして得た情報でインサイダー・トレーディングをやりかねない。だから自分たちの責任でまとめていこう、と考えるわけです。そういうヒロイズムみたいなものがある。

かつて発展途上にあった日本であれば、それでもよかったかも知れませんが、それが習慣化すれば、法意識の欠如につながり、官僚機構のチェックができなくなる。いまはまさにそういう状態なのではないでしょうか。主計局の世界では、今年はこういう査定だけれど、それにはこういう含みがあるんだよと〝念書を書く〟のは日常茶飯のことです。もちろん、アンダー・テーブルです。この手法が銀行局、あるいは他の省庁にも伝染しているというのが現状だと私は思いますね。

田原　そのことは、国際金融局長だった榊原英資*（現財務官）も指摘していた。大蔵省の官僚は、本当はそこまで責任が持てないことまで、世間が期待しているだろうと、過剰な責任を感じてしまう、と。実際にはそんな権限がないのに、あると思い込んで、ふんぞり返るわけです。

でも、いま山田さんはたまたま、法意識の欠如につながるといったけれど、一連の大蔵省の不祥事というか、事件を生む土壌は、公務員の倫理というような漠然としたところではなく、まさにそうした法意識の欠如にあるのではないか。大蔵省の金融検査をめぐる汚職事件で、接待した銀行側の責任をとる形で

＊榊原英資　一九四一年生まれ。大蔵省入省後、ミシガン大学で経済学博士号を取得。国際金融局長を経て、九七年財務官に就任。日本人離れした歯に衣着せぬ物言いで知られ、その言動がたびたび円相場に影響を与えた。一連の大蔵省汚職摘発のなかで、東海財務局長時代の接待疑惑が取り沙汰されている。

佐伯尚孝*・全銀協会長が辞任し、立入り検査する側の大蔵省では、三塚博大臣が辞任して松永光*・元通産相が蔵相に就任した。三塚氏の辞任は、景気対策に無策であったとか、別の政治的要素もあるけれど、大蔵次官の小村武*氏の交代は、汚職事件、あるいは綱紀粛正の手落ちの責任を問われての事実上のクビですよ。だから問題なのは、権限があると思い込む過剰な責任感と、そして美談として省内で語りつがれてしまう〝念書を書く〟という手法、その果てにはびこる法意識欠落があるのだと思いますね。

社会の側でも、日本ではすぐ大蔵は何をしている、政府は何もしないのか、と行政の責任を問いたがる悪いクセがある。その典型が、自戒をこめて言えば、僕自身をふくめてマスコミにもある。そこに行政側が過大な責任感を持ってしまう背景、社会的空気があるのだと思う。不況になった、株価が暴落した、さあ政府はどうしてくれるんだ、となる（笑い）。こういうところには冷静な議論もないし、長期的な展望もひらけない。

財政再建優先が政策不況を招いた

山田　株価まで政府が操作するというのは論外ですよ。クリントンが大統領になったとき、いちばん気にしていたのは長期金利だったんです。短期金利なら、中央銀行のオペ（市場操作）とか介入で操作できますが、長期金利という

*佐伯尚孝
一九三四年生まれ。九四年より三和銀行頭取。九七年四月全国銀行協会連合会長に就任する。関西が地盤の三和にとっては初の会長行だったが、銀行による大蔵省接待事件の責任をとって九八年二月に辞任。事実は三和銀行がその接待に関与していたからだが、本人は最後までそれが辞任の原因とは認めず、追及されると「辞めるときに理由がきちっとないといけないのか」と、いい返した。

*松永光
一九二八年生まれ。福岡地検検事を経て、六九年以来衆院議員に当選十回。第二次中曽根内閣では文相、海部内閣では通産相を務めた。通産相時代は「コメを一粒たりとも輸入しない理屈は、世界で通らない」と発言して、農業団

のは、なかなか操作できない。長期金利が上がるということは市場に、もっと国債が発行される、という予測があるわけです。つまりクリントンの財政赤字削減がうまくいかない、という思惑が広がっているということで、政府が信頼されていない、という意味でもある。その長期金利が上がっていたので、ホワイトハウスは極めて神経質になった時期がある。

同様に日本の株価は政権の信任の一つの指標にはなる。株価の上がり下がりで橋本政権を占おうとするむきがある。株価で、毎日世論調査をやっているようなものです。だからといって政府が株を買い上げて株価を上げるというのは、都合の悪い世論調査の数字を書きかえるようなものです。日本の未成熟な部分が、ここにもあると思う。

田原 指標になっているというより、指標にしてしまっている。だから、たとえば金融システム安定化のために、赤字国債で十兆円の投入を決めた。それでも株価は上がらない。政府は何をしてるんだ、となる(笑い)。この底無しに見える不況は政府の政策が十分に機能しなかったための、いわゆる政策不況だと僕は思うけれど、株価だけを指標に安直に橋本政権を指弾するのはお門違いだ、というわけですね。

山田 株価をどう読むかは、まあその人の勝手でしょう。株価なんて何の根拠もないといえば、そうかも知れない。いや、未来を先取りしているといえば、

体から総スカンをくらった。九八年一月、三塚辞任のあとを受けて蔵相に就任。

*小村武　一九三九年生まれ。六三年大蔵省入省、九七年七月事務次官に就任。九八年一月、金融検査を担当する二人のノンキャリアが都銀からの接待汚職で逮捕され、その直後、上司に当たる金融取引管理官(ノンキャリアの最高ポストとされる)が自殺する事件が起きたとき、小村事務次官は引責辞任を否定していた。それが一転して辞任することになったのは、キャリアは連座しないのかという省内ノンキャリアの不満のためともいわれている。

そうも言える。ただ、株価が下がると、いまのこの実体経済にマイナスを及ぼす面があるものだから、みんな神経質になっているんです。

でも、なぜ異常なまでに株価に関心が集中するかというと、政治家の無策が生んだこのどん詰まりの状況の中で、多くの人がうろたえている現れだと思う。

田原　政治家は無策だったというより、何をすべきか、実は誰も、マスメディアをはじめ、官僚も政府も分からなかったのじゃないかと思う。

橋本さんは、九六年の総選挙の結果、自民党が社民党、さきがけと組んで内閣をつくったとき、六大改革ということを提唱した。その一つが財政再建であり、行政改革であり、金融改革等々であった。財政再建で行くんだといった。そのとき世論、言い換えればマスコミといってもいいけれど、マスメディアは諸手を挙げて賛成した。住専処理でいろいろなことが明らかになった中で、地方債も含めると五百兆円もの財政赤字があるとマスコミはしきりに報道した。こんなことでは遠からず予算も組めなくなる。サラ金で国家運営しているようなものだ。これは大変だ、と新聞、テレビは報じた。そこで橋本首相は、行政改革、財政再建を「火ダルマになってもやる」*と言ったわけです。

ところが、九七年、急に雲行きが怪しくなり、不況が深刻化し、金融危機がやってくると、これは政策が招いた不況、政策不況だと世論、マスコミ、学者は言いはじめた。財政再建にばかり必死になって、消費税を三パーセントから

＊火ダルマ行革　九六年十一月、橋本龍太郎首相は、第二次橋本内閣の運営の骨子を加藤紘一自民党幹事長と打ち合わせ、その席上、「火ダルマになってでも、本気で行政改革に取り組まなければならない」と語った。以後、「火ダルマ行革」は橋本内閣の旗印になった。

五パーセントに上げた。特別減税をやめた。それどころか健康保険料の負担とか老人医療費の負担などを含めて、総額九兆円も国民から奪った。そういう財政再建に突進することにだけ熱心で、不況の深刻化、金融クライシスをみすみす防がなかったのだと非難した。人の気持ちは浮気だといいますが、この間の世論の動きを見ていると、財政再建を一時は支持しておきながら、一年後には財政再建に血道をあげた挙げ句の政策不況だという。べつに橋本さんを弁護するわけじゃないですが、おかしいと思いませんか。

山田　それは財政再建の中身が違うのだと思う。

財政再建はしなければならない。これだけの財政赤字を将来に先送りしていったら、必ず何らかの大問題が生じることは明らかなのだから、方向としては財政は再建していかなければならない。しかし、橋本政権がとった策は、大蔵省流の数字の辻褄合わせです。いま田原さんが言われたように九兆円もの実質的な増税をやって赤字を埋めても、何ほどの財政再建にもならない、とわれわれは書いた。あのとき求めたのは、財政構造を抜本的に変えろということだったんです。

田原　つまり、財政再建には二つの方法しかないわけだ。家計と同じで、一つは収入、入りを増やすか、出費、出を減らすしかない。そこで橋本龍太郎としては、まず入りを増やした。いやもっと増やさなければいけないと思っている。出のほうは行革をやって減らそうと考えていた。行革については別の批判があるけれど、順番としてまず入りを増やして、次に出を減らそうとした。これが彼にとっての改革だったわけですよ。

弱体内閣は大蔵省の思う壺である

山田　私は、九七年四月、どさくさに紛れて消費税を五パーセントに増税したときに、もっと騒ぐべきだったと考えている。

田原　どさくさに紛れてないよ。消費税を五パーセントとすると決めたのは村山内閣ですよ。橋本内閣じゃない。

山田　村山内閣のときに、その方向性はつけたけれど、それには後で再検討をするという付帯条項がついていたんです。九六年四月にやるというなら、一年前にもう一度吟味して、五パーセントが妥当かどうか検討することになっていた。それなのに住専国会が終わった後の、たった二日間で橋本内閣が決めてしまったんです。そもそも、消費税の引き上げは、財政再建をし、そして行政改革をするということが条件に挙がっていた。つまり、三パーセントを五パーセントにするに当たっては、付帯条項として、歳出の抑制をし行革をするとあったんです。五パーセントの消費税は、与野党対決の住専国会の余勢を駆って決められてしまったわけで、言ってみれば大蔵省がサインを出したホームスチールみたいなもので、私はいまでも正当性はないと思っています。

だいたい大蔵省は弱体内閣が出てくると、それを一生懸命支えて得点をかせぐ。弱体内閣が政権運営するには、政権内の反主流派の攻勢を防ぐためにも、大蔵省という大きな権限と組まなければ、不安定になる。大蔵省も懸命に応援するわけだけれど、そのときの反対給付はいつも増税なんです。細川内閣のときの国民福祉税構想がそうだったし、村山内閣の消費税率見直しもそうです。内閣が大蔵省に乗ったわけで、政権内部の一種の談合にほかなりません。国民に議論が見えてこない。

私は長期的に見れば直間比率を変えていったほうがいい、つまり所得税を下げ消費税を上げるという方向は必要という論者ですが、財政構造を変えて歳出を削減する努力をしないで、大蔵省に消費税という打ち出の小槌を預けるのはよくないと思う。歯止めが効かなくなる。そもそも橋本行革には、出を減らすプログラムが何もなかった。

田原　いや、僕は行革がだんだん変質してきたのだという意見だ。行革には二つのテーマがあって、一つは、大蔵省がいま槍玉に上がっているけれど、風通しの悪い縦割り行政を風の通るようにし、機能的にすること。つまり縦割り行政の弊害をなくす。そしてもう一つが、出を減らすことだった。いささかならず僕たちマスコミにも責任があるけれど、橋本行革を変質させたのは、出を減らすのであれば省庁の数を削減すべきだ、という議論にここですり替わってしまったことだと思う。

内閣官房副長官から都知事選に出た石原信雄*さんと話したことがあるんですが、彼は、行革の目的は財政再建です、財政再建のためにやるべきことは二つありますと明言しています。一つは出を減らすこと。出を減らすには二つあって、一つは官僚システム、つまり人数を減らすことで、もう一つは難しいことだけれど、国民に対して福祉、教育の部分を減らしてもらうことだ。そして、もう一つは入りを増やすことだと言うんです。石原さんの考えでは、消費税五パーセントというのは現状維持であって、入りを増やすことにはならない。一〇パーセント近くか、それ以上が必要と考えているようです。少なくとも最初の議論では、行革は財政再建のためのものだったんですよ。

山田 財政構造を再建していくときに行政改革が有効な手段になりうることは否定しません。しかし、そういう展望を持っているとは思えない。だから、省庁再編案が打ち出されたときにも、単なる省庁減らしではなく、それぞれの行政の中身を再検討しなければ駄目ですよ、と書いた。つまり行政のやるべきこと、いわば行政の守備範囲をもっと明確にすることだったんです。さらに言えば、行政の守備範囲をもっと狭めるべきではなかったか。それが規制緩和ともつながるんです。

*石原信雄
一九二六年生まれ。五二年自治庁（現・自治省）入庁。財政局長、事務次官を経て、八七年内閣官房副長官に就任。九五年退任して東京都知事選に立候補。地方行政の専門家として鈴木俊一都知事の後継者と目されていたが、世界都市博中止を公約にした青島幸男候補に敗れる。

田原　省庁再編を云々するなら、人数を減らすことも聖域にすべきではなかった。しかし、現実には公務員の人数を減らすことに社民党、労働組合が強く反対した。そこで橋本首相は、役人の生首は取らないと言明せざるを得なくなった。あの時点で、僕は行革は変質してしまったのだと思う。

マスコミ迎合の行革では五十点しかつかない

山田　ただ、これはよく出る議論なんだけれど、公務員の数を減らせば事業が減るのかというと、そんなことはないと思うんです。行政を事前審査制から事後審査制に変えていくには、やはりある程度の人数が必要なんです。

いまの日本のシステムでは、認可されるまでは膨大な労力とペーパーが必要だけれど、一度認可されてしまえば、あとは官も民もお仲間で、粉飾決算までお見逃しされる仕組みがある。しかし、これからの行政と民間の関係は、ルールが正しく守られているか、きちんと吟味されるようなシステムに変えていかなければならない。これが、新しい社会に対応した行革ですよ。ルール厳守を吟味する人数というのは必要なんです。機械的に人数を減らせばいいというものではない。もっと大事なのは、行政の中身が果たして今の時代にふさわしいものかどうかという、一個一個のシステムを検討して変えていかなければならないんです。でも、そういうミクロの部分の議論が国会ではなされていない。

田原　そこが問題です。住専問題のときに大蔵省改革の話が急浮上したとき、まず銀行局、証券局の検査部門を外へ出そうという案が出た。検査と監督が一緒だから癒着が起きる。検査と監督を離さなければならないということになった。それが次には、検査も監督も局から離そうという、よじれた話になった。なぜ検査も監督も切り離すのかと、僕は与党プロジェクトチームの座長だった伊藤茂氏や、当時自民党行革推進本部本部長で現在行革会議事務局長の水野清氏に問うた。すると、確たる理由がないんだ。要するに大蔵省に権力が集中し過ぎているというだけの、大蔵バッシングなんです。

基本的には大蔵省から権限を分離していくことは、とても大事なことだとは思うけれど、住専問題で権限を持ちすぎだと大蔵省が集中砲火を浴びているから、その権限を外すのが一番分かりやすいという考え方なんです。水野さん自身は、最初は検査部門だけを外せばいいという意見だったのに、大勢は監督部門も切り離すという方向になった。だから、彼は、当時の涌井洋治官房長と、日興證券の検査をめぐる汚職事件で一度は辞意を表明した武藤敏郎官房長の二人を前に「じつは自分は検査だけ外せばいいと思っていたのに、時の勢いで監督部門の切り離しまで行ってしまった」と詫びているんです。

ところが、その彼が今度は金融と財政の企画立案の分離ということを言い出している。あなたは最後まで検査だけでいいという意見じゃなかったのか、と

＊涌井洋治
一九四二年生まれ。六四年大蔵省入省。九七年七月、主計局長に就任し、〝陰の事務次官〟との異名を持つ。官房長時代の九五年に、石油卸商の泉井純一よりピカソの版画を受け取り（のちに返却）、厳重注意処分を受けた。九八年一月の小村次官辞任のあとを引き継ぐかと見られていたが、それが見送られたのは、この事件のため。九六年、金融の検査・監督部門を大蔵省から切り離す案を与党プロジェクトチームが掲げて動き出したとき、それを阻止すべく、伊藤座長らに〝ご説明攻勢〟をかけた。

＊武藤敏郎
一九四三年生まれ。六六年大蔵省入省。九八年一月官房長に就任。涌井とともに大蔵省の検査・監督部門分離阻止

聞くと、マスコミが承知しなかったからだという。自分たちは金融監督庁をつくることで、これで大蔵改革ができたと思っていたら、新聞やテレビから、改革は中途半端だという非難にさらされたからだというわけです。自分たちの仕事は、いわばメディア相手の仕事だ、世論が認めてくれるまでやるしかないというんです。情けないけど、水野氏に限らず、確固たる信念とポリシーを持っている政治家がいない。行革もメディア、世論に納得してもらうための行革、そこまで矮小化してしまっているんですよ。

山田　大蔵改革というとき、言葉だけが踊っている感じがしてならない。検査監督と企画立案を分離しなければいけないという。二〇〇一年か、二十一世紀には金融庁をつくります、と。役所の中の役所である大蔵省を分離する、これは素人分かりしやすい。では、現実には企画立案は何をやるのか、田原さんが言われたように、政治家にも分かっていない。例えば加藤紘一幹事長だって怪しいものだと、私は思う。国会で議論しなければいけないのだけれど、議員たちがそういうレベルです。当たり前のことですが、大蔵省にメスを持たせるわけもにいかない。結局、推し戴く委員長は議員先生の誰でもいいが、外部から人材を集めて議論させるしかないのではないですか。

田原　結局、行革、行革とお題目を唱えながら、橋本首相はじめ、みんな何が行革か分からなくなってしまったのだと思う。行革会議の連中も。行革は骨

に奔走した当時は総務審議官だった。伊藤座長は、当時の小川是事務次官・涌井官房長・武藤審議官の三人を〝ご説明攻勢〟の「超強力トリオ」と呼んだ。

抜きにされたという見方もあるが、むしろ行革会議にはポリシーがないんですよ。行革会議が最後に何を打ち出したかというと、たかだか郵政三事業の民営化と、大蔵省の金融と財政の分離、あとは省庁の数減らしだけですよ。

ただ、行革会議が打ち出したものに点数をつけろと言われれば、僕は五十点をつける。なぜ零点じゃないのか。内閣機能をいままでと違った形にするというからです。これまでは事務次官会議というのがあって、事務次官会議に上った議題しか閣議では論じられなかった。それ以外の議題は、不規則発言として扱われていた。ところが、これからは事務次官会議に縛られることなく、自由に論じられる。しかも、いままでの閣議は全員一致だったから、例えば大蔵省に不都合なことに大蔵大臣が一人反対しただけでアウトになっていたのが、多数決でいいということになる。これは五十点つけてもいいと思う。

山田　まだまだ一合目でしょうね。私は、行革の議論の立て方がだいたいおかしいし、議論の時間も足りないと思う。橋本首相がどこかの講演会で二十三省庁を十三に統廃合するといった。まあ、この統廃合という言葉自体が怪しげで、統合はあっても、廃合なんて言葉はない。それはともかく、橋本さんは省庁を半減するといった。問題なのは、小泉厚相が言っているような「保健福祉省」という言葉は国民になじまないとか、そんなことではなく、行政機関を見直して半減するというなら、官と民との守備範囲の問題、つまりどこまでが行

＊行革会議　九六年十一月の閣議決定で設置が決まった。会長の橋本首相以下、学会から藤田宙晴東北大名誉教授、塩野谷祐一一橋大名誉教授、財界から諸井虔（元日経連副会長）、マスコミ界から渡辺恒雄読売新聞社長、労働界から芦田甚之助連合会長ら十三人の委員からなる。首相官邸での本会議のほか、地方での「一日行革会議」で国民の声を聞いたりしながら、省庁再編などを論議してきた。

政の仕事で、どこからが民間でもできることなのかという官民の重複部分のきちんとした線引きとか、あるいは行政は何をやるのかといった本質的なことまで議論しなければいけないわけですよ。省庁再編は単なるスタート地点を示したに過ぎないのに、現在のところ二十三を十三にするのが妥当か、といった数の議論しかしていない。こんなことは、一年やそこらの短時間の議論ではとても無理です。田原さんは行革は変質したと言ったけど、私は本気でやる気がなかったのだと思いますね。

強いて言えば、九六年、橋本首相の肝いりで急遽発足した行政改革会議*では なく、それ以前からある行政改革委員会の時間をかけた議論のほうに、私は期待したい。いまは熱病のように行革、行革といっていますが、そもそもは土光敏夫さんの行政改革審議会*、いわゆる第一次行革審というのがあって、鈴木永二さんの第三次行革審まであった。行革会議での収穫といえば、たしかにおっしゃるように内閣機能の問題ぐらいで、肝腎の行政組織のほうはほとんどメスが入らなかった。屋上屋を重ねるような行革会議というのは、はっきり言えば国民の人気取り。選挙前になると、議員の先生方の誰もが、大蔵改革の旗を立てるのと基本的には同じだと、私は思っています。橋本行革は、やったふり行革だと見ています。支持率がもたないので、やっているふりをしているだけで、必ず馬脚を現します。

一年後の最終報告で一府十二省庁への再編案を発表した。

＊行革審
正式には臨時行政改革推進審議会という。八三〜八六年が第一次で、〝ミスター合理化〟と呼ばれた土光敏夫（元経団連会長）が会長を務めた。これは、八一年に始まった第二次臨時行政調査会（別名・土光臨調）の答申内容を推進するための機関であった。土光臨調の基本理念は「増税なき財政再建」で、国鉄・電電公社の民営化から特殊法人の整理に至る今日の行革は、すべてここから始まった。第二次行革審は八七〜九〇年、大槻文平（元日経連会長）が会長、第三次行革審は九〇〜九三年、鈴木永二（大槻の次の日経連会長）が会長を務め、規制緩和や地方分権を答申した。

不況に特効薬を求めるのは間違いだ

田原　行政改革と財政再建は、言ってみれば車の両輪です。で、行革のほうは、走っているうちに大きく歪んでしまった。一方の財政再建は、当初は何の反対もなかった。

ところが、冒頭でもいったように、ここへ来ての金融不安、金融クライシスで、財政再建路線が悪いのだ、それが政策不況を招いたのだということで、財政再建は一時棚上げしてでも、いやむしろ積極財政路線に転換して、この不況、危機を乗り越えるべきではないか、という風向きになった。梶山静六・前官房長官の十兆円の財政出動プラン*は、その典型的だった。橋本首相にすれば、二年前に財政再建路線を打ち出したときには、何の反対もなかったではないかと言いたいと思う。

山田　それは違いますよ。九兆円増税なんて、まったく賛成していません。そんなことをすれば成長率は下がるのは明らかです。同じことを新進党も言っていた。まあ、新進党は細川内閣のときに国民福祉税七パーセントを言いだした前科があるところだから、反対する資格はないかも知れません。しかし、当時新進党の鈴木淑夫さん*（現自由党）が橋本総理に盛んに反論していた内容は、マクロ経済としては極めて妥当だと思う。新進党案で賛成できないのは、長び

＊梶山静六の財政出動プラン
九七年十一月、梶山前官房長官は十兆円規模の新型国債の発行を提案した。この資金を当面、預金者保護を柱とする金融不安解消のために使う。国債の償還財源には、政府保有のＮＴＴ株やＪＴ株などの売却益をあてる、という構想である。

＊鈴木淑夫
一九三一年生まれ。日銀を経て、九一年より野村総研理事長を務める。九六年新進党の比例区東海ブロックより衆院選に出馬、当選。九八年一月自由党に参加。野村総研時代から、景気対策よりも財政再建を優先させるべきだという説に異論を唱えていた。

く不況打開策として赤字国債を増発してでも減税すべきだという点です。それまで同じ手法でやってきた結果が当時の財政赤字五百兆円という数字になっているわけですよ。また同じことをやるのか、ということです。不況だ。じゃあ公共投資だ。やれ農業、土木だ、やれダム、電気だと、カネを垂れ流してきた。それと同じことをやるのか。

本当に景気浮揚するのだったら、ダムにカネを流すより、例えば通信に投資したほうが効率がいいんです。しかし、現実にはダムや農業、土木で食べている人たちがいて、そういう人たちから票をもらっているから、まずその雇用を維持しようというわけでしょう。背後にはそうしたゼネコンが控えているわけで、新進党だろうが自由党だろうが、まさに政権構造そのものに問題がある。彼らが言う不況対策には乗りたくないですね。

で、田原さんはテレビなどでよく「不況だ。特効薬はないですか」とやりますね（笑い）。政治家の答は決まってますよ。カネをばらまくことです。だから、特効薬なんて求めてはいけないんです。カネをばらまけば、効率は悪いが、たぶん景気は上がるでしょう。でも、それは将来を見据えれば、悪循環そのものなんです。歳出構造を変えて、おカネを流していくチャンネルを変えていかなければいけないんです。不況だ、公共投資だ、消費税アップだ。これじゃあ困る。消費税を一パーセント上げれば、二兆円とか三兆円というカネが入ってくる。そんな打ち出の小槌を持たせてはいけない。まずカネをばらまく装置の蛇口を閉める方向にもって行くべきなんです。九七年の押し詰まった年末に整備新幹線に予算がどっとついた。いくら金融危機だ、大不況だといっても、あいうことをやってはいけない。だから、私は橋本さんに言いたい。消費税を元の三パーセントにお戻しなさい、と。いま共産党が同じことを言っていますが（笑い）。

田原　特効薬は何ですか、とは聞きません（笑い）。でも、少し意地悪なことを聞きます。ばらまきが良くないという。でも、ばらまきでやって来なかったら、地方には絶対に道路はできていませんよ。青森は新幹線がきてほしい。鹿児島もそうでしょう。青森や鹿児島に新幹線が行くことに、山田さんは反対ですか。

山田　反対ではありません。じゃあ、どうすればいいのか。政策に優先順位をつけなければいけないと思うんです。いままでは、新幹線もダムも道路も、何もかもという形だったわけです。全部できれば、それに越したことはないけれど、いま大事なのは、その中から何を選ぶかということだと思う。基本的には、地方が自分たちの政策の優先順位を自分たちで考えるべきなんです。メニューとしては、干拓もあります、道路もあります、ダムや漁港や新幹線もあります。仮に一兆円あったら、このメニューから何を選びますかと、地方に考え

＊地方交付
地方交付税は国税の一定割合を地方自治体に再配分するもので、財源のない自治体ほど多く交付される。その分、国の意向に縛られるわけである。全国三千余りの自治体のうち、交付されない自治体は百二十三団体（九七年）にす

てもらうことです。

いまのままでは、建設省は地方に道路を持っていき、運輸省は新幹線を、農水省は漁港を、という具合に、それぞれの役所がやる形になっている。逆にいえば、役所自体に膨張構造があって、地方はそれに乗せられているんです。

田原　地方が中心にならなければ駄目だというわけですね。とすれば、行革というのは、そもそも地方の行革から始めるべきだった？

山田　そのとおりです。地方の行革「も」でなく、地方の行革「から」、だと思います。中央の公共事業投資という垂れ流し構造にはまり込んでいる現在の地方財政を改革するには、地方だけではできないんです。国と地方のあり方をきちんと考え、改めるべきところは改めていかないと、改革なんて掛け声倒れです。これが行革の大事なポイントだと思います。

「地方の行革」を唱い上げることが必要

田原　東京への地方交付*は、たしかにゼロだ。行革を、カネの面できちんとやるなら、地方の行革からやるべきだった。でも、そういう声は意外に、というか、ほとんど聞こえてきませんでしたね。

山田　一応仕組みとしては、諸井虔さんが委員長をやっている地方分権推進委員会*がその辺のところに取り組んでいますが、まだそこまでは踏み込めてい

ぎず、都道府県レベルでは東京都だけ。つまり、これらの不交付団体は自分の稼ぎを他の自治体に持っていかれ、それが閑古鳥の鳴く超豪華ホールに化けたりしているのである。この構図を暴いたコラムニスト・村野まさよしの著書『地方は栄えて、日本は破産』（講談社刊）を読んで怒らない東京都民はないであろう。

＊地方分権推進委員会
　村山内閣の九五年に、五年の時限立法として地方分権推進法が成立した。つづいて、知事経験者や学者からなる地方分権推進委員会が設置され、財界の理論家として知られる諸井虔（当時秩父セメント会長・日経連副会長）が委員長に抜擢された。委員会は九七年までの間に四回の勧告を出し、機関委任事務の廃止などを打ち出した。

ない。細川護熙*氏がまだ熊本県の知事をやっていたときに、多少そういう動きは見せていたけれど、結局、彼も途中で中央指向に変わってしまいました。だから、いまの枠組みの中では、かなり難しい。しかし、将来的には地方自身が変わっていかざるを得ないのではないでしょうか。

田原 それは無理だ。日本という国は、情けないけれど、外圧がないと変わりませんよ。金融ビッグバンがその典型ですが、中央はアメリカの外圧で変わる。そういう何らかの外圧が、地方にも必要なんです。山田さんの言うように構えていては、「百年、河清を待つ」だと僕は思う。そのためには「地方の行革」ということを唱い上げることですよ。

大分県知事の平松守彦さんが十年以上前に、地方分権の立場から道州制*ということを提唱したけれども、他の知事たちは一向になびかなかった。なぜ平松さんは孤立するんですか。その平松さんと組んで、熊本にも地方分権の狼煙を上げようとした細川さんは、熊本では我慢しきれなくなって中央に出てきてしまった。出雲市の岩國哲人*さんも結局は中央に出てきた。山田さんは、地方が大事だと言われるけれども、なぜこんなことになるんですか。

山田 やはり勝つまでは負け続けるんでしょうね。歴史を見ても、かなりの危機感が出てこないとバネは生まれないんです。まだ漠然とした危機感だけれども、現在起こっているこの金融の危機は、バネになる絶好の好機なのかも知

*細川護熙
一九三八年生まれ。旧熊本藩主の細川家当主であるため「殿」と呼ばれる。朝日新聞記者から参議院議員となり、八三年熊本県知事に当選。二期務める間に「日本一づくり」運動などを提唱。九二年、日本新党を旗揚げして参議院議員に復帰。翌年には衆議院に転じ、五五年体制崩壊にともなう非自民内閣の首相に就任。小沢一郎に首相就任を打診された際、全くためらわず二つ返事だったのには、当の小沢も驚いたという。佐川急便からの借り入れ問題にからんで、就任八ヵ月で辞任。

*平松知事の道州制
平松守彦は、通産省、国土庁を経て、七五年大分県副知事に転じ、七九年以降知事を務める。一村一品運動などで地方活性化ののろしをあげた。

れない。あるいは、いま地方で起きている事態、例えば農業の問題、過疎化という人口の問題などを考えても、地方イコール保守ではなくなってきています。そういう地方が抱える矛盾や危機感がテコになって、新しい政治が地方から生まれてくる可能性はきわめて大きい。

なぜ橋本行革は行き詰まっているのか。中央政界でイニシアチブをとって政府を動かす、国家の舵取りをしようと思ったら、まず衆議院で十回ぐらいは当選しなければならない。その間、党内の雑巾掛けをし、カネを集め、官僚と仲良くなって、派閥をつくって、やっと政治のイニシアチブを握って内閣を組織できる。内閣を組閣できても、ライバルに囲まれていることには変わりはないわけで、みんな折りあらば寝首をかこうと虎視眈々だし、省庁を動かそうとしても、これも面従腹背です。中央省庁を本気で動かして国政を変えようと思ったら、膨大な力と時間が必要になる。だから私は、橋本さんに「お気の毒」というしかありませんね。行政にしろ、財政にしろ、改革をやろうとするなら、大統領制にするのが、一番の早道でしょうが、日本は議院内閣制だから、それはできない。

ところが、地方だったら、知事、あるいは市長に当選すれば、すぐにでも官僚機構をある程度変えられる。しかもやったことが直ちに有権者に跳ね返るから、うまく行政をやれば相当なパワーになるんです。ただ、国との関係を変え

その理想とするのは「ユナイテッド・ステイツ・オブ・ジャパン」＝ゆるやかな連邦制国家で、たとえば九州の各県が九州府をつくり、九州議会に議員を送るシステムを提唱している。

＊岩國哲人
一九三六年生まれ。メリルリンチ米国本社副社長を経て、八九年島根県出雲市長選に出馬、当選。行政をサービス業ととらえ、土日の住民票等発給業務や無駄な条令の廃止など、多くの改革を実践し、さすが民間企業出身の市長は違うといわれた。地方分権の旗手だったはずが、九五年、突如東京都知事選に出馬・落選、九六年には衆議院選挙に新進党から立候補して当選する。その後、太陽党結成に参加。

ていくのは、地方の一首長では無理で、細川氏や岩國氏がそうかは別にして、いろいろな不満がたまってくる理由もそこにあるわけです。地方と国との関係とは何かといえば、大きく言って先ほど話した財政の問題と意思決定のメカニズムの二つの問題がある。意思決定のメカニズムは財政と緊密に結びついているから、最終的には地方にある程度カネを預けなければならないという話になります。逆に、いまのこの経済の混乱は、歴史の転換点としてとらえれば、地方が地力をつけるいいチャンスになりえるのではないか、という発想もできるわけです。

これまでは世の中の流れとして、中央の官僚だってろくなことをやっていないのに、それより「民度」の低い田舎の役人に任せたら何をするか分からないというふうに思われていたと思うんです。だから、中央の省庁が仕切ったほう*がいいんだ、と。でも、バブル以後の流れを見ていると、中央はおかしいぞということに人々は気がつき始めた。地方でも成功しているところはあるじゃないか。ということで、大蔵省や建設省、農水省にカネのことを任せているよりも、地方に責任を持たせたほうがいい行政をやるかも知れないという国民的空気がいま醸し出されていると思う。

田原 いや、僕は地方からは無理だと思う。戦後五十年を超えたいまも憲法に謳われながら実現してないのは、唯一地方自治ですよ。

＊中央の省庁が仕切る　戦前、日本の知事は内務省の官僚であり、国の事務を代行するのが仕事だった。四七年に制定された地方自治法によって、知事は公選されることになったが、現実には中央官僚出身者がほぼ半分を占めている（とりわけ自治省出身の知事が多い）。中央とのパイプが太く、地元にカネを運んでこられる知事を地元が期待するからである。一方、国は多くの官僚を地方に出向させている。たとえば都道府県の土木部長の約七割が建設省からの出向者で占められるなど、この出向は国の補助金の流れと関係が深い。埼玉県の特別擁護老人ホーム建設をめぐる汚職で厚生省からの出向職員が逮捕されたのは象徴的なケースである。埼玉県はこれに懲りて、出向職員を同一ポストに長期間とどめるのを

山田　それと、国権の最高機関が国会だということも実現していない。

田原　実現してますよ。何だかんだと言っても、町会議員や村会議員がリードして法律を決めているわけじゃあない。国会で決まっていくんです。

山田　形式。形式だけ。だって国会が自らつくった法律なんてありませんよ。みんな省庁から上がってきたものを、政府提出案件として審議して、成立しているだけです。あれは、言ってみれば各省庁の官僚たちがつくった法律で、それをまた省庁の役人たちが執行しているに過ぎません。

旧ソ連型の官僚支配は時代おくれだ

田原　山田さんの論法で行くと、まるで現在の破綻が戦後からずっと続いてきている、言い方を換えれば、戦後の日本は壮大な失敗のドラマを演じてきたように聞こえる。僕は戦後のある時期までは、日本のドラマは成功してきたんだと思う。

山田　べつに戦後の発展を否定しているわけではないんです。戦後つくられたシステムがいまは桎梏（しっこく）になっているということです。残念ながら、そういうふうに遺伝子が組み込まれていた。具体的にいえば、官主導のシステムだった。官僚賢人政治スタイルだったんです。官吏という有能な人たちにお任せしておけば、うまくやってもらえるという仕組みだった。国民の政治水

廃止することにしたが、それだけのことが「知事の英断」といわれるほど、自治体はこの人事に縛られているのである。

準が低い時代は、そういう優秀な官僚たちに権限を与えて、効率的なことができた。この時期には、機械で言えば動力も制御も官の中に一本化されていたわけです。官のほうも自分たちの思うように融通無碍にやってきた。

田原　発展途上にあった日本には、それしかやり方がなかったともいえる。たぶん高度成長期までは、それでよかった。ところが、世の中が発展してくると複雑になって、行政が仕切れる限界を超えて情報量があふれてきた。あのころがシステムとしてダメになった時代ですかね。

山田　同感です。たとえば旧ソ連では、紅茶茶碗はいくら、灰皿はいくら、というふうに、物の価格は政府が決めていた。物が少ないころは、そうやって仕切ることができた。ところが、世の中が発展してきて物があふれ返るようになってくると、とてもじゃないけれど、そんな形で政府が仕切っていけなくなった。つまり、マネージする情報量が経済の発展とともに膨張してしまうと、官僚がコントロールしようにも出来なくなるんです。

民に経営資源がないころは、官の仕切りに従ってやっていれば問題なかったけれど、産業や社会の裾野を広げていこうとするときに、いちいち官にお伺いをたてていたのでは、ものごとに機敏な対応ができなくなるわけです。しかし、官は権限を手放したくないし、思考の根っこに官尊民卑という考えかたがある。民に任せたら何をするか分からないということで、いつまでも民を差配しようとする。官は、時代からすでに置いてきぼりを食っているのに、いや、置いてきぼりを食っていることが薄々わかっているから、不安になって、一生懸命に民を構おうとするんです。そこにまた、害あって益のない事態が生まれてきているというのが現状ではないですか。ここまで経済が大きくなったのだから、官と民の役割をきちんと見直す必要がある。私は、西部邁さんが批判するような改革派*じゃありませんが（笑い）、官と民の役割を吟味する必要性は強く感じます。

最も強調したいのは、官にはこれまでの成功体験があるということです。統制型の成功体験なんですが、それが実は過去のものであって、いまでは邪魔になっている。実際にはしくじっているのに、過去の成功があるものだから、その失敗を表に出すまいと、隠そうとする。隠そうとするから、それが肥大化する。その繰り返しでマイナス部分が溜まりに溜まっている。いま官が自己防衛的になっているのは、そういう背景があるからなんです。

金利を自由化したとき大蔵省は仕事の半分をサボった

田原　中央集権には、もちろんメリットとデメリットがある。中央集権の、唯一いい点は、平等ということですよ。地方分権にしようということで地方主権になったら、経済の活性化しているところと、していないところの格差が出

*西部邁が批判する改革派　五五年体制の崩壊といわれた細川政権誕生以来の「革命こそ先にありき」という主義の人々。「金のかからない選挙が実現する」「政権交替が起きる」はずだった政治改革は結局、小選挙区制＝総与党化を生み、公費助成＝小党分立を促進させるだけだった。行政改革、規制緩和、ビッグバンにいたる流れも同様で、この日本型ポピュリズムは、アメリカニズムという歪んだ民主主義信仰である、と評論家の西部邁は批判している。

てくる。生活の格差も生じてくる。つまり、主体性はあるけれども、さまざまな格差が出てくるということです。中央集権には問題もあるが、少なくとも沖縄から北海道まで、なるべく平等にカネを配分していくシステムではあるわけです。いままでは、それでよかった。地方が大満足とはいかないにしても、まあ納得してきたのは、官が平等に与えていると思ったからです。それはいろいろな分野に及んでいて、例えば銀行も、中央集権のもとで大蔵省が全権を掌握して護送船団方式にやってきて、ことはうまく運んでいた。

この中央集権というのは、山田さんが言う統制経済という意味じゃあないんです。あえて言えば、行政指導。法律上は日本は完全な自由主義経済であり、競争の社会なんだけど、実は本当の競争ではなく、官僚たちが巧みに規制をしてきたんだと、僕は思う。法律ではなく、行政指導という形で経済を規制してきた。そして、それはうまく機能してきた。

中央集権に対するものは、地方であれば地方分権だけれど、金融業界の場合は、規制の撤廃ですよ。では規制を全て取っ払って自由化すれば、当然、自由競争になって、少なからぬ銀行、金融機関が潰れますね。

山田　規制を取っ払うということだけれど、規制にもいろいろある。

田原　いや、極めて大胆にいえば、規制には二つしかない。社会的規制と経済的規制ですよ。経済的規制も多くは社会的規制と重なる。たとえば大規模店舗法、いわゆる大店法は、つくられたときは明らかに小さな店を守るために、大きな店を出店するのを規制することを目的にしたものだった。しかし、その規制が緩和される、あるいはなくなると、どうなるか。弱肉強食で、小さな店がなくなり、ひいては商店街が町から消えるということですよ。

金融業界でいえば、規制が緩和されると、少なからぬ銀行が潰れる、潰れないまでも吸収という激変が起きる。護送船団方式はもう続かないと言いながら、そういう混乱を起こしたくないと思って、これまで徐々にソフトランディングを目指してきた。まあ、その大蔵省の目論見が、逆に混乱状態を増幅したという側面はあるけれどもね。

山田　いや、大蔵省に果たしてそういう目論見というか、方程式があったかどうか。私はべつにハードランディングがいいというわけではなく、この混乱状態は、行政が必要な手だてを怠ってきた結果だと考えてます。いまの金融問題の根源は、話はさかのぼりますが、中曾根内閣のときの日米円ドル委員会*から始まった。円ドル委員会というのは金融をめぐる日米交渉で、この場で日本は金融自由化を約束させられた。いわばアメリカの外圧が、従来の護送船団方式に風穴を開けた。金融自由化というのは銀行が倒産する〝自由〟も発生するんです。あのときに、正しく対応してきちんと備えをしておかなければならなかった。ところが、それを大蔵省はサボってきたんです。

*日米円ドル委員会　八三年レーガン大統領が訪日した際、設置が決まり、翌年から活動を始めた。今日の金融自由化の源となった委員会で、アメリカはここを通して日本に金融面での障壁の撤廃を求め、日本は具体的な金融自由化のプログラムをアメリカに示してきた。委員会は八四年に日米同時に報告書を発表、大蔵省はこれを踏まえて、「金融の自由化及び円の国際化についての現状と展望」を発表した。当時、金融業界では、これらの文書を〝黒船〟にたとえた。

田原　サボったのではないと僕は思う。大蔵省は、アメリカの要求どおりの自由化をしたら大変な混乱が起きると思って、それで自由化するふりをして、実は自由化してもあまり混乱の起きそうもないところを自由化し、大事なところは自由化しなかったんですよ。つまり、それが大蔵省がソフトランディングを狙ったというゆえんです。だいたい僕は、山田さんがいうほど、大蔵省が悪人だ、あるいは邪悪なことを画策しているとは思ってない。

山田　私だって単純に大蔵省が諸悪の根源だと言っているわけじゃない。そうではなくて、日米円ドル委員会で決まった金利の自由化をやるということは、どういうことか。この点を真面目に考えなかった護送船団行政には、「銀行はつぶれない」という神話があって、たとえて言えば成績表が1の生徒でも卒業できたところが自由化になれば平均点の3でないと卒業できませんよ、というのと同じことなんです。つまり、金利を自由化するということは、破綻するところも出てくるということなんです。

しかも、大蔵省がやったのは段階的な金利自由化[*]で、日米円ドル委員会から始まって九三年に終了している。要するに銀行は一行たりとも潰しませんよという形で進めてきたわけだけれど、金利の自由化は本質的に、潰れる銀行が出ることを内包しているんです。それが競争原理です。

では、潰れる銀行が出るような事態に対して、何をしておくべきか。一つは

＊段階的金利自由化
　八四年の日米円ドル委員会の合意によって、日本は二、三年以内に金利規制の緩和・撤廃を約束した。実際にはほぼ十年をかけて、市場金利連動型定期預金（MMC）の創設、大口預金の金利自由化、マル優の廃止、小口MMCの創設、貯蓄預金の導入などが行なわれ、最後はMMCも廃止されて金利の自由化が完成した。

預金保険を充実すること、もう一つは統一経理基準、きちんとした経理基準で銀行の決算は適正に行なわれています、ということを明確にすることです。なぜか。一行たりとも潰さない、いざとなれば大蔵省が助けるというのであれば、そんな必要はない。でも、これからは潰れるところも出ますよ、というのなら、銀行の中の経理がどうなっているか、決算内容を世の中に知らしめるディスクロージャー・システムをつくらなければならない。こんなことは金利自由化の方針を打ち出した当時から言われていたことです。ところが、それを大蔵省はやってこなかった。大蔵省がサボってきたというのも、そういう理由からなんです。

なぜ、やらなかったか。それは簡単で、銀行や金融機関が潰れるということは、いわゆる事後行政型の行政に一大転換することを意味している。それまでの護送船団行政というのは事前行政なんです。戦後、できた銀行の全てが一行たりとも潰れずに生き残っていて、ごく小規模なものを除けば、新規参入がゼロという珍しい業界が日本の金融界なんです。一回エントリーした会社は、我らみな仲間みたいな感覚で、金融村をつくっていた。そういう金融村を仕切っていたのが大蔵省なんですが、実はマネージャーは二層に分かれていた。一つは大蔵省内でキャリアと呼ばれる人たち。この人たちはいわば権力行政をやっている。お前の銀行は言うことを聞かなかったから、今度のお前の業務は認めてやらないとか、お前の銀行は言うこと聞いて可愛いから、今度店舗を増やすのを認めてやろうというふうに、権限を配分する行政をやっていた。大蔵省の何とか課長とか、何とか課長補佐という人たちです。

しかし、実際に銀行の立入検査をやるとか、出てきた書類を審査するのは、ノンキャリといわれる一般職員です。

警察と大蔵のキャリアでは権力が違いすぎる

田原 キャリアとノンキャリ*ということはよく指摘される。大蔵省の立入検査をめぐる汚職や、下世話にいえばノーパンしゃぶしゃぶなどの接待疑惑というか、たかりの構造が問題になったけども、大蔵省にそういう二重構造があることは問題だと思っていた。

山田 そう。それから、もう一つ指摘しておきたいのは、銀行に立入り検査に行って、書類の山の中から銀行の決算をちゃんと調べてくるのは、ノンキャリの人たちの仕事なわけですが、実はこのノンキャリの人たちの仕事が、次の時代の仕事になるんです。現実に立入検査の日にちを事前に教えたりして、大問題になったくらい、彼らの仕事は銀行にとっても死命を制するような部分を含んでいて、それが不明瞭だったから、いろんな不祥事も出てきた。彼らの仕事はきわめて複雑で、昨日まで主計官をやっていたキャリア官僚が課長として

＊キャリアとノンキャリア　国家公務員試験はⅠ種、Ⅱ種、Ⅲ種とあり、Ⅰ種合格者をキャリア、Ⅱ種以下をノンキャリアと呼ぶ。大蔵省の職員約八万人のうち、九九パーセントがノンキャリア。キャリアは新幹線、ノンキャリアは鈍行列車にたとえられるように、出世のスピードが全く違い、ノンキャリアの出世は課長補佐あたりで頭打ちになる。

朝日新聞社が中央省庁の係長を対象に行った意識調査では、「かごに乗るのが国民、かつぐのがキャリア、そのまたわらじを作るのがノンキャリアだ」と答えた人もいる。大蔵省ノンキャリア人生の理想的な終着駅は、故郷の地銀や信金の役員に天下りすることだという。九八年一月、都銀からの接待で逮捕された大蔵省の二人のノンキャリア検

今日やってきても、できないほど複雑で大変な仕事なわけです。キャリアで、そんなことをこなそうと思ったら、それこそ金融マフィアにでもならなければ、できない。要するに、銀行局にずっといなければならない。でも、それでは省内では出世の埒外になるわけです。

金融の自由化とは規制緩和のことです。大蔵省のキャリア官僚が大好きな権限を手放すことを意味していた。ノンキャリの人たちがやってきた検査ルールの点検という実務が重要になる。その転換をキャリアたちは怠った。ノンキャリという人たちが下働きをし、キャリアが権限を持つという構造には何のメスも入らなかった。それが大蔵省腐敗の最も大きな問題点なんです。

田原　大蔵省を警察になぞらえれば、警察庁のキャリアというのがいます。ところが、泥棒を捕まえたり、殺人犯を挙げたりするのは、全部ノンキャリといわれる現場の人たちです。そのノンキャリを警察庁のごく一部のキャリアが管理監督していますが、大蔵省もそうなっていると?

山田　大蔵省と警察庁とはまったく違いますよ。警察庁は警察庁だけで人事やっているけれど、大蔵省は、銀行局だけで人事をやっているわけじゃない。主計局もあれば国際金融局もある。警察でもキャリアには異動があるではないかと言われるかも知れませんが、主税の仕事と主計の仕事は違うし、銀行局、証券局、国際金融局など市場相手の仕事はまた違う。しかし、実際には局をま

査官は、大蔵省もノーパンには弱いという事実を国民に知らしめたあげく、天下りの夢を失った。

たいでぐるぐる回るのが大蔵省の立身出世のコースで、しかも人事の権限まで持っている。警察のキャリアが決められる範囲とは較べようもないほどの権限を持っているんです。一言でいえば大蔵省の権限は大きすぎる。

話を日米円ドル委員会に戻せば、あの後、大蔵省はキャリアが持つそういう強大な権限を減らして、ノンキャリの人たちに委譲させていくべきだった。そして、キャリアの人たちは、いま日銀の人たちがやっているような実務能力を身につけていくべきだったんです。たとえば各銀行の資産が優良か、あるいは不健全かというような査定みたいな仕事ですね。

アメリカの場合は、例えば、ルービンが財務長官になって財務省にくるときには、ゴールドマン・サックスなどで知っている人たちをスタッフとして連れてくるわけで、日本のようにノンキャリが下で支えるわけではないんです。決定的に異なるのは、財務省には大蔵省みたいに天下りの差配をするポストなんてあり得ない。

なぜ大蔵省の官房長が大事かというと、国会対策とか天下りの権限を持っているからです。これは大蔵省の権力構造の問題ともからんでくることだけれど、キャリアの人たちの権力的なお仕事、たとえば料亭で接待を受けながら、いわば便宜をはかってやるようなことを業界に対してやる。業界に指示を与えると言えば聞こえはいいけれど、そういう極めて日本的な権力構造に問題がある。

＊アメリカの場合　アメリカでは、局次長クラスまでの政府高官約三千人が一時的な政治任用で、大統領が代わるたびに民間企業などから抜擢される。これらの登用には議会の承認が必要（大統領補佐官は除く）なため、組閣には早くて一ヵ月もの時間がかかる。一晩で組閣が終わったり、事務次官になる順番が十年も前から決まっていたりする日本とは大違いで、学閥はないかわりに特定企業との癒着は大いにある。大統領が退任すれば高官も退任し、民間企業に再就職するわけだから、業界を敵に回すような政治はしないのが鉄則である。この「天上り」と「天下り」がワンセットになった人事を「回転ドア人事」と呼ぶ。

自由化に反対したのはノンキャリではないのか

田原 揚げ足を取るようで申し訳ないけれど、接待というのは大蔵省の官と民の接待ばかりではないと思う。業と官、業と政がいま指弾されていることだけれど、民と民もしょっちゅうやっていた。いや、むしろ接待は日本の文化そのものなのかも知れない。

山田 ここでは、そこまで抽象的なことを言うつもりはありません。私が言いたいのは、接待そのものの問題ではなく、接待という場を通して銀行業界の経営に口出しをする大蔵省の権力的な態度が問題なのだと言いたいんです。言い方を換えましょうか。事前的にコトを指導、あるいは指示しようとすると、仲間になってしまうということです。大蔵省が全銀行の持株会社みたいになって、大蔵省銀行局が日本の金融界の司令部になる。これでは統制経済そのものですよ。だから、もうそんなことはお止めなさい、と言いたい。繰り返しますが、これからはノンキャリアの人たちの事後チェック、たとえば財務諸表を見て判断を下す際に適正にやっているかどうか分かるキャリアが必要だと言いたいんです。それを、「さあ自由化だ」というときに、その自由化を行政権限で取り仕切ろうとしたことが問題なんです。

田原 いや、そこでちょっと言いたいんだけど、権力構造ということで言えば、アメリカのほうが日本よりはるかに権力的だと僕は思う。大蔵省はちょっと置いといて、日本はたとえば企業にしてもサラリーマンが社長になれる社会ですよ。アメリカは違う。経営者は経営者としてやっていく。官僚もそうで、下から上がっていって局長になるケースは限りなく少ない。さっき山田さんがいったように、いわば横からスライドしてきて枢要なポジションに就いてしまう。さらに言えば、食事をする食堂まで違うわけです。そういう文化に較べれば、日本のほうがましだと思う。

これはソニーで聞いた話ですが、ソニーがイギリスに進出*して工場を建てた。ソニーというのは工場長も一般の工員も同じユニフォームを着ることになっている。駐車場も、最初に来た人からいい場所に停めて、後から来た人は悪いところにしか停められない。工場長と工員の区別がないんです。食堂も、当然ながら一緒です。で、ソニーは、イギリスで褒められると思って、そのことをイギリス工場を建てるときに言ったところ、イギリス人の反応は、冗談じゃないと言うんです。俺たちはいつの日かラッキーな運が巡ってきて、あの特別な食堂へ行ける日が来るのが楽しみなんだ。特権階級があるから、俺たちは頑張るんだというんです。アメリカも同じで、特権階級と一般階級は明らかに違う。日本式の年功序列が必ずしもいいとは思わないが、特権層と一般層に違いがありすぎるのは、僕は考えてしまうな。

＊ソニーのイギリス進出
七〇年の万博にチャールズ皇太子が来日したとき、英国大使館の皇太子用の部屋にソニーのテレビを置いた縁で、盛田昭夫副社長（当時）は皇太子に会うことができた。「皇太子は私にテレビのお礼を述べられたあと、ソニーはイギリスに工場を建てるつもりはないのかと尋ねられた。いまのところそういう予定はありませんと答えると、皇太子は笑って、『では、もし建てることになったら、私の領地ウェールズのことを思い出してくださいね』と言われた」（盛田昭夫『MADE IN JAPAN』朝日新聞社刊）。結局、ソニーの最初のイギリス工場はウェールズに建設された。

山田　ヨーロッパとアメリカとは同じではないと思う。能力があれば社会的地位が上がっていくというのは、アメリカの良いところでもある。アメリカン・ドリームという言葉があるくらいですから。しかし、ヨーロッパはそうではないんですね。能力以前のところで、社会的に閉じられてしまうようなところがある。

差別云々はともかく、差別があることによって仕事の質にまで上下関係ができてしまうということなんです。いままでのキャリアがやってきた権力配分的なお仕事と、ノンキャリの人たちが地道にやってきた事務的な仕事という仕分けでは、キャリアのほうが上だとされてきました。自由化を行なって事後審査システムになってくると、今度は事務的な仕事が大事になる。ところが、ノンキャリの人たちがやってきた仕事というのは複雑で分かりにくい。しかも、銀行局一本で行くというのは大蔵省の出世の階段から外れるということになるから、彼らキャリアはいままでのお仕事を手放さず、実務の仕事がより重要になってくることを抑えてしまった。

田原　僕はそれは逆だと思う。つまり、これは後で触れることになるけれど、ビッグバンにしても、あるいは金融の自由化にしても、反対したのはみんなノンキャリの人たちですよ。

山田　そういう側面は否定しませんよ。許認可行政の末端を担当させられていたのですから。否定しませんが、結局自由化というプロセスをキャリアは管理したかったんです。権力行政を手放してしまえば、ただの人、ではないけれど、天下りもできなければ、ちやほやされることもなくなる。そこで自由化のプログラムを自分たちでつくって、段階的に自由化の割り振りをしようと考えた。

田原 自由化という統制経済ね。

山田 そう。キャリアの連中には、複雑で分かりにくい事務的な仕事に対する不安感があったのだと思う。

それと、これは大蔵省だけでなく中央官庁の官僚には、俺が国のことを見ているんだ、俺が業界のことを一番考えているんだ、というよくいえば気概がある。俺が「うん」といわなければ何も動かないというのが誇りだから、その部分を手放したくないという無意識の意識がある。それが自由化に対する備えを遅れさせた。金融自由化には、潰れる銀行という避けて通れない問題があるから、本来なら五年後、十年後を見据えて備えをしておかなければならなかった。必要なのは潰れる銀行に対する処理機構をつくっておくことだったのに、自由化をマネージするという心躍るお仕事がこちらにあったから、よし、これからは証券業務をこの銀行に認めようとか、こっちには信託業務をやらせようとか、いや、それは子会社でやらせるべきだなどと自由化に移行する際の細々としたところを仕切ってしまった。よく言えば官僚の気概、悪く言えば傲岸です。

田原　そうかなあ。たとえばいま銀行の子会社で十何社が証券会社になっていますね。そういう銀行の子会社の発行する社債が三割以上のシェアを持っている。もし、自由化の大波が一度に押し寄せていたら、これまでの証券会社はみんなアウトになって、結局、銀行系証券会社の一人勝ちになっていたんじゃないかな。僕はさっきから言っているように、それを全面的に肯定しているわけではないけれど、大蔵省は軟着陸を目指したのだと思う。それが失敗したんです。どうして、大蔵省の目論見は破綻してしまったのか、それを聞きたい。

山田　徐々に行くということが悪い、というのではなく、備えを怠ったこと、そこに問題があった。綻びがどうしようもなくなってから、預金保険機構に財政出動なんてことを言いだす。預金保険というものは、小さいながら早くからあった。これをもっと充実させるべきだった。いまやっているのは預金保険の仕事ではない。言ってみれば、不良債権の肩代わりをしているわけでしょう。大事なことは、銀行が潰れても預金者や取引先にできるだけ打撃が及ばないようにする。破綻金融機関を静かに退場させる仕組みをつくることです。財務官の榊原英資さんが「銀行は潰してはいけない」といいますが、公的資金は税金です。国民の負担で破綻した銀行を支えるのは護送船団そのもので、自己責任はどうなった、と言いたい。

火を消すことが先決だ、とすごむ大蔵省

田原　山田さんも榊原氏を知っている。僕もよく知っています。だから彼がいなところで〝欠席裁判〟みたいなことをするのは嫌だけれど、九七年の半ばごろまでは、ビッグバンとは何ですか、自由化ではどういうことが起きるのですか、と僕が聞くと、彼はこう言っていた。これからは大蔵省は金融システムは守りますが、企業は守りません*、潰れる企業は潰します、と言っていた。企業というのは、この場合、銀行ですね。ところが、九七年後半、僕が司会をやっているテレビに出演したときには、大蔵省は銀行を潰しませんと、言い方が百八十度変わった。

山田　いや、私も少しおかしいのではないかなと思った。何しろ反論なしという条件でテレビに出てきた格好でしょう。少し同情しているのは、榊原さんはあのとき討論に耐える自信がなかったのではないかな。潰しませんなんて言うのなら、その前に潰れる銀行には潰れてもらいますなんて言わないほうがいい。銀行だって企業だって、潰れないほうがいいと思っている。銀行をとりまく環境が激変したのだから破綻が社会を混乱させないシステムをつくっておかなかったのがまちがいなんです。

それを怠ってきて、住専問題で経済がぐじゃぐじゃになったあと、やっとシ

＊「企業は守りません」「サンサーラ」（九七年四月号）で、「市場を守るということは一つの地域としての日本を守るということに通じるんですが、そのときに日本人の経営する会社だからとか株主が日本人だから、その会社を守るという発想を捨ててもいいんじゃないかということです」と榊原金融局長（当時）は語っている。

ステムづくりに重い腰を上げた。遅い、といいたい。確かにやらないよりましだけど、泥縄行政ではないかと批判したのは、日米円ドル委員会のときにサボって先送りしたツケが回ってきたということですよ。下世話にいえば、「火事になるぞ」と注意していたときには、「うるさい任せておけばいいんだ」と周りを叱っておきながら、いざ火事になったら、おいそんな責任を追及している場合かよ、火が燃えているんだ、消すことが先決だろう、とすごむ。これが大蔵省ですよ。火を消すのが先決？ たしかにそうですよ。でも、そいうことを総括してこなかったツケの落とし前をつけてもらわなければ、いつまでも同じことが続くんですよ。

田原　いままさにそういう状況です。底無しの不況で、金融クライシス。橋本首相は財政再建の旗を降ろして路線転換しろ、政策不況なのだから、景気浮揚策を打ち出せ、とこういう話になる。しかも、そういう声が大蔵省ではない、民間から出ている。とても大蔵省の責任論なんて話じゃない。それは、まあ切羽つまった状況だから分からぬでもない。

しかし、不況打開、景気浮揚が第一だとなると、それには銀行を潰さないことが第一だ、財政出動もやむを得ない。いや、いまこそ財政出動すべきだ、という声が政府・自民党からも民間からも出た。「とにかく火を消せ」が世論になってしまう。新聞もそれに同調する。

山田　待ってください。ひとくくりで言わないでよ。私たちの新聞ではそんなことは言ってない。

田原　いや、山田さんのいる朝日新聞は、僕にいわせてもらえば、どういうふうに対応していいのか迷っている。だから、二兆円の特別減税のときにも、読売や日経はよくぞ決断したという論調だった。ひとり朝日だけが、論を保留した。

山田　やり方が悪いと書いた。

田原　だからね、書いた書かないということではなく、山田さん自身も指摘しているように、責任論とかそういうものを、それこそ財政再建ではないけれど一時棚上げにしての、火事場の理屈ばかりが横行しているのだと思う。日本は危ないな、というのが正直な感じです。

山田　そうか。田原さんは私を挑発しようとしているんだ。おっしゃる通りきわめて危ない。理屈抜きに何かをやれというのが、いまの火事場の議論でしょう。筋が通っているとか、正当性があるとかに関係なく、日本経済は燃えてしまうぞ、だから十兆円だろうが、二十兆円だろうが、危ない銀行だろうが危なくない銀行だろうが、みんな頭から水を掛けてしまえみたいな話ですよね。榊原さんの議論を聞いていても、公的資金導入は東京三菱からということをいっていた。*東京三菱の経営には公的資金はいらない。経営状態の悪い銀行を目

＊公的資金導入は東京三菱から

銀行は自己資本比率八パーセントの基準を守らないと国際業務ができない。自己資本比率は分母が貸出などの資産、分子が資本金などの資本。優先株発行などの形で導入される公的資金は、分子を大きくし、自己資本比率を上げる。そうなれば分母にあたる貸出を増やすことができるので、貸ししぶり対策になるわけである。

九八年三月、大手銀行十八行と大手地方銀行三行がいっせいに公的資金投入を申請した。各銀行の体力には差があるが、申請金額は横並びで、都銀はどこも一千億円（第一勧銀のみ九百九十億円）。二十一行合計で一兆八千百五十六億円の公的資金投入となった。

立たせないため、としか思えない。何をいっているんだ、と私は思う。

後門の不良債権、前門のビッグバン

田原　でも、公的資金は東京三菱から入れるというのは正論だと思う。危ない銀行から入れていくとなったら、手を挙げる銀行はいませんよ。だから、東京三菱から手を挙げさせる。

山田　いや、預金者保護の十七兆円はやむを得ない数字だと思う。預金を守るという約束が必要かということの妥当性はともかく、預金を守ると約束した以上は、その原資を積むというのは当然でしょう。しかし、もう一つの十三兆円というカネは危ない銀行を救うために公的資金を導入するというものです。乱暴ですよ。理屈をまったく抜きにして、そんなカネを入れてはいけない。

田原　しかし、金融恐慌を、このクライシスを大きくしないためには、潰れた銀行の預金者を救いますよ、では銀行はどんどん潰れていってしまう。やはり、潰さないためにどうするのか、あるいはこのクライシスを消し止めるにはどうすべきなのか、と考えれば、財政出動して公的資金を投入することも必要だった。とくにいま銀行の貸し渋りが大きな問題になっていて、銀行から借りている中小の企業ではかなり苦しい、あるいは倒産というところも出ている。ところが、現実には貸し渋りが問題というより事態はもっと深刻で、銀行は資金の引き揚げに入っている。これが進めば、まさに恐慌ですよ。貸し渋りをさせない、引き揚げをさせない、それにはカネを投入するしかないと思う。

山田　それにしても貸し渋り対策で銀行にカネを入れるなんて前代未聞だ。本当に金融クライシスなのか、あるいはどの程度の緊急事態なのか、田原さん、少し冷静に考えてみる必要があるんじゃないかな。たしかに現象的にはこの不況の中だから、カネを貸してくれないとなると、貸し渋りではないかと疑うのは当たり前かも知れない。でも、銀行というところは資産の整理をしているわけですよ。金融には繁簡があるわけだから、民間金融機関が健全化していくには、貸さないということがあって当然だと思う。金融機関にとって、そういう意味では信用収縮というのは宿命なんですよ。

不良債権と金融スキャンダルが後門の狼だとすれば、前門の虎は金融ビッグバンですね。サッカー日本代表はアジア予選はなんとか勝ち抜いたけど、この後門の狼を退治しなければ、不良債権を抱えたままワールドカップに突き進んでいくようなもので、不安がいっぱいという状態ですからね。

田原　そもそもはバブルの総括にあると思う。これまでバブルの問題をきちんと議論してこなかったのではないかと思う。

第2章

銀行と総会屋と接待

総会屋事件が銀行のイメージを一挙に崩した

田原　いまの金融クライシスには、いろいろな要素がからみ合っていますが、中でも金融機関への抜きがたい市民の不信感がある。もちろん、大蔵省ぐるみといっても過言でない汚職疑惑にも、国民は不信感を募らせたけれど、その原点には、何といっても第一勧業銀行から野村證券へ波及した総会屋、小池隆一*への億単位の不正融資があったと思う。一連の金融スキャンダルを、山田さんはどう捉えていますか。

山田　銀行のスキャンダルの根っこにある闇の世界との関係は、一般の人たちが考えている以上に深いものであることは確かです。銀行の信用失墜は、ほかにもさまざまな形であるわけです。例えば、大きいものでは不良債権の問題、あるいはそれ以前のバブルをさんざっぱら煽ったではないかとか。しかし、不良債権何兆円といっても、一般の人々にはピンと来ません。バブル？　そんなものもあったなあ、という感じだと思う。それに対して、総会屋への不正融資とか、暴力団との腐れ縁的なつながりの話は分かりやすい。それだけで従来の

*小池隆一
一九四三年生まれ。七〇年、総会屋・小川薫の「広島グループ」に加わり、グループの中心人物となる。小池経済研究所を主宰、情報誌「訴える！」を創刊。八二年の商法改正のさい廃業を宣言した。この時期引退した総会屋は多かったが、以後〝総会屋業界〟は様変わりし、実際に総会を混乱させるよりは、見えないところで企業を恐喝する手合いが多くなった。小池もこの類である。九七年五月、第一勧銀からの融資を元手に野村證券の株を入手し、野村の株主総会対策の見返りに五千万円相当の利益を受けたという容疑で逮捕され、事件はその後、大手四大証券すべてに波及した。

すました銀行のお固いイメージを崩していく力がある。銀行が最も恐れる信用にヒビが入った。ちょうど、ノーパンしゃぶしゃぶという言葉が、官僚が持っている高貴なイメージを崩したのと同じです。

田原　うん、あれは大きかった。官僚はいろいろ言われるが、結局は国家のためを思い、芯のところでは国家を憂えているというのが一般的な官僚像だった。ところが、本音はノーパンしゃぶしゃぶだという。せこいな、と誰もが思った。

戦後、いろいろな機会に、世の権威という権威が失墜してきた。田中角栄逮捕を機に政治家の権威が失われた。某私立有名大学教授の破廉恥事件*が問題とされたとき、象牙の塔の中の権威が崩れ去った。司法の権威もやはり失われた事件があった。あらゆる権威が地に墜ちる中、官僚だけは清貧とほとんど同義語として語られてきた。天下りをするにしても、五十歳そこそこで定年となるのだから、と大目に見る空気があった。しかし、鉄建公団の実にせこい汚職*が発覚した辺りから、どうも官僚、あるいは官僚上がりは清貧とはほど遠いのではないか、と国民は見はじめた。そして、今回の一連のいわゆる金融不祥事の中での、大蔵官僚の権威失墜、また銀行の信用失墜。冷戦構造の溶融とともに、権威の失墜にも加速がかかったように、僕は思う。

山田　新聞はあまり露骨な表現で報道することをしませんが、主に週刊誌や

＊教授の破廉恥事件
　七三年、六十九歳の青山学院大学教授が教え子の女子学生を暴行した容疑で逮捕された。本人は学内の陰謀だと主張し続けたが、懲役三年の実刑判決を受け、服役した。

＊鉄建公団の汚職
　七九年、日本鉄道建設公団の不正経理問題にともなって、大蔵事務次官と官房長、主計局幹部らが飲食をタカっていたことが判明し、戒告処分を受けた。このときの官房長は松下康雄である。処分は出世には響かず、次官から日銀総裁へとのぼりつめたが、皮肉にも日銀職員の接待汚職で、九八年三月総裁を辞任した。

夕刊紙、テレビのワイドショーを中心に一斉に大蔵官僚の接待の模様をじつに生々しく報じた。それがまた、潜在的に庶民の中にあった疑惑に爆発的に火を点ける格好になった。妥当かどうかは別にして、その力たるや、想像を絶するパワーを持っていました。銀行員は手堅くて律儀という従来のイメージと、あんな総会屋みたいな胡散くさい連中を特別扱いしとったのか、というギャップが一挙に銀行員や銀行のイメージを突き崩してしまった。小池隆一の総会屋問題というのは、そういう意味があったのだろうと、私は考えています。

田原　まず第一勧業銀行が問題になった。しかし、それは単なるいわば序章であることが判明する。つまり、三菱自動車、あるいは東芝系、日立系、と次々に総会屋との癒着が発覚した。どうやら日本中の企業は全部ああいう小池隆一みたいな人物との暗い関係を持っているのだろうなという印象に持ったけれど、小池隆一と第一勧銀との癒着関係は、何もいまに始まったことではないわけでしょう。

山田　ええ。小池の師匠格の木島力也*という人物が、相当深く、そして長く第一勧銀には食い込んでいたんです。その前には、裏は取ってないけれど、フィクサーと呼ばれた児玉誉士夫との関係があったと言われている。第一銀行と勧業銀行とが合併して第一勧業銀行となるわけですが、そこへ至るまでには、噂まで含めれば、いろいろな話もあった。

*木島力也
児玉誉士夫の「情報担当」のような位置にあった総会屋。総会屋雑誌ながら新左翼陣営に高く評価された「現代の眼」の発行人であったが、八二年の商法改正の影響で同誌が廃刊となったあとは、単行本の出版に専念する。七三年に十連勝を達成した人気馬ハイセイコーの馬主でもあった。
第一勧銀が合併後にひきずる人事抗争に詳しかった。木島に私淑していた小池は、この人事情報を利用して、第一勧銀からの不正融資を受けていたとされる。
第一勧銀に六億円の預金を持ち、九三年の葬儀の際は、第一勧銀だけがトップ級の役員を参列させていた。

田原　七一年、第一勧業銀行の合併がまとまったわけだけれど、最初、第一銀行はどこと合併しようとしたんですか。

山田　六九年に第一銀行と三菱銀行という話があった。これは結局潰されるわけですが、このときあたりから児玉誉士夫との関係が生まれたといわれています。

今回の不正供与では、歴代の取締役が取調べを受け、前頭取の奥田*さんも逮捕されているし、前会長の宮崎*さんは自殺されました。で、よく言われるのは、宮崎さんを頭取にした藤森*さんという人が、総会屋などその筋の人たちと深い関係があったのではないかという。その藤森さんの系譜を辿っていくと、旧第一銀行の系列の中に総会屋の流れがあったというのが通説です。いわば総会屋のDNA、遺伝子みたいなものが銀行の奥の院に組み込まれて、代々受け継がれてきたということだと思います。

「誰のお客か」を一番大事にする銀行作法

田原　小池隆一には、第一勧銀は二百数十億円のカネを不正融資し、野村證券も数億円の便宜供与をしている。しかし、外見はどう見ても平凡そのものの男だし、そんなに恐ろしそうには見えない。むしろ優男です。ああいう男に、第一勧銀のお歴々や、野村の大田淵や小田淵*といった、社会的には錚々たる連

＊奥田正司
一九三二年生まれ。九二年第一勧銀頭取、九六年会長に就任。九七年六月、小池隆一への不正融資事件にからんで退任、翌七月逮捕される。

＊宮崎邦次
一九三〇年生まれ。八八年第一勧銀頭取、九二年会長。九六年相談役となったが、九七年六月奥田会長退任と同時に退任。同月、東京地検特捜部から参考人として連日事情聴取を受け、そのさなかに自宅で首をつって自殺。遺書には「退任の日に、身をもって責任を全うする決意をいたしました」と書かれていた。

＊藤森鉄雄
一九一九年生まれ。八二年第一勧銀会長に就任、八八年相談役に退くまで六年間会長を務めたのは同行では異例の

中が、恐々として言いなりになったわけですが、なぜですか。いったい何を、彼のどこを恐れたんですか。

山田　結局、ここが銀行の最も弱いところだと思うけれども、小池隆一そのものを恐れているのではないんですよ。第一勧銀にしても野村にしても、総会屋小池を恐れたというより、自分たちの上司を恐れたんです。総会屋というのは、頭取や役員に会うときはそんなコワモテをやらないもので、ごくごく一般的な経済状況のお話しかしないものです。

ところが、それを他の行員や社員はどう見るか。あの総会屋はうちの頭取と親しいようだ、某専務が先日、彼に一席設けたらしいという話があっと言う間に広がって、下の総務部長や融資担当の部長の人たちは、頭取の知り合い、言ってみれば頭取のお客さんというふうに見るわけです。頭取や専務のお客さんということになれば、あたかも頭取に対するようにその人に接しなければならない、という具合になるんです。

田原　それじゃ、平家の富士川の先陣だよ。飛び立つ鳥の羽音に驚いて、という、あれと同じじゃないですか。つまり、誤解というか噂から、あんな巨額な不正なカネが動くわけですか。

山田　噂ではないんです。それが銀行業界の一種の作法事なんですよ。つまりね、銀行というところは、誰のお客かということで、そのお客にグレード付

長さ。この会長時代に小佐野賢治と知り合い、小佐野が帝国ホテル（第一勧銀がメインバンク）会長に就任する世話をしたとされる。

＊大田淵・小田淵
七八年野村證券社長に就任し、同社を世界最大級の証券会社に育て上げた田淵節也は、八五年、社長の座を田淵義久副社長に譲り渡した。新社長は中国ファンドの仕掛け人で早くから次期社長の呼び声が高かった人物。そのため、二人はかねて「大田淵」「小田淵」と並び称されていた。ちなみに同姓なのは偶然で、親戚ではない。九一年、ともに大口顧客への損失補塡・暴力団への融資問題で職を退いたが、九五年野村證券取締役にそろって復帰。九七年、今度は総会屋への利益供与が発覚して再び退いた。

けをするところなんです。

田原　それはなにも銀行だけの作法事ではないと思う。日本社会に通底する決まり事みたいなものです。僕たちでも、相手を見てグレード付けとまではいかなくても、接し方を変える。それを金銭という極めてドライなスタンダードで決めているのが、銀行や証券といった金融機関なのだと僕は思う。

山田　確かに。銀行では、私たち新聞記者に対してもグレード付けを行なっているフシがある。例えば某々専務さんが「山田さんがこれこれのことを聞きたいそうだから」と言ったとします。言われた部下は、あたかも専務さんに対するように、丁重に応対する、ということがある。あるいは銀行の調査役が私の友人だったような場合、その同僚たちは、調査役のお友達ということで、話してくれる。

田原　それは分かる。例えば官僚がよくご説明と称して僕たちのところへも来ます。可笑しいのは、たとえば課長が来る。たまたま僕が忙しくて、会えませんと言うと、今度は審議官が来る。ちょうど用事があったりして、ダメですよと言うと、次には局長が馳せ参じてくる（笑い）。こちらは、自分の都合で言っているだけなのに、官僚のほうは付き合いのランクにイチャモンをつけられたと考える。

山田　小池隆一はたぶん頭取格のお客だったと見るのが自然です。小池の経

＊「現代の眼」
六〇年創刊の「芽」を翌年改題。いいだもも、しまねきよし、山川暁夫、廣松渉といった執筆陣に加えて、寺山修司や高橋和巳、井上光晴らの小説も載った。八三年五月号で廃刊。終刊号の編集後記に

歴を見ると、月刊誌「現代の眼」*の経営者だった木島力也の弟子筋になるわけで、木島氏は、ある意味で極めて押しの強い総会屋だった。当然、木島氏は銀行の歴代のトップと親しかったから、小池の相手はトップクラスの銀行経営者だったと思う。

サラリーマン的組織が総会屋の温床

田原　「現代の眼」は執筆者にけっこう左翼的な人間も使っていたけれど、そのオーナーの木島氏は鬼島が本名ですよね。まあ、「鬼」より「木」のほうが当たりがいいけれど。それにしても、木島力也はどうして頭取クラスと仲良くなれたのだろう。

山田　木島の上にいたのが、最後の総会屋と呼ばれた上森子鉄*で、上森の上には児玉誉士夫がいたんです。このラインで食い込んだのだと思う。

田原　上森子鉄は、たしか「キネマ旬報」を貰い取って、そのオーナーになった人物ですよね。

山田　そうです。最後の総会屋といわれたくらいだから、どちらかというと古典的な類の総会屋だった。その上森が児玉誉士夫と親しかった。だから、そういう系統で、かなり古くから第一勧銀と付き合ってきたわけです。たまたま専務のときに彼らの系列と付き合っていた人物が頭取になる。その頭取がOB

いう。「改正商法により多くの誌紙が休廃刊に追いこまれている。本誌でも既に指摘したように商法改正は『言論統制へのワンステップ』であった事が証明された。かくいう本誌もかねて報じられているように本号をもって休刊せざるを得なくなった。本来ならば休刊の辞を掲げたいのだが、権力の巧妙な手口に敗れたという腹立たしさがあり、この際はさらりと触れるにとどめたい」

＊上森子鉄
一九〇一〜八九年。菊池寛の書生を経て文芸誌を創刊。戦前からの大物総会屋で、かつて大手証券四社の総会を仕切っていた。商法改正をきっかけに引退、その後は、当時上森に師事していた小池隆一が総会を荒らすようになったといわれる。

になる。その部下が新しい頭取になったときに、前の頭取の付き合っていた総会屋ということで一目も二目もおくことになってしまう。変な言い方ですが、総会屋のグレードは偉くなることはあっても、その逆はないんです。

田原　前の頭取が、この総会屋は自分の親しい方だから、それなりに遇しろと言い残すんですか（笑い）。

山田　明確に指示することはしないでしょう。しかし、前会長の宮崎さんが木島力也の息子の結婚式に出席してスピーチしたり、あるいは木島本人の葬儀に出たりしていれば、周りの部下たちは当然、知っているし、総会屋のほうも、やんわりとそのことを臭わしたりする。現在の頭取や専務には、前会長との付き合いを錦の御旗に、ある種紳士的に接してくる。そして総務部長や融資担当の部長たちには、現頭取との〝親交〟を錦の御旗に、今度は凄味をもって出てくるんです。

田原　そういう話を聞くと、僕でも簡単に総会屋になれるような感じですね（笑い）。でも、実はそうじゃなくて、総会屋には総会屋の難しさがあるのだと思う。やはり疑問が消えないのは、頭取クラスと親しくなるきっかけです。そのあとは遺伝子でも伝説でもいいのだけれど、最初に頭取なり会長と仲良くなるきっかけというのはどうやってつくるのだろう。

山田　小池がやった手口というのは、まず自分で目をつけた会社の株を相当

＊株を買う
　総会屋は株主総会に出席しなければならないから、まず株主になる必要がある。総会屋が株を買うことを「株付け」といい、こうした株主を「特殊株主」と呼ぶ。総会屋の最盛期は商法改正があった八二年までの数年間だが、その頃の大手総会屋はどこも数百社分の株付けをしていた。

＊シャンシャン株主総会
　多くの企業が決算日を三月三十一日にし、六月末に株主総会を集中して行う。九七年の場合は、全上場企業の七割に当たる二千二百四十一社が六月二十七日に総会を行った。これは総会屋のかけ持ちを阻止して、総会を短時間で終わ

数買う[*]。次に持っている株をバックに、株主総会に向けて質問状を出す。小池のそういう質問状をつくる能力、才能は相当なものだったらしく、かなり分厚いものでも自分でつくったというから、勉強家でもあったのでしょう。たとえば、商法第何条にはこう規定されているが、これを遵守すればお宅の取引は問題がありますよ、というようなことを微に入り細を穿って書き連ねたペーパーを送りつける。株主総会はそう簡単にいきませんよ、という意思表示です。そういうものを見れば、シャンシャンで総会を済ませたい総務部長が事前に小池と話をつけようと思うのは当然でしょう[*]。まあ、小池くらいになると、実際にDKB（第一勧銀）の宮崎さんや奥田さんに会っていたかどうかは不明だけれど、専務さんに会わせてくれとか頭取と話をさせてくれとか、かなり前から示威的ともいえる形でトップと接触している。だから、小池から総会前にそういうペーパーが来れば、サラリーマンとしての総務部長にはとても無視することなどできませんよ。

企業も言ってみれば官僚的システムですから、総務部は穏便を至上テーマに、そのためにはどんなコストを払ってもいいという思考形態になることはある。簡単にいえば、総会屋を役員に会わせるとか、そこへ融資するということは、自分たちの領分じゃないわけですよ。融資部の担当であり、取締役の責任である、と責任をある種逃げられる構造が、ここにあると思う。たとえ融資部と総

らせるためである。逆にいえば、突っ込み材料のある企業の総会がシャンシャンで終わるのは、事前に総会屋との話がついている可能性があるということで、事実、九〇年の日本合成化学工業の商法違反事件は、同社の株主総会が八四年には総会屋の質問で六時間半もかかったのが、八五年以後は二十分程度のシャンシャン総会で済むようになったことが摘発のきっかけになった。

総会が荒れることを「総務の失点」と考えない企業には総会屋のつけいる隙がない。史上有数の長時間総会として知られるのは、ソニーがベータ方式のVTRに固執して苦境に陥った八四年の総会だが、ソニーはこのとき十三時間を費やして株主への説明をつくしたため、翌年から総会屋が来なくなったといわれる。

務部とが対立した場合でも、総務が上に泣きつけば、上のほうが総会が荒れるようなら何とかしてやれ、という形で融資に話が下りて行く。これが、銀行、証券といった金融機関の一連の不正利益供与のからくりの実相です。官僚的システム、サラリーマン的組織、言い方はどうでもいいけれど、そういう仕組みに総会屋がつけ込む温床があったのだと思いますね。

田原　株主総会をなるべく短くする。十分とか十五分とかで終わらせて、あまりいい意味ではないけれど、総会対策に上達してしまった。いつごろから、そうなったんですか。

山田　私が経済記者になったのは二十数年前ですが、少なくももうそのころにはすでに今と同じような風景がありました。

銀行から給料、証券からボーナス

田原　二十数年前といえば、総会屋がいちばん繁盛した時代だ。一九七〇年代というのは、いま話に出た「現代の眼」をはじめ、総会屋系の雑誌*が雨後のタケノコのように氾濫していた。どこの企業に行っても、裏口辺りに、一目でそれと分かる連中が雑誌、と言ってもパンフレットに近いものが多かったけれど、それを購読してもらおう、つまり、ちょっと小遣い銭を融通してもらおうと並んでいたものです。

*総会屋系の雑誌
市販されていたものとしては「流動」「新評」「月刊公論」などがあり、マスコミ批評誌としてメジャーになった「創」も、発祥は総会屋系雑誌である。企業から広告料をとるのは普通の雑誌もやっていることで、ただオーナーが総会屋だから「総会屋雑誌」と呼ばれたのである。企業が払うのは広告料だったり、広告を伴わない協賛金だったりした。広告料のほうが明朗会計のように見えるが、企業によっては「お金は払っても広告を載せられると困る」というところもあった。

山田　「現代の眼」はその後、ずいぶんと大衆化路線になりましたが（笑い）、あのころはその筋のペーパーを書いている人たちが大勢いました。

で、あの頃から、こんな格言というか、戯れ歌みたいな言い方があったのです。「銀行からはお給料をもらい、証券会社からボーナスもらい、懐寒いときのお小遣いは一般企業から」と。政治献金もそうでしょうが、銀行は結構定期的に、言い換えれば、長期安定的にカネを出している（笑い）。

田原　月給は銀行から、ボーナスは証券から、ということは、証券業界から総会屋に渡る額がケタ外れに大きいという意味ですか。

山田　いや、儲かったときにどんと振る舞うということです。銀行というのは長期安定的に出すけれど、最低限。しかし、証券は利益の振れ幅がやはり銀行より大きいから、振る舞うときは思いきった額を出す。だからボーナスなんです。この間、ある信託銀行へ行ったら、その一階に総務部A、総務部Bと受付が二つあるんです。総務Aに入ると、いきなり小さな応接室がある*（笑い）。総務Bのほうは普通のオフィスになっている。そこで、受付に「総務Aというのは総会屋さん？」と聞くと、「はい」と女の子が答える。本店の一階ですよ。ひどいものです。

田原　それにしても、総会屋はなぜ銀行なのかなあ。トヨタでも日産でも松下でもなくて、どうして銀行だったんですか。

＊小さな応接室
　総会屋・論談同友会が上場企業四百十一社の総務担当者に対して行った面接アンケートの結果によれば、総務担当用の応対の部屋が設けられている会社は七七パーセント、また「応対の部屋が必要だと思うか」という質問に対し、八二パーセントが「思う」と答えている。

山田　銀行というのはすごく臆病な産業なんです。一つにはおカネに関わることを仕事としているから、当然カネにまつわるトラブルは避けて通れないこともあるし、銀行にとっては信用だけが勝負なんです。日産自動車、トヨタ自動車、松下電器は、モノを造るところだから、総会屋に何か言われても、いいモノを造っていればいいじゃないか、と胸を張ることもできる。

ところが、銀行は最大のイメージ産業だから、イメージを悪くすることは、どんなことであっても致命傷になりかねない。銀行には実は何もないと言っていい。だからあんな人を圧するような巨大な本店をつくり、愛想のいい女性タレントをキャラクターにしたポスターをあちこちに貼ったりするんです。あれは銀行には何もないことを無言のうちに語っているようなものだと私は思っているんです。銀行は顧客に融資するとき、担保を取り、厳しい審査をする。しかし私たちが銀行を審査しようにも中身はまったく不透明だし、百万円を預けたって、その分の担保をもらえるわけではない。考えてみれば、じつに不思議な話ですよ。いわば、片務的なビジネスが銀行なのであって、その銀行が保有している最大の担保というのは信用なんです。実際に売っているモノがないから、イメージが傷つけられることを何よりも嫌がる。仮に嘘八百でも、イメージに傷がつくことは絶対に避けようとする。

田原　そうか。たとえ頭取に愛人がいなくても、愛人を囲っているという怪文書が出るだけで困るわけだ。とくに週刊誌などに出たら、決定的に困る。

山田　ですから、総会屋は経済誌を装った雑誌を出し、電車などの車内吊り広告で、そういう思わせぶりな材料をちらつかせて悪いイメージを醸しだそうとする。それに対して銀行は、事前に接触してくる相手には企画料というような形でカネを渡して穏便にコトを済ませようとする。

そういう癒着というか、もたれ合いの構造は、もうきちんと整理したほうがいいのではないか、という正論が銀行の中になかったわけではない。しかし、その度に、そんな荒療治をすると、トラブルを引き起こすのではないか、という常識論が大勢を占めて、何もできないで来たのが銀行なんです。

田原　その点では官僚ときわめて体質が似ている。たとえば、どこかに原子力発電所をつくるというとき、官僚は地元に過剰なほどカネをばらまき、大宣伝をする。僕は、そんなカネをばらまかずに、とことん地元と話し合えばいいじゃないか、地元の主張が正しくて、中止とすればいいじゃないかと官僚たちに言うんです。原発はよくないという結論になったら、中止とすればいいじゃないか、開発はよくない、原発はよくないという住民を説得できずに原発をつくるのはおかしい。きちんと時間をかけて説得するのが本当ではないか。そう言うと、官僚は、それは違うと言うんです。説得に時間をかけるようなやり方、あるいはそういう役人は霞が関では通用しない。ものごとを計画したら、トラブルを起こさない、反対の声を出させない、要するに折衝するようなのは下の下だというのが、彼らの論理なんです。

山田　もともと日本には議論して、お互いに納得してコンセンサスをつくっていくという習性がない。だから、議論なんかに持ち込まれたらアウトだ、そうなる前に根回しするなり何なりして始末をつけてしまうのが上策だということになる。怪文書をばらまかれるというのは、そこまで彼らを追い込んだのが悪い、という変な理屈になるんですね。要するに、頃合のところで手を打たなければいけない。それが有能な始末屋であり、優秀な総務部ということになる。コトを起こしてはいけないというのは、ある意味で日本的なヤクザの世界の、揉め事は一切ならない、ましてそれが表沙汰になるなど恥の上塗りというのと同じ精神構造ですよ。

それから、総会の時間が長くなるだけで総務の人間にバッ点がつくというのも、さしたる尺度があったわけではない。そもそも日本のシステムにはきちんとした評価のシステムが確立してない。官僚でも銀行員でも、その人の評価とは何かといえば、単なる評判に過ぎないことがほとんどです。あいつはいいとか、彼はダメだといった取るに足らない小さな評判の集積が、一種の人事評価になっていく。あいつは株主総会一つまとめられないで、なんか二時間もかかったそうじゃないか、ほう二時間も議論したわけか、という形で、無能という烙印が押される。二時間、何を議論したかではなく、二時間もかかる総会にし

＊論談同友会
約四十人のメンバーを抱える日本最大の総会屋グループ。多くの企業の商法違反事件に関与し、八四年の伊勢丹事件、八七年の小西六事件では正木龍樹会長自身が逮捕された。同会がインターネットに開いているホームページはかなり充実しており、海外の株主総会のルポや、総会屋への利益供与事件の公判の詳報、ノーパンしゃぶしゃぶ店の顧客名簿まで、一般の新聞や雑誌では読めない記事が読める。

＊VIP口座
九七年四月、衆院大蔵委員会に参考人招致された野村證券の酒巻英雄前社長は、「VIP口座」のVIPとは何かと問われて、「過去に大

てしまったことだけが、総務部の評価になる。銀行も官庁も、一回バツがつくと、お終いなんです。

田原　僕はだいぶ前に論壇同友会*の幹部と中央公論の季刊雑誌で対談をしたことがある。一対一で。向こうはだんだん旗色が悪くなって苛々してきたようだから、誰か応援を呼んだらどうですかと言った。そうしたら、その場から電話して、しばらくして三人やってきた（笑い）。彼らがどうしても答えられずに困っていたのは何かというと、彼らは自分たちは社会正義だ、企業の悪を追及しているんだ、自分たちがいるから企業の悪が押さえられていると主張するから、僕が、それは認めよう、しかし、それなら企業からカネを取るのはおかしいじゃないかと言ったら、ここがどうしても説明できない（笑い）。結局、自分たちにもコストが必要だとか、生きていけないとか言うから、生きていくには取ってるカネが多すぎるのではないかと言った（笑い）。

山田　少なくはないね（笑い）。だから、野村證券のスキャンダルで表ざたになったＶＩＰ口座*の名前が全部出てくると面白いんですけどね。山一の行平*前会長が、「飛ばし」がからむ粉飾決算で逮捕されたけど、あの人はかつて総会屋がらみの事件で山一證券を辞めている。八六年に起きた三菱重工の転換社債の不正事件は、値上がり確実だった転換社債を、総会屋に持っていったことが発端になった。あのとき、きちんと処理していれば、今回のようなことは起

変きびしいご指摘をされた〝留意客〟のこと」と答えた。それは誰かといえば、「国民各階層の皆様」だそうである。証券会社は、一部の顧客を優遇する一方で、資産運用一千万円以下の客を「ドブ」「ゴミ」などと呼ぶ。

＊行平次雄
一九三一年生まれ。五五年山一證券入社、次期社長と目されて専務となる。八六年、山一が値上がり確実な三菱重工の転換社債を総会屋にばらまいたという噂が流れた際、責任者だったため一時海外の現地法人に〝待避〟させられたが、ほどなく副社長に復帰。八八年社長に就任。九二年会長に退き、業界・財界で活動するが、九七年八月、同社の総会屋への利益供与の責任をとって辞任。九八年三月、証取法違反容疑で逮捕。

こらなかったのではないか。うやむやにしてきたことがここへきて一気に決済を迫られている状況なんですね。だから、商法改正*とはいったい何だったのかといいたい。

日本中が御前会議をやっていたのだ

田原　話を戻して、要するに総会で真剣勝負をさせてはいけないわけだ。俗にいう、相撲を取らないというやり方が賢いわけですね。

それで思い出したのが、僕はある大組織の大幹部をインタビューしたことがある。そのときの向こうの条件が何と、僕の質問項目を全部書いてくれ、そうしたらそれに答を書く。その答に突っ込みたいところがあったら、さらにそれを書き加えてくれという。そういうやり取りをして、これでいいとなったら、その文書通りのことをインタビューで聞いてくれというんです（笑い）。つまり、インタビューする前のリハーサルで勝負をつけておくわけだ。実際のインタビューでは真剣勝負をしない。インタビューはコピーみたいなものなんです。

山田　それをいえば結局、日本の内閣の閣議も同じですよ。内閣の閣議が、政府の最高の意思決定機関だけれど、閣議に上がる前に次官会議ですべて決定済みになっている。しかも次官会議にかかる前に各省の局長、課長レベルが実質的なことは全部やってしまっている。ですから、実際の真剣勝負は、事務レ

＊商法改正
八一年の商法改正は戦後二度目の大改正で、翌八二年施行された。改正商法では単位株制度が導入され、たとえば額面五十円の企業の場合千株を一単位として株主総会での議決権などを認めるようになった。また「会社は何人に対しても、株主の権利の行使に関し、財産上の利益を供与してはならない」と定めた。これによって、総会屋が賛助金などの名目で企業から金品を受け取ると、総会屋と企業担当者の双方が罰せられるようになった。

ベルで文書を回しながら、お前のところはこうしろとか赤線を引いたりしながら書き替えする局長、課長レベルの折衝の段階で終わっているといえる。次官会議でも同じことを喋って、こう仕切りましたよとなる。結局、閣議は次官会議で喋られたことをおうむ返しに繰り返すにすぎないんです。

田原　たしかに、実質的には省庁の課長が日本を動かしているという言い方はできる。閣議はその課長のコピーを読み合っているに過ぎない。それでは、銀行の場合はどうなんですか。

山田　銀行もほとんど同じです。いま取締役会なんていうのを大仰にやっていますが、ほとんど取締役会で実質的な議論などしない。ほとんどそれこそ事前に次長クラスがお互いに根回しして積み上げたものを読み合う。そして暗黙の了解として、他のセクションの人が読んだものに対して突っ込んではいけないという決まり事がある。ほとんどの大企業には取締役会とはべつに常務会とか経営会議というのがあって、ここで経営方針が決まる。頭取や会長が「ちょっと君、これはどうなんだ」というような御下問が行なわれたりもするのだけど、実はこれは法律上の正規の機関ではないんです。正規の機関は取締役会なんですが、その取締役会はあくまでも儀式に過ぎない。正式な場でちゃんとした議論をしないことが前提になっているのだから、いわんや株主総会が議論の場になるはずがありません。シャンシャンで、こともなくスピーディに、が大事なんです。

田原　それでは御前会議だ。半藤一利氏の『聖断』という本に詳しいけれど、御前会議というのは意見のやり取りは一切ないという。事前に全部決まっていて、まさに御前の会議では誰かが何か言って、それにべつの誰かが答えるという形だそうです。天皇も発言しないのが決まり事なのだけれど、唯一、ポツダム宣言を受諾するときだけは天皇が意見を述べて、会議をおさめたという。つまり、戦後民主主義というけれど、会議のシステムは、戦前の天皇制の御前会議システムが日本全体に普及してしまったということなわけですね。戦後五十余年間、日本中が御前会議をやっていたということになる。

山田　そのとおりだと思います。

それともう一つは銀行の頭取という人たちは、まともなディスカッションをする機会がほとんどないんです。先ほど言いましたように取締役会でも、議長として「これをやります」、「ハイ、これにて終了」という具合に、黙っていても会議は自然に進んでいく。常務会などでは「これはうまく行っているか」ぐらいの発言をして、「は、上々の進行でございます」と報告を受ければそれで済む。あとは個別に常務が部屋に入ってきて雑談したり、専務が入ってきて人事の話をしたりするけれど、みんな頭取を立てますから、乱暴な意見を述べる人はいない。全銀協の会長をやっていると、記者会見などでたまには乱暴な、つまり忌憚のない質問をする記者がいるけれど、そんな機会に恵まれるのはごく一部でしかない。決算説明会でも、内容を説明するのは常務や専務であって、頭取は表に出てこない。結局、頭取は何をするか。せいぜい銀行関係の冠婚葬祭に出たり業界の挨拶をしたりするだけ。極端にいえば紙に書いたものを読むことはしても、人と議論して相手を言い負かすようなことはしないんです。いや、出来ないと言ったほうが正確でしょう。

銀行の経営トップは、相手と目線と目線を合わせて議論する修羅場を習慣としていたのは次長の頃の二十年も前、という人たちですから、総会屋みたいな連中がガンガンやってくるところで、まともな受け答えはやりたくない。そういうことを考えるだけでもいやな人たちだから、それをさせないようにするのが総務部長のお仕事なんです。*もちろん、そういうお仕事をこなさなければならないという責任感もあるけれど、総務部長にすれば、うっかり答をふって立ち往生されては困るという気持ちもある。はっきり言えば能力を疑問視しているから、総会の議長に火の粉が降りかかるような議事進行はやってはいけないと思っている。

よく国会の参考人招致や証人喚問にもごもごやって、満天下で点数を下げる銀行の経営者がいますが、日本人は基本的にそういう鍛えられ方をしていない。国際舞台に出る機会の多い人は、海外の会議などで意見を述べ合う習慣があり

＊総務のお仕事
論談同友会が上場企業四百十一社の総務担当者に対して実施した前述のアンケートによれば、「株主総会の前日の心境は？」という質問に対し、四〇パーセントが「祈る気持ち」、二五パーセントが「開き直っている」と答えている。また、「総務担当窓口は極度に神経を使うセクションだと思うか」という質問には、九〇パーセントが「はい」と答えている。

ますが、国内で大事に育てられた人たちというのは、役所などで役人相手に決まりきった話をすることはできても、外へ向けて自分の言葉で何かを語りかけることには慣れていないんです。

痛い目に遭っていない企業のトップ

田原 ある月刊誌で都市銀行のトップ十人にインタビューしたいと申し入れたことがあるんですが、取材に応じたのは、住銀の西川善文*氏ただ一人。あとは全部ノー。常務が出ていきますとか、企画室長が取材に応じますとか。

山田 みんな修羅場をくぐってきていないんですよ。西川さんの場合、企画部長のときに、平和相互銀行との合併とか、そのあとのイトマン事件の対応やら処理やらを彼がやってきた。修羅場の受け答えは当たり前という感じなんでしょう。だから、自分が責任のあるトップになったら、今度は自分で意思表明をきちんとやるようなトップになりたいと思ったのではないですか。

田原 修羅場をくぐってないというのは、世間の風に当たっていない、つまり、いかがわしいことも含めて本当の痛い目に遭っていないわけだ。その意味では、相手の痛いことをずけずけ聞く山田さんはいかがわしい人ということになる（笑い）。また、僕なんかでも総会屋になれるわけだ。嘘でもいいから、暴力団の名前をちらつかせたり、誰か暴力団の一人を連れてきて、こいつは俺

*西川善文
一九三八年生まれ。六一年住友銀行に入行、九七年六月頭取に就任。七〇年代には安宅産業の解体と伊藤忠商事による合併を銀行の現場責任者としてまとめ、九〇年代に入ってからは役員としてイトマン事件の処理に当たった経験を持つ。「ビッグバンを乗り切れる頭取」との期待が大きいのは、専務時代の九五年に都銀最初の赤字決算に踏み切り、不良債権の償却に本腰を入れる姿勢を見せたことが大きい。

*味の素のケース
九七年三月、味の素総務部の部長と課長が総会屋への利益供与を行っていたとして逮捕され、相次いで十四人の総会屋が摘発された。逮捕され

の舎弟ですとか言えば、結構カネになるわけですね。

山田　いまの企業風土を見ていると、その可能性はあるでしょう。だから、企業のほうも懸命にお巡りさん上がりを顧問に雇ったりして、そういう脅しに対抗しようとしている。

田原　でも、そのお巡りさん上がりが、総会屋まがいに雇われて企業を脅したり、総会屋と付き合うフロントライナーになったりするわけだ。

山田　すべてのスパイは二重スパイといいますが、相手のことを握ろうと思えば、どこかで相手とつながらなくてはならない。そういうことやっていると、マッチ・ポンプをやったほうが得だなと思っても不思議はない。それが味の素のケース*ですよ。雇っていた総会屋対策の元警察が、その企業を脅して、たかっていた。その辺は銀行はかなり手堅くはやっているのでしょうが、弱みはそれなりにあるわけで、総会屋のトップと銀行のトップが付き合う。また、そういう経営トップと付き合うのでなければ、大物総会屋にはなれないんです。

あえて名前は伏せますが、ある超一流の銀行の世間的評価も高い頭取の人の話です。十年ぐらい前の話ですが、その人が副頭取から頭取になったとき、単刀直入に、あなたは総会屋と付き合いがあるらしいですね、と訊いた。すると、あります、私が付き合っています、と言う。少し驚いて、それはまずいのではありませんかと言ったら、言下に、いや、私がやらないと、部下が苦労するで

た課長は実は警察OBで、八三年に入社、翌年同社で起きた恐喝未遂事件の際、警察との連絡役を務めるなどして信頼され、総務部の主任に昇格した八七年頃から総会屋対策を任されていた。同社の交際費は領収書を出せば個人の口座に振り込まれるシステムになっており、この課長は架空の領収書を使って金を自分の口座に振り込ませ、総会屋に渡したほか、自分も高級マンションや高級外車に費やしたとされる。味の素総務部の年間交際費予算は約四百万円だったが、課長の交際費だけは別枠になっており、年に一億円近い金額が交際費として振り込まれていた。本人は「利益供与は業務命令」と主張して断固闘う姿勢をくずさなかったが、会社は課長と部長以外に逮捕者を出さず、社長辞任で逃げ抜けた。

しょう、だから私が直接総会屋と話をして、このことは約束するから、そちらもここまでで我慢してくれというふうに、落とし所を自分でつけるんです、と言っていました。私は思わず、この人は偉いなと感心してしまった（笑い）。普通なら、嫌なことはみんな部下まかせですから。まあ、その銀行は今回の一連の疑惑でも総会屋との関係がほとんど出てきませんでしたが。

小池隆一だけが総会屋ではないのだ

田原　山田さんがあえて名を秘すというのだから、僕はそれ以上聞きませんが、その人の名前は想像がつく。大手都市銀行の上位行……。

山田　まあ、まあ。つまり総会屋といっても、小池隆一や、三菱自動車からだいぶカネを出させていたことで逮捕された鄭照謨*の二人だけではないわけです。小池隆一が日本中の株主総会をすべて仕切っているという感じだけれど、あれはおかしい。表には出ていない、あるいは自分は総会屋のことはよく知っているというような形で出ている総会屋もいるわけです。

私は、小池と鄭の二人は茶ガラだと言っているんです。電気掃除機がまだ普及していなかったころ、お茶ガラや、濡らした新聞紙を千切ったものを、お母さんは撒いて、掃除をしていました。そうすると茶ガラや濡れ新聞紙にホコリがついて、きれいに掃除ができた。つまり、小池隆一や木島力也、あるいは鄭

＊鄭照謨　総会屋・中本総合企画代表。九三年、総会屋四十人が逮捕される大捕物になったキリンビール事件で逮捕、九七年十月には三菱自工の利益供与事件で再び逮捕された。公判によれば、鄭は八二年の商法改正で総会屋としての実入りが少なくなり、夫婦で海の家の経営を始めたが、これがうまくいかないので、企業から海の家利用料という名目で利益供与を受けることを考えついた。上場したばかりの三菱自工は鄭のいいなりに年間二百万円を提供し、三菱地所、東芝、日立なども海の家使用料を払った（実際に社員が海の家を使った会社もある）。ただし鄭は、三菱自工とは振り込み以外の供与は受けないと約束していたらしく、情報誌の購読や飲食代の付け回しはしなかった。

照謨は結局、いろんなところでボロいことをやって、日本の汚い部分を集めて出してしまったようなものです。しかし茶ガラがその三っつだけということはあり得ない。お母さんが撒く茶ガラだってけっこう沢山あったでしょう。もっと沢山いるはずです。現在は大掃除ができる絶好のチャンスなのに、ちょこちょこっと茶の間と客間だけ掃除したという感じです。実際は百人の単位で総会屋は存在するわけだから、その気になれば、もっと掃除ができるんです。結局、検察の処理能力でしかコトは進まない。多分やり始めたら、収拾がつかなくなるということもあるのかも知れない。たとえば、先ほど話に出た論壇同友会は今回はどうしていたのだろうと素朴な疑問をいだく人々も多いのではないでしょうか。論壇同友会は一例に過ぎなくて、厳密にいえば総会屋の数、その十数倍という膨大な金融スキャンダルがあるわけです。

出原　敢えていうけど、検察は人数が足りなくて手をつけないのではない、と僕は思う。一罰百戒とか頂門の一針とか、きわめて日本的な処理なのではないか。要するに全ての膿を出すことをしないで、残りの九十九の悪が自制すること、あるいは反省することを期待するやり方だと思う。でも、一罰百戒という従来的なスタイルではダメなのではないか。百戒にならないんですよ。

山田　そう、一罰一戒で、事件が通りすぎてしまえば、あいつら不運だったな、俺たちは気をつけよう、で終わり。気をつけようといっても、改めるわけではない。今回の一連の金融不祥事で、第一勧銀、野村、大和證券で縄付きが出たわけだけれど、そういう会社しか経営体質は変わらないということがよく分かった。

田原　そのとおりですね。僕はあるテレビの討論番組で、出席していた何人かの経営者に訊いたことがある。野村證券で社長が逮捕*され、第一勧銀で自殺者が出た。そういう人たちは会社を汚したけしからん奴だと思いますか、会社から永久に放逐すべきですか、それとも可哀相な犠牲者ですか、と。すると、その答は判で押したように、犠牲者だと言う。僕がそのとき感じたのは、なるほど一罰百戒というけれど、百戒ではなくて、経営者は自分たち逃れた企業はよかったと考えているのだなと思った。

山田　企業もそうだし、官僚も政治もそうだろうけど、悪い部分が摘出されても、なかなか自己改革できないというジレンマがある。外圧ということがしばしば言われるけれど、東京地検という外圧がかかって、ある会社が世間の見せしめとなって、一生懸命社のために忠勤を励んできた人たちが晒し首に遭う。その会社だけは多少変わるけれど、他の企業はまったく変わらない。もっと言えば、野村證券なんかは、小池への利益供与問題の前に、九一年ごろ、暴力団とのつながりが問題となったし、損失補塡のときにも社会の指弾を浴びた。そのとき、大田淵、小田淵、つまり会長の田淵節也氏と社長の田淵義久氏が責任

＊野村證券社長の逮捕　酒巻英雄は五八年野村證券入社、九一年社長に就任。九七年三月、総会屋親族企業への利益供与の責任をとって辞任。翌月、衆院大蔵委員会に参考人として招致され、利益供与は「組織ぐるみ」ではなく「個人ぐるみ」だという名言を吐いた。その後、総会屋がらみの証取法違反と商法違反で二度逮捕される。

を取ってお辞めになったわけで、そのときに野村は変わっていたはずなのに、やはり変わっていなかった。だから、今回小池隆一の餌食にもなったんです。

総会屋・暴力団・右翼の三位一体

田原　山田さんの話を聞いていると、銀行や証券は、そのトップがほとんど論埋的な議論をしない点、建前はきれいごとだけれど、ぬけぬけと総務Aと総務Bを使い分けるやり口といい、ヤクザに似ている気がしてしようがない。

山田　銀行組織と暴力団組織はものすごくよく似ていますよ。ヤクザの場合、親分に「お前、あいつをヤッてこい」と言われて、子分が「始末をつけてきました」では、最上級の評価にはならない。良くて三角の点数。要するに、親分が「あいつ、この頃、ちょっと目立つなあ」と言ったら、親分はあいつを始末したいのだなと、機転をきかせて始末してきて、「始末をつけてきました」、「そうか、ご苦労」となるのが望ましい姿とされています。相手の言うことを忖度して動くようでなければならない。指示を待っていてはダメなんです。

上が何を考えているのか、たちどころに察知して即座に走るという点では、銀行自身が暴力団的心性を持っていると言えます。

田原　山田さんは、銀行の不良債権が表面化したかなり早い時期から、銀行と暴力団の癒着を指摘して、金融機関が抱えている債権のかなりの部分が不良債権になるだろうと予測していた。銀行と総会屋、総会屋と暴力団、この関係はどうなっているのだろう。

山田　日本の場合、総会屋と暴力団と右翼が三位一体になっているわけです。ときにはそこにエセ同和が絡むこともあり、また、場合によっては在日の人たちの問題までが包含されることもあって、きわめて複雑です。そういう日本社会にある、一種差別された底流部分が溜まって、それに右翼がときにつながりながら政治的なものへと結びついていくという、普通には見えにくいチャンネルが形成されている。

例えば、総会屋の世界を考えても、小池隆一という人物は、かつて糸山英太郎*氏の秘書の肩書を持っていた。糸山氏の名前を騙って何かしたかどうかはともかくとして、糸山氏につながっていた。その糸山氏は笹川良一氏につながっている。笹川氏の弟の女婿ですから。いっぽう、木島力也は、フィクサーといわれた児玉誉士夫につながる。笹川にしても児玉にしても、日本の保守政治の裏面史に登場してきた人たちです。ときには財力をもって、保守党の分裂とか統一という重要な場面で資金的なサポートを行なったりしてきた。戦後日本社会の流れの中で、政治ときわめて緊密なつながりがあった人物です。

そういう闇の世界が表に出たのが、例の竹下登元首相の褒め殺し事件*と、それと分かちがたい佐川急便事件のときです。竹下氏は右翼、皇民党に褒め殺し

*糸山英太郎
一九四二年生まれ。七四年参院選に出て当選したが、巨額の資金を使った選挙違反が判明し、辞任。この金権選挙の指導的役割を果たしたのは妻の父・笹川了平（笹川良一の弟）であった。八三年、今度は衆院選に出て当選したが、九六年三月、住専問題での国会空転や自民党執行部の対応に怒り、「永田町には嫌気がさした」と議員を辞職。
長者番付の常連で、「あまりの税金の高さにアメリカに住所を変更しようと思ったこともある」ほどだが、その資産の源泉は株である。九七年の野村證券事件の際は、小池隆一との関係を取り沙汰されて記者会見まで開くはめになったが、かわりに証券会社と政治家の裏取引の実態を暴露した。その後、日本航空株を買い集めて五千二百万株取得

という形で攻撃されて、それを何とか止めるために東京佐川の当時の渡辺広康社長に頼んで、稲川会のほうから手を回してもらったわけです。その流れで、金丸信の五億円の佐川事件が起きる。また、児玉誉士夫と中曾根康弘元首相が親しかったというのは、歴史的に言われている話です。

ですから、銀行や企業のトップが総会屋に限らず、そういう闇の世界とつながりを持っていたら、トップの意向を受けて財務部長が融資という形の金銭処理を行なう。そういう仕組みができてしまっているんです。企業トップの汚染が、総会屋問題の根っこにあるわけです。

田原 しかしですよ。総会屋はなぜ暴力団とつながるんですか。つまり、総会屋がカネをもらうだけなら、単に、弱みがあろうがなかろうが、企業を何らかの形で脅せば、それですむ話じゃないですか。

山田 それじゃ、いまの話を完結してしまいますが、日本を一つの株式会社と考えれば、銀行にせよ証券会社にせよ、大日本株式会社の中で見れば、せいぜい財務部長クラスに過ぎない。トップ・マネージメントである政治の中枢にいる人たちが、いまお話ししたように右翼や暴力団と直接、間接のつながりがあれば、本来なら表面下にいるべき連中が、流れとして財務部長のところへ行ってカネを融通してくれということがあっても不思議はないわけです。

しかも、暴力団と総会屋とがつながる人たちは、この大日本株式会社の中で

し、実質的な筆頭株主となった。

＊褒め殺し事件
八七年、自民党総裁選出馬を前にした竹下登幹事長（以下、当時の肩書）に対し、右翼団体「日本皇民党」が半年以上にわたり、「清廉で潔白な竹下氏をぜひとも総理に」と、褒めちぎる街頭宣伝を行った。困りはてた竹下側は東京佐川急便の渡辺広康社長に相談、渡辺は暴力団「稲川会」の石井進会長にこの街宣を中止してもらうよう皇民党への説得を頼んだ。街宣中止の条件は、竹下の田中角栄邸の訪問、竹下は門前払いを食いながらも、これを実行。手打ちとなったが、その後、このお礼に当時竹下の後見人だった金丸信が酒席に石井会長を招待したことが東京地検特捜部の捜査で明らかになった。

は、一人の人間がいろいろな名刺を持っている。以前あるところで、あまりにもくわしく自民党の組織の話や政界の裏話をしている人がいて、しかしどう見ても政治家には見えないので、あなたはどういう方ですか、と聞いたら、「わしはコワモテやから」と言う。自民党関係の名刺をくれましたが、同時に新聞、といってもミニコミ紙でしょうが、そういう新聞を出している、という。企業などに行っていろいろやるんや、というから、総会屋なんです。

それから、右翼といえば街宣車ですが、街宣車に乗っている若い連中は、けっこう暴走族上がりのがいる。人材市場は、限りなくチンピラ・マーケットと近づいていると警視庁の人がいっていました。ことほど左様に、そういうネットワークの中で、暴力団と右翼が近くなり、さてどういうビジネスをやろうかというときに、企業を脅す方向を目指せば、それが総会屋になるわけです。

日本の底流のところにそういう根っこというか、風土があって、それが任侠道のほうへ行けばヤクザになり、ビジネスのほうへ向かえば総会屋になり、場合によっては右翼となったり、政治を志向すれば政治家になる。そこには人材的な横の流通が、普通の人にはあまり知られていないけれど、けっこうある。この問題を突き詰めていくと、日本の戦後史の問題にぶち当たると思う。

時には右翼となり、時には企業舎弟となり……

＊三井三池炭鉱争議
石炭から石油への転換期にあたり、多くの炭鉱が閉山の危機にみまわれていた五九年夏、三井鉱山は五千名近い希望退職者を募った。さらに千二百名を指名解雇しようとしたが、そこに三百名の組合活動家が含まれていたため、組合が猛反発。争議は会社側のロックアウト、全面スト、第二組合の結成、両労組の乱闘事件へと進み、会社側が雇っ

田原　たしかに、戦争直後の日本では、荒廃した社会の中で、暴力団や右翼がいて、もう一方には左翼が勢力を持っていて、政治や警察がたくみに右翼・暴力団を左翼対策に使ってきた。あるいは在日朝鮮人問題や中国人問題に対して彼らを利用してきた側面も否定できない。ときには企業も政治と結びつく形で、右翼・暴力団を使ったのは、三井三池炭鉱争議*のときに明らかだし、六〇年安保のときにも利用したこともほとんど周知のことですね。

山田　少し厳密にいえば、右翼が暴力団を使ったわけです。ですから、暴力団というのはある意味で、政治のダーティーな部分の暴力装置として機能する集団だといえる。ヒトラーのナチスドイツに出現した突撃隊がそうだったように、政治にとっての私兵的な要素が多分にある。右翼や民族派と呼ばれる人たちのところへは、さまざまな政治情報や企業情報が入ってくる。中には、裏の世界を迂回して脅しとして使えるような情報もかなりあったと思います。

そういう人間関係というか、ネットワークが広がっている部分があって、政治の季節になると右翼の形で出てきたり、バブルみたいな時代には企業舎弟のような形で現れてくる。時代によって、あるいは状況によって現れ方が違うけれども、いくつもの顔があって、配役やパートで総会屋になったり右翼になったりするわけです。

田原　すると、あの許永中*という人物は何に属するわけですか。暴力団なの

た暴力団員による組合員刺殺事件も引き起こされる。二百八十二日間にわたる「総資本対総労働の対決」は、警官隊と組合側の流血の惨事を前に、ついに組合側の敗北となった。六〇年安保闘争と三池闘争は時を同じくしており、互いに支援し合う関係だった。

＊許永中
一九四七年大阪生まれ。大阪工業大学工学部を中退ののち、建設会社を皮切りに、多くの企業を設立、六十もの企業を傘下に収める。韓国財界との関係が深い。絵画や株、土地、ゴルフ場会員権など、あらゆる金儲けのネタが登場したため「バブルのデパート」といわれた九一年のイトマン事件では、特別背任と脱税で起訴されるが、保釈中に所在不明となり、保釈を取り消される。

か、総会屋なのか。

山田 ぎりぎりのところにいる人物でしょうね。一種の企業暴力ですから、暴力団ともいえないこともない。表の顔はカネを貸したりして、そのカタに財産を取ってしまうわけで、暴力という一つの力を背景にビジネスをするタイプでしょう。暴力団とつながっているとも言われていますね。いずれにしても、暴力とか非合法というのは、マーケットに出てくると、ものすごい優位性というか、有効な手だてになるんですよ。

田原 さすがに不良債権が表面化したとき、マル暴との関わりをいち早く指摘した山田さんだけある。ほとんど独壇場だ。ここは聞き役に徹して聞きますが、暴力はなぜ市場原理の中で強力な手だてになるわけですか。

山田 たとえば、産業廃棄物問題。産廃処理場建設をめぐって御嵩町の町長が襲撃*されましたね。ゴミ処理の問題を考えた場合、どこかの山の中に棄ててしまう、不法投棄してしまうのがいちばん経営効率がいいわけです。本当に産廃を処理しようとしたら大変なおカネがかかる。それを処理するということで請け負って、実は山へ行って棄ててしまえば、これにまさる企業競争力はないわけで、あとはそれが出来るか、出来ないかの差でしょう。並みの人では出来ないけれど、それを組織的にできれば大変なビジネスの力になる。不法とか非合法をものともしない連中なら、そんなことは朝飯前なんですよ。

＊御嵩町町長襲撃
九六年十月、東洋一といわれる巨大産業廃棄物処分場の建設に反対していた岐阜県御嵩町の柳川喜郎町長が二人組の男に襲われ、重傷を負った。処分場の建設計画は九一年からあり、当初反対していた柳川町は、十五年間で三十五億円の協力金を受け取るという協定書を業者との間でかわし、建設受け入れに転じた。その直後、初当選した柳川町長は、県に手続きの一時凍結を求めていた。町長襲撃事件は建設推進派にとって逆風となり、九七年六月に行なわれた住民投票では、反対派が投票数の八割を占める結果になった。

また、金融業の場合、貸し倒れ率が高いとふつうにコストをかけて債権を回収していたら、割りに合わない。ところが暴力で回収できるのなら、きわめてコストパフォーマンスがよくなる。要するに、そういう暴力や非合法の世界と市場経済が交錯するような場面では、暴力や非合法な手段を使える人々は、きわめてパワフルな存在になり得るということです。信用がなくても、暴力があるということだけで、利益率の高いビジネスができてしまう。

あるときまでは暴力というのは、喧嘩の出入りや賭博に手をそめていたわけですが、だんだん覚醒剤が商売になる、産廃がビジネスになるということになって、暴力を民間取り引きの場面に使うと、なんと利益が出るものかということに気づいたわけです。いわゆる民暴ですね。どこかでそのことに気がついた局面があったと思う。それが、バブルですよ。

いちばん分かりやすいのが地上げ屋です。地主と交渉して、普通なら説得ということはまず不可能で、最後にはおカネをどれだけ積むかになるわけだけれど、それではコストがかかってしまう。ところが、カネの部分を暴力でやれば安くなる。他の企業がおとなしく地上げをするより、暴力団が代行したほうがはるかに低コストでできるわけです。

田原　たしかにバブルの時代は、それまで闇の集団だった暴力団が、お天道さまの下に出てきた、言い換えれば、いままで裏街道を歩いていた連中が、初めて堂々と表街道に乗り出してきた時代でした。

山田　そうです。だから、あのバブルの時代というのは画期的というか、非常に大きな節目だったのではないか。それまではほとんど闇の世界との付き合いを避けてきた、お固い銀行までが、一挙にそういう世界に取り込まれてしまったという意味があるのだと思う。

床柱を背負ってビジネスをしてきた銀行員

田原　そこを訊きたかった。銀行は慎重で臆病で、リスキーなことは出来るだけ避けてきた。だから、闇の勢力とは断固として一線を画してきたのに、あのバブルのときに関係を結んでしまった。いったい何が銀行を変えたのでしょうか。

山田　それは戦後の日本が恒常的に資金に不足していた、おカネが稀少財だったことと関係していると思います。みんな生活が貧しく、タケノコ生活をしていたけれど、日本人は勤勉で生真面目だから、将来の不安もあって、一生懸命に貯蓄をした。その乏しいおカネを集めてきて、それを企業に貸し出していたのが銀行です。いまでこそ銀行の貸し渋りが問題になっていますが、当時は貸してくれないのが当たり前だった。高度成長期までは、銀行の審査を通ってカネを貸してもらうのは至難のことだった。銀行家は渋いといわれ、その銀行からカネを借りようと思ったら、企業は何は取りあえず銀行家を上座に接待しなければいけなかった。だから、銀行員は床柱を背負ってビジネスをしていると陰口を叩かれもした。

それが、成熟経済になって、高度成長でおカネを稼いだ企業の資金流動性が高くなり、日本の貿易黒字も大きくなって、国民全体の貯蓄率*がぐんぐん上がる。かつては稀少財だったカネがいまや日本中にあふれ返り、世界に貸しても余るほどの状態になった。

田原　それから、銀行のお得意さんだった大企業、中堅企業が自前で資本を調達できるようになった。つまり、それまでは銀行から借りるという間接金融だったのが、直接金融になった。

山田　そう。さらに言えば、直接金融で調達するまでもなく、すでに内部留保で資金には不自由しなくなった。トヨタでも松下でも銀行より格付けがよくなった。トヨタに至っては、トヨタ銀行といわれるほど、銀行にまでカネを貸すことができるぐらい内部におカネを持つようになった。それまでは、おカネは稀少財だったのに、日本は一種マネー大国になってしまったわけです。

田原　つまり、経済成長を遂げて、どうやってカネを人に貸すかということが日の前の大事になったとき、日本の中のカテゴリー・キラーが働いて戦後五十年を待たずに、カテゴリーというか、価値の転換が無意識的に行なわれたと

*国民貯蓄率
日本の個人金融資産の合計は約千二百兆円（九五年）。その内訳は、半分が定期性預金、四分の一が保険・年金、残りが現金・流動性預金と有価証券である。日本の貯蓄率は先進七ヵ国のなかで飛び抜けて高く、ドイツがそれに次いでいる。最低を争っているのがアメリカとイギリスである。

いうわけだ。そうだとすれば、それはまさに戦後日本的なカテゴリーを突き崩すものだったわけですね。

山田　そうです。借りる相手が頭を下げてくるというのと、相手に頭を下げてでも借りてもらうというのでは、雲泥の差です。あなたの信用はいまいちだとか、ビジネスの見通しが甘いのでは、などと言ってられなくなった。そこへバブルが来たわけです。そこまでのプロセスは後でくわしく触れたいと思いますが、八五年九月のG5によるプラザ合意で円高が進むと同時に、日本には大変な金融膨張が起きた。

そのとき同時に、金融自由化が大きな課題だといわれ始めたんです。それまではとにかく石部金吉で、石橋は叩いても渡らないという方針だったのを一転して、これからは銀行はリスクを取らなければダメだといい始めた。その象徴が、住友銀行の頭取だった磯田*さんの「向こう傷は問わない」という名台詞です。少しぐらい失敗してもいい、ともかく突撃してリスクを取れ、と。本当は信用をよく吟味した上でリスクを取るはずだったのが、どこの誰でもいい、とにかくカネを貸して来いということになってしまった。折りからの不動産ブームとも重なって、ほとんどノーチェックで不動産融資する。不動産融資するには土地を手当てしなければならない。土地を手当てするには地上げ屋だ。そこで地上げにも融資するわけですが、そのとき〝その筋〟の人間にも融資してし

*磯田一郎　一九一三〜九三年。三五年住友銀行入行、七七年頭取に就任。「関西の銀行」であった住友銀行を日本一の高収益銀行に成長させ、米「インスティテューショナル・インベスター」誌のバンカー・オブ・ザ・イヤーに選ばれたこともある。九〇年、仕手集団・光進グループにからむ支店の「浮き貸し」事件の責任をとって辞任したが、事実上はイトマン事件の責任による辞任だった。

まったんです。

田原　はっきり言えば、銀行が土地まで探してきて、土地購入を勧め、カネを貸した。しかも、その土地を、ある期間が過ぎたら売りなさい、別に用意した土地があるから、それを買いなさい、とまでやった。要するに土地転がしを銀行が奨励した。土地を買って建物を建てようとすると、いや、サラ地のまま売ったほうが売りやすいとか、土地指南までやった。国会に参考人で呼ばれた桃源社の社長*なども、バブル期の銀行のあざとさを批判していた。あの時期、銀行は従来のカテゴリーを完全に捨て去って、まったく新しいカテゴリーで土地転がしを国中に広めてしまった。銀行が率先することに対して、市民は従来のお固い銀行のイメージのまま、まあ大丈夫だろうと思った。

山田　そういうことを銀行では営業開発（業発）融資とか情報営業という言い方をするんです。ただおカネを貸したのではダメだ。自分たちでプランやプロジェクトをつくって、それを顧客に呑まして、そのプロジェクトに融資するくらいでなければ一流バンカーではないという風潮になった。たしかに業発融資を展開しようとする気持ちも分からないでもないのは、おカネはすでに稀少財ではなくなったわけですから。

私は、そういやり方を「グリコのおまけ的営業」と言っているんです。子どもの頃、グリコのキャラメルにはおまけがついていた。それが欲しくて僕らは

＊桃源社の社長　佐佐木吉之助。一九三二年生まれ。開業医と不動産業の二足のわらじをはいていたが七七年から不動産専業になる。バブル期には百棟ものビルやマンションを所有し、東京・蒲田の国鉄跡地を六百五十六億円で落札して話題になった。バブル崩壊で窮地に陥り、住専から借りた七百億円余りはほとんどが返済不能の状態。九六年二月、衆院に住専問題の参考人として招致され、五月には参院の証人喚問を受けたが、税金二十億円を滞納する身としては開き直りの境地だったのか、「あの時代にあの政策をとられたら、いかなる不動産業の名経営者でも全部倒れる。ナポレオンでも駄目だ」と、大蔵省の総量規制の失策を繰り返しののしった。その後、脱税や競売入札妨害などで逮捕、実刑判決。

グリコを買った。おまけが欲しいのであって、キャラメルが欲しいわけではなかった。いまでもチョコレートを買うと、おまけでポケモンのキャラクターが貰えるのがありますが、うちの子なんか、チョコレートには見向きもしないでポケモンを貰って喜んでいる（笑い）。つまり、日本は成熟成長に入って、おカネがグリコのキャラメルになってしまったんです。誰もそんなもの要らない、借りないよ、と。いまうちの会社は営業する売り先を考えているのだけど、その売り先を見つけてきてくれたら、カネを借りてもいいよ、その土地を探してきたら借りてあげる、という具合に立場が逆転してしまったわけです。おカネ、つまりキャメルは要らないけど、あなたがおまけ、つまり儲かるプロジェクトをくれたら、カネを借りてやるよ、というわけです。

情報営業の能力もなくバブルで失敗した銀行

田原　なに、それが情報営業？　そんなこと銀行はやってこなかったじゃないの。自分たちがまったくやったこともない、未知の分野にやみくもに突っ込んで行くことを業発融資という美辞麗句に包んだわけですか。

山田　そうです。銀行という組織は全国にくまなく存在して、さまざまな会社や組織と取引きをしているから、どこに何が不足していて、どこに何が余っているということが、一支店では分からないけれど、情報営業部みたいなものをつくって、そこにそういう情報をプールすれば、そういうことが分かる。それなら、ここと あそこを結びつければ商売が成立するというふうな、いわば縁結びをしようとしたのが、業発融資なんです。そのこと自体は悪いこととは思わない。ただ、銀行にとって大事なことはプロジェクトを成功させることではなく、融資を成立させることだから、度を過ごして突っ走ってしまったとき、そこに行き過ぎや不良債権という問題が発生してきたわけです。

田原　かなり前に第一勧銀を取材したとき、これからの銀行は交差点です、という言い方を銀行側はしていました。いろいろなお客さまも知っているし、情報も交差する。この情報を生かさない手はない。だから情報産業になるのだ*と当時銀行はいっていた。

山田　基本的にはそういう面があっていいと思いますが、情報というのはただ右から左へ行くものではないし、どの事業にどういうプロジェクトがふさわしいのかを見立てる能力が必要になる。そういう訓練を受けてない人が、ただ頭だけで、ここに土地がある、あそこにビジネスがある、二つを結びつければ融資ができる、というのでは困るわけです。本当に戦略営業するだけのノウハウがある人が銀行にどれだけいたのか、というと疑問です。少数はいたかもしれないが、あのバブル融資を吟味できるほどの人材はどこにもいなかった。そういうシステムを編み出したところまではともかく、そのバックアップシステ

*情報産業になる
「週刊ダイヤモンド」が八七年四月十一号で「社長二百九十二人が判定――つきあいたい銀行・証券はここだ」という特集を組んでいる。当時、銀行はさかんに「情報産業化」を唱えていたが、その実「たいした情報がない」「取引は双方にメリットがないと成立しないというビジネスの基本がわかっていない」など、企業トップたちの銀行評はさんざんである。
　この特集に「メインバンクにしたい銀行としたくない銀行」のアンケートが載っている。したい都銀の第一位は住友銀行だが、なんと、したくない都銀の第一位も住友銀行であった。よくいえば「合理的」、悪くいえば「油断ならない」「助けてほしいときに逃げられる」のが住友だと、トップたちは答えている。

ムが出来なかったところが問題だと思う。ヨソもやっているからウチも、と横並びの惰性で走ってしまった。

ここでバブルとは何だったのか、という問題が出てくると思います。バブル以前は貸す努力はほとんど必要なかった。貸すにしても担保を取るから貸し倒れを心配する必要もなかった。バブルになったとき、不動産は天井知らずに上がるから、それまでは担保評価はたとえば六掛けだったのが、八掛けになり十割になって、場合によっては十二割という評価までする。それでも担保が取れれば土地は上がるから貸せたほうがいい。貸すボリュームを膨らませるためには担保評価を大きくしないと、巨額な融資ができなくなる。そういう形で銀行が猪突猛進してしまったのがバブルだったと私は考えています。

田原 バブルのときには僕のところにも、銀行が土地を買いませんかとやってきた。もちろん話には乗りませんでしたが、面白いと思ったのは、銀行が持ち込んでくる土地というのは、不思議なことにというか、不動産屋じゃないから当たり前といえば当たり前だけれど、あまり良くない土地が多いし、しかも高い。不動産屋から買った土地のことは「それは高すぎます」とケチをつけるくせに、銀行自身が紹介する土地は、はるかに悪くて高い物件だった。銀行にはそもそも土地を評価する能力なんかないのではないですか。

山田 私たちもそのことは指摘した。すると銀行側は、そんなことはないと反論しますが、現在の結果が雄弁に語っていると思う。これだけ多くの不良債権が出てきたということは、それだけ得意先にも損をさせたわけです。得意先に損をさせたから、そこに融資した銀行が不良債権を抱え込んで傷ついてしまったという話でしょう。結局、彼らが斡旋した業発融資というのは間違っていたということになる。情報営業を指向することは構わないけれど、一挙にボリュームが増えてしまって、人的な補給もバックアップするシステムも追いつかなかった。言葉だけが踊ったのが業発融資であり、情報営業だったんです。

横だけ見るな、縦を見て先人たちにどう詫びるのか

田原　二〇〇一年に金融ビッグバンになりますね。ビッグバンとは何かというと、少し乱暴な言い方をしてしまえば、いままでは銀行がお客からお金を預かり、それを企業に融資した。そういう商売のやり方は古いんだ、これからはマーケットを相手に商売をしなければならないんだ、それにはマーケットでお客が喜ぶ商品をどこまでつくれるか、これがビッグバンだといっています。ところが、日本の銀行はこれまでお客が喜ぶ商品なんてつくったことがない。日本の銀行がやってきたことは、単なるお金の配給ですよ。こんなことでビッグバンを乗り切れるんですか。

山田　できませんね。だからいま懸命になって外銀との提携話がどんどん進

んでいるわけです。

田原　つまり、自分では何もできないと言い切ってもいい。バブルの話もきちんと総括しなければならないけれど、バブルのときには情報営業やら業発融資やらで失敗した。しかし失敗に懲りているフシもない。住専処理のときの六千八百五十億円の公的資金導入であれだけバッシングに遭い、そして今度は金融システム安定化策として三十兆円の赤字国債発行だという。すなわち最後のところは公的資金じゃないですか。銀行は自分たちがこんなに公的資金をいただかなければならないような状況になっている問題の責任を内部できちんと検証しているのだろうか。してない。バブルでも学ばなかった、住専のときにも勉強しなかった。なぜ、という素朴な問いが出てくるんですが。

山田　はっきり言ってしまえば、その当時の当事者たちがまだ銀行で強い影響力を持っているからです。いちばん分かりやすいのは、銀行はこのところ不良債権を処理するために赤字決算*をやっていますよね。住友銀行が最初に踏み切って富士銀行がそれに続き、すべての銀行がやった。それで終わったと思ったら、不十分だったので今年も赤字決算。いままで銀行が赤字決算をやるときは即ち倒産するときだった。絶対に赤字にはしなかった。赤字決算をするということは大変な失敗だから、少なくとも頭取が辞任しなければならないほどの責任問題だった。

＊赤字決算　住友銀行は九五年三月期の業績を、八千億円の不良債権償却で二千八百億円の赤字とした。都銀の赤字決算は終戦後の混乱期を除いて戦後初めてといってよい。これほどの不良債権の償却はかつてなく、おおむね歓迎され、住友銀行に対する格付け機関の格付けも据え置かれた。以後、九七年三月期までに東京三菱を除く大手銀行十九行すべてが赤字決算を実施し、九七年九月には、最後に残った東京三菱も赤字決算に踏み切った。どの銀行も「赤字は今期限り」を強調したが、現実にはそうはいかず、九八年三月期には住友銀行をはじめ複数の銀行が二度目の赤字決算をせざるを得なかった。

にもかかわらず東京三菱ですら、今年度は一兆円の不良債権を償却して赤字に転落する。東京三菱の歴史を見ても、一度たりともこんなに大きな償却を出したことはない。とすれば、銀行家だったら、自分たちの先輩に申し訳ないと思うのが筋ですよ。東京三菱といえば優良銀行ですよ。いい銀行ですら、そういう状態です。もっと悪い銀行は、推して知るべしです。みんな赤字を出しているから、俺もいいやというのはないだろうと言いたい。横だけ見るな、縦を見れば歴代の頭取、いや先人たちに対して申し訳ないだろう、どう詫びるのか。そのことを少しは考えたらどうか。そう指摘すると、責任を取ったら、うちだけ悪いことをやったみたいじゃないですか、という。だから、いまだに当事者が居残っている。当事者がトップのほうにいれば、部下がそれを失敗といえないのがサラリーマン社会です。

田原　私が責任を取ります、この問題については皆さん、思う存分断罪し、以後こういうことのないように善後策を講じてください、という頭取が、情けないことに一人もいない。トップが責任*を取らなければ、会社内では誰も総括できませんよ。それが分かっていながら、なぜ辞めないんですか。

山田　私も不思議でならないんだけど、銀行の人たちは、みんな自分が悪いのではないという意識が根強い。前からの順送りじゃないか、たまたま自分のときに露顕しただけだよ、と思っている。俺のときに赤字を出したけど、こう

＊トップの責任
　かつて破綻した金融機関の救済に公的資金が使われたときの責任のとり方は、現代とはだいぶ違う。一九〇四年の第百三十銀行の破綻に一般会計から公的資金が導入された際は、頭取本人はもちろん重役陣も私財を提供した。六五年の山一證券危機に日銀特融が行なわれたときも、取締役八人が株、不動産、現金等の私財を提供している。

いうふうにしたのはいまの会長だとか、あの相談役のときじゃないか、と。

しかも、語弊はあるけれど、銀行の頭取クラスの人たちはずっと、偉い偉い、お前はたいした男だとほめられて来た人たちだから、この五年間は誤りでしたと口が裂けても言えないんですよ。できる限り他人の責任で考えたい。俺はあの人のやったことを踏襲しただけなのに、なぜ俺が責められなければならないんだ、俺は運が悪かったなあと素朴にそう思っている。

田原　でも、そういえるのは山一證券の自主廃業を発表したとき記者会見で号泣した野沢正平*社長くらいじゃないかなあ。問題になった飛ばし*のことを野沢さんは知らされていなかったというし、飛ばしは三木前社長*の時代からだといわれるけれど、彼が社長になったとき、飛ばしはすでに行なわれていたわけで、まあ、三木氏はその前の行平会長から、そのことを耳打ちされていただろうけど、やはり批判はできなかっただろうと僕は思う。なにか、悪い奴ほど、という言葉をつくづく感じる。

今の実態を昔の時代に近づけようとする偉い人たち

山田　銀行のビジネスにおいて、とくにそういうふうに「何で俺が」と言いやすいのは、融資というものが継続的だからです。総会屋への迂回融資で逮捕されたＤＫＢの元専務はよく知っている人ですが、この人はとても気骨のある

*野沢正平
　一九三八年生まれ。九七年八月、辞任した三木社長のあとを継いで山一證券社長に昇格。そのわずか百日後、山一の廃業が決まった。記者会見で「私たちが悪いんです」と絶叫し、社員の再就職への支援を求めて頭を下げた。この涙の会見は「日本の恥」とこきおろされる一方で、「その後求人がこれだけ集まったのは社長の絶叫会見のおかげ」と感謝する社員も多かった。山一では営業出身の社長は珍しく、「とにかくいろいろあるけど頼むな」といわれて社長を任されたと野沢は語っている。

*飛ばし
　顧客の購入した株や債券が値下がりした場合、決算前に決算期の違う企業にそれを転売する操作。しかし、株価が好転しない限り次々に転売せ

人で、業界の中でも一目置かれていた。その彼が融資担当の専務のときに、これはおかしい、ダメだと言った。結局、上から何とかしてやれと言われて、それなら仕方ないと、ハンコを押したわけです。自分のときが最初の案件なら、やるかやらない、彼ならノーと言うことは出来たと思う。しかし、自分の先輩がすでに何度もやっていて、しかもどうやら三代くらい前から発生している案件となると、ノーと言えば、過去の先輩たちを莫迦よばわりしたのと同じことになる。融資というのはすぐれて継続的なんです。その継続的なものをノーと言うのは、よほどのことでない限りできない。これが銀行のカルチャーの実態なんです。

それぞれのサラリーマンにも自己責任はある、と私は思うのだけれど、いまの銀行は自己責任を全うできるような企業風土にはないんです。その上、銀行というところは、頭取になった、あるいは偉くなった人はみんな死ぬまでとどまっている極めて特殊な会社組織なんです。だから、私は銀行のことを「銀行福祉法人」と呼んでいるんですがね。頭取より偉い人が五人も六人もいて、死ぬまでやっている。

田原 だけど、それは銀行に限らない。日本の企業は多かれ少なかれ福祉的なんです。もともと年功序列・終身雇用というのは一種の福祉ですよ。

山田 しかも銀行の場合、いままで利益が相当あったから、本来なら働き盛

ざるを得ず、最後は証券会社自身がそれを値下がり前の価格で買い戻さなければならない。山一證券はそうして約二千億円で証券を買い戻す必要に迫られたが、巨額の含み損が出るので本体が直接買うわけにはいかない。そこで、クレディ・スイス信託銀行などを通してルートを迂回させ、いくつものペーパー会社から国債を買った形で資金を流し、その金で証券を買い戻させた。

＊三木淳夫
一九三五年生まれ。九二年山一證券社長に就任。行平前社長の秘蔵っ子といわれたが、本人は社長就任には消極的だった。九七年八月、総会屋への利益供与で行平会長とともに辞任。以後九八年にかけて商法違反や証取法違反で三度逮捕され、山一史上最も忙しい前社長になった。

りの三十代を過ぎた四十代、五十代に課長、部長となる人間を手厚い給料で面倒を見てきた。また、そういう面倒見をするところが立派な銀行、と持て囃されてきたわけです。

そういう年配の人たち、とくに偉くなったお年寄り*は何をしているか。行内政治をやっているんです。ほかに行くところもないから毎日銀行に来て特別食堂などで、食事をしながら世間話をして、ちょっと頭取に来てもらってとか、何々部長を呼んでね、とやる。それだけならまだしも、最近あいつはどうだとかこうだとか、噂話に花を咲かせる。この長老リーグの中で評判が悪くなると、本人たちの知らないところでバッ点がついてしまう。当然、この人たちの機嫌を損なうようなことは、下の人間はやりたくない。何しろ、みんな自分は能力があり、現役の連中は自分が取りたててやったと思っているから、頭取なんか「は、さようでございます」と末席で小さくなっているしかない。いまの若い者は、なんて言っているうちはいい。最も困ることは、この人たちは古い成功体験に縛られきっていて、時代が変わったにもかかわらず、それに気づいていないことです。少しでも意に逆らうようなことを口にしたら、「君には六年やってもらおうと思ったが、四年にしようか」と言われかねない。こういう人たちをうまく遇していかないと、出世競争に残れないのが銀行なんです。

田原 老人になると、当然ながら頭が硬くなって柔軟性に欠けてくる。昔の

*偉くなったお年寄り
長老連の存在に最も頭を痛めている都銀の一つに、さくら銀行がある。旧三井銀行の大御所・小山五郎相談役名誉会長（八十八歳）が君臨しているうえに、大蔵省からの天下りが多かった太陽神戸銀行と合併したため、元事務次官の河野一之相談役名誉会長（九十歳）ら天下り組も睨みをきかせている。さすがに身動きがとれなくなったか、九八年三月、同行は相談役制度の廃止を決め、会長・頭取経験者は退任後四年間に限って常勤顧問につくことができるという制度を創設することになった。

時代しか知らない。いまの時代を見る目もなくなってくる。つまり時代と実態がどんどんかけ離れているときに、今の実態を昔の時代に近づけようとする。当然、企業経営としては逆ネジになりますね。

山田　ですから、いま極めて難しい局面にある銀行経営をどうしたらいいのかと言えば、簡単です。いまの役員は全員辞める。だいたい銀行経営なんていうのは部長と次長でやっているんですから。取材などをしていて肌身に感じるのは、銀行のことを一番よく知っているのは本部の次長だということです。判断しているのはその上の部長。その上にいる担当取締役、常務、専務といった役員は、まあ渉外係です。たとえばお役所を接待するときに専務が出ていって「よろしくお願いします」とか、一種の営業をやっている。で、お得意先に常務が出向いて「今度もお願いします」とか、実際の戦略を考えるのは次長と部長ですから、あんな大勢いる役員会なんか要らないと思う。銀行の役員は仕事のため、というより処遇のためのポストです。

一つの提案ですが、取締役の中で、この人物だと思う人を互選して、その人間を中心に小さな取締役会をつくり、あとは全員辞めてもらう。そうすれば、役員だって血を流したんだから、お前たちも少し我慢してくれといえる。リストラだって少しは進む。いままでの旧弊を排して、百八十度舵を切り換えることだって可能になります。

素朴な疑問①——銀行員の給料はなぜ高いのか？

田原　それは現実味がない。そうできれば苦労はないわけで、どっかりと居座っている連中が、現実の実態をそこまで把握できていないから困るんですよ。それにしても、どうして、そういう頑迷固陋というか、言葉が汚いけれど、老害銀行になってしまったのだろう。

山田　それは、日本の銀行は護送船団の中で、とくに大銀行は超過利潤が取れるものだから、それだけの人を遇せるだけの資金的ゆとりがあったんです。平たくいえば儲かっていたからです。だから、内規を見ると、びっくりするようなべらぼうなカネを貰っていますよ。この間、日本長期信用銀行の杉浦敏介*会長が辞められたとき、十何億円というカネが支払われたといわれています。たとえば磯田さんに支払われる退職金の額はいくらだと聞いても、絶対に住友銀行は教えてくれませんが、膨大なカネを貰ってみんなリタイアしている。

田原　なぜ、長銀の場合は分かったんですか。

山田　内部から情報が出たわけですよ、いくら何でもひどいのではないかと。

田原　一部上場の企業でも、退職金の額は公表しなくてもいいわけ？

山田　公表していません。たとえば有価証券報告書を見ても、たしかにそれらしい経費の項目はあるのだけれど、誰に支払われたかまでは、全部がプール

＊杉浦敏介　一九一一年生まれ。三五年日本勧業銀行入行、五二年日本長期信用銀行へ。七一年から七八年まで頭取を務める。その後、会長、相談役を経て最高顧問に。

になっているから分からないんです。それを詳細に見ていけば想像がつくと言う人もいますけどね。実際には、キャッシュでもらう代わりに自動車とか、要するに税金のかからない形で貰ったりもしていて、退職金の本当の額は分からない。いずれにしても、銀行はそれだけ出せる貯えがあるということです。

田原　それにしても僕には分からない。証券会社はリスキーな業界だから、それなりに高い給料を取るというのは分かるんだけど、護送船団で守られていた銀行にはまったくリスクがないのにも関わらず、何であんなに銀行員は給料*が高いんですか。日本でいちばん高いですよ。

山田　銀行にも一応労働組合がある。都銀にはそれぞれ、市銀連、つまり市中銀行労働連合組合というのがあって、各銀行に独立した組合がちゃんとあるんです。ボーナス闘争もやればベアの闘争もやるんだけど、要求の数字を外に一切明らかにしないし、その上、行内にも要求内容を配らないんです。

田原　労働組合が今度の賃上げをいくら要求するかを言わない？　それで労働組合なの？

山田　そう、労働組合と言ってます。私は、どうして取材に応じないのと聞いたことがある。すると、われわれは今までそういうふうにやってきましたから、あなたたちにお話しする必要を認めません、と。だから私は、銀行の労組は第二人事部と称しているんです（笑い）。銀行の労働組合が示しているものの

＊銀行員の給料
九五年、全日空機をハイジャックした犯人は、東洋信託銀行を休職中の男だった。犯人は函館空港で逮捕されたが、世間の怒りを増幅させたのは、彼が休職中にもかかわらず、健康保険組合などから毎月八十万円近い支給を受けていたという事実だった。年収千五百万円はあるエリートで、女性を囲っていたというような暴露話が報道されるにつれ、はからずも「銀行マンの優雅な暮らし」が明るみに出ることになった。

は、ある意味で労使協調の最たる姿だったわけです。当初は、お前ら協力してくれたら弾むよ、ということでやってきた。いまではもう、お前ら要求しなくても、世間並み以上に出すからねという形になっている。

たしかに一回一回のベアはそんなに高くない。でもどうして銀行はこんなに高くなったのだろうと思って調べたら、普通の企業には景気の繁簡があるんです。景気のいいときもあれば、悪いときもある。必ずしも一本調子で上がるということがないんです。ところが、銀行だけは違う。景気がよくても悪くても、確実に上がってきたんです。

田原　銀行は護送船団方式でやってきたから、景気の悪いときというのがなかったわけだ。

山田　そう。銀行はこれまで統制経済の配給でやってきたわけだから、景気が悪くなったのは今度が初めてなんです。逆にいえば昭和二十一年からずっと好況が一本調子で続いてきて、その最後がバブルだった。そのバブルが弾けて、どすんと落ちた。山高ければ谷深し、だと思んです。よその一般企業はジグザグ、ジグザグでやって来たから、平均すると上昇曲線はにぶい。だが、銀行は一貫して上がり続けてきたから、気がつくと圧倒的な高水準*になっていたということです。

いま田原さんがいわれたように、産業を支えるためには銀行が何より大事だ

*圧倒的な高水準　日本賃金研究センターの楠田丘代表幹事によれば、銀行員の賃金は他の業界に比べて一・五倍ほど高いという。「同年齢の最も給料が高い人から最も安い人までの間で、上から四分の一のところにいる人が、定年まで勤めあげた場合をモデルにします。この場合、上場企業の平均で退職金まで含めた生涯賃金は三～四億円。これに対し、銀行は六億円程度になります」(「AERA」九八年三月九日号)。ただし、近年は同期の間で格差の激しい銀行が増えており、某大手都銀の大卒三十四歳の例では、最高千百万円から最低五百五十万円まで差がついているという。

九八年三月、大手銀行はいっせいに公的資金投入を申請したが、その見返りとしてさまざまなリストラ策を提出し

と言うことで、銀行の利益はかなりの部分、政府が管理してくれたわけです。しかも、大蔵省という最もパワフルな官庁が、影響力を使える業界であったことも強みであった。つまり、銀行は給料が高い、だから銀行に天下りすれば高給がもらえる、という構造、仕掛けができ上がったわけです。

田原 大蔵省は銀行を管理監督するところ、いわば銀行は大蔵省が経営する工場ですよ。そこを考えると、大蔵官僚たちは実際の権限はあるけれど、同年配なのに自分たちよりはるかに高給を取っている工員、銀行員という意味でもあるし工場員という意味も含めて、それを許したのか、どうしても解せない。そうでしょう。大蔵省が指導監督で銀行の給料もボーナスまで決めていた。順位が下の銀行が、上位行よりボーナスを多くはもらえなかったんですよ。

山田 大蔵官僚はいつもそんなに妬んでいたのではないと思う。大蔵省の人には、かつてやせ我慢の精神がありました。とくに若い人ほど、そういう傾向がある。俺たちは給料が安くても、こんなに国家のことを考えて、やっているんだという自負心があったわけです。そういうエリート主義の裏返しみたいなストイシズムがあって、あの狭い公務員宿舎でも耐えているのだと思いましたね。夜回りに行って知っているのだけど、あの公務員宿舎は、交通の便はたしかに近いが、劣悪そのものです。キャリアの課長補佐ですら2DKです。で、奥さんはほとんど良家の子女。深夜帰ったときには奥さんと子どもが寝ている

ている。賞与や役員報酬のカットは当然としても、なかには一般行員の年収カットを打ち出した銀行もある。たとえば安田信託銀行は月給一〇パーセント、賞与三〇パーセントカットを表明しており、実現すれば課長クラスで年に二百万円、部長クラスで五百万円ほどの減収となる。

のをまたいで通る。感慨深いものがあると思う。俺の一言で世の中が動いているのに、妻子をまたいで部屋に入る瞬間、「うーん」と感じるものがあるんじゃないですか。

だから、馬車馬のように仕事をしている若いときは、「うーん」で済むけれど、ある程度、自分の先が見えてきて、どこへ着地するか気になってくる。大蔵省の歴代次官がどこへ行くかというと、まず政府系金融機関。筆頭は日銀で、その総裁になる。次に輸銀、開銀、中小企業金融公庫、国民金融公庫という順で指定席になっている。政府系の次は、地銀へ行く。つまり、銀行というのは、言ってみれば自分たちの最終的な就職先なんです。そこの給料は高いほうがいいに決まっているわけです。

高給のところへポンと行って、しかも退職金もはずむ。辞めてポンと次へ行き、そこでまた退職金をもらう。高級官僚の天下りに対して、よく渡り鳥が数億のカネをもらうのはおかしいと言われる。たしかに不合理です。日本の企業は長期後払い方式で、いちばん働く若い人の俸給は少なくて、窓際になって実際には渉外事業みたいなとこばかりやっている頃になって最もおカネをもらえる仕組みになっているわけですよ。

素朴な疑問②——大蔵官僚はいつからセコくなった?

＊リクルート事件
八八年、川崎市助役へのリクルート子会社の未公開株譲渡疑惑を発端に、リクルート社を中心とする広範な贈収賄が明らかになった。同時に、中曾根内閣の閣僚をはじめ、株による政治家の財テクの実態があぶり出されたが、徹底追及に至らないまま、幕引きになった。この事件で逮捕された閣僚は藤波孝生元官房長官、中央官僚は加藤孝元労働次官、鹿野元労働省課長、高石邦男前文部次官。労働官僚は就職情報誌の規制を骨抜き

田原　クライマックスで藤波孝生代議士が逮捕されたリクルート事件*のときには、労働省と文部省の事務次官が逮捕された。あのとき親しい大蔵官僚、いま局長を過ぎていますが、彼に事件をどう思うか、と問うたことがある。そうしたら彼は即座に、やはり文部省や労働省は三流官庁だな、と吐きすてるように言った。だからあんなドジなことをやるんだ、という。大蔵官僚によれば、官僚というのはハングリー・スポーツなんだ、国家にとってきわめて重要な仕事をやっているのだから、国に対して使命感を持つべきであって、給料袋の薄さなんかを気にすべきではないと言う。そこで僕は少し意地悪にこう訊ねた。あなたの言うことは偉いけれど、現役官僚のときはたいした給料をもらわなくても、あなた方の生涯給料の半分以上は退職して以後、天下ってからもらうんでしょう、と。さらに言えば、うまく天下りするには現役のとき慎重にして、一千万円や二千万円の小さな賄賂をもらったら、将来の天下りが台無しになるから、だから我慢しているのではないですか、と。そうしたら、彼は意外にあっさりと、まあそれもある、と言っていた。

分からないのは、同じ大蔵官僚なのにどうして田谷廣明、中島義雄*みたいな、セコい事件が起きるのか。ハングリー・スポーツの論理でいけば、彼らが東京協和信用組合の高橋治則から接待を受けたカネなんて、じつにケチなものですよ。やせ我慢でもハングリーでもいいけど、もっと上まで順調にいけば、退職

にするのと引き換えに、文部官僚はリクルート役員が大学審議会委員などに選任されるよう取り計らうのと引き換えに、未公開株を受け取ったとされる。

*田谷廣明、中島義雄　田谷は元東京税関長で、東京共和信用組合の高橋治則理事長からたびたび接待を受け、自家用機での香港旅行をプレゼントされたこともある。疑惑が発覚して退職したが、勧奨退職扱いなので退職金は五千万円を下らなかった。その後コンサルタント会社を開業。中島は元主計局次長。接待のほかに大蔵省内での健康飲料販売事業に出資して契約料を得るなど財テクに励み、国税局から二千四百万円の追徴課税を受けた。さすがに退職金は辞退したが、その後京セラに入社している。

金が五億、十億という世界が待っているわけでしょう。この二人に限らないが、なぜ、このところの大蔵官僚は実にみみっちい接待を受けて、事件まがいのことを起こすんですかね。

山田　二つ原因があると思う。一つは大蔵省自身が、かつてのように発展途上の国、日本をリードしていく舵取りとしての手応えを感じられなくなったのではないか。燃えるような使命感と、そこに生まれる達成感というか、野球でいうバットを振り抜いて真っ芯でボールをとらえたという充足感のある仕事が、だんだん少なくなってしまったのだろうと思う。それはある意味で健全なことかも知れない。そういう達成感を味わいたいなら政治家になるなり、別の道がありますから。

使命感が薄れてきた背景には、昔ならもっと自分たちのイニシアチブで大事な国の運営ができたのに、あるころから一生懸命つくった予算を族議員に食い散らかされるとか、苦心してつくった予算に他の省庁が「うん」と言ってくれなくなったという状況がある。これが、もう一つの原因だと思っています。

実は私は、シーリング方式*の導入が大蔵省の転機だったと思う。大蔵省は予算の総ワクだけ決めるから、あとはお前らの役所でやれよというふうになってしまった。シーリングを詰めるという、極めて事務的な仕事をするポストに、官僚たちが心躍らない気持ちになったとしても不思議はない。言ってみれば敗

＊シーリング方式
九七年度までの予算編成は、まず大蔵省が一般歳出を経常的経費、投資的経費、例外項目の三つに分類、シーリング（概算要求基準）を決め、各省が要求を出して大蔵省が削り込みをするという方式がとられていた。九七年十一月、財政構造改革法が成立し、シーリング方式は廃止、九八年度から二〇〇〇年度までの項目別のキャップ（上限枠）が設けられた。分野別の数値目標を設定した複数年度にわたる予算管理は、アメリカの財政再建がモデル。これによって予算の膨張やシェアの硬直化、族議員の介入を防げると期待されている。

戦処理みたいな仕事ですよ。福田さんや大平さんが首相をやっていた時代はよかったのでしょう。使命感に燃えることができてよかったのは、高度成長までだったと思います。財政再建が声高に叫ばれるようになった辺りから、どちらかというと負の部分の仕事を担わされているという感じになったのでしょう。

田原　財政再建を言いだしたのは大平内閣*の時代ですね。で、大平さんは消費税を導入しようとして失敗し、だから次の鈴木善幸内閣は増税なき財政再建というスローガンを掲げたわけだ。それを承けて総理になった中曾根さん、あの辺りから、大蔵官僚にとって心躍る仕事ではなくなったんですかね。敗戦処理なのか、辻褄合わせなのか、とにかく大蔵省の官僚の中で何かが変質し始めたのでしょう。

山田　辻褄合わせに表面の数字を取り繕うために隠れ借金をつくるような仕事は、誰だってやりたくありませんよ。

田原　でも、一時はあの隠れ借金をつくることを、ずいぶん自慢してましたよ。これはプロじゃなければ出来ないんだ、と（笑い）。俺たちの得意技だと自慢していたけど、あれは本当の意味の使命感ではないと思う。

山田　結局、「私の悲しい玩具」だったんですよ、隠れ借金をつくることなんか。それが出来てなんぼのものだ、というのが普通の感覚なのに、だんだん麻痺して自慢するまでになる。そんなことをやっているうちに、金融自由化が

＊大平内閣の財政再建
　七五年に三木内閣が赤字国債を発行して以来、財政赤字が続いていた。七八年には第二次オイルショックが起きて税収の伸びも低下し、その年の暮れに誕生した大平内閣は、早急に財政再建に取り組まなければならなかった。大蔵省からの提案は、ヨーロッパの付加価値税のような間接税「一般消費税」の導入であった。七九年九月の総選挙で、大平首相は一般消費税の導入による財政再建を掲げたが、当然ながら国民は猛反対、やむなく選挙戦の途中で新税導入を断念した。以来、間接税は自民党にとってタブーになり、中曾根内閣も売上税導入に失敗、竹下内閣になってやっと実現した。すでに大平内閣から十年たっていた。

進み、銀行も次第に自分たちの手の届かないところになるのではないかという不安が、黒い雲のように官僚たちの気持ちに広がっていた。そんな時期にバブルがあったんです。バブル景気で、ふと周りを見回すと、自分たちの大学の同期の奴らはみんなうまいことやっている。俺だって少しおいしいこと出来ないかなというときに、美味しい、けれど少し腐り気味の蜜があったわけ。

もう一つの疑問――中島義雄は政治家になろうとしたのか

田原 バブルが官僚たちを狂わせた、と。

山田 基礎体力が落ちているところへ、インフルエンザ・ウィルスが襲来した。しかも、免疫がない上に、ワクチンも開発されていないという強力なウィルスだった。だから、一挙に大勢の官僚が感染して、入院する奴まで出してしまったということではないですか（笑い）。

主計局次長だった中島義雄氏は、昔貧しかったからとも言われていますが、あの蓄財の方向を見ていると、頭のいい人たちだから、もしかしたら政治家に打って出ることがあるかも知れないと考えたのではないかと推測しています。明確に政治家になろうとしていたかどうか知らないけれど、あの人は同期の中でも次官候補だったわけですよ。でも、次官になれないかも知れない。そう考えた場合、別の道も探らなければいけないかな、とは考えたように思います。

主計をやっていますと政治の世界が見えるんです。だから、次官まで行けば、あとは最上の天下りコースが用意されているけれど、次官になれないと、退職後の待遇はぐっと落ちる。ならば政治の世界も選択肢の一つ、と考えたのではないか。直接聞いたわけではないから、何とも言えないけれど、政治の道へも対応できる蓄財をしていたような気がします。

田原　金丸さんが地検に調べられて五億円の金の延べ棒がドンと出てきて、何であんなにカネを集めなければならないんだ、と天下の笑い者になったとき、竹下さんが言っていた。金丸は本気で新党をつくらなければいけないと思っていた、と。

山田　昔の三木武夫*ですね。

田原　そう。新党をつくるには百億以上のカネが要る。それは俺が準備しようという使命感があったのであって、私利私欲ではないというふうに、竹下さんは説明していた。相当おかしい説明だとは思うけれど、そういう面はあったのかもしれない。

山田　人間の感情というのは渾然と一体になっていて、俺はただカネのために走っているのだとは思いたくないから、天下のことを憂えているのだと考えようとする力も働くし、いつしかどちらが本心なのか判然としなくなるものだと思いますね。官僚の場合も同じですよ。自分はひょっとしたら政治家になる

*三木武夫
一九〇七〜八八。四七年、国民協同党を結成するとき、森財閥を後ろ盾にして資金を調達した。夫人は森コンツェルンの森矗昶の娘。

かもしれないと考えたことのある大蔵官僚は多いと思う。

課長補佐はお座敷デビューするため小料理屋へ

田原　キャリアからの逮捕者まで出た大蔵省、あるいは日銀への過剰接待の話をしよう。接待はよくないというのが一般認識だということを承知の上で、僕は接待を考えてみたい。先ほどもいったけれど、日本の社会は、ある意味で接待文化といってもいいのではないだろうか。官・官接待、官・民接待、あるいは民・民接待と、みんなお互いに接待し合っている。そしてたぶん飲食業界の多くも、接待があるから存続できている。いま接待はワルだという声が圧倒的です。やはり良くないと思いますか。

山田　接待そのものが悪いのではなくて、程度の問題だと思います。つまり接待と賄賂の境界がぼやけていることが問題なんです。いままで官僚の世界では、接待は受けてもいいけど、カネと女は駄目という不文律があった。じゃあ、接待でいいのなら、接待という格好をとって賄賂をせしめようという奴が出てきたのが、話題になったノーパンしゃぶしゃぶであり、過剰接待といわれるものだったんです。要するに、制度というものは、ここまでというような敷居を敷くと、それなら許される範囲で悪いことをやってやろうという仕組みが出来てきてしまうんです。

＊福田・大平戦争　「角福戦争」と呼ばれた田中角栄と福田赳夫との抗争は、田中を後ろ盾にした大平正芳と福田の抗争に受け継がれる。七六年、福田は首相になるが、

だから最後の問題は、アカウンタビリティーとディスクロージャーだと思うんです。みんなに俺はこういう接待を受けて、こんなお土産をもらったと、いちいち説明する必要はないけれど、聞かれたら全部答えられるようにする。あるいは必要なら覗けるようにしておくことだと思いますね。そうすれば、二泊で飛行機で北海道へゴルフ？　それは接待じゃあないか、と分かるわけです。多かれ少なかれ接待はある。人によって若干の尺度は違っていても、世の中の基準というものはあると思う。

田原　僕が日本の官僚を初めて取材したのは一九七八年ごろ、福田・大平四十日戦争*が行なわれていた時期で、政治はほとんど空白状態だった。そのとき日経連の会長だった桜田武*が、政治家は勝手に喧嘩していてくれ、わが国には立派な官僚がいるから、国のことは官僚がすべて仕切るから大丈夫だと言った。取材のきっかけは何かといえば、そもそもがこの桜田発言で、そんなに優秀な官僚とは何だろうかという好奇心から出発して、「週刊文春」で「日本の官僚」という連載を始めたわけです。

山田さんもご存じだと思うけど、官僚を取材するには結局、課長補佐に話を聞くのが一番なんです。省庁の仕事にかなり精通しているし、そのわりによく喋ってくれる。あるとき大蔵の課長補佐に腰を落ち着けてゆっくり話を聞きたいといったら、そのときはどうしてか分からなかったんだけど、ウィークデー

自ら導入した総裁公選の予備選挙で大平に負け、七八年には大平内閣が誕生。だが、翌年の総選挙で自民党が大敗すると、党内抗争は大平の主流派と、福田・中曾根ら反主流派に分かれて泥沼化する。自民から大平・福田の二人の首相候補が立ち、決選投票を行なった結果、史上最低の百三十八票で大平の続投が決まった。党内人事も組閣人事も揉めに揉め、なんとかケリがついたのは総選挙から四十日後のことであった。

*桜田武
一九〇四～八五年。元日清紡績社長。日経連には創立のときから参加し、七九年に名誉会長に退くまで会長を務めた。財界の顔ともいうべき存在で、晩年は土光敏夫経団連名誉会長とともに行財政改革にあたった。

の夕方に、新橋だったか虎の門だったか、小料理屋に来てくれと指定された。相手は複数でしたが、小料理屋へ行ってみたら、べつに食事をするわけではないんです。彼らはその時間に、小料理屋の女将に小唄を習っているんです。そこで、なんで小唄を習っているんだと問うたら、もうじきわれわれはお座敷デビューする。お座敷に出たときに芸を身につけていないと、みっともないと言うんです。お座敷デビュー*ということは、いまで言う接待デビューだ（笑い）。課長補佐は誰かお偉いさんの後ろにくっついていくだけだけど、お座敷でメインになったら芸の一つも出来ないと恥ずかしいというわけで、小唄やら何やらを粋筋の人に習っていたんです。

僕はそのとき別に不思議とも何とも思わなかった。官僚というのは課長になると、お座敷に接待されていろいろある、そういう社会なのかと思っただけ。それがいま接待はワルだという風潮になったから、昔お座敷デビューで小唄を習っていた大蔵OBに会うことがあったので、改めてお座敷の接待はどうだったか、聞いてみた。すると、正直にいって接待を受けましたというんです。でも、それは付き合いを深めるため、互いに胸襟を開いて話し合うために、酒を飲みながら食事をしただけです、と。そこで僕は、たとえば銀行から接待を受けて、次にあなたは銀行を接待しましたか、と聞いた。うーん、と言ったきりで結局、〝返盃〟はしていないんですね。彼がいうには、銀行の接待は銀行か

*お座敷デビュー
接待の回数の多い官僚ほど実力者とみなされる。代々の次官のなかには芸者置屋から出勤したという伝説の持ち主もいる。

らカネが出るが、自分たちは大蔵省で出してくれない。また自腹で払うには高すぎると、じつに正直なんです。

接待は日本の「関係文化」の一つなのだ

山田　学生のころの友達で、いま官僚になっている友人と一緒にイタメシなどを食べて、今日は俺が払うよといって領収書をもらわないと、彼は、「お前が自費で払うなら割ろう。会社が出すのならご馳走になってもいいよ」と言うんです。彼らの感覚では、会社が出してくれるのならお互いのサイフが痛むわけではないが、君に出してもらうのはしのびない、という論理です。それなりの合理性はあるんですが。

官に限らず、この日本社会というのは関係文化とでもいうべきもので支えられている部分がある。たとえば、いま田原さんと私がこうやって議論をしています。でも、私はこれだけ妥協するから、あなたはどれだけ折れますかというような話は一切しない。ともかく一回一緒に食事でもしませんかとか、折りがあったら飲みに行きましょう。そういう形で関係をつくる。一緒にメシを食ったら、一宿一飯みたいな関係にもなる。関係がつくれたら、そのパイプを太くすればするほど話が通るようになる。そこを何とかお願いしますとか、あんたに言われたら断れないね、ということになるわけ。そのパイプが太くなってしまえば、無理も道理も何でも通るようになる。そういうネットワークが張りめぐらされているわけです。結局、ゴルフをやる、食事を一緒にする、酒を酌み交わすということは、日本の関係文化なんです。

だから、この文化自体がワルだというわけではない。あえて言えば、良くも悪くも、文化なのだと思う。問題は、そこにビジネスが絡んだとき、無理な話も当然入ってくるわけで、問題となった過剰接待は合理性に欠けたものだったのだと思う。

田原　誤解されるのを恐れず言えば、若いころは先輩の評論家やジャーナリストに連れられて料亭に行き、官僚や政治家に会ったことがありますが、腹を割っていろいろなことを話すには料亭しかないと思っていました。当時で七、八万円ですから、べらぼうに高い。

でも、いまわれわれの世代は、会費制で勉強会をやろうと言っても官僚や政治家もけっこう来ますよ。これはやってみると、平気なんですね。

山田　大蔵省の人たちは甘やかされてきたから、軌道修正といっても大変でしょうね。社会の物差しがだんだんきつくなってきて、古い物差しではもうダメだよ、いまはこの新しい物差しだよと言われて戸惑っているというのが現状ではないですか。

第3章

すべてはバブルに始まった

バブルは第二次大戦によく似ている

田原　バブルというと、僕はいま思い出しても非常に悔しい思い出があるんです。一九八九年の月刊「文藝春秋」六月号で、「現在のこの過熱した好況は、虚の賑わいだ」という趣旨のことを書こうとした。土地と株価が異常なまでに上がり、日本経済の実体を伝えていないという何人かの人の指摘を聞いて、よし、ひとつ虚の実体を探ってやろうと、あちこちのシンクタンクを回った。株価は僕のフィールド外だし、八九年から下がる傾向を見せていたので、地価のほうから攻めてみようとしたんです。ところが、どこのシンクタンクへ行っても、田原さん、この景気を「虚」だと言ったら、あなたのジャーナリスト生命はなくなりますよ、といわれた。

つまり、いま日本は産業が目ざましく発展したわりにオフィスビルが圧倒的に少ない。東京に毎年、霞ケ関ビル・クラスの超高層ビルを建てないと間に合わないという、国土庁が打ち出した数字もあるし、現在の景気は実の好況であって、新しい高度成長が始まったんだというんです。僕は最初、虚の経済だと

＊地価高騰
東京都区部の住宅地の地価の上昇率を例にとると、八五年までは前年度比三パーセント台だったものが、八六年は一〇・〇パーセント、八七年は七六・八パーセントにまで上がり、八八年は四四・一パーセント。八九年に一度マイナスに転じるが、九〇年にはまた少し持ち直している。その頃の東京の地価はロンドンの二十二倍、フランクフルトの三十三倍、サンフランシスコの五十五倍といわれた。

いう仮説をたてて、それを実証しようとしていたのが、取材していくうちにだんだん自信がなくなってしまい、書くときには自分でも何を書いてるのか分からないような文章になって、だから雑誌に載ったときのタイトルも「土地の呪縛からの解放」という曖昧なものになってしまった。当時はバブルという言葉もなく、あの景気をバブル（泡）だと指摘するエコノミストもいなかった。その後、実際にバブル崩壊という事態を迎えたわけだから、かえすがえすも悔しいですね。

バブルが崩壊した後、僕は宮澤さんに、なんで経済の専門家も大蔵省もこういう事態になることが分からなかったんですかと問うたことがある。すると、それは田原さんね、いずれどこかで頂点が来て、ブレーキをかけないといけないなとは分かっていてもね、どこでブレーキ・ペダルを踏むべきなのか、そんなことは誰にも分かりっこありませんよと、宮澤さんは言っていた。

いまのこの長引く不況の中から、バブルを発見できなかった責任者は誰だ、というような議論がよく出る。でも、僕は自分でバブルを取材した経験から言うんですが、バブルは第二次大戦ときわめてよく似ていると思う。日中戦争から太平洋戦争へと突入していったとき、この戦争はおかしいと断言した人はごく少数で、大半の人々は、はっきり言えば浮かれていて、どういう事態なのか気づいていなかった。それと全く同じ現象が、バブルのとき起こった。戦勝気分に浸っているときは、誰もおかしいとは言わなかった。いまから見れば、後半に入って戦局の雲行きが怪しくなったことに気づいて初めて、地価問題でいえば国土法を見直すとか、経済に対しては総量規制*をかけるなどし始めた。

つまり大蔵省、日銀はじめ経済の舵をとる人たちが誰一人、気づかずに、何とかしろと世論、つまりマスコミといっていいと思いますが、それが騒ぎはじめて、あわてて急ブレーキを踏んでしまったというのが、バブル崩壊ではなかったか。

山田 予防線を張るわけではありませんが、ジャーナリストの一人として、あのバブルのとき、新聞もバブルを囃したではないかと言われることは、極めて心外なんです。

田原 でも山田さん、朝日新聞だって「ウイークエンド経済」なんて欄を土曜夕刊で設けて、けっこうバブルに乗っかっていたよ（笑い）。

山田 事情も知らずにいわないでください（笑い）。あのときは社内でも株式のことを扱うかどうか、大議論をしたんです。あのころ「マネー」という雑誌が二つほど出ていて、世の中は一種投資ブーム、マネーブームが起きていた。しかし、社内では株式を扱うにしても投機を煽るのはよくないという意見が大勢を占めて結局、マネーという言葉は避けようということで「ウイークエンド経済」というところに落ち着いたんです。

＊総量規制
　大蔵省銀行局は九〇年、地価を下げるために「土地関連融資の総量規制」の通達を出した。これは、不動産業向け貸出の増加率を総貸出の増加率の範囲内に抑えるというものだったが、対象は都銀など一般金融機関と農林系金融機関で、住専は除外された。農林系の資金が住専に、さらに不動産業に流れたのは、この規制の抜け道のせいである。

一つつけ加えると、編集局の一部には、株式市況とか、株のお薦め銘柄を知ることができるようなページにしてほしいという話もあった。でも、そこまでやると野村證券の手先になるみたいだからやめようということになったのです。従来のようなお役人やビジネスマンでも企画室や役員室で読まれる紙面ではなく、普通の営業マンや家庭の主婦が、気軽に茶飲み話にできるように経済を身近なものにしようということで、侃々諤々（かんかんがくがく）の末にああいう形になったというのが真相です。

アメリカの外圧で金利を下げたのがバブルの元凶だ

田原　でも、やはり財テク入門みたいな記事が多かったですよ。

山田　個人的な話をさせてもらいます。私は当時、八五年に仙台から東京に戻ってきて、八八年四月まで第一線の記者として金融を担当させられていたんですが、東京に戻ってしばらくして、澄田智*日銀総裁のもとで公定歩合引下げへと動き始めた。引下げについて異論を持っていた私は、記事でその危険性を指摘したんですが、八七年には第五次の引下げを行なって、二・五パーセントで史上最低の公定歩合といわれた。当時二・五パーセントはとてつもない低金利で、「こういうことを続けていったら、アブク銭経済の火に油を注ぐことになる」と書いたんです。

＊澄田智　一九一六年生まれ。戦争中に大蔵省に入省、主計将校として東南アジアに赴任。戦後は銀行局長を経て事務次官に。七一年、第一銀行と勧業銀行の合併をまとめ、退官。日本輸出入銀行総裁を経て、八四年から八九年まで日本銀行総裁を務める。

当時バブルという言葉はまだなかった。日銀金融研究所の翁さんが論文でバブルという言葉を使っていましたが、一般的ではなかった。バブルという言葉で言い表すのは、こなれていないと思ったので、あぶく銭と称したわけです。昔でいうと、花見酒経済*です。私はこのままあぶく銭経済を続ける危険性と、米国の圧力に屈して金利を下げつづける日銀の姿勢を紙面で批判した。

八五年のプラザ合意後、アメリカはドル安とアメリカへの資産流入という矛盾した政策を進めていました。双子の赤字といわれた国際収支の赤字と財政の赤字に苦しんでいたアメリカは、日本におカネをファイナンスさせるしかないわけです。当時、日本は世界の富を一手に引き受けるほどの貿易黒字で、とても日本の国内だけでは使い切れない状態だった。だぶついたカネをアメリカに持って行きたい。一方のアメリカは景気が悪いから、金融緩和のために金利をどんどん下げていた。金利を下げた上にドル安では日本からおカネが来なくなる。そのため、アメリカが金利を下げるごとに、日本も金利を下げろという圧力が働いたわけです。

田原　金利を下げたのは、山田さんがいわれるような側面もあるけど、一つ責任をとれとはいわないけれど、アメリカの当時の国務長官ベーカーと日銀の澄田総裁、宮澤蔵相が手を汚したのだということだけは、はっきりさせておきたい。

＊花見酒経済
落語「花見酒」は、熊さんと辰つぁんが向島で花見をしながら酒を一杯十銭で売ろうと思いつき、酒屋から三升借り込んで運んでいく話。途中、熊さんが「一杯おれに売ってくんねえ」と辰つぁんに十銭渡し、辰つぁんも相手に十銭渡して一杯飲む。交互に売り買いして酒は完売、ところが売り上げを勘定したら十銭玉一個だけだった――。六二年、朝日新聞論説委員だった笠信太郎は『"花見酒"の経済』を書き、日本経済の高度成長はこの落語と同じ、実体のない信用膨張だと警告した。

には内需拡大を狙ったことも大きな要素ではないですか。

山田 内需拡大は必要でした。しかし当時は不動産価格が天井知らずに上がっていて、日本が金利を下げてまで、さらに内需を拡大しなければならないほどではなかったんです。

田原 しかし山田さん、その前に、中曾根首相の諮問にこたえる形で、当時の日銀総裁、前川春雄氏が出した、いわゆる前川レポート*があるでしょう。前川レポートで、すでにアメリカの貿易赤字、日本の貿易黒字は何とかしなければいけないと明言した上で、内需拡大十カ年計画なるものを打ち出している。前川レポートが出たのは八六年で、内需を拡大するために景気をよくしろ、そのために金利を下げろとぶち上げたんです。

山田 しかし、第三次の引下げが行われたころには、もう十分に下がっていて、不動産市場は活況で、株価も上昇していた。あのとき金利を下げるのは、日本の内的要因ではなく、一つはこれ以上円高が進んでほしくないという為替対策のためであり、もう一つはアメリカが自国の金利を下げるに際して、日米の金利差をキープしておきたいから、日本の大蔵省、日銀にぎりぎりと外圧をかけて来たんです。

田原 アメリカの思惑だ、と。でも、あのとき、ドイツはマルクの金利を下げなかったですよ。

＊前川レポート
八六年、中曾根康弘首相の私的諮問機関「国際協調のための経済構造調整研究会」が発表した報告書で、座長の名をとってこう呼ばれる。中曾根内閣の内需拡大政策の根拠とされたもので、その後日本の黒字体質が問題になるたびに、誰もがこれを持ち出し、ついには錦の御旗のようになった。ひとり飯田経夫名古屋大学教授（当時）のみが同レポートを批判し、いまも親のカタキのように批判し続けている。「黒字減らしのリポートであるにもかかわらず、そこには数字はまったく書いてなく、いわば抽象論に終始していた。……当時日本の貿易黒字は五〇〇億ドルという三ケタ億ドルのオーダーだったが、『内需拡大』『市場開放』の黒字減らし効果は、私の試算によれば、たとえば三〇億

山田　下げなかった。それが八七年のいわゆるブラックマンデーの株価の大暴落につながっていくんです。当時、西ドイツの連銀総裁、まあ中央銀行総裁ですが、それを務めていたペールという気骨のある人が、アメリカは金利を下げドル安の火遊びをしようとしていると、強く警告を発したんです。それで先進五カ国蔵相会議、つまりG５で政策が不一致になった。それを見透かされて、アメリカの株が大量に売られたのが、ブラックマンデーだったんです。双子の赤字を抱えていたアメリカのドルは危ないぞという警戒感があったし、アメリカは経済自体も脆弱な基盤に立っていたから、そこを一気に市場に突っ込まれた格好です。

アメリカの占領体制から独立して暴走した日本

田原　その話はビッグバンの話にもつながると思うけど、敗戦によって日本はアメリカに占領された。これは、しかし日本にとって実に好都合だったと僕自身は思っています。財閥解体、農地解放、婦人参政権、言論の自由、そして民主主義、そういうものの中で、新制中学一期生の僕は、占領体験に対して好印象を持っている。大雑把にいうと、戦後日本は占領の縛りの中でアメリカをテキストというか手本にして、アメリカのやる通りやればいいんだ、アメリカと仲良くしていれば間違いないんだということでずっとやってきた。

ドルとか五〇億ドルというように、せいぜいのところ二ケタ億ドルのオーダーにすぎなかった。つまり『前川リポート』は、数字を書こうにも書きようがなかったのだ」（飯田経夫『日本経済――成長の結末』ＰＨＰ研究所刊）

　バブル直前の八五年、プラザ会議に五つの国の大蔵大臣が集まったとき、日本からは竹下さんが蔵相として出かけて行った。そして、プラザ合意があって帰国した竹下さんは「田原君、やっと日本はアメリカに追いついたよ」と興奮気味にいったことがある。あの蔵相会議はＧ５といっているけれど、実質的にはアメリカと日本のＧ２だった。アメリカはドルが高すぎるし、景気も悪い。輸出もできないし、産業は空洞化する。何とかドルを下げたいけれど、フフンやポンドやマルクにも下げてくれと頼んだけれど、最も下げてほしいのは円だった。そこでアメリカは日本に円を下げるために公定歩合の金利を下げるように頼んだわけです。つまり、戦後初めて、アメリカが日本に頭を下げたんです。竹下さんが興奮して話したのも無理はなくて、日本はついにアメリカに追いつき、対等になったアメリカが頭を下げてきたわけです。

　僕は、実はこれがバブルのスタートだったと思っているんです。戦後、日本はずっと占領体制、四五年体制でやってきた。四〇年体制だという人もいます＊が、四〇年体制は四五年体制で強化されているわけで、占領体制の惰性というか勢いを駆って、高度成長を経て八五年までくることができた。八五年にアメリカに追いついてみて初めて、今度は自分で目標、あるいはビジョンを持つことが必要になった。主体的にコトを処していこうとして、日本の混乱が始まったのだと僕は思う。日本は占領体制から独立したと思ったら、いきなりバブル

＊四〇年体制
　終身雇用、年功序列、資金供給が株主ではなく銀行を中心になされていること、広範な規制の存在――といった「日本的」とされるシステムが、実は一九四〇年頃に第二次世界大戦の総力戦に備えて構築されたものだとする説で、野口悠紀雄東京大学教授が唱えている。この四〇年体制のおかげで七〇年代のオイルショックをうまく乗り切ってしまったことが、その後の構造改革を困難にしたという（野口悠紀雄『一九四〇年体制』東洋経済新報社刊）。

という暴走をやらかしてしまったのだと思う。間違ってますか。

山田　「アメリカに追いついた」と思ったのは竹下さんの錯誤だったと思います。戦後の保守政界は、常にアメリカを意識しながら、その言うことを聞いて、内心、くそっと思っても従属しながらやってきた。いわば面従腹背です。しかし、田中角栄が切られたように、アメリカのご機嫌を損ねると、どこでけたぐりを受けるか分からない。政権の座についた歴代総理が、まずアメリカに行ってその信任を得るというのは、保守政界での伝統です。

田原　角栄がロッキード事件で逮捕される前の七六年、僕は「中央公論」に「虎の尾を踏んだ田中角栄」という連載を書いた。そう、角栄はアメリカにやられた。そのことがあって、やはり吉田ドクトリンが正しいということになった。保守本流は吉田政治である、となった。吉田政治とは何か。面従腹背です。正面からはアメリカに反対しない。「分かりました」といいながら、裏では日本流にそれをすり替えていくんです。

山田　いや、日本は何をやっていいのか、よく分からなかった（笑い）。結局、何をしてきたかというと、ハンドルはすべてアメリカ任せで、日本はひたすらエンジンをふかしてきたんです。

田原　面従腹背の日本流政治で宮澤さんまでやってきた。その宮澤さんは吉田政治の申し子みたいな人だから、アメリカがドル安にしたいから公定歩合を下げるのなら、日本はそれより下げなければいけない、というふうに考えて、絶対にアメリカに正面切って反対できなかった。

山田　そこなんです。面従腹背でやってきて、そろそろ一人前になりたいなと思いながらやってきた人というのは、八五年に日本が世界最大の債権国となり、アメリカは世界最大の債務国になったとき、喜んだ。最近の政治家が好きな言葉でいうと、ファンダメンタルズで日本はアメリカに勝ったと言いたいでしょう。竹下氏が大いに興奮して威張ったのも分かりますが、最近、橋龍氏がアメリカ国債を売る誘惑*にかられたこともあると言っていたように、実際にはカネは持っていても、アメリカの意向を無視して動かせない日本の姿があった。

つまり、日本がいくらおカネを儲けても、そのおカネは俺のところに持ってくるカネだぞとアメリカに言われる仕組みが厳然としてあるわけです。プラザ合意というのは、一面で見れば、アメリカが頭を下げて、円を上げてくださいとお願いしてきたと取れるでしょうが、日本は黒字を溜めたら、その黒字でうちの赤字をファイナンスしなさいよ、という日米関係をつくっただけなんです。黒字ができたら、自分の国で景気をよくして、場合によってはバブルを起こしてでも、こちらの製品や農作物を買ってくれよ、さもなければ売って儲けたおカネで俺たちの国をファイナンスしろよということを決めたのがプラザ合意です。八五年、日本はファンダメンタルズでは勝ったけれど、首根っこを押さえ

＊米国債を売る誘惑　九七年六月、訪米中の橋本首相はコロンビア大学で講演し、「ここにFRBやニューヨーク連銀の人はいないだろうね。私は何回か日本政府が持っている財務省証券を大幅に売りたい、という誘惑に駆られたことがある。世界には財務省証券の形で外貨準備を持っている国がいくつもある。それらの国々が、相対的にドルの価値が下落しているときにも証券を保有し続けているからこそ米国経済が支えられている。どうかこちらが財務省証券を売って金に切り替えるという誘惑に負けないよう、米国も為替の安定を保つための協力をしてほしい」と述べた。その直後、ニューヨークのダウ工業株三十種平均が八七年のブラックマンデーに次ぐ史上二番目の下げ幅を記録した。随行する関係者は火消

られている状況はまったく変わらなかったと言ってもいい。

ただ、その後マイクル・クライトンの『ライジング・サン』*という本が話題になり、映画化もされたくらいですから、アメリカに焦りがあったことも確かでしょう。ソ連は崩壊した、今度の敵は日本か、という空気を象徴するのが、『ライジング・サン』だったと思います。スパイ小説、陰謀小説はすべてソ連や中国がらみだったのが、そのソ連が消滅した。今度は経済大国の日本が、どうやらじわじわと力を溜めているらしいというのが『ライジング・サン』のコンセプトでしょう。面従しながらも、腹背で陰で何かを企んでいる日本を何とかしなければならないと、当時アメリカはかなり真剣に考えたのでしょう。

エコノミストの弱点は現実を説明し切ることだ

田原 冷戦が終わったことは、アメリカと同様に日本にとっても実は大きな意味を持つ事件だったと思う。冷戦構造の時代には、日本の政治は自民党の政治だった。自民党の政治とは何か。その中心にあったのは、日本は自由主義体制の一員、西側の一員であるという共通認識です。つまり、アメリカの子分として自由主義体制、自由主義経済という現体制を守ることだった。それに対して共産主義経済、あるいは社会主義経済にしたほうがいいと考える人たちもいた。そういう反体制勢力から現体制を守るのだということが、自民党の最大の

しに躍起になったが、日本にいた梶山静六官房長官は「日本の首相もたいしたもんだな」と語った。

*『ライジング・サン』 いまや『ジュラシック・パーク』のほうが有名なマイクル・クライトンが九二年に書いたミステリー（邦訳は早川書房刊）。日本企業ナカモトが建設したロサンジェルスの超高層ビルで女が殺され、捜査が進むにつれて、米政界を巻き込んだ企業間競争の醜い側面が見えてくる……。日本のことを知らない警部補と、日本に詳しい警部のかけあいによって、読者は日本文化について学ぶという仕組みになっている。

使命感だったし、現体制の自由主義経済を維持することに、日本人の大半は賛成だったから、自民党を支持してきたわけです。

ところが、八九年にベルリンの壁がなくなり、九一年にソ連が瓦解して、冷戦構造も崩壊する。それ以前の八五年に、竹下さんが「追いついたぞ」とぶち上げて、日本は主体的に自立してやっていこうと意気込んでいた。では、どんなビジョンを持つべきか、と模索していた、まさにその時期に冷戦構造が溶融してしまった。世界からソ連という強大な共産主義国家が消え、その衛星国も次々に社会主義経済を放棄して、残るは中国と北朝鮮だけになった。まあ、中国も実態としては開放経済という名の自由経済を取り入れている。となると、共産主義から守るべき現体制とは何かということになる。つまり、現体制を守るというアイデンティティーを自民党は喪失してしまったわけです。それと同時に、自民党はビジョンをも失っていく。

山田　その前あたりから、「海図なき航海」という言葉が言われ始める。日本は司馬遼太郎さんのいう「坂の上の雲」を明治維新以来、ずっと見ながら歩み続けてきたわけです。途中、戦争もあったけれど、懸命に雲を目で追いながら坂を登ってきた。そして高度成長が終わり安定成長に入った。いつの間にか、峠に差しかかって雲の中に入ってしまった。それでも、坂はどっちだ、坂はどっちだと、五里霧中で懸命に上り坂を探しつづけたのがバブルだと私は思います。

田原　たとえそれが下りの道であっても、道を探すべきであって、坂を求めようとしたのが間違いだったんですよ。視界不良のまったく未知の局面だったのに、地価は上がる、株価は上がるということで、再び上り坂がきたと勘違いした。それがバブルだったのだと思う。あのときは会う経営者、会うエコノミストが口をそろえて、新しい成長が始まったと明言していた。

山田　いま新進党から自由党になった鈴木淑夫さんは、バブルを批判していますが、八七年ころ、そういう議論をよくやりました。いまでこそ鈴木さんはバブルを批判していますが、当時は日銀の金融研究所の所長を務めておられた。「山田さん、これは資産効果ですよ」というのが、彼の持論だった。資産効果？　嘘だろう、こんなのはあぶく銭じゃないですかと言ったら、日本人の所得が上がっているから当然なんです、供給の限られた土地と株式が上がるのは、資産効果ですと言うから、私も、こんな頭のいい人が自信たっぷりに断言するんだから、うーん、そうかなとも思ったんだけど、結果を見れば、頭のいい人の弱点は、現実があると、その現実を理路整然と説明してしまうことなんです。

鈴木さんに限らず日銀も、かなり疑問を持ちながらも、現実がそうなると現実を説明する論拠をどんどん探してきてしまう。ですからバブルが起きれば、バブルを説明して、結果的にそれを正当化して一般の人たちをミスリードして

＊地価は上がる　たとえば、いま衆議院議員の海江田万理が財テク評論家時代の八九年に、こう書いている。「株のための借金は危険きわまりないが、不動産のための借金なら、ほとんど危険はないと見ていい。このところ都心の土地価格の上昇が沈静化してきたので、土地はもう値上がりしないのではないかと、思っている方もおられるだろう。……これからは異常な高騰はしないかもしれないが、有望な地域は適正な上がり方をしていくことはまちがいない。そういう物件を選んで買っておいて悪いわけがない」（『男の家計革命』講談社刊）

しまう。当時の日銀総裁、澄田さんだって、マネーサプライが一三パーセント上がっていたのに「異常ではない」と、記者会見で述べていた。適正水準に較べれば、一三パーセントというのは五パーセントないし八パーセントも高かった。昭和四十九年（一九七四）、狂乱物価のときに、時の佐々木直*日銀総裁が田中角栄の言いなりになって、大失敗をしている。日銀のトラウマともいえる失敗体験だったはずです。

田原　公定歩合を上げるべきだったのに、逆に引き下げてしまった。

山田　それと同じことをやっている、下げるべきではないのに公定歩合を下げるのはおかしいと、日銀の定例記者会見のたびに質したんです。そうしたら当時副総裁だった三重野*さんが、「山田さん、金融政策をマネーサプライだけで論じていれば、そんなならくなことはないんですよ、マネタリストなら、それでいいかも知れませんが、もうそういう時代じゃあないんです」と言った。「えっ、ちょっと待ってよ」と思いましたね。だってあの狂乱物価のとき失敗して、これから必要なのはマネーサプライを管理することだという思想が根づいたはずなのに、また世の中がおかしくなると、マネーサプライは古いからお蔵入りだと言うんですからね。

この間、当時の日銀調査統計局長で次長だった人で、いま日本総研の理事になっている人が、ある会合で自己批判していました。「バブルのとき、おかし

*佐々木直
一九〇七〜八八年。日本銀行に入行、「法王」とまでいわれた一万田尚登総裁に抜擢され、「プリンス」と呼ばれたが、総裁になったのは遅く、六九年。ニクソン・ショックと、それに続く変動相場制への移行で日銀の対応が遅れたことが、七三年の石油ショック後のインフレを招いたとされる。七四年退任。

*三重野康
一九二四年生まれ。日本銀行に入行、日銀特融による山一證券の救済は企画課長時代の事件。その頃からすでに将来の総裁候補といわれ、八四年副総裁、八九年総裁に就任。バブルを退治する「平成の鬼平」と呼ばれたが、金融政策のタイミングには批判も多い。九四年退任してから「普通のおじさん」を自称し、バブル

いなとは思ったんですが、ああいうふうに現実が進んでいくと、マネーサプライだけでは説明がつかないので、新しいアイディアを案出してしまいました」と。当時、日銀の中には、マネーサプライを重視する国内派といわれる人たちがいて、後に総裁になる三重野さんもその一人でした。しかし、アメリカと大蔵省の圧力がかかると、抵抗の端を降ろし、マネーサプライの管理だけでは不十分だということで、結果的にはバブルを正当化する論拠をつくってしまったんです。

ふと自分が間違っているのかなと思う恐さ

田原　頭のいい人はそういうことをやってしまう。現状肯定してしまうんです。だから、僕がほうぼうのシンクタンクを訪ねたときも、株価が下がってきたから、地価もいずれ下がるのではないかと訊いたら、冗談じゃありませんよ田原さん、株価が下がっても地価が上がっているのが実態なんですよ、と言った。株なんて当てにならないんです。日本経済はどんどん発展していて、いまや日本の土地を全部売れば、アメリカが二つ買える規模だ。日本の経済はそこまでの価値を持っているんです。こういう説得をするわけです。無茶苦茶なことだと僕は思う。

山田　プラザ合意以前でしたが、野村證券も同じようなことを言っていまし

時代のことを語るようになった。

た。地価異変が起きていて、じりじりと地価が上がっていたので、野村の人に、これは一体何だろうと聞いたんです。その答が、これまでアジア経済の拠点は香港、シンガポールだったけれど、いま日本がその拠点になってきている。やはり日本でなければダメだということで、外国の金融機関が続々と丸の内や大手町に集結している。これは仮需ではなく実需なんだ。そしていま求められているのはコンピュータ化で、それが実現すればオフィスの一人当たりのスペースがより広いものが必要になる。田の字型に並べられていた机の配置も、個々のブースに変わっていくだろうから、オフィスの床面積も広がらざるを得ない。そう言うんです。

田原　情報化社会になると、ケーブルも引かなければならないし、縦型のオフィスではだめだ。横型の、フロアの広いオフィスでなければならないというわけですね。しかも、オフィスの天井は高くとらなければならない。インテリジェント・オフィス*と囃していた。

山田　その結果、体育館みたいなビルになる。つぶれた三洋証券のビルがそうだった。そういうインテリジェント・ビルに株や為替の取引きをするディーリングの機械を並べる。一台のお値段がベンツ一台分ぐらい。ベンツ一台分で大儲けができるのであれば、単位平方メートル当たりの収益率が高くなる。当然、地価はその分上がってもいいという論法になるわけです。でも、この考え

*インテリジェント・オフィス
　はじめアメリカで「スマート・ビル」と呼ばれたものが、世界的に「インテリジェント・ビル」として広まった。初期の頃の代表は香港の上海銀行や、ロンドンのロイズ保険会社のビル。日本では八六年、通産省の指導でニューオフィス推進委員会が設置され、オフィスのインテリジェント化に拍車がかかった。

方は明らかにおかしいけど、世の中は誰もおかしいと言わない。

もう一つは、私のうちは公団の団地なんですが、奥さんたちの集まりに証券会社の人がきて、こんど何とか建設株が絶対に上がりますよということを言うらしいんです。で、女房が帰ってきて、何とか建設って知ってる、こんどそこの株が上がるそうよと言う。へえー本当と適当に受け流すと、買ったほうがいいらしいわよ。何で？　近所のお宅に伺ったら、何とか証券の人が来ていて、絶対に上がるって言ってたのよ。絶対に上がるんなら、その人が買えばいいだろう、俺は経済記者なんだから、うちでそんな株を買ったら、会社をクビになるよ、ダメですよと言って、そのまま放っておいたら、何日かして新聞を見ていた女房が、やっぱり何とか建設は上がっているわよ。そりゃあ、株は上がることもあるさ。でも、そんなことが三回も、四回もつづくと、経済部なのにあなたは分かってないのねって言われる。株が上がりつづけると、異常だと言っている俺のほうがおかしいのかなと、ふと心配になることがある。

われわれから見ればおかしいよということをやっていた典型が、上値をどんどん買いつづける新人類ディーラーと呼ばれる人たち。人間は弱いもので、常識外れと思うことでも続いていると、それが新たな常識のようになって自分を合わせてしまうところがある。インテリはさらに理屈までくっつけてしまう。

田原　あのころは財テクや投機ができない人間は、僕もそうだけど、化石人類だといわれた（笑い）。講演会へ行くと、最後の質問のときに、何を買えばいいですかと、必ず株の銘柄を聞かれます。政治の話をしていたのに、まったく関係のないことを聞いてくる。

僕も少し意地悪をして、買ってどうするんですかと聞き返す。すると、おカネがほしいんです。おカネが儲かったらどうしますか。株を買います。何のために買うんですか。おカネをがほしいんです（笑い）。

で、僕はミサワホームの社長の三沢千代治*さんから聞いた話を思い出すんです。彼はなかなか話が巧みで譬え話がうまい。こういう話です。

スイスのレマン湖の湖畔で、一人のスイス人が釣りをしていた。そこへ一人の日本人が通りかかって、それを見ていたが、なかなか釣れない。いらいらした日本人は思わず、何をやっているんですかと声をかけた。スイス人はのんびりした声で、魚を釣っているんですよ。日本人が、魚釣りなら、魚がほしいわけだ、それなら湖に底引き網をかけてひとさらいすれば、ほしいだけ獲れるじゃないか、と言った。すると、相変わらずのんびりした声でスイス人が、そんなに獲ってどうする気かね、と聞き返してきた。意外という感じで日本人が、ほしいだけを残して市場へ持っていけばいいじゃないか、といったのに対して、売ってどうするのかね、とスイス人が尋ねた。カネが儲かるじゃないか。ほう、

＊三沢千代治
一九三八年生まれ。日大建築学科を卒業後、家業の木材会社に入社。プレハブ住宅を手がけ、ミサワホームを設立、七一年より社長を務める。意表をついた発言が多く、オイルショック後の住宅不況の際、「社長は飛行機事故で死んだ。ここにいるのは二代目なので、先代とは違ったことをいうが、気にしないように」と、人を食ったような演説をして方針の大転換をした。八四年、再度「死亡宣言」をして三代目社長を襲名。九六年、会長に退く。

儲けてどうするのかね。

少しあわてた日本人が周りを見回すと、あちこちに別荘地が見える。そこで、あそこに見える別荘がより取り見どり、好きな家が買えるじゃないか。すると、それまで釣竿ばかり見ていたスイス人が振り返った。なるほど、ではお聞きするが、別荘を買ってどうするね。日本人は当たり前という感じで、釣りでもすればいいじゃないか（笑い）。

あえて解説めいたことはつけ加えません。

湾岸危機のときに「おどるポンポコリン」

山田　いわゆる不良債権は、まさにバブルの負の遺産の最たるものですが、日本人がある種の天井感を味わったというか、世の天井を見たのは、考えようによってはバブルの貴重な体験だったと思う。常に坂を登っていないと不安だったけれど、やはり天井というものはあるんだ、あるいは未知の峠に来たという実感を持ったことはまったく無意味では決してない。

私は八八年四月にロンドンへ赴任しました。日本のバブルは八八年から始まって九一年くらいがピークでしたから、私はそれを外から見ていたことになります。衛星放送による日本語放送がロンドンで始まり、たしか九一年の正月、「おどるポンポコリン」*という奇態な曲が流れてきた。前年末にレコード大賞

＊「おどるポンポコリン」　さくらももこ原作のアニメ「ちびまる子ちゃん」のエンディングテーマ。番組は国民的人気のアニメ「サザエさん」と並ぶヒットになったが、人気の一端を担ったのが、この曲であった。音楽業界の仕掛人として知られる長戸大幸がプロデュースし、ブルースシンガーの近藤房之助らを起用、B・B・キングをもじったB・B・クィーンズというユニット名で売り出した。第三十二回レコード大賞（ポップス・ロック部門）を獲得。NTTは、保留音が「おどるポンポコリン」になっている電話機まで売り出した。

を獲ったのだという。ロンドンの日本語放送は何日か遅れですから。あの曲には驚いたというか、度胆を抜かれました。そのころ、欧州の最大の関心事は湾岸戦争ですよ。その前にはベルリンの壁が崩壊した。そういう危機感が社会を覆っているヨーロッパに、パッパ、ヒャラヒャラ、ピーヒャラ、ポンポコリンと流れてきた。

これが自分の国、日本か、と思いました。一緒に見ていたビジネスマンも呆気にとられていた。世界が危機に直面しているときに、日本だけポンポコの躁状態にある。なるほど歌は世につれ、世は歌につれだ。ちょうどバブルの絶頂にあった日本を象徴するような曲でした。

思えば、当時ロンドンは出張やら観光やらで日本人があふれ返り、決まって最後にリージェント・ストリートへ行く。アクアスキュータムとかバーバリの本店で「サンヨーレインコートよりこれだよな」と決まり文句を吐きながら、買物をしていく。

あるいは日本から来たという人を案内をすると、本場のカップが欲しいから、ウェッジウッドの本店に連れていってくれという。日本人はなんでこんなにブランド指向なんだろうと不思議な感じがした。陶器なら日本には、瀬戸でも九谷でもあるじゃないか、と思うんだけど、ティーカップはウェッジウッド、コートは三越や伊勢丹で袖丈を日本人に合わせたものよりバーバリ本店で買った

＊清貧の思想
中野孝次著『清貧の思想』（草思社刊）は、西行、芭蕉、

ものがいいという。そのとき私が思ったのは、これは一種自分の成功を確認する作業なのではないかということでした。

一回使ってみれば、べつにウェッジウッドでなくても、瀬戸でもいいという気分にはなれるんだけれど、ウェッジウッドが買えなくて瀬戸だけで飲んでいると、やはり瀬戸ではいけないんじゃないかという気になる。その意味では、あのバブルのときに、消費水準だけでいけば、一応のことはやってみた。買ってみないことには自分でものを選べないという。外国のブランド品へのコンプレックスを、バブルのときに一回天井に触ってくるという作業でかなり拭い去ることは出来たのではないか。

不動産もビルも企業も、高い値段で買って安い値段で手放して、割に合わない所得移転をしてしまったわけですが、世界の田舎者が、戦後の復興から営々と働いて高度成長を経てたどり着いた一つの到達点がそれだったと考えれば、極めて空しかったけれど、天井に触ったというくらいの意味はあったように思います。

バブルの後、清貧の思想*が流行り、上杉鷹山*が見直されたのは、もう一度、今度は内面を考えてみようという局面に入ったのだな、と私は思いました。

田原　内面を問う局面に入ったといいますが、それは一部の言論人やインテリであって、一般の人たちまでは広まらなかったと思う。バブルで残ったのは

良寛らなど清貧に生きた日本人の系譜をたどった本。九二年に刊行され、モツ鍋とともにバブル崩壊を象徴する流行現象となった。しかし、一億総清貧では不況から脱出できないと危惧する人々もあり、『繁栄の法則──さよなら清貧の思想』（長谷川慶太郎・谷沢永一、PHP研究所刊）のような著作も現れた。

*上杉鷹山
十八世紀の米沢藩主。財政危機のただなかで他家から養子に入り、財政再建に成功した。殖産興業・飢饉対策・質素倹約などからなる改革は、寛政期の諸藩の改革のなかで最もすぐれたものだったとされる。九二年頃から童門冬二著『上杉鷹山』（学陽書房刊）をはじめとする「鷹山もの」が多数刊行され、不況にあえぐビジネスマンの愛読書となった。

何か。DM*です。バブルの真最中には、特売日とか特別招待日といっては、デパートはお客に宝石やら家具やらいろいろなパンフレットを送ってきた。ところが、バブルが弾けたというのに、それを続けている。まだこんなことやって客がくると思っているのか、と背筋が寒くなります。

山田　バブルの前、デパートは一時スーパーに追い上げられて、もう生き残れないのではという時期があった。そこへバブルが起きて、高いものが売れるようになった。髙島屋も三越、そごうも、ほら見ろ俺たちの時代がきたということで、狂ってしまったんです。

みんなそうです。新聞も、銀行も、メーカーも大なり小なり狂った。バブルが起きる前、銀行の人たちは、もう貸し先がないのではないか、自分たちには企業を見立てする能力があるだろうか、と深刻に考えていたんです。このままで自由化に入ったら、銀行は生き残れないのではないか、つぶれる銀行も出るのではないかと大きな不安を感じていたのが、八五年、八六年の状況だった。

それがバブルになったら、みんな健忘症みたいにきれいに忘れて、貸し先に無理矢理といってもいいような融資を行なったり、頭を下げても余ったカネを借りてもらうことをした。貸し先がなくて銀行が困っていたのが、バブルが弾けて、今度は貸し渋りが問題になっている。バブルが始まって、弾けて、それ以後、この十年間というのは、酒を呑んで酔っぱらって、ひどい二日酔いにな

*DM　ダイレクトメールの隆盛が必然的に生み落としたものが名簿産業である。同窓会名簿からレンタルビデオの会員名簿まで、あらゆる個人情報が本人の知らないところで売買され、DM以外の目的に使われることもある。九七年十二月、大手人材派遣会社の登録女性の名簿がインターネットに流出したときは、そこにA～Cの「容姿のランク」までつけられていたため、被害者の怒りはいささか複雑であった。

った。
失われた十年間だったと思う。

「われわれは脳味噌に汗をかいているんです」

田原 当時、東大の教授だった石井威望*さんが嘆いていた。彼は工学部で三つほどの科を持っていたんだけど、工学部の学生の三分の二が卒業すると金融*に行ってしまう、と。普通なら製造業のほうへ進みますよ。なぜ三分の二が金融のほうへ行くかというと、金融業界の給料が圧倒的に高い。僕はそのとき、ある証券会社の社長に言ったことがある。金融業界の年収は、トヨタや松下といったトップの製造業と較べても高すぎるのではないか、少しおかしいですよと。そうしたら、こう言った。

それは松下やトヨタがダメなんです。いままでは額に汗して働くことが美徳で、投機とか投資というものは日本では悪いものだと思われていた。しかし、新しい時代がやってきたんだ。彼らは頭を使わず、ただ体だけを使って汗流してやっていればいいと思っているけれど、それは時代遅れなんです。われわれが高すぎるのではなく、彼らが高くなればいいんだ。給料が上がらないような企業は、やはり経営者が替わって、もっと給料を上げられるように体質を変えなければいけない、と言うんです。つまり製造業のほうこそ金融並みになれと

＊石井威望
一九三〇年生まれ。東京大学医学部を卒業したが、サイバネティクスの影響を受けて工学部に入り直し、通産省に入省。一年後に東大に戻り、七三年工学部教授に。都市交通システムからロボット論まで、活動範囲は広い。現在慶応大学教授。

＊理工系学生の就職
バブル時代の金融機関は、ちょうどコンピューター・システムの拡充の時期にあたり、理工系の学生を積極的に採用した。八九年の例では、富士銀行が五十名、三和銀行が四十名、安田信託銀行が三十名。

いうわけです。言ってみれば金融本位主義ですよ。

山田　日本の製造業はいつまでたっても、労働者をなるべく安く使い、ダンピングをやって競争力を維持しようという体質が変わらない。労働者を手厚く遇するなんて考えは、はなからない。

額に汗するといえば、バブル当時に債券や為替のディーラーがずいぶんもて囃されましたが、簡単にいってしまえば、金融市場という賭博場でカネを稼ぐわけでしょう。考えかたが古いのかも知れませんが、見ていて不自然な感じがした。やはり労働は額に汗してするものじゃないのと言ったら、われわれは脳味噌にじわっと汗をかいているんですと言う（笑い）。外からご覧になっても分からないんです、と。ものは言いようだなと思いました。

田原　ところで、単刀直入に伺いますが、バブルの責任はどこにあったのでしょう。

山田　バブルを起こした人、バブルをいち早く煽った人、バブルに踊った人がいるわけですが、まずそれを区別して考えなければいけないと思います。バブルは一言で言えば政策の過ちです。そのバルブを開いた大蔵省と日銀の責任は大きい。

田原　そうは思えない。バルブを開けたのではなく、大蔵省も政府も財界も、再び高度成長がくると錯覚したのではないか。バブルの前には経済が低迷していましたから、この成長に乗っからなければならないと考えたのではないか。当時は自動車の生産台数も減っていた。日産は座間や狭山の工場を売り払わなければならないような時期で、リストラもやらなければならないというときにバブルがきた。みんな錯覚したんですよ。少なくとも確信犯ではなく、経済の実体を見極める能力に欠けていたのだと思う。

山田　彼らはそう思っていたのでしょう。バブルと分かりながらやっていたわけではない。ただ先ほどいいましたように、危ない兆候はあったのに、現実を正当化する議論が、われわれジャーナリズムを含めて、あのときも一斉に出てきた。バブルは明らかに金融の超緩和から起きたんです。

第一次の公定歩合引下げ*は八六年で、その後、第二次引下げがあった後、第三次のときに、こんなことを続けていたら大変だと気づいた人たちがいた。その典型が、当時日銀副総裁だった三重野さんですが、正式なコメントでは絶対にそうだとは言わなかったけれど、個人的に会うと、「山田さん、私は腹をくくっているんです」と、有名な「乾いた薪」論を話すんです。つまり、私たちは乾ききった薪の上に乗っていて、その薪にいつ火が点いてもおかしくない。今度もう一度公定歩合を引き下げるようなことになったら、私は腹をくくって身を賭しても止めますというわけです。

ところが、宮澤さんがアメリカのベーカー国務長官との会談で利下げを求め

＊公定歩合引下げ
①八六年一月三十日　四・五パーセント（それまでは五パーセント）
②三月十日　四パーセント
③四月二十一日　三・五パーセント
④十一月一日　三パーセント
⑤八七年二月二十三日　二・五パーセント

られて、日本は公定歩合をもう一度下げるから、アメリカも円高ドル安をこれ以上進めないという一札を取ってきたとして、日銀に第四次引下げを迫ったんです。第三次のときには、三重野さんは腹をくくっていると言ったのに、結局はぐずぐず言いながらも、引下げに踏み切らされてしまう。私は話が違うと思ったから、すぐ彼のところにすっ飛んでいったら、三重野さんは「山田さん、私の顔を見てください。そんなに悪い顔をしていないでしょう」と、わけの分からないことを言っていました。思うに、これからはドル安誘導しないという一札だけは取った、ということなんでしょう。

結局、ドル安誘導しないという一札は反故にされ、さらに円高が進んで、第五次の公定歩合引下げとなってしまうわけで、もうこの辺りになると、完全に敗戦という形になってしまった。さすがに、それまでは「いい、いい」を連発していた澄田さんも記者会見で、金融政策はやれるだけのことはした、あとは財政が出てくれなければ困ると言った。ですから、日銀の中にも、三回目までは金利引下げはまずいと主張する人はいたわけですが、四回目に折れてしまったのが失策といえば失策*でしょう。

あの当時、内需は十分に拡大していましたし、さらに景気をよくするために公定歩合を下げる必要なんてなかった。くどいようですが、日本自体に必要がなかったのに、アメリカに下げさせられた、というのが事実なんです。

＊失策　日銀OBの吉野俊彦は、八七年の「エコノミスト」（八月十一号）などで、四回目と五回目の公定歩合引下げの誤りを指摘していた。「バブルの危険性をだれも指摘しなかったといわれるが、私は物価安定政策会議の政策部会で政府に毎月警告していた。しかし、当局者は、……旧来通りの考え方に従って物価指数が安定しているから大丈夫と、四回目、五回目と公定歩合を引き下げてしまった」（「エコノミスト」九六年三月十二日号）

田原　させられた？　それでは戦後の占領体制と同じだ。いや、サンフランシスコ講和で、日本は独立国として再出発したわけだから、占領体制がじつは国民の見えにくいところで続いていたということになる。竹下さんが「追いついた」と興奮したのは、じつはその辺の実感を踏まえたものだったわけだ。それにしても、日米の関係は一筋縄ではいかないというか、日本はアメリカの隷属下といって悪ければ、抜きがたい影響のもとにある。安保の問題は論じませんが、バブル経済の当時も相変わらず占領体制の延長にあったわけだ。

日本の政治は現実への対応が遅いのだ

山田　第四次の公定歩合引下げのあったとき、私は「昔、角栄、いまベーカー」と書いた。昭和四十八年（一九七三）の第一次オイルショックのとき、日銀は当時首相だった田中角栄にしてやられて公定歩合引下げを行ない、狂乱物価を招いてしまった。そして、今度はアメリカの国務長官、ベーカーです。ドル安誘導しないという一札を取ったといえば体がいいけれど、アメリカに日本の金融政策を譲り渡してしまったわけですよ。こんなことをしていたら、あぶく銭経済はもっと酷くなるし、現に地価も高騰している。ですから、私たちは八七年ころから警戒をすべきだと書いたけど、多勢に無勢という感じで、記者会見などでは、私なんかまるで総会屋ですよ（笑い）。異分子扱いです。

朝日新聞は、ご覧になれば納得してもらえると思いますが、かなり警戒的なトーンを当時打ち出していたんです。ただ、報道量の点では、圧倒的に財テク関係が多かった。たしかに金利がずいぶん下がっていたから、どこに預けたらいいのか、という読者ニーズはあるわけで、それに応える形で、ワイドがお得かビッグがいいか、一時払い養老にしたほうがいいのか、というような記事があふれていた。まあ、こんなものは財テクには入らないと思う。財テクといえば、株式運用と土地、そして絵画などの美術品です。

田原　山田さんの論旨は、バブルは日銀と大蔵省の政策の失敗だ、というものだけど、それはやむを得なかったのではないかと僕は考えています。やむを得なかったというか、彼らの能力を超えていたのではないか。

山田　能力を超えていたわけではない。やむを得ないということで言えば、日銀は公定歩合の引下げをやりたくなかったんです。いま中央銀行の独立問題が検討されているけれど、それは、このバブルのときの対応のまずさが影響しているわけです。不本意なことをやらないために中央銀行を独立させる、ということが大事になる。

大蔵省のことをいえば、内需拡大といいながら、大蔵省は財政再建をしたかったから、財政の出動を抑えてすべてを金融に振り、また日銀総裁の澄田さんも人がいいから、「はい、分かりました」とそれを引き受けてしまった。そこにバブルが起きた原因があると思います。

田原　時代でいえば、中曾根内閣で、大蔵大臣は竹下さんから宮澤さんになったときですね。

山田　八五年五月に日本でG10会合が行なわれて、いまから思うと、リファレンスゾーン*とかターゲットゾーンといった通貨問題が、水面下で話し合われていたわけです。十月に寝耳に水の竹下蔵相の訪米があった。竹下さんは千葉のゴルフ場からゴルフスタイルのまま隠密裡にアメリカに向かったという話を、後で財務官の大場さんから聞いてびっくりした覚えがあります。その翌年、東京サミットを前に中曾根訪米に私は同行取材したんですが、中曾根さんがアメリカに行く前に行なわれたG5に竹下さんが出席した。

当時、一ドル二百四十円から始まった円高はすでに二百円を超えていた。大場さんの予想では、せいぜい二百十円から二百円の間に収めるはずだったのに、竹下訪米の段階では、二百円を突き抜けて百九十円という円高になっていたんです。竹下さんも「ここで円高を食い止められなかったら、私も終わりだな」と言っていた。つまり、二百四十円から二百十円ないし二百円台までは上がってもいいということで口先介入してきたのですが、二百円を簡単に突き抜けて顔色が変わった。お前は国家のために何をやったんだと言われかねない立場に立たされて大あわてで「俺は終わりだ」と口走ったというのが真相でしょう。

＊リファレンスゾーン　参考相場圏。変動相場制の不安定性を緩和するため、アメリカ、ヨーロッパ、日本の三通貨圏の間で為替相場の変動を一定の範囲内におさめる構想。

田原　だから、そこですよ。円高が当時の最大の問題だった。その円高問題をアメリカから突っ込まれて、円高を止めるために公定歩合を下げろ、そうしたら円高誘導しない、とベーカーに言われて、公定歩合を下げてしまったのでしょう。アメリカに屈したわけです。

いい悪いをちょっと棚上げしていえば、いまのこの不況、金融クライシスに際しても、橋本さんは財政改革路線に固執して財政改革、行政改革をお題目のように唱えて、明らかに不況から目を背ける姿勢をとっていた。金融業界が無茶苦茶になりそうなのに、財政改革、行革を連呼していた。日本の政治の現実対応のまずさ、遅さがある。同じことがバブルのときにもあったのではないのかということを僕は言いたい。みんな円高だ、円高だ、大変だといっていたのに、政策が後れをとったのではないか。

山田　バブルのときには公定歩合引き下げてアメリカに譲歩した。同じように今度も橋本首相は二兆円特別減税と三十兆円の財政の出動を決めたけれど、財政改革・行政改革路線からのこの政策変更は結局、大蔵省がアメリカに負けたんです。財政再建路線はもともとアメリカの不興を買っていた。だから、よくテレビなどでリチャード・クー*が発言していますが、彼はある意味で分かりやすいアメリカの代弁者であって、彼の言っていることはアメリカの財務省の路線そのものなんです。クー氏の議論は、日本は財政をもっと吹かせ、吹かせ

*リチャード・クー　一九五四年生まれ。日本生まれの米国籍。ニューヨーク連邦準備銀行を経て、八四年野村総合研究所に入社。円が一ドル百円台のときに八十円前後に上がることを予測。

と言っていた。

九六年ころからの彼の提言というか発言は、アメリカが日本に投げかけたメッセージなんですよ。いまのようなことをやっていたら、また貿易黒字だぞ。日本は円安誘導と輸出ドライブだけでこの不況を乗り越えるのか。財政再建だって？　そうやって国内、いや大蔵省の庭先だけきれいにして、その分をアメリカに振るつもりだろう。アメリカはずっと警告を発していただけだが、それはアメリカの経済がいいから、ぎりぎりまで我慢してやっていたのだぞ、と。

しかし、韓国が経済危機に瀕してＩＭＦのやっかいになった。その韓国の悪い影響がアメリカに来たら冗談じゃないぞ、ということで強力な外圧をかけてきたのが、橋本さんの政策転換になったわけです。

利害関係者はテレビに出すべきではない

田原　バブルを起こした人、踊った人という山田さんの言い方を借りれば、少なくとも国民もマスコミも、ほとんどがあのバブルを歓迎したんです。新たな成長だと言って、僕が取材した十いくつのシンクタンクの人たちも何ら疑念を持たなかった。

山田　日本のシンクタンクは当てになりません。お役所から独立していないと思う。政策を研究しているわけではないし本当の意味で自分たちのポリシーを持っていないから、政府や省庁の政策に対して批判的な見解を展開できない。そこが、日本の大きな欠陥でもある。しかも、シンクタンクはほとんどが金融・証券の会社の系列でしょう。これでは大蔵省の、いわば間接的な管理下にあるわけだから、変なレポートを出そうものなら締め上げられますよ。

田原さんの出ているテレビでもやられた公的資金論議でも、ずいぶん利害関係者が出ているけど、いささかおかしいと思いますね。為替がどうなる、金利はどうなるといった経済天気予報をやっている分には、高木勝*さんでも、水谷研治*さんでもいいけれど、銀行に公的資金を投入するかどうかという議論のときに、金融・証券系のシンクタンクの人たちは自分たちがおカネをもらう話なわけです。利害関係の当事者の発言になってしまう。第三者のような発言をしても説得力がないというか、眉にたっぷり唾をつけて拝聴したほうがいい。そういうエコノミストは、公的資金導入は当然だと言うに決まっています。

田原　いや、水谷さんは、三十兆円の公的資金も二兆円減税も要らないという意見ですよ。

山田　あの人は日本経済我慢路線だから、景気のほうの話としても公的資金不要論なんでしょう。アカデミズム出の高橋乗宣*さんみたいな人もいますが、基本的には日本のエコノミストは銀行・証券系列といっていいと思います。

バブルの当時、三菱銀行の調査部が大蔵省の政策に対して非常にいいレポー

＊高木勝
一九四五年生まれ。富士銀行に入行、八八年から富士総合研究所に移り、研究主幹と理事を兼任。政府の各種委員なども務めている。

＊水谷研治
一九三三年生まれ。東海銀行に入行、取締役になってから母校名古屋大で博士号取得。専務で退職、九四年から東海総合研究所社長を務める。近年は「縮小均衡革命」をしなければ日本はつぶれると警告している。

＊高橋乗宣
一九四〇年生まれ。東京教育大学大学院を修了してからお茶の水女子大などで講師を務め、七三年に三菱総合研究所に入社。現在研究理事。その経済予測は概して悲観的で、それだけに的中するケースが

トを出したことがあるんですが、結局、当局のやることにつべこべいうな、ということで手が回ってオクラです。そうなると、あとは現状を説明するような屁みたいなものしか残らない。そういう後追い説明ができる人が有能だと思われるような風土が、けっこう日本の中にあるんです。

田原　僕は必ずしも当事者だからテレビに出るべきではないという意見には賛成しがたいけれど、そのご意見は参考にします。

話を戻して、バブルに入るときは、あれをバブルだと思っていない人が圧倒的だった。それで今度は、三重野さんの日銀総裁時代がやってくる。このときに金利を上げてバブル潰しが始まりますね。これは紺谷典子*さんをはじめエコノミストの意見には、バブル潰しが下手だったのだ、あるいはバブルは潰すべきではなかったというものがけっこう多い。バブルはいずれ潰れるのだから、放っておけば軟着陸したはずなのに、強引に総量規制や国土法の網をかぶせて、無理矢理つぶした大蔵省、日銀の失敗だという意見がある。山田さんは、これについてどう考えますか。

山田　半分はその通りだと思います。というのは、あのとき湾岸戦争が勃発してオイルのほうに深刻な影響が出ることも懸念されたわけで、ある程度金利を上げるというのはやむを得なかった。しかし、最後の一回の金利引上げが余計だったんです。状況的には上げなければならなかったでしょうが、問題なの

多い。「彼はさわやかな陣借り武者である。だから、思い切ったこともいえるし、正確な予測も立てられるわけである」（江坂彰『大選別時代。サラリーマンへの5つの忠告』ＰＨＰ研究所刊）

＊紺谷典子
一九四四年生まれ。日本証券経済研究所主任研究員。三重野日銀総裁が退任後、アメリカの金融市場で、最も功績のあった「九四年の人」に選ばれたと聞き、「本当は『日本をよくぞここまでダメにしてくれたで賞』なんじゃないんですか」と感想を述べた。近年は郵貯解体に反対の論陣を張り、小泉純一郎厚相にかみついている。

は少し遅かったんです。だから急ブレーキがかかってしまった。

日銀は大蔵省を相手になぜ戦わなかったのか

田原　あのときマスコミが中心になって、バブル潰しの大合唱が起こった。バブルを何とかしろ、バブルは敵だ、日本はこのままでは破滅するぞ、と。だから三重野さんはバブルという悪を退治する平成の鬼平だといわれ、一躍英雄になった。ところが、不況が長引くにつれ、一転して三重野さんは悪の張本人に仕立て上げられた。果たしてそうだろうか。日本の大不況はとどまるところが見えないし、混乱の極にあるけれど、それはバブルを軟着陸させなかったからか。どう思います。

山田　少し迂遠な言い方ですが、バブルを潰したことより、それを発生させたほうに問題があると思うんです。バブルはいずれ潰れるから放っておけば良かったという言い方が論理的じゃないのは、潰れる以上、さまざまな問題は出るわけで、それがどんどん後に送られてくるだけなんです。

いまでも憶えていますが、八九年に日銀は公定歩合を上げに転じた。澄田さんが総裁最後の仕事で、上げたんです。欧州にいた私は早速、西ドイツのブンデスバンクにコメントを取りに行った。すると、今ごろ何をやっているんだ、自分たちは一年前に引上げを行なったぞという。ブンデスバンクは日本と同じ

＊福井俊彦　一九三五年生まれ。日本銀行に入行、営業局長等を経て、九四年副総裁に就任。九八年三月、日銀職員の汚職事件の責任をとって、松下康雄総裁とともに辞任。事件がなければ次の総裁候補だったが、「大蔵省も蔵相と次官がセットでやめたのだから、日銀もセットで」との声に押されて、辞任となった。

ように引下げもやっているわけだけど、日本ほどではなかった。その銀行がすでに一年前に引上げを行なっていて、日銀にも一緒に引上げをやらないのかとまで言っているんです。日銀も本当はその八八年に上げたかったのだけれど、まだバブルの真っ盛り。その上、前年の八七年末のブラックマンデーでアメリカ経済は腰砕け状態にあったから、日本が上げたいと言っても、許さなかったわけです。

当時日銀の局長だった福井俊彦*さんが講演会で、公定歩合引上げという言葉は使わなかったけれど、多少金利を高めに誘導していく、という主旨の話をして、大蔵省やアメリカの意に逆らって利上げムードをほのめかした。そうしたら大蔵省の財務官をしていた内海*さんは、日銀は何をバカなことを言っているんだと一蹴してしまった。金利の高め誘導なんて、そんなことはアメリカが許さないぞというわけです。結局、日銀はフニャフニャになってしまった。日銀の連中はよく「大蔵省にやられた」というんだけど、私はあまり信用していない。あなた方は、戦ったか、と言いたい。戦った上でやられたのなら、まだ分かる。戦いもしないで、負けそうだなと思ったら、将棋を指さない。これが日銀の弱いところなんですよ。

田原　そのことで言えば、かつて日銀は大蔵省に対して、完全な独立王国を形成していました。一万田尚登*は日銀の法王と呼ばれ、金融界に君臨して、日

＊内海孚
一九三四年生まれ。五七年大蔵省入省、駐米公使を経て八六年国際金融局長、八九年財務官に就任。退官後は慶応大学教授を務める。

＊一万田尚登
一八九三〜一九八四年。日本銀行に入行、終戦後の四六年から八年六ヵ月にわたって総裁を務める。日銀から独立した金融政策機関を置こうとするGHQに抵抗、日銀の下に政策委員会を置くことを決定させ、その議長に就任。ワンマンぶりは伝説的で、川崎製鉄の設備増強計画に反対して「建設予定地にペンペン草をはやしてやる」と発言したり、日銀を日本のお金を守る「鎮守の森」にたとえたりした。退任後は二度蔵相を務め衆議院議員となる。

銀総裁から逆に大蔵大臣になったくらいです。また、戦前には結城豊太郎*という人が総裁として、日銀が大蔵省の出店化することに激しく抵抗した。対大蔵ということでいえば、日銀にはそういう〝栄光の歴史〟があるのに、今回の日銀総裁の更迭劇を見ると、橋本首相の強い意志があったとはいえ、日銀には昔日の面影がない。松下康雄総裁はこの不況に何ら有効な金融政策を打ち出せなかったし、日銀もまた大蔵省と同じ汚染にまみれていたことが分かった。その責任をとるということなのだろうが、総裁と一緒に次期総裁と目された福井俊彦氏も辞任させられた。後任の速水優さんは経済同友会代表幹事だった人ですが、七十二歳と年齢的な不安がある。副総裁に民間から時事通信の経済記者として鳴らした藤原作弥さんの登用と、日銀の生え抜きとして山口泰の昇格を決めました。この急転人事を山田さんはどう見ますか。

山田　防虫剤人事と私は呼んでいます。日銀にとって一番こわいのは、混乱に乗じて異分子が日銀に入ってくることです。大蔵省の息のかかった人物とか、与党・自民党に近い人、あるいは日銀を快く思っていないとか、批判的な経済人などに踏み込まれることを警戒していた。速水総裁は、高齢でしかも強烈な個性があるわけでもない。いま日銀が問われている難局を乗り切るには、エネルギー不足であり、改革に動くには迫力が足りない。ですが、日銀にとっては無難であり人畜無害といえる人物です。率直に言って速水さんは過去の人です。

*結城豊太郎　一八七七〜一九五一年。日本銀行に入行したが、手腕を買われて安田銀行副頭取、日本興業銀行総裁を務め、三七年林銑十郎内閣のとき、初の財界人蔵相に就任して戦時経済を担った。その後は終戦直前の四四年まで日銀総裁を務める。

日銀にいたときは規制金利の時代で、大蔵省・日銀の金融統制のころの現役だった。日銀が体質転換を迫られ、金融ビッグバンが始まろうとしている激動期に求められる人材ではない。七十三歳の長老に頭を切り替えろ、といってもそれは難しい。

ただ、日銀にとっては他に代えがたい「理解者」です。日銀ＯＢであり、日銀シンパの経済人です。二代前の三重野総裁と同期入行で、経済界に移ってからは外から日銀を応援していた。経済同友会の代表幹事になってからは三重野総裁を一貫して支持し、公定歩合の上げ下げのときでも日銀の援護射撃を続けていました。いわば「仲間内」の人です。大変な局面を乗り切るリーダーシップが期待されるわけではないのですが、「変な奴」がトップに来るよりまし、速水総裁を充てることで「よそ者」が入ってこないようにした、ということだと思います。橋本首相の人事ではありますが、三重野さんが裏で動いた、とも言われている。日銀は「無難な人事」で乗り切った、ということです。

副総裁の藤原作弥さんは、記者仲間でも人柄が買われている人で、金融行政にも精通している。バランス感覚のある「日銀の理解者」です。日銀にとって好ましいジャーナリストであり、「仲間内感覚」で付き合いができる。正副総裁をシンパで固めたうえで、もう一人の副総裁に、日銀生え抜きのエリートである山口泰氏を昇格させた。頭脳明晰の理論家ですが、理屈には強いが人間としての幅が足りない、と日銀の中でも言われている人です。参謀として速水さんを支えることになるが、新日銀法が施行され、日銀の独立が問われるとき、政治の圧力や、アメリカを初めとした外圧にどこまで耐えられるか。あるいは日銀の独立が、日銀の独善にならないようどうバランスをとれるか、これから問われることになるでしょう。

日銀にとっては福井俊彦副総裁が詰め腹を切らされたことは痛かった。福井さんは二十年くらい前から総裁候補と目され、本人もその気になっていた。三重野さんを支え、松下総裁のときも、いわば代表取締役副社長という立場で、実務の責任者だった。福井解任は、日銀にとって、飛角落ちで将棋を指すに等しい。大蔵省あるいは自民党は、日銀の弱体化に成功した、と言えるでしょう。

田原　今度の日銀法改正*でも、日銀は戦っていない。無抵抗と言ってもいい。

山田　三重野さんが公定歩合の下げに抵抗しようとしたということは話しましたが、腹をくって、それで首を切られるのなら、みんなの前で潔く切られればいい。「俺たちはこういう旗を打ち立てようとしたのに、あいつらにへし折られたのだ」ということを、歴史に残すのがあなた方の仕事ではないかと思うのだけれど、全く戦おうとしなかった。三重野さんは戦う気があったと思うけれど、結局、自分がここで切られたら、日銀の生え抜きは全部駄目になってしまう、大蔵支配になってしまうと危惧して、戦わずに面従腹背して残った。

＊日銀法改正
九七年六月、五六年ぶりの改正がなされ、九八年四月から施行。内閣による日銀総裁解任権や蔵相による業務命令権などがなくなって独立性が高まった代わりに、日銀政策委員会の報告書を半年ごとに国会に提出して説明するなど、金融政策に関する情報公開が義務づけられた。

で、晴れて総裁になったとき、一挙に上げるという行動に出たわけです。

田原　それを一挙に、強引に、乱暴にやり過ぎた。だからバブルが無茶苦茶に弾けて、いくら手を施してもその後遺症が一向に良くならない。結果として日本経済まで潰してしまったのだという意見がある。

山田　でも、そういう主張を展開している人の中には、バブルを起こしたことに関与していたり、煽った人が多いんです。そういう人たちは、バブルを潰した人が悪い、あるいは潰し方が悪いと断じますが、私は五十歩百歩、バブルを煽った人たちの責任も免れないと思っています。

ロンドンから日本へ戻ったとき、日銀総裁になっていた三重野さんに会う機会があった。かなり酷いことになっているじゃないか、と言ったら、声をひそめてこんなことを話してくれたんです。「いまの日本には空前絶後で、金融政策の余地はあまりない。公定歩合二・五パーセントなんていうのは、引下げをやるにしても、チャンスはあと二回か三回、それを大事にしなければならないんだ。いまの日本の景気というのは、成層圏のかなり高いところにいるようなものだ。これを安定軌道に下げていくのは並大抵のことではない」。こう三重野さんは言っていたんです。つまり、安定軌道に下げていくということは、ソフトランディング路線だったんですよ、日銀は。しかも、こうつけ加えた。「ソフトランディングをやろうとすると、だいたいハードランディングになってしまうんですよ」と。

だから、たぶん三重野さん自身も、ソフトランディングをさせたいと考えたのでしょうが、結果論からいえば急激すぎたのかもしれない。ただ、あのときの状況から考えたら、やはり誰でも水をかけなければいけないと思うほど、過熱していたと私は思いますね。

「あんなところを買収していいんですかね」

田原　水をかけました。しかし、公定歩合を上げてから、株は上がった。国土法の網をかけたが、土地もどんどん上がった。ある時期まで一向にバブルが収まる兆しが見えませんでしたね。

山田　もう一つ、銀行の貸出し競争がひどかった。その根っこのところには金融自由化があって、今までは護送船団で完全に横並びにスプレッド（利ザヤ）がとれていたのが、自由化になるとスプレッドが不安定になるだろうということで、みんな競争を仕掛けた。そうすると利ザヤが薄くなるから量で稼がなければならないと、一挙に量に走ったんです。

田原　ちょうどそのころではないですか、住友銀行が平和相互銀行を買収したのは。

山田　住友銀行は、規模はそれほどではなかったけれど、収益力は抜群でした。ただ、東京に拠点がなかったので、平和相互に目をつけ、箱根の関を越えて、平和相互の百店を一手に握ったわけです。それに危機感を募らせた富士銀行との間に、いわゆるSF戦争、住友・富士戦争が起きた。四−六月はいくら、七−九月はいくらというふうに、三カ月ごとに日銀は枠を決めて銀行の貸し出し額を〝認可〟する。建前は各行の自主的な貸し出し額をヒヤリングするということですが、日銀が事実上、総枠の認可を行なっていた。住友と富士は目一杯その枠を使って熾烈な競争を展開したんです。

いまでこそ、そんな貸出し競争をやったらリスクが高くなるからいけないと言われますが、当時はほとんどリスク感覚がなかったし、不動産や株をやれば面白いように儲かったから、枠いっぱいに借りて、それを貸して貸して貸しまくるという、とんでもない信用膨張を発生させてしまった。それが可能だったのは、日銀という中央銀行が極めて低い金利のおカネを貸し出していたからです。民間銀行はそれを膨らまして貸出し競争をする。それが不動産に向かう。不動産価格が上がる。上がるから再融資する。これがバブルだったんです。

宮崎義一さんが本を書かれて「複合不況」*ということを言われましたが、私はバブルがそもそも複合的なものだったと思うんです。金融自由化という未知の世界に入ったとき、いままでは護送船団でほとんど割りつけられたものをやっていればよかったのが、これからは自由になるのだから、お前たち自己責任

＊『複合不況』
京都大学名誉教授・宮崎義一の著書。バブルが崩壊した九二年というタイミングと、中公新書という読みやすい形のせいで、ベストセラーになった。今回の不況は、ストックの調整過程とフローの在庫循環的な調整という問題が二つ重なっている、というのが「複合」の意味。

でやるんだぞと言われても、はっきり言ってどうしていいのか分からなかったわけですよ。

自己責任ということは、リスクも負わなければならない。リスクを取ることを、いままで関わりのなかった人、つまり暴力団のところへ行ってもいいと勘違いする銀行員が出てもおかしくはなかった。そういう連中はまたいくらでも借りてくれたわけだけれど、その結果、不良資産をつくってしまった。で、非常に象徴的に思い出すことがあるんです。

この間亡くなられた富士銀行の松沢さんが会長だったとき、住友の平和相互買収があった。その後、こんなことを言っていました。「山田さん、銀行というのは来てもらってはいけないお客がいるんです。そういう客は必ずおカネのあるところにたかってくる。それに対して支店では、入口で警備員が『いらっしゃいませ』という言い方はしても睨む。それでもカウンターまで来たら、女の子が、支店長のところへ上げないように必死に防戦する。銀行にはそういう招かれざるお客がけっこう多いから、それを排除していくのが、銀行としてのモラルなんです。だけど、あの平和相互は、銀行自体がそういうお客みたいになっている。そんなところと住友さんは一緒になって本当にいいんですかね」と松沢さんは言ってました。「これを私が言うと負け惜しみと思われてしまうでしょうがね」とも言っていた。

でも、松沢さんの指摘というか、予言は的中して、いままでは支店に来てはいけないようなお客が、磯田会長のお宅まで行くようになってしまった。

田原　つまり、本店まで来るようになったわけだ。堂々と。

山田　そうなると、歯止めというものがなくなってしまう。また、案外そういうところにはビジネスチャンスがあったり、おいしい儲け話があったりして、こんな新しいフロンティアがあったのかと早分かりして突き進んでしまう。だから、住友銀行がいちばん変な融資が多いと、住宅金融債権管理機構の中坊公平*さんに厳しくやられていますよね。

役所は本気で総会屋、暴力団を退治する気がない

田原　この辺で商法改正のことを話してみたいと思います。八二年、商法の改正があって、多くの総会屋が主宰している雑誌を次々に止めるという現象がありましたが、改正による実際の効果はどうだったのか。そもそも商法改正の狙いは、企業に総会屋が入ってくると、そこに黒い癒着が起きる。だから、そういう癒着の温床を排除していくことにあったわけですが、果たして効果はあったのでしょうか。

山田　商法改正は、私はおっとり刀だったと見ています。たしかに悪い奴がいるからおっとり刀ででも懲らしめてやれということでしょうが、やらないよ

*中坊公平
一九二九年生まれ。弁護士。森永ヒ素ミルク事件の被害者弁護団長や、豊田商事の破産管財人を務める。九六年、住専の債権の回収という、誰が見ても困難な仕事を担って、住専金融債権管理機構の社長に就任。会社発足式で社長は、「最近、住専ごっこという遊びがあるんだそうであります。友だちから金を借りても、返さなくてよいという遊びだそうであります。『大人が返さへんのやから、子どもも返さんでええ』と、こういう遊びが今、高校や中学ではやっていると聞きました。世の中で、お金を借りて返さなくてもよいということが、通るということは、まことに理不尽なことであります」と挨拶した。

り、やったほうがよかった程度の効果しかなかった。ちょこっと殺虫剤をかけてみたという感じですね。あの程度の罰則では、たとえば小池隆一は一千億単位の巨額の不正融資を手にしながら、数カ月の懲役、はした金に近い罰金。いままで何となくずるずる放っておいたものを、これからは一応法律で悪いと決めましたよ、という程度じゃないですか。でも、そんなことは法律で言われなくても、悪いことぐらいみんな知っているでしょう。駐車場の料金がこんなに高いなら駐車違反したっていいや、というのと似ていて、億単位のおカネが入ってくるにしては、軽すぎる。

田原　億のカネが入ってくれば、一年や一年半、監獄に入っても、損得勘定をすれば、明らかに得ですよ。あの程度の罰しかないのでは、悪いことを奨励しているようなものですね。

山田　典型的なお役所のやり方で、少しずつしか変えられないんです。本当は商法自体を、自動車でいえばフルモデルチェンジするぐらいの覚悟が必要なのに、お役人はそういう重いことは考えないで、ヘッドランプ辺りのスタイルを少し変えましたよという変え方をする。殺虫剤を少し変えたぐらいでは、バイ菌は死なないんです。役人の頭では法律で禁止したら、悪いことはしないだろうと考えるのでしょうが、総会屋の連中はそんなことぐらい覚悟の上ですよ。

田原　新型のインフルエンザが襲来したのに、普通の売薬の風邪薬を飲んでいるようなものだ。少し新しい風邪薬をつくりました。ワクチンではありません。そんなことで新型のインフルエンザ・ウィルスは死なないのに、その辺をどうして考えないのだろう。

山田　本気で潰そうという意欲がどれだけあったのか。企業と総会屋の癒着は良くないと各方面から言われるから、何かやったというポーズを見せよう。それには法律で禁止するのが手っとり早い。審議会に諮りましたら、こういう罰則がよろしかろうということになったので、商法を改正します。そういう安易なその場しのぎの話なんです。

同じように暴対法をつくって暴力団を締め上げようとした。たしかに暴力団は締め出されたけれど、企業ヤクザのほうは相変わらず健在ですよ。要するに役所には本気で、総会屋とか企業暴力に立ち向かう姿勢がないんです。

田原　この日本には、汚いものは多少は仕方がないと容認してしまう空気があるのではないか。しかも、必要悪ということを言う人が太っ腹で、仕事ができるのだと見る傾向があるのだと僕は思う。

山田　日本では昔からヤクザが十手持ち*になるんです。二足のわらじというのが伝統的にあって、清濁合わせ呑むことを美風として、何となく必要悪みたいなことを言う人たちがいるわけです。商法にも問題はありますが、刑法も含めて司法制度そのものに問題があるのだと思う。つまり、日本にはトラブル・

*ヤクザが十手持ち
犯罪者を捕えるために、同じ犯罪者をスパイとして抜擢したのが岡っ引きである。町奉行所に所属している同心の数が少ないので、岡っ引きなくして犯罪取り締まりは不可能だった。しかし、岡っ引きは同心の小遣いで雇われているにすぎず、いきおい、ゆすり・たかりに走る手合いが多かった。

シューティング（トラブル処理）をきちんとやる仕組みがないんです。

だから、銀行とかデパートとか、信用やブランドで商売しているところは、格好のたかり先になってしまう。髙島屋がそうだし、第一勧銀が狙われる。こわいお兄さんが行って、ちょっとごねる。ホームレスが店の前で寝ている。こんなところで寝ては困りますよとは言っても、こわいお兄さんが出てきてごねると、腰が引ける。あるいは、毒をもって毒を制することを考えて、面倒を処理してくれるその筋の人を用心棒に使う。すると身内に毒が回って、マッチ・ポンプで脅しはじめる。

つまり商法以前の問題として、トラブルをきっちり調整するシステムを考えるべきなんです。

田原　政治家自身が、ごく最近までそういう黒い勢力とつながっていた。国民はみんなおかしいと思っているのに、永田町、霞が関、丸の内という、政・官・財のトライアングルでは、昔ながらの清濁合わせ呑む体質。それが実力者の度量だとされている。こんな時代錯誤はないと思いますね。

山田　首都のど真ん中を、あれだけ大音響をあげて街宣車が走り回っているのに、警察官は見て見ぬふりをしている。表現の自由だから取締りができないなんて寝惚けたことをいっている。それが会社にも来る。じゃあ、警察に頼んでもやってくれないらしいから、褒め殺しにでも頼むかということになってしまうわけです。

田原　そう、皇民党になってしまうんだ。ちょうど褒め殺しに遭っていると き、僕は竹下さんに会ったことがある。彼は本当に嘆いていた。警察に頼んで も手に負えない。褒めているんだから、褒めるのを駄目だとはいえないと言わ れたという。で、結局、暴力団に頼んでしまうわけです。表現の自由の問題と もからむかも知れませんが、基本的に人に迷惑をかけていいという表現の自由 はないと僕は思う。

山田　警察は頼りにならない。裁判所は、時間がかかるばかりで、もっと頼りにならない。では誰にやってもらうか。仕方がない、そういう界隈の事柄はそういう界隈でカタをつけてもらおうと自主防衛をしようと思ったら、今度は中から食い荒らされる。若い女の子の中には、寄生虫でダイエットなんていうのが流行っているらしいですが、ダイエットどころか、寄生虫に身体をやられてしまったという感じですね（笑い）。

やはり社会システムの問題を考えなければならない。司法だけの問題でもないし、企業だけの問題でもない。もちろん政治だけの問題でもない。これは、大蔵省の汚職にも言えることだけれど、天下りは必要悪という考え方も含めて、社会システムの中でよく検討しなければいけないと思います。

システムの欠陥を個人の責任にする無慈悲

田原　大和銀行ニューヨーク支店の井口俊英がアメリカの司直の手で逮捕された事件*がありました。また、住友商事シンガポール支店の男が銅地金の先物取引で拘引された事件*もあった。一人はまあ年配だけれど、ああいう新人類的ディーラーのやり方をどう思われますか。

山田　金融自由化と同時にいろいろな新しい金融商品が入ってきて、従来の伝統的な手法が古くなった。おカネを集めてきて、それを貸して利子をとるというパターンから、全く異質の世界に入ったんです。井口がやっていたデリバティブ*というのは、三十五歳を過ぎた人は理解不能だといわれているくらい、従来的な考え方は通用しないんです。古典的尺度が自由化と同時に、文字通り古臭い古典になってしまったわけです。金融業だけでなく、商社も同じように仕事の間口が拡がったんです。

井口容疑者の場合、コンピュータで相場を処理するわけですから、年功序列の日本の銀行では、上司が彼の仕事内容を把握できなくて当たり前だと思う。しかし形式上の責任は上にあるから、下とすれば、俺は数字だけ成績を上げていればいいや、という無責任状態になってしまったのではないでしょうか。

＊大和銀行事件
　大和銀行ニューヨーク支店の日本人トレーダーが、米国債取引で十一億ドルの損失を出し、それを隠していたことが発覚して逮捕された事件。彼は十二年にわたって損失を埋めようと密かに奮闘したあげく、九五年、ついにギブアップして日本の頭取宛てに告白状を送った。翌年、大和は米連邦検察局との司法取引に応じ、アメリカから撤退した。

＊住商銅地金事件
　九六年、住友商事の非鉄金属部長が十年にわたって銅地金の裏帳簿を使って損失隠しをしていたことが発覚、損失は約十八億ドルに上った。市況取引での損害額としては世界記録。住友商事は、銅の取引高が全世界の五パーセントを占める最大手。この部長は「五パーセントの男」として

八六年ころ、会社シリーズというのをやって、ある銀行の支店を舞台に、これからの金融自由化にどういう仕事をしていくかを記事にしたことがある。支店長というのは、いわばキャッチャーで、本店のほうには多彩なピッチャーがずらっと並んでいる。で、住宅ローンをやれ、キャッシュカードをやれ、貸し出しも、外為も、あれもこれもやれという球が飛んでくる。でも、そんなことを全部できる支店長はまずいないし、下は若い連中です。そうすると支店長がやる仕事は、本店から言われた仕事のどれかをネグることになるわけです。そこで判断の差がでるわけですが、それが判断できない人は、下の人間にノルマを課してやらせることになる。やれ、やれ、の一本槍だから、何がリスクなのか、何をやってはいけないのか分からなくなってしまう。

みんな忙しいから夜遅くまで働く。出てくるのは数字だけだし、数字を上げると表彰制度があって、何点以上とると優良店で表彰されてボーナスが出たり、支店全員のベアが上がる。逆にダメだと下げられるという仕組みになっているんです。

田原 そういうところに住友銀行に代表されるような、向こう傷は問わないという荒っぽい仕事ぶりが出てくることにもなるわけだ。

山田 ある支店長のときに業績が急に上がって、次に行った支店長のときに落ちると、その支店長の責任になってしまう。この典型が住友銀行青葉台支店

有名な人物だった。

＊デリバティブ
金融派生商品。リスクをヘッジするためにさまざまな金融商品を組み合わせたもの。七〇年代後半から急速に増えてきたが、九五年、英ベアリングズ・ブラザーズのシンガポール法人トレーダーが、十億ドルを超える損失を出し、本社を倒産させた事件以来、問題になった。じつは、この事件の前にもデリバティブの巨額損失事件は多数あり、日本企業も例外ではない。最近では、ヤクルトが九〇年頃から始めたデリバティブで一千億円以上の損失を出した。この取引を担当していたのは国税庁OBで、「財テクのプロ」と呼ばれた副社長であった。

るんです。ワルというのは、前例にとらわれない、世論に迎合しない、自分がりますが、僕は違うのではないか、むしろワルがいなければダメだと思っているあって、銀行でも大蔵省でも、個人個人は悪い人はいない、という考え方があし違うのだけれど、個人は組織が課するノルマを一生懸命にこなしているので世間は負け犬の遠吠えという受け止め方しかしない。僕は山田さんの見方と少それでお終いなんですね。たとえば井口俊英が『告白』*という本を書いても、

田原 それが結果的には個人の責任にすり替えられて、個人がクビになって、陥と言ってもいいと思う。

だと思います。大和の井口の場合は立場が上下逆ですが、やはりシステムの欠ないシステムが出来上がってしまっているわけで、それはかなり無慈悲なものこれは、たしかに個人の責任ではあるけれど、そういうことをやらざるを得

それを採用してしまったんです。

ろへ聞きに行くと、実はこういう手があると浮き貸しを教えられ、悩んだ末に成績が上がらない。そこでどうして前は成績が上がったのか、前支店長のとこは、本店でエリートコースを歩いてきた優等生なんですが、新任の支店で全然急に頭角を現して、同期のベストテンに入るんです。次に青葉台支店に来た人この人はどちらかというと同期の中でも出世が遅れていた。ところが、これでの浮き貸し事件*です。前の支店長は導入預金をやって急激に業績を伸ばした。

＊住銀浮き貸し事件
九〇年、住友銀行青葉台支店の山下章則元支店長が逮捕された。支店の顧客を仕手集団・光進グループに紹介し、巨額の融資を斡旋していたことが発覚したからだが、同時に、仕手集団と銀行との癒着が明るみに出て、住友銀行の磯田会長辞任の直接の原因になった。山下支店長は出資法違反で有罪。「顧客の支店離れを防ぐため、やむを得ず前任者と同じことをした」と主張していた後任の支店長は、一審で無罪、二審では逆転有罪となった。

＊『告白』
九七年文藝春秋刊。大和銀行事件で逮捕された著者が、ニューヨークの拘置所の便箋に少しずつ書きためたもの。損失隠しのために薄氷を踏む思いだった十二年間の心理と、

信じてやると決めたら、誰が反対してもやる、そういう人間をワルと言っているんです。ワルがいなくなると、社会全体の頽廃につながるんですよ。

山田　日本の護送船団とか横並び方式は、金融業に端的に現れているけれど、田原さんがいわれるように日本の風土にそういうものはあった。そもそも政府自体が、自国が向かう方向を決めるハンドルはアメリカに任せっきりにして、エンジンを懸命に燃やすことだけをやってきた。アメリカが言う枠の中で狎れきって生きてきたわけです。ワルなんているわけがなかったし、存在を許されもしなかったのでしょう。

田原　そこのところが、この国の戦後最大の問題なんだ。

事件が発覚してからの銀行の内紛や米当局との駆け引きが赤裸々につづられている。著者は現在も服役中。

第4章

日本は米国に再占領されよ！

業界のための金融システムから利用者のためのシステムへ

田原　金融ビッグバンだと盛んにいわれている。この四月から改正外為法が施行され、その一部が始動した。しかし、出口のまったく見えない不況の中で、何のためのビッグバンなのか、いまなぜ、と疑問に思っている人たちが多いのではないだろうか。日本版ビッグバンと言われていますが、もちろん、既定のことであることは百も承知で聞くわけですが、金融のシステムがおかしくなっている時だけに、ビッグバンだといわれてもピンとこない。そもそもビッグバンは何のためにやるのか、初歩的なところからお話を伺いたい。

山田　なぜ、いま、ということには、お答えしにくい状況であることは、田原さんご自身がよくお分かりだと思いますので、まず一般的な話から申し上げます。一つには金融がこれだけグローバルなものになった以上、日本だけ閉鎖的システムを固持しようとしていてはもたない、国際競争を勝ち抜けないということがあります。マクロで見た場合、金融という世界のネットワークで国際業務をやっていくためには、世界的な一つの商売の形態に合わせていかないと、日本だけでは立ち行かないわけです。

もう一つは日本独特の問題で、これまで日本の金融は、金融業界を大事にする*ことが日本経済全体にとって良いことだという考え方のもとに、金融業界の都合でさまざまな仕組みがつくられていた。だが、どうやらそういう時代は終わったのではないか。金融の利用者、つまり企業であるとか預金者とか、あるいは投資家も含めて、そういう人たちの利便性や利益をもっと考えないと、歪んだ業態になるのではないか。日本版金融ビッグバンには、そういった課題をシステムから見直すという側面もあると思います。

これまで日本では、消費者サイドから見ると、極めて限定された金融商品しか提供されていなかった。英語でいうプレーンバニラなんです。普通、欧米では最も単純なバニラアイスクリームでも、いろいろトッピングがついていたりして、何も施してないものはプレーンバニラと言います。日本の金融商品はこのプレーンバニラだというわけです。要するに、安全確実といわれる預金しかない。これからますます預金高が増えていく時代に、これでは貯蓄を運用する消費者のニーズに応えられません。預金や金融資産を運用するためには、もっと多くの選択肢があっていいのではないか。引き続きプレーンバニラを食べたい人もいるだろうけど、三色アイスとか、もっとゴテゴテしたデコレーションつきのアイスを食べたいという場合だってある。単なる元本保証で薄い利のつ

*金融業界を大事にする　銀行の地位が上がったのは明治の中頃、福沢諭吉の愛弟子である中上川彦次郎が三井銀行の再建に乗り出し、従業員の給料を一挙に三倍にしてからだという伝説がある。当時は一八九〇年の恐慌でいくつかの銀行が破綻し、三井銀行も巨額の債権を回収できずに経営危機に陥っていた。とくに三井は政官の大物の「御用聞き」的な立場で、政治家が「旅費が足りない」といえば用立てし、貸し倒れになってしまうようなケースが続出していた。中上川は給料を大幅に上げることによって銀行の地位を上げることをもくろみ、どんな大物からも断固として債権を回収するようにした。聖域・東本願寺にも情け容赦なく取り立てをかけたため、中上川は「仏敵」の名をたてまつられた。

いた預金だけではなく、さまざまな投資信託、あるいは証券の類、そうしたものにもっと種類が拡がってもいいのではないかと考えると、銀行と証券の乗り入れの問題も検討されなければならない。

企業サイドからいえば、大きな企業はどんどん証券化しているのに、おカネを調達する一般の企業にとっては、引き続き銀行による間接金融が中心なわけですから、さまざまな調達方法があったほうがいいに決まっています。銀行の証券化、あるいはいろいろな社債など、ベンチャーの資金を調達する手段にバラエティーがほしい。逆に、そういうものができれば投資手段にもなる。いずれにしても、一般預金者と同じように、金融の間口に広がりが必要なんです。これは日本固有の時代的要請だったわけです。

金融業界のための金融システムから、利用者のための金融システムへということが世界的潮流です。日本も世界の流れに沿うというのは当然で、この二つがシンクロする形でビッグバンが出てきたんです。

業界に反対の多いビッグバンをなぜ強行するのか

田原　このビッグバンは誰が言い出したんですか。

山田　企業とか通産省あたりには、そういう意見があったんです。日本では預金者はあまり力がないですから、捨て置かれていた。おカネを調達するサイドから、そういう声が出ていた。さらに、金融業界は少し力が強すぎるし、給料も高くて、どうも金融業界ばかり儲けているのはおかしい。産業資本のほうは相当頑張ってやってきたのに、自分たちの給与水準は低くて、銀行だけが大きな顔をしているのは違うのではないか、という素朴な疑問があったわけです。また、商社にとっても、ビジネスチャンスとして金融を視野に入れたい。その他にも、大蔵省に保護されている主流だけではなく、ノンバンク、あるいはオリックスとか武富士といった傍流からも新規参入したいという声が出てくる。それらの声が通産省に集まっていた。

大蔵省の中にある銀行局と国際金融局。このうち銀行局は伝統的に国内金融機関の味方をしてきた。要するに財閥系金融機関を中心とする都銀、長信銀の牙城になってきたわけですが、それを側面から見ていた国際金融局のほうは、現在のままでは日本の金融市場は空洞化してしまうのではないかと危惧を抱いていた。

とくに前の財務官だった大場さんあたりが中心になって、以前から言われていた円の国際化*に加えて、日本の金融市場をもっと賑わいのあるものにしてもいいのではないか。いまのように銀行の間接金融でがんじがらめにされた規制の多い金融市場を、もっと使い勝手のいい市場にしないと、世界からの投資も来ない。日本人だけしか活動できない金融界では、機能がどんどん香港やシン

＊円の国際化
国際取引に円が使われるようになること、および、海外での円立て資産の保有が増えることをいう。

ガポールに逃げてしまう。ドル安で製造業の空洞化が拡がったけれど、この次には金融市場の空洞化が起きるのではないかと懸念する声が大蔵省の中にも強く、何とかしようとする動きがじわじわと出てきていたんです。

政権の流動化がその動きを加速させ、続々と噴出した大蔵省の不祥事で、何か改革をしていかないと駄目だという空気が、金融システム改革を決定的なものにしたというのが大枠だと思います。大蔵省では若手の課長クラスを中心に、そういう勉強会があったし、一方の通産省がらみの動きとも相まって、日本の金融市場をどうしていくのかという、いわば頭の体操として研究されてきた。そういう動きがあって、いっぽうでは橋本首相としても何か新機軸を打ち出さざるを得ない立場にあったわけです。

田原　しかし、銀行業界も証券業界も、ビッグバンにはほとんど反対です。僕は取材したから、これは確かですが、賛成しているのは、銀行では約二行、証券では一社だけで、あとは全部反対している。ビッグバンに対して、どの金融機関も不安を持っていて、会社が潰れるのではないか、外国勢に合併されるのではないかと思っている。

現にサッチャー政権のときに、イギリスで証券のビッグバンが行なわれて、イギリスの証券会社でそのままの形で生き残れたところはなかった。いずれの会社も、アメリカやスイスの企業に吸収されてしまった。いわゆるウィンブルドン現象*というものです。日本でも同じことになるのではないかという声が強くて、多くの金融会社は反対している。それなのに、なぜビッグバンをやらなければならないのか。

山田　それは違います。銀行のトップの経営者には反対している人たちがいると思う。たとえば富士銀行のトップのほうはかなり警戒していますが、富士のみんなが反対かというと、必ずしもそうではない。合併ということを考えると非常に分かりやすい。合併に賛成するのは、頭取と将来頭取になれると思っている人ぐらいで、あとの役員は全員反対ですよ。理由は簡単で、合併したら自分たちのポジションが維持できるかどうか不明だから、上にいくほど保守的になるんです。しかし、力のある課長、次長クラスで、いまより自分の腕が振るえると考えている人は賛成しますよ。

田原　でも、僕は取材した声をそのまま話しているわけで、証券会社でも、大和證券、日興證券、あるいは準大手の、少なくとも中堅社員はみんな反対していた。

山田　証券会社は反対だと思います。なぜかというと、国内的に見ても、銀行が証券業に参入してきたら自分たちはやられてしまうのではないかという恐れがある。世界的に見たら、メリル・リンチとかモルガン・スタンレーとかゴールドマン・サックスにやられることは目に見えていますから。銀行は曲がり

*ウィンブルドン現象
　イギリスのウィンブルドンで一八七七年から行われているテニスの全英選手権大会は、優勝カップが英王室から手渡される名門だが、ここ十年優勝する選手といえばドイツのグラフ、スイスのヒンギス、スウェーデンのエドベリ、アメリカのサンプラス……と外国選手ばかり、英国人選手は一人もいない。

なりにも円ドル委員会の後、金利の自由化を始めたわけですが、証券はあのとき、アメリカからの外圧もなかったから、株式手数料の自由化をやらなかった。だから、証券は銀行より遅れているんです。

その当時、私はアメリカの出方が不思議だったから、大蔵省の財務官だった中平*さんに聞いてみたんです。なぜ、アメリカは株式手数料の自由化を要求してこないんだと。すると、中平さんは、君は分かってないな、金利自由化は外国の金融機関が日本に勝とうとして要求しているわけで、証券のほうではすでにアメリカの会社が日本に入ってきて営業している。営業を始めてしまっていれば、手数料は固定のほうが絶対に儲かるんだ。しばらくそうやって野村證券の後をついていって、十分に規模が大きくなって、自分たちで完全に市場を圧倒できると思うまで、彼らは自由化は要求しないのだというんです。

橋本首相がビッグバンをいい始めたのは、なぜか

田原　実は最初に橋本さんが言いだしたときにはビッグバンという言葉は使っていなかったけれど、九六年十一月に一応、金融ビッグバンの方針を打ち出している。ところが、よく調べてみると、先ほど山田さんが言われたように、じつは大蔵省の若手がプロジェクトをつくって研究していたものだった。

それと、現証券局長の長野厖士*氏が、いわゆる五百人行脚というのをやって、

＊中平幸典　一九三九年生まれ。六三年大蔵省入省、国際金融局長を経て、九三年から九五年まで財務官を務め、退官。

＊長野厖士　一九四四年生まれ。六六年大蔵省入省、官房審議官、日銀政策委員を経て、九五年より証券局長を務める。

銀行や証券会社は反対だけれど、一般の企業はどうかと五百社前後を回って、これはやるべきだという結論を引き出しているんです。そして何度も何度も彼は橋本さんに進言するわけだけど、橋本さんは初めは乗ってこなかった。ところが、ドイツのコール首相、フランスのシラク大統領と会談した橋本さんは衝撃を受けて、帰国してから、長野氏のプランに乗って、ビッグバンといい始めるんです。

なぜかと聞いたら、コールとシラクにこう言われたんです。これからヨーロッパはユーロ、欧州通貨統合で一つの通貨になる。いままでは秤でいえば、たとえば右側にドルがあって、左側に円、マルク、フラン、ポンドが相乗りしてやっとドルとバランスを保っていた。しかし、欧州が一つになれば、ドルとユーロの間に円の居場所はなくなる、円は単なるローカルカレンシーになってしまうと。この一言にショックを受けて、長野局長を呼んで、ビッグバンをやろうということになったんです。

山田　帰国後の橋本さんは、円をユーロとドルの間に埋没させてはいけない、これからはビッグバンだというコメントを発し続けたわけですが、なぜ急にこの人は目覚めたのだろうかと不審に思った記憶があります。ビッグバンをやったからといって、円が埋没しない保証はないわけです。欧州の通貨統合はドルへの対抗策であることは明らかですが、ビッグバンをやれば、円がキーカレンシーの一つとして残れるとは限らない。しかし、逆に円が世界のネットワークから外れて、独自の鎖国的通貨になったら、それは全く意味がないことは明らかです。その意味では、円を国際舞台に乗せる一つの条件として、ビックバンがあるという考え方は成り立つ。

企業も預金者もビッグバンをやってほしいと言っていないのは確かです。でも、これは戦後民主主義と同じだと思うんです。敗戦後、アメリカが入ってきたとき、では誰が民主主義をいい始めたのでしょう。

田原 アメリカがいっただけです。

山田 ＧＨＱと外務省の一部という言い方をする人たちもいるとは思いますが、実際はアメリカだったんです。今度のビッグバンをめぐる動きも、それと似ているという気がしますね。

田原 僕は先日、積極金融論を展開している自民党のある幹部から、ビッグバンについての見解を記したペーパーを渡されたんです。内容は一言でいえば、ビッグバンは危険性がきわめて高いから、先に延ばすべきだというものです。エコノミストや学者たちが言うことには嘘がある。いまの日本の金融業界、あるいは金融センターとしての東京は世界の潮流から取り残されてしまっている。ここで鎖国するならともかく、そうでないならグローバルスタンダードで国際化しなければならないと、エコノミスト、学者は盛んにご託宣を垂れているが、あれは嘘だというんです。

グローバルスタンダードというのは、じつはアメリカンスタンダード*だというんです。国際化といっても、証券のビッグバンをやったイギリスを除けば、ドイツもフランスも、イタリアも、金融センターを活性化しようなどとは考えていない。むしろヨーロッパ十五の国のうち十三はどちらかといえば社会民主主義の国で、アメリカ的自由化とは反対の方向へ向いている。アメリカしか見ていないのは日本だけではないか。つまり、エコノミストや学者は、アメリカ化することを国際化という美辞で飾って、国民を欺いているのだというのが、渡されたペーパーの趣旨です。

さらにかなり激しい指摘をしている。このアメリカ化とはアメリカナイズであって、それはとりもなおさずアメリカに占領されることだ。ちょうど戦後アメリカが日本を占領して、民主主義を押しつけ、婦人参政権を押しつけ、農地解放を押しつけ、言論の自由を押しつけるなど、アメリカの流儀を押しつけたように、いま新しいアメリカによる日本の占領が始まるのだ。警戒しないと、日本の伝統とか文化が破壊されてしまう、と書いているんです。

山田さんはどう思いますか。僕には少なからず頷けるところがあるんだけれど。

*グローバルスタンダードはアメリカンスタンダード
日本の言論界で、一貫してこのように主張してきたのは、西部邁が主幹を務める月刊誌「発言者」のグループくらいであろう。「世界標準は世界の最強帝国たるアメリカからやってくるのだが、それを各国が迎え入れ、そうすることによって各国が国であることをやめようとするのはなぜであろうか。それは、実は、各国が無意識のうちにある価値を、ほぼ最高のものとして共有しているという事実があるからなのだ。この世界共通の最高価値は「自由」である。そうであればこそ自由の女神に率いられるアメリカが世界を率いることになるわけだ。ただし、その自由は積極的なものではなく消極的なもの(規制からの自由)にすぎない。……アメリカニズム、グ

グローバルスタンダードはアメリカのスタンダードだ

山田　日本の伝統、文化がアメリカ化によって、ある種の変容、あるいはさまざまな影響を受けているということはあると思いますが、金融ビッグバンをやったから、それで日本文化が破壊されるかというと、そんなことはない。文化というものはそんなにやわなものではないでしょう。

田原　ビッグバンに代表されるグローバルスタンダードは、じつは金融だけではなく、恐らく土木建設業界でも、流通業界でも、運輸業界でも、金融ビッグバンと同じように行なわれる。それはことごとくアメリカ化であるわけで、アメリカの文化が日本を再び占領することになりませんか。

山田　アメリカ化されるということに関しては私は少し留保をつけたい。しかし、一種の市場原理的な合理主義が一つの潮流になっていることは、はっきりしていると思います。

田原　いや、僕はグローバルスタンダードは世界のスタンダードではなく、アメリカのスタンダードではないかと言っているわけです。

山田　アメリカのスタンダードだという点は私も認めますが、いま市場原理を徹底しているアメリカやイギリスのほうが、経済に勢いがあるわけで、とすれば、ああいうふうにやったほうが経済が活性化するのではないかという考え

ローバリズムそしてキャピタリズムの三者は互いに大きく重複している。しかしそれらの大いなる欠陥は、自由に対する目立った束縛が世界中から消滅したとき消極的自由は価値としての力強さを失う、という点にある」（西部邁「発言者」九七年八月号）

方は成り立つ。しかし一方では、そういういわば喉を掻っ切るような競争というのが、われわれにとって本当に相応しいのかという議論もあると思う。

私個人としては、何が何でも市場原理でやっていけばうまく行くとは思わないけれど、話を金融のビッグバンに限定すれば、ヨーロッパにはロンドンという市場があって、金融センターとしてフルに機能しているわけです。たとえばドイツはそういう意味では日本と同じようにきわめて遅れていて、ドイッチェバンクが産業資本まで牛耳っているし、証券の市場もほとんどないに等しい。ドイツの大企業は、そういうドイッチェバンクの支配下では十分な資金調達ができないから、ユーロ市場へ出ていこうとするわけです。結局、それを追いかけるような形で、ドイッチェバンクはイギリスのモルガン・グレンフィルという証券会社を買収して、そこを通じてドイツ企業の資金調達をするようになった。ドイツだけでなく、スイスもやはりロンドンの金融市場に参入しているわけです。

これと同じ動きが日本でも起きざるを得ないんですよ。仮に日本ではビッグバンをやらなかったら、企業の中には海外へ逃げて、香港やロンドンで資金調達をする企業も出てきてしまう。現にいまそうした動きが出ています。

日本がバブルのころ、私はロンドンにいたんですけど、サッチャー首相によるビッグバンでロンドンの証券市場は完全に貸し座敷になった。日本からも日産自動車やトヨタがロンドンで株や債券を発行しにくる。日産が来れば、興銀や証券会社が追いかけてロンドンに来て、それぞれの現地法人を使って起債するわけです。ユーロ市場で、たとえばワラント債で十億ドルというような大きな起債をしたわけです。

なぜなら、日本の証券市場では、さまざまな規制があって、それだけの安い資金が集められないからです。また、ロンドンは各国の企業が資金調達をする場であるだけでなく、生命保険のカネとか簡保のカネとか、さまざまなおカネが集まってくる市場にもなったんです。田原さんが言ったように、まさにウィンブルドン現象で活性化されたんです。そして、ここが大事だと思うんですが、金融市場として活性化されたロンドンには、きわめて多くの雇用が発生して、そこにまた市場が勃興したんです。起債に来る日本企業は観光や買物をしてカネを落としていくから大歓迎された。

ビッグバンは放っておけばいいんだというのも結構ですよ。日本は日本のカルチャーを維持して、証券会社が高い手数料を取って、仲間内の談合で楽しくやりましょうと浮世離れしていてもいいんです。ただ、そうやっていれば、お客はみんな逃げていって、「そして誰もいなくなった」という世界になってもいいか、と聞きたいですね。

ビッグバンでほとんどの都銀は地銀になる

田原　ただ実際に銀行や証券を取材してみますと、東京三菱と住友は別ですが、三和銀行以下はデリバティブのような新しい金融商品をつくって国際市場で勝負しようとはしていない。むしろ三和以下、富士銀行もさくら銀行も含めて、これまでの都銀スタイルではなく、地銀スタイルでやっていこうとする姿勢が見えてくる。新しい金融商品は手を出しても敵わないということで、従来通りカネを集めて、カネが必要な中小企業に融資していくやり方です。

昔、住友銀行の磯田一郎さんが元気なころ、僕は、強い銀行と弱い銀行、うまくいっている銀行とうまくいっていない銀行とは、どうすれば見分けがつくのか聞いたことがある。磯田さんが言うには、それは簡単だ。そこの銀行員の靴の裏を見ればいい。靴の裏がよく減っている行員のいる銀行は強い銀行だ。靴の裏が減っていない銀行は弱い銀行だといっていました。つまり、当時の日本の銀行は預金を集めるのに必死だった。とにかく集めさえすれば、大企業をはじめ、いくらでも借り手はあった。

いまはそういう時代ではなくなって、今度は必死で新しい金融商品つくらなければいけなくなった。しかし、それが可能なのは東京三菱と住友ぐらいで、あとは国際化とまったく関係なく、どんどんローカル化して昔からのスタイルの地銀になろうとしている。そういうところにとってはビッグバンはほとんど意味を持たない。それだけでなく、これまでの大手の都銀の多くが、中小の信用金庫や地銀のシェアに入ってくるわけだから、その競争が激しくなる。みんなありがたくないわけです。

山田　繰り返しになりますが、ではビッグバンをやらなかったら、日本の美風が維持できるのかということです。たぶん維持できないでしょう。日本が極めてユニークな東洋の国で、誰もこんな国を相手にしないというのなら、こちらも変わる必要はない。つまり、不作為でいいわけです。でも、現実にはここで自分が変わらなければ、お客が逃げるという形で経済につながっていく以上、不作為というのは何もしないことではなく、一つの選択をしてしまったことになるわけです。衰退の選択です。

これは何もビッグバンだけではなく、いまの日本の改革すべてがそうだと思います。できればこの温かい、和をもって尊しとなす、ヒューマンな日本をそのまま残して、角張った競争などしないで、と何となく考えている。

田原　その一番いい例が談合*ですね。談合していれば、苛烈な競争もないしリスクもない。

山田　だから、私はそれでいいのでしょうか、といっているわけ。お上がこう言えば「ハイ」。組織の中では横を見て、要するに横並びをだいじにする。

＊談合
　金丸事件をきっかけに、ゼネコンの世界にいかに談合が欠かせないかが明らかになり、参入障壁の撤廃を求めるアメリカに恰好の攻撃材料を与えることになった。九三年五月、ワシントン・ポストやヘラルド・トリビューンなどが、相次いでこの事件を大々的に報じ、日本のアンフェアぶりをアピールした。

家に帰れば「メシ、風呂、寝る」といっていれば、必要最低限の話は通じる。そういう日本的社会でやってきて、私さえ変わらなければ、そういう仕組みも変わらないんだと思っている。でも、それができない時代になったのではないか、と私は思うんです。

談合ということでいえば、建設業界の経済効率はどんどん悪くなっている。従って日本の工場、建物、都市のすべてのコストが高くなってしまった。では、もっとコストの安い海外へ移したほうがいいという企業が出てくる。分かりやすいのが円です。国内では大した購買力を持っているという実感が持てないのに、海外へ行けばいまでも円は十分に強い。こうした内外格差に象徴されるように、日本という国はものすごくカネのかかる国になってしまったんです。

過去の成功体験が次の時代の到来を妨げるのだ

田原　いま日本国内には五十二万社*からの企業があるけれど、これは談合しているからこそ存在し得る数なんです。もし国際化して自由競争にしたら半分以下になってしまう。しかも、弱小はもとより中小のところもアウトになる。談合と公共事業があるから、これらが生き延びていられる。これが自由競争になったら、仮にゼネコンが落札しても、高い日本企業には回さず、アメリカの会社に落としてしまうかも知れない。たしかにいろいろなコストは安くなるで

＊五十二万社　建設業許可業者の数。総就業者は六百万人を超し、これは総労働人口の一割近くにあたる。この五十二万社のうち、資本金十億円以上の会社は百社ほどしかなく、一億円未満の業者が九九パーセントを占めている。

しょうが、日本の業者の半分は潰れるのではないですか。

山田　いま日本が問われている課題というのは、まさにいまのゼネコンの話と銀行の話は同じなんです。そこには供給者サイドの発想しかないんです。会社はお仕事をもらい、そこで利益を得て、賃金を払う。下請けも食べていける。これはお仕事をする側の発想なんです。それはそれで大事だと思うし、日本の全体的な雇用が維持されてきたことも確かです。

でも、われわれは従業員であると同時に消費者でもあるわけで、するとこの現在の高コスト構造*は何だということになる。それから供給者側のシステムにしても、いつまでも日本全体をコンクリートで固めるような土建発想が、均衡ある国土の発展も含めて、果たしていいことなのかどうかといえば、もうそういう時代ではないのではないか。これからはコンクリートではなく、ケーブルや、空から降り注ぐ電波、あるいは老後を見てくれる介護のサービスという、まったく新しいところに将来の日本の需要があることは、すでに誰の目にも見えると思う。

すべての社会も企業も、それらは過去の成功の集積として存在するわけだから、政治的パワーもあるし、伝統もあるし、安定性もある。ずっと同じ時代が右肩上がりで続いているうちはそれでいいけれど、次の時代に移るときには、むしろそういう伝統や成功の集積が邪魔になるんです。公共事業がその典型で

*高コスト構造
雇用は維持されているが、そのためにモノの末端価格は高くなる。これがいわゆる内外価格差となり、アメリカの標的にされてきた。円安でだいぶ差がなくなってきたが、それでも東京の物価はニューヨークの一・二七倍（九七年九十三品目の平均）である。

す。高度成長の時代には、国家予算の大きな部分を公共事業に投資することが、日本の発展、成長につながってきた。でも、現在でもそうかというと、もう少し人間をケアするものに予算を使っていく方向など柔軟に考えていったほうがいいのではないか。しかし、その方向へ向かないということは、伝統、歴史のある政治力とか社会構造が、それを妨げているんです。日本人には柔軟性があるから、たぶん、放っておいても新しい方向へ行くとは思う。

田原　日本人に柔軟性があるということはよく言われます。だから、これはバブルのときにも出た議論で、総量規制や国土法で強引に潰す必要はなかった。放っておけばバブルは自然に潰れて、日本経済は軟着陸できたのに、急激な大手術をしたから、逆にいまその後遺症で大変な苦労をしているのだ、という意見があった。同じように、いまの日本もビッグバンでどーんと大手術するよりも、日本人の柔軟性による変化に期待して、先延ばししながらじわじわと行ったほうがいいのだという意見がある。

また、ゼネコンを例にとれば、いま自由競争にすれば弱肉強食で、強いところは伸びていくけれど、零細なところはどんどん潰れる。しかし、この社会は弱者と強者がうまく共存共栄できる社会、これは社会民主主義的な考え方ですが、それが望ましいのではないかという声がありますが、どう思いますか。

山田　すべてを競争原理で律して、強者はより強くなり、弱者は切り捨てられていく社会は、基本的に私もよくないと思う。ただ、日本の現状をみると、やはり効率性を入れていかないと腐ってしまうんです。いまの社会は放っておけば維持できるとは思えない。手術は必要です。

いまの社会にある非効率は、既得権を持っている人たちがいい思いをして、その既得権をなかなか手放そうとしないから生じている。また、この既得権への固執が新しい社会へ移行していくことを阻んでいるんです。これを早く進めてやらないと、きたるべき未来の訪れが遅れるだけでなく、そういう時代の恩恵に浴せない世代層が確実に出てきてしまう。

朝日がマードックに乗っ取られてもいいんですか

田原　しかし、ビッグバンをやって国際化はできるかもしれないが、実際に国際社会で戦える企業というのは、ほんの一握りで、その他の金融機関は、国際化とは正反対のローカル化していくと僕は思う。

山田　企業単位で考えるから、いけないんです。これまで日本は、良くも悪くも、企業中心に考えてきた。藩がなくなり家が残り、そして企業になって、企業でワンセットの人生を遂げるというのが戦後日本の共通意識だったから、その企業がダメになることを、イコール自分たちもダメになると考えがちになるんです。いまが、その考え方を見直すときだと思う。仮に、一つの信託銀行がなくなったとしても、その従業員の人たちがいなくなるわけではない。経営者がいなくなるだけなんです。いまの破綻した金融機関と同じで、金融機能が必要であれば必ずそれは残るんです。ただ資本がどこになるかということは別の話ですが。

田原 分かりやすいので、こういう聞き方をしますが、朝日新聞の株をマードックが買って、朝日がマードック*の資本になってもいいんですか。

山田 いっこうに構わないと、個人的には思いますよ。それで効率がよくなり、かつ人々に必要なニュースが読者に届けられるのであればね。

日本という国は異常なほど日本国籍の企業に占められていて、世界から見るとかなり異質な社会です。たとえば、アメリカの消費者は日本の小型車が優秀だということになれば、いくらでも輸入を受け入れる。自動車企業が音を上げて、アメリカ政府が日本に自主規制を求めて、通産省が業界に自主規制させたわけだけれど、今度はアメリカの消費者が、俺たちはやはりいいものが欲しいと騒ぐ。何もGMやフォードのためにアメリカの自動車産業があるわけではない、自動車に乗る人間の立場はどうなるんだという声が出てくる。そこで日本企業が、アメリカ側の雇用と自動車供給のサービスの双方を充たす形で、現地に会社をつくって、アメリカ人の雇用も確保することで大歓迎を受けたわけです。

＊マードック
　ニューズ・コーポレーション会長ルパート・マードックは、米国を基盤にヨーロッパ、オーストラリア、インド、香港などに新聞、映画、テレビの会社を持つメディア王。九六年、テレビ朝日の大株主である旺文社の子会社の株を買収、テレビ朝日に資本参加したときは、ついに日本のメディアがアメリカに支配されるのかと青ざめる向きが多かったが、翌年株は朝日新聞に売却された。ソフトバンクと提携してJスカイBを設立、衛星デジタル放送にも進出している。いくつかの事業を息子のロクラン・マードックに委譲しつつある。

それに、商売する上で大事なのは、いい製品を提供することと同時に、長年にわたる信用やネットワーク、あるいはいい顧客を持っているということが重要な財産なんです。だから、ビッグバンだからといって、日本の市場がすべて外国の企業に乗っ取られるということはない。マネーセンターバンクのうち、たかだか三割、悪くて五割だと思うんです。

田原 五割取られれば、相当な混乱じゃあないですか。

山田 シティバンクの支店が東京にもありますね。あそこに何人の外人が来ているかご存じですか。せいぜい十数名で、あとはほとんど日本人が雇われているんです。この間までは、トップも日本人でした。もちろん、そこの儲けはある程度アメリカに行くでしょうが、では東京三菱銀行の儲けがすべて日本に還元されているかというと、必ずしもそうではなく、相当分が世界に再投資されていくわけです。トヨタにしても同様です。だから、われわれがビッグバンというときに考えなければいけないのは、雇用とサービスがどうなるかだということなんです。究極の安全保障を考えれば、ある程度はしっかりした日本企業が根付いていることが必要ですが、だいじなのは企業の国籍ではなく、あくまでも雇用の確保とサービスの質なのです。

田原 いままでの日本の企業は経営者と従業員にとって、たいへん居心地のいい企業だった。日産自動車*がその典型でした。日産の場合は、従業員といっ

＊日産自動車
日産では、新車のモデルができると、まっさきに労組のドンに見せてご意見をうかがう、というのが冗談ではないほど、ドン・塩路一郎と労組の力が強かった。塩路と全面戦争をした石原俊社長は、退任後、「私は、全エネルギー、そして神経の八割を組合対策に費やさねばならなかった。とくに最後の二年は、ほとんどが組合対策だった」と語った（田原総一朗『世代交代の嵐』講談社刊）。

ても労働組合が強かったから、労使がぎくしゃくしてダメになったわけですけれど。山田さんのお話でいくと、これからはそういう日本的企業ではないということになる。つまり、資本中心の企業になるのだという。資本ということは、資本家であり、投資家でもあるけれど、そういう人たちのために企業を運営するのだということになりますね。しかし僕は、二者択一でどちらがいいかと聞かれたら、経営者と従業員が中心の日本の経営のほうが、資本家優先の経営よりはるかにいいと思う。資本家中心の経営では、少なくとも従業員の愛社精神はなくなります。

山田　あれかこれかではないんではないですか。現在の日本には二つの選択肢しかないわけではなく、私が強調したかったのは、これまでの日本企業が、とりわけ政府によって保護された企業は経営者と従業員が中心の企業であるあまり、お客さまを忘れていたということを指摘したかったわけです。

作戦の失敗は前線の兵士の死によって贖われる

田原　いや、金融機関がお客さまを忘れていただけで、その体質がここ数カ月間のあからさまな貸し渋りという形にもなったわけで、そのほかの企業、トヨタにしても松下にしても、良い製品を生産しなければお客さんは買ってくれないから、お客のほうをちゃんと見ていたと、僕は思う。

＊山一証券への求人
　山一證券の社員は約七千五百人。内定取り消し学生や契約社員を含めると約一万人に

もう一つ、たとえ経営者が変わることはあっても、日本人の雇用は確保されるだろうという話。破綻した山一證券のケースを見れば、はっきりヒントがあるのではないか。つまり、倒産して求人が殺到したというけれど、実際には三十五歳以下の人たちばかりです。三十五歳以上の求人は二百人しかないとも言われている。日本の雇用は減らないだろうとおっしゃるけど、四十歳以上の人はどうするんですか。資本中心の、ある意味で厳しい企業は、四十歳以上の人は要らないんですよ。*

山田　そこが、いまのような変革期の最大の問題だと私も思います。四十歳以上の人たちは、世の中が変化したにも関わらず、それまできちんとしたいわば転換教育を受けてこなかった。世の中の変化に対応するチャンスを与えられなかった。企業が彼らをふん縛っていたからです。誰だって、お前さん一人でやりなさいと言われれば、必死で世の中の動きを探りますよ。でも、企業が組織の中でそういう思考を封じてきながら、あるとき経営者のやり方が古いがために、企業が壊れてしまう。誰が被害を受けるのか。従業員ですよ。作戦の失敗は、前線の兵士の死によって贖われるという言葉がありますが、まさに経営の失敗は従業員の首によって贖われるんです。本当に気の毒だと思います。

気の毒だと思いますが、間違った経営をずっと続けていったら、もっと大きな被害が出るんです。私がこんなことをいうのは本当に失礼な話だと思います

上る。廃業を発表した当日の夜には再就職の斡旋をする特別チームが社内につくられ、山一と関係の深い八百社ほどの企業に雇用を依頼するファックスを送った。返事は続々とあり、十日後には千三百社余りから一万六千人近い求人が届いていた。なかには世界最大の情報サービス会社、米エレクトロニック・データ・システムズ（EDS）が山一情報システムの全従業員六百人をまるごと再雇用するというめでたい話もあった（これは後日破談になり、かわりにCSKが引き受けた）。だが、引く手あまたなのはシステム要員など専門職だけで、三十六歳以上の従業員三千四百人に対しては、この時点で求人は二百人しかなく、多くが住宅ローンを抱えているだけに「このままでは相当数の自己破産者が出る」と心配された。

が、私自身、五十に手が届いて、会社がアウトになればアウトになる世代で、社会に完全に乗り遅れている集団の一人なんです。

田原　新聞社は新聞売れてますから当分大丈夫でしょう。朝日はその中でもいちばん安泰な社の一つですよ。

山田　個人的な話はやめます。

大企業は図体が大きいから、多少膿が溜まっても身体にはあまり支障はないですが、それがどんどん溜まってくれば、いずれは大噴出して悲惨な結果を招くんです。銀行などは、本来なら円ドル委員会後に早急に転換していれば、大した問題にはなっていなかった。それを、過去の遺産もある、貯蓄もある、内部留保もあるということで、ずっと転換を図ってこなかったから、ここへ来て膿が噴出しようとしているんです。下手にここで傷口に絆創膏を貼ってしまうと、もっと膿が溜まって身体全体がダメになってしまうんです。そうなってからでは、四十歳、五十歳の人たちは経営者を恨むしかなくなるんですよ。

田原　企業に頼るなということだと思うけど、そういう世代の人たちは企業中心*に物事を考えてきて、突然、今日から自由にやれと言われても、困ってしまう。困るというより、職を失うわけだから、どうやって食っていくのか。あるいは、その年代の人は、子どもが学齢期でいちばんカネのかかる時期です。やはりビッグバンには問題ありだな。

*企業中心
　リストラで退職した大企業の部長が、再就職の面接で「何ができますか」と聞かれ、「部長ができます」と答えたという話がある。老後の生きがいにとボランティアに出かけ、「何ができますか」と聞かれて「管理ができます」と答える人もいるという。大企業の中高年ホワイトカラーはリストラに弱い。
　日本の貯蓄率は、ブルーカラーよりホワイトカラーのほうが低くなっているのが特徴とされている。ホワイトカラーのなかでは大企業ほど低く、公務員も低い。この傾向は、大企業ホワイトカラーほど年功序列賃金で、将来の所得増加に安心感を持っているからではないかと『国民生活白書』は分析している。

山田　そうはおっしゃいますが、自分の納得のいく生活をどう見出すかという考え方をしたほうがいいと思います。日本の生活水準は、悪い悪いといわれるけど、世界水準からいうと、かなりいい生活をしているわけですよ。日本の中で較べっこをしていれば、彼のほうが俺よりいい生活をしているとか、給料が高いという話になるけれども、本当に自分で納得のいく生活をしているかというと、少し疑問に思う。常に外と較べた価値で自分を満足させている。

田原　たしかに、そういう自分探しということは、僕も言っている。でも、その自分探しができるのは、若い人たちなんですよ。年をとってから自分探しをしようとしても、囲碁をやるか将棋をやるか、あるいは山へ登るか、そんな趣味的な話になってしまうんです。自分は情報産業が好きだから、そういうところで働きたいといっても、仕事なんかないですよ。

山田　この間、慶応大学の女の子がつくった「自分のリストラ講座」というパンフレットを見ました。それによると、夫婦はだいたい四十歳くらいから立場が逆転していき、男は場合によっては捨てられる運命にある。とくに定年間近の男性が会社にリストラという形で裏切られるときは、妻や家族にあなたは必要ないと裏切られるときだというんです。だから、惨めな老後にならないためにも、会社にリストラされる前に自分で自分をリストラしなさい。それには、社会で生きていくというなら、例えばボランティア活動をする。趣味で生きていこうとするなら、どうしたらいいのか。あるいは家族との関わり合いで生きていくのかどうか。要するに、自分のアイデンティティーというか、何らかの役にたっているのだということを見つめたほうがいいですよ、とそのパンフは書いていました。

よく言われることですが、会社は自分に部長とか課長という仕事を与えてくれたから、会社は自分を必要としているんだという考え方ではなく、もっと違う座標軸の中に自分のアイデンティティーを見つけていかざるを得ない、そういう転換の時代がいまの時代なのだと思う。

格付け会社の評価はアメリカ軍の宣伝ビラと同じだ

田原 今年に入ってからの倒産件数は前年を上回り、金額では最悪だという数字[*]があります。銀行の貸し渋りが主な原因だと指摘されている。再雇用という点では、いま不況ですから、かなり厳しいものがあるけれど、個々の倒産がいわゆる大企業ではないからか、新聞・テレビの報道も山一證券のときほどではない。山一のときは、社長の慟哭記者会見もあって、世の中の関心をよんだので分かりやすい例として挙げますが、再雇用という点では、ある意味で恵まれているように思える。三十五歳以下の人たちはメリル・リンチに二年契約で雇われるようですね。

＊倒産増加
九八年二月、自動車用品販売会社とその取引会社二社の社長三人が、資金繰りに行きづまってホテルで首をつって自殺した。「ホテルで首つり」は一週間前にあった新井将敬代議士の自殺を参考にしたものと見られた。帝国データバンクが発表した九八年二月の倒産は、前年同月より三〇パーセント増の千五百八十三件。負債総額は四三パーセント増の一兆四百二十九億円で、二月としては過去最悪の数字となった。貸し渋りによる倒産は前月比四三パーセント増の六十件。

山田　本当の意味でのビッグバンは二〇〇一年ですから、外国銀行はいま日本の金融機関の値踏みをしている段階なんです。不良債権や経営実態の見きわめをしないと、下手をすればババをつかむことになりかねない。山一とメリルの関係はその典型でしょう。メリルが山一を買うという話は前からあって、裏で進めていたけれど、結局メリルが手を引いたわけです。そうしたら山一の自主廃業。そこで、その従業員を雇いますよということになったんです。

メリルにとって重要なことは、契約する人たちがどれだけおカネを稼ぐかなんです。山一證券が持っているお客を何人連れてくるのか、いくら預かり資産を持ってくるのかを見て、しっかり持ってきそうな人だけを再雇用して、あとは辞めてもらう。彼らが欲しいのは、はっきり言えば人材というより、お客なんです。新しいマーケットへ行って、われわれはいい商品を持っていますといっても、すぐビジネスにはならない。やはりお客との関係が必要だし、ネットワークが必要だし、従業員が必要なんです。たとえば住友信託がシティコープと組むというのも、その種類の話なんです。

田原　山一證券の破綻のとき、外国の格付け会社というのが注目を集めました。山一のときはムーディーズという格付け会社の評価ダウン*が、自主廃業の引き金になったと言われた。その結果、七千人という人たちが職を失った。言い換えれば、格付け会社の評価が多くの人たちの人生を決定的なものとしたわ

*格付け会社の評価ダウン　九七年十一月六日、ムーディーズ・インベスターズ・サービスが山一債の格付けの引き下げを検討すると発表。翌日、二百円を割り込むことがなかった山一株は一時百五十九円まで落ち、同月十四日には百円を割ってしまった。二十一日、ムーディーズが山一債の格付けを一気に三段階落とし、投資不適格のダブルBとした。この日は金曜日で、山一が廃業を発表したのは三日後の二十四日（月曜日）だった。

けです。日本にはなかった種類の会社で、ある意味では日本に馴染まないとの見方もある。ああいう格付け会社をどう見ますか。

山田　格付け、というのは目安にすぎない。本来なら参考資料です。企業の中身がすべて分かって評価しているわけではない。「あんなのインチキ」という批判もありますが、大蔵省も同じようにインチキでしょう。どちらが当たっているかというと、格付け会社のほうが当たっている。

だいたい、企業の本当の中身を企業は見せてくれない。とくに勝手に格付け*される会社はほとんど資料を出さないから、勝手に評価されてしまう。それが嫌だから、次には資料を出すようになる。すると格付け会社の商売が広がってゆく、というやり方です。

結局、市場がどちらを判断するのかということだと思う。大蔵省の大本営発表を信じるのか、アメリカ軍が撒いたビラを信じるのか。昔はアメリカ軍のビラを持っているだけで憲兵に捕まったけれど、いまは平気でビラが撒かれるし、それを信じても誰からも何もいわれない。私自身は、中身は大本営より格付け会社のビラのほうが正しいとは思いますよ。でも、どれだけ企業の中身を厳密に吟味したのかというと、はなはだ疑問なんです。私は、ああいうビラは最高裁の判断と同じだと思っているんです。要するに、新聞とか市場の雰囲気を見ながら、判断を出すんではないかと。

＊勝手に格付け
　格付けには、企業が格付け機関に依頼するものと、格付け機関が自主的に行う「勝手格付け」がある。格付け料が入らない勝手格付けをなぜするのかといえば、投資家に対する情報提供が格付け機関の使命だからであるが、低い格付けをつけられた企業にしてみれば迷惑以外の何者でもない。日債銀が経営難に陥ったきっかけも、この勝手格付けであった。

世論に迎合して大蔵省を裏切った自民党

田原 大蔵省銀行局のある大物官僚とビッグバンについて話をしたことがあります。僕が、銀行はどこも積極的にビッグバンに賛成していないのに、それでもビッグバンをやるんですかと訊いたら、彼は、実はわれわれは優等生になったんですと答えた。従来の大蔵省は優等生ではなかった。僕の言葉でいえば、ワルだった。では、なんで優等生に転向したのかというと、世論迎合なんですと言う。偉い学者先生やジャーナリズムが、口をそろえるようにビッグバンをやれ、自由化しろ、グローバルスタンダードで行けというから、それではやりましょうということなんです。

なぜ、ワルから優等生に転向したのだと思います。

じつは、いままで日本にはワルが二人いて、国家を仕切っていた。ワルというのは、世論に迎合しないで、これが正しい、国のためになると信じれば、世論にどんなに袋叩きに遭おうが、それを行なった。二人のワルというのは、自民党と大蔵省です。たとえば岸信介の首相時代に、世論のほとんどが安保改定反対を叫んだときも、後楽園球場には野球を観ている人たちが大勢いるではないかといって、いわゆる「声なき声」に自分は支持されているからと、彼は安保改定をやった。それで自民党が選挙で負けるということもなかった。世論の大反対に遭っても自分はこれが必要だ、正しいと思ったことをやったわけです。大蔵省もそうだった。

ところが、まず自民党が日和りはじめた。きっかけは細川内閣です。それまではロッキード事件で元首相が逮捕されようが何が起きようが、どんなに新聞でぼろくそに書かれても、自民党は選挙に負けなかった。政権の座にすわり続けて、ずっとワルでいられた。それが、細川政権の誕生で野党になって自民党は慌てふためいた。細川政権をつくったのはメディアだといわれている。

山田 田原さんの責任は重い（笑い）。

田原 野に下って、自民党の自信は揺らいだ。そこで、社会党の眉毛の長いおじさんを引き込んで連立政権に返り咲いた。ところが、その連立政権でも自信喪失が続いて、半ば日和見の政党になってしまう。

山田 加藤紘一*さんが苦労してましたよね（笑い）。

田原 さらに決定的だったのが住専問題です。住専の不良債権処理をめぐって、自民党と大蔵省は十字砲火に遭った。大蔵省と一緒に袋叩きになりながら、自民党は大蔵と同腹だ、大蔵の言いなりだと叩かれているうちに、日和った。この後、もう一人のワル、大蔵省を裏切って、大蔵省改革を唱えはじめるわけです。大蔵省改革というのは、つまり世論が望んだ大蔵バッシングですよ。こうして自民党は世論迎合政党になってしまったわけです。

*加藤紘一　一九三九年生まれ。冷戦終結を期に、自民党の保守イデオロギーからの脱皮、世代交替を標榜したいわゆる自民党若手グループY（山崎拓）・K（小泉純一郎）・Kの一人。先の党人事では、中曾根康弘、亀井静香ら保守派の激しい巻き返しのなか、初の幹事長三選を果たした。リベラリストを自任、思想的には民主党の菅直人氏とも近いといわれる。

自民党に裏切られた大蔵省は、たった一人のワルになってしまった。それでもワルで頑張ろうとしたんです。裏切ったといっても、かつての同志だから、世論の手前、パフォーマンスで大蔵いびりをして、イイ子になって世論の矛先から逃れようとしているんだろうと、大蔵省は思っていた。ところが自民党は、大蔵省の検査だけを分離して金融監督庁をつくるといい始め、そのうち検査と監督を分離して金融監督庁にするんだと方針変更する。まあ、そのぐらいでいくのかと大蔵省が思っていたら、見せかけの裏切りだと信じていたものが、本当に背中から鉄砲を撃たれてしまうわけです。それが、世論という名のメディア誘導の金融と財政の分離の財務省構想です。

大蔵省というのは、大化の改新以前、雄略天皇の時代からあったそうです。その名前を変えられてしまう（笑い）。これはもう世論に刃向かっていると、大蔵省は廃墟にされてしまう。仕方がない、ワルから転向。これからは世論迎合で、優等生になります、ビッグバンもやります、というわけです。

山田　いや、大蔵省はビッグバンに半信半疑だったんですよ。

田原　銀行局は反対だった。あれは証券局と国際金融局がやったんです。

山田　そういう簡単な絵図じゃあなかったんですよ。きわめて捩じれた構図があったんです。つまり、証券会社はビッグバンに大反対だったけれど、証券局の長野局長は、やはり銀行局長になりたかったんだと私は思う。普通なら証券局は証券会社の代弁をし、銀行局は銀行の代弁をするのに、長野氏はいろいろなスキャンダルにも絡んでいると言われているうちに、次第によじれて行ったんだと思う。証券会社と一緒にやっていたら、もう日本の将来はないと彼は考えて、ビッグバン推進に変わったんでしょう。ですから、ビッグバンの話が出たころ、金融界の人たちはみんな、山口*銀行局長のところではなく、長野証券局長のところへ行った。当初、金融界はビッグバンに賛成だったんです。証券業務ができるようになるわけですから。

これまでの日本の最大の問題は、強すぎる銀行ということだった。それが、証券の時代だということで、その強い銀行が時代遅れになっていく。しかし、証券会社はきわめて問題が多い。とても本格的な証券の時代を乗り切れない。それでは銀行が証券をやることで、新しい時代に適応していこうという動きが出た。銀行はやらせろやらせろで、証券会社は反対反対だったわけです。だから、野村の田淵節也さんなどが懸命に自民党の議員を使って防戦に努めてきたのが、これまでの歴史だったんです。それが、長野氏の登場で一挙に銀行寄りの証券行政になって、ビッグバンをやるということになってしまった。

当初ビッグバンに賛成だった銀行が、この金融危機で足元が怪しくなってきて、証券が相手だと思っていたものが、実は敵は外国銀行だと分かって急に不安になり、反対に回ったというのが、いまの状況です。

*山口公夫　一九四四年生まれ。六七年大蔵省入省、主計局を経て、九六年より銀行局長を務める。

アメリカ的なるものに反発する勢力

田原　グローバルスタンダードがアメリカンスタンダードかという話ともつながると思うので、コンピュータ業界の話を少しさせて下さい。コンピュータのソフトはアメリカでつくっています。ハードは台湾を含め東南アジアでつくられています。では日本は、というと、日本はコンピュータのマーケットとして大事なお客さんで、しかも日本での販売を考慮に入れれば日本人営業マンは最高なわけです。つまり、コンピュータは、頭がアメリカで、手足は東南アジア、日本はというと単なる売り屋なんです。

インターネットでも、使われている言語は英語です。[*] いま話題になりつつある電子マネーが普及したあかつきに問題になるのは、どこの通貨にするんだという標準化の問題なんです。日本やヨーロッパの国々が盛んに研究を重ねているけれど、基本の部分でアメリカは受け付けない。なぜならば標準マネーをドルにしたいからです。要するに、アメリカはコンピュータで世界を制覇し、インターネットで世界を制覇し、電子マネーでも世界を制覇しようとしているんです。

ですから、ビッグバンでアメリカ人がヘッドになって、儲けるのはアメリカの企業、日本はただの売り屋さん。そういう事態になってもいいんですか。

＊英語が共通語　滋賀県立大学の大谷泰照教授が世界各国のＴＯＥＦＬの平均点を調べたところ、日本人の受験者の平均点は四百九十四点で、世界百八十二国・地域中の百六十二位（日本経済新聞九七年五月十二日付）。このままではインターネットでもとり残されるのではないかと恐れる人々は、小学校での日本語教育導入を主張している。

山田　大事なことは、企業の資本家の国籍ではなくて、その企業が存在することによって、その社会への営業活動というか社会活動ができるかどうかということなんです。また、それと同時に雇用が維持されるのかということです。企業のために社会があるのではなく、企業は社会の一つの道具として、人々の働き口となる、そういう産業の社会的循環みたいなものが果たされていけば、資本はどこの資本でも構わないと思いますね。

田原　結局、アメリカの会社が儲けるだけなんですよ。アメリカのオーナーが儲けるんです。日本はマーケットとして、ただ利用されるに過ぎなくなるんですが、それでもいいんですか。

山田　アメリカの企業はもっと、田原さんが思っている以上に柔軟だと私は思う。さらに言えば、アメリカの企業、資本はいまはアメリカかも知れないけれど、いずれそれは世界化していくわけです。

田原　いや、アメリカはアメリカのものを世界化させるのであって、他の国のものは世界化させませんよ。二つ例を挙げます。一つはNHKが次世代テレビという触れ込みで世界で初めて開発したハイビジョンを、アメリカはそれこそ挙国一致という感じで潰した。*　もう一つは暗号。日本の暗号技術はかなり高いレベルにあるのだけれど、あるアメリカ企業に依頼されてそれを売ろうとしたところ、アメリカの国家安全保障会議（NSC）から禁止命令が出された。

＊ハイビジョン潰し
ハイビジョンはNHKが六四年から開発し、九一年に試験放送を開始した次世代テレビ。走査線が従来のテレビの二倍の千百二十五本もあって画像が鮮明だが、その分情報量が従来の五倍もあるので、帯域の広い衛星放送の電波を使い、MUSEと呼ばれる方式で圧縮して伝送する。問題はこのMUSEがアナログだという点である。アメリカは将来の市場を日本に奪われまいと、完全デジタル方式を開発して世界に広めようとした。九四年、郵政省はアナログ方式の見直し発言で業界から猛反発をくらい、発言を修正したが、その後アナログの敗色は深まっていく。九七年、郵政省が次の次に打ち上げる放送衛星にデジタルを使うと決定したことは、アナログ陣営の敗北を決定的にした。

いる腰巾着がくっついているからなんです。しかも、さらにぴったり腰にくっつこうとする人物まで出てくる始末です。

額賀福志郎*さんという衆議院議員がアメリカに行って、日本の国会では景気対策の九八年度補正予算はやらないと言っている最中に、やりますなんて約束をしてしまった一件があったでしょう。つくづく日本はアメリカの植民地だなあと思いました。

田原　彼は官房副長官にすぎない。

山田　国民を欺く行為ですよ。国会ではやらないと言っていますが、本当はやるんですからご心配なくと言いに行ったわけです。日本の国会はいろいろ言っているが、ミスター・ハシモトの意図はそういうことか、とアメリカは理解したんです。べつに紙に判子を押して持って行かなくても、彼らは物分かりがいいですから。

まさに日本は頭のない鯨*です。頭の部分をそっくりアメリカに譲り渡してしまっている。いまさらアメリカのスタンダードを云々するのもはばかられるほど、政治家たちはアメリカの腰巾着になりきっていますね。

日本ほど占領されるのがうまい国はない

田原　竹内宏*さんが「日本第二の敗戦」ということを言っています。日本は

額賀は即座に抗議、朝日側は四日後に訂正を拒否する回答を出した。

*頭のない鯨
　田原総一朗の近著のタイトル（朝日新聞社刊）。キャスターを務めるテレビ「サンデー・プロジェクト」に登場する政治家の顔が「表」だとすれば、これは「裏」の顔を満載したスリリングなルポルタージュ。

*竹内宏
　一九三〇年生まれ。日本長期信用銀行専務を経て、八九年より長銀総合研究所理事長。パチンコから日本経済を語るなど、現実に即した経済評論で知られる。「サンデー・プロジェクト」に出演して「日本は第二の敗戦をしたが、結局は負けてよかった」と発言した。

第二次大戦に負けました。アメリカに占領されました。独立しました。独立してアメリカと互角になりました。いまやアメリカを追い抜こうというときに、一敗地に塗(まみ)れて、第二の敗戦を喫しました。そして、何もかも再びアメリカに占領されているというのが、現実なんだ、と。

山田　いや、実は日本は独立していなかったのだと私は考えています。経済では勝ったけれど、基本ソフト、OSはアメリカにしっかり押さえられていて、稼ぎまくったおカネは、すべてアメリカに還流する仕組みがまだ存在していたんですよ。

田原　コンピュータでは、日本は独自の日の丸コンピュータを開発したし、ソフトも日本でつくっていた。ところが、あるとき気がついたら、コンピュータがすべてアメリカ標準になっていたんです。だから、占領が続いていたのではなく、気がついたら再占領されていたのだと僕は思うね。

山田　私はこう考えるんです。冷戦構造があったときには、日本はいわずもがな西側の最先端、アジア地域に展開する西側の一大拠点として位置づけられていた。そして冷戦構造が崩壊する中で、日米摩擦が激しくなり、いっときは日本がアメリカを占領[*]してしまうのではないかという空気がアメリカを支配したんです。第二次大戦のときにアメリカ軍を恐れさせたカミカゼが、装いも新たに経済力という形でアメリカを奇襲攻撃してくるのではないかと思った。し

＊日本がアメリカを占領
　八六年から八八年にかけて、日本はアメリカの不動産を買いあさった。マンハッタンの一等地が一坪あたり一千万円で買えるという話に有頂天になり、ロスのダウンタウンの超高層ビルの半分近くが日本企業のものとまでいわれた。アメリカのシンボルといってもいいロックフェラーセンター・ビルが三菱地所に買収されたときは、現地の衝撃は大きかった。しかし、実際はそのときすでにアメリカの不動産不況は始まっており、ビルを所有する三菱地所の孫会社は九五年に倒産。日本は結局巨大な不良物件をつかまされて世界に恥をさらした。

かし、そうではなく、世の中の局面が変わっただけで、冷戦構造のときと同様、相変わらず従属と支配の関係は残っていたのではないか、こう私は見ているんです。

その典型がプラザ合意です。あの大前提は、引き続き日本はその持てるおカネでアメリカの国際収支の赤字と財政赤字を補塡しなさいよ、というものだったわけで、従属と支配の関係そのものだと思うんです。

田原 プラザ合意から帰国した竹下さんが、アメリカと対等になったと言ったという話をしたときに触れなかったことがあるんです。つまり、日本は戦後、占領されたわけですが、僕はじつは日本ほど占領されるのがうまい国はないと思っているんです。日本はアメリカに占領されて何を押しつけられたかと言うと、ひと括りでいえばデモクラシーです。婦人参政権、財閥解体、農地解放、全部バンザイ、バンザイで受け入れた。逆に具体的に何を失ったか。何も失っていないんです。もっと不思議なことは、占領された国は、占領が終わったら占領していた側を憎むものなんです。韓国はいまだに日本を憎んでいるし、中国も日本を嫌いだと思っている。ところが、日本人はアメリカに対する反感、反発がまるでない。嫌米、厭米という言葉があるけれど、あんなものは一部インテリの感情にすぎない。海外旅行、海外留学といえばアメリカが人気があるし、アメリカ映画をいちばん観るのは日本人です。それだけでなく、占領が終わった後も、あらゆる意味でアメリカを手本としてきた。

よく宮澤さんが言うんですが、日本人は自分の体に合った服をオーダーするのは下手だけれど、既製服を着こなすのはうまい。どんな服を押しつけられても、体をそれに合わせてしまう。占領も同じことだと思う。プラザ会議は、竹下さんの言うとおり、日本がアメリカに追いついた会議だった。追いついた以上、自分の服をオーダーする、つまり自分のビジョンを持つことが必要だったのに、日本はそれが下手だったんです。だから暴走してバブルに突入し、バブルが弾けて大混乱、大混迷に陥ってしまったんです。

そこで、竹内宏さんの話を僕流に解釈すると、日本はやはり占領されていたほうが無難なのではないか。アメリカに敗北しましたと認めて、むしろ進んで占領されてしまったほうがいいのではないか。そう思うんです。

山田 アメリカとコトを構えようと思っているのは、梶山静六さんあたりの世代[*]なんでしょう。あの人は陸士でしたから。でも、もうそういう時代ではないと思います。

イギリスのサッチャーは流石だと思うんです。彼女は愛国者ですから、ビッグバンには基本的に反対だったにもかかわらず、なぜビッグバンを敢行したのかというと、サッチャーの視野には欧州統合が入っていたんです。欧州統合で統一市場になったらどうなるか。大嫌いなドイツにしてやられることは、火を

*梶山静六の世代　梶山は一九二六年（大正十五年）生まれ。終戦のときは十九歳。政治家でいえば、野中広務、三塚博などがこの世代。

見るより明らかだった。なぜなら、ダイムラー・ベンツが来たら間違いなくやられる。フォルクスワーゲン、ジーメンスにやられる。困ったな、イギリスには何もない。よし、ここはもう日本を持ってくるしかない。

そう考えて、フルセットで日本から日産を持っていき、トヨタ、本田、松下、NEC、富士通を持っていったわけです。製造業はすべて日本でまかなって、ドイツが入れない体制をつくってしまったんです。彼女の思惑は当たって、ドイツはイギリスに橋頭堡を築けなかった。だから彼女は、私たちはドイツに二度勝った、と誇らしげにいうんです。ナポレオンにもヒトラーにも屈せず、やっつけたのはイギリスだけだ、ヨーロッパは偉そうなことを言っても、ジンギスカンにやられたではないか、ヒトラーにやられたではないかと言うわけです。

サッチャーは個人的には日本人嫌いですが、イギリス流の考え方は、企業の国籍は問わない、どんな国の企業であろうと、雇用と国際収支に貢献してくれればイギリスの友人です、というものです。だから、ブレア首相が来日*したとき、トヨタへまず行った。労働党政権になって、イギリスは製造業にとってやばいのではないかという不安を、トヨタをはじめ他の企業も抱いているのではないかと考えて、首相の橋本さんなどはなから相手にしないで、一種の日本企業向けのデモンストレーションをしたんです。フランスへ逃げないでください、引き続き魅力的なイギリスをよろしくというメッセージなんです。

*ブレア来日
九八年一月、トヨタ自動車はイギリスの工場を拡張する方針を発表した。その直後、日英首脳会談のために来日したブレア首相は、まずトヨタの奥田碩社長の待つ都内のホテルに向かい、工場拡充を含め、三百億円以上に上る新規投資の商談に入った。

サッチャーは製造業の分野で日本を引き入れることでドイツを抑え込んで自信を深め、強い金融についてはビッグバンをやっても大丈夫と考えたんでしょう。ドイツは相変わらずローカルマーケットをやっていて、大企業の起債となると、ロンドンへ来なければならないわけだから、金融ビッグバンに踏み切ったんです。イギリス人の気持ちからすれば、モルガン・グレンフィルをドイツのドイッチェバンクに買われて面白くないと思われるかも知れませんが、ドイッチェバンクの証券機能はフランクフルトではなくロンドンに来てしまった。たしかに旗はドイツかも知れないけど、イギリスの経済、そして繁栄に寄与しているわけで、さまざまなノウハウを持つプレーヤーが集まってくる、これが勝利なのだというのが、彼らの発想なんです。

二十一世紀には日本はアジアの大阪になってしまう

田原　日本にはそういう基本の戦略がない。山田さんがいうように、日本は極めて非効率な国だ。アメリカに敗北する前に、地球規模のビジネスになっていったとき、コストと言葉という二つのハンデがある。ただ、日本にも強みがないわけではないと僕は思う。それは何かというと、この一億二千万の人口があること、しかもその一億二千万人が厖大な消費力を持っていることです。金融資産千二百兆円というのは世界でも類を見ない額です。

山田　たぶん日本に司令塔を置いて世界ビジネスをやろうというのは難しいでしょうが、マーケットとしても十分成り立つし、アジアでビジネスをやろうと思ったら、日本は格好の足場にはなると思います。もちろん香港という存在もあるけれど、香港にはマーケットがないし、中国の市場を視界に入れるなら、香港より上海のほうがいいかも知れない。でも、上海に金融市場が行くまでは、かなり時間がかかると思います。

田原　上海へ行くのは時間の問題だと思う。結局、EUのロンドンと、アメリカのニューヨーク、そして中国の上海になるのではないか。

山田　そうなるんでしょうね。そのとき、日本はアジアの大阪でいいのではないかと考えているんです。たぶん、アジアの東京にはなれない。東京になるのは、上海か北京です。いまアジアの経済は危機に陥っているけれど、ある種の調整局面に入っているわけで、もう一度やり直す。で、二十一世紀の半ばにはアジアは相当大きな地域になると思う。だから、日本が目指すべきなのは、アジアの共通通貨だと思うんですが、円を共通通貨にしようとするのはアジアの中に非常に抵抗がある。

田原　アジアの共通通貨はドルがなるんじゃないかな。日本の円でも、中国の元でも、韓国のウォンでもない。とくに電子マネーが普及したら、完全にドルになると思う。

山田　ドルは中国が受け入れないでしょう。ドルは使い勝手がいいでしょうが、ドルの通貨管理はアメリカがやっているんです。使う通貨だけを見ていると、通貨というものが別個のものとしてあるように見えるかもしれませんが、通貨は経済の反映なんです。だから、ドルの金利がいくらになるかは、アメリカのFRB（連邦準備銀行）の金融政策で決められるわけです。

経済をベースにしていなければ通貨というものは成り立たないんです。なぜヨーロッパが統一通貨にするのか。いまはマルクですが、マルクが金利を上げると、ベルギーもフランの金利を上げ、オランダもギルダーを上げる。つまりドイツが金融引締めをやると、ベルギーもオランダもスイスも同調して、政策が同じ方向を向く。つまり、ヨーロッパが政策を統合していくには、通貨の統一が必要なんです。

だから通貨が一体になるということは、ただ同じ紙を配るのとわけが違うんで、政策が一元化することなんです。それを抜きにしてアジアでマーケットをつくるときに、ドルを共通通貨にしようとしても、アメリカの金融政策を反映しているドルでは、それは難しかろうと思う。それから、紛争解決のためにも経済統合は有効ですから、その意味でもアジア共通通貨は必要なんです。

田原　山田さんは、アジア版EUをつくる音頭取りを日本がやるべきだと言うのかも知れないけれど、アジアのEU化は難しいと、僕は思う。まず、日本がアジアの国々に信用されていない。

では中国はどうかというと、先ほど北京が東京になるのではないかと言われましたが、中国は東京になり得ない。なぜなら中国は独善的すぎる。中国の文化、あるいは主体性を徹底的に主張しますが、実はアジアの国々は中国を信じていない。むしろ怖がっている。だから中国が旗を振ったら、どの国も警戒して防衛的な立場をとりますよ。

僕がアジア版EU、アジアの経済統合は難しいという理由は、アジアの、敢えてだらしなさという言葉を使いますが、中国は怖い、日本は嫌い、それよりはアメリカのほうがいいとアジアの国はみんな考えているところに、アジア的停滞というか、だらしなさがあるのだと思う。

山田　だけど、マハティールが提唱したEAEC*（東アジア経済会議）に、日本も参加しないかといわれたとき、対米関係ばかり気にする外務省はビビッて入らなかったですよね。二千年の歴史で初めてアジアの人が、日本にお前も一緒にやらないかと言ってくれたんですよ。私は大きな失敗だと思います。

もちろんマハティールの反米感情もあります。中国に対する恐怖感もあるでしょう。ですから、中国をどうしても排除する必要はないけれど、第一段階として中国に何らかの危惧を抱いている周辺の国々と一緒になって、中国という龍だか虎だかが暴れたら、向こうが頭を押さえ、こちらが足をつかまえて、ま

＊EAEC　九〇年にマレーシアのマハティール首相が提唱したEAEG（東アジア経済圏）が土台になり、当初の貿易ブロック構想より緩やかな「話し合い機関」の形に改めたもの。ASEAN六ヵ国に日本、韓国、中国、台湾、香港、インドあたりがメンバー候補であった。アメリカは「太平洋を分断する試みだ」としてこれを非難し、日本にも同調しないようにクギを刺した。九一年、マハティールが来日して宮澤首相と会談したときは、外務省はあらかじめEAECの話題が出ないように根回ししたといわれ、事実全く話題にのぼらないままマハティールは日本を去った。その後、EAECをAPECの傘下に置くか否かなど、各国の思惑がぶつかり合っている。

あまあとやっていく関係をつくることは必要だと思いますね。アジアに日本が頼りにされているのは、それなりのおカネと技術力があるからですよ。

国はホテルと同じ、居心地のいいほうへ移ればいい

田原 いま日本は第三の開国*だといわれている。明治維新で最初の開国があった。第二次大戦に敗れて第二の開国があった。そして金融自由化、ビッグバンでの開国というわけです。

明治の開国のときには、和魂洋才という言葉を発明しました。西洋から才、つまり技術を積極的に受け入れるが、和魂、精神的には日本的なものを残していこうとした。しかし、現実には文明開化でどんどん西洋の文物を受容して、和魂なんてものは神棚のお飾りみたいなものになった。ただのポーズに、実際はなっていたわけですが、何となく日本的なものは引きずってきたんです。

というのは、政権を取ったのは、薩摩、長州を中心とする、やはり武士階級であって、商人でも農民でもなかった。しかし、そういう明治の若い武士たちが中心になったことが、明治、大正の発展を築いたともいえる。第二次大戦のときも、軍隊は解体されたけれど、官僚はある程度温存された。もちろん、それはアメリカの政策であったのだけれども、第二の開国の船出に際して、日本的なものを引き継いできたわけです。この官僚体制をとったことが、戦後の日

＊第三の開国　評論家の松本健一の持論。松本は「開国」を軸に近・現代史の再構築をはかるため、まず第一の開国について検証（『開国のかたち』毎日新聞社刊）、つづいて第二の開国について「論争　東洋経済」誌上で検証にとりかかった。政治家では中曾根康弘の持論として有名。評論家の石川好は、これら「第三の開国論者」は今度の開国を「される開国」ではなく「する開国」ととらえているが、やはり「される開国」にしかならないであろう、と述べている（産経新聞九六年十月二十日付）。

本の繁栄と結びついてきたんです。

そして、今度の開国ですが、国際化、グローバルスタンダードといいながら、日本という国は、日本的なものを引きずっているのではないか。企業の国籍について、山田さんは先ほど世代論を言われていましたが、僕は敢えて反論したわけだけど、実はうなずくところがあったんです。国籍というのは、日本的なものを最も象徴するものですから。

山田　二千年の文化を持っている国ですから。日本的なものは必ずしも悪いとは思わないし、簡単になくなるとも思えない。鎮守様には森がつきものですが、村人たちが何代にもわたって、鎮守様の領域を聖域というか、畏敬の念をもってのこぎりや鉈を入れなかったから、鎮守の森としていまも残っている。日本的なものというのは、そういう鎮守の森みたいなものだろうと、竹内宏さんも言ってましたが、私もそう思う。ですから、アメリカのスタンダードになるんだといっても、この国は全部アメリカになりようがないんです。

田原さんは、日本的なものを引きずってきたから、第一の開国、第二の開国はうまくやって来れたと言ったけれど、いまとても大事なことは、霞が関と企業の中に改革派が出てくることだと考えているんです。鎮守の森みたいなものは引き継いでいくけれど、自分たちは以前とはこれだけ違うよというものを、きっちりけじめをつけて行くところから、これからの成長はあるのだと思う。

具体的にいえば世代改革。銀行の頭取やお偉いさんといった上層部を吹っ飛ばしていくことをしない限り、日本の未来は無理ですね。自民党も、いつまでも宮澤さん、竹下さん、中曾根さんでは駄目です。最後のところは長老が乗り出していって難局を乗り切るという手法はもう古い。

田原 明治のときは開国をめぐって捩じれみたいなものがあった。幕府のほうは開国といい、薩長のほうは最初、尊皇で攘夷、つまり開国に反対だった。それが尊皇倒幕に変わって、世代交代というか、幕府を潰すことで、ある種の上を吹っ飛ばした。戦後のときも、GHQによる公職追放があって、政治家も経営者も上のほうは否応なく飛ばされてしまった。官僚は残った。

ところが、戦後の繁栄を舵取りしてきた官僚たちに、いまや昔日のおもかげはない。いい意味でのワルがいなくなって、名前も覚えきれないぐらい、汚職容疑で逮捕、あるいは取調べを受ける小悪党ばかりになってしまった。大蔵省、日銀の堕落には目をおおうものがある。明治の開国は黒船という外圧、戦後の開国は占領という外圧があった。逆にいうと日本はどうも外圧がないと飛べないようだから、アメリカに外圧をかけてもらって、霞が関の官僚の上を吹っ飛ばしてもらうしかないのではないか。また、流通でも建設業界でも金融業界でも、アメリカに占領されるぐらいどんどん入ってきてもらって、戦後の公職追放のときみたいに、吹っ飛ばしてくれるほうがいいのかも知れない。

山田　外国資本が入ってきて吹っ飛ばすというやり方はあるでしょう。もう一つは東京地検に頑張ってもらうことでしょうが、彼らの処理能力の問題があるから、やはりマーケットのパワーに頼むところが大きいですね。

田原　どうやら日本は敗けたほうがいいというのが結論のようですね。敗北を認めて外圧をかけてもらう。いまの若い人たちは、堺屋太一流にいえば、うつむき加減*の時代で、覇気がないという言い方もできますが、あまりローカルになることを気にしないようだしね。

山田　なすべきは自己改革です。それができないと市場によって暴力的に壊される。市場の津波に乗って外資、外圧が押し寄せてくる。そんな兆候がすでに出ています。

田原　結局、国家はホテルと同じだ、という言い方がある。つまり居心地のいいホテルなら、どこでもいいではないか、というわけですが、僕はどちらかというと、この考え方に親しみを感じる。

*うつむき加減
堺屋太一の『俯き加減の男の肖像』は、江戸中期の思想家・石田梅岩を描いた小説。梅岩は元禄バブルの頃に幼少期を送り、最初に奉公した呉服屋は倒産してしまった。バブル崩壊後の長い倹約の時代を、再び呉服屋の使用人として地味に過ごし、四十歳を過ぎて引退してから私塾を開いた。勤勉で質素、細部にこだわり、とっぴなことを嫌う横並び主義という日本人の特性には、梅岩の教えの影響が大きい、と堺屋太一はいう。

田原総一朗　1934年滋賀県生まれ。早稲田大学文学部卒業。岩波映画を経て、開局した東京12チャンネル（現・テレビ東京）に入社、ディレクターとしてドキュメンタリーの制作に携わる。77年独立してノンフィクションライターとなる。『原子力戦争』で話題を呼び、以後、通貨、官僚、政界から、メディア、コンピュータ、バイオテクノロジー等の先端技術、性風俗に至るまで著書は優に100冊を超える。近著に『田原総一朗の闘うテレビ論』『頭のない鯨』。

山田　厚史　1948年東京生まれ。同志社大学法学部卒業。毎日放送に入社。半年後の10月退社。同12月朝日新聞社に入社。青森支局、千葉支局を経て、78年東京本社経済部。証券業界、大蔵省、自動車業界、金融業界を担当。88年から３年間ロンドン特派員。その後、東京本社経済部金融取材キャップ、大阪本社経済部次長を経て、93年より東京本社経済部編集委員。93年から94年にかけてハーバード大学客員研究員を務める。著書に『銀行はどうなる』。

日本再敗北

1998年4月30日　第1刷

田原総一朗
山田厚史

発行者・藤沢隆志　発行所・株式会社文藝春秋　東京都千代田区紀尾井町3-23　電話(03) 3265-1211　郵便番号102-8008

印刷・理想社　付物印刷・大日本印刷　製本・加藤製本

定価はカバーに表示してあります　万一、落丁乱丁の場合はお取替致します　小社営業部宛お送り下さい

ISBN4-16-354030-X